昌乐年鉴

CHANGLE YEARBOOK 2018

昌乐县地方史志办公室　编

方志出版社
Publishing House of Local Records

图书在版编目（CIP）数据

昌乐年鉴.2018 / 昌乐县地方史志办公室编. -- 北京：方志出版社，2018.9

ISBN 978-7-5144-3258-9

Ⅰ.①昌… Ⅱ.① 昌… Ⅲ.①昌乐县—2018—年鉴 Ⅳ.① Z525.24

中国版本图书馆 CIP 数据核字（2018）第 214396 号

昌乐年鉴（2018）

编　　者：昌乐县地方史志办公室
责任编辑：罗　滔

出 版 人：冀祥德
出 版 者：方志出版社
地址 北京市朝阳区潘家园东里 9 号（国家方志馆 4 层）
邮编 100021
网址 http://www.fzph.org
发　　行：方志出版社图书经销中心
电话（010）67110500
经　　销：各地新华书店
印　　刷：山东星海彩印有限公司
翻　　译：张馨予
版面设计：潍坊方志年鉴制作有限公司

开　　本：889×1194　　1/16
印　　张：24
字　　数：694 千字
版　　次：2018 年 9 月第 1 版　　2018 年 9 月第 1 次印刷
印　　数：0001 ～ 1000 册

ISBN 978-7-5144-3258-9　　**定价**：380.00 元

昌乐县地方史志编纂委员会

名誉主任：卞汉林

主　　任：邱　旺

副 主 任：李良华　贺玉洁　王　勇　张金涛　周晓玲

　　　　　滕恩禄　赵世军　张继军

委　　员：李玉军　张立军　赵中洋　鞠　良　刘培利

　　　　　秦春军　王秀彬　任瑞成　肖学平　刘瑞刚

　　　　　郑凯彬　黄金海　周广田　刘培臣　张大鹏

　　　　　周晓伟　刘福祥

《昌乐年鉴》2018 卷编审人员

主　　审：李良华

副 主 审：吴玉强　张继军

主　　编：刘培利

副 主 编：刘国强　侯晓华　刘　静

编　　辑：刘培利　刘国强　刘　静　刘　凯

　　　　　刘海平　张广振　侯晓华

排版设计：潍坊方志年鉴制作有限公司

编辑说明

一、《昌乐年鉴（2018）》（以下简称《昌乐年鉴》）旨在全面、系统、客观地反映昌乐县政治、经济、文化、社会等各方面的发展变化，反映昌乐县地方特色，为各行各业提供咨询服务，为各级领导科学决策提供可靠依据，同时也为社会各界全面了解昌乐提供丰富、准确、实用的地情资料。

二、《昌乐年鉴》的编纂坚持以马克思列宁主义、毛泽东思想、邓小平理论、“三个代表”重要思想、科学发展观、习近平新时代中国特色社会主义思想为指导，坚持辩证唯物主义和历史唯物主义的立场、观点和方法，坚持围绕中心、服务大局，充分发挥存史、资政、教化作用。客观、系统地反映 2017 年全县经济建设、政治建设、文化建设、社会建设、生态文明建设和党的建设等方面的重大举措和突出成果，为各级各部门各单位和广大干部群众深入了解全县全年工作提供准确翔实资料，有效发挥《昌乐年鉴》在服务公众和经济社会发展中的积极作用。

三、《昌乐年鉴》主要记述 2017 年全县政治、经济、文化、社会生活等方面的内容，力求多层次、多角度、全方位地反映出全县的总体面貌和特点。

四、《昌乐年鉴》设类目、分目、条目三个层次。条目为记述的基本单元。为查阅方便，条目标题采用黑体字并加【】表示。

五、《昌乐年鉴》刊用的稿件，由昌乐县各镇（街、区），县直各部门以及省、市驻昌各单位提供，由专人撰写，并经供稿单位主要负责人审核。所用数据，以县统计局正式公布的数字为准，统计局未列入的，以部门认定的数据为准。涉及的省、市、县内容，若未作特别说明，均指山东省、潍坊市、昌乐县。考虑到社会使用习惯，全书中“亩”不统一换算。

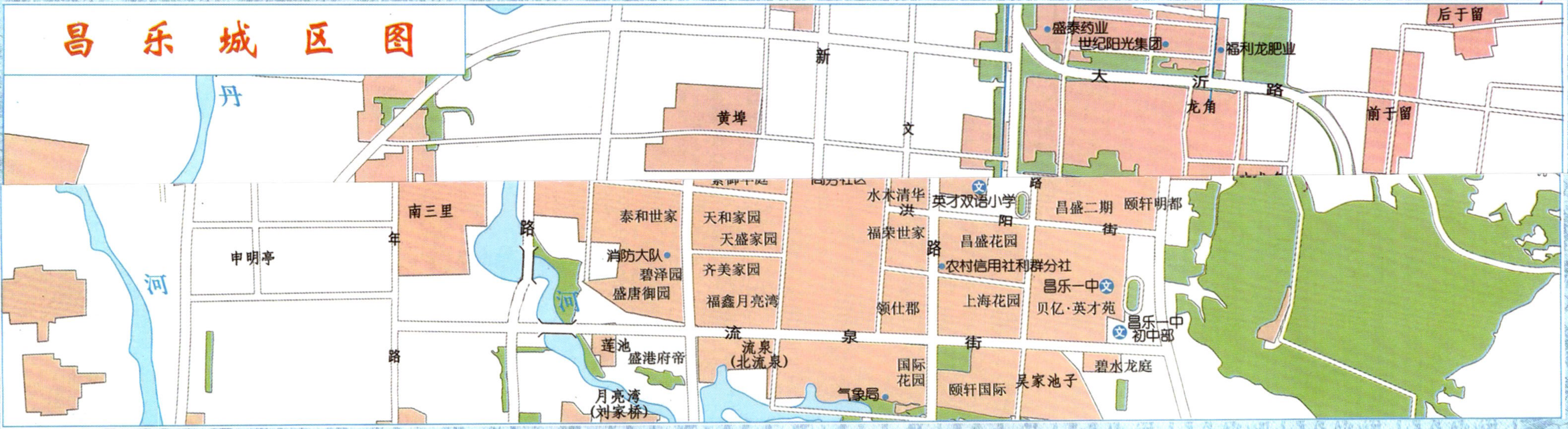

昌乐县国土资源局组编　山东省地图院编制

ISBN 978-7-5572-0033-6
鲁SG(2016)012号

数字昌乐
Shuzi Changle

◎ 土地总面积 1100.51 平方千米
◎ 农用地面积 86799.07 公顷
◎ 建设用地面积 18251.86 公顷
◎ 未利用地面积 5000.21 公顷
◎ 人均耕地面积 0.103 公顷
◎ 户籍总人口 635225 人
◎ 地区生产总值 307.95 亿元
◎ 第一产业增加值 39.32 亿元
◎ 第二产业增加值 127.47 亿元
◎ 第三产业增加值 141.16 亿元
◎ 三次产业比重为 12.8 ∶ 41.4 ∶ 45.8
◎ 粮食作物总产量 257246 吨
◎ 社会消费品零售总额 149.57 亿元
◎ 合同利用外资 1.91 亿元
◎ 居民人均可支配收入 24723 元
◎ 进出口总额 90.51 亿元
◎ 出口总额 56.46 亿元
◎ 进口总额 34.05 亿元
◎ 城镇居民人均可支配收入 32895 元
◎ 农村居民人均纯收入 16710 元
◎ 一般公共预算收入 240168 万元
◎ 一般公共预算支出 317835 万元
◎ 居民储蓄存款余额 230.95 亿元
◎ 省级科技创新平台 8 家，4 家省级工程技术研究中心，4 家山东省院士工作站
◎ 中国驰名商标 12 件
◎ 山东省著名商标 24 件
◎ 国家地理标志证明商标 9 件
◎ 城镇新增就业人数 7601 人
◎ 各级各类学校 181 所，在校学生 98737 人，幼儿园 128 所，在园幼儿 14482 人，教职工 7612 人
◎ 各级医疗卫生机构 615 家，卫生技术人员 3974 人，实有床位 4242 张，
◎ 国家级生态镇 2 处
◎ 国家重点镇 2 处
◎ 省级示范镇 2 处
◎ 省级特色景观旅游名镇 1 处
◎ 省级特色小镇 1 处
◎ 山东名牌 8 家企业 11 种产品，山东省服务名牌 1 家

2017年4月20日，省委农村工作领导小组副组长王军民（右二）到五图街道庵上湖村调研 （供稿：昌乐传媒集团）

2017年7月6日，副省长、省公安厅厅长孙立成（前右二）率领全省公安机关基层基础建设三年攻坚战现场推进会议与会人员，到昌乐县现场观摩

（供稿：昌乐传媒集团）

2017年12月19日，副省长于国安（右二）到昌乐调研 （供稿：昌乐传媒集团）

2017 年 1 月 17 日 ，潍坊市委书记杜昌文（左三）到红河镇埠南头村调研　　（供稿：昌乐传媒集团）

2017 年 11 月 11 日， 市委书记刘曙光（右三）、市长李宽端（右四）率全市观摩点评人员到昌乐佳诚数码产业园调研

（供稿：昌乐传媒集团）

昌乐西湖公园（供稿：昌乐传媒集团）

中国宝石城（供稿：昌乐传媒集团）

★县委书记卞汉林作县委工作报告（供稿：昌乐传媒集团）

2017 年 1 月 14 日，中国共产党昌乐县第十四次代表大会在潍坊市委党校召开

2017 年 1 月 14 日，中国共产党昌乐县第十四次代表大会开幕（供稿：昌乐传媒集团）

2017 年 1 月 14 日，新一届县委常委（由左到右分别是：刘超、王勇、孙振元、张建伟、卞汉林、邱旺、李良华、贺玉洁、丁进全、张金涛）

（供稿：昌乐传媒集团）

新当选的中共昌乐县第十四届委员会委员、候补委员合影

（供稿：昌乐传媒集团）

2017 年 1 月 20 日，在昌乐县第十七届人民代表大会第一次会议上，县长邱旺作政府工作报告（供稿：昌乐传媒集团）

2017 年 1 月 21 日上午，在昌乐县第十七届人民代表大会第一次会议上县人大常委会第一副主任王备作昌乐县人大常委会工作报告（供稿：昌乐传媒集团）

2017 年 1 月 21 日上午，在昌乐县第十七届人民代表大会第一次会议上县法院院长韩昆亮作法院工作报告（供稿：昌乐传媒集团）

2017 年 1 月 21 日上午，在昌乐县第十七届人民代表大会第一次会议上县检察院检察长郑爱之作检察院工作报告（供稿：昌乐传媒集团）

2017 年 1 月 20 日，在潍坊市委党校会议厅举行昌乐县第十七届人民代表大会第一次会议（供稿：昌乐传媒集团）

2017 年 1 月 19 日，中国人民政治协商会议第十届昌乐县委员会第一次会议在潍坊市委党校会议厅举行

2017 年 1 月 19 日，县委书记卞汉林在政协第十届昌乐县委员会第一次会议上讲话（供稿：昌乐传媒集团）

2017 年 1 月 19 日，周保进代表九届县政协常委会作工作报告（供稿：昌乐传媒集团）

2017 年 1 月 19 日，中国人民政治协商会议第十届昌乐县委员会第一次全体会议召开（供稿：昌乐传媒集团）

2017 年 2 月 7 日， 全县经济工作会议召开　　　　（供稿：昌乐传媒集团）

2017 年 2 月 9 日，全县矿产资源集中整治工作会议召开　　　　（供稿：昌乐传媒集团）

2017 年 3 月 10 日， 全县作风建设年动员大会召开　　（供稿：昌乐传媒集团）

2017 年 10 月 13 日，中国（昌乐）国际宝石博览会开幕　　（供稿：昌乐传媒集团）

目录

Contents

特 载

2017 年大事记

昌乐概况

中国共产党昌乐县委员会

昌乐县人民代表大会

昌乐县人民政府

中国人民政治协商会议昌乐县委员会

中国共产党昌乐县纪律检查委员会

社会团体

军　事

法　治

经济管理与监督

农业 农村工作

工 业

商　务

金 融

财政 税务

交通 邮政 通信

城乡建设

资源管理 环境保护

教育 科技

文化 旅游

卫生 计生 体育

社会管理　居民生活

镇街区

人 物

附 录

索引

CONTENTS

特载

Te Zai

解放思想 崇实重干 勇闯新路 敢为人先 为决胜全面小康建设现代昌乐而努力奋斗

——在中国共产党昌乐县第十四次代表大会上的报告

昌乐县委书记 卞汉林

（2017年1月14日）

一、工作回顾和战略任务

县第十三次党代会以来，我们在以习近平同志为核心的党中央坚强领导下，团结带领全县各级党组织和广大党员干部群众，全面落实党的十八大和十八届三中、四中、五中、六中全会精神，深入贯彻习近平总书记系列重要讲话精神，主动适应经济发展新常态，全力推动富强昌乐、生态昌乐、幸福昌乐建设，全面加强党的建设，经济社会发展和各项事业取得新的成绩。

综合实力跃上新台阶。2016年，预计全县地区生产总值达293亿元，年均增长9.6%；实现一般公共预算收入23.6亿元，比2011年翻一番；规模以上工业实现主营业务收入1015亿元，是2011年的1.7倍；居民人均可支配收入达22580元。县城建设持续加快，镇域特色初步形成，社区功能得到提升。被评为全国科技进步先进县、全国农业标准化示范县、国家卫生县城、国家园林县城。

生态环境实现新提升。落实“386”环保行动成效显著，“十二五”节能减排目标超额完成，区域环境质量得到改善。大力实施国土绿化，被评为全国绿化模范县。美丽乡村建设扎实推进，城乡环卫一体化全覆盖，3个镇被评为国家级生态镇。

社会事业开创新局面。民生支出占到一般公共预算支出的八成以上。新增城镇就业及农村劳动力转移就业7.5万人。覆盖城乡的社会保障体系基本建成，基本公共服务水平不断提高，全县累计脱贫18957人。教育事业迅速发展，现代教育品牌效应进一步显现。卫计事业加快提升，被评为全国计划生育优质服务先进县。文化发展成果丰硕，创建为全国文明县城。体育、青少年、妇女儿童、老龄、残疾人等事业全面发展。农村安全饮水实现全覆盖，“引黄入昌”工程建成投用，有效解决城区饮用水短缺问题。

民主法治建设取得新进展。人大、政协职能作用进一步发挥，基层民主有序推进，爱国统一战线巩固壮大，工会、共青团、妇联等群团组织作用积极发挥。“法治昌乐”“平安昌乐”建设水平不断提高，社会大局保持和谐稳定。党管武装和民兵预备役工作扎实推进，国防动员和后备力量建设富有成效，连续被评为全省双拥模范县。

改革开放实现新突破。全面深化改革深入推进，以经济体制改革为重点，重点领域和关键环节改革取得重要进展，农村集体资产股权能改革国家试点项目深入推进，经验做法得到农业部肯定。大众创业、万众创新蓬勃兴起，新登记市场主体年均增长16%以上。对外开放深入拓展，招商引资到位资金374.6亿元，实现进出口总额 71.6 亿美元。

全面从严治党取得新成效。党的群众路线教育实践活动、“三严三实”专题教育和“两学一做”学习教育取得实实在在成效。理论武装持续加强，从严管理干部不断深化，人才工作取得新的进展，基层党组织建设成效明显，战斗堡垒作用有效发挥。认真落实中央八项规定精神，深入推进反腐败斗争，严肃查处违纪违法案件，“四风”顽疾得到有效遏制，风清气正的政治生态进一步形成。

各位代表、同志们，昌乐发展取得的一切成绩和进步，是以习近平同志为核心的党中央和省、市委坚强领导的结果，是历届县委班子接续奋斗和几套班子团结协作的结果，是全县广大干部群众拼搏实干的结果，是各位老领导、老同志和社会各界大力支持的结果。在此，我代表中共昌乐县第十三届委员会，向全县广大党员干部群众，向所有关心支持昌乐发展的同志们、朋友们，表示真诚的感谢和崇高的敬意！

未来五年，我们肩负着全面建成小康社会的历史使命。立足新方位，综观大环境，我们正处在大有可为的战略机遇期、必须善为的发展分化期和需要担当作为的改革攻坚期。世界经济在深度调整中曲折复苏，新技术和产业革命正在孕育突破；国内经济缓中趋稳、稳中向好，供给侧结构性改革深入推进，“一带一路”、创新驱动发展等重大战略带来诸多利好，增长的动力更加多元，发展的活力进一步释放。省、市实施的一系列重大发展举措，既把昌乐带入协同发展的大格局，也为我们借势借力提供广阔空间。但也要看到，总量偏小、人均偏低、家底不厚，是昌乐的基本县情；结构偏重、层次偏低、质量不高，是我们必须面对的发展现实，尤其是生态建设的任务十分艰巨，发展环境亟需优化，少数党员干部精气神不足，等等。我们面临着扩大总量与提升质量的双重任务，加快发展与保护生态的双重压力，特别是面对前进道路遇到的各种风险、新一轮区域竞争带来的严峻挑战，只有解放思想才能提升发展境界，崇实重干才能克难攻坚，勇闯新路才能后发赶超，敢为人先才能赢得发展主动。

今后五年，全县工作总的指导思想是：高举中国特色社会主义伟大旗帜，坚持以邓小平理论、“三个代表”重要思想、科学发展观为指导，深入学习贯彻习近平总书记系列重要讲话精神，统筹推进“五位一体”总体布局，协调推进“四个全面”战略布局，践行五大发展理念，抓牢发展第一要务，聚焦建设经济强县、现代城市、美丽乡村、生态家园、文明高地、幸福生活，强力推进改革开放、创新创业、民主法治，坚定不移推进全面从严治党，努力在全面建成小康社会进程中走在前列。奋斗目标是：发展质量持续提升，经济实力明显增强，主要经济指标增幅高于全市平均水平，人民生活更加幸福，城乡发展更加协调，生态环境得到改善，文化发展更加繁荣，社会文明更加进步，从严治党全面深入。

实现奋斗目标，我们必须以习近平总书记系列重要讲话精神为指引，坚决贯彻中央大政方针和上级决策部署，在全面落实中创出昌乐特色；必须牢牢把握发展第一要务，坚持稳中求进，突出产业兴县、工业强县，在创新创业中加快经济转型升级；必须坚定不移深化改革、扩大开放、厉行法治，激发活力、重塑空间、优化环境，在全方位提升中增创新优势；必须坚持以人为本、执政为民，强化宗旨意识，走好群众路线，在共建共享中增强群众获得感；必须坚定不移推进全面从严治党，切实强化党的领导，全面加强党的建设，在提升党的执政水平中肩负起新的历史使命。

二、践行五大发展理念，努力在全面建成小康社会进程中走在前列

发展是我们党执政兴国的第一要务，也是昌乐最大的政治。要坚持以新发展理念引领发展行动，崇尚创新、注重协调、倡导绿色、厚植开放、推进共享，努力实现更高质量、更有效率、更加公平、更可持续的发展。

（一）深化创新驱动，建设经济强县。创新是引领发展的第一动力。要牢牢把握供给侧结构性改革这条主线，把创新作为昌乐发展的主引擎，大力实施创新驱动发展战略，千方百计稳增长、调结构、促转型，加快发展动力转换，培育新的竞争优势，奋力向经济强县跨越。

把加快传统产业转型升级、做强做大现有企业放在突出位置，推动产业迈向中高端。大力推进工业强基，

坚持扩量提质并重，深入推进“三去一降一补”，紧密对接“中国制造2025”，着力上项目、增品种、提品质、创品牌，推动工业向智能化、绿色化、服务化转型，增强工业经济实力和竞争力。深入贯彻“敲开核桃、一业一策”思路，突出创新链引领、产业链延伸、财税链回报“三链融合”，推动产业创新发展、转型升级、提质增效。以龙头企业发展带动产业集群集聚发展，着力打造现代装备制造产业基地、概念印刷包装产业基地、绿色化工产业基地，提升产业整体素质。支持企业加大投入、上新创新，推动现有骨干企业做强、中小企业做优、创新型成长型小微企业做大，壮大企业群体，形成梯次推进、接续发展格局。引导和支持企业特别是规模企业加快规范化公司制改制，健全公司治理结构，建立现代企业制度，加强人才储备，推动科技、管理、模式创新，打牢发展根基。积极引导、培育企业进入资本市场、上市融资，鼓励企业并购重组特别是上市企业增资扩股，推动企业做强做大。加强企业创新能力建设，推动创新成果转化，大力弘扬“工匠精神”，把质量建设、品牌建设贯穿于生产流通消费全过程，着力培育更多的“百强企业”“百年老店”。

立足现有基础，优选突破方向，加快培育新产业新业态新主体。敏锐把握科技革命、产业变革、消费升级新趋向，聚焦最有基础、最有条件的领域，集约资源、重点突破，突出做大新能源汽车、新材料产业，大力发展智能制造、文化旅游、健康养老等产业，着力培植新的经济增长点。顺应工业化与信息化、制造业与服务业深度融合等新趋势，加强商业模式创新，推动跨界融合发展，着力突破“互联网+”，大力培植经济新业态、新模式，提升产业企业的活力和素质。深入推进大众创业、万众创新，进一步优化环境、营造氛围、搭建平台、创新服务，培育更多的发展主体、服务主体，切实增强发展内生动力。

加快载体平台建设，推进产业集群集聚发展。把园区作为产业聚集的主阵地、转型升级的主战场，深入实施经济开发区转型升级“三年行动计划”，坚持集群布局、集成创新、集中突破、集约发展，加强现有项目、企业整合，搞好产品、项目筛选，集中配套，打造现代化示范园区。加快朱刘新能源产业园、宝都创业园等镇街特色产业园区发展，构建各有侧重、各具特色、相互补充的产业发展格局。加快企业创新平台建设，着眼提升产业核心竞争力，以龙头企业为依托，加强与高等院校合作，大力支持企业创建高水平研发机构。加强公共服务平台建设，重点打造公共技术研发平台、科技成果转化平台、创新创业孵化平台，增强公共服务平台的辐射带动力。依托载体平台大力推进招商引资，着力引进产业项目、创新项目、基础设施项目，用项目撑起发展的骨架。树立“谁发展支持谁”的鲜明导向，集约优势资源支持企业技术改造、增资扩产，全要素保障企业发展和项目建设。

（二）突出产城融合，建设现代城市。城市是区域发展的中心、产业发展的平台、人民生活的家园。要认真落实中央城市工作会议精神，顺应城市工作新形势、改革发展新要求、人民群众新期待，转变城市发展方式、提升城市治理水平，全力打造产城融合、山水相依、“三生”和谐、宜居宜业的现代城市。

优化空间布局。统筹好空间、规模、产业结构，抓住潍坊打造交通物流枢纽城市的机遇，积极与潍坊中心城区对接融合。突出基础设施对接，争取轨道交通、快速公交系统等设施向昌乐延伸，构建一体化发展大格局。突出产业发展对接，瞄准潍坊市重点产业发展方向，积极争取政策支持，充分接受辐射带动，逐步形成横向错位发展、纵向分工协作的格局。突出生态环境对接，以城区东南部山林资源为突破口，进一步优化提升区域生态水平，打造潍坊“后花园”。突出治理水平对接，对标潍坊中心城区管理标准提升县城治理水平，逐步推进县城与中心城区深度融合。

强化产城融合。坚持以产兴城、以城聚产、产城互动，在产城融合发展中培育需求、提升供给，在产城互动中配优资源、完善功能，在产城共进中实现同步升级，不断增强城市发展动力。着眼“宜居”，提升健康养老医疗服务功能，大力发展健康养老产业，打造区域健康服务中心；提升生态旅游功能，用足用活首阳山、丹河、桂河等独特自然禀赋，建设亲山近水、林城相依的山水园林城市。特别是结合房地产去库存，按照提高门槛、规范秩序、控制总量、提升品质的思路，加快房地产业转型升级，促进房地产市场健康有序发展。着眼“宜业”，提升信息网络服务功能，促进现代信息技术与城市管理服务融合，加快建设“智慧城市”；提升商贸物流服务功能，加快发展现代物流产业，打造半岛物流的重要枢纽；提升金融资本服务功能，繁荣金融产业，为资本的有效聚集、优化配置搭建服务平台。着眼“特色”，提升教育服务功能，吸引聚集国内外优质教育资源、人力资源，打响现代教育品牌；依托火山宝石独特资源，发挥中国宝石城和中国（昌乐）国际宝石博览会平台作用，突出搞好品牌、质量、诚信建设，打造具有较强影响力的黄金珠宝加工交易基地。鼓励发展城郊游、乡村游，引导发展民宿经济、周末经济，建设旅游城市。

提高治理水平。把安全放在第一位，落实到城市工作和城市发展各个环节各个领域，健全城市重大公共安全工作体系，完善以信息化、大数据为支撑的立体化运行系统，保障城市安全和谐有序运转。大力实施城市修补、生态修复工程，加快老旧小区改造、老旧管网更新，优化城市路网和交通组织方式，让人民群众在城市生活得更方便、更舒心、更美好。加强城市共治共管、共建共享，推动政府、社会、市民同心同向行动，凝聚起城市治理的合力。把城市工作的重心放在社区，推动发展资源向社区聚集、管理和服务向社区下沉，努力把社区打造成市民创业的发展平台、和谐宜居的幸福家园。

（三）坚持城乡统筹，建设美丽乡村。城乡发展一体化是解决“三农”问题的根本途径。要健全城乡发展一体化体制机制，深入推进农业供给侧结构性改革，推动新型城镇化与农业现代化协调发展，努力实现农业强、农村美、农民富。

加快发展现代农业。以品牌质量为统领，以增加农民收入、保障有效供给为主要目标，优化农业产业、生产、经营体系，加快向绿色生态可持续转变。深度调整农业结构，认真落实“藏粮于地、藏粮于技”要求，围绕市场需求变化，着力调整产品、经营、区域、产业结构，加快向设施农业、高效农业、特色农业、高端农业迈进，不断增加绿色优质农产品供给。发展适度规模经营，推进“三权分置”，着力培育新型农业经营主体和服务主体，鼓励规范工商资本投资农业农村，引导土地向种养大户、专业大户流转，大力发展现代农业园区。推进三产融合发展，借助“互联网+”培育新业态，提高农业全产业链效益，实现接二连三、融合发展。狠抓质量安全监管和品牌创建，支持“三品一标”认证，加快农业科技创新推广，健全农产品质量监控、检测、追溯体系，增创农业发展新优势。大力发展合作经济，加快新型职业农民培育，拓宽农民增收渠道。深化农村产权制度改革，健全农村产权交易体系，激发农村发展活力。加快农村集体经济发展，提高村级组织自我保障水平。

培育发展特色小镇。坚持规划引领，突出产业、生态、文化、功能特色，推进产、城、人、文、社融合，着力打造产业“特而强”、机制“新而活”、功能“聚而合”、形态“精而美”的特色小镇，形成镇域发展新引擎。突出产业支撑，立足“一镇一业一特色”，加快产业园区规划建设，加速要素资源整合，推进项目集聚，增强镇域经济实力。创新体制机制，实施扩权强镇，推进公共服务向镇街延伸，盘活闲置资源，激发镇域活力，提升小城镇承载力、吸引力，打造创新创业聚集地。

深入推进农村新型社区建设。按照城乡发展一体化、公共服务均等化、社区治理现代化要求，全面提升社区管理服务功能。结合村“两委”换届选举，理顺社区、行政村、自然村关系，建立现代社区治理体制。深化农村新型社区服务中心建设三年行动计划，打造区域公共服务平台，提升为民服务水平。抓社区带动村庄，加大农村环境综合整治力度，完善村庄公共基础服务设施，全面提升人居环境。因地制宜打造精品特色村庄，注重乡土味道、保留乡村风貌，真正留下记忆、记住乡愁。

（四）推动绿色发展，建设生态家园。碧水蓝天是最大的民生福祉。要坚持绿色惠民，牢固树立绿水青山就是金山银山的理念，推动形成绿色发展方式和生活方式，让绿色成为昌乐的底色，绿色发展成为新的增长点。

加强生态治理和修复。尊重自然、顺应自然、保护自然，切实做好控气、治山、植绿、护河的文章，改善群众身边的生态环境。实施控气工程，持续推进重点区域、重点行业大气污染防治，进一步优化区域空气质量。实施治山工程，推进废弃矿坑、破损山体、低丘缓坡整治修复，让山体重新变绿。实施植绿工程，坚持全域绿化，持续开展国土绿化，因地制宜建设城市街头绿地、湿地公园，提升城乡绿化水平。实施护河工程，推行“河长制”，强化水源涵养区、饮用水源地保护，加强污水处理设施建设，抓好河流生态修复，切实维护水生态系统安全。实施严格的水资源管理制度，提高中水回用水平，建设节水型社会。

加大生态保护力度。深入探索经济增长与生态文明双赢道路，运用产业化手段抓好生态建设，发展绿色经济和绿色产业，推进制造业绿色改造，建立绿色低碳循环发展体系。充分发挥环境硬约束作用，引领企业改造升级，倒逼产业结构调整。严控高耗能、高排放行业发展，坚决完成节能减排目标。提高全民生态文明意识，引导全社会形成绿色低碳、文明健康的生活方式和消费模式。

健全完善生态文明制度体系。严格落实环保法律法规，健全生态文明制度，强化矿产资源保护，对一切环境违法行为实行零容忍，坚决守住生态底线。强化党政同责、一岗双责机制，完善奖优罚劣生态补偿机制，坚决守护好昌乐的山山水水。

（五）强化文化引领，建设文明高地。文化是民族的血脉，是人民的精神家园。要坚持以高度的文化自觉和文化自信，加快文化事业发展，满足人民群众精神文化需求，不断提升文化软实力。

坚持以先进文化和核心价值观为引领。深入开展中国特色社会主义理论体系学习教育，广泛开展理想信念教育，深化爱国主义、集体主义、社会主义教育，巩固全县人民团结奋斗的共同思想基础。加强教育引导、舆论宣传、文化熏陶、行为实践、制度保障，使社会主义核心价值观内化于心、外化于行。大力选树先进典型，引导人们见贤思齐、崇德向善。

突出道德滋养、以文化人。深入实施“四德”工程，推动移风易俗，坚持文明城市、文明村镇、文明单位、文明家庭同步创建，党风、政风、家风、社风一体建设，使讲诚信、重孝道、友邻里、守法律、知荣辱成为全县人民的行为自觉。完善公共文化服务体系，实施文化惠民工程，加快文化中心建设，开展全民阅读、全民学习活动，让人们接受丰富多彩的文化生活熏陶。

把握正确的舆论导向。严格落实意识形态工作责任制，牢牢掌握领导权话语权。弘扬崇实重干、敢为人先、公平法治、开放包容的精神，在全社会形成说昌乐好、对昌乐亲、为昌乐干事的思想共识和价值追求。坚持党管媒体原则，唱响主旋律，传播正能量，展示昌乐好形象。

（六）推进共建共享，建设幸福生活。人民对美好生活的向往就是我们的奋斗目标。要坚持以人民为中心的发展思想，按照人人参与、人人尽力、人人享有的要求，坚守底线、突出重点、完善制度、引导预期，着力富民惠民，切实保障和改善民生，增进人民福祉。

坚决打赢脱贫攻坚战。把脱贫攻坚作为重大政治任务，按照小康路上一个都不能掉队的要求，扎实推进精准扶贫、精准脱贫，因人因地实施发展脱贫、保障脱贫、健康脱贫，提高贫困人口自我发展能力，增强扶贫实效。严格落实扶贫开发工作责任制，确保贫困人口全部如期脱贫。

全面发展社会事业。坚持普惠性、保基本、均等化、可持续的方向，增加公共服务供给，提高共建能力和共享水平。坚持教育优先发展，提高教育质量，办好人民满意教育。加快建设“健康昌乐”，建立覆盖城乡的基本医疗卫生制度和现代医院管理制度，全方位全周期保障人民健康。健全社会保障体系，织密扎牢民生保障网。完善就业服务体系，鼓励以创业带就业，让劳动者用勤劳的双手创造幸福生活。坚持计划生育基本国策，发展体育事业和体育产业，完善社会救助体系，积极发展社会福利和慈善事业，切实抓好人口、妇女、儿童、老龄和残疾人等方面工作。

进一步提高社会治理水平。平安是最基本的公共产品。要改进社会治理方式，坚持系统治理、依法治理、综合治理、源头治理，推进社会治理法治化、智能化、专业化，构建全民共建共享的社会治理格局。落实社会治安综合治理领导责任制，推行网格化治理，依法打击违法犯罪行为。完善矛盾纠纷多元化解机制，强化决策风险评估，狠抓源头防控。坚持安全发展，严格落实安全责任制，强化重点领域安全风险点专项治理，突出生产、交通、食品等重点行业安全监管，建设平安昌乐。

践行五大发展理念，在全面建成小康社会进程中走在前列，必须强化支撑，激活动能。

推进改革开放，激发发展活力。改革开放是推动发展的制胜法宝，必须以经济体制改革为重点全面深化改革，增强发展新动能。突出农村集体资产股权能改革国家试点工作，激活农村各类生产要素的潜能。深化投融资体制改革，推动融资渠道多元化，激活各方面扩大有效投资的动力。深化财税分配体制改革，鼓励镇街培植税源、做强财政。深化行政管理体制改革，切实做好“放管服”工作。深化科技体制改革，推动科技创新更好地为产业发展服务。加大公共服务和民生领域改革，持续推进社会领域改革创新。扩大对外开放，集聚要素资源，坚持引进来与走出去并举、引资引技引智并重，构建全面开放格局。积极吸引国企、央企和国内外行业领军企业来昌投资，着力在引进大项目、好项目上实现新突破。发挥好申易物流海关监管场所的引领作用，培育开放竞争新优势。引导企业家当好开放的主角，增强合作意识，积极参与全球产能合作、产业分工，提升企业国际竞争力。建立健全投资政策和服务体系，依法保护所有合法投资主体，营造有利于国内外生产要素集聚的营商环境。

推进创新创业，转换发展动力。把“双创”作为推动经济增长的新引擎、结构转型升级的新动能，有效调动和激发全社会发展活力。大力倡树“敢为人先、百折不挠”的创业精神、“崇尚创新、宽容失败”的创新精神，形成鼓励创造、追求卓越的创新文化，使全社会始终充满向上的力量。突出企业创新主体地位，引导人才、资本、技术等创新要素向企业聚集，促进创新链、产业链、资金链精准对接。高度重视企业家、创新人才、党政干部“三支队伍”建设，尤其要加强企业家队伍建设，理解、尊重、爱护、支持企业家，激发企业家上新创新积极性和二次、三次创业的激情。实施高端人才引进行动计划，着力引进行业领军专家和高层次创新创业团队。充分发挥大学生创新创业孵化基地、科技创新孵化中心等“双创”载体作用，构建低成本、便利化、全要素、开放式的众创空间，打造创新创业人才集聚区。发挥“互联网+”聚众智、汇众力的乘数效应，推动创业向各行各业拓展，加快形成百姓创家业、能人办企业的良好氛围。突出抓好发展软环境建设，放宽政策、放活主体、放开空间，把创业门槛和成本降到最低，着力营造优越的“双创”环境，构建“亲”“清”政商关系。

推进民主法治，凝聚发展众力。坚持人民主体地位，发展更加广泛、更加充分、更加健全的人民民主，形成政通人和的好局面。坚持人民代表大会根本政治制度，支持人大及其常委会依法履职，促进民主政治建设。充分发挥人民政协作为协商民主重要渠道作用，推进协商民主广泛多层制度化发展。做好民族宗教、对台、侨务、老龄、关工委等工作，充分发挥工会、共青团、妇联、文联、残联、科协等人民团体的桥梁纽带作用，把社会各界的智慧和力量凝聚到加快发展、干事创业上来。坚持党管武装，促进军民融合深度发展。坚持依法治县、依法执政、依法行政，推进法治昌乐、法治政府、法治社会一体建设，促进治理体系和治理能力现代化。推动党员干部带头尊法学法守法用法，把各方面的工作纳入法治化轨道。

三、坚持党要管党、从严治党，肩负起决胜全面小康建设现代昌乐的历史使命

事业成败，关键在党，关键在党要管党、从严治党。要认真贯彻落实中央对党的建设的一系列决策部署，切实强化管党治党责任，把全面从严治党要求贯穿于全面小康建设全过程，落实到党的建设各方面，为完成新的历史使命提供坚强政治保证。

（一）切实强化党的领导。突出把方向、管大局、作决策、保落实，充分发挥县委总揽全局、协调各方的领导核心作用，切实强化对各领域、各方面的领导，确保上级决策部署在昌乐落地落实。进一步加强和改善对经济工作的领导，适应把握引领经济发展新常态，改进领导观念、体制和方式方法，更好地落实新理念、引领新发展；强化对意识形态工作的领导，以强烈的责任感和担当精神把党管宣传、党管意识形态的要求落到实处；牢牢把握党对全面深化改革和法治建设的领导权，确保各项改革和法治建设沿着正确的方向推进。

（二）全面加强党的建设。着眼提高党的领导水平和执政水平，全面推进党的思想建设、组织建设、作风建设、反腐倡廉建设和制度建设。紧紧围绕坚定理想信念，推动党员干部深入学习马克思列宁主义、毛泽东思想和中国特色社会主义理论体系，学习习近平总书记系列重要讲话精神，以党章党规为遵循，切实增强政治意识、大局意识、核心意识、看齐意识，自觉在思想上政治上行动上同以习近平同志为核心的党中央保持高度一致。强化各级领导班子建设，健全完善全委会、常委会、党组会工作机制，严格执行民主集中制，完善决策咨询机制，提高党委工作制度化、规范化、程序化水平。强化干部队伍建设，突出提高干部专业素养，着力强化做好群众工作能力，深入推进学习型党组织建设，打造“专家型”干部队伍。贯彻党管干部原则，坚持正确的用人导向，抓住想干事、敢干事“两个关键点”，突出干事创业，坚持实绩至上，让想干事、敢干事、有作为的干部得到褒奖和重用。坚持党管人才原则，统筹推进各类人才队伍建设。强化重视基层、大抓基层的鲜明导向，着力解决软弱涣散党组织和集体经济薄弱村“两大问题”，深入实施基层服务型党组织建设“三年行动计划”，推进基层组织建设全面进步、全面过硬。

（三）坚定不移推进全面从严治党。坚持严字当头，全面落实从严治党各项任务，推动全面从严治党向纵深发展。坚持思想从严，强化思想教育，坚决把牢世界观、人生观、价值观这个“总开关”。坚持管党从严，认真落实党委主体责任和纪委监督责任，严格执行党章党规，做到真管真严、敢管敢严、长管长严。坚持执纪从严，始终把纪律挺在前面，用好监督执纪“四种形态”，释放“越往后执纪越严”的强烈信号，抓早抓小，动辄则咎，真正让纪律成为“带电的高压线”。坚持治吏从严，突出管好各级干部特别是领导干部这个“关键少数”，认真执行党内监督制度，全面加强和规范党内政治生活。坚持作风从严，严格贯彻执行中央八项规定精神和省委实施办法、市委落实意见，切实解决好群众身边的不正之风。坚持反腐从严，以零容忍态度惩治腐败，始终保持反腐惩恶高压态势。坚持一手警钟长鸣，一手激励干事，健全容错纠错机制，加大正向激励力度，坚持“三个区分开来”，旗帜鲜明地为敢于担当的干部担当，为敢于负责的干部负责，构建风清气正的政治生态、担当有为的干事生态、创新创业的社会生态，让广大党员干部在全面建成小康社会进程中奋发有为、再立新功。

在全县作风建设年动员大会上的讲话

昌乐县委书记 卞汉林

（2017 年 3 月 10 日）

在各项工作开局破题的关键时期，我们召开这次作风建设年动员大会，主要是深入学习贯彻党的十八届六中全会精神，落实市县党代会和潍坊市作风建设年活动要求，安排昌乐县作风建设年具体任务，动员广大党员干部崇实重干、克难攻坚、鼓足干劲、进位争先，为决胜全面小康建设现代昌乐营造更加优越的环境。下面，我讲四个方面的问题。

一、站在事业发展百姓利益的高度，充分认识加强作风建设的重要性和紧迫性

作风建设是党的建设极其重要的组成部分，作风抓实就是生产力，抓细就是凝聚力，抓强就是战斗力。我们党历来高度重视作风建设，毛泽东、邓小平、江泽民、胡锦涛等领导人都对作风建设提出明确要求，形成党的优良传统和宝贵经验。十八大以来，以习近平同志为核心的党中央更是把作风建设摆到突出位置，连续开展群众路线教育实践活动、“三严三实”专题教育、“两学一做”学习教育，出台八项规定，狠刹“四风”顽疾，重拳惩治腐败，打出一系列作风建设的“组合拳”，党风政风为之一新，党心民心为之一振。作风已经成为一个地区发展软环境、干部精神风貌和社会文明进步的综合体现，既关乎事业成败又关乎执政之基。当前，决胜全面小康建设现代昌乐的各项目标任务已经明确，变“规划图”为“施工图”，关键在干部，根本靠作风，加强作风建设，怎么强调都不过分，怎么抓都不为过。

（一）加强作风建设就是适应发展新常态、增强发展内生动力，必须驰而不息、常抓不懈。当前，昌乐正处在滚石上山、爬坡过坎的重要关口，发展形势、发展政策、发展路径都在发生深刻变化，面临许多难以预料的困难和挑战。新常态下，区域之间的竞争，根本的要靠开明宽松的政策环境、优质高效的政务环境、规范公平的市场环境。进一步讲，靠的是广大党员干部的想为善为、主动作为。好的作风本身就是好的环境。哪里的干部想干事、能干事，哪里的发展环境好，哪里就能吸引更多的资源和要素。形象点讲，环境是气候、是生态，哪里气候适宜、生态良好，哪里生产力就活跃，经济发展就好。过去几年，昌乐的招商引资、产业发展，如果说有些问题，一个重要方面就是环境问题。如果我们再不转变作风，优化发展环境，就会在新一轮发展中丧失机遇，在区域竞争中掉队。时不我待，我们必须全面改进作风，把软环境变成硬实力，形成“洼地效应”，努力在区域竞争中占得先机、赢得主动。

（二）加强作风建设就是密切党群干群关系、巩固党的执政基础，必须抓实抓细、抓常抓长。习近平总书记强调，党的作风是党的形象，是观察党群干群关系、人心向背的晴雨表，党的作风正，人民的心气顺，党和人民就能同甘共苦。作风是群众和市场主体评判我们的一把尺子。去年，昌乐县的群众满意度虽然位居全市前列，但信访“两量”居高不下。我来昌乐的这段时间里，县级机关综合办公楼前上访不断，人民来信一封接一封，在这样的情况下，还能有较高的满意度，说明我们的群众胸怀是宽广的、民风是淳朴的，问题主要出在干部队伍的作风上。我们不能就满意度抓满意度，不能靠临秋末晚搞大走访，求着老百姓说我们好，而是要靠平时扎实有效的工作赢得老百姓的信任和支持，让他们发自内心地为我们点赞。群众的眼睛是雪亮的，只要我们心里有群众，群众心里就有我们。因此，我们必须深入持久转作风，以良好的党风政风带动社风民风，筑牢夯实执政之基。

（三）加强作风建设就是推进全面从严治党、打造忠诚干净担当的干部队伍，必须正本清源、立根固本。“打铁还需自身硬”，这是我们党的庄严承诺。抓作

风建设，目的是让党员干部在思想上站稳党性立场，在党性上集中“补钙”“加油”，改善政治生态。前期，我到基层调研时，有的企业和群众就反映说，昌乐不缺干部，缺的是有激情、敢担当、能攻坚的干部。这从另一个侧面反映出，群众对我们干事创业加快发展充满期待。特别是在经济下行压力持续加大的情况下，干部队伍的精神状态如何、作用发挥怎样，直接影响着经济发展水平。因此，必须站在全面从严治党的高度抓作风，坚决纠治庸懒散浮等问题，着力锻造一支具有铁一般信仰、铁一般信念、铁一般纪律、铁一般担当的干部队伍。

（四）加强作风建设就是提振党员干部“精气神”、进位争先创一流，必须抓在实处、打在点上。邓小平同志曾说过，没有一点“闯”的精神，没有一点“冒”的精神，就走不出一条好路，走不出一条新路，就干不出新的事业。我们要求以“走在前列”定位昌乐的发展和工作，包括全面建成小康社会要走在前列，转型发展要走在前列，重要领域和关键环节改革要走在前列，作风建设更要走在前列。抓好作风建设，才能提升境界、勇闯新路、争创一流，才能提振心气、凝聚力量、鼓舞士气，才能调动广大党员干部的积极性、主动性、创造性。因此，必须紧紧抓住发展这个关键点不放松，用发展统一思想，在干中检验干部，着力凝神聚气鼓劲，将作风建设的要求落实到党员干部的实际行动中，实现抓作风促发展，双促进双提升。

党的十八大以来，随着作风建设的深入推进和各种约束的不断收紧，广大党员干部的纪律意识、规矩意识明显增强，“四风”问题得到有效遏制，但是敢担当善作为特别是主动作为的作风没有同步树立起来，相反的是在不同层面、不同领域出现庸政懒政怠政、“为官不为”的现象。突出表现在四个方面：

第一，心存私念不敢为。主要是面对困难不担当、面对工作怕担责，心中只有自己，没有党的事业和群众的期盼，多一事不如少一事，大事小事能推不揽。这样的干部私心重、公心轻，见到困难就缩手，遇到矛盾就甩手，丢掉大局意识和基本信仰。在领导层面，主要是有的同志敢闯敢试的劲头不足，面对发展困难缺乏攻坚克难的锐气、大胆负责的勇气，缺少大刀阔斧、奋力开拓的精神头。在部门层面，主要是把“不出事”作为最大原则，怕出问题、担风险，对企业和群众的诉求打着“讲规矩”“按程序”的旗号，一句“办不、不能办”打发事，把遵守规矩当成不作为的挡箭牌；有的部门对安排部署的工作，非得要有会议纪要才去办，有的甚至让政府出证明，压根就忘自己是政府的职能部门，忘自己的职守和职责。在镇街和社区（村）层面，主要是对安全生产、生态环保、信访维稳等难点工作，怕惹火上身，怕矛盾缠身，避而远之，矛盾上交，责任上推，只求自己安全，不求事业发展，甚至宁肯换岗位也不愿担责任；对房屋拆迁、矿产整治、资产盘活等问题，怕触及利益、出乱子，不敢得罪人，下不决心推，导致一些工作和项目进展缓慢。

第二，庸懒散浮慢作为。主要是慵懒思想严重，办事拖沓、效率低下，心浮气躁、自由散漫，破坏环境，贻误发展。这是责任心不强、不想为的表现，没有把群众的事情、企业的事情当作自己的事情来办，缺少雷厉风行、马上就办、办就办好的作风，激情活力不足。在领导层面，主要是有的同志对安排的工作跟踪问效不及时，抢先抓、往前赶的意识不强，一些工作有部署没回音，石沉大海。在部门层面，主要是工作懒散、纪律松弛，“上下班一小时”现象大量存在，一上班先聊一小时的故事，临下班再聊一小时的饭局，整天拖拖沓沓、混天熬日；“15号干部”大有人在，喝着茶水、玩着手机盼着15号发工资，工资晚发一天也有意见，少发一毛也打听一圈；有的明知上级有政策、有资源也不汇报、不争取，怕苦怕累怕麻烦，就是不怕影响昌乐的发展。在镇街和社区（村）层面，主要是对上级部署搞选择性落实，有利的就优先办，难办的就拖着；有的年轻同志一心只想向上考，对岗位工作不闻不问甚至应付事，把岗位当成考试的平台，逢考不落，一心想走；有的对安排的工作，张口就说“我不会”，推辞不干，不会也不学习不研究；有的一碰到硬任务、急任务就以各种借口转圈逃避；有的感觉提拔无望，遇事能躲则躲、能推则推，工作安于现状，不思进取，得过且过；还有的自己不干事，老瞅别人脚后跟，挑毛病、说风凉话。

第三，能力不足不会为。主要是学习不主动、业务不精通、方法不管用，能力水平跟不上形势变化和工作需要，面对问题不得要领、无所适从；思想不解放，境界不高，思路不宽，有的甚至束手无策。究其原因是能力不足、素质不硬，主观能动性不强。在领导层面，主要是有的同志工作方法单一，过于依赖会议推动落实工作；有的对分管工作听汇报多，缺少深下去调查研究，创新性、突破性的办法偏少，加快发展、进位争先的能力不强。在部门层面，主要是有的负责同志不学政策、不懂业务，一问三不知；有的干部存有惯性思维和路径依赖，在招商引资、项目建设等工作中凭经验、用老办法，对新政策新导向新产业新业态跟进学习不及时，知识储备不足，指导工作时出现本领恐慌、能力危机。在镇街和社区（村）层面，主要是有的干部不注重研究，面对特色小镇建设、农村改革、集体经济发展等工作思路不清、目标不明、措施不硬；有的干部做群众工作能力不强，不会拉庄户呱、办群众事，吃不起苦、受不住累，应变能力和解决问题的能力差；有的干部浮在下面的上面，脚不触地、手不碰泥，工作不得要领，把握不住发展规律和工作方法。

第四，缺少敬畏乱作为。主要是不按规矩、规则办事，滥用、乱用手中权力，见到利益就伸手，面对诱惑就动心，优亲厚友，办事不公。究其原因是法纪观念淡薄、规矩意识不强，放松自我要求，缺少对权力的敬畏、对组织的敬畏、对人民的敬畏。在领导层面，主要是规范化建设抓得还不到位，有时还存在不按规则办事的现象。在部门层面，主要是缺少大局意识，该变通的不会变通，不该变通的想着办法乱变通，违规审批、越权行事，甚至一些职能部门的人员利用手中职权，非法参与矿产资源开采加工运输等，有的当内鬼通风报信，影响极坏；有的同志不比工作、不比业绩，见不得别人一点进步，看到别人提拔重用就眼红，无中生有、造谣诽谤，通过不正常渠道诬陷他人，破坏政治生态。对这样的人必须一查到底、严惩不贷。在镇街和社区（村）层面，主要是个别镇村干部弄虚作假、欺上瞒下、为所欲为，有的插手矿产资源、违法建设等，损害干部形象，群众反映强烈，造成社会不稳定。

上述问题，有些在各方面交叉共有、同时存在。各级干部都要对号入座，主动认领，有则改之，无则加勉。这些问题虽然发生在少数人身上，但影响恶劣、危害极大，如果不及时解决，就会形成破窗效应，破坏发展环境，阻碍昌乐发展。另外，随着改革发展地不断深入，许多躲不开、绕不过的矛盾和困难会不断凸显，广大党员干部必须切实增强作风建设的责任感、紧迫感，自觉把思想统一到县委的决策部署上来，以更加坚决的态度、更加有力的措施解决好作风中的突出问题，以优良的作风推动昌乐更大更高水平发展。

二、对症下药动真碰硬，着力在解决突出问题中改作风树形象优环境

改进作风，必须坚持问题导向和目标导向相统一，拿出实招，用硬办法，抓住关键点，打好组合拳，环环相扣，持续推进。具体到作风建设年，要突出抓好以下四个方面：

（一）加强激励、强化担当，着力解决不敢为的问题。习近平总书记多次强调，对那些勇担当、有本事、坚持原则、不怕得罪人、个性鲜明的干部，往往会出现认识不一致的情况，组织上一定要为他们说公道话。我们的导向也非常明确，就是为担当者担当、为负责者负责，允许试错、宽容失败。领导同志要敢于担当，拎着乌纱帽干工作，不能捂着乌纱帽去干事；部门和镇街的同志要把高标准履职尽责作为基本要求，日常工作能尽责、难题面前敢负责、出现过失敢担责，不仅要为干事者担责，还要以身作则，带头做出表率。要营造宽容公正的氛围，坚持“三个区分开来”，只要是为发展，只要不触碰法律底线，即使出现失误，组织也会客观宽容对待。同时，千斤重担大家挑，该集体承担的决不让一人承担，该上级承担的决不推给下级承担，以实际行动为敢于担当者保驾护航。纪检、组织部门要结合上级精神，研究制定容错纠错机制，进一步完善考评办法，不让干事者吃亏，也不让不干事者获益。要大力倡树干事创业的用人导向，坚持“三个导向”相统一，坚决不搞论资排辈、平衡照顾，谁最能胜任工作就选谁，谁最能干好就用谁，谁最有办法就让谁干，真正把那些想干事、敢担当、善作为的优秀干部选拔到领导岗位上来，让积极作为的有位子、安于现状的让位子、碌碌无为的没位子。

（二）坚定信念、加强教育，着力解决慢作为和不想为的问题。现在不少干部反映，奖金福利没有，权力管制也严，同样是干工作，付出也不少，“收益”却大不如前，工作积极性明显减弱。说到底，这是理想信念不牢、素质境界低。加强理想信念教育是事业成功的动力和源泉。如果内心没有动力，前方没有引力，身后没有压力，久而久之就会思想倦怠、精神迷惘。要不断强化党性教育，结合作风建设年活动，进一步深化“两学一做”学习教育，深入抓好党的宗旨观念、党性党风党纪等方面的教育，坚定信念，锤炼党性，切实增强履职尽责、干事创业的内生动力。同时，要落实好政策范围内的各项福利待遇，激发大家干事创业的激情。要以为民务实的精神做好本职工作。大家都要经常想一想“入党为什么，在岗干什么，身后留什么”，县级领导同志要精神饱满、激情干事，为官一任、造福一方，真正在昌乐留下点脚印，留下点以后回想起来引以为豪的事情，不辜负组织和人民的重托，不辜负亲人和朋友的期望。镇街的同志要守土有责、守土负责、守土尽责，夙兴夜寐推动发展，全心全意造福群众，不能干一年、两年、三年还是涛声依旧，发展面貌不见变化。部门的同志要竭尽全力履职尽责、服务发展，不能只想当官、不想干事，贻误昌乐的发展。要以制度倒逼事项办理。有明文规定的必须按规定办理，要求一天办理的必须一天办完。规定就是硬杠子，谁也不能越线。要强化责任意识，提高办事效率。县级领导要带头作出表率，需要批示的文件、作出的安排要立即处理，事不过夜。群众事情无小事，部门和镇街的同志要换位思考，把群众的诉求、企业的需求当成自己的事情，尽心尽力尽快办好。纪检监察部门要加强督促检查，对有令不行、有禁不止，不作为、慢作为的要严肃处理，谁跟人民群众和市场主体过不去，我们就跟他过不去，调整他的位置、摘掉他的“帽子”。

（三）加强学习、提升本领，着力解决不会为的问题。经济发展进入新常态，面对新理念新思想新战略，不学习就跟不上形势、干不好工作。各级党员干部要把学习贯穿于工作和生活的全过程，认真学习、主动学习，请进来教、走出去学，在学思践悟中开阔视野、开阔思路、开阔胸襟，更好地担负起职守职责。要求知若渴主动学，从不必要的应酬和繁杂的事务中解脱出来，挤出时间安下心来学习，静下心来思考，潜下心来感悟，不断提高自己的知识层次和领导水平。要有的放矢精准学，立足岗位实际，有针对性地加强对经济社会发展新趋势新动态的研究，强化对经济政策、改革举措、法律知识的系统学习，提高运用专业思维、专业素养、专业方法指导和推动工作的能力。县级领导同志要带头把握上级精神和最前沿的政策消息，对分管的工作、包靠的片区系统深入研究，出意见、定思路；部门的同志要定位专家型干部的标准，加强业务学习，做好指导服务，当好县委县政府的参谋助手；镇街的同志要注重研究基层工作经验办法，提升发展经济、应对风险、维护稳定的能力，增强驾驭复杂全局的本领。要学以致用善创新，聚焦发展重点、难点问题，把所学知识转化为改革创新的思路办法，拿出探索真知、求真务实的态度，创造性地推动工作开展。

（四）严格纪律、遵守规矩，着力解决乱作为的问题。我们应当经常想，干的事情经不经得起历史的检验，能不能得到群众的认可，会不会成为后人的包袱。在这方面，应该把握好这么几点：秉公用权。各级党员干部要谨记手中的权力来自人民，不是可以任意使用的私器，必须坚持权为民所用。只有自身腰杆硬，说话办事才有底气。如果不该管的管，不该插手的插手，许多事情就难以说清、难以撇清，群众就会有意见。大家一定要自觉秉公规范用权，用手中的权力创造出一流的工作业绩。依法用权。绝对的权力导致绝对的腐败，有权也不可任性。各级领导干部必须恪守权力边界，不踩“黄线”，不越“红线”，严格按政策法规和程序制度办事，始终保持自觉抵制特权思想的定力，做到在法律约束下用权，在制度笼子里用权。阳光用权。以公开透明为方向，扎实推进党务、政务、司法公开和各领域办事公开，确保权力在阳光下运行。要强化监督，加强对领导干部、关键岗位的监督，加强对决策和执行等环节的监督，加强对人财物管理的监督，做到无空白、无禁区。要突出规范化建设，对公共资源配置、安全监管、基层治理等逐项梳理、逐一规范，避免工作随意性，有效堵塞漏洞。

三、崇实重干注重实效，以攻坚克难成果检验作

风建设成效

抓作风建设，最关键的落脚点就是能攻坚、善克难。要把能打硬仗、敢啃硬骨头作为检验作风的试金石，真正把作风建设的成效体现在重点难点工作的推进落实上。

一要把作风建设成效体现在维稳攻坚上。大事难事看担当，稳定就是大事难事。对待维稳工作，必须事不避难、义不逃责，尤其要针对信访现状，切实搞好源头预防，彻底解决信访乱象。要将维稳攻坚体现在化解信访积案上，立足“事要解决”，拿出“问题终结者”的姿态，一人一策、一案一策，及早尽快解决，决不能新官不理旧账。要将维稳攻坚体现在依法处理非访、规范信访秩序上。2017 年大事要事多，省党代会 5 月召开，下半年还将召开党的十九大，以及进行村“两委”换届选举，越是关键时期越要体现过硬作风。要一手抓问题解决，一手抓依法处理。对于非正常上访的，先依法处理违法行为，再解决信访合理诉求。对于缠访闹访、以访牟利、借访滋事特别是对于“职业化”从事闹访的，要专门调查，坚决依法处理。要将维稳攻坚体现在标本兼治、源头预防上，坚持关口前移、重心下移，严谨细致地做好矛盾排查化解，抓早抓小抓苗头，一竿子插到底，全覆盖、无缝隙进行排查，对排查出的问题建立台账，包案到人，做到问题早发现早控制早解决。

二要把作风建设成效体现在项目攻坚上。项目建设最能检验干部作风。2017 年我们提出，突出项目带动，以项目化理念推动重点工作落实，用项目搭起发展的骨架。作风建设成效要着重在项目攻坚上体现。前段时间，我们开展矿产资源集中整治，效果十分明显，社会各界反响很好，这也充分体现我们干部队伍的过硬作风和攻坚精神，要把这种势头保持好、发扬好。下步，要像抓矿产资源整治和实体项目一样拆违建、抓棚改，坚决啃掉“硬骨头”，顺利完成各项任务目标。要在拆违建中检验作风，攻坚克难、敢打硬仗，重点抓好存量违法建设治理，同步推进项目征地拆迁，争取各类拆迁的全面胜利，为加快实体项目建设扫清障碍、腾出空间。要在棚户区改造中检验作风，对确定的重点项目，抓紧出台实施方案，明确年度改造目标和工作时序，制定合理安置政策，扎实做好群众工作，力争把棚改工作打造成民生工程、民心工程、发展工程。要在推进村“两委”换届中检验作风，围绕配强班子、换出活力，以选优村“两委”带头人为核心，发扬严谨细致的作风，超前谋划、周密部署、严格程序，确保稳妥有序完成村“两委”换届选举。要在争项目、引项目、建项目上检验作风，拿出能拼会抢、见红旗就扛的精神落实“七争”要求，搞好项目策划包装，第一时间对接，靠上黏上，争取把更多政策资金引到昌乐；发扬提包就走的精神进行招商引资，宣讲好招商扶持政策，运用好以商招商、产业招商等办法，力争引进更多大项目好项目；以决战决胜的精神加快重点项目建设，着眼工业“343”培育工程和新开工重点项目，突出解决好征地拆迁、审批服务、基础配套等问题，确保项目早建成早达效。

三要把作风建设成效体现在细微服务上。习近平总书记强调，要构建“亲”“清”的新型政商关系。“亲”“清”二字关键要体现在细节上，体现在细微处。要以企业需求为导向，进一步优化发展软环境，真心实意为企业解决问题，切实让企业感受到党委政府的温暖。要把细微服务体现在对接政策上，及时全面解读政策，利用企业家协会等平台，把上级和昌乐县出台的相关政策，第一时间宣讲到企业，让政策与企业“零距离”精准对接，不折不扣落实到位。要把细微服务体现在提高效率上，结合“放管服”改革，大力实施“互联网+”政务服务，开辟绿色通道，建立项目全流程网上办理，变“企业来回跑”为“部门协同办”，做好服务企业的“店小二”。要现场办公、一线服务，开展提前服务、预约服务、上门服务，提高办事效率。要把细微服务体现在精准到位上，建立服务企业联席会议制度，从细节入手，定期集中解决企业生产经营、转型发展、建设推进过程中的突出问题，明确责任部门和责任人，跟踪问效，直至问题全部彻底解决到位。会后，各包片领导和部门的同志要结合落实工业发展大会精神，逐个片区、逐个企业调查研究，逐一列出清单，一企一策研究解决办法，提升服务企业的精准化、专业化水平。

四要把作风建设成效体现在便民惠民上。没有爱民之心，就没有好的作风。我们要围绕便民惠民增强群众的获得感，经常深入群众，了解群众诉求，解决群众问题，办好民生实事。要把便民惠民体现在联系服务群众上，大力践行一线工作法，扑下身子，多到炕头上、地头上与群众面对面交流，在入户走访中掌握民意、找准问题，增强工作实效性，密切党群干群关系。对群众交办的事项，该代办的代办、该领办的领办，关键是要让老百姓少跑腿。要把便民惠民体现在脱贫攻坚上，这项工作越到最后越复杂、越难办，现在我们面对的是贫中之贫、困中之困，要拿出拔钉子的精神，以更大的决心、更明确的思路、更精准的办法，一户一策，坚决打赢脱贫攻坚战。要把便民惠民体现在解决百姓诉求上，对群众反映强烈的信号灯、供暖、小区物业等突出问题，特别是政府承诺办好的农村中小学建设改造、道路提升和老旧小区整治改造等十项民生实事，要整合资源，下大力气一件件答复好、落实好。

四、强化领导完善机制，以更严更实的力度推进作风建设

要把抓好作风建设作为重大政治任务，加强组织领导，强化制度保障，着力拧紧作风建设的螺丝，把作风建设的要求落实到每个党组织、每名党员。

（一）领导干部要率先垂范带好头。领导带头是带动广大干部深入转变作风的无声力量。党的十八大以来，从中央八项规定到后来出台的一系列规定，中央政治局都是带头执行，作为我们来讲更应带好头，像火车一样，一节一节带起来，真正带出作风的大转变、大提升。要带头接地气，践行“干在一线、现场落实”的要求，把项目建设、企业发展、群众需求等作为载体和平台，坚持问题在一线发现、矛盾在一线解决、工作在一线落实，确保在工厂车间、田间地头每天都能见到领导干部的身影。要带头敢担当，树立公心、去除私念，把组织和人民的重托当作前进的最大动力，面临的矛盾越多、难度越大，越要增强攻坚克难的勇气，敢于对工作负责，主动为下级负责，切实把岗位职责担起来、把发展重任扛起来。要带头严以律己，凡是要求党员干部做到的，自己必须首先做到，凡是要求党员干部不做的，自己首先不做，坚决守住思想底线、法治底线、生活底线，树立形象、当好表率。

（二）体制机制的笼子要织密扎牢。抓好制度建设，是推进作风建设规范化长效化常态化的根本保障。要健全完善制度，把建立健全体制机制贯穿作风建设年始终，对行之有效的制度、规定继续坚持，对迫切需要的制度要及时制定，特别是要根据新形势新任务新要求，健全完善服务承诺制、限时办结制、群众评议制以及基层矛盾调解化解、便民服务等制度，真正使各项制度内化于心、外化于行。要探索创新机制，积极探索科学评价干部作风建设情况的考核奖惩机制，建立容错纠错、督查考核等各项新机制。要严格执行制度，制度面前人人平等、执行制度没有例外，制度一经制定，就要坚决执行到位。

（三）督查问责要督到实处问到要害。有责必履、失责必问。对上级安排部署和县委、县政府确定的重点工作、重要事项，督查部门要加大督查力度，改进督查方式，确保督到位、查到底、见实效。要开展服务经济发展软环境评议活动，对重点部门、重点岗位和重点人员进行监督测评，测评结果与单位和工作人员年度考核挂钩。要强化问责追究，对履职不到位的单位和个人，在全县通报批评并责令限期整改；对因工作落实不到位造成不良后果和恶劣影响的，严肃追究直接责任人、分管负责人、主要负责人的责任；对一切乱作为行为，要排除“说情风、关系网”的干扰，严厉查处、顶格处理，并追究单位主要负责人的责任；对作风建设长期得不到改善的单位，必要时对领导班子进行调整，一年内被问责三次的，单位主要领导自动辞职。要加大舆论宣传力度，总结宣传为民办事、服务企业的好典型，加大对故意刁难、破坏软环境行为的曝光力度，形成全社会支持发展、服务发展的良好风气和强大正能量。

同志们，加强作风建设是发展所需、民心所盼。各级各部门和广大党员干部要以高度的事业心责任感，深入持久推进作风建设，着力营造风清气正的政治生态、担当有为的干事生态、创新创业的社会生态，为决胜全面小康建设现代昌乐做出新的更大贡献。

政府工作报告

——2017年1月20日在昌乐县第十七届人民代表大会第一次会议上

昌乐县县长　邱　旺

一、过去五年工作回顾

五年来，县政府在市委、市政府和县委的坚强领导下，在县人大、县政协的监督支持下，团结依靠广大干部群众，拼搏实干，锐意进取，较好地完成了县十六届人大历次会议确定的目标任务，为昌乐新一轮发展打下了坚实基础。

经济实力显著提升。2016年，预计全县地区生产总值达到293亿元，年均增长9.6%；实现一般公共预算收入23.6亿元，比2011年翻了一番；社会消费品零售总额149亿元，是2011年的1.9倍。各类市场主体由2.2万户增加到4.6万户，增加了1.1倍。

产业发展更加协调。三次产业比例由2011年的15：51.3：33.7调整为13:43.3:43.7。农业规模经营主体、标准化示范园区、优质农产品品牌分别达到1867个、73个和232个，被评为全国农业标准化示范县。农产品质量安全网格化监管体系、无规定动物疫病区基本建成，被评为全省出口农产品质量安全示范县。建成全国首个职业农民教育培训基地，被确定为全省新型职业农民培育示范县。规模以上工业主营业务收入突破千亿元，达到1008亿元。获市长质量奖3个、省以上名牌名标44个、专利授权2675件。建设市级以上科技创新平台79个，高新技术产业产值占比达到26.1%，被评为全国科技进步先进县。服务业增加值占比提高10个百分点。新增各类金融机构17家，银行业存贷款增幅、资产质量保持全市先进水平。新创3A级以上景区、省以上旅游示范点等39处，古火山群被确定为国家自然遗产和国家地质公园。

城乡品质不断提升。城镇化率五年提高10个百分点，达到52.4%。新建改造城区道路41条、公厕33处，集中供热率、管道燃气普及率、建成区绿化覆盖率分别达到96%、88.7%和41.9%，被评为全国文明县城、国家卫生县城、国家园林县城。“智慧城市”建设试点有序推进，建成平安昌乐、智慧矿管等系统。完成镇村建设投资119.7亿元，红河镇、鄌郚镇被评为全国重点镇、省级示范镇。提升社区功能，宝都街道被评为全省城市社区建设示范街道，红河社区、鄌郚社区被评为山东省农村新型示范社区。新建农房9699户，改造农村危房3691户。

改革开放持续深化。完成新一轮政府机构、商事制度、传媒事业体制机制等改革，完成知识产权强县工程、农村宅基地确权登记颁证、公立医院综合改革等国家级试点。供销社综合改革、新型农村合作金融试点扎实推进，农村集体资产股份权能改革试点经验做法得到农业部肯定，被认定为全国农村集体“三资”管理示范县。低丘缓坡开发利用、城乡建设用地增减挂钩、工矿废弃地复垦利用试点加快实施，保障了发展用地需求。落实营改增、小微企业税收优惠等结构性减税政策，有效减轻了企业负担。推进企业股改上市，15家企业在新三板或区域性股权交易中心挂牌。五年实现进出口总额71.8亿美元，招商引资到位资金374.6亿元，利用外资1.8亿美元。成功举办1届宝石节和4届宝石博览会。

生态建设成效明显。5年累计成片造林14.1万亩，被评为全国绿化模范县。开展“386”环保行动，实施环保项目466个，拆改燃煤锅炉52台，空气、水、土壤环境质量持续改善。积极发展绿色交通，投入运营公共自行车2300辆，新增和更新清洁能源公交车354台。城乡环卫一体化通过省全覆盖认定，3个镇被评为国家级生态镇。大力发展循环经济，31家企业通过省市清洁生产审核验收，万元GDP能耗降低24.5%。加强资源节约保护，被评为全省国土资源节约集约模范县。

人民生活持续改善。居民人均可支配收入达到22580元。累计脱贫18957人。新增城镇就业及农村劳动力转移就业7.5万人。覆盖城乡的社会保障体系基本建成，低保、五保供养标准逐年提高。教育事业迅速发展，被认定为全国义务教育发展基本均衡县3002基本药物制度全面实施，基本公共卫生服务均等化水平稳步提升。计生服务持续优化，被评为全国计划生育优质服务先进县。文化事业全面发展，三级公共文化服务体系逐步健全。路网结构不断完善，公路通车里程达到2018公里。农村安全饮水实现全覆盖，“引黄入昌”工程建成投用。安全生产形势总体稳定，社会治安持续好转，信访案件逐步下降，被评为全省安全生产工作先进县、全省信访工作先进县。军民深度融合发展，民兵预备役工作扎实推进，国防动员和后备力量建设富有成效，连续被评为全省双拥模范县。妇女儿童、残疾人、老龄、慈善等事业全面发展。

政府自身建设不断加强。认真开展党的群众路线教育实践活动、“三严三实”专题教育和“两学一做”学习教育，党员干部宗旨意识、纪律意识、规矩意识、法治意识明显增强。严格落实中央八项规定精神和国务院“约法三章”，精简文件会议，压减一般性支出，清理规范办公用房，“三公”经费逐年下降，政风持续好转。认真执行县人大及其常委会决议决定并自觉接受其监督，把政治协商纳入决策程序，办理建议提案1538件。深入开展普法依法治理工作，被评为全省“六五”普法先进县。推行重大决策合法性审查、政府法律顾问等制度，建立“四张清单”，权力运行更加规范高效透明。从严落实党风廉政建设主体责任，严格执行项目招投标、重大建设项目全程跟踪审计等制度，严肃查处违法违纪案件，党风廉政建设和反腐败工作进一步加强。

各位代表，成绩的取得来之不易。这是市委、市政府和县委坚强领导的结果，是县人大、县政协和社会各界监督支持的结果，是各级各部门各单位和全县人民团结拼搏的结果。在此，我代表县人民政府，向所有关心、支持、参与昌乐改革发展的同志们、朋友们，致以崇高的敬意和衷心的感谢！

我们也清醒地认识到发展中还存在一些突出问题、面临不少挑战，主要是：综合实力较弱的基本县情尚未根本改变，经济结构不优的问题仍然突出，生态建设任务依然艰巨，教育、医疗、交通、社保等公共服务供给水平还不够高，发展环境亟需优化，少数干部精气神不足，等等。对于这些问题，我们一定高度重视，采取有力措施，认真加以解决。

二、今后五年目标任务

今后五年，是我县全面完成县十四次党代会和“十三五”规划确定目标任务的关键期，也是全面建成小康社会的决胜期。立足新方位，综观大环境，我县正处在大有可为的战略机遇期、必须善为的发展分化期和需要担当作为的改革攻坚期。面对发展新形势，我们坚信，只要抓住机遇、勇于担当，万众一心、拼搏实干，就一定能够实现科学发展的新跨越、谱写富民强县的新篇章！

按照县十四次党代会的决策部署，今后五年政府工作的总体要求是：高举中国特色社会主义伟大旗帜，坚持以邓小平理论、“三个代表”重要思想、科学发展观为指导，深入学习贯彻习近平总书记系列重要讲话精神，统筹推进“五位一体”总体布局，协调推进“四个全面”战略布局，践行五大发展理念，抓牢发展第一要务，紧紧围绕建设“经济强县、现代城市、美丽乡村、生态家园、文明高地、幸福生活”重点任务，奋力推进创新发展、产城融合、城乡统筹、绿色发展、文化发展、民生改善，努力在全面建成小康社会进程中走在前列。主要任务目标是：发展质量持续提升，经济实力明显增强，人民生活更加幸福，城乡发展更加协调，生态环境更加优化，文化发展更加繁荣，社会文明更加进步，坚决守住安全环保底线。

（一）坚定不移推进创新发展，奋力建设经济强县。紧紧围绕供给侧结构性改革主线，突出“产业兴县、工业强县”，大力实施创新驱动发展战略，全力稳增长、调结构、促转型，加快发展动力转换，培育新的竞争优势。推动产业迈向中高端。大力推进工业强基，深入落实“三去一降一补”五大任务，紧密对接中国制造2025，着力上项目、增品种、提品质、创品牌，推动工业扩量提质、转型发展。按照“敲开核桃、一业一策”思路，突出创新链引领、产业链延伸、财税链回报“三链融合”，推动产业创新发展、转型升级、提质增效。突出做强做大现有企业，推动骨干企业做强、中小企业做优、创新型成长型小微企业做大，形成梯次推进、接续发展格局。支持企业股改上市，推进上市企业增资扩股，推动企业做强做大。加强企业创新能力建设，推动创新成果转化，大力弘扬“工匠精神”，把质量品牌建设贯穿于生产流通消费全过程。加强以工业为主体的财源建设，为改革发展增强财力保障。加快培育新产业新业态新主体。突出做大新能源汽车、新材料产业，大力发展智能制造、文化旅游、健康养老等产业，着力培植新的经济增长点。积极突破“互联网+”“+互联网”，大力培育经济新业态、新模式。深入推进大众创业、万众创新，实施支持农民工等人员返乡创业国家级试点项目，增强发展内生动力。加快载体平台建设。深入实施开发区转型升级三年行动计划，加快发展朱刘新能源产业园等特色园区，推进产业集群集聚发展。支持企业建设创新平台，提升核心竞争力。集中土地等要素资源，保障企业发展、项目建设。全面深化改革，激发发展活力。坚持双向开放、双向合作，推动外经贸持续健康发展。

（二）坚定不移推进产城融合，奋力建设现代城市。围绕建设产城融合、山水相依、“三生”和谐、宜居宜业的现代城市，加快转变城市发展方式，不断提升城市治理水平。

优化空间布局。积极融入潍坊中心城区，争取轨道交通、快速公交系统等设施向昌乐延伸，实施潍坊南外环昌乐段等道路贯通改造工程，配合做好潍坊至济南高速公路建设，大力推动产业发展、生态环境、治理水平与潍坊中心城区全面对接。强化产城融合。着眼宜居宜业有特色，大力发展健康养老、现代物流、金融、黄金珠宝等产业，着力提升生态文化旅游、教育服务等功能，推进“智慧城市”建设，加快房地产业转型升级，打造区域健康服务中心、黄金珠宝加工交易基地、半岛物流的重要枢纽、令人向往的旅游城市。

提高治理水平。健全重大公共安全工作体系，完善立体化运行系统，把安全工作落实到城市工作的各个方面。实施城市修补、生态修复工程，加快棚户区、老旧小区改造和老旧管线更新，完善道路交通设施，改进交通组织方式，推进公共绿地、海绵城市建设，让市民生活得更方便、更舒心、更美好。按照“四全一特”方向，全面提升城市社区管理服务功能。加强城市共治共管、共建共享，凝聚起政府、社会、市民共同治理城市的强大合力。

（三）坚定不移推进城乡统筹，奋力建设美丽乡村。围绕“农业强、农村美、农民富”，深入推进农业供给侧结构性改革，加快培育农业农村发展新动能，推动新型城镇化与农业现代化协调发展。加快发展现代农业。推进农业结构深度调整，大力发展设施农业、高效农业、特色农业、高端农业，不断增加优质农产品供给。发展适度规模经营，积极推进“三权分置”，培育新型农业经营主体和服务主体，鼓励规范工商资本投资农业农村，发展现代农业园区。实施“旅游+”“互联网+”战略，狠抓农产品质量安全监管和品牌创建，深化农村产权制度改革，壮大农村集体经济，持续增加农民收入、保障有效供给。培育发展特色小镇。坚持规划引领，突出发展特色，强化产业支撑，提升功能配套，推进产、城、人、文、社融合，着力打造一批产业“特而强”、机制“新而活”、功能“聚而合”、形态“精而美”的特色小镇。深入推进农村新型社区建设。深化农村社区服务中心三年行动计划，建立现代社区治理体制，提升社区管理服务功能。完善村庄公共基础服务设施，全面改善人居环境。因地制宜打造特色村庄，注重乡土味道，保留乡村风貌。

（四）坚定不移推进绿色发展，奋力建设生态家园。牢固树立绿水青山就是金山银山的理念，坚持绿色惠民，推动形成绿色发展方式和生活方式。加强生态治理修复。实施控气、治山、植绿、护河工程，让蓝天常在、山体披绿、草木遍地、清水长流。加大生态保护力度。大力发展绿色经济、绿色产业，建立绿色低碳循环发展体系，提高资源综合利用率，坚决完成节能减排目标。增强全民生态文明意识，引导全社会形成绿色低碳、文明健康的生活方式和消费模式。健全生态文明制度体系。以最严格的制度、对违法行为零容忍的态度，保护资源、保护环境、保护昌乐的山山水水。

（五）坚定不移推进文化发展，奋力建设文明高地。以高度的文化自觉和文化自信，加快文化事业发展，提升文化软实力。大力宣传践行社会主义核心价值观，用主旋律引领全社会的思想和行动。大力弘扬崇实重干、敢为人先、公平法治、开放包容的精神，凝聚起万众一心、昂扬奋进的强大力量。深入实施“四德”工程，提升公民文明素质，让讲诚信、重孝道、友邻里、守法律、知荣辱成为行为自觉。完善公共文化服务体系，实施文化惠民工程，加快文化中心、县级国家综合档案馆建设，推进传媒事业发展，让群众不断接受文化滋养。充分挖掘历史、传统文化资源，创作具有昌乐特色的文艺精品，打造昌乐文化品牌。

（六）坚定不移推进民生改善，奋力建设幸福生活。按照以人民为中心的发展思想，坚守底线、突出重点、完善制度、引导预期，切实保障改善民生、增进人民福祉。坚决贯彻精准扶贫、精准脱贫基本方略，确保按期完成脱贫攻坚任务。坚持教育优先，提高教育教学质量，办好人民满意教育。加快建设“健康昌乐”，全方位全周期保障人民健康。健全社会保障、就业服务、社会救助体系，织密扎牢民生保障网。坚持计划生育基本国策，转变服务模式，提升服务水平。切实抓好妇女儿童、残疾人、老龄、慈善等工作，发展体育事业和体育产业。改进社会治理方式，强化社会治安综合治理，推进全方位各领域安全发展，建设平安昌乐。

三、2017 年主要工作

今年是新一届政府任期的第一年，也是实施“十三五”规划的关键年。做好今年各项工作，保持经济社会良好发展势头，对于实现县十四次党代会提出的任务目标，迎接党的十九大胜利召开，意义十分重大。我们将按照中央和省、市、县委的决策部署，牢牢把握稳中求进工作总基调，深入落实供给侧结构性改革要求和“三去一降一补”五大任务，用足用好“五大政策支柱”，统筹推进稳增长、促改革、调结构、惠民生、防风险各项工作，推动转型升级，提高发展质效，促进经济平稳健康发展和社会和谐稳定。主要预期目标是：地区生产总值增长 8% 左右，一般公共预算收入增长 6% 左右，固定资产投资增长 12% 左右，社会消费品零售总额增长 10%，城镇登记失业率控制在 3.2% 以内，城镇和农村居民人均可支配收入分别增长 8% 左右和 8.5% 左右，全面完成节能减排降碳约束性目标。

（一）推进工业强基，做强经济发展“主引擎”。工业是我县的当家产业，是立县之本、强县之基，必须集中力量强工业、集聚要素抓工业，加快培育增长点，确保工业增加值增长 8% 以上。

加快产业转型升级。明确发展定位，分类分业施策，加快推动传统产业改造提升、新兴产业发展壮大、特色产业做强做优。改造提升传统产业。围绕打造现代装备制造产业基地，推动装备制造产业加强技术积累，加快产品研发，壮大产业规模，推进路星清障车、中铁华盛特高压电塔等重点项目建设；围绕打造概念印刷包装产业基地，推进造纸包装产业向新模式转型，加快建设阳光包装产业联盟，推进阳光特种纸、德福高档航空面巾纸等重点项目建设；围绕打造绿色化工产业基地，加快化工产业转型升级，深入开展“四评级一评价”，推进日科化学复合新材料、健宝生物淀粉乳等重点项目建设；推动食品加工产业加快走向国际化，推进盛泰药业功能性食品、亚太中慧中央厨房等重点项目建设。培育壮大新兴产业。重点推动新能源汽车产业完善整车制造链条，提升本地化配套水平，以比德文产业园为依托，规划建设新能源汽车配套产业园，着力引进一批配套企业，加快推进途豆电动汽车、鲁兴新能源汽车等重点项目建设；支持黄金珠宝产业加强品牌培育，加快与文化旅游、电子商务等产业融合发展，推进黄金珠宝加工产业园等项目建设；加快发展智能制造产业，发挥机械加工、系统集成等比较优势，推进智能制造产业园建设，支持西水机器人等骨干企业尽快做大。做强做优特色产业。乐器产业，以品牌化为引领，支持大唐、雅特等骨干企业扩大品牌影响力，提升产品附加值，推动产业向中高端转型；塑胶产业，依托现代塑胶、远华塑料等骨干企业，筹建产业联盟，培育自有品牌，开拓终端市场，推动向可降解塑料产业转型；板材产业，重点抓好龙头企业培育，完善燃气等基础配套，提升安全环保水平，推动向家装、特装等高附加值产业转型。统筹推进电子元器件等特色产业加快发展。

做强做大现有企业。按照“谁发展支持谁”的导向，打好政策组合拳，全力推动企业上新创新、内涵提升、抱团发展。支持企业增资扩产，将主要发展空间优先用于工业发展，保障企业用地需求。支持企业技术改造，实施技改项目34个，力争完成投资22亿元。支持企业股改上市，力争50家以上企业完成规范化公司制改制，万仞科技、瀚星叶绿素等企业在齐鲁股权交易中心挂牌，佳诚数码、巴夫利建材等企业在新三板挂牌，元利科技在主板上市。支持企业创新模式，积极对接中国制造2025、“互联网+”行动计划，推进智能化生产、服务化延伸、网络化协同，提升企业活力。支持企业精细化管理，建立现代企业制度，完善内部治理结构，增强内生动力。实施企业家素质提升计划，对规模以上企业负责人进行高层次轮训，提升企业家现代治理能力。成立企业家协会，规范行业协会，打造资源共享、发展互促的企业家联盟，促进抱团发展。实施企业培育“343”计划，确定30家骨干企业、40家成长型企业、30个产业项目，作为“靶企业、靶项目”重点扶持，力争新增规模以上企业9家、主营业收入过10亿元企业2家。

实施创新驱动战略。强化企业创新主体地位，支持企业围绕产业链部署创新链，建成市级以上工程技术研究中心等科创平台10个以上，实施市级以上创新项目4个，高新技术产业产值占比达到28%。开展提品质、创品牌“双品行动”，支持企业以“工匠精神”培育“名品、名匠”，力争新增省级以上名牌名标6个、专利授权540件以上。推进大众创业、万众创新，建设潍坊创业大学昌乐分院二期，新建市级以上创业孵化基地2处，培养创业人才500人以上，新增市场主体3800户以上。落实“人才强县”政策措施，推进招才引智，力争引进产业领军人才10人，带动培育其他高层次高技能人才1600人以上。

（二）推进县城提升，打造区域发展增长极。按照老城提升、新城东进思路，以城市修补、生态修复为着力点，统筹城市规划、建设、管理三个环节，加快建设现代城市。

加快提升城市品质。围绕“一个核心、四个提升”，加快推进城市内涵式发展。开展“三改一拆”攻坚。按照“高标准、小批量、彻底性”要求，启动9个片区棚户区改造工程，实施2万平方米老旧小区整治改造，改善群众居住条件；开展首阳山区域低丘缓坡整治改造，推进山体恢复治理、矿坑开发利用、土地综合整治，逐步还山于民、还绿于民；集中力量开展“拆违建”专项行动，利用两年时间基本完成城区及周边违法建设治理任务。提升城市规划。坚持规划引领，高质量完成城市总体规划修编，搭建“一山两水融一城”的发展框架。高标准编制地下空间、排水防涝等专项规划，排查梳理批而未建、建而未尽项目，对不符合城市发展要求的项目规划进行规范化审查和调整，优化城市发展布局。推进建设、土地、产业规划“三规合一”，健全“一本规划管全局”的规划体系。严格规划实施监管，确保规划落实落地。提升房地产业。提高房地产开发准入门槛，积极引进资质高、实力强的企业参与城市开发建设。从严控制商业地产开发，合理调控住宅开发规模，加快房地产去库存步伐。提升基础设施。实施新昌路、利民街“一纵一横”道路提升工程，打造示范路、样板街。实施科技街东扩、青年路中段改造等道路工程，优化路网结构，拓展发展空间。利用3年时间完成老旧供热管网改造，启动城区及朱刘片区雨污混流管网改造。建设一批新能源汽车充电设施。提升生态环境。编制首阳山国家森林公园绿化改造提升三年规划，完成孤山林区残次林改造和裸露山体绿化。盘活闲置空间，建设一批绿地、游园。改进环卫、园林管理模式，提升城区保洁和绿化水平。

加快提高治理水平。持续开展城市排水、停车难、铁路沿线环境等专项整治，巩固国家卫生县城创建成果，深入推进食品安全城市创建，规范城区农贸市场管理，努力营造整洁有序的城市环境。加快建设“智慧城市”，建成智慧城管、智慧交通等系统，提高城市治理能力。加强和改进物业管理，完善监管体制，提升服务水平。改进城市社区工作，切实发挥好社区在服务群众、管理城市和维护和谐稳定等方面的作用。

加快推进产城融合。突出繁荣城市经济，加快周边特色园区配套，促进产业集聚发展。提升城区商贸物流、金融服务、健康养老、教育文化等综合服务功能，打造产业发展平台。以打造最具影响力的省级经济开发区为目标，推进经济开发区基础配套、产业聚集、发展转型，加快建设现代化示范园区。出台现代物流业发展扶持政策，引导物流业与制造业联动发展。加快首阳山、古火山、莲花山和九龙湖、仙月湖重点旅游项目建设，推进火山宝石黄金精品旅游带开发，做强“三山两湖一带”火山宝石特色旅游品牌。完成火山国家地质公园揭碑开园建设，申报世界地质公园。

（三）推进镇域发展，筑牢全局发展“压舱石”。镇域是“三农”发展的载体，是富民强县的基础。我们将以推进农业供给侧结构性改革为主线，加快农业结构深度调整，推动特色小镇、美丽乡村建设，促进农民增收，着力增强镇域实力和发展后劲。

推进农业结构深度调整。着眼提高农业质效、增加农民收入，加快结构调整，提高农业全要素生产率。优化区域结构。重点推进南部传统农业区“提标扩面”，发展规模农业、设施农业、特色种养产业；推进北部设施农业区“提质增效”，加快向优质、高端产品升级，向种苗等产业链前端延伸。推动西瓜科技示范园争创国家级农业科技园区和省级农高区。优化经营结构。实施新型农业经营主体三年培育计划，加快发展土地流转型、土地入股型等多种形式规模经营，建设现代农业示范园区、家庭农场、合作社70个以上。支持乐港、中慧、乔新等农业龙头企业建设现代化种养基地。鼓励工商资本下乡，出台支持现代农业园区配套建设、水肥一体化技术应用等方面的政策措施。优化产品结构。着眼提高农业全产业链收益，推进种植业与农产品深加工、农业生态旅游深度融合，推动农业“接二连三”。实施优势特色农业提质增效行动计划，促进昌乐西瓜等优势农业加强品牌开发和保护，支持白塔芋头等特色农业创建公用品牌，争创省农产品质量安全县和现代畜牧业示范县。大力发展农村电商，建立指导服务机构，培育一批电商示范村。实施千亿斤粮食产能规划田间工程等基础设施项目，推广实用新技术20项，培训职业农民6000人次以上。

积极培育特色小镇。借鉴先进经验，科学规划、积极探索，精心打造一批特色小镇。编制发展规划。立足产业精致、文化鲜明，聚焦乐器、黄金、西瓜等特色产业，深挖火山、生态、齐文化等优势资源，定位3A级景区，编制特色小镇发展规划，力争每个镇都有1个特色小镇进入国家或省级创建目录。突出产业支撑。立足“一镇一业一特色”，加快特色产业集聚发展。用足用活省加快饭店业发展等政策，推动乡村旅游发展，争取新创10个市级以上乡村旅游品牌。实施农村集体经济收入三年倍增计划，推动农村经济加快发展。加强设施资源配置。出台支持特色小镇发展的政策措施，加快完善水、电、路、气等基础设施，合理配置教育、医疗等公共资源，提升综合承载能力。

稳妥推进农村新型社区建设。顺应社区发展规律，加快提升社区管理服务功能，推进镇级行政服务事项在社区一站办理。坚持以社区带村庄，实施特色村庄保护、村容村貌提升、基础设施完善等工程，加快建设美丽乡村。编制县域乡村建设规划、村镇历史文化遗存保护利用规划，管控乡村建设边界，展现地域特色，保留乡土味道。

（四）推进生态改善，唱响绿色发展“主旋律”。生态优先、绿色发展是必然选择。我们将以对群众和子孙后代高度负责的精神，控气、治山、植绿、护河，努力让天更蓝、水更清、地更绿。

持续改善空气环境质量。全面落实压煤、抑尘、治车、除味四大控气措施，进一步优化区域空气质量。加快燃煤机组超低排放改造和禁燃区20吨以下燃煤锅炉拆改，推进散煤清洁化治理和煤炭清洁高效利用，加强道路、建筑等领域扬尘管控，淘汰3000辆高污染排放机动车，建设20处以上工业点源深度治理工程，全面落实化工企业挥发性有机物在线监测措施，力争空气质量优良天数达到68%以上。

持续改善水环境质量。全面推行“河长制”。实施丹河、桂河、红河水质提升工程，完成城西污水处理厂二期、城东污水处理厂新一轮提标改造，实施城北污水处理厂扩建工程，确保重点河流水质达到五类标准。严格落实水资源管理“三条红线”，开展全民节水行动，建设一批节水示范单位。完成南寨水库扩建。实施农村饮水巩固提升工程，提高农村供水保障能力。

持续改善生态环境质量。启动全域绿化工程，大力推进荒山、水系、镇村、道路绿化和农田林网建设，新增人工造林1200亩，完成退化林分修复5000亩。加强农业面源污染防治，建成32处规模化养殖场污染治理工程，实现测土配方施肥技术推广全覆盖。建设农业废弃物、病死畜禽、工业固废3个处理中心。编制第三轮矿产资源规划。严格落实封山禁采措施，持续强化矿产资源保护，严厉打击非法开采加工运输行为。严肃查处破坏生态环境的案件和环境监管失职渎职行为。

（五）推进民生建设，增强广大群众获得感。为政之道，民生为本。财政收入增长虽然放缓，但该给群众办的实事一件也不能少。

坚决打好脱贫攻坚战。推进产业扶贫项目进村到户，巩固建设特色种养加基地15个、农村电商扶贫项目10个，确保15个省定贫困村全部摘帽、所有贫困人口基本脱贫。统筹整合财政涉农资金，支持脱贫攻坚。落实医疗、教育、住房等救助制度，保障脱贫人口生活条件稳步改善。

扎实做好社会保障工作。鼓励创业带动就业，发放创业贷款5000万元、创业补贴100万元，新增城乡就业6500人以上。强化政策兜底，推进城乡低保提标、社会保险扩面，确保重点人群全覆盖。加强社会保险基金监管，保障安全运行。为生活困难老年人购买意外伤害综合保险，全面实施自然灾害民生综合保险。支持慈善事业发展，完善大救助平台，做好“三留守”人员、残疾人等特殊困难群体的关爱救助工作。

统筹发展各项社会事业。始终把社会效益放在首位，坚持公、民协调发展，增加公共产品供给，补齐发展短板。发展更加优质公平的教育。加快建设21所农村中小学，完成“全面改薄”工程，化解大班额。深化“县管校聘”改革，健全完善教师补充机制，增强农村师资力量。深化教育教学改革，保持高考中考全市领先地位。大力发展现代职业教育。优化卫生计生公共服务。实施分级诊疗制度，加强乡村医生队伍建设，规范民营医疗机构管理，建设县妇幼保健和计划生育服务中心，加强重大疾病防控等公共卫生工作。提升计生服务水平，积极应对二孩生育高峰。推进中医院康复养老中心等5个医养结合项目建设，新增养老床位400张左右。实施文化惠民工程。提升公共文化服务水平，免费开放县图书馆、博物馆、文化馆，大力开展群众性文化活动，争创文化强省建设先进县。实施“乡村记忆”文化项目和历史文化展示工程，推进村（社区）综合性文化服务中心建设。提高全媒体矩阵建设水平，实施高清电视节目惠民工程。开展国民体质监测，为50个村（社区）配套体育健身设施。完善城乡基础设施。加快大沂路城区段改线等道路建设，启动大沂路南段改线、徐贾路改造、县乡道路危桥改造等工程。配合做好榆横—潍坊等8项特高压工程，以及青银高速扩容、潍日高速等重大道路工程建设。提升环卫一体化水平，实施无害化卫生厕所改造3.5万户。统筹做好外事侨务、史志、双拥、民兵预备役等工作。

切实加强社会治理。坚持系统治理、依法治理、综合治理、源头治理，健全基层依法治理体系，有序化解社会矛盾，维护良好的社会秩序。深入推进平安昌乐建设，开展打黑除恶专项行动，争创全省安全城市。提高群众风险防范意识，预防和打击涉众型经济违法行为。牢牢把握安全底线，严格落实安全生产责任，强化安全风险点治理，完善食品药品安全监管体系，统筹做好舆情安全等工作，确保安全发展。加强信访工作法治化建设，积极化解信访积案，妥善解决重点领域涉访问题。加强普法依法治理，健全三级公共法律服务体系。做好应急管理，提高突发事件处置和防灾减灾救灾能力。健全社会信用体系，完善文明城市建设长效机制，建设诚信昌乐、文明高地。

围绕上述任务目标，重点抓好以下保障措施：

（一）千方百计扩大有效投资。充分发挥投资拉动经济增长的关键作用，着力扩大投量、优化投向、提高投效。一是用项目撑起今年经济发展的骨架。开展项目推进年活动，政策围绕项目出、工作围绕项目干、干部围绕项目转。重点实施72个过亿元产业项目，抓好15个过亿元基础设施项目、13个过亿元城乡统筹和民生保障项目建设，稳定投资增长。强化政府投资的导向作用，引导各类资金更多地投向现代农业、新兴产业、重大公共设施、民生和社会事业等关键领域。

建立项目协调“五个一”推进机制，推行重点项目审批手续全程代办服务，完善问题直报、集体会商等措施，全过程跟踪服务项目建设，保障项目顺利实施。二是加强和改进招商引资。出台重点产业投资扶持政策，大力推进以商招商、以企引企、强链补链，努力在引进大项目、好项目上实现突破。三是更大力度争取上级政策资金支持。紧跟国家、省、市政策和投资导向，最大限度争取上级政策性资金和棚改等政策性信贷支持，借势借力推进更大发展。

（二）强化要素支撑保障。把土地、资金、政策等重点资源集中配置到实体经济和重点项目上，全力破解资源要素制约。一是强化用地保障。完成新一轮土地利用总体规划修编，进一步优化发展空间布局。加快推进城乡建设用地增减挂钩、工矿废弃地复垦利用等项目实施，最大限度盘活存量土地。积极争取省重点和单独选址项目计划指标。加强土地综合整治和耕地保护，新增耕地占补平衡指标1000亩以上。二是强化金融保障。加强金融服务实体经济的政策支持，设立贷款风险缓释基金，鼓励金融创新，增加信贷额度，年末银行业各类贷款余额达到255亿元。把防控金融风险放到更加重要位置，加强企业融资问题监测和化解，支持银行机构化解不良贷款，确保不发生系统性金融风险。三是强化政策保障。规范用好政策性担保基金、企业发展基金，缓解企业融资难。发挥财政政策的导向作用，加大重点产业支持力度，促进经济持续健康发展。

（三）坚定不移推进改革开放。坚持向改革要动力，以开放促发展，在改革开放中增强发展新动能、增创竞争新优势。一是深化重点领域和关键环节改革。改革县镇财税体制，激发镇级发展活力。抓住国家政策机遇，积极争取政府债券新增规模，优化政府债务结构。加强政府和社会资本合作，引导更多社会资本参与基础设施建设管理。推进综合行政执法体制改革，做好环保监测监察执法、审计体制调整。深化农业农村改革，加强农村集体“三资”管理，完成农村集体资产股份权能改革试点，完善农村土地“三权分置”办法，构建农村产权交易、服务、纠纷仲裁体系。深化新型农村合作金融试点，推进供销社综合改革，完成国有林场改革。二是推动更深层次开放发展。用好“济南一达通”等外贸服务平台，抓好外贸关键项目，推动有外贸资质、无外贸业务的企业突破发展，完成进出口总额80亿元以上。发挥海关监管场所平台作用，提高通关效率，降低外贸成本。支持企业扩大境外投资，建设海外研发中心，并购国外先进技术、知名品牌、营销网络，培育源自昌乐的跨国公司。鼓励企业通过合作等方式引进境外投资，利用外资2100万美元以上。创新办好中国（昌乐）国际宝石博览会。

（四）下决心抓好软环境建设。把软环境建设作为经济发展的生命线，着力优化营商环境，构建“亲”“清”政商关系。一是全面优化政务服务。深化行政审批制度改革，推进“放管服”协调发展，再依法取消一批审批项目。扩大网上申报、在线预审比例，积极推进网上联审联办。开展收费清理专项行动，能取消的行政收费全部取消。二是坚决惩戒一切破坏发展环境的行为。建立有奖举报、软环境监督员等社会监督机制，从群众和企业反映强烈的问题入手，开展专项治理，突出解决行政不作为、慢作为、乱作为等问题。实行重大项目建设问责观察，对担当不足、执行不力、作风不实等贻误发展的行为，严肃查处、坚决问责，始终保持惩治问责的威慑力和高压态势。三是为担当者担当，为负责者负责。建立鼓励改革、包容失误、允许试错的体制机制，给改革创新者撑腰鼓劲，让广大干部愿干事、敢干事、干成事。

（五）切实加强政府自身建设。面对艰巨复杂的改革发展任务，我们一定勇于担当、积极作为，把责任扛在肩上，把群众放在心上，努力提高施政能力和服务水平。一是建设学习政府。深化“两学一做”学习教育，增强党性修养，强化“四个意识”，确保上级党委、政府和县委重大决策部署全面贯彻落实。建立定期集体学习、干部大讲堂等制度，引导和督促政府系统党员干部加强学习、研究政策，提高科学执政、攻坚克难的能力和水平。二是建设效能政府。坚持把服务群众、推进发展作为政府的天职，大力倡导“案无积卷、事不过夜”的工作作风，恪尽职守、夙夜在公，尽心竭力做好各项工作。把抓落实作为政府工作的生命线，强化目标管理绩效考核，让每一项工作、每一个项目都有责任主体、都有目标时限、都有监督问责、都有考核奖惩。牢固树立过紧日子思想，继续压缩一般性支出，将更多的资金用于民生，把有限的资金用在刀刃上。三是建设法治政府。牢固树立社会主义法治理念，增强运用法治思维和法治方式解决问题、化解矛盾的能力。坚持法定职责必须为、法无授权不可为，严格按照法定权限和重大行政决策程序履行职责。认真执行人大及其常委会决议，自觉接受人大法律监督、政协民主监督、社会和舆论监督，办好人大代表建议和政协提案。四是建设诚信政府。坚持说到做到，认真兑现承诺，切实提高政府公信力。全面推进政务公开，保障群众知情权、参与权、表达权、监督权。五是建设廉洁政府。按照全面从严治党的要求从严治政，深入推进全县政府系统党风廉政建设和反腐败工作，认真落实中央八项规定精神，强化行政监察和审计监督，加强政府投资工程等重点领域监管，扎实开展国有资产、公共资金和领导干部经济责任审计。坚决查处部门和行业不正之风，决不允许损害和侵占群众利益。

各位代表，发展全凭实干，奋斗成就梦想！让我们紧密团结在以习近平同志为核心的党中央周围，在县委的坚强领导下，解放思想，凝心聚力，“撸起袖子加油干”，为决胜全面小康、建设现代昌乐而努力奋斗！

2017年大事记

2017Nian DaShiJi

1月

5日 精科传动在全国中小企业股份转让系统中心成功挂牌。

9日 国家发改委等十部委下发《关于同意河北省阜城县等116个县（市、区）结合新型城镇化开展支持农民工等人员返乡创业试点的通知》，昌乐名列其中。本次试点全省共5个县（市、区）获批，潍坊市仅昌乐县获批。

同日，按照统一供种、统一用药、统一标准、统一检测、统一标识“五统一”的管理模式，全县新建现代农业示范园区12处，设施瓜菜生产面积达42万亩，昌乐西瓜科技示范园被评为国家级设施蔬菜标准园。

12日 昌乐县政协九届二十三次常委会议在县委党校第二报告厅召开，县政协主席周保进出席并讲话，县领导丁进全、张宝峰、滕恩禄、滕建勋、刘树铭参加会议。

同日，雅特乐器有限公司捐建的全县首家吉他教室启动仪式在鄌郚镇小学举行。2017年昌乐县将陆续捐建20个吉他教室，提高吉他的普及率。

14日 中国共产党昌乐县第十四次代表大会于在潍坊市委党校隆重开幕。县委书记卞汉林代表中国共产党昌乐县第十三届委员会向大会作题为《解放思想、崇实重干、勇闯新路、敢为人先，为决胜全面小康建设现代昌乐而努力奋斗》的工作报告。

16日 副市长刘建国在市委组织部有关负责人陪同下，到昌乐县走访慰问高层次人才王冰心，代表市委、市政府向他致以节日的问候，并赠送“威风祥麟”牌匾。

17日 县委书记卞汉林率昌乐县拥军优属慰问团走访慰问驻潍坊部队。县领导邱旺、王备、周保进等一同慰问。

同日，市委书记杜昌文到昌乐县走访慰问部分老党员、困难职工、困难群众、敬老院老人和劳模，代表市委、市政府向他们致以亲切问候和新春祝福。

18日 第一届山东省文明家庭表彰大会召开，其中昌乐县乔官镇陶家庄村民卢清芳、红河镇朱汉村党支部书记、村主任惠俊清两户家庭位列其中，荣获“山东省文明家庭”称号。

19日 中国人民政治协商会议第十届昌乐县委员会第一次会议在潍坊市委党校隆重开幕。

20日 昌乐县第十七届人民代表大会第一次会议在潍坊市委党校隆重开幕。来自全县各条战线的237名县人大代表参加。

20日 昌乐县的山东含羞草卫生科技公司“含羞草”商标被认定为山东省著名商标。

23日 昌乐县企业家协会成立大会在县委党校召开。县委书记卞汉林出席并讲话。县委副书记、县长邱旺主持会议。卞汉林、邱旺共同为企业家协会揭牌。

2月

8日 水利部小型水库加固检查组到昌乐县调研，对昌乐县工作给予肯定。

9日 全县矿产资源集中整治工作会议在县委党校召开，县委书记卞汉林、县人大常委会主任王备、县政协主席周保进出席，县委副书记、县长邱旺讲话，县委副书记张建伟主持。

同日，一场以“不忘初心 追梦前行”为主题的晚会在潍焦集团举行。中国蹦床队奥运冠军何雯娜、董栋带领的冠军之师参加晚会表演。

13日 省发改委下发2017年农产品进口关税配额，昌乐县英轩实业、盛泰药业、乐港食品等6家企业获得配额107939吨，银龙纺织、昌昊纺织2家企业获得棉花进口关税配额44吨，配额总量居全市第一。

14日 昌乐县对15个省定贫困村，先后投入759万元，建设22个产业项目，使2618人脱贫。

15日 昌乐县潍坊英轩实业有限公司被评为潍坊市节能先进企业，潍坊市精华粉体工程设备有限公司的单箱体分级机项目获潍坊市节能优秀成果奖。

21日 聊城市东昌府区考察团到昌乐县考察学习现代农业方面的经验做法。

22日 截至2017年2月，梦金园黄金珠宝集团有限公司累计获得授权专利260项，其中发明专利21项，实用新型专利51项。

同日，海军政治工作部副主任夏平少将一行到昌乐县调研昌乐一中海航班建设工作。

23日 全省消防工作电视会议召开。昌乐县在县委党校第二报告厅设立分会场组织收听收看，副县长、县公安局局长曹俊勇参加潍坊市分会场会议，并作为全省唯一一个县（市、区）在大会上作典型发言。

25日 作为全省唯一一家智能化海关监管场站，昌乐国际物流中心海关监管场站日进出口集装箱数首次突破300标箱。

同日，县委宣传部、县文联在盛唐山河成组织召开昌乐县电影家协会第一次会员代表大会，这是全国县级第一家电影家协会成立。

27日 安徽省庐江县人大常委会主任夏明生率团到昌乐县考察九龙湖综合开发项目建设经验。

28日 县文化馆免费向市民开放。

3月

1日 省专家组一行4人到昌乐，对昌乐县公路智能交通安全系统补助资金申报资料进行检查评审。

同日，省政协常委、省委原副秘书长、农工办原主任王泽厚到昌乐县调研全国积极发展农民股份合作、赋予农民对集体资产股权能改革试点工作。

3日 省住房城乡建设厅副厅长周善东一行到昌乐县调研棚户区改造工作。

4日 “宝都半月讲堂”开班式暨第一期培训在县委党校举行，县领导卞汉林、邱旺、王备、周保进等出席。

6日 首阳山旅游度假区贵和社区被国家减灾委、民政部评为“全国综合减灾示范社区”。

10日 经山东省人民政府台湾事务办公室批复，昌乐二中成为山东省海峡两岸交流示范点。

同日，从省教育厅获悉，2017年山东省共有16个县（市、区）被教育部义务教育质量监测中心抽样确定为监测样本县（市、区），昌乐县名列其中。

同日，昌乐县举行2017年重点项目集中开工仪式。县领导卞汉林、邱旺、王备、周保进、张建伟等出席。

11日 卞汉林、邱旺、王备、周保进、张建伟等县级领导班子成员到市委党校西路，与县直机关部分干部职工、青年志愿者一起开展义务植树活动。

同日，县公安局与林业部门在五图街道三官庙村南的荒地内，成功救助1只国家一级保护动物丹顶鹤。

14日 国家发改委公布第二批结合新型城镇化开展支持农民工等人员返乡创业试点的116个县（市、区）名单，昌乐县作为潍坊市唯一一个入选的县（市、区）名列其中。

16日 昌乐县被国家知识产权局评为“国家知识产权强县工程示范县”

17日 县财政拨款41.46万元，为昌乐县14992名城乡低保对象、5359名优抚对象、1309名领取失业保险金人员和510名特困人员发放价格临时补贴。

18日 昌乐县在县委党校举办“宝都半月讲堂”第二期专题讲座，县领导卞汉林、王备、周保进、张建伟等出席。

22日　昌乐县2017年高考体检工作在县人民医院正式启动，来自全县的6700余名考生接受体检，体检工作持续到4月10日。

28日　省委党校第46期市厅级领导干部进修班学员一行30人，在市委党校有关负责人陪同下，到昌乐县进行现场教学。

29日　省新闻出版广电局党组成员、副局长谢宁一行，在市文化广电新闻出版局负责人陪同下，到昌乐县调研县级台改革发展工作。

31日　昌乐县在县委党校举办县第十七届人大代表培训班。

4月

1日　昌乐县在县委党校举办“宝都半月讲堂”第三期专题讲座。

4日　县人民政府批准确定“荆山悠腔”等23项第四批县级非物质文化遗产代表性项目名录，并予以公布。

5日　从中央文明办获悉，昌乐县推荐的温桂仙入选2017年3月“中国好人榜”。

7日　县文化广电新闻出版局从民间聘用的23名文物保护员将“持证上岗”，负责定期对县内重点文物保护单位进行巡查看护。

同日，省人大城环卫副主任委员周清利带领省环保督察组到昌乐县督察环境保护工作。

10日　2017年县委党校主体班次开班仪式在县委党校举行。

13日　市委宣传部、市总工会和市卫计委联合下发《关于表彰2017年潍坊市“金牌医生”“金牌护士”的通报》，昌乐县7人获“金牌医生”、6人获“金牌护士”称号。

15日　昌乐县“宝都半月讲堂”第四期专题讲座在县委党校举办，县委副书记、县长邱旺，县人大常委会主任王备，县政协主席周保进出席。

16日　全国铁路开始实行新的列车运行图，昌乐站增加一趟青岛开往济南方向的D6008次列车，14点57分到站，14点58分开车，停车1分钟。

20日　省委农村工作领导小组副组长王军民一行到昌乐县调研。

20日　县委全面深化改革领导小组会议召开。县委书记、县委全面深化改革领导小组组长卞汉林主持会议并讲话。

22日　第34届潍坊国际风筝会“千人垂钓”大赛在鄌郚镇白浪源生态旅游度假区举行，来自全国各地约1000名的钓鱼爱好者在此竞技交流。

24日　2017中国（昌乐）春季黄金珠宝展新闻发布会在潍坊东方大酒店召开。中央、省驻潍坊新闻单位，各新闻网站驻潍坊分支机构及市直主要新闻单位等共20余家新闻媒体参加发布会。

同日，由人民日报社海外版、经济日报社、新华网、山东广播电视台等19家媒体组成的重大工程建设巡礼媒体采访团，到潍坊1000千伏特高压站现场进行集中采访。

25日　市检察院检察长王桂春到昌乐县调研。县委书记卞汉林，县委常委、政法委书记刘超，县委常委、办公室主任张金涛，县检察院检察长郑爱之分别陪同。

27日　2017山东昌乐第二届乡村旅游节启动仪式在五图街道响水崖子村举行。副县长崔欣出席并致辞。

28日　昌乐县在县委党校举办“宝都半月讲堂”第五期专题讲座，县领导卞汉林、邱旺、周保进等参加。

同日，2017中国（昌乐）春季黄金珠宝展在中国宝石城开幕，共有来自巴基斯坦、斯里兰卡等国家的200多家知名珠宝企业参展。山东珠宝玉石首饰行业协会会长王学尧，县领导滕建勋、曹俊勇、徐玉山出席。

29日　共青团省委、省安全生产监督管理局联合命名表彰2016年度山东省青年安全生产示范岗，山东广电网络有限公司昌乐分公司榜上有名。

5月

3日　在第34届潍坊国际风筝会上，昌乐县获风筝大赛团体放飞一等奖、最佳风筝创新奖一等奖和最佳风筝放飞表演奖一等奖3个“一等奖”。

5日　潍坊市社科联公布“潍坊市第一批社会科学普及示范县（市、区）、乡镇（街道）、村（社区）”

的名单。昌乐县获“潍坊市第一批社会科学普及示范县（市、区）”称号。

6日　县委副书记、县长邱旺现场调度新能源电动车项目。副县长、县工商联主席张正民，县直有关部门和项目建设单位负责人参加活动。

9日　昌乐县成功申报第四批全国计划生育基层群众自治示范县，为山东省唯一一个试点单位。

同日，省政府研究室副主任李树典一行7人，在市民政局负责人的陪同下，到昌乐县调研民生综合保险制度实施情况。县委常委、副县长李良华陪同。

11日　昌乐县在市委党校报告厅举办第七期党员全覆盖教育培训班，各镇（街、区）400余名党员参加培训。

12日　4月“潍坊好人榜”结果出炉。其中昌乐县孙彦玲入选。

17日　经省级专家评审，昌乐县被确定为“2017年度省财政林业生态修复与保护试点县”。

同日，全市基层组织建设工作重点任务现场推进会在昌乐县召开。县领导卞汉林、张建伟、王勇、张金涛等分别陪同。

19日　市委常委、秘书长刘建国一行到昌乐县，就贯彻市第十二次党代会精神和开展“作风建设年”活动进行调研。县领导卞汉林、王勇、张金涛分别陪同。

23日　全国总工会女职工部部长江南一行在省、市总工会领导陪同下到昌乐县调研女职工工作。县委副书记张建伟陪同。

25日　全市公共安全视频监控建设现场推进会在昌乐县召开。副市长、市公安局局长吴磊出席，县领导卞汉林、刘超、张金涛、曹俊勇分别陪同，县委副书记、县长邱旺致辞，全市各县（市、区）公安局负责人参加。

25日至26日　省民政厅副厅长冯建国一行3人，在市直有关部门负责人陪同下，到昌乐县调研乡镇服务能力建设和城乡社区治理工作。县领导卞汉林、邱旺、张建伟、张金涛等分别陪同。

31日　全省安全生产紧急电视会议召开，昌乐县在县委党校设立分会场组织收看。县委副书记、县长邱旺出席分会场会议并讲话。各镇（街、区）镇长（主任），县安委会成员单位、部分企业负责人参加分会场会议。

6月

5日　市中级人民法院院长姜树政到昌乐县调研。县委书记卞汉林，县委常委、政法委书记刘超，县委常委、办公室主任张金涛，县法院院长韩昆亮等分别陪同。

6日　昌乐县成功申请公路智能交通安全系统建设省级补助资金575万元，专项用于国通省道路智能交通安全系统建设。

7日　省农村信用社联合社党委书记、理事长王献玲一行到昌乐县调研农商行党建、乐融易贷项目开展情况。县委书记卞汉林，县委常委、办公室主任张金涛陪同。

8日　省审计厅副厅长栾心勇一行，在市水利局负责人陪同下，到昌乐县对山东省利用亚行贷款地下水漏斗区域综合治理示范项目——南寨水库扩建工程进行现场审计调研。

9日　市关工委调研组在赵兴涛主任的带领下到昌乐县调研指导关心下一代工作。

13日　中国共产党山东省第十一次代表大会隆重开幕，昌乐县组织收听收看开幕式盛况。

16日至18日　在2017年度山东省县市报工作会议上，《昌乐报》在全省46家县市报中脱颖而出，被山东省县市报研究会评为“山东省十强县市报”，这是山东省县市报最高荣誉。

17日　国家物流专家组对潍坊申易物流有限公司进行全面审核，认为该公司的各项条件均超过国家AAAA级物流企业的标准，同意授予该企业全国AAAA级物流企业称号。

19日　市委常委、秘书长刘建国到昌乐县调研。

20日至22日　省政府安委会第二巡查组一组在省交通运输厅安全总监苗青的带领下到昌乐县开展安全生产巡查。

26日　市委常委、秘书长刘建国到昌乐县走访慰问老党员及生活困难党员，向他们送去党组织的关怀和温暖，并向他们致以节日的问候。

7月

3日　县委常委会召开会议，开展“两学一做”学习教育集中学习，传达贯彻省、市推进化工产业安全生产转型升级工作部署和省委省政府重点工作推进情况会议精神，研究昌乐县贯彻落实意见。县委书记卞汉林主持。

4日　市人大常委会副主任、临朐县委书记顾建华带领党政考察团一行32人，到昌乐县考察农村产权制度改革等方面的经验做法。

6日　副省长、省公安厅厅长孙立成率领全省公安机关基层基础建设三年攻坚战现场推进会议与会人员，在市委副书记张小梅，副市长、市公安局局长吴磊陪同下，到昌乐县现场观摩。

同日，昌乐县阳光纸业、牵手娃、潍焦集团、精华粉体、元利科技、德润化工、矿机集团和盛泰药业等9家企业被列为潍坊市第一批“两化融合”重点培育企业。

7日　国家质检总局考核组一行3人到昌乐县考核国家级出口食品农产品质量安全示范区创建工作。

12日　人社部、国务院扶贫办公布1465家用工规范、社会责任感强的企业作为全国就业扶贫基地，其中昌乐县云创客企业管理咨询有限公司、昌乐县职业农民创业孵化管理服务中心、昌乐县乐器产业发展中心3家企业入选。

17日　市委副书记、市长李宽端到昌乐县就特色产业发展、现代农业转型、推进扶贫攻坚、加快智慧城市建设及生态环境保护等工作进行调研。

19日　昌乐县城、红河镇被命名国家卫生县城（乡镇）。

23日　昌乐县在县委党校设立分会场，组织收听收看全省国有企业改革发展工作会议。县领导卞汉林、邱旺、王备、周保进等出席。

25日　县委书记卞汉林率昌乐县拥军优属慰问团赴潍坊军分区首长机关、驻潍坊某部首长机关走访慰问，代表县委、县政府和全县人民向驻潍坊部队官兵送去节日的祝福。县领导邱旺、王备、周保进、张金涛等参加。

26日　民政部调研组一行在省民政厅有关负责人陪同下，到昌乐县调研城乡社区治理和乡镇服务能力建设工作。副市长李平，县委书记卞汉林，县委副书记张建伟等分别陪同。

同日，由国务院侨办、中国海外交流协会主办，山东省侨办、山东省海外交流协会承办，潍坊市外侨办、昌乐县人民政府协办的2017年海外华裔青少年“中国寻根之旅”夏令营山东潍坊营在昌乐外国语学校开营。副县长、县公安局局长曹俊勇出席开营仪式，并为夏令营授旗。

8月

1日　昌乐县组织收听收看庆祝中国人民解放军建军90周年大会实况。县领导卞汉林、王备、周保进、张建伟等分别参加。

2日　中央电视台中文国际频道《远方的家——一带一路》特别节目摄制组一行6人在市委宣传部有关领导陪同下，到鄌郚镇就乐器特色产业发展、乐器小镇建设等内容进行采访录制。

7日　省粮食局局长杨丽丽一行3人，在市粮食局主要负责人陪同下，到昌乐县调研粮食产业发展工作。

9日　省委办公厅调研组一行在市委办公室有关负责人陪同下，到昌乐县调研基层电子商务发展情况。

同日，昌乐县推荐的昌乐县竞技体育学校副校长赵长安获评2017年7月第64期“山东好人”。

14日　县委书记卞汉林到北关片区棚改搬迁和首阳山区域违法建设治理工作现场，实地解推进进度，现场协调解决有关问题。

16日　白浪河市级河长制工作现场推进会议在昌乐县召开。

20日　昌乐县运动员孙婷婷在第十三届全运会七人制橄榄球比赛中获金牌。

22日　副市长李平到昌乐县调研城乡社区治理和乡镇服务能力建设工作。

24日　市委常委、组织部部长林红玉到红河镇调研城乡社区治理和乡镇服务能力建设工作。

同日，省经信委调研组在市经信委负责人陪同下，到昌乐县调研化工产业安全生产转型升级工作。

9月

2日 昌乐县2017年教师节庆祝大会在县委党校召开。县委书记卞汉林出席并讲话。

4日 昌乐县第十七期党员全覆盖培训班在市委党校举办，共有600余名来自全县各镇（街、区）的基层骨干党员参加。

8日 亚洲开发银行检查团在省市水利部门有关负责人的陪同下，到昌乐县对南寨水库扩建工程和移民安置工作进行检查。

同日，市委常委、常务副市长邹庆忠到昌乐县调研化工产业安全生产转型升级工作。

13日 营丘镇农业综合服务中心申请注册的“‘崔家庄’芦笋”商标正式确定为国家地理标志证明商标。

15日 国家质检总局公布2017年度国家级出口食品农产品质量安全示范区名单，昌乐县正式通过审批，产品品种为肉鸡、肉鸭、蔬菜、西瓜。

18日 山东昌乐火山国家地质公园获国土资源部正式批复命名。

同日，第七届潍坊市市长质量奖揭晓。山东梦金园珠宝首饰有限公司获“潍坊市市长质量奖”。

同日，全市质量提升工作座谈会表彰2017年潍坊市标准创新应用奖，昌乐县山东世纪阳光纸业集团有限公司主导制定的“漂白浆挂面箱纸板”国家标准荣获潍坊市标准创新三等奖。

19日 最高人民法院政治部、人民法院新闻传媒总社下发《关于对在司法宣传工作中做出突出成绩的人民法院予以表扬的通报》，昌乐县法院获通报表彰。

21日 2017中国·潍坊传统工艺创意设计大赛（博览周）评选工作揭晓，昌乐县斩获多个奖项。其中县文化广电新闻出版局获“组织奖”，王全战烙画《乡愁》获“优秀创意奖”，王春晖核雕《双龙戏珠》获潍坊市第二届核雕大赛“铜奖”，王全战、刘金柱等7人荣获“能工巧匠”称号，田禧真荣获“巧剪子”称号。

21日 全县打黑除恶打霸治痞暨干部下访动员大会召开。县委书记卞汉林主持会议并讲话。

22日 山东国创节能科技股份有限公司在全国中小企业股份份转让系统（简称“新三板”）正式挂牌，成功登陆全国性证券交易市场。

23日 县委书记卞汉林先后到宝都街道和红河镇就做好中共十九大期间安保维稳工作开展调研督导。

28日 昌乐县举行《昌乐年鉴（2017）》组稿工作动员会暨全县史志工作培训班，全面启动编修工作。

30日 昌乐县在县烈士陵园隆重举行2017年烈士纪念日烈士公祭活动。县委书记卞汉林出席并到花篮前整理缎带，县委副书记、县长邱旺主持，县人大常委会主任王备、县政协主席周保进、县委副书记张建伟等出席。

10月

2日 县委书记卞汉林到县公安局调研指导中共十九大会议安保维稳工作。

6日 县委书记卞汉林现场调度部分重点项目。县领导邱旺、张建伟、李良华、丁进全、张金涛、张正民等参加。

9日 昌乐县5家企业被评为四星级“厚道鲁商”品牌形象榜上榜企业，10家企业被评为三星级“厚道鲁商”品牌形象榜上榜企业。

10日 市委常委、常务副市长邹庆忠带领市直有关部门负责人到昌乐县，专题调度推进比德文新能源汽车产业基地建设工作。

11日 省食安办副主任、省食品药品监管局副局长陈耕带领调研组，在市食安办、市食品药品监管局主要负责人陪同下，到昌乐县调研食品安全工作。

12日 县政协十届九次主席会议在县级机关综合办公楼召开。

13日 2017中国（昌乐）国际宝石博览会在中国宝石城隆重开幕。

同日，2017中国（昌乐）国际宝石博览会重点招商项目签约仪式在县委党校第一报告厅举行。县委书记卞汉林、县人大常委会主任王备、县政协主席周保进等出席，县委副书记、县长邱旺致辞，副县长张正民主持。

同日，黄金蓝宝石首饰创意设计大奖赛颁奖仪式暨“中国蓝”文化与首饰创意设计研讨会在昌城大酒店举行。中宝协副秘书长、彩宝分会秘书长、基金公司董事长沙拿利，中国地质大学（武汉）珠宝学院院长杨明星，省宝协秘书长张鲁府等出席。副县长、县公安局局长曹俊勇致辞。

14日 昌乐蓝宝石产业发展交流座谈会在宝石城管委会举行。中宝协副秘书长、中宝协彩宝分会秘书长、中宝协基金公司董事长沙拿利出席。

同日，山东数学会官网公布第33届全国高中数学联赛山东赛区获奖情况。昌乐一中的高三学生王一帆以山东省52名、潍坊市第2名的优异成绩获全国一等奖。

16日至24日 市委第三巡察督导组对昌乐县推进“四个城市”建设和开展“作风建设年”活动情况开展巡察督导。

19日 第十届山东省“泰山文艺奖”评选揭晓并颁奖。潍坊市有6件作品当选，其中，昌乐县的中国摄影家协会会员杜延芬摄影作品——《新农村换届选举》获摄影类二等奖，填补昌乐县在“泰山文艺奖”奖项上的空白。

20日 2017“吉他小镇·魅力鄌郚”第二届音乐节暨2017雅特杯第七届全国电吉他大赛在鄌郚镇音乐文化广场开幕。潍坊市委宣传部常务副部长丁汉邦讲话并宣布开幕，县委副书记张建伟致辞，县委常委、宣传部部长贺玉洁为潍坊市乐器跨境电商创业中心揭牌。

24日 省人大常委会委员、农业与农村委员会副主任委员宋玉山带领省人大调研组，在市人大常委会副主任张新强陪同下，到昌乐县调研生态循环农业发展情况。县领导卞汉林、张建伟、田本义、崔欣分别陪同。

26日 全市“2017—忠诚卫士”行动推进会暨娱乐场所监管现场经验交流会在昌乐县召开。副县长曹建国出席并致辞，潍坊市县两级文化执法部门执法人员计70余人参加会议。

同日，全省、全市领导干部会议召开，传达学习中共十九大精神。昌乐县在县委党校设立分会场组织收听收看，并在全省、全市会议结束后，召开全县领导干部会议，就学习宣传贯彻中共中共十九大精神进一步提出要求。

27日 县委书记卞汉林看望慰问百岁老人，并向全县老年人送上节日问候和诚挚祝福。县委常委、办公室主任张金涛一同参加。

同日，全县棚改搬迁攻坚动员大会在昌乐县高级技工学校召开，县委副书记、县长邱旺出席会议并讲话。县委常委、副县长李良华主持会议，县领导孙振元、曹俊勇出席会议，县委常委、组织部部长王勇宣读棚改搬迁工作指挥部和网格分组名单。

28日 昌乐县在县委党校举办“宝都半月讲堂”第十五期专题讲座。县委书记卞汉林、县人大常委会主任王备出席。

30日 雅龙（中国）薄膜材料有限公司开业庆典在昌乐县举行。美国雅龙公司总裁Andrew Mcneill、县委书记卞汉林出席，副县长张正民致辞。

11月

6日 昌乐县成功立项为2018—2020年农田水利项目县，项目投资7186万元，其中省级以上财政资金6744万元。

9日 昌乐县学习贯彻中共中共十九大精神宣讲团在县委党校成立。县委书记卞汉林出席宣讲团成立暨宣讲工作动员会并讲话，县委常委、宣传部部长贺玉洁主持会议。

11日 市委书记刘曙光，市委副书记、市长李宽端带领全市重点项目观摩点评与会人员到昌乐县观摩。

13日 营丘镇被潍坊市文明办、潍坊市市政局评为2017年度潍坊市城乡环卫一体化工作示范镇街。

15日 昌乐县职业农民创业孵化基地被认定为省级创业孵化示范基地，成为昌乐县第三家省级创业示范平台。

17日 山东省人民政府办公厅发布《关于公布2017年度齐鲁乡村之星名单的通知》。此次有149人入选2017年度齐鲁乡村之星名单，其中昌乐县五图街道庵上湖村党支部书记赵继斌入选。

18 日 在天津市滨海新区召开的 2017 全国智慧城市合作大会上，昌乐县荣获中国智慧城市最具潜力城市奖。

19 日 昌乐县被省委、省政府评为“全省十九大安保维稳工作先进县”。

24 日 蓝天首饰、友谊塑胶、汇智化工、世宇生物、东兴防爆、亿福金业 6 家企业被认定为潍坊市中小企业“一企一技术”研发中心。

26 日 2017 第八届全国院校 • 艺考“中国梦杯”暨齐鲁第十二届“舞林杯”国际标准舞锦标赛在乔官镇举行。

27 日 昌乐传媒集团在山东省新闻工作者协会举办的 2017 年县级媒体委员会理事会暨学习中共十九大会议精神培训班上，荣膺全省县级广播电视系统“十佳广播电视台”称号。

28 日 市委宣讲团中共十九大精神报告会在昌乐县委党校举行。市委宣讲团成员、市委党史研究室主任康悦彬作宣讲报告，县委副书记、县长邱旺主持。县领导王备、周保进、张建伟等参加报告会。

29 日 县政协十届四次常委会议在县委党校召开。县政协主席周保进、副主席徐玉山分别主持会议。县政协副主席滕恩禄、崔全华、刘树铭、刘乐增出席会议。

30 日 昌乐县被省交通运输厅、省财政厅评为“全省城乡交通运输一体化建设工程示范县”。

12 月

5 日 市林业局公布全市新增 5 处市级湿地公园名单，昌乐县太公湖湿地公园名列其中，这也是昌乐县继仙月湖省级湿地公园外，新增的 1 处市级湿地公园。

同日，省信访局副局长张宝清一行在市信访局主要负责人陪同下，到昌乐县检查《山东省信访条例》贯彻实施情况。

6 日 山东省人社局网站对全省创业型城市（县区）和创业型街道（乡镇）进行公示，确定创业型城市（县区）22 个，创业型街道（乡镇）60 个。其中，昌乐县上榜“创业型城市（县、区）”。

同日，全市基层卫生暨家庭医生签约服务工作现场推进会议在昌乐县召开。

同日，山东省中小企业数字化智能化推进会议召开，山东梦金园珠宝首饰有限公司被省中小企业局确定为山东省中小企业数字化智能化推进示范企业。

11 日 2017 年 11 月“潍坊好人”榜出炉，昌乐县姜玉坤眼镜店总经理石近强榜上有名，荣获 11 月“潍坊好人”称号。

13 日 公安部法制局副局长赵斌带领参加全国公安法制调研座谈会的与会代表到昌乐县观摩执法规范化建设工作。

14 日 市政协主席苏立科一行到昌乐县调研委员企业、重点项目和经济社会发展情况。

同日，昌乐县高崖水库库区窝铺村、南山农场分别通过潍坊市乡村旅游标杆示范项目村（点）、乡村旅游规划验收，达到全市乡村旅游标杆示范项目奖补条件和标准。

17 日 由山东省音乐家协会、山东省流行音乐专业委员会主办的“2017 山东省流行音乐大赛”决赛中，昌乐县“草根”歌手刘明通过深情演绎的一首《长镜头》，荣获本次大赛优秀奖。

19 日 副省长于国安一行到昌乐县调研农村产权制度改革工作。

同日，昌乐经济开发区日科化学股份有限公司一车间发生火灾事故，事故共造成 7 人死亡，4 人受伤。事发后，各级领导第一时间赶赴现场指挥处置，将事故损失降到最低。

20 日 五图街道被潍坊市农业局评为 2017 年度潍坊市农产品质量安全示范镇（街道）。

21 日 昌乐县的崔家庄草莓商标注册证正式发放，“崔家庄草莓”商标正式注册为国家地理标志证明商标。

同日，省林业厅公布 2017 年度山东省森林乡镇（50 个）、山东省森林村居（500 个）名单。昌乐县的营丘镇东张家庄村、乔官镇姬家庄子村、鄌郚镇沙埠沟村上榜。

21 日 由山东矿机集团与重庆能源集团合作研发的“急倾斜薄煤层俯伪斜综采液压支架”项目，荣获 2017 年潍坊市第二届“市长杯”工业设计大赛三等奖。

25 日 县委书记卞汉林到红河镇调研督导村“两

委”换届选举、安全生产等工作。

26 日 潍坊盛泰药业有限公司、潍坊现代塑胶有限公司、潍坊龙海民爆有限公司 3 家企业被认定为第十三批省级中小企业“一企一技术”研发中心。至此，昌乐县省级中小企业“一企一技术”研发中心总数达 13 家。

27 日 朱刘街道被认定为“第六批山东省新能源特色产业镇”。

同日，县政协十届十二次主席会议召开，听取县政协联系政协委员活动情况汇报。县政协主席周保进主持并讲话，县政协副主席滕恩禄、刘树铭、刘乐增出席会议。

28 日 联合国驻利比里亚特派团代表联合国，在首都蒙罗维亚中国防暴队营区，向中国第五支驻利比里亚维和警察防暴队全体队员授予联合国和平勋章，昌乐籍维和警察曲泽东、王振国，被授予联合国和平勋章。

昌乐概况

ChangLe GaiKuang

自然环境

【位置 面积】 昌乐县地处山东半岛内陆，是潍坊市的近郊县，位于潍坊市中部，地跨北纬36°11′52″～36°46′32″东经118°43′44″～119°10′28″。东与潍城区、坊子区相连，南与安丘市毗邻，西靠临朐县、青州市，北与寿光市接壤。辖区东西最大距离40.9千米，南北最大距离59.3千米，总面积1101平方千米。县城地处县境北部、济青高速公路南侧、胶济铁路沿线，西至济南168千米，东至青岛180千米，距潍坊市区25千米，北至渤海70千米，是全县的政治、经济、文化中心。

【地形 地貌】 昌乐属丘陵—山前平原地区，地势南高北低，西高东低，以胶济铁路线为界，北部为坦荡无垠的昌潍平原，南部为低缓绵延的丘陵区，海拔30～381米，平均海拔160米左右。全县山丘区约

远古火山 （供稿：县国土资源局）

608平方千米，占总面积的58.85%；平原区410平方千米，占39.7%；涝洼区15平方千米，占1.45%。境内有孤山、方山、乔山、黄山、打鼓山、丛山等，属沂山山脉。地貌为低山、丘陵、平原相间，中西部、中北部多低山，东部多丘陵，南北两端系平原。

【河流】 昌乐县境内河流众多，现有5大水系6大河流34条支流。6大河流简介如下：

小丹河　发源于昌乐县乔官镇刘家庄子村，河道起点位于昌乐县宝都街道代家庄。小丹河河道总长23千米，流域面积58.2平方千米，干流上有1座中型水库、5座小型水库，小丹河流经乔官镇、五图街道、宝都街道。

大丹河　（昌乐境内）起始于昌乐县乔官镇吕家庄村，终止于昌乐县宝城街道西崔村北。大丹河河道总长91千米（昌乐段24千米），流域面积911.30平方千米（昌乐段227.4平方千米），干流上有1座中型水库、6座小型水库，大丹河昌乐境内流经乔官镇、五图街道、宝都街道、宝城街道。

圩　河　发源于昌乐县乔官镇土埠沟村北，于昌乐县五图街道孙家庄村流入潍城区境内。圩河河道总长44千米，流域面积278.8平方千米，其中昌乐县境内河道长9.15千米，流域面积64平方千米，流经昌乐县境内乔官镇、五图街道。河道最大宽度283米，最小宽度36米，干流上游有5座小型水库。

溎　河　发源于昌乐县五图街道老官李村南，流经首阳山旅游度假区，于朱刘街道后牟村流入寿光市境内。溎河河道总长58千米，流域面积410.1平方千米，其中昌乐县境内河道长17千米，流域面积80平方千

米，河道最大宽度256米，最小宽度9米，干流上有8座小型水库。

红　河　发源于昌乐县鄌郚镇荣山官庄村村北，于昌乐县红河镇小菜园村进入安丘市境内。红河从上游向下游依次经过昌乐县鄌郚镇、临朐县九山镇、昌乐县鄌郚镇、昌乐县红河镇、安丘市凌河镇，河道最大宽度100米，最小宽度20米。红河全长31.0千米，流域面积238平方千米，在昌乐县境内总长度25千米，流域面积190.34平方千米，干流上有1座小型水库。

白浪河　发源于鄌郚镇打鼓山，流经鄌郚镇、红河镇、营丘镇，自营丘镇黎家村东入白浪河水库。有七条一级支流孝妇河、大猪河、小猪河、龙丹河、金钗河、马宋河、彭家沟河，县境内干流长度29千米，流域面积301.5平方千米。干流上有1座中型水库、5座小型水库。

汶　河　发源于临朐县沂山玉皇顶东麓，在高崖水库库区洛村入境，流经鄌郚镇、红河镇，自红河镇大李平安村出境进入安丘并入潍河。在昌乐境内有7条一级支流洋河、寺后河、红河、张朱河、螳螂河、阿陀前河、孟津河，9条二级支流魏家沟河、九曲河、龙旺河、元吉河、庄皋河、肖家河、王俊河、龙女河、崖头河，县境内干流长度30.8千米，流域面积417.8平方千米。干流上有大型水库1座（高崖水库）。

【水库】　全县有水库127座，其中1座大型水库，为高崖水库，3座中型水库，为荆山水库、马宋水库、南寨水库（在建），123座小型水库，其中小（一）型水库19座，小（二）型水库104座。2017年水库总蓄水量为6030万立方米，其中高崖水库蓄水量为3680万立方米，两座中型水库总蓄水量为810万立方米。

【气候】　2017年平均气温13.9℃，较历年平均气温偏高1.0℃。年降水量798.3毫米，较历年平均值偏多223.9毫米。年日照时数2623.6小时，比历年值偏多220.2小时。年气候特点：气温偏高，降水偏多，光照充足。四季气候特点：冬季气温偏高，降水偏多，光照偏少；春季气温偏高，降水偏少，光照偏多；夏季气温偏高，降水偏多，光照偏多；秋季气温偏高，降水偏少，光照偏多。

自然资源

【土地资源】　全县土地总面积1100.51平方千米．其中农用地面积86799.07公顷（耕地62739.91公顷，园地3106.54公顷，林地9190.14公顷），占总面积的79.1%；建设用地面积18251.86公顷（建制镇4609.07公顷，村庄10032.85公顷，采矿用地522.96公顷），占总面积的16.36%；未利用地面积4990.54公顷（其他草地2583.75公顷，河流水面1758.29公顷，裸地658.90公顷），占总面积的4.54%。人均耕地面积1.55亩。全县耕地保有量61658公顷，基本农田54517公顷，建设用地总规模17367公顷。

【矿产资源】　到2017年年底，全县发现各类矿产26种（含亚矿种），探明储量的矿产21种，已开发利用11种。主要矿产及分布情况：蓝宝石有矿面积450平方千米，主要分布在五图街道、宝都街道、乔官镇境内；油页岩累计探明储量28202.7万吨，系五图褐煤的伴生矿，主要分布在五图街道境内；煤矿分为烟煤和褐煤，主要分布在朱刘街道、五图街道境内；地热资源热储面积约50平方千米，位于鲁北地热区、鲁西地热区和沂沭断裂带地热区的交会地带；石棉主要分布在营丘镇汶河官庄一带；石灰岩主要分布在县城东部的孤山、牛山、马山、罗圈山，以及五图街道的驼山、鄌郚镇杏山子和大山、营丘镇蟠龙山、黄山地区，保有量为20亿吨；膨润土也称为膨土岩、斑脱岩，主要赋存在宝都街道南肖、五图街道亓家庄和官地。五图煤矿、杨家埠软质耐火黏土矿是胶东地区特色矿种。蓝宝石含矿面积450平方千米，储量数亿克拉，是继泰国、斯里兰卡、澳大利亚世界四大蓝宝石矿床之一，昌乐县也因此被誉为“蓝宝石之乡”。昌乐蓝宝石有原生矿和砂矿两种富集形式，以砂矿为主，具有晶体完好、质地纯、硬度高等特点。

【水资源】　昌乐县水资源总来源是大气降水。多年平均降雨量为608.99毫米，年内降水多集中在6—9月汛期，占全年降水总量的72%，其他月占28%。昌乐县的降水有以下几个特点：地区分布不均，南部雨量大，北部雨量小；年内分布不均，汛期降水集中，其他季节降水较小；年际分布不均，在56年的统计资料中，1964年降水量最大为1165.8毫米，是多年平均的1.9倍，1981年降水量最小为331.5毫米，是多年平均的0.5倍。

地表水　昌乐县地表水主要分布在境内的河流、水库、塘坝、拦河闸坝等区域。地表水按降雨径流关系推算多年平均为11651.10万立方米。

地下水　昌乐县地下水因水文地质条件不同而分布不均，低山区匮乏，丘陵区较少，冲积平原、河谷平原较丰富。通过计算山丘区基流、平原区降雨入渗补给量求得昌乐县多年平均地下水为10665.85万立方米。

水资源总量　水资源总量等于地表水加地下水再扣除重复计算水量。根据全县降雨延长系列推算，昌乐县多年平均地表水资源量为11651.10万立方米，地下水资源量为10665.85万立方米，重复计算水资源量为4354.46万立方米，昌乐县多年平均水资源总量为17962.49万立方米。人均占有水资源量为288立方米。昌乐县多年平均水资源可利用量为14576.04万立方米。

昌乐县可供水分布情况　在北部平原区，地下水分布模数为12.82万立方米/平方千米，地表水分布模数为1.58万立方米/平方千米；在北部平原隐区，地下水分布模数为8.95万立方米/平方千米，地表水分布模数为9.71万立方米/平方千米；在中部低山区地下水分布模数为1.11万立方米/平方千米，地表水分布模数为7.09万立方米/平方千米；在东南部丘陵区地下水分布模数为5.26万立方米/平方千米，地表水分布模数为14.13万立方米/平方千米。

水质现状　昌乐水资源主要有地表水和地下水两部分。根据近几年的水质监测情况看，地表水：高崖水库水质良好，常年在Ⅱ到Ⅲ类之间，马宋水库水质一般，在Ⅲ类尚好和差之间，荆山水库水质可以，在Ⅲ类良好与尚好之间，汶、白、丹、圩、潍五系水系，除个别河段被污染外，其余河流水质尚好，均在Ⅲ类到Ⅳ类之间。昌乐县地下水除朱刘、城区、尧沟浅层水质较差外，其他均在Ⅲ类以上。

【动植物资源】　昌乐县农业种植资源丰富，粮食作物主要有小麦、玉米、地瓜、谷子等；经济作物主要有西瓜、花生、大姜、辣（甜）椒、西红柿、南瓜、马铃薯、甜瓜、黄瓜、草莓、黄烟、芋头、洋葱、西葫芦、山药、茄子、芸豆、花椰菜、萝卜、大葱、芹菜、菠菜、苦菊、茼蒿、韭菜、芦笋、中药材等；果树主要有桃、苹果、樱桃、葡萄、李子、梨等。

区划 人口 民族

【区划】　2017年，昌乐县辖宝城街道、宝都街道、朱刘街道、五图街道4个街道，红河镇、乔官镇、营丘镇、鄌郚镇4个镇，1个省级经济开发区昌乐县经济开发区，1个省级旅游度假区首阳山旅游度假区，1个水库管理区高崖水库库区。全县有370个行政村。

【人口】　2017年，全县户籍人口总户数为200051户，户平均人数为3.18人，户籍人口总数为635225人，年人口增长率为10.5‰，比2016年人口增长率上升3.53个千分点。其中年龄0至17周岁人数为124095人，占19.53%；18周岁至34周岁人数为142714人，占22.47%；35周岁至59周岁人数为235194人，占37.03%；60周岁及以上人数为133222人，占20.97%。全县人口男性321617人、女性313608人，性别比为102.6。出生落户14653人，其中男婴7639人、女婴7014人，性别比为108.9，人口出生率为23.19‰。死亡注销6704人，死亡率为10.61‰，人口自然增长率为12.58‰，比上年上升4.47个千分点；迁入人口为4642人，迁入率为7.35‰。迁出人口为6136人，迁出率为9.71‰，机械增长率为-2.36‰，比上年下降1.8个千分点；城镇户籍人口数为282802人，占总人口数的44.52%，比上年上升1.23个百分点。

【民族】　2017年，昌乐县有常住少数民族人口704人，其中男性175人、女性529人，有回族、蒙古族、彝族、满族、傈僳族等少数民族31个，流动人口约300人。全县10个镇（街、区）都有分布，其中营丘镇少数民族人口最多，全县没有形成少数民族聚居的村落。

2017年昌乐县各镇（街、区）少数民族人口统计表

表1 单位：人

辖　区	合　计	女	男	城　镇	农　村
开发区（宝城街道）	130	81	49	122	8
朱刘街道	20	15	5	16	4
宝都街道	52	29	23	52	0
五图街道	90	70	20	20	70
乔官镇	121	108	13	19	102
营丘镇	166	139	27	19	147
红河镇	45	36	9	38	7
鄌郚镇	80	51	29	23	57
合　计	704	529	175	309	395

经济和社会发展

2017年，全县加快实施新旧动能转换重大工程，统筹推进"四个城市"建设，经济社会持续健康发展。当年完成地区生产总值307.95亿元；实现一般公共预算收入24亿元。

【新旧动能转换】 坚持把新旧动能转换作为统领经济发展的重大工程，聚焦"四新四化"，推进动能转换、产业升级。创新活力不断增强，新增市级以上科技创新平台24家，新获专利授权510件，高新技术产业产值占比达28%。全县开工工业技改项目53个，完成投资51.6亿元。比德文新能源汽车产业基地纳入全市新旧动能转换"四区四基地一通道"战略，装备制造业实现主营业务收入188.9亿元，比上年增长15.4%，汉唐·中能新能源汽车、佳诚数码新材料产业园等一批重点项目落地开工。创新企业管理模式，2家企业列为省"两化"融合管理体系贯标试点企业。新业态加速聚集，电子商务规模持续扩大，县电商孵化中心、市乐器跨境电商创业中心顺利运营，天序电商孵化公司被评为省级电子商务示范企业；"新六产"蓬勃发展，建成田园综合体9处，庵上湖被列为省休闲农业和乡村旅游示范点。

【产业升级】 工业强基成效显著。规模以上工业主营业务收入、利润、利税分别增长9.1%、24%、21%，6家企业入选省中小企业"隐形冠军"和"专精特新"企业，新增省级以上名牌名标21件。化工产业安全生产转型升级工作扎实推进，停产整顿化工企业54家、永久停产19家、转产10家，87家企业"四评级一评价"全面完成验收。加快企业改制步伐，55家企业完成规范化公司制改制，47家企业在"新三板"或区域性股权交易市场挂牌。现代农业稳步推进。全县西瓜产值突破20亿元，建成全省首家西瓜院士工作站，昌乐西瓜品牌价值达36.91亿元。新建设施农业1.5万亩、百亩以上农业园区27处，新增市级以上标准化示范园区4处，新发展合作社、家庭农场155家，新认定"三品一标"41个。畜牧业及相关产业实现产值120亿元，肉蛋奶总产量达32.5万吨。服务业发展态势良好。物流业税收实现翻番增长，申易物流公司被认定为国家AAAA级物流企业；实现旅游综合收入57.5亿元，比上年增长17.7%，新增市级以上旅游品牌5个。昌乐县珠宝产业创业园成功创建省重点服务业园区。

【城市品质】 城区综合功能不断完善，潍昌路改造、洪阳街西段等道路工程建成通车，大沂线昌乐段改建、徐贾路改造等工程开工建设，完成8.6万平方米老旧小区改造，实施5个小区供热管网更新，城区集中供热率和管道燃气普及率分别达82%和88.6%，成功创建国家卫生县城。封山禁采、棚改、拆违"三大攻坚"成效显著，关停拆除所有370处矿产资源非法开采加工点，整建制完成8个片区、4401套棚户区居民搬迁，创造棚改搬迁"昌乐速度"，拆除违建1210处、52万平方米。"智慧昌乐"建设步伐加快，完成智慧城管、智慧照明等8个大项建设，荣获中国智慧城市最具潜力城市奖。小城镇建设完成投资25亿元，新修改造农村公路57条，新建农村住房2600户，实施农村无害化厕所改造3.5万户，80个行政村完成村容村貌整治。方山蓝宝石小镇入选省级特色小镇创建名单，红河镇被评为中国美丽乡村建设示范镇。农村新型社区建设稳步推进，建成4处新型社区，改造提升11处社区服务中心。

【生态环境】 2017年大气环境质量显著提升，9家重点企业燃煤机组（锅炉）超低排放改造基本完成，燃煤小锅炉和禁燃区内20吨以下燃煤锅炉全面“清零”，空气质量优良天数达222天。水环境质量持续改善，实施雨污管网分流改造和重点河流综合治理工程，完成城北、城东和城西污水处理厂一期新一轮提标改造，40条河道全部落实“河长制”，重点河流化学需氧量、氨氮平均浓度分别改善18.7%和21.1%。节能降耗扎实推进，37家企业通过清洁生产审核验收，重点耗能企业全面完成能源管理体系建设。加大农业面源污染治理，建成20处农业废弃物处置点，禁养区养殖场全部搬迁，畜禽养殖粪便和污水处理利用率分别达80%和60%。大力实施全域绿化，新增造林7880亩，修复退化林分3450亩。

【改革开放】 农村集体资产股份权能改革试点顺利通过国家验收。城乡建设用地增减挂钩等节地挖潜试点深入开展，新增建设用地3984亩。实施“多证合一”改革，登记核发“多证合一”营业执照6767份。政府债务管理进一步规范，争取地方债置换债券8.8亿元。“放管服”改革不断深化，在全省率先实行“一窗受理，全科服务”，公布“零跑腿”和“只跑一次”事项340项。加快社会信用体系建设，收集“双公示”信息2.76万条，“一网三库一平台”公共信用系统开通试运行。公立医院改革扎实推进，启动家庭医生签约和档案复核升级行动。加大招商引资力度，到位资金达65亿元。开放发展水平显著提升，实现进出口总额88亿元；利用外资3.1亿元，增幅居全市首位；成功创建国家级出口食品农产品质量安全示范区，被确定为全省首批原产地证书第三方发证机构下放试点。

【社会事业】 城镇、农村居民人均可支配收入同比分别增长8%、8.2%。创业就业服务体系不断完善，新增城镇就业7641人，新建4处市级以上创业孵化园区（基地），被确定为全国第二批返乡农民工创业试点县、全省创业型城市。精准扶贫取得实效，15个省扶贫工作重点村、7437名建档立卡贫困人口全部达脱贫标准，3处扶贫示范基地被评为全国就业扶贫基地。社会保障水平稳步提高，社保卡持卡人数达52.2万人，低保、五保供养标准进一步提高。优化整合教育资源，21所农村中小学全部封顶，新建、改扩建幼儿园22处，“全面改薄”工程进展顺利，起始年级化解大班额工作基本完成。卫生计生服务水平全面提升，基层医疗卫生机构基本设备配置标准化率达100%，被确定为全国计划生育基层群众自治示范县、全省医养结合示范县、全省健康促进示范县。公共文化服务日臻完善，建成投用334个村（社区）文化服务中心，图书馆、文化馆免费开放。广泛开展全民健身活动，行政村和社区实现体育健身工程全覆盖。顺利通过省级食品安全先进县验收。社会治安形势持续稳定。

2017年昌乐县经济社会发展主要指标一览表

表2

指标名称	单位	数额	比上年增长（%）
昌乐县地区生产总值（GDP）	亿元	307.95	7.3
第一产业增加值	亿元	39.32	4.3
第二产业增加值	亿元	127.47	7.8
#工业增加值	亿元	115.40	8.3
第三产业增加值	亿元	141.16	7.7
国地两税收入	亿元	33.19	31.2
国税	亿元	22.75	48.0
地税	亿元	10.44	4.7
#第二产业提供税收	亿元	20.51	18.3

续表 2

指标名称	单位	数额	比上年增长（%）
第三产业提供税收	亿元	12.63	6.7
一般公共预算收入	亿元	24.00	3.0
粮食作物播种面积	公顷	37429	-9.4
粮食作物总产量	吨	257246	-9.4
工业总产值	亿元	942.37	8.2
主营业务收入	亿元	940.29	7.3
利税总额	亿元	64.44	19.1
利润总额	亿元	42.92	20.8
全社会用电总计	亿千瓦时	22.02	8.6
社会消费品零售额	亿元	149.57	8.0
进出口总额	亿元	90.51	14.5
出口总额	亿元	56.46	14.1
进口总额	亿元	34.05	15.0
合同利用外资	亿元	1.91	197.1
实际到账外资	亿元	3.15	119.3
金融机构人民币各项存款余额	亿元	343.42	5.6
金融机构人民币各项贷款余额	亿元	262.20	8.1
城镇居民人均可支配收入	元	32895	7.8
农村居民人均可支配收入	元	16710	8.2

精神文明建设

【践行社会主义核心价值观】 2017年，全县以迎接、学习、宣传中共十九大为主线，广泛开展群众性主题宣传教育活动和社会宣传，大力培育和践行社会主义核心价值观，着力抓好重大活动、重点项目和重要品牌，全县思想道德建设氛围日益浓厚。围绕“喜迎十九大”“社会主义核心价值观”“塞罕坝精神”“省第十一次党代会”“市第十二次党代会”“县第十四次党代会”“作风建设年”活动、“四个城市”建设等10项工作，积极开展社会宣传，设置相关主题版面1200余块（幅）；组织开展“中国梦·党在心中”百姓宣讲活动和“图说我们的价值观”公益广告宣传活动，运用百姓宣讲，图片展示、挂灯笼、贴春联、送年画、猜灯谜等形式，推动社会主义核心价值观融入百姓日常和节日生活。

深入开展善行义举四德榜普及提升行动 充分发挥“四德榜”示范引领作用，坚持不懈推动农村、社区、企业、学校、机关建立完善“四德榜”，让群众善行义举上榜，为凡人善举立传。2017年底，全县全部行政村设立善行义举“四德榜”，实现100%全覆盖，企业、学校、机关四德榜设榜率高于全市平均水平，全县“四德榜”上传人数54万余人，上榜率90%以上，昌乐县温桂仙获评2017年山东省善行义举“四德榜”“榜上有名”先模人物。

健全身边好人推荐评选机制 大力选树先进典型，全年选树表彰昌乐好人33名，并先后推荐逄赧赧、温桂仙、赵长安3人当选“中国好人”，推荐3人当选“山东好人”、13人当选“潍坊好人”，2人当选“第六届潍坊市道德模范”，1人入选第六届“山东省道德模范”候选人，发挥模范的典型示范作用，弘扬新风正气。

着力打造企业文化品牌 扎实开展“厚道鲁商”品牌三级联创活动，发布“厚道鲁商”品牌形象榜。昌乐农商行等5家企业被评为潍坊市“厚道鲁商”品牌形象榜上榜企业，英轩实业有限公司等10家企业被评为昌乐县“厚道鲁商”品牌形象榜上榜企业，彰显昌乐企业守法诚信、人本和谐、勇担责任、创新文化的企业形象。

【开展群众性精神文明创建】 以全国文明县城复审为契机，着力深化群众性精神文明创建活动，积极培育社会文明风尚，各项工作取得新进展新成效。

扎实开展文明县城创建活动 着力健全文明县城创建工作长效机制。 坚持每周巡访、定期通报，建立工作台账，实行问题销号管理，昌乐县顺利通过全国文明县城复审。持续深化文明单位、文明村镇、文明社区创建，开展文明家庭、文明校园创建，形成分类合理、规范有序的基层文明创建体系。新申报省级文明单位1家、市级文明单位4家，全县省、市级文明单位达63家，省、市级文明村镇（社区）达33家；深入开展家庭文明建设活动，组织开展全县文明家庭推选工作，全县2个家庭获“省级文明家庭”、5个家庭获“市级文明家庭”荣誉称号；积极开展校园精神文明创建，全县两个学校荣获“市级文明校园”称号。组织开展 “文明之夏”广场文艺演出活动，展示各行各业和各级文明单位的新发展、新变化、新风貌，累计演出30余场，参与人数近5万人。

深入开展城乡环卫一体化工作 各镇村全部实现生活垃圾的集中收集清运、无害化处置和常态化管理。积极推进移风易俗工作，建立移风易俗工作联席会议制度，开展移风易俗破除陈规陋习督查工作，在各镇（街、区）、农村社区、市民文化体育公园组织移风易俗演出20余场，引导广大群众破除婚丧恶习，遏制不良风气，倡树新风正气。组织实施乡村文明行动“百镇千村”建设示范工程第五批省级项目建设，昌乐县有2个村入选省级“乡村文明家园”。

开展系列创建活动 积极参加全省乡村学校少年宫建设骨干培训班，昌乐县乡村学校少年宫实现省级以上项目乡镇全覆盖。在全县中小学校开展“网上祭英烈”“童心向党”“美德少年”“我们的节日”“国学小名士”和“做一个有道德的人”等系列活动，引导未成年人讲道德、尊道德、守道德。昌乐二中被评为第四届全省未成年人思想道德建设先进单位。

“文明出行”专项行动全面铺开 礼让斑马线初显成效。开展“文明旅游文明待客”主题活动，组织开展“我为‘四个城市’添光彩”演讲比赛，带动市民文明素质持续提升。积极开展志愿服务活动，昌乐县有2名志愿者当选全市最美志愿者， 1个志愿服务项目入选全省最佳志愿服务项目，1个社区入选山东最美志愿服务社区。

组织机构主要负责人名录

【县级领导班子】

中共昌乐县委员会

书　　记：卞汉林
副 书 记：邱　旺
　　　　　张建伟
常　　委：徐玉山（1月止）
　　　　　扈本溪（1月止）
　　　　　包艳伦 （1月止，12月起）
　　　　　李良华
　　　　　孙振元
　　　　　贺玉洁（女）
　　　　　王　勇
　　　　　丁进全（1月起）
　　　　　刘　超
　　　　　张金涛（1月起）

昌乐县人民代表大会常务委员会

主　　任：王　备（1月起）
副 主 任：王少鹏
　　　　　扈本溪（1月起）
　　　　　周晓玲（女）
　　　　　滕建勋（1月起）
　　　　　田本义

昌乐县人民政府

县　　长：邱　旺
副 县 长：崔全华（1月止）
　　　　　丁进全（1月止）
　　　　　李良华
　　　　　曹俊勇
　　　　　崔　欣（女）
　　　　　曹建国

政协昌乐县委员会

主　　席：周保进
副 主 席：张宝峰（1月止）
　　　　　徐玉山（1月起）

滕恩禄
滕建勋（1月止）
崔全华（1月起）
刘树铭
刘乐增（1月起）

昌乐县纪律检查委员会

书　　记：孙振元

昌乐县人民武装部

政　　委：包艳伦
部　　长：李守华

昌乐县人民法院

院　　长：韩昆亮

昌乐县人民检察院

检 察 长：郑爱之

【县委机关】

县委办公室

主　　任：张金涛

县委政策研究室

主　　任：张立军（6月起）

县委县政府督查局

局　　长：（空　缺）

县委机要局

局　　长：刘海明

县委保密办（县政府保密局）

主　　任（局长）：郭明海（6月起）

县委县政府接待办公室

主　　任：孙志勇

县委改革办

主　　任：张金涛

【县人大常委会机关】

县人大办公室（信访室）

主　　任：刘东兴
副 主 任：张继波
　　　　　郭　辉（信访室）

研究室

主　　任：李英强（12月止）
副 主 任：王仁生（12月起）

预算委员会工作室

主　　任：秦润帅（2月起）

人事代表工作室

主　　任：赵保昌

城建环保委员会工作室

主　　任：刘海龙

农业农村委员会工作室

主　　任：李少军（2月起）

内务司法委员会工作室（立法联络室）

主　　任：钟绵堂（2月起）

财政经济委员会工作室

主　　任：（空　缺）

教科文卫委员会工作室（民侨外委员会工作室）

主　　任：李　伟（2月起）

【县政府机关】

昌乐县人民政府办公室

主　　任：张继军

县政府研究室

主　　任：张树海

县政府法制办公室

主　　任：张继军

县地方史志办公室

主　　任：（空　缺）

县政府信息网络中心

主　　任：孟　伟

【县政协机关】

办 公 室

主　　任：孟庆峰（10月止）
　　　　　纪国梁（10月起）

研 究 室

主　　任：曹海涛（1月起，10月止）

委员联络工作委员会

主　　任：滕春蕾（女，1月起）

专委会工作一室

主　　任：石光彩（1月起）

专委会工作二室

主　　任：刘奎利（1月起）

专委会工作三室

主　　任：闫继安（1月起）

专委会工作四室

主　　任：赵杰芳（1月起）

提案委员会

主　　任：石光彩

经济委员会

主　　任：（空　缺）

副 主 任：石光彩（1月止）

　　　　　徐来义（1月起）

人口资源环境委员会

主　　任：赵兰普

副 主 任：臧西光（1月起）

科教文卫体委员会

主　　任：刘丽萍（女）

副 主 任：李学涛（1月起）

社会法制委员会

主　　任：滕春蕾（女，1月止）

副 主 任：刘贵学（1月起）

文史资料委员会

主　　任：肖广德

农业和农村工作委员会

主　　任：空　缺

民族和宗教委员会

副 主 任：朱英平（1月起）

【县纪委机关】

办 公 室

主　　任：孙国进

派驻第一纪检组、监察室

组　　长：田本刚

派驻第二纪检组、监察室

组　　长：夏景玉

派驻第三纪检组、监察室

组　　长：王瑞兴（6月止）

派驻第四纪检组

组　　长：张骏逸

派驻第五纪检组

书　　记：窦学岗

县委巡察办公室

主　　任：田成祥

县委第一巡察组

组　　长：冯传伟

县委第二巡察组

组　　长：刘金涛

【党群系统部门】

县委组织部

部　　长：王　勇

　　　　　卢继海（常务副部长）

县委统战部

部　　长：丁进全

　　　　　崔忠国（常务副部长）

县委台湾工作办公室　（县政府台湾事务办公室）

主　　任：刘贵德（主任科员，主持工作）

县委县直机关工委

书　　记：刘世鼎

县委机构编制委员会办公室

主　　任：秦光兴

县委、县政府信访局

局　　长：毕立新

县委老干部局

局　　长：赵华泉

县委党史研究室

主　　任：赵中洋

县档案局（档案馆）

局　　长：鞠　良

县委、县政府机关事务管理局

局　　长：杜　鹏

县总工会

主　　席：贺玉洁（女）

党组书记、常务副主席：张桂荣（女）

团县委

书　　记：刘　凯

县妇女联合会

主　　席：吴传平（女）

县科学技术协会（反邪教协会）

主　　席：王新会（女）

县残疾人联合会

理 事 长：李前进

县工商业联合会

主　　席：张正民

党组书记、副主席：张建华

县扶贫开发领导小组办公室

主　　任：杨海强

【政府系统部门】

县科学技术局

局　　长：肖学平

县民政局

局　　长：刘瑞刚

县财政局

局　　长：汪立波

县人力资源和社会保障局

局　　长：张　彬

县国土资源局

局　　长：钟　杰

县规划局

局　　长：崔爱江

县住房和城乡建设局

局　　长：郭曙光

县商务局

局　　长：郑凯彬

县卫生和计划生育局

局　　长：张义增

县审计局

局　　长：周广田

县环境保护局

局　　长：李　健

县人民防空办公室

主　　任：张　雷

县招商局

局　　长：王秀彬

县政务服务中心管理办公室

主　　任：李广顺

县地震局

局　　长：赵　健（6月起）

县旅游局

局　　长：王在山

党总支书记：程晓鹏

县知识产权局

局　　长：赵铁军

县金融工作办公室

书　　记：刘西强

主　　任：李艳洁　（女）

县房产管理办公室

主　　任：张大鹏

书　　记：赵维芳　（女）

县城市建设投资开发有限公司

董 事 长：周海刚　（4月起）

县国家税务局

局　　长：郭宝贵

县市场监督管理局

局　　长：王永信

县地方税务局

局　　长：韩昆国（6月止）

　　　　　高长明（7月起）

县园林管理局

局　　长：杜海波

县环境卫生管理局

局　　长：吴进光

潍坊市住房公积金管理中心昌乐分中心

主　　任：王卫东

县“三区”建设物流园管委会

主　　任：刘乐平

县检验检测中心

主　　任：刘贵明

县智慧城市建设办公室

主　　任：胡永忠

中国宝石城开发建设管理委员会

书　　记：崔永新

主　　任：赵世军

【计划系统部门】

县发展和改革局

局　　长：秦春军

县统计局

局　　长：刘培臣

县物价局

局　　长：崔忠实

【政法系统部门】

县委政法委

书　　记：刘　超

县公安局

局　　长：曹俊勇（督察长）

县司法局

局　　长：刘海清

【宣教系统部门】

县委宣传部

部　　长：贺玉洁（女）

常务副部长：李志刚

县委党校

校　　长：卞汉林

党委书记、常务副校长：葛凤杰

县教育局

局　　长：任瑞成

潍坊技师学院昌乐分院

院　　长：亓文诺

党委书记：段洪祥

县文化广电新闻出版局

局　　长：黄金海

县文化市场综合行政执法局

局　　长：江尔玉

昌乐传媒集团

总 经 理：李玉军（县广播电视中心主任）

山东广电网络有限公司昌乐分公司

经　　理：姜卫红

县体育局

局　　长：王福强

【农业系统部门】

县委农村工作领导小组办公室

主　　任：张同良

县水利局

局　　长：王龙之

县农业局

局　　长：刘　军

县林业局

局　　长：秦维胜

县畜牧兽医局

局　　长：安盛军

县农业机械管理局

局　　长：薛永亮

县农村经济管理局

局　　长：黄军清

县农业综合开发办公室

主　　任：滕继华

县气象局

局　　长：张爱玲（女）

山东潍坊烟草有限公司昌乐分公司

经　　理：袁　东

寿阳山生态林场管委会

书　　记：张君玉

主　　任：高立德

远古火山群生态林场管委会

书　　记：张卫昌

主　　任：刘培升

【经贸系统部门】

县经济和信息化局

局　　长：王秀彬

县交通运输局

局　　长：高明胜

县安全生产监督管理局

局　　长：崔德军

县粮食局

局　　长：田志贤

县供销社

主　　任：赵玉刚

县中小企业办公室

主　　任：高维国

县公路局

局　　长：刘西利

中国邮政集团公司山东省昌乐县分公司

总 经 理：于子华

县盐务局

局　　长：魏　波

中国移动昌乐分公司

总 经 理：吕世宦

中国联通昌乐分公司

总 经 理：王西义

中国电信昌乐分公司

总 经 理：刘志杰

国网昌乐县供电公司

总 经 理：陈　伟

【金融系统部门】

人民银行昌乐支行

行　　长：翟　波

工商银行昌乐支行

行　　长：詹鸿翔

农业银行昌乐支行

行　　长：史洪春（1月止）

　　　　　庞敬贤（1月起）

中国银行昌乐支行

行　　长：王若军

建设银行昌乐支行

行　　长：辛令奎

农业发展银行昌乐县支行

行　　长：党永胜

昌乐农村商业银行

董 事 长：赵连东

行　　长：张华喜

潍坊银行昌乐支行

行　　长：张丽红（女）

中国邮政储蓄银行股份有限公司昌乐支行

行　　长：隋修珍（女）

中信银行昌乐支行

行　　长：马莉莉（女）

交通银行昌乐支行

行　　长：陈明明（女）

中国人民财产保险股份有限公司昌乐支公司

总 经 理：高　岩

中国人寿保险股份有限公司昌乐支公司

总 经 理：赵清岗

中国人寿财产保险股份有限公司潍坊市昌乐支公司

总 经 理：刘建秀（女）

【上属单位】

潍坊市高崖水库管理局

局　　长：徐士尧

山东省昌潍监狱

监 狱 长：魏长增

潍坊市第三殡仪馆

主　　任：李宪旭

青岛西车务段昌乐站

站　　长：许中东

潍坊市第三人民医院

院　　长：葛茂宏

山东盐业集团昌乐转运站

站　　长：马汉波

山东鲁中国家粮食储备库

主　　任：陈会坤（10月止）

　　　　　徐　兴（10月起）

【镇街区】

昌乐经济开发区管理委员会

书　　记：黄省阶（10月止）

　　　　　张正民（10月起）

主　　任：张金涛（10月止）

　　　　　黄省阶（10月起）

昌乐首阳山旅游度假区开发建设管理委员会

书　　记：刘德利

主　　任：吕增军

昌乐县宝城街道办事处

书　　记：史志军

主　　任：杨建刚

昌乐县朱刘街道办事处

书　　记：赵中国

主　　任：张永生

昌乐县宝都街道办事处

书　　记：王琪华

主　　任：王建书

昌乐县五图街道办事处

书　　记：李富强（9月止）

　　　　　李永金（10月起）

主　　任：李永金

昌乐县乔官镇人民政府

书　　记：刘衍斌

镇　　长：孙国伟

昌乐县营丘镇人民政府

书　　记：刘　刚

镇　　长：吴国宗

昌乐县红河镇人民政府

书　　记：刘莹有

镇　　长：孟　红（女）

昌乐县鄌郚镇人民政府

书　　记：郭雪梅（女）

镇　　长：李克鹏

昌乐县高崖水库库区开发建设管理委员会

书　　记：刘　鑫

主　　任：张　鹏

中国共产党昌乐县委员会

ZhongGuo GongChanDang ChangLeXian WeiYuan Hui

重要会议

【中国共产党昌乐县第十四次代表大会】 1月13—15日，中国共产党昌乐县第十四次代表大会在潍坊市委党校召开，县委书记卞汉林代表中国共产党昌乐县第十三届委员会向大会作了题为《解放思想、崇实重干、勇闯新路、敢为人先，为决胜全面小康建设现代昌乐而努力奋斗》的工作报告。中共昌乐县第十三届纪律检查委员会工作报告，以书面形式提请大会审查。

【昌乐县企业家协会成立大会】 1月23日，昌乐县企业家协会成立大会在县委党校召开。县委书记卞汉林出席并讲话。他强调，企业家协会要牢固树立服务第一的理念，发挥好应有的平台作用，奋力推进经济强县建设。县委副书记、县长邱旺主持会议。卞汉林、邱旺共同为企业家协会揭牌。县领导王备、周保进、张建伟等出席。

【全县经济工作会议】 2月7日，全县经济工作会议在县委党校召开，县委书记卞汉林出席会议并讲话，对贯彻中央和全省、全市经济工作会议精神提出明确要求，科学分析昌乐县经济形势，提出2017年经济工作总体思路和目标任务。县委副书记、县长邱旺主持会议并对2017年经济工作作出具体安排。县人大常委会主任王备、县政协主席周保进出席，县委副书记张建伟宣读县委、县政府《关于表彰2016年度先进集体的通报》。

【全县矿产资源集中整治工作会议】 2月9日上午，全县矿产资源集中整治工作会议在县委党校召开，强调全县上下要迅速行动起来，以铁的决心、铁的纪律、铁的作风、铁的手腕，坚决打好、打赢矿产资源集中整治攻坚战，真正还山于民、还绿于民、还清洁空气于民。县委书记卞汉林、县人大常委会主任王备、县政协主席周保进出席，县委副书记、县长邱旺讲话，县委副书记张建伟主持。

【全县工业发展大会】 3月10日上午，全县工业发展大会在县委党校召开，贯彻市、县党代会精神，研究部署推进工业强基的措施，夯实工业经济发展基础，增强工业经济的综合实力和市场竞争力。县委书记卞汉林出席会议并讲话。县委副书记、县长邱旺主持会议。县领导王备、周保进、张建伟等出席。

【全县作风建设年动员大会】 3月10日下午，全县作风建设年动员大会在县委党校召开，安排昌乐县作风建设年具体任务，动员广大党员干部崇实重干、克难攻坚、鼓足干劲、进位争先，为决胜全面小康建设现代昌乐营造更加优越的环境

【全县棚户区改造工作动员会议】 5月5日上午，全县棚户区改造工作动员会议在县委党校召开。县委书记卞汉林主持并讲话，安排昌乐县的棚改任务，动员各级各部门和全县广大党员干部群众统一思想、凝聚共识、抢抓机遇、主动作为，合力打好棚改攻坚战，努力把棚改打造成民生工程发展工程。县委副书记、

县长邱旺讲话。县人大常委会主任王备、县委副书记张建伟出席。

【县直部门作风建设暨软环境建设座谈会】 5月31日上午，县直部门作风建设暨软环境建设座谈会在县委党校召开。县委书记卞汉林主持会议并讲话。他强调，要认真贯彻作风建设年活动要求，突出经济发展，聚焦项目建设，提速增效，优化服务，努力创造一流发展环境。县委副书记、县长邱旺，县人大常委会主任王备，县政协主席周保进出席。

【全县重点项目观摩点评暨上半年经济形势分析会议】 6月30日至7月1日，全县重点项目观摩点评暨上半年经济形势分析会议召开，主要是观摩全县项目建设成果，分析上半年经济运行状况，安排下半年经济工作的重点任务。县委书记卞汉林主持会议并讲话。县委副书记、县长邱旺对观摩项目进行点评，对上半年工作进行回顾，对下半年工作进行安排。县人大常委会主任王备、县政协主席周保进、县委副书记张建伟等参加。

【县委工作会议】 8月12日上午，县委工作会议在县委党校召开，深入学习贯彻习近平总书记“7·26”重要讲话精神，全面落实中央和省、市、县委一系列决策部署，聚焦“1+5”和“四个城市”战略部署，抓好“五个一批”落实，持续转变工作作风，以优异成绩迎接中共十九大胜利召开。县委书记卞汉林出席会议并讲话。县委副书记、县长邱旺主持，县人大常委会主任王备、县政协主席周保进、县委副书记张建伟等出席。

重大活动

【封山禁采】 从群众反映最强烈的矿产资源整治入手，2017年2月10日，召开全县矿产资源集中整治工作会议，展开第一场攻坚战。到5月上旬，全县370处矿产资源非法开采加工点全部关停、拆除，实现了全面禁采。

【拆除违建】 重点围绕“一区、一河、一路和三个重点领域”，从6月下旬到9月底，开展“百日攻坚”集中治理，拆除违建1210处、52万平方米。

【棚户区改造】 4月底印发《棚户区改造实施方案》，5月5日召开动员会，分批展开，整建制彻底性完成北关、九龙湖等8个片区棚改拆迁，全县共签订搬迁补偿协议4619套，开工建设安置房源4010套。

【宝都半月讲堂】 为进一步转变工作作风，提高工作效率，全面提升党员干部的专业素养和干事创业的本领，更加扎实有力地推进各项工作落实，设立“宝都半月讲堂”，采取领导干部上台讲和外聘专家学者授课等方式进行，主要围绕贯彻落实党的方针政策，政治、经济和社会管理等重点领域，进行讲解辅导、专题讲座，共举办17期，

【2017年中国（昌乐）国际宝石博览会】 本届博览会于10月13日至10月16日举办，会期四天，遵循“蓝宝石为媒、宝博会搭台、扩大交流、发展共赢”的办会宗旨，将进一步传承和弘扬珠宝文化，推动昌乐黄金珠宝加工交易产业转型升级，提升“中国蓝宝石之都”的品牌影响力。

【打黑除恶打霸治痞专项行动】 结合全县矿产资源集中整治行动，9月21日召开全县打黑除恶、打霸治痞动员大会，针对一批群众关注、社会反映强烈的黑恶霸痞案件进行依法打击，共打掉寻衅滋事、非法拘禁、破坏生产经营等涉黑恶霸痞团伙16个、抓获处理各类黑恶霸痞分子219名、破获案件181起。在社会面上形成了强大震慑，让黑恶霸痞分子成为过街老鼠、人人喊打，有力净化了社会风气，维护了社会正常秩序和百姓合法权益。

县委办公室工作

【概况】 2017年，认真学习贯彻中共十九大精神，以习近平新时代中国特色社会主义思想为指导，按照

习近平总书记“五个坚持”的要求，聚焦态度、作风、素质这个关键，围绕中心、服务大局，敢于担当、开拓进取，较好发挥参谋助手作用，有力推动决策部署落实。

【理论武装】 把学习宣传贯彻中共十九大精神作为首要政治任务，深入领会习近平新时代中国特色社会主义思想深刻内涵，在学懂弄通做实上下功夫，先后组织办公室全体党员干部开展专题学习 5 次，每名党员干部撰写心得体会 2 篇以上。坚持周一例会学习制度，把中共十九大精神、习近平新时代中国特色社会主义思想、中央和省市重要文件精神作为重点内容，组织集体学习 46 次。积极参加“宝都半月讲堂”和各级组织的干部培训班，增强素质、提升本领，提高办公室理论水平。旗帜鲜明讲政治，强化“四个意识”，坚定“四个自信”，做到“四个服从”，坚决维护党中央权威和集中统一领导，在政治立场、政治方向、政治原则、政治道路上同以习近平为核心的党中央保持高度一致。严格执行党的路线方针政策，围绕省委新旧动能转换、市委“四个城市”建设和县十四次党代会部署，扎实开展理论学习、调查研究、督促检查，不折不扣贯彻落实上级决策部署，各项工作保持正确的前进方向。

【提升参谋服务水平】 紧紧围绕县委中心工作，从大处着眼，从细微处入手，当好参谋、搞好服务，有力地推动县委各项工作扎实高效开展。以文辅政，高质量当好参谋助手。以习近平新时代中国特色社会主义思想武装头脑、指导实践、推动工作，加强对中央和省、市委新理念、新思想、新战略的学习研究，高质高效做好县委领导讲话、政策文件等综合文稿起草工作。2017 年，起草领导讲话及市以上发言 148 篇，起草把关印发文件通知 243 个、新闻稿 213 篇。深入开展调查研究，围绕“四个城市”建设和“作风建设年”活动，先后深入镇街和部门开展蹲点调研 16 次，形成加快股份权能改革壮大村级集体经济、庵上湖“四治”模式等一批有价值的调研报告。不断挖掘、总结典型，权能改革、新旧动能转换等一批典型先后在《山东通讯》《潍坊通讯》以及市委《参阅件》等市级以上重要刊物刊发。建立信息机构常态化沟通交流机制，提高信息编报科学化水平，先后有 48 篇被省里采纳，182 篇被市里采纳。真督实查，推动各项重点工作落地落实。按照“一分部署，九分落实”要求，创新督查机制，搭建督查平台，专门成立县委书记任主任的督查委员会，重点督查调度中央和省、市、县委重大决策部署落实。对 41 项县级领导分管的重点工作，每月定期实地督查通报，对 36 个落实县级领导包靠的重点项目，每 15 天组织开展一次实地督查。已发布各类通知、通报等 200 件次。督查事项 640 余件，承办县委领导批示件 300 余件。统筹协调，切实增强综合协调能力。对县委安排的重大活动和领导日常活动，提前介入、超前运作，精心筹备、周密组织，努力把问题想在前面、工作做在前头，保证各项活动协调有序、高效推进。先后组织各类会议、活动 330 次，牵头接待中组部副部长齐玉等各级领导和国内外客商 860 余人次，各项会议、活动组织圆满成功，受到领导和来宾的一致好评。实行重要文件送阅服务，缩短公文流转时间。办理各类公文 1300 余件，充分发挥枢纽作用。全市观摩点评、国际宝石博览会等重大活动期间，县委办公室与各相关部门通力协作，分工负责，有力保障活动顺利开展。注重规范，全面做好机要保密工作。从人力、物力等各方面予以全面保障，定期对密码设备、通信线路、应急物资进行检查维护，确保正常运转。重新编制《机要密码工作规章制度》，细化分解文电办理流程。对全县 106 个商用密码使用单位工作人员进行培训，对重点涉密部位、涉密计算机进行全覆盖检查。

【政务服务】 扎实推进改革任务落实。对中央和省、市委确定的改革任务，全部在第一时间分解落实。圆满完成全省唯一的全国农村集体资产股份权能改革试点，顺利通过农业部评估验收，经验做法得到中央改革办、农业部充分肯定，省委书记刘家义、省长龚正要求全省推广，《焦点访谈》作深入报道。着眼激发发展活力，积极推进招商引资、开发区开发、项目审批等十项机制改革创新，已形成改革方案，稳步推进实施。加快推进“四个城市”建设。第一时间成立“四个城市”建设协调推进委员会，先后抽调38人组建四个专项委员会办公室，抽调52人组建县“四个城市”建设协调推进办公室。印发“四个城市”建设五年规划和三年行动计划，已全部建立台账、立项分解，28个项目被纳入市“10·30·100”支撑项目。包村工作取得重大进展。包靠的红河镇大芦沟村剩余10户贫困户全部脱贫，顺利实现省定贫困村摘帽。

【自身建设】 加强班子队伍建设。注重抓班子带队伍，以班子的团结干事带动队伍的干事创业、工作的全面进步，形成团结协作的班子集体。坚持以实绩论英雄，在干中检验干部，坚决打破论资排辈选拔使用干部，严格落实干部选拔任用相关工作条例，2017年先后提拔重用8名干部。加强作风建设。深入实施寻标对标提标达标行动，把市委办公室作为标杆，全面对标对表。赴江浙三区两市考察学习，进一步解放思想、提升境界、开拓思路。围绕争资源、引项目、打擂台，全力推进“五个一批”落实，深入开展“作风建设年”活动，把作风建设措施和要求打在人上、落在事上。重点围绕“会、文、事”三个方面，优化流程，再造中枢，提速提效。加强党风廉政建设。坚持民主集中制原则，严守政治纪律和政治规矩，严格党内生活制度，做到班子成员之间谈心谈话经常化、开展批评和自我批评常态化。强化监督管理，督促落实好廉政准则和廉洁自律各项规定，办公室没有出现违规违纪问题。

（供稿：徐一臣）

组织工作

【概况】 2017年，全县组织工作在昌乐县委的正确领导和上级组织部门的具体指导下，认真贯彻落实中央和省、市、县委部署要求，融入中心、系统谋划、突破关键、组合用力，各项工作都取得新进展、新成效。中组部副部长齐玉到昌乐县调研并给予肯定。

【基层组织建设】 学习贯彻中共十九大精神。把“两学一做”学习教育常态化制度化作为重要政治任务，把学习贯彻中共十九大精神摆上突出位置，将11月12月定为“中共十九大精神集中学习月”，纳入县委理论学习中心组、基层支部生活日的重要内容，组织广大党员干部原原本本学习十九大报告原文、新修订的《中国共产党章程》、习近平系列讲话等内容。邀请中央党校教授曹立作十九大报告专题解读，利用“智慧党建”云平台系统，在镇街、社区设立分会场，组织基层党员干部进行现场观看。中央党校教授戴焰军、秦刚分别到昌乐县作专题辅导。通过组建高水平“百人讲师团”送课下乡、开展十九大知识测试、在报纸网络开设专栏等灵活多样的方式，在机关、农村、两新组织等各领域学习宣讲十九大，将中共十九大精神传达基层、贯彻到基层。创新完善党内组织生活。将市委提出的支部生活日和阳光议事日有机结合，在农村采取“4+X”模式统筹落实“三会一课”、组织生活会、民主评议党员等基本制度，组织全体党员集体宣誓，重温入党誓词，通过在学中议、在议中学，提高农村党员参与学习、参与村级事务的积极性，真正做到学做合一、以学促做。在机关，开展各项“主题党日”活动，学习中共十九大精神，学习党章党规和系列讲话，学习单位本职业务工作，推动党建工作与业务工作互促共进。建立支部生活日报具体时间、报学习议题、报列席指导人员制度，每次农村、机关等基层支部生活日，县委组织部都落实人员进行随机督查，开展督导20余次，党的基本制度落到实处。

【党费清理收缴和党组织关系排查工作】 规范党费收缴工作，推行支部生活日现场缴纳党费制度，实现按时足额、规范缴纳。认真落实补交党费支出使用要求，重点用于党员进党校培训，走访慰问中华人民共和国成立前老党员、困难党员、因公牺牲党员等，实现补交党费使用效益的最大化。做好失联党员规范管理和组织处置工作，与365名6个月以上不与党组织联系的党员重新取得联系，建立台账重点管理，对4名未取得联系的党员按程序进行处置。对外出务工人员数量、主要流向等基本情况进行全面摸底排查，全县排查出外出务工人员3435名、外出务工党员175名，理顺党员组织关系。按照省、市部署要求，设立在京流动党员党支部，把在京流动党员组织起来、凝聚起来，打造成集联络联谊、办事服务、学习教育、展示交流、家园文化“五位一体”的在京务工党员之家。

【双提升工程】 按照2017年“基层基础规范提升年”的要求，深化落实全市基层服务型党组织建设三年行动计划，推动基层党建全面进步、全面过硬。发展壮大村集体经济。把“提升村集体经济发展水平、提升村级组织运转保障水平”为主要内容的“双提升”工程作为县委书记抓基层党建工作突破项目，集中人力物力做好村级基础保障工作。县财政优先落实4173万元，比2016年增加855万元，增幅25.8%；制定出台《关于深化农村集体资产股份权能改革发展壮大村集体经济的意见》，探索实施土地流转、发展合作经济等“十法增收”，持续深化“党支部+合作社”模式，涌现出庵上湖等一批先进村、典型村，全县80%以上的村依托合作社实现“有钱办事”。

【村级审计督查工作】 设立专门办公室，抽调14名骨干组建3个审计组，落实专项经费，公开招标3家会计师事务所参与审计，全面完成896个自然村的审计工作，1290个问题全部反馈、整改到位。在2017年市委组织部村级审计督查中位居各县（市、区）第一位，省委组织部来昌调研并给予肯定。村级党务督查方面，镇街常态化督查与县级集中督查相结合，县级开展4轮大范围的集中督查，全县所有村全部督查一遍。

【创建中小学校党建品牌】 在全市率先成立县级教育工委，落实人员编制，实体化运行，统筹抓好全县中小学校党建工作，以党建引领推动全县教育内涵发展、均衡发展，加快实现教育现代化，办好人民满意教育。深入实施以“红色堡垒”“红烛先锋”“红心向党”三大工程为主要内容的“校园党旗红”引领行动，让党建工作走进校园、走进课堂，让广大青少年认识党、贴近党、热爱党、热爱社会主义，做合格接班人。按照有内涵、有形象、有品牌、有特色“四有”要求，打造育才双语、新城中学等一批学校党建工作示范点。昌乐县被确定为全市中小学校党建工作创新先行区。《山东教育报》《潍坊日报》等多家媒体介绍昌乐县创新学校党建工作经验做法，省委组织部领导调研并给予肯定。

【村“两委”换届工作】 抽调精干力量组建换届办公室，10月开始集中办公，逐个自然村、行政村进行换届分析研判，排查出16个换届重点村，一村一策，逐村建立工作台账。理顺村级党组织关系，在自然村应设尽设党支部，强化党对农村工作的领导。对倒排出的27个软弱涣散村党组织，全部落实县镇领导班子成员和第一书记包靠帮扶，实施“联帮1+1”强村带弱村，全部完成整顿转化。联合公安、政法等部门排查出3名“村霸”，全部移交检察院立案审查。

【规范“两新”组织党建工作】 主动融入“产业兴县、工业强县”发展战略，成立昌乐县企业家协会，以74家会员单位为重点，统筹推进抓班子、强队伍、引人才各项工作，引领和保障经济发展。举办全县“两新”组织党组织书记培训班、非公有制企业党建及转型发展培训班，邀请山东豪迈集团党委书记张恭运等作辅导报告；县委主要负责同志带队组织赴上海举办企业家研修班、论坛，邀请4名复旦大学教授专题辅导并现场考察。采取发展党员计划单列的方式，加大对企业家协会会员单位新发展党员倾斜力度，2017年为会员单位新发展党员75名。从机关干部中择优选派25名政治素质高、工作能力强的第一书记，到“两新”组织帮扶开展工作，充实党的力量，加强党建工作，推动“两新”组织健康发展。

【干部人事制度改革】 强化干部经常性考察。综合运用年度考核、干部考察、日常调研等方式，完善科级干部履职“季报随访”制度，收集季报表1300余份，重点审阅、督导换届调整干部的季报情况，为准确评价和使用干部提供依据。对部分县直部门单位急需配备的岗位进行调整配备，调整干部80多名。制定《领导干部表现信息沟通办法》，建立与纪委、信访、审计、政法等部门的沟通协调机制，从源头上避免“带病提拔”。

【推行一线培养考察使用干部】 研究制定《关于实

行一线培养考察使用干部的暂行办法》，选派300多名有能力、有培养前途的干部到重点项目、重大工程和重要工作一线培养锻炼，及时定性考察和定量考察，全面了解干部在项目建设、招商引资、安全稳定、棚户区改造、封山禁采以及拆除违建等急难险重任务的真实表现，为领导班子调整配备、干部选拔任用、年度考核等次确定和奖惩提供依据。

【中层干部轮岗交流机制和“兵选将、将点兵”制度】 科学分析县直部门单位中层干部综合能力和素质，出台《县直部门单位中层干部轮岗交流暂行办法》，对在部门（单位）同一中层岗位工作满7年的，给予交流，其中在项目审批、执纪执法、资金管理、干部人事、审计、财务等中层岗位满5年的，给予交流，对达交流年限的中层干部，每年组织交流一次。每次交流人数掌握在本部门（单位）需交流总数的1/3。实施《县直部门单位中层以下干部双向选择优化组合暂行办法》，激发干部队伍主动担当、主动作为的活力。

【行业事业单位领导人员管理】 印发《机关事业单位股级干部管理暂行办法》《中小学校、镇（街、区）教管办领导班子和领导干部管理暂行办法》和《公立医院、镇（街、区）卫生医疗机构领导班子和领导干部管理暂行办法》等文件，激发教育、卫生等事业单位队伍生机活力，调动他们干事创业的积极性、主动性、创造性。

【优秀年轻干部培养选拔力度】 面向全县党政群机关、事业单位（含学校、医院），公开选拔15名1987年以后出生的年轻科级干部，其中“90后”干部8名，进一步拓宽选人用人视野，充实基层工作力量。

【干部教育培训】 实施“党员全员进市县党校培训”工程。加大办班频次、优化课程设置，先后在市、县党校举办农村党组织书记、“两新”组织党组织书记、机关党组织书记等培训班19期、培训党员9900多名。《山东组工信息》《潍坊市“两学一做”学习教育情况通报》分别刊发昌乐县这一典型做法，被市委组织部总结推广。

【宝都半月讲堂】 每半月举办一期，瞄准国内外本领域、本专业的一流专家学者，先后邀请国家环保部政策法规司司长别涛、国家行政学院学术委员会副主任刘峰、国家信息中心信息化研究部副主任单志广、中央党校经济学部副主任曹立等17位专家学者到昌乐授课，提升广大干部、企业家的理论素养、战略眼光和处理复杂问题的能力。全年举办16期，培训党政干部、企业家1万余人次，内容涵盖中共十九大精神解读、企业管理和企业文化建设、企业融资与资本运作、安全生产、突发事件应急管理、环境保护、城市发展规划、新型智慧城市等多个方面。

【“特色小镇、美丽乡村”专题培训班】 5月8日，组织各镇（街、区）镇长（主任）、县直有关部门分管负责人、带头村党支部书记49人赴浙江大学举办“特色小镇与美丽乡村建设”专题培训班。通过与先进地区进行对标，找到昌乐特色小镇与美丽乡村建设存在的短板，明确比学赶超的目标。

【打造网上教育新平台】 用好“灯塔－党建在线”学习宣传中共十九大精神专栏和党员教育平台，开展主题教育，引导基层党员认真学习领会中共十九大精神、政策规定和党建知识，增强党员在线学习的积极性和主动性。升级“智慧党建”云平台，启动二期建设，完善提升软硬件建设，积极对接潍坊可视党建管理服务系统，延伸到全县所有370个行政村，打造党员学习教育的线上载体。

【干部档案管理】 开展干部档案质效提升行动。对全县1500多名在职干部学历学位网上验证，调整干部参加工作后取得的学历学位认定标准，重点复核档案中出生时间和身份，对档案中存在影响任用问题的干部列出清单作出说明，防止“带病”提名。

强化干部经常性考察。进一步完善科级干部履职“季报随访”制度，深挖“季报”深度，加大“随访”力度，及时、全面、精准掌握班子运行情况和干部履行岗位职责情况，为评价和使用干部提供参考。

【招才引智】 “走出去”招才引智。围绕服务创新驱动发展、推进产业转型升级，发挥企业主体作用，积极组织企业“走出去”，先后赴北京、上海、青岛等地，与中科院、清华大学、复旦大学等23所高校院所的专家教授进行交流洽谈，联系专家300余人次，引进吴明珠、武强2名中国工程院院士，引进“千人计划”专家张玉宏、“万人计划”专家吴明铂等专家教授到昌乐县创新创业。9月，县委书记卞汉林带队，赴日本、新加坡、澳大利亚三国开展招才引智活动，建立日本、澳大利亚海外人才工作站2处，聘请日本山东总商会会长荣迪、澳大利亚标准中文学校校长李复新为人才工作站站长，与90多名海外专家学者进行洽谈对接。

【开展对接交流活动】 赴上海举办山东昌乐·复旦大学高层次人才对接交流活动，与30余名昌乐籍在沪知名人士和上海高校专家教授进行对接。邀请中国矿业联合会专职副会长刘玉强、“千人计划”专家胡忠志等40多名专家人才到昌乐县考察，与昌乐县100多家企业进行对接，为人才“供需”信息交流提供便利，搭建起企业与人才交流合作的平台。

【人才工程申报工作】 开展国家“千人计划”、泰山产业领军人才、鸢都产业领军人才等人才工程申报工作，昌乐农商行董事长赵连东成功入选泰山产业领军人才，新入选齐鲁文化之星、齐鲁首席技师、齐鲁金融之星、齐鲁乡村之星各1名，推荐16人参选鸢都产业领军人才。10月以来，组织开展2018年度泰山产业领军人才动员摸查工作，14家有省级以上平台企业全部确定申报人选，确定符合申报条件人选24人。

开展科技人才副职选聘工作。县委组织部牵头，组织部部长亲自带队，5次赴中科院化学所、中科院大学、天津大学等高校院所进行对接，选聘中科院化学研究所科技处所地合作主管傅东升博士等11名科技人才副职。抓住宝石博览会邀请专家出席活动的有利契机，聘请中国工程院院士武强等2名专家学者担任昌乐县人民政府科技顾问。

【开展“作风建设年”活动】 组织开展“作风建设年”活动。抽调精干力量成立领导小组办公室，制定活动方案，发挥好组织协调和指导推动作用。组织制定寻标对标提标达标工作计划，县委带头到江浙三区两市对标学习，统一组织有关单位到莱阳进行集中对标。按照“打在人上、落在事上”的要求，以项目攻坚体现作风建设成效，6月“项目攻坚月”共“引项目、争资源”168个，到位上级无偿资金7600多万元。市委书记刘曙光对昌乐“作风建设年”活动有关经验做法给予肯定性批示。

（供稿：徐一臣）

宣传工作

【概况】 2017年，全县宣传思想文化战线深入学习宣传贯彻习近平新时代中国特色社会主义思想和习近平视察山东重要讲话、重要指示批示精神，贯彻落实党中央宣传思想文化工作大政方针和省委省政府、市委市政府、县委县政府决策部署，以迎接学习宣传贯彻中共十九大为主线，坚持讲政治、把方向、守阵地、严纪律、强队伍，强化“四个意识”、坚定“四个自信”，服务中心大局，把握正确导向，着力改革创新，各项工作保持积极健康向上的良好态势，为决胜全面小康、建设现代昌乐，提供有力思想舆论保证和精神文化动力。

【学习宣传贯彻习近平总书记系列重要讲话精神】

精心组织中共十九大精神学习宣传。制定中共十九大精神宣传工作方案，对学习宣传工作进行安排部署。举行市委宣讲团中共十九大精神宣讲报告会，并在全市率先成立县委宣讲团，培训230余名宣讲骨干，分赴全县各地举办宣讲报告会500余场次，受众达5万余人次，推动中共十九大精神宣讲城乡基层全覆盖。

推动党委中心组学习制度化规范化。制定《昌乐县党委（党组）中心组理论学习制度》，健全集中学习交流制度、个人自学制度、调研宣讲等制度，推进全县理论中心组学习制度化。县委理论学习中心组全年开展集体学习研讨15次，听取专题辅导讲座19场，中心组成员深入基层讲党课作报告30余场。

*积极推进理论大众化普及。*打造市级理论宣教基地8个，市级学习型党组织示范点21个，市级理论大众化示范点25个，市级大讲堂8个。建立县、镇(街、区)、社区（村）三级宣讲队伍，围绕习近平总书记系列重要讲话精神、中共十九大精神等主题开展宣讲1000余场次。积极组织各级各类创评活动，昌乐县“宝都半月讲堂”获评“潍坊市十佳大讲堂”，县国税局获评“潍坊市十佳理论宣教基地”。组织开展“中国梦•党在心中”百姓宣讲活动，昌乐县3人荣获全市二等奖，3人荣获优秀奖。

*社会科学普及取得新的成果。*全县社科普及、课题研究取得新突破，成功创建为“潍坊市第一批社会科学普及示范县（市、区）”“山东省第四批社会科学普及示范县（市、区）”；积极申报“潍坊市社会科学优秀成果奖”，昌乐县推荐申报的两项课题获评潍坊市社会科学优秀成果奖二等奖。

【媒体平台建设】 县传媒集团加快融媒体建设，精心打造拥有“声、屏、报、网、户外、手机报、客户端、官方微信”等多样形态的新型全媒体矩阵。完成昌乐电视台高清数字化改造，成立新媒体中心，对报纸、电视栏目进行改版，先后荣获“全省版权保护示范单位”“全省十佳广播电视台”“山东省十强县市报”称号，昌乐传媒网还荣获“全国政务新媒体‘最具影响力品牌’50强”称号。

【重大主题宣传】 围绕学习宣传贯彻中共十九大精神，县内主流媒体在重要版面和时段开设专栏，全面报道各级各部门学习贯彻中共十九大精神的最新动态、重要举措和典型经验，营造学习宣传贯彻中共十九大精神的浓厚氛围。同时，依托全媒体平台，围绕县第十四次党代会、“作风建设年”活动、四个城市建设、重点项目、封山禁采、拆违建、棚户区改造、扶贫攻坚等县委、县政府中心工作，先后开设10余个专题专栏，刊发稿件8000余篇（条），有力地配合全县各项工作的顺利推进。

【对外宣传】 圆满完成2018年度全县重点党报党刊发行工作。全年在市以上各级新闻媒体发表稿件1800余篇，其中中央级新闻媒体发表83篇，省级新闻媒体发表240篇。新华社、《人民日报》、《半月谈》等均有重点稿件发表。《新华社要情动态》刊发《昌乐重拳整治矿产资源开采乱象还绿于民》《昌乐县棚改攻坚战纪实》等重点稿件，《半月谈》刊发县委主要领导署名文章《把作风建设“打在人上、落在事上”》，《大众日报》头版倒头条刊发昌乐县北关棚改重点稿件，《潍坊日报》头版头条刊发昌乐县稿件10篇。新媒体影响力不断扩大，“@昌乐发布”、今日昌乐等微博、微信平台发布信息1700余条。2017中国（昌乐）国际宝石博览会期间，首次采用“现场云”对开幕式盛况进行直播，点击收看率达1万多次。2017年昌乐县在省人民广播电台《山东新闻》栏目发稿位居全省第二，在潍坊电视台《潍坊新闻》《聚焦》两档主打新闻栏目发稿均列全市各县市区第一位。

【舆论管理引导】 聚焦人民群众普遍关注的热点问题，主动回应社会关切，有效引导社会预期，在人民网、新华网、光明网、大众网等发表正面宣传稿件100余篇，针对棚改、拆违、环保督查、村“两委”换届等热点舆情，组织网评员队伍跟帖回应1900余条。加强网络舆情监看，全年监测提报不良舆情信息840余条。妥善做好突发公共事件和社会热点问题舆论化解，先后应对处置日科化学爆燃事故等40余起热点敏感问题，确保舆论平稳有序。聚焦“捍卫十九大、忠诚保平安”任务目标，发起“2017—忠诚卫士”行动，扎实开展“净源”“净网”“净屏”“净媒”工作，全省“忠诚卫士—2017金秋”行动总结会议在昌乐县召开。

【核心价值观宣传教育】 围绕省市县党代会精神、“作风建设年”活动、“四个城市”建设、“喜迎十九大”“社会主义核心价值观”“塞罕坝精神”等10项工作，开展社会宣传，设置主题大型版面1200余块。积极组织开展“中国梦•党在心中”百姓宣讲活动，组织开展“图说我们的价值观”公益广告宣传活动，继续运用挂灯笼、贴春联、送年画、猜灯谜等民俗形式，推动核心价值观融入百姓生活。

【“四德”工程建设和典型选树】 在村级实现善行义举“四德榜”全覆盖，企业、学校、机关“四德榜”设榜率均高于全市平均水平，全县“四德榜”上传人数达54万余人，上榜率90%以上，昌乐县温桂仙获评2017年山东省善行义举“四德榜”“榜上有名”先模人物。大力选树先进典型，选树昌乐好人33名，并推荐逄赧赧、温桂仙、赵长安3名“中国好人”，3名“山东好人”，13名“潍坊好人”和2名“第六届潍坊市道德模范”，其中温桂仙还入选第六届“山东省道德模范”候选人。

【群众性精神文明创建活动全面推进】 扎实开展文明县城创建活动，着力健全文明县城创建工作长效机制，昌乐县顺利通过全国文明县城复审。全县省、市级文明单位达63家，省、市级文明村镇（社区）达33家。深入开展家庭文明建设活动，全县2个家庭获“省级文明家庭”、5个家庭获“市级文明家庭”荣誉称号。组织开展“文明之夏”广场文艺演出活动，累计演出30余场，参与人数近5万人。

【乡村文明行动】 深入开展城乡环卫一体化工作，镇村全部实现生活垃圾集中收集清运、无害化处置和常态化管理。积极推进移风易俗工作，组织移风易俗文化演出20余场，引导广大群众遏制不良风气，倡树新风正气。组织实施乡村文明行动“百镇千村”建设示范工程，全县3个村入选省级“乡村文明家园”。未成年人思想道德建设扎实开展。在全县中小学校重点开展“童心向党”“国学小名士”等系列活动，引导未成年人讲道德、尊道德、守道德。大力推进志愿服务活动，组织志愿者开展“扶老助残” “文明县城测评”等各类志愿服务活动。“厚道鲁商”倡树行动深入推进。扎实开展“厚道鲁商”品牌三级联创活动，昌乐农商行等5家企业被评为潍坊市“厚道鲁商”品牌形象榜上榜企业，英轩实业有限公司等10家企业被评为昌乐县“厚道鲁商”品牌形象榜上榜企业。

【文化惠民工程】 县图书馆新馆实现对外开放功能，结束闭馆十年的历史。积极实施基层综合性文化服务中心提升三年行动，全县90%以上社区（村）完成综合性文化服务中心建设。扎实开展基层文化活动，组织开展市民文化节、文学艺术节、新农村文艺会演、移风易俗文艺巡演等群众性文化活动300余场，放映公益性电影3000余场。积极推进文艺人才培养和文艺精品创作，1件摄影作品获泰山文艺奖，1人当选齐鲁文化之星，200多件文艺作品在省级以上发表或获奖。文艺协会不断壮大，新成立全国第一家县级电影家协会。

【文化产业培育工程】 编制完成昌乐县“文化名市”建设五年规划和三年行动计划，梳理确定全县文化名市建设“5·10·30”支撑项目，争取“中国蓝宝石之都”品牌提升工程纳入全市关键支撑，县文化中心等12个项目纳入全市重要支撑，鄌郚乐器创业园为全市文化名市建设示范点。其中，大唐乐器3万把吉他项目已经投产，仙月湖乡村文化旅游项目已建成窝铺田园综合体，方山蓝宝石小镇、金宝莲花山等项目正在加快建设。全县文化产业持续发展，黄金珠宝、电声乐器两大主导产业不断壮大，文化旅游产业异军突起，文化产业增加值占比和增幅持续位居全市第一。

【文化传承工程】 “九名”挖掘宣传成效显著，组织历史文化专家成立“九名”挖掘整理工作队伍，系统整理全县名人、名典等“九名”资料，编辑出版《齐都文苑昌乐“九名”》专刊。全县9名文化名人、7处文化名胜、2个文化名牌、3个文化名品、4个文化名馆、2个文化名典、7家文化名企、2件文化名事入围潍坊市“九名”，数量位居全市前列。推动中华优秀传统文化传承发展，组织开展“四个传统”征集活动，挖掘“传统节日”“身边技艺”等作品400余件（项）。加强文物古迹普查与保护，完成可移动文物普查电子档案15000多件。探索非遗与旅游结合的新思路，在五图街道响水崖子村建设非遗博物馆，组织非遗系列展示与传承活动，被评为潍坊市“非物质文化遗产月”十大品牌活动。《非遗传承模式的探索与研究——以大葛狮子舞与武术的融合发展为视角》被列入山东省艺术科学重点课题。

【党委（党组）意识形态工作责任制落实工作】

推动意识形态工作责任制落实。完善联席会议制度，健全《昌乐县党委（党组）意识形态工作联席会议工作职责》，召开全县意识形态工作推进会议，建立意识形态工作网格化体系，加强和改进思想政治工作，创建市、县两级思想政治工作示范点 30 个。

维护中共十九大意识形态领域安全稳定。加强监测预警，提升协同作战能力，全年未发生有影响的意识形态事件，未发生涉政治类舆论漩涡，未发生敏感热点问题的媒体渲染炒作，确保意识形态安全和政治安全。中共十九大期间，昌乐县创新网上舆情监看引导做法被省委宣传部《山东宣传信息》刊登。

抓好各类舆论阵地安全管理。加强对各类媒体、学校课堂、讲座论坛等阵地的管理，严格申报审批制度，不给错误思想观点提供传播渠道。县文广新局加强对广播电视重要时段、敏感时期安全播出管理，未发生安全播出事故。县文化市场综合执法局牵头，组织“净源”“净网”“净屏”“净媒”等专项行动，维护意识形态领域安全稳定，被中宣部授予“全国服务农民、服务基层文化建设先进集体”称号。

调研和舆情信息服务决策水平不断提升。围绕全县宣传思想文化工作重点，形成调研报告和工作信息 23 篇，在省市级重点工作简报刊发 16 篇。健全网上舆情分析、研判、引导、处置常态化机制，全年向县委、县政府报送《舆情专报》374 期，向省委宣传部报送舆情信息 1800 余篇，完成省市委宣传部约稿 25 篇，其中，2 篇约稿被省委书记刘家义作出重要批示。

（供稿：高银宏）

统战工作

【概况】 2017 年，昌乐县委统战部以党的十八大、十九大和历次全会精神以及习近平新时代中国特色社会主义思想为指导，认真贯彻落实中央和省、市委统战部长会议精神，紧紧围绕县委、县政府的中心工作，以服务经济转型升级为主线，以加强党外代表人士队伍建设为核心，以维护民族宗教领域的和谐稳定为目标，圆满完成全年工作任务，为实现全面小康、建设现代昌乐做出积极的贡献。县委统战部被评为 2017 年度全省统战信息工作县级先进单位、2017 年度全市统战信息工作先进单位。

【县十届政协、县九届工商联换届工作】 与县委组织部、政协党组多次会商，制定委员提名推荐分配方案，经过前期考察、审核、评价等工作，协商确定县政协委员人选 230 名、县政协常委提名人选 46 名，常委、委员名额、构成比例和界别设置均符合规定。同时，做好 20 名市政协委员人选推荐工作。召开昌乐县工商业联合会第九次会员代表大会，选举产生第九届执行委员会常务委员会名额 43 名，常务委员会主席 1 名，常务副主席 1 名，副主席 17 名，秘书长 1 名，民间商会会长 1 名（兼），副会长 9 名（兼 2），常务委员 16 名。

【统战基础工作】 建立完善统战台账。对非公经济代表人士、留学归国人员、新的社会阶层人士等领域的统战对象进行新一轮摸底统计，进一步完善统一战线数据库。建立起少数民族工作台账、宗教工作台账、党外知识分子和党外代表人士工作台账等台账 12 个。扎实开展昌乐籍在外知名人士信息征集工作。通过建立微信工作群、充分挖掘知名校友资源、广泛沟通联系、加强督查调度等措施，征集市外知名人士信息 145 条，同时一并掌握县外昌乐籍知名人士信息 507 条。实行网格化管理。借助县综治信息网格化管理系统平台，搭建起县、镇（街、区）、村（社区）和基本单元四级工作网络，进一步加强对外来少数民族流动人口、清真食品和非法宗教活动的管理。

【督查考核】 首次将统一战线工作纳入镇（街、区）科学发展综合考核，考核内容由党外代表人士队伍建设情况、统战重点工作任务完成情况、民族宗教工作情况、非公有制经济领域统战工作情况四个部分组成，加强对基层统战工作的指导，促进基层统战工作规范化建设。

【信息宣传工作】 县委统战部荣获 2017 年度全省统战信息工作县级先进单位、2017 年度全市统战信息工作先进单位荣誉称号，1 人受到省委统战部表彰，2 人受到市委统战部表彰。

【教育引导】 召开全县统战工作会议，传达全市统战部长会议精神、全市宗教工作会议精神。下发《2017 年全县统战工作要点》，对全年的统战工作进行安排部署。做好党外代表人士队伍建设。召开党外代表人士座谈会，举办昌乐县党外代表人士培训班、新的社会阶层人士培训班和昌乐县新的社会阶层人士学习中共十九大精神培训班，培训党外代表人士 300 多人次。实施统战干部联系统一战线代表人士“十百千”计划，组织统战系统 8 名干部联系 100 名统一战线代表人士，及时沟通思想、联谊交友。建立与组织部门的沟通协调机制，动议党外干部前征求县委统战部意见。2017 年，有 2 名党外干部提拔为正科级，2 名党外正科级干部交流任职，1 名党外普通干部提拔为副科级。

【“一县一品”创建活动】 大力实施“统战进民校、同心筑杏坛”工程，以昌乐二中、外国语学校为试点，制订《关于加强中小学校统战工作的意见》，通过示范带动，分步实施，最大限度地调动一切积极因素，促进民办中小学校统战工作制度化和规范化建设。典型做法在《山东省统战简报》和《联合日报》刊发。开展“新阶层・党旗红”品牌创建活动，制订下发《印发〈关于加强全县新的社会阶层人士统战工作的实施意见〉的通知》（乐办发〔2017〕14 号）。成立昌乐县新的社会阶层人士联谊会，将 100 多名重点联系的新阶层代表人士纳入联谊会组织，实行动态管理，并在民政部门进行注册登记。在宝都街道西湖社区、宝都律师事务所、比德文新能源汽车产业基地、昌乐云众创客开展“新阶层・党旗红”统战品牌创建活动，推动统战工作网络与党的组织同步覆盖，实现统战工作效能与党组织职能作用同步发挥。

【民族宗教工作】 深入开展“宗教政策法规宣传月”活动。下发《关于开展 2017 年“宗教政策法规宣传月”活动的通知》，发放各种宣传品 500 多份。开展宗教活动场所调研。对昌乐县基督教中心教堂、方山龙泉寺等宗教活动场所进行实地走访，与各场所负责人员进行座谈交流，掌握全县宗教活动场所的基本状况，为宗教工作开展奠定基础。做好基督教活动场所安全工作。召开全县宗教活动场所负责人安全工作会议，传达市民宗局《关于开展宗教活动场所安全检查的通知》精神。会同县消防大队、县安监局每季度对全县 22 处宗教活动场所进行一次安全大检查，查处各类安全隐患、漏洞 41 处，全部落实整改措施。县民宗局投入资金 5000 多元，为 22 个宗教活动场所统一制作安全制度版面 84 块，全部悬挂上墙。全面推进民族团结进步创建活动。完成昌乐县西湖小学、昌乐特师附属小学、山东铭基中慧食品有限公司等 3 个单位的创建工作。争取上级资金 1 万元，在昌乐县综合实践创新实验学校打造民族团结进步教育基地。努力做好少数民族服务工作。积极协调公安部门和各镇（街、区），建立流动少数民族基本情况登记制度；帮助少数民族考生完成中考加分 7 人；为铭基中慧等民品生产企业获得清真食品生产资格提供上门服务。

（供稿：张福升）

对台工作

【机构设置】 中共昌乐县委台湾工作办公室（昌乐县人民政府台湾事务办公室）机关编制总额 5 名，其中行政编制 4 名，工勤人员编制 1 名。配备主任 1 名，副主任 1 名。台商投资促进处为台办所属副科级事业单位，定编 4 人，配备主任 1 人。

【台胞与台属工作】 2017 年，转变作风，浓化亲情，为台商台属提供扎实有效的“保姆式”服务，打造良好的发展软环境。积极开展“台资企业走访季”和“台商零投诉年”活动，不定期走访台资台属企业，发现问题提出建议，了解困难尽力帮助解决。组织联谊活动，帮助他们牵线搭桥，积极促成合作。做好涉台稳定，及时排查不稳定因素，将涉台矛盾纠纷控制在萌芽阶段。建立突发事件应急机制，开通 24 小时服务热线。鼓励台资企业组织员工赴台湾总部学习交流，争取台湾总部的资金和技术支持。主动服务，对有办理赴台手续需求的企业和社团组织，及时跟进，帮助按时办理赴台手续，做好到昌乐台胞台商的接待工作。重新将全县的台商台属信息进行归类整理，将庞大的工作进行任务分解，明确到个人。完善涉台信息资料库，为今后开展涉台工作打好基础，整理出入台人员1027人、台属25123人的信息。为做好涉台婚姻统计工作，联合各镇街做好走访排查与核实登记，做到不漏户、不漏人，对涉台婚姻的详细情况进行核实登记。积极协调昌乐台资企业为台湾青年提供就业实习岗位。

【台资与台属企业】 将招商引资作为各项工作的重中之重，集中人力物力，明确任务目标，制定措施办法，努力拓展招商引资资源。“引进来”与“走出去”相结合，注重做好宣传推介，做好项目对接，搭建合作桥梁。在鲁台会上签约3个项目，分别为：中传工业4.0拉链头制造项目，总投资额1000万美元；华忠新型复合材料二期项目，总投资额1000万美元；比德文公司与台湾电电公会合作开展的新能源汽车项目，合作项目各项工作在落实中。自主招商1个项目：塑料制品加工项目，为潍坊海峰塑料制品有限公司投资，总投资额6000万元人民币，到位资金额4170万元人民币。新增台资项目2个。分别为昌乐县康复中心项目。台湾德林集团合作项目，项目位于宝都街道三和社区，由台湾德林集团参与投资及经营管理，在装修阶段。新批准台资项目台湾南投县茶叶运销合作社山东总代理点，总投资额100万美元，已到位金额100万美元。

【宣传调研】 重视对台宣传工作，拿出精力，组织力量多了解情况，撰写稿件。及时将昌乐对台工作信息上报市台办和各级媒体，在《台湾工作通讯》、华夏经纬网、中国台湾网、昌乐报等媒体发表工作稿件63篇。

【经贸文化交流】 积极开展对台交流工作，将其作为对台招商引资、经贸合作、品牌推介的重要途径。依托昌乐的优势资源和特色产业，打造特色交流品牌。立足于昌乐作为教育名城、蓝宝石之都、乡村旅游资源丰富的优势，推动在教育、乡村旅游、生态农业、特色小镇、珠宝加工、健康养老等领域与台湾交流，学习先进经验和技术，推介昌乐品牌。鼓励台资企业组织员工赴台湾总部学习，争取支持。1—12月组织4个团组16人赴台，8人随团赴台，邀请接待7个台湾团组133人到昌乐考察交流。共计11个团组157人次。昌乐二中被省台办批准为山东省海峡两岸交流示范点，五图街道庵上湖村与南投县竹山镇德兴里签订友好社区协议。

【鲁台会参会准备工作】 昌乐县积极做好鲁台会参会工作，发挥鲁台会经贸平台作用，为昌乐经济发展服务。第23届鲁台会参会成果丰硕，组织中传拉链、华丽珠宝2家企业参展，邀请9名客商参会、4个团组63人到昌乐参观考察。积极牵线搭桥，为昌乐台湾企业合作提供帮助，邀请台湾企业到昌乐实地参观考察洽谈合作细节，最终达成多个合作项目，中传工业4.0拉链头制造、华忠新型复合材料二期、新能源汽车技术合作等3个项目在新旧动能转换重点项目签约仪式上签约。项目签约后邀请台湾方面到昌乐就合作具体事宜进行深度洽谈，推动项目尽快落地。组织50余名黄金珠宝加工业户与台湾相关客户进行对接洽谈，专门入会参观相关展览，参与产业发展信息。发动组织300名相关行业专业观众参加海峡两岸博览会，开阔眼界寻找合作机遇。

（供稿：冯文杰）

机构编制工作

【综合行政执法体制改革】 2017年10月，落实市政府《关于同意昌乐县综合行政执法体制改革方案的批复》，印发《昌乐县综合行政执法体制改革实施意见》，将市容环境卫生、市政管理、城市规划等16个领域的全部或部分行政处罚权纳入综合行政执法范围，整合有关执法职责和机构，组建县综合行政执法局，挂县城市管理局牌子，县综合行政执法局为县政府直属行政执法机构，依法独立行使有关行政执法权，承担相应的法律责任。县城市管理行政执法大队更名为县综合行政执法大队，保留县城市管理行政执法大队牌子，由县住房和城乡建设局所属事业单位调整为县综合行政执法局所属事业单位，负责具体执法工作。综合行政执法大队下设8个镇街执法中队和1个机动中队。在8处镇街分别设立综合行政执法办公室，为镇（街道）行政工作机构，综合行政执法办公室与派驻执法中队联合办公，负责辖区内综合执法的组织协调、应急指挥、配合执法等工作。12月22日，昌乐县综合行政执法局、昌乐县综合行政执法大队在昌建大厦正式挂牌。

【事业单位改革】 “僵尸”事业单位清理 2017年，经过全面调查摸底、精准实施改革政策，对主要职责消失、工作任务不饱满或没有工作人员的僵尸事业单位进行集中清理。清理规范6家“僵尸”事业单位，撤销副科级以上事业单位3家、股级事业单位2家，调整股级事业单位1家，收回事业编制43名，收回正科级机构限额1个、副科级限额2个，有效盘活机构编制资源，加强事业单位监督管理。

公益三类事业单位改革 2017年12月，落实中共潍坊市委办公室、潍坊市政府办公室《关于深化公益三类事业单位改革的指导意见》，印发《关于公益三类事业单位改革有关机构编制事项的通知》，撤销公益三类事业单位2家、明确改企事业单位1家、扎口管理事业单位1家，全部完成公益三类事业单位改革工作。

【机构编制管理】 2017年年底，全县党政群机关61个，其中，党委工作部门9个，部门管理机构2个，议事协调机构2个，依据上级文件成立的其他机构2个，政府序列部门24个，县政府派出机构2个，政府直属行政执法机构1个，群众团体7个，按《中国共产党章程》《中华人民共和国宪法》规定设置机构4个，镇街8个。行政编制总计1843名，实有行政人员1787人；机关工勤人员111人。其中：县直党政群机关行政编制789名，实有行政人员807人；机关工勤人员64人。镇街行政编制423名，实有行政人员394人，机关工勤人员23人。政法系统政法专项编制631名，实有行政人员591人；机关工勤人员24人。机关工勤实有7人。法院行政编制125名，实有115人；机关工勤实有10人。检察院行政编制72名，实有67人；机关工勤实有7人。司法系统行政编制54名，实有43人。全县事业单位387个（副县级5个、正科级64个、副科级72个、股级和未定级单位246个）。事业编制总计10532名（财政拨款9004名、财政补贴1510名、经费自理18名，其中经费自理编制实行人员扎口管理、只出不进）；实有11261人（财政拨款9632人、财政补贴1607人、经费自理22人）。

【严控编制总量】 严格落实山东省委省政府《关于严控机构编制确保财政供养人员只减不增的意见》精神，确保机构编制总量不得突破2012年年底总量，对确需保障的重点领域和行业，在总量内调剂解决。与2016年相比，党政群机关行政编制和政法专项编制未增加；事业编制因交通领域综合执法改革下放增加8个；机关工勤人员只出不进，核销9名。

【用编进人计划使用】 2017年，潍坊市批复昌乐县行政编制招考计划64名，使用44名；参照公务员法管理编制招考计划6名，使用1名；事业编制招考计划 405名，使用345名（含安置优秀运动员1人、安置退役士兵3人）。

【公立医院法人治理结构改革】 2017年7月印发《关于昌乐县公立医院法人治理结构建设的实施方案》，建立健全《回避制度》《内部分配制度》等8项配套制度，配齐理事会、管理层、监事会人员，圆满完成公立医院法人治理结构的试点工作。

【事业单位绩效考评】 2017年，不断完善事业单位绩效考评体系，建立健全业务工作目标完成情况、公共责任目标完成情况、事业单位监督管理目标完成情况和主管部门评价的考核指标体系，采用平时考评、实地考评、主管部门评价和县级领导点评相结合的方式对纳入考评范围的298家事业单位划分考核类别，最终确定A级事业单位45家、B级事业单位253家。

【事业单位清单化管理】 2017年5月印发《试点工作实施方案》，将教育、卫生、文化、科研四个系统的79家事业单位纳入清单化管理范围，占全县事业单位总数的20.15%。经研究梳理、部门审核及公布印发三个阶段后，79家单位梳理出432项业务范围清单。

【事业单位事中事后监管】 2017年3月印发《关于开展县属事业单位“双随机、一公开”监管工作的通知》，于4月下旬和8月上旬分两批次对15家事业单位进行抽查，下达整改通知书2份。

【机关自身建设】 认真学习贯彻中共十八届六中全会精神，扎实开展“两学一做”学习教育，认真落实民主生活会、组织生活会制度，夯实管党治党主体责任。严格履行“一岗双责”，认真落实党风廉政建设主体责任，树立机构编制部门良好形象。先后被授予“全省机构编制信息工作先进单位”“全市机构编制信息工作先进单位”“全市机构编制宣传工作先进单位”的荣誉称号。

（供稿：徐一婷）

信访工作

【概况】 2017年，在县委、县政府的正确领导和各级各部门的共同努力下，全局上下团结一致，突出工作重点，注重源头预防，强化机制建设，狠抓事要解决，进一步畅通信访渠道，将大量信访问题解决在基层和萌芽阶段，昌乐县信访秩序持续好转，没有发生大的影响稳定的问题。信访工作科学发展考核在潍坊市取得“好”的等次，信访局被市委、市政府授予“全市十九大安保维稳工作先进集体”荣誉称号，昌乐县被省委、省政府授予“全省十九大安保维稳工作先进县”荣誉称号。

【信访工作机制】 落实县委、县政府领导班子成员及县人大、县政协主要领导工作日轮流接待群众来访制度。县委书记、县长带头，责任单位主要领导陪访，形成接访纪要，督促责任单位及时化解，使一部分疑难复杂信访问题得到化解。2017年，县级领导接待群众来访95起1162人次。其中95%的案件均得到有效解决，群众满意指数较高。同时，各镇（街、区）各部门也结合自身实际，每天安排一名领导专门负责接待群众来访，做到无论群众什么时候来访都有领导接待，实现一线解决问题，有效实现全县信访总量的明显下降，实现信访秩序的明显好转。加强国务院《信访条例》《山东省信访条例》和国家信访局《关于进一步规范信访事项受理办理程序引导来访人依法逐级走访的办法》等信访法规和文件的宣传，让信访人正确认识自己的权利和义务，树立依法信访逐级走访意识，进一步规范上访程序和秩序。2017年12月5日，省执法检查组一行4人由省信访局副局长张宝清带队，到昌乐县检查《山东省信访条例》贯彻实施情况，对昌乐县工作给予充分肯定。健全完善检查考核制度，制定下发《昌乐县2017年信访工作考核办法》，对各镇（街、区）、县直有关部门信访事项受理率、办结率、重复率、越级率、满意率、复查复核率、听证等作出明确规定，加大到县去市到省进京上访和非正常上访的办理和处置力度，推进信访工作健康开展。

【来信来访处理】 加强初信初访接待办理工作。要求各镇（街、区）和县直各部门高度重视和加强初信初访的接待办理工作，切实加大初信初访办理力度，同时严格按程序登记录入，对通过来信、来访和网上信访提出的信访事项，都及时登记录入国家信访信息系统，做到来访必登、来信必登、应登尽登，按程序办理。对每一起来信、来访，特别是对纳入满意度评价的案件，严格落实“三见面两告知”制度，力求信访工作事项及时受理率和按期办结率达100%，群众满意率达90%以上，有效防止因初信初访处理不到位而导致越级访、集体访和重复访的发生，力求做到信访问题小事不出村、大事不出镇、复杂疑难问题不出县。

【自身建设】 不断充实信访干部队伍。县里为信访局公开遴选工作人员7名，增强信访工作力量，提升接访处访工作能力。加强信访干部学习培训。邀请市信访局和组织县信访局业务科长对镇（街、区）、相关部门信访工作分管领导和信访办主任（科长）等进行接访处访、网上办信、政策法规方面的培训，不断强化有关人员做好信访工作的责任意识，更好地掌握信访工作方法。同时，组织基层信访“新兵”16人次到县信努力访局“以干代训”，边干边学，提高业务熟练程度。努力做好复查复核和信访听证工作，发挥复查复核三级终结作用，推动一些久拖不决、重复越级的信访案件得以化解。扩大听证范围，将所有符合条件的信访案件主动纳入信访听证，通过听证使信访问题“案结事”。定期对各镇（街、区）、县直部门存在的不安定因素，进行全面深入细致的排查，按照“五个一”措施，一级抓一级，层层抓落实，做到“三到位一处理”（诉求合理的解决到位、诉求无理的思想教育到位、生活困难的帮扶救助到位，行为违法的依法处理），切实把矛盾和问题化解在当地。深入开展信访积案集中化解活动，按照“属地管理”和“谁主管、谁负责”的原则，落实“五个一”包靠措施，分类分析，重点整治，逐案突破，全力化解一批久拖不决的信访积案，推动案结事，有效遏制上访群众信访不信法和越级访、非访高发势头，提高群众对信访问题处理的满意度，全力维护社会稳定。

（供稿：庞春洲）

县直机关党的工作

【概况】 2017年，在县委的正确领导下，认真学习贯彻中共十九大和习近平新时代中国特色社会主义思想，坚持围绕中心、服务大局，突出党建主责主业，立足建设高素质党员干部队伍，全面加强县直机关基层组织建设，圆满完成各项工作目标。

【管理机构】 昌乐县委县直机关工委为昌乐县委派出工作机构，指导县直机关党的工作。2017年，实有编制人数9人，其中，书记1名，副书记1名，县直武装部部长1名，主任科员1名，委员、副主任科员1名。县直武装部挂靠县委县直机关工委。

【基层党组织和党员队伍规范化建设】 大力推进过硬支部建设，会同县委组织部印发《关于把县级党员领导干部所在支部建设成示范支部的通知》，把规范化党支部建设摆上重要位置，纳入重要议事日程，紧紧围绕“服务中心，建设队伍”核心任务和县直部门工作实际，从学习教育、组织设置、管理服务、发展党员、活动阵地等方面扎实推进，取得初步成效，基层党支部战斗堡垒作用得到进一步发挥。认真做好县直机关“两新”组织党建全覆盖和晋位提升工作。对县直64家“两新”组织全部建立党组织，并选派党建指导员64名。其中，“昌乐县职业农民创业孵化中心党支部”被评为“昌乐县基层党建工作示范点”，迎接潍坊市“市级两新组织示范点”验收。探索完善党组织设置形式，优化人员配置，因人员调整，对12个机关党支部进行调整，配齐配强领导班子，进一步优化组织资源配置。扎实做好发展党员工作，严格发展党员工作流程，坚持“两推一公示”制度、发展党员票决制、上级党委派人列席接收预备党员会议等制度，组织举办2017年度县直机关入党积极分子培训班，对县直机关106名入党积极分子进行集中培训，真正做到好中选优，发展党员质量明显提高，2017年新发展党员14人。全面做好党费收缴工作，建立《党费收缴工作台账》284册，及时核准党员党费收缴基数和比例，半年一次将县直机关党费收缴使用情况进行公示，确保准确无误。认真落实机关党组织书记述职制度，层层落实党建工作责任，进一步提升机关党建工作科学化水平。受邀参加“全省机关党的建设研究工作暨现场观摩会议”，并作典型发言。参与潍坊市“党性教育基地”建设工作，认真做好高崖水库、庵上湖、小楼村等党性教育基地的建设工作。深入开展部门包村和“干部下访”工作，开展入户走访调查活动，切实帮助基层群众解决生产生活中的实际困难。组织县直机关180个基层党支部开展“灯塔—党建在线”系统信息录入、党员注册工作，下载党建手机APP，开通“e支部”，组织党员做好中共十九大精神学习竞赛活动。

【民兵预备役工作】 落实党管武装工作新要求，全面加强县直民兵组织建设，组织开展民兵组织整顿、民兵骨干集训和民兵应急连拉动点验；认真搞好国防教育，结合“征兵宣传日”宣传活动，开展国防知识宣传教育和征兵宣传；依法开展兵役登记和征兵工作，认真履职尽责，严格把好体检、政治考核、定兵等环节工作，2017 年圆满完成征兵任务。

【思想建设】 以推进“两学一做”学习教育常态化制度化为抓手，通过中心组学习、举办培训班、党课辅导讲座等多种形式，认真组织开展党员集中培训教育，对县直机关未参加过县级以上党校培训的党员制定分批次培训计划，先后在市、县级党校组织培训班 4 期，培训党员 452 名，实现党员培训对象全覆盖。充分发挥典型的示范引领作用，组织举办 2017 年县直机关党务干部暨优秀共产党员示范培训班，邀请潍坊市委党校教授对党的十八届六中全会精神进行详细解读，并对发展党员、党费收缴、基层党组织优化调整等党建工作业务进行细致讲解，进一步提高机关党员和党务干部的政治理论素质和业务工作水平。全面加强党员干部党性修养，组织县直机关 99 名党务干部到临朐县淌水崖水库纪念馆接受党性教育，加强对以“同心同德、艰苦奋斗、自强不息、开拓创新”为主要内容的“淌水崖水库精神”的理解，拓宽视野，深化认识。认真抓好中共十九大精神学习辅导，组织县直机关中共十九大精神宣讲报告会，对 106 名宣讲骨干进行集中宣讲、培训，向 180 个基层党支部发放《十九大党章修正案学习问答》《中共十九大报告学习辅导百问》等辅导材料，组织机关党组织书记为党员上党课，确保每名党员集中培训不少于 24 学时。

【作风建设年活动】 牵头组织开展以“推动发展、服务群众、促进和谐”为主题的“优质服务项目”创评工作，接到县直部门申报项目 108 个，立项备案 59 个，调动县直部门转变作风、优化服务、提升效能的积极性和创造性，为决胜全面小康建设现代昌乐提供有力保证。全面落实党风廉政建设责任制，不断创新完善党风廉政教育的内容和方式方法，认真落实《党内监督条例》和《廉政准则》，充分发挥党组织的提醒、监督作用，认真履行对党员干部严格教育、严格管理、严格监督的职责，及时做好处置不合格党员工作，教育引导机关党员干部遵纪守法、廉洁勤政。

【文体活动】 机关工会立足职能，会同团县委等部门举办以“强化作风 担当作为 服务发展”为主题的演讲比赛，推动作风建设持续深化，营造奋发有为、敢于担当的干事环境。会同县文广新局组织举办“书画艺术精品展”。通过丰富多彩的文体活动，活跃机关业余文化生活。

（供稿：赵彩虹）

党史工作

【概况】 2017 年，在县委的正确领导下，县委党史研究室认真学习贯彻省、市、县党代会和中共十九大精神，围绕发挥党史存史、资政、育人的作用，深入开展“作风建设年”活动，扎实推进“四个城市”建设，党史队伍建设、史料编研、宣传教育、完成业务上级和县委安排工作等各项工作均取得明显成效，圆满完成全年任务目标。

【党史队伍建设】 学习宣传贯彻中共十九大精神。将学习宣传贯彻中共十九大精神作为一项重大政治任务，加强组织领导，强化督促检查，定计划、分阶段持续深入推进，深入领会习近平新时代中国特色社会主义思想，指导实践，推动各项业务工作开展。开展“作风建设年”活动。按照“学标杆、找短板、赶先进”的工作思路，弘扬“四种精神”、强化“五个导向”，瞄准一流目标，开展“对标学访”活动，先后到诸城、寿光市委党史研究室考察学习，对标学习亮点工作，切实提升工作水平。以“两学一做”学习教育夯实党建基础。扎实推进“两学一做”学习教育常态化制度化，集中学习《七年知青岁月》和《习近平总书记的成长之路》等文章，加强党性教育，提高党员干部的工作积极性和自觉性，开展批评和自我批评，列出整改清单和具体措施，抓好整改落实。

【党史编研】 出版《中共昌乐年鉴》2016、2017 卷。该书以县委重大决策、重点工作和重要活动为主线，全面记述全县各级党组织加强自身建设的新经验和带领全县人民推进社会主义现代化建设的新成绩。每卷约 70 万字，共设大事记、组织机构和领导班子、中共昌乐县委工作、纪检监察工作、县委各部门工作、人民团体工作、武装工作、镇（街、区）党（工）委工作、机关党建工作、重要领导讲话、先进工作经验和光荣榜12个部类，另设图片资料。推进《中共昌乐地方史》第二卷（征求意见稿）的修改工作。该书27万字，主要记述1949—1978年期间，昌乐党组织领导全县人民群众在由新民主主义向社会主义过渡和建设社会主义的道路上，历经艰难曲折，逐步发展的历史事实和基本经验教训。经过县委党史研究室和有关部门十余年的共同努力，潜心编研，几易其稿，已交付印刷厂打印征求意见稿。全力开展《社会主义建设时期县委书记口述史料（昌乐卷）》征编工作。该书主要记录昌乐县社会主义建设时期历任县委书记口述史资料。工作中采用查阅档案资料和实地调查采访相结合的方式，采访昌乐县社会主义建设时期14任县委书记的亲属和身边工作人员，同时查阅大量相关档案资料，已于6月底完成资料征编工作。

【上级业务工作】 按照省、市委党史研究室的任务部署要求，做好文献资料收集记载、整理核实，在确保准确、翔实基础上，高质量组织上报材料。为省委党史研究室主编的《红军将士在山东》提供相关资料，完成昌乐县老红军鲁学武、张玉清的有关资料征集和传记编写。为省委党史研究室拍摄的《红色365》电视片提供昌乐县党史事件、人物资料，为《中共山东画史》提供昌乐相关资料。完成报市委党史研究室的《改革开放实录（昌乐卷）》四篇专题稿件的修改任务。完成省市党史年鉴组稿任务。根据省、市委党史研究室的安排部署，安排专人负责组稿，按时完成《中共山东年鉴（2017）》《中共潍坊年鉴（2017）》的组稿任务。

【党史宣传教育】 高起点、高定位、高标准打造党性教育参观路线。本着务实节俭、整合资源的原则，通过走访摸排、基层提报等方式，初步规划形成以党性教育为主，革命遗址为辅，现代农业和美丽乡村建设为线，10个点的两条党性教育路线。其中，县党史党建教育基地、县预防职务犯罪警示教育基地、五图庵上湖村等3个点已初步成型，尧沟支部遗址和高崖水库建设展览馆正在建设。积极为市党史教育基地主题展馆提报相关资料。结合昌乐县实际，区分不同历史时期，筛选确定17个大类，向相关部门征集70余幅图片，资料目录已编辑完成并上报市里。

【县委安排工作】 积极做好招商引资工作。与潍坊顺昌路桥科技有限公司洽谈，初步达成在营丘镇落户的投资意向。该项投资预计总投资1.8亿元，占地130亩，总建筑面积5万平方米，全部投产后年产值预计达1.1亿元。不打折扣完成下访和棚改工作。按照县里“三清三到”的要求，主要负责人亲自带队，挨家挨户走访乔官镇岳泉社区吕家庄村220户村民，宣传有关政策，收集群众心声。以高度的责任感参与棚改工作，按时圆满完成所在网格任务，完成北关23户、西村27户、边下12户拆迁任务。

（供稿：邢亚秋）

党校工作

【概况】 2017年，在县委、县政府的正确领导下，县委党校以创建省级先进党校为目标，积极加强党建工作，加大反腐倡廉力度，大力提升新常态下办学水平，在党的建设、教学科研、党员全覆盖教育培训、反腐倡廉等各个方面取得新成就。

【主体班次培训】 2017年，加重党性党规党纪内容理论教育，党性教育培训量达70%以上。先后围绕转方式调结构、省、市、县党代会精神、作风建设年、“四个城市”建设等中心工作进行研究，并及时通过主体班次进行解读。严格党校培训学制，举办四期主体班次培训班，培训学员180名。严肃学员纪律管理，打造“无手机”课堂，组织主体班次学员笔记展评、学员上台进行学习心得体会交流，多次召开座谈会征求学员对党校培训的意见和建议，确保学习效果。

【党员全覆盖培训】 按照《中共潍坊市委关于加强和改进新形势下党校工作的实施意见》要求，制定《2017年昌乐县党员教育培训全覆盖方案》，对昌乐县党员教育培训全覆盖2017年的培训计划做详细规划。在市、县两级党校举办全覆盖培训班19期，培训党员11165人次，基层党校培训党员2万余人次，累计培训党员3万余人，实现党员全员进市、县、镇（街、区）和县直牵头党工委党校培训。通过举办培训班的实践，探索出体现昌乐县特色，符合昌乐县实际的党员教育培训全覆盖路子，这一做法受到中央组织部副部长齐玉、省委党校常务副校长徐闻等领导的充分肯定。

【重大会议精神宣讲】 在校外宣讲中共十九大精神、十八届六中全会等30次。先后到县财政局、行政服务局等二十几个部门单位宣讲中共十九大精神，到县国税局、地税局等十几个部门宣讲习近平总书记“7·26”重要讲话精神，到红河镇、五图街道等镇街区宣讲省、市、县党代会精神，宣讲对象6600余人。

【教学科研】 完成各类科研成果79项，在课题、论文发表、成果获奖等各方面都取得较大突破。有5项科研成果分别荣获潍坊市党校系统优秀社科二等奖等奖项。课题研究取得新成果。其中结项通过全省党校系统课题《加快推进农村集体资产股份权能改革研究》1项，新申请立项全省党校系统课题《特色小镇建设路径与对策研究》1项；申报立项、完成潍坊市党校系统课题8项，完成结项潍坊市党校系统课题《基于差异化思维的农业电子商务发展研究》等3项，完成潍坊市委宣传部调研课题《坚持三因导向，引领新时代思想政治工作创新发展》，新申请立项潍坊市党校系统课题《新形势下农民工返乡创业研究》等3项，完成调研课题《以供给侧结构性改革为主线 推进县域养老服务业创新发展》等课题研究。理论文章发表、获奖有提升。《政府治理视角下土地流转风险管理研究》等4篇调研课题、理论文章分获潍坊市党校系统优秀科研成果二、三等奖。《以讲话精神引领走在前列加快发展》《用心去做破解棚改之难》《做好特色小镇建设大文章》等10余篇评论、学习文章发表在《昌乐日报》上。

【队伍建设】 着力打造一支政治强、业务精的高素质教职工队伍。落实对教师授课“一听二评三议四改五必须”制度，规范教师授课程序，提高授课水平，有效提升教师素质。采取“上派、下挂、外学”三种方式，进一步拓展教师培训面，提高教师教学水平和科研能力。派出教师12人次到山东省委党校、潍坊市委党校等上级党校学习十八届六中全会和中共十九大精神等。派出1名骨干教师“下挂”到首阳山旅游度假区北王村担任“第一书记”，全面参与包靠村在稳定、发展、脱贫以及村两委建设、党员发展等方面的工作。先后选派8名骨干教师到北京等地组织的中共十九大专题培训班，市委讲师团组织的师资培训班等学习，教师队伍整体素质显著提升。

【基层党校建设】 为保证基层党校做好培训工作，县委党校采取四种途径对基层党校工作进行指导。建立党校教师到基层党校分片包靠制度。成立一个统一的基层党校师资平台，建立起一个结构合理、素质优良、能满足党员教育培训需要的师资库，畅通师资共享渠道，促进基层党校的共同发展。多方位聘任教师资源，打造专业性培训课堂，进一步丰富培训内容，提高培训质量，强化培训效果。

【其他工作】 积极做好与省委党校对口包靠工作组的对接工作，加强与上级党校的交流合作。主动参与省委党校“2+1”提升工程，省委党校工作组每学期都到校调研，先后邀请省委党校教授戚桂峰等到校上精品课。同时，认真按照上级部门要求，做好干部下乡、招商引资、招才引智工作。

（供稿：于保国）

老干部工作

【概况】 2017年，昌乐县委老干部局按照市委老干部局有关要求和县委决策部署，围绕学习贯彻中央《关于进一步加强和改进离退休干部工作的意见》和省、市、县委《关于进一步加强和改进离退休干部工作的实施意见》精神，认真落实离退休干部待遇，扎实推进离退休干部党建，积极组织离退休干部“说昌乐好、对昌乐亲、为昌乐干事”。在12月举行的全市离退休干部党建工作观摩点评中获得全市第一名；获得潍坊

2017 年 6 月 8 日，组织部分副县实职离退休干部参观矿产资源专项整治情况，县委副书记张建伟，县委常委、县委组织部部长王勇陪同　（供稿：县老干局）

市关心下一代工作“先进集体”荣誉称号。

【管理机构】 昌乐县委老干部局是县委主管全县老干部工作的行政机构，规格为正科级，编制 5 人，辖老干部活动中心（老年大学）、干部休养所、第二干休所、关工委办公室 4 个事业单位，有干部职工 20 人。

【落实政治待遇】 完善离退休干部通报情况、联系走访、节日慰问、参观考察、健康体检等制度，为老干部订阅《老干部之家》《老年教育》等杂志 2500 余份，订阅《老干部参考》《老年报》等报纸、杂志 20 余种。1 月，召开全县老干部情况通报会，县委书记卞汉林通报 2016 年全县经济社会发展情况和 2017 年发展思路，现场征求老干部的意见和建议。春节前夕，组织对全县 5800 余名离退休干部进行普遍走访，发放春节慰问品和慰问信。6 月初，组织部分副县实职以上离退休干部观摩全县矿产资源专项整治情况。

【落实生活待遇】 进一步完善离休干部“三个机制”，离休干部医疗统筹金基数达每人每年 2 万元，位居兄弟县市区前列，积极协调有关部门为离休干部异地就医报销费用 20 余万元。及时落实文件要求，对离休干部离休费、生活补贴等进行调整，补发相关款项，并上门向老同志解释政策调整情况。4 月，组织对全县离休干部和曾任副县实职以上领导职务的退休干部进行集中健康体检。9 月中旬，开展金秋送健康活动，免费为副县实职以上的离退休干部发放流感疫苗注射卡。

【离退休干部党建】 组织全县离退休干部通过集中学习、座谈讨论等形式学习宣传中共十九大及省十一次党代会、市十二次党代会、县十四次党代会精神。分级分层组织离退休干部党员全员进县以上党校培训，实现离退休干部集中学习的“全覆盖”，全年组织培训班 7 期，培训离退休干部党员 1200 余人。推行“党员议事学习日”制度，全县 51 个离退休干部党支部每月确定 1 天作为“党员学习日”，组织党员定期开展学习讨论等党内活动。落实“政治生日”制度，以支部为单位，每季度组织以发送祝福短信、赠送“生日礼物”、重温入党誓词、开展谈心谈话、畅谈感想体会、组织政治学习为主要内容的“政治生日”纪念活动。调整县离退休干部党工委组成，配备专职副书记，成立纪工委。邀请 3 名长期从事党务工作的老同志成立离退休干部党建研究中心，对各级党组织工作开展调研、分析和指导。按平均每年 3000 元和每月 200 元的标准，发放支部工作经费和书记工作补贴，所需经费全部纳入财政预算。印发《关于进一步加强社区离退休干部党建工作的意见》，引导在社区居住的离退休干部党员就近利用社区平台开展学习活动，先后拨付扶持资金 11.8 万元打造西湖、南郝等示范社区。

【文体娱乐】 举办“庆七一·迎十九大”离退休干部书画摄影展。征集书画作品 652 幅、摄影作品 207 件，展出优秀作品 280 幅，其中县总工会退休干部刘锡林的摄影作品荣获全省离退休干部艺术节一等奖。组织老年文化团体开展形式多样的文化活动，组团代表潍坊市参加全省老年合唱大赛，自编自演的《劳动者之歌》获“最佳创新奖”。组织 52 名退休干部参加全市首届

2017年7月4日，在县老干部活动中心举办“庆七一 ·迎十九大”全县离退休干部书画摄影展，县委常委、组织部部长王勇出席　（供稿：县老干局）

老年趣味运动会的全部项目，取得总成绩第三名的好成绩，获得“团体优胜奖”和“精神文明奖”。举办“唱支山歌给党听”红歌联唱，21个老年文艺团体及个人奉献25个精彩纷呈的节目，营丘镇退休干部单之礼创作的反映新农村建设的《和谐社区如家人》受到广泛好评。开展“丹心向党”诗词歌会，崇山诗社等社团协会创作、诵读诗词37首，县干休所退休干部秦志和创作的《观〈将改革进行到底〉有感》被《山东老干部工作》刊发。

组织开展“建言十九大”专题访谈活动。走访10名县级老领导和30名曾任正科级实职的老同志，征集到合理化建议82条。开展“展望十九大，我的新期盼”主题征文，征集文稿51篇，县新城中学退休教师赵书颖、县文化馆退休干部李肖贤等人的10篇优秀征文被市委老干部局采纳编发。

【老年教育】　继续扩充老年大学专业数量和学员规模，着力抓好老年大学上档升级。县老年大学已开设书法、国画、诗词、戏曲、舞蹈、器乐、声乐、电脑、太极拳（剑）等21个班次，在营丘、红河、朱刘、五图建设4个镇级老年大学分校（教学点），学员达1200余人。　（供稿：尹美美）

关心下一代工作

【概况】　2017年，昌乐县关工委在县委、县政府的正确领导和市关工委的指导下，深入学习贯彻习近平总书记系列重要讲话精神，紧紧围绕县委对关工委工作的总体要求，全面落实“作风建设年”各项活动要求，解放思想、崇实重干，充分发挥五老优势和作用，积极协调和配合相关部门，全面推进各项工作开展，注重打造工作亮点品牌，全面完成各项工作任务。

【管理机构】　昌乐县关心下一代工作委员会是以组织老同志，来进行关心、教育下一代的工作为目的的群众性工作组织，办公室设在昌乐县委老干部局，规格为副科级事业单位，编制2人。

【关工委组织体系】　理顺基层关工委工作队伍。2017年，县关工委协调县委办下发《关于提报各镇（街、区）关工委领导班子组成人选的通知》，组织各镇（街、区）确定关工委班子成员名单，理顺关工委工作队伍，建立规范高效的关心下一代工作体系，并且举办全县镇（街、区）关工委班子成员培训班，对镇街一级关工委常务副主任、副主任、办公室工作人员等进行业务培训。

【成立县直系统和老年大学关工委】　为解决县直系统部门多、层次多、青少年多、关心下一代工作任务重等实际问题，更好地发挥大系统职能作用和“五老”资源优势，2017年7月14日召开会议，成立政法、宣传、县直机关、经信、教育五个大系统关工委。老年大学人才资源丰富、组织体系健全，与关心下一代工作结合紧密，为更好发挥这一优势，成立老年大学关工委，取得很好的成效。

【“五老”志愿者队伍建设】 对全县“五老”志愿者进行摸底排查，建立全县“五老”志愿者信息库，为所有“五老”志愿者颁发志愿者证，聘任第二批“五老”志愿者关爱宣讲团骨干，充实“五老”宣讲团队伍。

【青少年教育工作】 青少年党史国史教育成效显著。昌乐县突出青少年党史国史教育主题，与教育局、史志办等部门联合，广泛开展党史国史教育校园行活动，全面提升昌乐县青少年党史国史教育水平。组织全县中小学校长召开全县中小学党史国史教育活动推进会，落实责任主体，明确教师、教材、学时等具体要求，推进党史国史教育的经常化制度化。在县直中小学开辟“党史国史思想教育宣传阵地”，统一规格内容，高标准、高要求打造一批党史国史教育宣传版面，形成浓厚的党史国史教育氛围，2017 年，全县有 21 处中小学开辟“党史国史教育宣传版面”。

深入开展“关爱明天，普法先行”活动。为加强对青少年学生法治教育工作的重视，昌乐县把青少年法治教育纳入社会化管理轨道，形成以教育行政部门主导，学校主责，普法主管部门牵头组织，相关执法、司法机关、关工委积极参与，全社会齐抓共管的教育格局。为全县 53 处中小学配备、配齐“法治校长”，暑假后举行“开学第一课”法治教育活动，掀起法治宣传教育的热潮。组织“五老”志愿者义务监督员不定期的出入网吧，按照区域实行定点包靠，加强假期的网吧管理和对未成年人的监管工作。切实发挥好“五老”志愿者关爱宣讲团的关爱教育作用，“五老”志愿者成员们到学校，深入基层作报告、讲传统，2017 年宣讲团做报告 47 场，受教育青少年 2.1 万余人次。

【开展“关爱帮扶贫困留守儿童”专项行动】 2017 年，昌乐县结合全县精准扶贫、作风建设工作的开展，全面梳理、认真扎实地抓好农村留守儿童关爱帮扶工作。形成县委领导，政府主导，关工委协调，社会、家庭、教育三位一体，各部门齐抓共管的关爱帮扶救助格局，在关爱帮扶农村留守儿童等困难青少年工作方面做具体的部署，取得实实在在的成效。在县委、县政府的支持下，县关工委先后联合民政局、教育局等相关部门召开主任办公会议 6 次，组织全县镇 （街、区）关工委主任召开会议 3 次，专项督查调研 3 次，进村、入户、到学校查阅档案、台账、合同和包靠走访记录，与镇村干部、教师、监护人及留守儿童本人进行交流谈话，全面摸透摸细全县农村留守儿童相关情况，为全部 223 名贫困儿童、留守儿童、残障儿童发放帮扶联系卡。其中：为 61 名留守儿童建立县、镇街、学校三级留守儿童信息库，落实“属地管理、了解对应”包靠帮扶工作机制，实现信息准确、机制健全、人员到位，为 66 名孤儿及事实无人抚养儿童全部发放生活补助，将有关信息全部录入全国儿童福利信息管理系统。为 16 名困境儿童发放基本生活费补差 31635 元。“六一”期间，集中走访慰问 8 名大病青少年，发放慰问金 24000 元，鼓励他们坚强乐观，战胜病魔。将督查调研情况形成《昌乐县农村留守儿童工作督查情况汇报》报县委、县政府，县委书记卞汉林作出重要批示，对关工委的工作给予充分的肯定并提出要求，继续严格贯彻落实十九大会议精神，坚持在发展中保障和改善民生，进一步解决好农村留守儿童问题。

（供稿：王洪梅）

机关事务工作

【机构设置】 昌乐县委县政府机关事务管理局成立于 1998 年 12 月，为正科级事业单位，事业编制 36 名，配局长 1 名、副局长 3 名。经费实行财政全额拨款。

【管理服务保障】 积极做好商务社区 1 号楼、4 号楼、党校报告厅、机关生活区物业服务工作，严格按标准要求，对巡查发现和服务对象反映的问题及时进行登记维修，定期不定期组织对物业托管项目进行监督、检查和考核，努力为各入驻单位提供优质高效的办公环境。全年处理报修事项 5120 次，较好的完成维修保障工作。积极配合宝都街道、建设局、房管办等单位对老县委家属院进行老旧小区改造，统一更换老县委家属院三相电表集中更换插卡式电表。努力做好商务社区路线活动保障，配合“文明之夏”演出，确保职责范围内秩序畅通，保障 40 余次各类路线活动顺利进行。

【会议服务保障】 完善会议接待流程，确保会议顺利进行。严格按照《县委党校报告厅管理办法》规范操作，按照会议需求高标准布置会场，根据各部门的需求合理安排会议室，避免造成会议冲突，并注意做好相关登记，为会议组织方提供更好的服务，2017 年来 512 个大小会议在党校报告厅召开，全面完成县里交派的各项会议接待任务。

【生活服务保障】 确保职工餐饮安全，餐厅始终保持高标准，严格按程序对餐具、炊具等进行消毒，严抓就餐场所、后厨卫生；严格按照《商务社区食堂管理办法》规范操作，定期进行业务知识培训和消防安全培训；建立健全食品留样制度，由专人负责，专人操作，专人记录，使用专用工具对所有加工的主副食品做好食品留样，保障餐饮安全；餐厅卫生实行划片包干，责任到人，定期进行卫生大扫除；做好防蚊灭蝇工作，厨余垃圾每日一清，确保餐厅卫生安全，2017 年，提供用餐服务 104482 人次，极大解决商务社区职工用餐问题。

【公共机构节能工作】 赴青州对标学习，学习先进管理经验；邀请市局节能科来昌指导局公共机构节能工作，积极创建省级节约型公共机构示范单位。抓好能源消耗统计工作，认真贯彻落实《公共机构节能条例》，开展全县公共机构节能专项检查和能耗大户重点督查，对高耗能公共机构提出整改意见，建立健全用水、用电、用油的统计分析报告制度；开展形式多样的活动，推进节能工作。

（供稿：吴南南）

昌乐县人民代表大会

ChangLeXian RenMin DaiBiao DaHui

综　述

2017年，县人大常委会在县委的领导下，以中共十八大、十八届历次全会和中共十九大精神为指导，紧紧围绕“五个一批、六项重点任务”，依法履职，主动作为，较好地完成了年初制定的目标任务，为决胜全面建成小康社会、建设现代昌乐作出了积极贡献。（1）聚焦全县经济、社会、民生事业发展和群众普遍关注、期盼解决的问题，扎实开展监督工作，推动县委重大决策部署的贯彻落实；（2）加强社会主义民主法治建设，促进依法行政、公正司法、全民守法，营造良好的法治环境，加快全面依法治县进程；（3）健全人大讨论、决定重大事项制度，依法做好重大事项决定和人事任免工作，确保党的主张经过法定程序上升为全县人民共同意志；（4）认真开好县人大会议，充分发挥代表作用；（5）强化人大常委会自身建设，履职能力和工作水平不断提高，各项工作取得新成效。

重要会议

【第十七届人民代表大会第一次会议】 2017年1月19日至22日在潍坊市委党校召开。会议听取和审议县人民政府工作报告、县人民代表大会常务委员会工作报告、县人民法院工作报告、县人民检察院工作报告；审查、批准了昌乐县2016年国民经济和社会发展计划执行情况的报告与2017年国民经济和社会发展计划；审查了昌乐县2016年财政预算执行情况和2017年财政预算（草案）的报告，批准昌乐县2016年县级财政预算执行情况的报告和2017年县级财政预算，选举了昌乐县十七届人大常委会主任、副主任、委员，县人民政府县长、副县长，县人民法院院长，县人民检察院检察长，昌乐县出席潍坊市第十七届人民代表大会代表；表决通过了县十七届人民代表大会专门委员会组成人员名单，研究了其他有关事项。

大会选举县人大常委会主任、副主任、委员。主任：王备；副主任：王少鹏、扈本溪、周晓玲（女）、滕建勋、田本义；委员：（按姓名笔画为序）于俊峰、王全波、王秀丽（女）、卢继海、刘东兴、刘芳生、刘佃堂、刘凯、刘学俊、孙洪亮、纪国梁、李志刚、李英强、吴玉强、吴传平（女）、宋云峰（女）、张世兴、张君玉、张劲松、张桂荣（女）、孟令华、赵保昌、段洪祥、秦润帅、黄发国、黄岩存、崔永新。

大会选举县人民政府县长、副县长。县长：邱旺；副县长：李良华、曹俊勇、张正民、崔欣（女）、曹建国。

大会选举韩昆亮为县人民法院院长，郑爱之为县人民检察院检察长（报经潍坊市人民检察院检察长提请潍坊市人大常委会批准）。

大会选举昌乐县出席潍坊市第十七届人民代表大会代表（共37名，按姓名笔画为序）：丁志伟、于勇、王冰心、王坤、王备、王泽钢、卞汉林、刘良玉、刘国庆、刘雪梅（女）、刘清太、齐延升、许慧敏（女）、李世光、李国欣、李晓丽（女）、时红梅（女）、邱旺、邹庆忠、汪立波、张兆平、张丽娟（女）、张国伟、陈伟、郑爱之、孟凡霞（女）、胡景东、赵丰平、赵允安、赵连东、赵君（女）、夏光富、殷好治、郭明文、董青（女）、韩昆亮、窦青（女）。

大会表决通过了县十七届人民代表大会专门委员会组成人员名单：

内务司法委员会 主任委员：王少鹏；副主任委员：段洪祥；委员：（按姓名笔画为序）刘学俊、宋云峰（女）、张世兴。

财政经济委员会 主任委员：扈本溪；副主任委员：张君玉；委员：（按姓名笔画为序）王全波、卢继海、刘芳生、张桂荣（女）、秦润帅。

教育科学文化卫生委员会 主任委员：周晓玲（女）；副主任委员：崔永新；委员：（按姓名笔画为序）于俊峰（女）、王秀丽（女）、孟令华。

城乡建设与环境资源保护委员会 主任委员：滕建勋；副主任委员：孙洪亮、赵业民；委员：（按姓名笔画为序）刘凯、李志刚、吴传平（女）。

农业与农村委员会 主任委员：田本义；副主任委员：李宪军；委员：（按姓名笔画为序）刘佃堂、张劲松、黄岩存。

民族侨务外事委员会 主任委员：吴玉强；副主任委员：隋树国；委员：（按姓名笔画为序）纪国梁、李英强、黄发国。

【常务委员会会议】 **第十六届人民代表大会常务委员会第四十一次会议** 2017年1月17日在县级机关综合办公楼召开。县人大常委会党组书记、第一副主任王备主持会议。县人大常委会领导和常委会委员出席会议。会议表决作出了关于召开昌乐县第十七届人民代表大会第一次会议的决定，表决通过了关于有关人员辞职的决定。

第十七届人民代表大会常务委员会第一次会议 2017年2月22日在县委党校第一报告厅召开。县委书记卞汉林出席并讲话。县委副书记、县长邱旺出席并提请县政府有关人事任命事项。县人大常委会主任王备、副主任王少鹏分别主持会议，县人大常委会领导和委员出席会议。会议讨论通过县人大常委会2017年工作计划；表决通过县人大常委会、县政府有关人事任免事项，王备向新任命人员颁发了任命书；新任命人员代表作了供职发言，并集体向宪法宣誓。

第二次会议 2017年3月2日召开，会议审议通过了财政预算有关事宜。

第三次会议 2017年3月29日召开，会议讨论通过有关人员辞职的决定。

第四次会议 2017年4月26日在县委党校第一报告厅召开。县人大常委会主任王备、副主任扈本溪分别主持会议，县人大常委会领导和常委会委员参加会议。会议听取审议了县政府关于全县服务业发展工作专项报告、城乡教育均衡发展工作专项报告；组织对全县服务业发展、城乡教育均衡发展两项专项工作进行了评议；会议审议通过县政府有关融资事项的报告和县十七届人大常委会代表资格审查委员会组成人员名单；审议通过县检察院关于开展公益诉讼的实施意见；表决通过了县法院有关人事任免事项。

第五次会议 2017年6月26日在县委党校第一报告厅召开。县人大常委会主任王备、副主任周晓玲分别主持会议，县人大常委会领导和常委会委员参加会议。会议听取审议县农业局关于发展优质高效农业工作的专项报告，并进行工作评议。会议表决通过《昌乐县人大常委会关于加强与县人大代表联系和县人大代表与人民群众联系的意见》《昌乐县人大代表履职守则》《昌乐县人大常委会关于办理对县人大代表采取限制人身自由措施的工作规范》和《昌乐县人大常委会邀请人大代表列席县人大常委会会议办法》四个规范性文件。

第六次会议 2017年8月29日在县委党校第一报告厅召开。县人大常委会主任王备、副主任滕建勋分别主持会议，县人大常委会领导和常委会委员参加会议。会议听取审议县十七届人大一次会议代表建议办理情况、2017年上半年国民经济和社会发展计划执行情况、2016年财政决算（草案）和2017年上半年财政预算执行情况、2016年县级预算执行和其他财政收支审计工作情况四个报告，并对上述专项工作进行评议。会议批准昌乐县2016年县级财政决算。

第七次会议 2017年10月27日在县委党校第一报告厅召开。县人大常委会主任王备，副主任田本义分别主持会议，县人大常委会领导和常委会委员参加会议。会议听取审议昌乐县法院关于行政审判工作情况的报告，和昌乐县住建局关于棚户区改造工作情况的报告，并对上述专项工作进行评议。会议审议昌乐县人大常委会关于加强司法监督、人大代表约见地方国家机关负责人、行使好质询刚性监督权，以及改进审计监督四个方面的创新性工作，并表决通过相关意见和办法。

第八次会议　2017年12月22日在县委党校第一报告厅召开。县人大常委会主任王备、副主任扈本溪分别主持会议，县人大常委会领导和常委会委员参加会议。会议听取审议昌乐县检察院关于查办和预防职务犯罪工作情况的报告，昌乐县卫计局关于基层卫生工作情况的报告，并对上述专项工作进行评议。会议批准《昌乐县2017年县级预算调整方案的报告》，表决通过县人大常委会有关人事任免事项。

第九次会议　2017年12月27日在县委党校第一报告厅召开。会上对2016年度预算执行审计查出的问题进行质询。县委书记卞汉林出席并讲话。县人大常委会主任王备、副主任扈本溪分别主持。县委常委、副县长李良华代表县政府就进一步做好应询工作，自觉接受县人大及其常委会的监督作发言。县人大常委会领导和常委会委员参加会议。卞汉林代表县委对县人大常委会紧扣全县发展大局，积极履行质询监督职责给予充分肯定。会上，县审计局报告县地税局、县交通运输局2016年度的审计情况。部分县人大常委会委员对县地税局、县交通局的预算执行审计查出的问题进行提问，参加会议的部分县人大代表围绕审计报告中提到的问题作进一步的追问，县地税局、县交通局的主要负责人作应答。县人大常委会对县地税局、县交通局主要负责人应答情况进行满意度测评。

重要工作

【决议决定】　2017年，县人大常委会健全人大讨论、决定重大事项制度，不断增强依法执政观念，把重大决策部署通过人大法定程序转化为全县人民共同意志，以听取审议“一府两院”工作报告、审查批准计划和预算为重点，依法认真作出决议决定6项，任免县人大常委会机关及派出机构工作人员、“一府两院”工作人员56名。

对事关全局和具有普遍约束力的规范性文件，认真进行备案审查，保证文件合法、规范和统一。

【人大信访】　重视人大信访工作，探索将涉法涉诉信访案件先交检察机关审核、再依法督办的做法，提高办理质量和效率。共受理处结群众来信来访53件，督促正当信访诉求及时有效解决。

【调研视察】　视察矿产资源集中整治工作　3月2日，县人大常委会主任王备带领常委会全体组成人员，对全县矿产资源集中整治和低丘缓坡治理工作开展视察。县人大常委会副主任王少鹏、扈本溪、周晓玲、滕建勋、田本义参加视察。调研组观看昌乐县违法开采矿产资源专题片，到有关采石矿和低丘缓坡治理现场进行实地查看，召开座谈会，听取县政府工作情况汇报。座谈中，王备强调，各级各部门和县人大常委会全体成员要充分认识违法开采、私采滥挖矿产资源的严重危害，切实明确开展矿产资源集中整治对于维护生态安全、改善全县涉矿区域特别是城东首阳山、朱刘片区的生态环境；维护法律权威和严肃性、维护安定有序的社会秩序；拓展县城发展空间、加快推进昌乐县与潍坊中心城区的对接融合发展，意义重大。

调研城乡教育均衡发展工作　3月29日，县人大常委会副主任周晓玲带领部分县人大常委会委员和县人大代表，对昌乐县城乡教育均衡发展工作情况进行调研，副县长曹建国参加。调研组先后到宝都街道小学、朱刘街道万庄小学、五图街道邓家庄小学和县实验中学进行实地查看，随后召开座谈会，听取县教育局的工作情况汇报。提出进一步改善办学条件、优化城乡师资配置、全面提升教育质量等建议。

调研全县服务业发展工作　4月7日，县人大常委会副主任扈本溪带领部分县人大常委会委员和县人大代表，对全县服务业发展工作情况进行调研。调研组先后到宝城养老康复中心、五图街道响水崖村、美加国际学校、申易物流有限公司和山东亿福金业珠宝首饰有限公司进行实地查看，随后召开座谈会，听取县政府及相关部门的工作情况汇报。针对下一步工作，调研组建议，要着力优化产业空间布局，突出重点，引导服务业集约集聚发展；要培强做大服务业产业，以产业转型升级需求为导向，推动服务业扩容提质；要进一步强化政策扶持，加快完善支持服务业发展政策体系，凝聚服务业发展合力，全力加快推进昌乐县服务业发展工作。

调研发展优质高效农业工作 5月19日，县人大常委会副主任田本义带领部分县人大常委会委员和县人大代表，对昌乐县发展优质高效农业工作情况进行调研。调研组先后到五图街道东耿安村、邓家庄村、庵上湖村、大解召千亩植物园、营丘镇金钗河专业合作社和沙罗坊村进行实地查看，随后召开座谈会，听取相关部门的工作情况汇报，并进行座谈讨论。提出大力发展优质高效设施农业、加大品牌培育力度、加强新品种新技术示范推广、强化农产品质量安全监管等建议。

调研全县工业转型升级和招商引资工作 6月14日，县人大常委会副主任扈本溪带领常委会部分委员和县人大代表，对全县工业转型升级和招商引资工作进行调研。调研组一行先后到阳光概念包装、佳诚数码、日科化学、盛泰药业、比德文新能源汽车、潍焦集团等公司和企业现场进行实地查看，随后召开座谈会，听取县政府有关职能部门工作汇报，并进行座谈讨论。下步工作中，调研组建议，要立足现有传统产业，大力推进企业技术改造和设备更新，着重推进生产工艺、产品、管理和营销模式的创新改进，进一步提质增效、优化存量；要继续聚焦优势产业深入开展招商引资工作，扩大优质增量，优化工业经济结构，加快推动全县工业创新发展、转型升级；要重视加强企业人才队伍建设，提升政务服务能力和水平，大力优化经济发展软环境。

调研发改、财政、审计工作 8月7日，县人大常委会副主任扈本溪带领县人大财经委委员、部分人大代表、专业人士咨询组成员，对全县2017年上半年国民经济和社会发展计划情况、2016年财政决算和2017年上半年财政预算执行情况、2016年县级预算执行和其他财政收支情况的审计工作情况进行调研。

调研棚户区改造工作 9月19日，县人大常委会副主任滕建勋带领部分县人大常委会委员、县人大代表对棚户区改造工作开展调研。调研组一行先后到北关片区、玉皇庙片区、盐运站片区、耿王片区、前石埠片区、九龙湖片区进行实地查看，听取相关部门工作汇报，并进行座谈讨论。调研组建议，下步工作中，要始终坚持“以民为本”，听民声、集民智、解民忧，加快棚改征迁进度；要多方筹措资金，加强与金融部门对接，积极争取上级资金，同时利用市场化的优势，拓宽资金来源；要将安置房建设和棚改相结合，建立各部门协调机制，在保证安置房质量的前提下，加快安置房建设进度。

调研基层医疗卫生运行工作 12月12日，县人大常委会副主任周晓玲带领部分县人大常委会组成人员和市、县人大代表对全县基层医疗卫生运行情况进行调研。调研组一行先后到城关社区卫生服务中心、昌盛医院、城南卫生院、宝都卫生院、县妇幼计生服务中心进行实地调研，详细听取有关情况汇报，并进行座谈讨论。提出加大基层卫生队伍建设力度、加强对基层医疗卫生的监督监管、不断改善群众就医条件、实现“小病不出镇、大病不出县”等建议。

调研查办和预防职务犯罪工作 12月13日，县人大常委会副主任王少鹏带领调研组对县检察院查办和预防职务犯罪工作情况进行调研，听取县检察院有关工作情况的汇报，进行座谈讨论。调研组建议，县检察院要认真做好正在侦办的案件，高度重视和加强办案安全防范；同时，积极做好司法体制改革相关工作，实现检察机关刑事诉讼无缝衔接。

调研《中华人民共和国预算法》贯彻实施工作 12月13日，县人大常委会副主任扈本溪带领县人大财经委组成人员和部分人大代表对《中华人民共和国预算法》贯彻实施情况进行调研。提出加强预算编制预算执行、严格预算和公开工作、不断提高依法理财水平等建议。

【执法检查】 **对《中华人民共和国水法》进行执法检查** 3月21日，县人大常委会副主任田本义带领部分县人大常委会委员和县人大代表，对昌乐县《中华人民共和国水法》贯彻实施情况进行执法检查。检查组先后查看南寨水库扩建工程现场、北郇部小型水库管理体制改革现场和白塔社区移民避险解困试点项目现场。随后召开座谈会，听取县水利局及有关部门工作情况汇报，并进行座谈讨论。针对下步工作，检查组建议，加大对《水法》的宣传普及和执法力度，进一步增强群众节水意识；重视水利设施管理维护，加大管护力度；加强水资源的安全管理与有效利用，努力提高中水回用率；整合县内水利资源，积极引进客水，开源节流，实现水资源的可持续利用。

对《中华人民共和国环境保护法》进行执法检查　6月14日，县人大常委会副主任滕建勋带领部分委员和市、县人大代表，对昌乐县《中华人民共和国环境保护法》贯彻实施情况进行执法检查。检查组先后到盛世热电、城东污水处理厂、桂河生态湿地等地进行现场查看，听取有关情况汇报。随后召开座谈会，听取县环保局有关工作情况汇报，并进行座谈讨论。提出加强环境保护相关法律法规的宣传和普及、加强执法队伍能力建设、把好环境准入关口、提高中水回用率等建议。

【代表工作】　代表履职　坚持代表主体地位，不断加强和创新代表工作，充分发挥代表作用。注重增强代表职务意识，提升履职能力，举办全县人大代表培训班，就代表法及履职有关问题进行专题培训。严格按照《代表履职守则》《关于办理对县人大代表采取限制人身自由措施的工作规范》，规范履职行为。出台《县人大代表约见国家机关负责人实施办法》，建立代表约见国家机关负责人绿色通道。加强代表小组建设，对各级人大代表交叉混合编排 38 个小组，方便代表组织活动。切实加强代表活动室建设，改善小组活动条件，促进代表活动深入开展。开展“联系群众、解决问题、促进发展，推动全县作风建设年活动向纵深发展”主题活动，发挥代表在促进经济社会发展中的模范带头作用。制定《关于充分发挥代表作用，促进全县“四个城市”建设的意见》，引导和鼓励全县各级人大代表踊跃投身“四个城市”建设。

联系代表　扎实开展集中联系活动，组织召开座谈会 10 余次，联系代表 300 余人次，广泛听取意见。征得涉及城建环保、经济发展、教育卫生等 9 个方面的代表建议，形成专题报告。县委主要领导对此作出批示，要求县政府分管领导牵头，对代表提出的建议逐一进行研究落实，并跟上督查。县政府及职能部门认真研究措施和办法，对代表建议进行落实，解决一批群众普遍关心的问题。制定《邀请人大代表列席县人大常委会会议办法》，扩大代表对常委会工作参与度，共邀请代表参加调研、视察和执法检查活动500余人次，列席常委会会议、参加工作评议 60 余人次。

建立代表约见地方国家机关负责人绿色通道　出台《县人大代表约见地方国家机关负责人实施办法》，11 月 22 日，县人大常委会副主任周晓玲组织部分常委会委员和人大代表开展人大代表约见国家机关负责人活动。县住建局、房管办、首阳山旅游度假区、朱刘街道负责同志到场接受约见。约见活动中，提出约见要求的人大代表就城区供暖和朱孔路路灯安装人民群众普遍关注的热点、难点问题进行提问，县住建局等部门负责人针对代表提出的问题进行解释、说明、答复。周晓玲要求，县住建局、街区及相关部门要认真研究和办理落实代表们约见时提出的合理建议，并按期将办理情况书面答复代表；代表们要密切与人民群众的联系，充分发挥人大代表的桥梁纽带作用，积极了解反映人民群众的意愿和要求；县人大常委会有关工作机构要切实加强代表建议督办工作，密切沟通，确保代表建议办理落实到位。

【代表建议督办】　建议审查　不断加强代表建议审查工作，改进建议审查办法，安排专人负责建议审查，县十七届人大一次会议期间，审查整理代表建议意见共 105 件。其中公路交通方面 23 件，教育卫生方面 17 件，财政金融方面 16 件，民生改善方面 12 件，城市提升方面 12 件，农林水方面 9 件，工业发展方面 5 件，文化旅游方面 4 件，环保方面 2 件，村镇发展方面 1 件，其他方面 4 件。

建议督办　不断完善建议督办机制，坚持常委会领导成员分工抓督办、相关工作机构分头抓落实的工作格局，积极组织专项督查和现场督查；定期听取审议县政府建议办理工作报告，对未办理完毕的，要求明确具体措施和时限；对因条件限制、难以落实的建议，向有关代表做好解释工作，取得代表理解。

督办成效　落实满意度电话回访和量化考核制度，将办理效果列入全县科学发展综合考核事项。县十七届人大一次会议上，代表提出的 105 件建议，均已办理完毕，办理工作质量和代表满意度较往年有很大提高。关于加强基层卫生机构建设、在县域内停车场增设电动汽车充电桩等一大批事关发展大局和民生事业的重点建议，都得到较好落实。

【基层人大工作】 组织建设　昌乐县共有4个镇，设专职人大主席4名，人大副主席4名；开发区和4个街道分别设立人大工作室，专职配备主任1名，经济开发区配备副主任1名，主任和副主任都接受人大常委会任命。镇街人大都配备专职工作人员。

依法履职　严格按照法定程序，认真召开乡镇人代会，依法行使乡镇人大重大事项决定权、监督权和选举权。各镇均举行2次人民代表大会，听取审查镇政府工作报告、财政预算和执行情况报告，选举本镇人大主席、副主席，镇长和副镇长，审议并决定本镇经济和社会发展等各方面的重大事项，会期1天。

代表工作　各镇人大把本镇人大代表合理划分，组建为若干代表小组，指定综合素质高、组织能力好、代表意识强的代表担任组长。各镇人大通过紧密联系选民、深入调研，制定年度活动计划，指导代表小组开展活动，把征集意见建议、代表宣传群众、联系选民、开展视察调查等活动落到实处。加强对有关法律实施情况和政府工作的监督，认真开展执法检查活动，促进依法行政，依法管理，维护人民群众的合法权益。

重要活动

【加强对任命法官、检察官监督】 11月8日和21日，县人大常委会先后组织对县法院案件和县检察院案件开展评查，通过案件评查进一步加强对任命法官、检察官监督。案卷评查的范围为县检察院发出司法建议的县法院2016年以来审理的11起民商案件、县检察院2016年以来立案后撤销的13起案件。为搞好这次案件评查，县人大常委会组织案件评查组，成员由县人大内司委成员、司法机关业务骨干和执业律师组成。评查内容包括事实认定、证据采信、法律适用、办案程序、涉案财物处理、诉讼权利保障、文书制作和使用等方面。针对存在的问题，评查组提出更新理念、彻底改变“重实体、轻程序”的错误观念，提高办案人员业务素质，规范法律文书使用和档案管理能力，加大案件审核把关力度、落实责任追究制等建议。

【潍坊市人大对非物质文化遗产保护、养老服务业促进、地名管理等进行立法调研】 3月9日，潍坊市人大常委会副秘书长刘棣俭一行到昌乐县，对非物质文化遗产保护、养老服务业促进、地名管理等三个立法项目进行立法调研。县人大常委会副主任王少鹏陪同。

【潍坊市人大对《潍坊市中小学幼儿园规划建设条例（草案）》进行立法调研】 4月6日，潍坊市人大常委会副主任、教科文卫委主任委员张新强一行到昌乐县，对《潍坊市中小学幼儿园规划建设条例（草案）》进行立法调研。县委书记卞汉林，县人大常委会主任王备、副主任周晓玲陪同活动。调研组实地查看昌乐县部分中小学规划建设情况，并召开座谈会，县政府有关部门和部分学校、企业负责人参加座谈讨论。

【潍坊市人大调研安全生产工作】 5月17日，潍坊市人大常委会副主任、财经委主任委员范福生带领调研组来昌乐县对安全生产工作进行调研。县人大常委会副主任扈本溪陪同活动。昌乐县安全生产工作得到调研组的充分肯定。

【山东省人大调研生态循环农业发展情况】 10月24日，山东省人大常委会委员、农业与农村委员会副主任委员宋玉山带领省人大调研组，在市人大常委会副主任张新强陪同下，来昌乐调研生态循环农业发展情况。县领导卞汉林、张建伟、田本义、崔欣分别陪同。调研组一行先后到潍坊乔新农业发展有限公司、三聚农作物秸秆综合利用项目、山东五福农业科技有限公司、凤凰岭果蔬专业合作社、庵上湖田园综合体等地进行实地调研，详细听取有关情况介绍，对昌乐生态循环农业发展情况高度评价。调研组希望昌乐大力发展优质高效农业，进一步打响昌乐农产品品牌；加快发展生态循环农业和生态循环畜牧业；大力发展农产品深加工，全面提升农业发展速度、质量与效益。

昌乐县人民政府

ChangLeXian RenMin ZhengFu

综　述

2017年，在县委的坚强领导下，在县人大、县政协的监督支持下，全面贯彻上级决策部署，坚持稳中求进工作总基调，聚焦新旧动能转换和“四个城市”建设，解放思想、崇实重干，勇闯新路、敢为人先，加快建设现代昌乐，经济社会实现有质量的稳定增长和可持续的全面发展。完成地区生产总值307.95亿元，一般公共预算收入24亿元，固定资产投资349.6亿元。全面完成上级下达约束性指标。

（一）工业发展迈上新台阶。大力实施“产业兴县、工业强县”战略，把工业强基作为经济发展第一位的任务，制定实施工业强基23条、产业投资19条、企业挂牌上市17条等一系列政策措施，比德文新能源汽车产业基地纳入市“四区四基地一通道”战略，汉唐·中能新能源汽车、佳诚数码（惠普）产业园等一批新兴产业项目落地开工，造纸包装、装备制造等传统优势产业加快迈向中高端，规模以上工业主营业务收入、利润、利税分别增长9.1%、24%和21%。把做强做大现有企业放在突出位置，实施“343”培育工程，壮大行业龙头企业群、“隐形冠军”企业群，百亿级、50亿级企业分别达3家和6家，4家企业入选中国民营企业500强，6家企业列入全省中小企业“隐形冠军”和“专精特新”企业，2家企业被确定为省“两化”融合管理体系贯标试点。持续增强创新能力，新增市级以上科创平台24家，新获市级以上科技成果奖11项，高新技术产业产值占比达28%；新获中国专利优秀奖1项，新增专利授权510件，被评为国家知识产权强县工程示范县。强化质量品牌建设，新获“市长质量奖”1项、“市长杯”工业设计大赛奖项2项，新创省级以上名牌名标21件，2家企业列为全省百年品牌重点培育企业。实施企业家素质提升工程，成立企业家协会，开展高层次培训，推动在全社会形成尊重、理解、支持企业家的良好氛围。创新人才引进培养机制，聘任县政府科技顾问2名、科技副县长1名、科技副镇长10名，建立海外工作站5处，聘请海外引才大使4名，引进专家学者17名，新引进“千人计划”“万人计划”、泰山学者等高层次专家教授23名，省级以上重点人才工程人选达41人。

（二）城市建设打开新局面。全面推进县城提升，开展城市总体规划修编，完成土地利用总体规划调整、水资源保障规划编制，城市空间格局进一步优化拓展。加快推动城市南拓东进、对接潍坊中心城区，“一山两河一轴两片区”规划编制实施，首阳山区域生态修复扎实推进，九龙湖片区村庄全部完成棚改搬迁，南寨水库扩建工程基本建成，潍坊西部生态新城正在加速崛起。决战决胜封山禁采、棚改、拆违“三大攻坚”，净化社会风气，淬炼干部作风，拓展城市空间。封山禁采全面实现，关停拆除所有370处矿产资源非法开采加工点，刹住歪风邪气，留住绿水青山。棚改全面破局，从难度最大的北关片区入手，凝心聚力，攻坚克难，4天半时间完成全部904户居民搬迁，打造公开公平公正、干群和谐搬迁的“北关标杆”，趟出棚改新路。以此为示范引领，整建制完成8个片区、13个村、4401户棚户区居民搬迁，开工安置房源4010套，创历年之最，干部振奋、群众满意、社会好评。拆违强力推进，聚焦聚力“了解一三”，全县拆除违建1210处、52万平方米，拆出公平正义、美丽环境、生态空间，逐步实现还山于民、还绿于民。统筹推进平安城市、健康城市、低碳城市、智慧城市、海绵城市“五城同建”，推行社会治理网格化管理，编制实施地下综合管廊、海绵城市等专项规划，改造老旧小区8.6万平方米，完成5个小区供热管网更新，新修4条市政道路，建成智慧管线等智慧城市系统，开展市容市貌、铁路沿线环境专项治理，顺利通过全国文明县城复审，成功创建国家卫生县城，荣获中国智慧城市最具潜力城市奖。建立房地产业全流程监管制度，引进绿城集团等高端企业参与城市开发建设。配合做好济青高速改扩建、潍日高速等重大基础设施建设，建成投用榆横-潍坊特高压变电站和5条特高压输电线，潍昌路改线工程顺利完成。繁荣发展城市经济，出台现代物流业发展扶持政策，申易物流公司被认定为国家AAAA级物流企业，物流业税收实现翻番。金融机构达47家。火山国家地质公园揭碑开园，宝石博览会和春季黄金珠宝展成功举办，“中国蓝宝石之都”品牌影响力进一步提升。

（三）镇域发展迈出新步伐。大力发展高质高效农业，出台一系列现代农业发展扶持政策，土地流转面积达31.6万亩，新增设施农业面积1.5万亩，新认证“三品一标”41个，建成全省首家西瓜院士工作站。启动新型农业经营主体培育计划，新发展合作社、家庭农场155家。积极发展“新六产”，建成田园综合体9处。推进畜牧业标准化建设，被评为山东省现代畜牧业示范县。着力改善农业生产条件，建设高标准农田2.2万亩，实施45个水利基础设施项目，治理水土流失面积8.6平方千米，被确定为全国农田水利项目县。完善小城镇基础设施，完成投资25亿元。提升农村人居环境，新修改造农村公路57条，实施农村无害化厕所改造3.5万户，完成125个村电网升级改造，红河镇被评为中国美丽乡村建设示范镇，180个村达省级美丽乡村标准。推进乡村旅游提档升级，新建标准旅游厕所22座，新增旅游点5处。积极培育发展特色小镇，方山蓝宝石小镇入选省级特色小镇创建名单，吉他小镇等带动区域发展作用初显。提升社区服务中心11处，建成新型社区4个。基层治理“四治”模式得到民政部肯定。

（四）生态建设实现新突破。积极推进超低排放改造，强化挥发性有机物治理，严格落实错峰生产、清洁型煤推广、扬尘污染防控等大气污染综合治理措施，狠抓“散乱污”企业清理取缔，大气环境质量四项指标全面改善，空气质量优良天数达222天。实施雨污管网分流改造和重点河流综合治理工程，加强饮用水水源地保护，完成城北、城东和城西污水处理厂一期新一轮提标改造，重点河流COD、氨氮平均浓度分别改善18.7%和21.1%。全面推行“河长制”，开展“清河行动”，完成河道违法事项清理。实施全域绿化，新增成片造林7880亩，修复退化林分3450亩。深入推进城乡环境综合整治，建成县生活垃圾无害化处理厂。开展农业废弃物资源化利用试点，新建三益新能源等农业废弃物循环利用项目，建成20处农业废弃物处置点。科学划定畜禽养殖“三区”，禁养区养殖场全部搬迁。加强耕地保护，完成全域永久基本农田划定。深入推进城乡建设用地增减挂钩等节地挖潜试点，积极盘活低效闲置用地，新增建设用地3984亩。严查环境违法案件，扎实做好中央、省环保督察迎查工作，同步抓好问题整改。

（五）改革开放取得新进展。扎实推进“三去一降一补”，降低企业成本超过6亿元。全面加强农村集体“三资”管理，农村集体资产股份权能改革试点顺利通过国家验收，经验做法得到中央深改办、农业部和省委、省政府肯定。改革县镇财税体制，镇级发展活力逐步增强。规范政府债务管理，争取地方债置换债券8.8亿元。深化事业单位分类改革，清理“僵尸”事业单位6个。稳步推进综合行政执法体制改革。加快企业改制步伐，完成55家企业规范化公司制改制，47家企业在“新三板”或区域性股权交易市场挂牌，实现直接融资7.2亿元。扩大对外开放，实现进出口总额88亿元；利用外资3.1亿元，增幅居全市首位。经济开发区综合实力跻身全省30强。成功创建为国家级出口食品农产品质量安全示范区，被确定为全省首批原产地证书第三方发证机构下放试点、全省生猪产品“撤点并厂、定点配送”试点县。

（六）民生保障达新水平。城镇和农村居民人均可支配收入分别增长8%和8.2%。扎实推进脱贫攻坚，15个省扶贫工作重点村全部“摘帽”，农村建档立卡贫困人口基本实现脱贫，3处扶贫基地被评为全国就业扶贫基地。积极促进创业就业，新增城镇就业7641人，登记市场主体达5.3万户，被确定为全国第二批返乡农民工创业试点县、全省创业型城市。持续扩大社保覆盖面，社保卡持卡人数达52.2万人。大力发展教育事业，新招录302名教师全部充实到教学一线，高考各项指标实现历史性突破，新改建21所农村中小学全面封顶，18处撤并整合后的农村小学校舍全部改造为公办幼儿园。顺利通过国家三类城市语言文字工作达标验收。现代职业教育快速发展，宝石中专跻身山东省百强示范校。强化卫生计生服务，扎实推进家庭医生签约，基层医疗卫生机构基本设备配置标准化率达100%，被确定为全国计划生育基层群众自治示范县、全省医养结合示范县、全省健康促进示范县试点。完善社会救助体系，低保、五保供养标准进一步提高。退役士兵安置和权益保障政策得到有效落实。大力发展文化事业，建成投用334个村（社区）文化服务中心，图书馆、文化馆免费开放，36项文化资源列入全市“九名”，1件作品获泰山文艺奖，被评为全国服务农民、服务基层文化建设先进集体。昌乐广播电视台新闻综合频道实现高标清同步播出。昌乐县体育健儿参加第十三届全运会取得2金1银的好成绩。突出以文化人，培育市级以上道德典型20余名，说昌乐好、对昌乐亲、为昌乐干事成为全社会的思想共识和行动自觉。积极推进信访积案和矛盾纠纷化解，全面建立“一村（社区）一法律顾问、一警务助理”工作制度，扎实开展“破案会战”和“打黑除恶、打霸治痞”专项行动，社会保持和谐稳定，被省委、省政府授予全省十九大安保维稳工作先进县。狠抓安全生产责任落实、隐患排查治理和基层基础建设，本质安全水平逐步提升。持续加强食品药品监管，顺利通过省级食品安全先进县验收。国防动员和民兵预备役工作进一步加强。社会信用体系建设扎实推进。妇女儿童、双拥共建、老龄助残、外事侨务、民族宗教、慈善事业稳步发展。统计、粮食、人防、地震、气象、史志、档案等工作取得新进展。

（七）政府自身建设取得新成效。深化“放管服”改革，推行“零跑腿”“只跑一次”改革事项340项。推进“四减一降”，实现“三十一证合一、一照一码”。在全省率先实行“一窗受理，全科服务”。规范政府投资、财政支出、公共资源交易等程序，资源配置效率效益进一步提高。严格执行县人大及其常委会决议决定，自觉在人大、政协监督下开展工作，办理人大代表建议105件、政协提案165件。扎实开展普法依法治理，深入推行重大决策合法性审查、政府法律顾问等制度，积极预防化解行政争议，营造良好的法治环境。始终保持反腐败高压态势，严肃查处一批违法违纪案件。加强审计监督，实现县级预算执行审计全覆盖。强化公务员队伍建设，落实容错纠错机制，营造实绩至上、干事创业的良好环境。严格落实中央八项规定精神，深入整治“四风”。扎实开展“作风建设年”活动，在干中锤炼作风，广大干部精神面貌发生深刻变化，争先意识、担当精神得到激发弘扬，各方面呈现跨越赶超、锐意进取的强劲势头。

重要会议

【县政府第三十九次常务会议】 1月3日，县委副书记、县长邱旺主持召开县政府第39次常务会议，研究关于加强和规范政策性担保业务管理、企业发展基金使用管理等工作。

【县政府第一次常务会议】 2月20日，县委副书记、县长邱旺主持召开县政府第1次常务会议，传达学习潍坊市第十二次党代会精神，研究推进工业强基意见、重点产业投资扶持政策等。

【昌乐县棚户区改造工作调度会议】 2月26日，县委副书记、县长邱旺在县委党校第一教室主持召开棚户区改造工作调度会议。他要求，要提高思想认识，把握政策原则，积极稳妥推进棚户区改造工作。县委常委、副县长李良华出席会议。

【县政府第二次常务会议】 3月13日，县委副书记、县长邱旺主持召开县政府第2次常务会议，研究安全生产、棚户区改造、环境保护等工作。

【昌乐县安全生产工作会议】 3月15日，昌乐县安全生产工作会议在县委党校召开。县委副书记、县长邱旺主持会议并讲话，他要求，要提高认识，科学推进，落实责任，全力抓实抓细安全生产各项工作。县领导李良华、曹俊勇出席。会上，县政府与部分镇（街、区）、县直部门签订2017年度安全生产目标责任书，曹俊勇传达市政府办公室《关于吸取青州市“3·14”道路交通事故教训迅速开展道路交通安全大检查工作的紧急通知》精神，部分镇（街、区）、部门（单位）作表态发言。

【全县矿产资源集中整治工作调度会议】 3月21日，全县矿产资源集中整治工作调度会议在县委党校第一教室召开。县委副书记、县长邱旺出席会议并讲话。他要求，坚定决心，一抓到底，持续深入推进矿产资源集中整治。县委副书记张建伟主持会议。县领导李良华、孙振元、曹俊勇，县法院院长韩昆亮、县检察院检察长郑爱之参加。会议还观看全县矿产资源现状专题片，听取全县矿产资源集中整治工作情况通报。

【昌乐棚户区改造工作调度会议】 4月5日，县委副书记、县长邱旺在县委党校主持召开棚户区改造工作调度会议。他要求，统一思想认识，周密安排部署，全力推进棚户区改造工作。县委常委、副县长李良华参加会议。在听取有关部门、街区工作情况汇报和有关县级领导同志的意见后，邱旺指出，棚户区改造是县政府2017年确定的十件民生实事之一，是一项重要的民生工程，涉及广大群众切身利益，关系经济社会发展全局。各级各有关部门、单位一定要统一思想认识，周密安排部署，加快推进实施，切实把棚改这件好事办好、实事办实。

【县政府第三次常务会议】 4月27日，县委副书记、县长邱旺主持召开县政府第3次常务会议，研究现代农业发展有关扶持政策、胶王路和济青铁路沿线绿化等工作。

【县政府第四次常务会议】 5月23日，县委副书记、县长邱旺主持召开县政府第4次常务会议，研究深入推进大气污染防治实施意见、市容环境专项整治行动实施方案、全面实行河长制实施方案、安全生产网格化监管体系建设工作方案、促进外经贸发展的政策措施等。

【县政府全体（扩大）会议暨廉政工作会议】 5月24日，县政府全体（扩大）会议暨廉政工作会议在县委党校第二报告厅召开。县委副书记、县长邱旺出席会议并讲话，县委常委、副县长李良华主持，县委常委、县纪委书记孙振元应邀出席会议，县领导丁进全、曹俊勇、张正民、崔欣、曹建国参加。

【县政府第五次常务会议】 6月12日，县委副书记、县长邱旺主持召开县政府第5次常务会议，研究社会信用体系建设、消防、安全生产、美丽乡村建设等工作。

【昌乐县领导干部会议召开】 6月20日，县委召开全县领导干部会议，传达省第十一次党代会、省委十一届一次全会和全市领导干部会议精神，动员全县各方面从旗帜鲜明讲政治的高度加深理解，牢牢把握走在前列的目标定位，抢抓新旧动能转换的重大机遇，以实干作风抓好落实，奋力推进现代昌乐建设，努力为建设“四个城市”和开创经济文化强省建设新局面做出应有的贡献。县委书记卞汉林主持会议，并传达省第十一次党代会和省委十一届一次全会精神。县委副书记、县长邱旺传达全市领导干部会议精神。县人大常委会主任王备、县政协主席周保进、县委副书记张建伟等出席。

【县政府第六次常务会议】 7月23日，县委副书记、县长邱旺主持召开县政府第6次常务会议，研究安全生产、环境保护等工作。

【昌乐首阳山区域低丘缓坡治理暨“拆违”推进会议】 7月27日，首阳山区域低丘缓坡治理和“拆违”工作会议在县委党校召开。县委副书记、县长邱旺出席会议并讲话。他强调，要坚定不移攻坚，全力以赴突破，确保尽快全面完成治理和“拆违”任务，为项目落地、生态修复创造更大空间。县委常委、县纪委书记孙振元出席会议，副县长、县公安局局长曹俊勇主持会议。会上，首阳山旅游度假区和县治违办分别介绍区域征迁情况、包靠分工情况和有关的政策措施。

【县政府第七次常务会议】 8月8日，县委副书记、县长邱旺主持召开县政府第7次常务会议，研究品质城市和产业强市建设规划计划、妇女儿童“十三五”规划等工作。

【昌乐县政府第八次常务会议】 9月7日，县委副书记、县长邱旺主持召开县政府第8次常务会议，研究散煤清洁化治理、民生实事推进等工作。

【昌乐县政府第九次常务会议】 9月19日，县委副书记、县长邱旺主持召开县政府第9次常务会议，研究城区集中供热、安全生产、环境保护等工作。

【首阳山区域第三片区拆违集中攻坚行动推进会议】 9月25日，首阳山区域第三片区拆违集中攻坚行动推进会议在朱刘街道万山小学召开。县委副书记、县长邱旺主持会议并讲话。他强调，要集中力量攻坚克难，乘势而上扩大成果，确保尽快完成片区拆违和征迁工作。县委常委、县纪委书记孙振元，县委常委、统战部部长丁进全出席会议。副县长、县公安局局长曹俊勇讲意见。

【昌乐县政府第十次常务会议】 10月31日，昌乐县委副书记、县长邱旺主持召开县政府第10次常务会议，研究2018年重点投资项目、经济运行、环境保护、民生实事推进落实等工作。

【昌乐县政府第十一次常务会议】 12月12日，县委副书记、县长邱旺主持召开县政府第11次常务会议，研究水资源保障规划、2018年城建投资计划等事项。

施政辑要

【经济发展】 3月9日，县政府办公室下发《关于印发昌乐县重点产业投资扶持政策（试行）的通知》，要求大力推进供给侧结构性改革，加快培育新的竞争优势，不断增强发展后劲，对昌乐县境内投资新上重点产业投资项目，符合国家产业政策、投资强度达项目所在园区要求的，实行用地扶持、资金扶持等政策。

3月9日，县政府办公室下发《关于公布2017年度工业“三四三”培育工程名单的通知》，要求深入贯彻落实县委、县政府“产业兴县、工业强县”发展战略，实施“三四三”培育工程，筛选确定30家左右骨干企业、40家左右成长型企业、30个左右重点产业项目，进行重点培育，推动现有骨干企业做强做大、成长型企业培强做优、重点项目加快实施。

5月5日，县政府办公室下发《关于印发昌乐县金融扶持设施农业发展暂行办法的通知》，要求进一步深化农村金融服务创新，有效解决农村贷款难题，加快推进昌乐县设施农业发展。

6月22日，县政府办公室下发《关于印发昌乐县农村一二三产业融合发展实施方案的通知》，要求以中共十八大和十八届三中、四中、五中、六中全会精神为指导，深入贯彻习近平总书记系列重要讲话精神，牢固树立创新、协调、绿色、开放、共享的发展理念，主动适应经济发展新常态，以市场需求为导向，以完善利益联结机制为核心，以新型城镇化为依托，深入推进农业供给侧结构性改革，大力发展以农产品加工业为核心的都市现代农业，坚持因地制宜，分类指导，积极培育新产业、新业态、新动力，着力构建农村一、二、三产业交叉融合的现代产业体系，推动产业链相加、价值链相乘、供应链相通，实现“三链重构”，加快发展“新六产”，形成城乡一体化的农村发展新格局，促进农业增效、农民增收和农村繁荣。

【城镇化建设】 4月1日，县政府办公室下发《关于印发昌乐县2017年推进农村改厕工作实施方案的通知》，要求深入贯彻落实中央和省、市关于改善农村人居环境、加强生态文明建设的决策部署，2017年全县完成农村厕所改造33240户，基本实现农村无害化卫生厕所全覆盖。

【改革开放】 4月25日，县政府下发《关于印发昌乐县银行业金融机构考核办法的通知》，要求鼓励引导全县银行业金融机构增加有效信贷投入，开展金融创新，加大对实体经济的支持力度，促进县域经济持续健康发展。

5月31日，县政府办公室下发《关于印发昌乐县政务服务平台向镇（街、区）及社区延伸工作实施方案的通知》，要求全面落实党的十八大和十八届三中、四中、五中、六中全会精神，深入贯彻上级部署，按照简政放权、放管结合、优化服务的要求，本着统筹协调、优化服务、共享协同的原则，全面推动政务服务平台向镇（街、区）及社区延伸，进一步优化简化网上政务服务流程，切实打通政务服务“最后一公里”，不断提高基层群众的获得感和满意度。

【社会事业】 3月14日，县政府办公室下发《关于印发昌乐县农村留守儿童关爱保护工作实施方案的通知》，要求全面落实中共十八大和十八届三中、四中、五中、六中全会精神，深入贯彻习近平总书记系列讲话精神，根据国务院和省、市统一部署，坚持家庭尽责、政府主导、全民关爱、标本兼治，强化家庭监护主体责任，加大全民关爱保护力度，落实县、镇（街、区）、村（居）属地管理职责，构建政府领导、民政牵头、部门联动、家庭尽责、社会参与的农村留守儿童关爱帮扶工作体系，建立健全强制报告、应急处置、评估帮扶、监护干预等救助保护工作机制，切实帮助农村留守儿童解决实际困难，保障农村留守儿童合法权益，促进社会和谐稳定。

3月22日，县政府办公室下发《关于印发昌乐县小城镇新型社区健身设施建设扶持办法的通知》，要求将小城镇新型社区健身设施用地纳入全县城乡规划、土地利用总体规划和年度用地计划，合理安排用地需求。对健身设施建设用地，由县国土资源管理部门采取划拨方式供应土地，对兴办体育服务业用地实行低价或优惠低价供地。

5月10日，县政府下发《关于印发昌乐县加快发展体育产业促进体育消费实施方案的通知》，要求以增强人民体质、提高健康水平为根本目标，大力实施全民健身国家战略，充分发挥市场在资源配置中的决定性作用，创新体育产业管理体制和运行机制，扩大体育产品和服务供给，推动体育产业成为经济转型升级的重要力量，不断满足人民群众日益增长的体育需求。到2025年，基本建立体育竞赛表演、体育中介培训、体育健身服务、体育用品生产销售等多业并举、优势突出的体育产业体系，体育产品和服务更加丰富，体育消费需求更加旺盛。

8月14日，县政府下发《关于印发〈昌乐县妇女发展“十三五”规划〉〈昌乐县儿童发展“十三五”〉的通知》，要求高举中国特色社会主义伟大旗帜，全面贯彻中共十八大和十八届三中、四中、五中、六中全会精神，以马克思列宁主义、毛泽东思想、科学发展观为指导 ，深入贯彻习近平总书记的系列重要讲话和视察山东重要讲话、重要批示精神，以创新、协调、绿色、开放、共享的发展理念为引领，贯彻落实男女平等基本国策，将妇女发展融入“四个全面”战略布局，促进妇女全面参与经济文化强县建设，保障妇女共享改革发展成果，推动昌乐县妇女事业努力在全面建成小康社会进程中走在前列。

【民生十件实事】 1. 改善农村办学条件，逐步实现城乡教育均衡发展。招聘一批教师配备到农村中小学，增强农村学校师资力量；加快实施21所农村中小学建设改造项目，大幅改善农村办学条件。

2. 启动城区老旧供热管网改造，改善供热效果。启动城区老旧供热管网三年维修改造计划，逐步解决管网设施老化问题；加强和改进供热管理，改善供热效果。

3.实施2万平方米老旧小区整治改造。对外贸小区、五图煤矿小区等老旧小区进行整治改造，改造小区道路、供水、供暖、燃气管网等基础设施，对楼宇防水、外墙进行改造提升，完善环卫、消防设施，改善居民居住条件，提升居民生活品质。

4．加强和改进小区物业管理，提升服务水平。强化属地管理职责，推行物业标准化建设、规范化管理，提升物业服务水平，提高居民满意度。

5．实施昌乐电视台节目高清数字化改造。对昌乐电视台现有录播设备进行升级改造，实现节目高清数字化播出，让全县人民看上本地电视台的高清自办节目。

6．实施城区“一纵一横”道路提升工程。结合雨污混流管网改造，对城区新昌路、利民街及其两侧进行改造提升，翻建路面，改造铺设管网，建设停车场、公厕、公共文化体育休闲设施，进行绿化提升，改善环境，提升功能和品位。

7．编制实施“一山两河”规划，保护生态，还山还水还绿于民。按照提升品位、生态优先的原则和“一山两水融一城”的框架，科学编制首阳山和丹河、桂河滨水景观详细规划，划定绿线，增加绿量，逐步还山于民、还水于民、还绿于民，并配套建设文化长廊、体育设施，为市民提供更多更好的休闲健身场所。年内完成首阳山国家森林公园孤山林区1003亩残次林改造提升和裸露山体绿化；实施丹河水质提升综合治理工程。

8．实施雨污混流管网改造和城西二期、城东污水处理厂提标改造工程，改善“两河”水生态环境。运用PPP模式，实施城区和朱刘片区雨污混流管网和“一企一管”改造工程，逐步解决雨污混流和城区排水不畅问题；完成城西污水处理厂二期、城东污水处理厂新一轮提标改造，提高污水处理能力，改善出水水质，从而改善丹河、桂河水生态环境。

9．实施棚户区改造。启动9个片区棚户区改造工程，改善群众居住条件，促进土地资源节约集约利用，拓展发展空间。

10．完成大沂路城区段改线北段工程。投资8000万元，完成大沂路城区段改线北段工程，分流大型货车，缓解城区东部交通压力，改善市民生活环境，进一步扩展西部发展空间。

县政府办公室工作

【概况】　在县委、县政府的正确领导下，县政府办公室坚持以优化服务为核心、改进作风为抓手、完善制度为保证，积极参与政务，强化综合协调，狠抓督促落实，提升服务效能，较好地完成各项工作任务，有力保障政府工作高效运转和决策部署有效落实。被评为市级文明单位。

【调查研究】　围绕群众关心、社会关切、领导关注的热点难点问题，深入调查研究，科学辅助决策。先后组织调研活动23次，形成调研报告21篇，绝大多数进入领导决策，其中《积极发展农民股份合作赋予农民对集体资产股份权能改革试点工作的调研报告》获全省政府系统优秀调研成果一等奖，是全省各县市区中唯一的一等奖，《重拳集中整治矿产资源非法开采加工行为还山还绿还清洁空气于民》在省政府《决策参阅》刊发，《“担当+智慧”破解棚改难题“用心+用力”演绎昌乐速度》等7篇文章在市政府《研究与决策》发表。

【文稿起草】　准确把握上级和领导意图，深入研究讨论，切实提升文稿的思想性、针对性、指导性，完成《政府工作报告》、领导会议讲话等重要文稿150多篇，起草文件、纪要、宣传稿件等400余个，在服务领导决策、促进工作落实、推动高质量发展等方面发挥重要作用。

政务信息与政务公开

【政务信息】　及时采编全县创新性举措和亮点工作信息。重点针对全县新旧动能转换、矿产资源集中整治、“四个城市”建设、“作风建设年”开展、现代农业、生态建设等方面信息，进行及时采编、上报。2017年，上报市府办信息2900余篇，被市级以上信息刊物采用410余篇。按时高质完成市约稿和外埠动态信息搜集。围绕外地先进地市做法，紧跟国家、省和部委政策动态，搜集上报一大批外地经验和时政动态信息。同时，及时主动承接、完成大量上级约稿，为各级领导决策提供有益借鉴。2017年，完成市府办约稿《昌乐县推进产学研深度融合的成效、遇到的困难问题及建议》《昌乐县实施“多证合一”改革的进展情况、存在问题及建议》等调研类信息90余篇。被评为2017年度全市政府系统政务信息工作先进单位。

及时采编带有导向作用的专题信息。全年编发落实党代会和2017年政府工作报告精神抓项目促发展、矿产资源集中整治等专题信息10余期。及时采编基层和部门亮点工作和典型做法。2017年，主要是针对服务企业、县城提升、棚户区改造、重点项目推进、现代农业、造林绿化等方面编发一大批有价值的信息，全年编写下发《昌乐政务》信息75期、570余篇。完善信息报送机制。起草下发《昌乐县人民政府办公室关于印发〈2017年政务信息报送要点〉的通知》，要求各镇（街、区）、县直各部门（单位）进一步明确政务信息工作分管领导和信息员，并提出数量和质量要求，督促镇（街、区）和县直部门（单位）增加信息报送数量，提高信息采编水平。同时，对半年和全年政务信息采用情况进行通报，进一步提高各单位对政务信息工作的重视程度，提高各单位报送信息的积极性和责任感。

【政务公开】 强化制度引领。通过深入调研，并征求有关单位意见，起草昌乐县《关于全面推进政务公开工作的实施方案》，4月17日以乐办发〔2017〕1号文件印发实施；结合昌乐县实际，起草《昌乐县2017年政务公开工作要点实施方案》，8月2日以乐政办字〔2017〕34号文件印发实施；根据人员变动情况，及时调整政务公开领导小组，8月23日以乐政办字〔2017〕39号文件印发《关于调整昌乐县政务公开领导小组的通知》，明确政务公开领导小组的主要职责、组成人员、工作机构、工作规则及工作要求。完善公开载体。对县政府信息公开专栏进行规范完善，对行政权力运行、重点领域、政策解读与回应关切、政务公开组织管理等信息公开栏目进行调整优化。按照省、市政务公开考评指标要求，完善五级公开指标210余项细化指标，并协调、督促、指导60余个责任单位及时、主动公开有关信息，全年在县政府门户网站政府信息公开专栏主动公开政府信息3600余条，编发政府公报7期。做好依申请公开工作。全年接到政府信息公开申请35件，均依法依规按时进行公开。全面落实市政府政务公开督查事项。对市政府办公室下发的政务公开每月督查事项，细化措施、扎实推进，均圆满完成任务。及时向市政府报送高质量的政务公开信息。2017年，向市府办报送政务公开信息300余篇，被市府办《政务公开》刊物采用50余篇。着力推动政务公开队伍建设。为提升全县政务公开工作人员公开能力和水平，4月18日，以县政府办公室名义下发《关于开展政务公开工作集中宣讲月活动的通知》，并于4月25日，组织对全县政务公开工作人员进行业务培训。创建昌乐政务公开交流群，通过微信群及时传达上级最新精神、交流工作经验，提高工作效率。被评为2017年度全市政务公开工作先进单位。

电子政务

【政府网站运行维护】 做好政府门户网站日常更新和巡查工作，坚持不懈地把网站日常运行管理抓紧抓实。按照《全国政府网站普查评分表》和《2017年潍坊市政府网站运行监测指标》要求定期对门户网站进行自查，消除发现的问题隐患，顺利通过国家、省、市对政府网站的季度抽查。为配合宣传县里重点工作，2017年开设聚焦“两会”、作风建设年、棚户区改造、2017中国（昌乐）春季黄金珠宝展等多个专题栏目，取得良好的宣传效果。7月，根据国家、省、市要求，启动全县政府网站关停整合工作，经过方案调研、内容梳理、数据迁移、网站整合等步骤，于10月顺利完成全县42个部门单位网站的关停整合工作。原42个政府部门单位的网站内容迁移整合到中国昌乐门户网站信息公开、在线办事及有关栏目内，推进全县政府网站的集约化进程。

【应用协同办公系统】 不断推进办公平台在全县各部门单位的推广应用，强化部门单位间的业务沟通和协同能力，系统应用领域不断扩大。对全体机关干部进行应用培训，由专人负责所有用户的安装、指导和维护，保障系统高效运行。

外事侨务

【外事管理和服务】 2017年办理1人随省审计局赴英国精准交流团和1人随省委组织部赴德国培训团，1个赴日本、澳大利亚、新西兰团自组团和1个美国、加拿大自组团，主要是洽谈项目、招商引资和招才引智。做好邀请外国人到中国材料的审查转报工作，对符合条件的申报材料，做到当日审查、转报，并对来华人员建立监督、跟踪服务制度，杜绝各项隐患发生。2017年审查转报邀请外国人到中国工作、商务洽谈、产品采购、检验产品和设备、技术指导手续100人次，无任何问题发生，其中，国际宝石博览会邀请巴基斯坦、斯里兰卡和阿富汗宝玉石客商21家，51人。认真学习APEC商务旅行卡有关知识，做好企业“走出去”服务工作，为英轩实业审查申报办理APEC商务旅行卡3个、山东元利科技有限公司2个、山东潍焦控股集团有限公司2个，并做好旅行卡管理和服务工作。做好外事调研等工作。先后对美国、加拿大、与澳大利亚的经贸合作和友好往来进行调研，形成调研报告报上级部门。2017年，县政府办公室被市侨联系统评为先进单位。

【海外联谊和对外文化交流宣传】 为学校教育国际化服务，不断优化服务环境，提升服务水平。昌乐外国语学校（山东省华文国际教育交流基地）举办海外华裔青少年“中国寻根之旅”夏令营潍坊营开营式，接待来自美国、加拿大和比利时的营员70多人。坚持以人为本、为侨服务的宗旨，真正做到情为侨所系、利为侨所谋。认真贯彻《中华人民共和国归侨侨眷权益保护法》和《山东省归侨侨眷保护法实施办法》。对昌乐景茂小学的合并迁址事宜进行妥善处置并征得加拿大华侨于李秀珍女士及家人的同意和谅解。跟县教育局联合组织全县学生参加由中国侨联等单位主办的第十八届世界华人学生作文大赛，有126篇作文获奖，获世界华人学生作文大赛组委会颁发的组织奖，也得到市侨联的肯定。对外友好交流方面，向省、市对外友好交流协会推荐乔新农业洪荣利总经理为山东省友好使者，以表彰其对山东省的对外友好交流工作所做的贡献。

【国际化项目和招才引智】 按照上级外事侨务部门的要求，对县内的国际化项目进行调查摸底和梳理工作，并筛选出部分项目上报市外侨办，作为今后重点推动的国际化项目。最终，全县有6个项目被上级采纳作为重点推动的国际化项目。对每一个因公出国团组都加进招才引智的内容。2017年全县组织的因公出访团组都在洽谈项目和招才引资的同时重点进行招才引智的各项活动。积极参加山东华商博士潍坊行活动。2017年5月组织县经济开发区以及山东比德文控股集团有限公司、山东金泽利能源有限公司、潍坊联信增压器制造有限公司等10多家企业参加在寿光举办的华商投资创业行活动，参加企业和旅居国外的华商博士进行对接，很多企业和华商博士达成合作的初步协议，比德文控股集团有限公司和德国一家太阳能研究机构达成合作协议，将太阳能研究成果用于电动车上。

【社区双语标识建设】 2017年重点对社区的双语标识建设工作进行探索和试点工作。首先，对街办社区的双语标识进行调查摸底，掌握第一手材料，其次，选取开发区的宝石城社区和宝都街办的新昌社区进行试点，并对2个社区的双语标识建设进行具体的安排部署。其中，开发区宝石城社区已完成道路双语标识安装，幼儿园、小学、社区服务中心正在逐步进行安装。宝都街道新昌社区已与广告公司对接，对辖区的医院、幼儿园、道路街巷的标识牌已设计，县人民医院、孤山街、利民街道路标志牌已实施安装。

县长公开电话

【概况】 昌乐县县长公开电话受理中心为昌乐县人民政府办公室内设科室。2017年，县长公开电话受理中心以“为群众提供优质高效服务”为宗旨，不断强化组织领导，努力创新工作机制，推进政务服务热线工作高质高效运行，取得全市第二名的成绩。

【群众诉求事项受理】 以群众满意为目标，不断完善工作机制，全面提高工作标准，努力提升服务质量。2017年，受理群众各类诉求事项件19397次，按时办结率100%，群众满意率97.37%。

【受理事项分析研判】 建立健全群众来电诉求电子台账，及时对受理的群众诉求事项进行分类汇总，从中找出规律性、苗头性、倾向性等敏感问题，通过情况专报、月分析、季通报等方式呈报县领导，更好地为领导科学决策提供准确参考。2017年，上报情况专报132期，月分析12期，季通报4期。

【重点事项协调督办】 采用网上转办、电话催办、微信通报、定期督查、协调督办等方式，对受理的事项，办理的过程和办理的结果及时进行督办、督查，发现问题，及时督促整改。特别是对受理的重大问题或涉及多个单位的问题，及时组织相关单位召开联席会，根据工作职能分工确定牵头单位和配合单位，并跟踪督办、协调处理，确保群众满意。2017年对城乡居民基本医疗保险收费、棚户区拆迁安置问题等25件群众投诉事项进行重点督查。

应急管理

【组织领导体系】 制定下发《2017年全县应急管理和值班工作要点》，对县突发事件应急管理委员会进行调整。健全完善县应急委成员单位应急联动机制、应急响应流程、信息直报制度、应急资源统一调配协调机制。将应急管理工作继续列入年度全县科学发展综合考核减分项目，以此为抓手推动应急管理各项工作再上新台阶。

【应急管理体系建设】 完善拓展应急队伍体系，结合一村一社区配备网格员配备工作，把网格员作为应急信息上报第一联络人，拓宽应急信息上报途径，加大信息收集力度。开展应急预案编修年活动，先后编制、修订《昌乐县突发环境事件应急预案》等县级专项应急预案9个，审核部门应急预案20个。强化应急演练，组织开展地震疏散、灭火救援、防空防灾警报鸣放、反恐处突等各类应急演练活动1100余次。加强应急避难场所建设，在城区建成应急避难场所25处，面积达121万平方米，配备相应设施，为应急避险提供开阔空间。加强应急示范点建设，红河镇宅科社区被国家减灾委、民政部评为国家级防灾减灾综合示范社区，高崖水库库区东篱湖畔社区被评为省级防灾减灾综合示范社区，开元电子有限公司创建为山东省地震安全示范企业，宝都街道西湖社区、永康社区被评为市级综合减灾示范社区。

【突发事件防范处置】 加强突发事件信息报告，未迟报、谎报、瞒报、漏报突发事件信息。扎实推进应急平台建设，建成县政府应急指挥中心。调整充实应急联络员队伍，重新配备应急终端。建成昌乐县社会治安综合信息系统，实施视频监控专网工程，将县镇村2.3万个监控探头全部纳入应急指挥平台，基本形成城区全覆盖、全县全封闭的治安防控视频监控网络。健全完善预报预警监测发布体系，建立昌乐气象预警信息一键式发布平台，实现对全县范围内的电子显示屏、预警大喇叭、手机短信、电子邮箱等发布渠道的一键式快捷发布，提升气象服务时效，全年发布预警信息100余条。扎实做好值守应急，完善突发事件处置流程，严格落实24小时值班和领导带班制度，规范化建设不断加强。增设夜间应急值班室，值班人员24小时在岗待命，责任落实到人，确保网络通信畅通，随时应对处置突发事件。中共十九大期间，圆满完成全县应急值守工作。昌乐县被省委、省政府评为省十九大安保维稳先进县，县政府办公室被评为全县十九大安保维稳先进集体。

【应急科普宣教活动】 加大应急宣传教育工作力度，年初制定《全县应急管理宣教意见》，明确各级各部门的宣教任务和时限要求，推动全县范围的应急知识科普宣教工作深入开展。5月防灾减灾宣传周期间，组织开展全县范围的以“减轻社区灾害风险，提升基层减灾能力”为主题的集中宣传活动，发放宣传材料11余万份，向广大群众宣传防灾减灾知识，增强全社会防灾减灾意识。扎实推进应急培训工作，5月13日举办突发事件应急管理专题讲座，邀请中国公共关系协会副会长、中国传媒大学媒介与公共事务研究院院长董关鹏就应急管理与全媒体舆论引导等方面作辅导。全年开展集中培训6期，培训人员达1000余人。

史志工作

【为省、市供稿工作】 按照省市年鉴、志书编纂方案要求和任务分工，及时完成《山东年鉴》《山东史志志》《山东地方史志年鉴》《山东抗日根据地志》《山东解放区志》和《潍坊年鉴》的供稿任务。

【年鉴编纂】 按照省、市业务部门的工作要求，结合贯彻落实国家、省市地方史志事业发展规划纲要，持续、全面、系统、准确地记载昌乐县2016年度政治、经济、文化、社会等各方面的发展状况，县史志办于2017年启动单年卷《昌乐年鉴（2017）》的编纂工作，每年出版发行1卷。年底，经多次修改，初稿基本完成。

【基层指导工作】 充分发挥职能作用，安排专人对《营丘镇志》《白塔志》《红河村志》《梁家官庄村志》的编纂进行指导，帮助优化志书框架，对资料征集和稿件修改提出具体指导意见。《营丘镇志》《红河村志》已公开出版发行。

【方志馆建设】 通过跟全国十几个县市区交换志书等方式，进一步充实方志馆馆藏，为社会各界读志用志提供更为便捷的服务。

【旧志整理】 2017年，旧志整理工作启动后，根据整体工作安排，在保证质量的前提下，不断加快进度，至2017年年底，明清、民国《昌乐县志》的校点工作已近尾声。

（供稿：刘国强 刘 静）

人事工作

【概况】 2017年，昌乐县积极做好公务员招考、录用、登记、培训、考核、表彰奖励、处分备案、任免、调配、退出、年报以及中央、省市公务员遴选、交通补贴发放审核、公务员系统维护等工作。严格按照《事业单位人事管理条例》《事业单位公开招聘人员暂行规定》《山东省事业单位公开招聘工作规程》等政策规定，扎实做好股级干部队伍管理 、工作人员年度考核、事业单位公开招聘、聘用合同管理、工作人员调配等方面的人事管理工作。

【公务员管理】 公务员计划招考29人，网上报名审核通过1730人。经笔试、面试、体检、考察等程序，最终录用29人，其中县直部门15人、乡镇（街道）13人、参公1人。2017年办理调动手续30件，其中调出县外7件、县内调动5件，调入县内18件（新考录公务员）。对2016年考录试用期满的61名公务员、公安局单独考录的4名公务员进行试用期满考核，考核合格后进行公务员登记；另外，根据省、市统一安排，对实施公务员法管理的机关和参公事业单位中未进行公务员登记人员进行调查摸底，昌乐县4个单位的64名人员尚未登记，其中36人符合过渡登记条件，经单位提报、上级审核后、考试考核后，36人进行公务员登记。

【公务员培训】 3月，选派1名优秀学员参加省里组织的优秀乡镇长职业道德教育培训； 4月在浙江大学举办全县公务员素质能力提升培训班，分两批对全县89名机关事业单位工作人员进行时事政治、国学素养、职业道德、党务政务等方面培训。11月，选派16名学员分3批参加省市举办的公务员履职能力培训班、基层公务员职业道德与专业能力建设专题培训班等班次。
2017年根据管理权限，对12名报考中央机关遴选的人员信息进行审核。2017年对提报上级单位的11个先进单位、9个先进个人进行审核备案。2016年度退休、死亡的22名公务员、4名参照管理人员办理退出备案手续。做好2016年度公务员年度考核工作。对全县71个行政机关（含参照管理）的2000余人按照文件规定确定优秀等次比例；加强公务员平时考核管理。及时督促全县71个行政机关（含参照管理）提报平时考核结果。

【公务员统计及信息管理】 按照省市统计标准要求，与组织部门协调配合，召开全县统计工作培训部署会议，在规定时限内高质量完成年报任务，同步调整全国公务员管理信息系统。经认真统计汇总，截至2016年12月31日，全县公务员2052人，其中行政机关公务员总数为1302人，参照公务员法管理人员总数为238人；党群机关公务员为446人，群团39人，参照公务员法管理人员27人。

【公务员交通补贴发放审核】 对全县科级以下公务员进行身份审核；公务员单位变动后，对9名交通补贴调整人员进行审核确认；为29名新录用公务员及时办理交通补贴确认手续。

【事业单位招聘】 2017年3月始，组织公开招聘昌乐县事业单位工作人员，有12059名考生通过网上报名资格审核并交费，经笔试、面试、体检、考察、公示，确定招聘315人。7月，面向大学生村官考核招聘事业单位工作人员，经笔试、面试、体检、考察、公示，招聘26人。10月，安置退役获奖运动员1人。12月，经笔试、体检、考察，安置退役士兵3人到事业单位工作。

【事业编制人员调配】 2017年，因职能整合、人员调整、工作需要等情况，为61名事业编制工作人员办理调动手续，其中调出县外20人，调入县内3人，县内调动38人。

【2016年度事业人员年度考核】 全县有11343名事业单位工作人员（含行政工勤及参照管理单位中的事业工勤）参加考核。其中，1647人被确定为优秀等次，占14.52%；9358人被确定为合格等次，24人被确定为不合格等次，3人被确定为基本合格等次，263人因见习期等原因不定等次，46人因病、事假超过半年等不予考核。

【奖惩备案】 2017年，事业单位及人员表彰奖励备案6起，人员处分备案10起。

（供稿：文报春）

审批服务

【概况】 2017年，昌乐县在潍坊市率先创新推行“一窗受理、全科服务”改革，成立“一窗式”改革领导小组，制定改革方案，组建改革队伍，在县政务服务中心及镇（街、区）便民服务中心同时开展“一窗受理、全科服务”改革。修订完善《昌乐县政务服务中心进驻部门窗口及工作人员管理考核奖惩办法》，严格管理考核窗口及工作人员。全县有45个部门（单位）进驻昌乐县政务服务中心，可集中办理260项行政许可事项和285项公共服务事项，全年受理各类办件33369件，办结29656件，按时办结率100%。在2017年度潍坊市政务服务工作考核中，昌乐县位列16个县市区第二名，其中，中心建设、政务服务平台向基层延伸两个单项得分均位列全市第一名。

【“一窗受理、全科服务”改革】 2017年8月，昌乐县人民政府办公室印发《昌乐县推进行政审批“一窗集成受理、分类联办审批”改革实施方案》。按照“进一个区域、办关联事项”的原则，将政务服务中心各部门窗口重新布局，划分为投资建设项目区、企业登记区、经营许可区、权属登记区、民生事项区五个功能区。在区域切块的基础上，整合设立“综合受理窗口”，负责审批服务事项的一次告知、接受受理、按责分办、跟踪督办、统一出件等审批服务工作，形成“前台综合受理、后台分类审批、统一窗口出件”的审批运行新机制。将投资建设项目区划分为项目立项、供地规划、施工许可、竣工验收4个模块，分别进行事项链条梳理，印制《工业项目立项流程指南》《工业项目供地规划流程指南》《工业项目施工许可流程指南》《工业项目竣工验收流程指南》。对接浪潮公司研发适合昌乐县实际的并联审批平台，实现项目全流程网上运行，分阶段分模块联办审批，推动“一窗式”改革从物理整合向机制重构转化。建设项目从项目立项、供地规划到施工许可、竣工验收原先法定时限为471天至501天，实施“一窗式”改革后，承诺审批时限为51个工作日。全年投资建设项目整链条服务区受理217个公司的240个项目，涉及具体审批服务事项364件。

【网上审批】 2017年，昌乐县545项行政许可审批和公共服务事项均实现网上办理，企业和办事群众通过登录“山东省政务服务网”，可实现网上咨询，网上申报，网上查询办理进度。至2017年年底，网上申报办件10985件，网上申报率32.92%。建立健全项目全流程网上运行、监管、服务、评价机制，利用政务服务监察平台对政务服务审批平台所有办件进行实时监测、超时督办，确保所有办件限时办结。

实行标准化受理。对进驻昌乐县政务服务中心的所有事项申报材料，进行全面梳理，压减需要重复提报的材料，消除“XXX等相关材料”“法律法规规定的其他材料”等模糊性表述和隐性审批条件，压缩审批受理环节的自由裁量空间。优化业务办理流程，加大各审批部门间信息互通、数据共享，形成标准化办理流程，制作统一版面上墙公开。印发样式统一、内容全面、流程清晰的标准化受理手册及示范样本，作为“综合受理窗口”受理申报材料的依据及群众、企业办事指南。全年向企业和群众免费发送1000余本。

【政务服务平台延伸】 5月，印发《昌乐县政务服务平台向镇（街、区）及社区延伸工作实施方案》，6月，搭建昌乐县镇（街、区）、社区政务服务事项库，编制镇（街、区）、社区服务事项目录，实行镇（街、区）、社区政务服务事项编码管理：对昌乐县9个镇（街、区）及53个社区的134名工作人员进行事项录入培训，所有镇（街、区）及社区联通昌乐县电子政务外网，并组织各镇（街、区）及社区工作人员将镇（街、区）及社区6047项清单事项全部录入潍坊市行政权力事项动态管理系统。10月，对昌乐县所有镇（街、区）及社区相关工作人员进行潍坊市政务服务通用审批平台操作使用培训，推进镇（街、区）及社区潍坊市政务服务通用审批平台全面运行，实现潍坊市政务服务通用审批平台向镇（街、区）及社区延伸全覆盖。

6月，县政府办公室印发《关于加强镇街区政务服务能力建设推行“一窗受理、全科政务”改革实施方案》，在红河镇、鄌郚镇及宅科社区、西湖社区、庵上湖社区试点推行“一窗受理、全科服务”，调整镇（街、区）及社区原有服务窗口模式和服务功能，把原来以各站办所为主体设置的部门服务窗口统一调整为以便民服务中心为主体设置的综合受理窗口，建立“前台综合受理，后台分类办理，统一窗口出件”服务模式，为全国基层社会治理示范培训班提供现场。

【窗口管理考核】 2月，印发修订后的《昌乐县政务服务中心进驻部门窗口及工作人员管理考核奖惩办法》，将网上申报率纳入每月工作量化考核，加大群众满意度测评考核权重。对所有办件进行电话回访，全面准确掌握服务质量情况。畅通投诉渠道，建立高效的投诉处理机制，在昌乐县政务服务中心设立县长信箱、投诉意见箱、公开投诉举报电话，及时解决群众诉求。

（供稿：闫存全）

中国人民政治协商会议昌乐县委员会

ZhongGuo RenMin ZhengZhi XieShang HuiYi ChangLeXian WeiYuanHui

综　述

2017年，县政协在上级政协的有力指导下，在中共昌乐县委的坚强领导下，牢牢把握团结和民主两大主题，紧紧围绕县委、县政府中心工作，聚焦“五个一批”“六项重点任务”，认真履行政治协商、民主监督、参政议政职能，调查研究扎实深入，协商议政成果丰硕，民主监督实效增强，团结联谊广泛拓展，为加快建设现代昌乐做出积极贡献。

强化学习、统一思想，确保正确政治方向 将迎接中共十九大、学习贯彻中共中共十九大精神作为贯穿全年的首要政治任务，切实增强同以习近平同志为核心的中共中央保持高度一致的思想自觉、政治自觉、行动自觉，确保昌乐县政协事业沿着正确的政治方向前进。组织学习中共中央下发的《关于加强社会主义协商民主建设的意见》《关于加强和改进人民政协民主监督工作的意见》以及省市县委重要文件精神；围绕习近平总书记“7·26”重要讲话和学习贯彻中共中共十九大精神，开展集体学习研讨；制定中共十九大专题学习方案，开展多形式、分层次、全覆盖的学习培训；构建政协网格化宣讲体系，开展中共中共十九大精神宣讲活动；审议通过《关于深入学习宣传贯彻中共中共十九大精神的决议》。

围绕中心、服务大局，全力助推改革发展 坚持把促进发展作为履职的第一要务，主动融入全县改革发展大局，在推动发展中建真言、谋良策、出实招。针对企业用工难、企业经营成本高、化工产业污染重等问题开展调研座谈，助推工业强基、动能转换；针对城市化水平不高、城市经济比重偏小问题，围绕品质城市建设开展调研视察，助力县城提升、镇域发展。聚焦封山禁采、棚改、拆违“三大攻坚”，提出意见建议50余条，组织政协委员进村入户宣传政策、解疑释惑、理顺情绪，有力地促进攻坚工作顺利进行。以史料为基，结合遗迹印证，梳理姜齐文化、火山宝石文化、孝诚文化等传统文化，厚植昌乐文化底蕴。

言为民建、利为民谋，努力增进民生福祉 坚持把关注民生、促进和谐作为工作出发点和落脚点，推动发展成果全民共享，不断提升群众获得感、幸福感、安全感。充分发挥省政协社情民意信息直报点优势，收集整理社情民意信息230余条，其中全国政协采用4条，省政协采用46条，报送数量和采用数量位居全省县（市、区）第四位；全年提出提案168件，通过“面对面”集中答复、主席领衔督办、听取办理情况通报等方式，全面加强提案督办，人民群众获得更多实惠。聚焦医疗服务改善、教育质量提升以及法治昌乐建设等问题，开展协商议政。

强基固本、提升效能，全面加强自身建设 推进履职制度化、规范化、程序化，努力提高政协委员及政协机关人员的素质，为开创政协工作新局面奠定坚实基础。深入开展作风建设年活动，按照县委提出的转作风、提效能要求，将作风建设贯穿于政协队伍建设的全过程。加强委员队伍建设，举办政协理论知识和提案知识培训班，培训委员400多人次；建立委员履职档案，对委员履职情况进行量化考核；开展以立足岗位、建功立业，履行职责、建言献策，争当优秀政协委员为主题的“双建争优”活动，参与捐资助学、扶贫济困、孝行善举等公益活动605次，累计捐款捐物折合人民币530余万元，帮扶困难群众1200余人。

重要会议

【县政协全委会议】 1月18日至21日，中国人民政治协商会议第十届昌乐县委员会第一次会议在潍坊市委党校召开。会议听取并讨论中共昌乐县委书记卞汉林的讲话；听取并审议批准周保进主席代表政协第九届昌乐县委员会常务委员会所作的工作报告和刘树铭副主席所作的提案工作报告；列席昌乐县第十七届人民代表大会第一次会议，听取并讨论政府工作报告及其他有关报告；选举政协第十届昌乐县委员会主席、副主席、秘书长和常务委员；审议并批准政协第十届昌乐县委员会提案委员会关于县政协十届一次会议提案审查情况的报告；审议通过中国人民政治协商会议第十届昌乐县委员会第一次会议决议。

【县政协常委会议】 县政协十届一次常委会议 3月24日，在县委党校第二报告厅召开。县政协主席周保进主持会议并讲话。会议传达学习全国和省、市政协会议精神；审议通过《政协昌乐县委员会全体会议工作规则》《政协昌乐县委员会常委会议工作规则》《政协昌乐县委员会专门委员会通则》《政协昌乐县委员会委员履职工作规则》《昌乐县政协委员履职考核办法》；审议通过《关于十届县政协专门委员会设置的决定》；审议通过《政协昌乐县委员会2017年工作要点》和《政协昌乐县委员会2017年度协商工作计划》；审议通过《政协昌乐县委员会常务委员会关于加强自身建设的意见》。

县政协十届二次常委会议 7月25日，在县委党校第二报告厅召开。县政协主席周保进主持会议并讲话。会议传达学习省第十一次党代会和市政协十三届二次常委会议精神，听取并讨论全县上半年经济社会发展情况通报，听取县经信局和县教育局工作情况汇报并进行民主评议，审议通过有关决定。

县政协十届三次常委会议 10月17日，在县委党校第二报告厅召开。县政协主席周保进主持会议并讲话。会议传达学习市政协十三届三次常委会议精神；听取县政府关于县政协十届一次会议以来提案办理情况的通报；听取并民主评议县科技局、公安局的工作；审议通过《政协昌乐县委员会常务委员会关于发挥政协作用助推“四个城市”建设的决议》。

县政协十届四次常委会议 11月29日，在县委党校第二报告厅召开。县政协主席周保进，副主席徐玉山分别主持会议。会议传达学习中国共产党第十九次全国代表大会精神、市政协十三届四次常委会议精神和中共昌乐县委十四届二次全体会议精神；审议通过《政协昌乐县委员会关于深入学习宣传贯彻中共中共十九大精神的决议》；审议通过县政协有关人事任免事项。

【县政协主席会议】 县政协十届一次主席会议 2月21日，在县政协七楼会议室召开。县政协主席周保进主持会议并讲话。会议传达市第十二次党代会精神，认真学习市委书记刘曙光所作的工作报告。

县政协十届二次主席会议 3月14日，在县政协七楼会议室召开。县政协主席周保进主持会议。会议传达学习县委专题会议精神，研究主席、副主席、秘书长工作分工。

县政协十届三次主席会议 3月23日，在县政协七楼会议室召开。县政协主席周保进主持会议。会议传达学习市政协十三届一次常委会议精神；审议通过县政协十届一次常委会议议程和日程；审议《关于政协第十届昌乐县委员会专门委员会设置的决定》；审议县政协2017年工作要点和年度协商工作计划；审议《全体会议工作规则》《常委会工作规则》《加强常委会自身建设的意见》等规章制度；研究重点提案督办分工。

县政协十届四次主席会议 4月20日，在县政协七楼会议室召开。县政协主席周保进主持会议。会议传达学习十四届县委第七次常委会会议精神；讨论审议《关于解决昌乐县企业用工难问题的调研报告》。

县政协十届五次主席会议 5月9日，在县政协七楼会议室召开。县政协主席周保进主持会议。会议传达学习县委常委会会议精神，研究县委分工重点项目包靠工作；讨论审议《关于昌乐县矿坑生态修复和综合利用的调研报告》，并提出修改意见和建议；传达学习全省市县政协领导干部培训班精神。

县政协十届六次主席会议 6月1日，在县政协七楼会议室召开。县政协主席周保进主持会议。会议传达学习县直部门作风建设暨软环境建设座谈会精神；讨论审议《关于提升城市化水平加快城市经济发展的调研报告》。

县政协十届七次主席会议 6月21日，在县政协七楼会议室召开。县政协主席周保进主持会议。传达学习省第十一次党代会、全市领导干部会议和全县领导干部会议精神。

县政协十届八次主席会议 7月21日，在县政协七楼会议室召开。县政协主席周保进主持会议。会议传达学习市政协十三届二次常委会议精神；研究讨论县政协十届二次常委会议事宜；审议《政协昌乐县委员会常务委员会关于授权主席会议对违纪违法政协委员及时作出处理的决定》（讨论稿）；听取《昌乐西瓜》编纂情况汇报。

县政协十届九次主席会议 10月12日，在县政协七楼会议室召开。县政协主席周保进主持会议。会议传达学习市政协十三届三次常委会议精神；研究讨论县政协十届三次常委会议有关事宜；讨论审议《政协昌乐县委员会常务委员会关于发挥政协作用助推“四个城市”建设的决议》（草案）；听取对县科技局、县公安局考察情况的汇报。

县政协十届十次主席会议 11月27日，在商务社区1号楼县政协第一会议室召开。县政协主席周保进主持会议。会议传达学习市政协十三届四次常委会议精神和中共昌乐县委十四届二次全体会议精神；审议通过关于召开县政协十届四次常委会议的有关事宜。

县政协十届十一次主席会议 12月20日，在商务社区1号楼县政协第一会议室召开。县政协主席周保进主持会议。会议研究县政协十届二次会议有关筹备工作，讨论审议县政协常委会工作报告（讨论稿）和提案工作报告（讨论稿）。

县政协十届十二次主席会议 12月27日，在商务社区1号楼县政协第一会议室召开。县政协主席周保进主持会议。会议听取县政协联系政协委员活动情况汇报。

重要工作

【协商监督】 人民政协是协商民主的重要渠道和专门协商机构。县政协注重运用协商的方法开展民主监督工作，把调研做扎实、意见提得有针对性和操作性，促进相关部门和有关方面在协商中增进共识，在解决问题中促进工作。

3月31日，在县委党校第一教室召开“解决企业用工难问题”专题协商座谈会。县政协周保进主席出席并讲话，县政协副主席刘树铭主持会议。会前，县政协副主席刘树铭带队，组织县人社局、教育局、经信局、科技局等部门和部分政协委员，围绕解决企业用工难问题进行专题调研。

5月18日，在县委党校第一教室召开“提升城市化水平加快城市经济发展”专题协商座谈会。县政协周保进主席出席并讲话，县委常委、统战部部长丁进全，县政协副主席崔全华出席会议。会议听取县政府关于发展城市经济工作情况的通报，与会部门负责同志和政协委员围绕“中心城区吸引聚集人口、生活服务设施配套、房地产开发”等方面进行交流发言。

7月7日，在县委党校第一教室召开“平安昌乐”建设界别协商座谈会。县政协副主席、党组副书记徐玉山出席。与会人员首先到宝都街道综治中心、宝通社区法律服务中心、实验中学、公安局110指挥大厅进行实地查看，随后召开协商座谈会，听取县委政法委关于“平安昌乐”建设情况的汇报，并进行发言讨论。

7月29日，在县委党校第一教室召开“全县经济社会发展”专题协商座谈会。县政协主席周保进主持会议，副县长张正民到会通报全县上半年经济社会发展情况，县政协副主席崔全华出席会议。

【调研视察】 县政协突出问题导向，围绕中心选好题，深入调查研究，不断完善调研视察成果的采纳、落实、反馈机制，切实提高调研视察成效。注重方式方法的创新，充分运用座谈会、走访及调查问卷、实地察看等行之有效的形式，深入基层一线，摸清情况，找准问题，把住症结，获取真实可靠的第一手资料。在研究问题时，力求吃透上情、了解民情、掌握实情，营造讲真话、听实话的氛围，多层次、全方位开展交流讨论，积极寻求解决问题的有效途径。

3月28日至29日，县政协组织围绕加强昌乐县企业人力资源建设，着力解决企业用工难问题开展专题调研。县政协副主席刘树铭参加。调研组一行先后深入到比德文产业园、阳光概念包装产业园、英轩重工、佳诚数码等企业和中泰宝石学院进行实地调研，了解企业用工及生产经营情况，并召开座谈会，听取有关部门和企业代表发言，共同探讨解决“用工难”问题的办法和措施。

3月31日，县政协组织国土、环保等部门和部分政协委员，围绕全县矿产资源管理保护和废弃矿坑生态修复工作进行专题调研。县政协副主席徐玉山参加。调研组一行先后到首阳山旅游度假区、营丘镇、乔官镇部分现场进行实地察看，详细了解全县矿产资源集中整治工作会议落实情况和废弃矿坑生态修复工作开展情况。现场调研结束后，召开专题座谈会共同探讨下一步矿产资源管理保护和废弃矿坑生态修复的思路和对策，提出意见建议。

4月17日，市政协副主席李传恒、刘秀平带领调研组到昌乐县就“提升化工企业发展水平、促进化工产业转型升级”进行专题调研。县政协主席周保进，县委常委、统战部部长丁进全，县政协副主席崔全华陪同活动。李传恒一行先后到潍焦集团、元利科技等企业进行调研，详细听取企业生产经营及企业转型升级发展等情况汇报。通过调研，对昌乐县化工企业提升发展水平和转型升级等方面的成绩给予充分肯定。

4月20日，县政协副主席崔全华带领相关部门负责人及部分政协委员，开展城市经济发展专题调研。调研组先后到新政花园、方山路南通建设项目、新城中学、县养老中心等地，针对昌乐县工业、服务业、房地产、教育、城市建设和管理等方面进行实地调研。总结昌乐县城市经济发展现状，查找城市经济发展存在的问题。对昌乐县资源要素集聚、城市经济总量扩张;空间布局优化、城市经济转型升级;创业创新环境优化、城市吸引人聚住人；生活服务设施配套、城市品位提升等方面提出意见和建议。

6月22日，市政协副主席孙忠礼到昌乐县调研特色产业发展工作，县政协主席周保进陪同活动。孙忠礼一行先后到朱刘街道都昌村菩提电商销售网点、世代古典汽车博物馆、比德文控股集团股份有限公司进行调研，详细听取有关情况汇报，对昌乐县在特色产业发展方面的情况给予充分肯定。

7月4日至6日，县政协组织县卫计局等相关部门和部分市、县政协委员，对全县基层医疗机构服务体系建设情况进行专题调研。县政协副主席滕恩禄参加。调研组一行先后到县人民医院、县中医院、部分镇（街道）卫生院、村卫生室进行实地查看，详细了解当前昌乐县基层医疗机构服务体系建设的基本情况、存在的困难和问题。查看结束后，调研组在县中医院召开专题座谈会，共同探讨下一步基层医疗机构服务体系建设工作的思路和对策，并提出意见建议。

7月13日，市政协副主席赵崇发一行到昌乐县调研基层政协工作并联系走访部分政协委员，县政协主席周保进、县政协副主席徐玉山陪同调研。赵崇发一行先后到潍坊立阳新材料有限公司、山东梦金园珠宝首饰有限公司、山东开元电子有限公司等委员企业进行实地调研，详细了解委员企业新旧动能转换、创新创业、科技成果转化等情况，认真听取他们对经济社会发展和政协工作的意见建议。

8月22日，县政协中共界别委员活动组组织委员视察北关片区棚改搬迁、首阳山区域违法建设治理等全县重点工作。县政协副主席徐玉山参加活动。

10月9日，县政协组织部分常委和委员对县科技局工作进行调研。县政协副主席滕恩禄参加。调研组一行先后参观潍坊佳诚数码材料有限公司、昌乐德润化工有限公司、潍坊市精华粉体工程设备有限公司三家企业，分别听取三家企业对科技局工作的评价及意见建议。

10月10日，县政协副主席徐玉山、刘乐增带领部分常委和委员对县公安局工作进行调研。副县长、县公安局局长曹俊勇陪同。调研组一行首先听取县公安局工作情况汇报，随后到县公安局指挥大厅、刑事技术室、封山禁采鲁供物流园现场、城南派出所、城西派出所西湖社区进行实地考察。

10月25日，市政协副主席刘秀平带领视察组到昌乐视察品质城市建设情况。副县长张正民、县政协副主席刘树铭分别陪同活动。视察组先后到汉唐新能源汽车项目、中央大厨房项目、佳诚数码（惠普）产业园、北关片区棚户区改造项目及智慧昌乐运营管理中心等地进行视察，对昌乐谋划储备一批重点项目，加快推进品质城市建设的工作给予肯定。

【提案工作】　全县广大政协委员以高度的政治责任感，紧紧围绕党政工作中心和人民群众普遍关心的热点、难点问题，积极建言献策、参政议政，提出很多关注和改善民生、促进社会和谐稳定、加快昌乐改革发展的提案。委员提案经承办单位认真办理后，有力地促进全县经济社会发展。

1月18日至1月21日，县政协十届一次会议召开，全体政协委员全面贯彻中共十八大和十八届三中、四中、五中、六中全会精神，深入学习习近平总书记系列重要讲话精神，紧紧围绕县委、县政府中心工作和人民群众关心关注的热点难点问题，提交提案160件，其中，委员个人提案151件，联名提案、集体提案9件。经审查，立案157件，不予立案3件。其中，围绕建设经济强县方面的提案31件，占19.7%；围绕建设现代城市方面的提案33件，占21.1%；围绕建设美丽乡村方面的提案13件，占8.3%；围绕建设生态家园方面的提案13件，占8.3%；围绕建设文明高地方面的提案28件，占17.8%；围绕打造幸福生活方面的提案39件，占24.8%。

4月27日，昌乐县在县委党校召开会议，对2017年全县人大代表建议、政协提案转办工作进行部署。县领导李良华、王少鹏、徐玉山出席会议。

6月9日，昌乐县在县委党校召开会议，对2017年全县人大代表建议政协提案办理工作进行调度，县领导李良华、王少鹏、刘树铭出席会议。县人社局、教育局、建设局、畜牧局、经信局作交流发言。

8月8日，县政协在县卫计局会议室召开提案办理协商座谈会，就县政协十届一次会议卫计方面的委员提案进行面对面协商办理。县政协主席周保进出席并讲话，县政协副主席徐玉山、有关提案委员和承办单位参加。会议听取县卫计局、人社局、教育局等承办部门提案办理情况的汇报。

11月17日，县政协举办十届新任委员提案知识培训班，集中对新任委员进行提案知识培训，以提高新任委员履职能力。县政协副主席徐玉山出席并讲话。

【文史工作】　县政协坚持弘扬主旋律，传播正能量，保持政协特色，积极务实作为，不断丰富文史工作内容，取得新的成绩，赢得社会赞誉，真正发挥“存史、资政、团结、育人”的功能和作用。

7月21日，《天南地北昌乐人》征编工作会议在县委党校第一报告厅举行，县委副书记张建伟讲话，县政协副主席徐玉山主持。

10月31日，潍坊市政协调研组一行5人到昌乐就《潍坊政协》素材内容进行调研，县政协副主席徐玉山、刘树铭陪同。调研组一行先后实地参观五图街道响水崖子村、方山和庵上湖村等，听取各地的历史人文和自然风貌介绍，对昌乐名山、名村的保护和发掘工作给予肯定。

【团结联谊】　加强与党政涉外部门和有关人民团体的联合。保持与统战、台办、工商联等部门和团体的经常联系，加强内部之间的配合。加强上下政协之间的联系与指导，实现信息互通、资源共享，联动做好联谊交往工作；加强与外地政协的联合与协作，通过外地政协引资引智，联合开展相关工作，共接待江苏省扬州市政协、山西省吕梁市政协等16批考察团到昌乐县考察学习；加强专委会之间的联动配合，齐心协力做好团结联谊工作。

【党的建设】　将迎接中共十九大、学习贯彻中共十九大精神作为贯穿全年的首要政治任务，切实增强同以习近平为核心的中共中央保持高度一致的思想自觉、政治自觉、行动自觉，确保昌乐县政协事业沿着正确的政治方向前进。组织学习中共中央下发的《关于加强社会主义协商民主建设的意见》《关于加强和改进人民政协民主监督工作的意见》以及省市县委重要文件精神；围绕习近平总书记“7·26”重要讲话和学习贯彻中共十九大精神，开展集体学习研讨；制定中共十九大专题学习方案，开展多形式、分层次、全覆盖的学习培训；构建政协网格化宣讲体系，开展中共十九大精神宣讲活动；召开县政协十届四次常委会议，审议通过《关于深入学习宣传贯彻中共十九大精神的决议》。深入开展“两学一做”学习教育，党组成员积极为基层党支部讲“两学一做”学习教育党课。以“两学一做”学习教育为契机，对照“党章党纪党规”，认真严肃查摆问题，持续深入推进整改，持之以恒抓好作风建设。认真开展“作风建设年”活动。5月23日，县政协研究室主任曹海涛带队到昌邑市政协对标学访；6月19日至20日，县政协秘书长、办公室主任孟庆峰带队，到荣成市政协、文登区政协对标学访。

【服务群众】 组织医药卫生界委员开展“下乡义诊”活动，免费为基层群众送医送药，得到群众一致好评。参与捐资助学、扶贫济困、孝行善举等公益活动605次，累计捐款捐物折合人民币530余万元，帮扶困难群众1200余人。开展“第一书记”驻村、机关干部下访等活动，积极联系走访群众，解决群众困难。

【宣传和社情民意信息】 以宣传昌乐县经济社会发展成果和政协工作特色为重点，讲好人民政协故事，推介政协工作经验。县政协民主评议部门的经验做法，被评为山东省优秀创新案例，并在全省政协推广。在人民政协报、联合日报等省以上新闻媒体发表稿件135篇，被评为“全省政协宣传工作先进单位”“全市政协宣传先进集体”。

【制度建设】 修订《政协昌乐县委员会常务委员会关于加强自身建设的意见》《政协昌乐县委员会常务委员会工作规则》等7个制度，制定出台《关于加强政协委员界别活动的暂行办法》《昌乐县政协委员履职考核办法》等5个办法和意见，为政协组织及政协委员规范履职提供制度保障。

（供稿：高志明）

中国共产党昌乐县纪律检查委员会

ZhongGuo GongChanDang ChangLeXian JiLv JianCha WeiYuanHui

综　述

2017年，中国共产党昌乐县纪律检查委员会（以下简称县纪委）以习近平新时代中国特色社会主义思想为指引，始终聚焦主责主业，强化监督执纪问责，勇于担当、奋发有为，不断推进全面从严治党向纵深发展。2017年，受理群众信访举报181件次，比上年下降13%；查处“四风”问题102个，给予党政纪处分52人；立案查处发生在群众身边的不正之风和腐败问题65起，给予党政纪处分68人；运用“四种形态”处理3071人次，其中立案303件，给予党纪政纪处分321人，移送司法机关3人。在潍坊市纪委2017年度考核中，有关单项考核指标和综合考核指标均列全市前茅。被评为市级文明单位。

重要工作

【压实主体责任】　明确责任　协助起草下发《2017年度党风廉政建设责任书》，对各单位落实党风廉政建设责任制提出具体的工作要求和目标任务。根据县级领导班子调整，重新制定《昌乐县党政领导班子成员党风廉政建设岗位职责》，明确相关责任。

压实责任　探索建立落实全面从严治党主体责任提醒建议制度，在上级出台重要决策部署、重要时间节点、县城内面上存在苗头性和倾向性问题需要注意、部门发生违规违纪问题等情形下，由县纪委对县委和县政府、县人大、县政协等党组织及领导班子成员发出“落实全面从严治党主体责任提醒建议书”，按照“六个从严”的要求就党委党组特别是主要负责同志应承担的政治责任、应把握的纪律要求、有关问责追责的规定等进行提醒，并就发挥表率作用、履行“一岗双责”、支持纪委从严执纪等提出建议，督促全县各级党组织及其领导班子成员切实担负起管党治党政治责任。2017年，发出提醒建议书230，提醒注意的纪律规矩问题46个，提出工作建议117条，这一做法被省、市纪委信息刊物和市纪委通报刊发。

问责倒逼　依据问责条例，坚持有权必有责、有责要担当、失责必追究，对出现党的领导弱化、党的建设缺失、全面从严治党不力、维护党的“六大纪律”不力的，既追究直接责任，又追究领导责任，对12个党组织和14名领导干部实施责任追究，倒逼责任落实。

【履行监督职责】　开展精准巡察　围绕全县中心工作，确定经济社会发展软环境建设、脱贫攻坚、作风建设等6个方面的巡察重点，加大巡察力度，推动全县经济社会事业持续健康发展。2017年，对经济发展软环境建设和换届纪律执行等问题开展专项巡察3轮，发现问题501条，向相关职能部门移交问题线索110条，向被巡察单位反馈巡察意见508条，问题整改率达100%。其中，扎实开展扶贫领域专项巡察工作，重点查处精准扶贫政策措施执行走样问题、财政专项扶贫资金管理使用、扶贫领域“两个责任”落实不到位、推进扶贫工作中干部作风和扶贫工作遵守中央八项规定精神等6大问题，并注重发现在扶贫领域中干部失职渎职等违纪问题线索，以及行业部门对口帮扶中不作为、慢作为、乱作为等问题，发现问题126个、党员干部问题线索79条；根据县委、县政府对突发事件处置需求开展巡察，针对“7·4”实康水业城区供水管道破裂事件进行专项巡察，仅用两天时间查明事件原因，认定事件性质和责任，提出对有关责任单位和有关责任人员的处理以及防范整改建议，对6个责任单位、17名责任人员进行问责，并在全县通报。

强化派驻机构日常监督　督促监督部门（单位）认真履行党风廉政建设主体责任，制定日常考核、列席会议等六项工作制度，发挥派驻机构监督“探头”作用。完善派驻机构对县直部门“三重一大”事项监督制度，事前，对实施方案的合法性进行审查，以提醒建议书等方式对事项开展进行廉政提醒和风险预警；事中，根据监督需要综合运用各种监督方式，定期、不定期对事项实施情况进行监督；事后，部门限期向派驻机构书面报送整体工作情况和有关档案材料，派驻机构根据情况进行倒查或重点抽查，切实发挥“派”的权威和“驻”的优势。2017年，对110项“三重一大”事项开展监督，提出整改建议65条。

压实监督责任　探索建立政治生态情况周报告、零报告制度，由各镇街纪委和派驻纪检组根据日常监督情况，每周一次向县纪委上报日常监督中发现的问题，“有情况报情况、无情况报平安”，对发现的问题按照移交问题线索、对部门单位下发“提醒建议书”督促整改、运用“四种形态”进行处理等方式提出分类处置意见；对报送无问题却被上级纪委发现并查实问题的，按照“有问题发现不是失职，发现不处置不报告是渎职”启动问责程序，倒逼镇街纪委和派驻纪检组加强日常监督，及时掌握“树木”和“森林”的状况。制度实施以来，发现和分类处置问题1100多个，运用“四种形态”处理党员干部931人次，提出整改建议1300多条。

【强化正风肃纪】　纠治“四风”　以“作风建设年”活动为契机，制定完善《驰而不息纠治“四风”工作方案》《关于在全县开展常态化明察暗访工作方案》，挑选精兵强将成立10个暗访工作组，并建立暗访人才库，实施常态化明察暗访，对“四风”问题线索专项处置、优先查处、优先曝光。先后开展明察暗访144轮次，查处违反中央八项规定精神案件53起，违反工作纪律问题49个。对查处“四风”问题加大曝光力度，点名道姓通报曝光9批58人，持续释放违纪必究、执纪必严的信号。

严查“微腐败”　围绕县委、县政府确定的矿产资源整治、拆除违法建设、环保整治等重点工作，严查党员干部参与矿产资源开发、进行违法建设、在环保监管中不作为、乱作为等问题，给予党政纪处分35人，运用诫勉谈话、批评教育、提醒谈话等第一种形态处理90人。突出民生惠民、土地征收、“三资”管理等重点领域，把扶贫领域作为重中之重进行专项整治，处理相关责任人846人，其中党政纪处分41人。开展“不敢为、慢作为、不会为、乱作为”专项整治活动，制定下发《关于查处“不敢为”“慢作为”“不会为”“乱作为”问题的实施方案》《关于受理“不敢为”“慢作为”“不会为”“乱作为”问题投诉举报方式的通告》和《致全县企业负责人的一封信》，严查为官不为等案件22起，下发通报5期，通报典型案件26起。

【执纪审查审理】　从严执纪审查　实行纪律审查主办人制度，从县纪委机关挑选20余名办案经验丰富、能力强的工作人员组成纪律审查主办人才库，每起案件挑选一人担任案件主办人全面负责，带领一名协助人员组成一个办案单元，锻炼培养新的纪律审查力量，有效解决纪律审查力量不足的问题。同时，时刻绷紧办案安全这根弦，县政府拨专款247万元建设高标准谈话室一处，每个镇街纪委也都建设谈话室，做到执纪谈话应进全进，在省纪委组织的办案安全检查中没有出现问题。2017年，运用“四种形态”处理3071人次，其中立案303件，给予党纪政纪处分321人，移送司法机关3人，第一种至第四种形态分别处理2724人、239人、61人、47人。

从严审理　实行案件会审制度，成立会审小组，在审理室提出定性量纪建议提交常委会前，由会审小组进行集体研究、审核把关，2017年会审案件64起，纠正畸轻畸重案件9起，防止定性量纪畸轻畸重和办关系案、人情案等问题。实行审理农村基层党员干部违纪案件书面征求镇（街、区）党（工）委意见的制度，对审理的农村基层党员干部违纪案件，由审理室出具书面征求基层党委意见建议的函，基层党委根据违纪党员干部的日常一贯表现，结合全镇的改革发展稳定大局，分清动机，遵循“三个区分开来”的原则，在集体研究后提出“从轻或者减轻处分”“从重或者加重处分”“严格依规依纪处理”的建议，县纪委在审理案件时充分考虑，决定是否采纳并将建议采纳情况反馈基层党委，意见建议一并归入案卷。至年底已对264起农村基层党员干部违纪案件征求意见。

【信访举报工作】 *坚持完善“信访问题全程督办”制度* 对每起信访举报件进行详细研究，制作出信访举报问题详单，以“账单”的形式予以固定，调查情况定期调度，调查结束“对账”审核，看所列问题是否已经查全查透，事后处理是否到位，保证群众反映问题查处到位。已形成问题详单174个。

坚持完善初核案件了结审核监督制度 初核完毕后，认为符合了结条件的，提出了结建议，对照审核监督的六项重点内容逐级审核后，送信访室审核备案，符合了结条件的初核案件作了结处理，存档备查；不符合条件的，退卷补充材料。2017年，对62起了结案件进行审核监督。

实施纪检干部联系卡制度 在全县纪检系统推行“纪检干部联系卡”制度，向群众公开纪检干部个人姓名、职务、办公电话、手机、微信等七项内容，主动接受举报和来访约访，确保投诉举报的群众每天24小时都能联系到纪检干部，并要求纪检干部不得以任何理由拒绝、躲避、敷衍群众的来访约访。

建立信访积案齐抓共管的工作机制 把越级访处理工作纳入县委、县政府维护社会稳定的大盘子，将38件纪检机关业务范围内信访积案全部纳入全县信访积案化解范围，逐案落实县级分管领导、牵头单位和化解措施。

制定《昌乐县纪检监察机关信访举报件办理工作责任追究办法》 对相关单位和工作人员在信访件办理过程中不履行或不正确履行职责，造成不良影响的，坚决追究责任。已对6个镇（街、区）党（工）委提出提醒建议，对4名党（工）委书记进行约谈，问责13名责任人，努力提高化解信访案件的责任感和自觉性。2017年受理群众信访举报181件次，比上年下降13%。

【纪检干部队伍建设】 *加强作风建设* 深入开展“作风建设年”活动，制定县纪委机关“作风建设年”实施方案，认真开展寻标对标提标达标工作，赴高密市纪委进行学访活动。探索建立“身边的标杆”评选表彰机制，在具有可比性的每一个层面的干部中选树1—2个标杆，同时书记办公会内部掌握1—2名较差、较弱的人员，2017年分别在纪委常委群体、室部主任群体、派驻纪检组书记群体、镇街纪委书记群体、镇街纪委副书记群体、一般干部群体，选树“身边的标杆”9人，表彰为“学思践悟标兵”，并举办事迹报告会。

加强学习培训 办好“学思践悟大讲堂”， 每个工作日利用上班后的一刻钟，全体人员轮流上台，结合各自工作实际，天天讲、人人讲，将学思践悟获得的知识、经验、技巧、感悟等分享给每个人，提升整体水平，2017年举办大讲堂223期，对优秀讲稿编辑成册3辑。制定2017年纪检监察干部培训方案，组织全县纪检监察干部分两期赴浙江大学进行业务培训，开阔眼界，提升履职能力。

加强工作调度 制定《县纪委工作推进调度制度（试行）》，实行日报告制度，委局领导班子成员、各纪检组书记每天报告第二天活动；实行工作清单制度，各镇（街、区）纪（工）委、派驻纪检组、各室（部、中心）每两周书面报告工作任务完成情况和下两周工作计划；实行工作督查制度，由办公室建立督查台账，对委局安排的重点工作完成情况每周督查一次，对266项重点任务进行督查督办。实行会议调度制度，每月固定召开一次工作调度会，由各镇（街、区）纪（工）委、各派驻纪检组、各室（部）汇报一个月的工作，并由各分管领导进行点评；每季度固定召开季度测评会，除汇报工作外，由全体人员进行评议打分，结果作为年底评先树优的重要依据。

加强激励考核 实行正反两方面工作激励制度，对工作表现差的运用“四种形态”分别作出提醒谈话、批评教育、责令作出口头或书面检查、通报批评、诫勉谈话等。与之相对应，对工作表现好的给予口头表扬、大会表扬、通报表彰、评先树优“一票肯定”等。制

度实施以来，依据工作表现进行正向激励27人次，对6人进行提醒谈话、通报批评、责令写出检查等。在全县纪检监察系统中营造干与不干不一样、干多干少不一样、干好干差不一样的浓厚氛围。

加强干部配备 充分用好上级出台的加强纪检监察干部队伍建设的各项政策，特别是“三个提名办法”（镇（街、区）纪（工）委书记、副书记，县纪委派驻纪检组组长、副组长，县管企业纪委书记，副书记提名考察办法），抓住编制、规格、领导职数、干部职级等重要环节，推动纪检监察干部流动起来，增强干部队伍活力。2017年，调入3人，提拔3人，重用3人。

【纪检干部队伍建设】 *加强对外信息宣传* 组织各单位积极投稿《中国纪检监察报》《中国纪检监察》《大众日报》等报纸杂志，以及中央纪委、省纪委等外网，及时将工作中的好经验、好办法宣传出去。2017年，市级以上报刊和网站等报送信息稿件310篇，其中《中国纪检监察报》采用3篇，中央纪委网站采用2篇，其他媒体采用201篇。联合县传媒集团，在报纸、电视、广播、网络、微信等媒体开设“清风宝都”专题栏目，主要宣传上级精神、外地经验、昌乐县工作、案例通报等，坚持每周两期，全年刊发92期。

加强廉政教育 打造县纪委宣讲品牌，从县纪委常委、派驻纪检组书记、部室主任、镇街纪委书记等选取15名建立“宣讲人才库”，并组建党风廉政宣讲团，宣传党风廉政建设和反腐败工作，加强对全县党员干部的警示教育，全年宣讲82次，受教育党员干部达1.2万余人次。结合作风建设年，开展政治纪律和政治规矩教育月活动，采取专题辅导、集中学习研讨等形式，重点学习《中国共产党章程》《中国共产党纪律处分条例》等，引导全县党员干部自觉加强作风建设，做到严守纪律规矩。在党校设立警示教育课程，扩大警示范围。同时，认真组织全县正科级领导干部参加全市德廉和党风党纪知识测试。

加强廉政文化建设 充分挖掘昌乐县传统文化和红色文化中的廉政思想，大力建设庵上湖、农商行廉政文化示范点，发挥示范带动作用，加强党员干部思想道德和党性教育，坚定理想信念宗旨，增强不想腐的自觉。这一工作得到市纪委宣传部领导肯定。

重要会议

【中共昌乐县纪委十四届二次全体会议】 2017年2月7日，中共昌乐县纪委十四届二次全体会议在县委党校召开。会议分两阶段进行，第一阶段，由县委常委、县纪委书记孙振元主持，县委书记卞汉林作讲话，县委常委，县人大、县政协主要领导出席会议；第二阶段，由县纪委副书记、监察局局长于建民主持，县委常委、县纪委书记孙振元代表县纪委常委会作工作报告，并通过县纪委常委会工作报告和全会公报。

【昌乐县扶贫领域专项巡察动员部署暨巡察业务培训会议】 2017年8月28日，扶贫领域专项巡察动员部署暨巡察业务培训会议在县委党校召开。会议分两阶段进行，第一阶段，由县委组织部常务副部长卢继海主持，县纪委常委、县委巡察办主任田成祥宣读《昌乐县扶贫领域专项巡察工作方案》，县委常委、县委组织部部长王勇宣布本轮巡察组成员名单及任务分工，县委常委、纪委书记孙振元作动员讲话；第二阶段，由县纪委常委、县委巡察办主任田成祥主持，邀请市纪委宣传部副部长席汇东、市委巡察办副调研员郄锡奎授课。

【扶贫对象动态调整暨扶贫领域监督执纪问责工作会议】 11月1日，扶贫对象动态调整暨扶贫领域监督执纪问责工作会议在县委党校召开。县委副书记张建伟主持，县纪委常委、县委巡察办主任田成祥通报县委扶贫领域专项巡查中发现的问题，并就问题线索移交及下步监督执纪问责工作提出要求，县扶贫办就问题整改进行表态发言。

【中共昌乐县纪委十四届三次全体会议】 11月18日，中共昌乐县纪委十四届三次全体会议在县委党校召开。会议由县纪委副书记、监察局局长于建民主持，县纪委副书记宋云峰传达市纪委十二届二次全体会议精神，县委常委、县纪委书记孙振元作讲话。对全县纪检监察系统学习贯彻中共十九大精神作出部署。会议通过《中国共产党昌乐县第十四届纪律检查委员会第三次全体会议公报》。 （供稿：赵　娜）

社会团体

SheHui TuanTi

昌乐县总工会

【建功立业】 围绕"十三五"规划目标，广泛开展"两赛一创一评"活动，把组织劳动竞赛、职工职业技能大赛、劳模创新工作室创建和昌乐工匠评选等职工建功立业活动做优做精。组织举办卫生应急技能竞赛、节能减排献计献策等主题劳动竞赛30场；联合举办第四届"雷丁杯"昌乐职工职业技能大赛，涉及车工、叉车、维修电工等13个工种7000名职工参加；培育选树2家劳模（高技能人才）创新工作室；评选27名"昌乐工匠"，前9名同时授予"昌乐名匠""富民兴昌"劳动奖章，举行工匠精神巡回报告会11场。

【安全生产】 推动落实工会定期向党委、政府报告安全生产工作制度，昌乐县委与各镇（街、区）签订2017年安全生产目标责任书，监督企业行政落实好安全生产主体责任。启动昌乐化工行业"查保促"专项行动，建立三级（县、镇街区、企业）隐患排查奖励制度，在朱刘街道试点推行安全环保微信举报平台。组织开展"万山杯"安全知识竞赛、"安全在我心中"演讲比赛等各类活动20场，发放安全生产宣传扇4万把、宣传手册1万份。

【基层工会】 深化"党建带工建、党工共建"示范点创建，推进基层工会主席直选，年内新建会直接选举企业32家，换届选举企业19家、联合会1家，涵盖单位78家、职工2.8万人，其中农民工1.5万人。全面加强工会规范化工作，完善和谐联创、工会联合、维权联手、活动联办、服务联动"五联"工作机制。7月，省总工会调研组到昌乐调研职工队伍建设工作。

【服务维权】 重点抓好三项维权机制建设：推进企业工会与行政沟通协商制度，健全县、镇、企三级厂务公开工作网络，探索实施"一测评一评估"，在昌乐百人以上单位开展"完善闭环程序、共决协商事项"活动，倒逼企业建立民主管理制度，源头维护职工的合法权益。在朱刘街道屹立化工召开昌乐企业工会与行政沟通协商机制现场会，供企业单位学习。年内有131家企事业单位建立沟通协商机制。开展工资集体协商"集中要约行动"，印制宣传手册2000册，宣传挂图1000张。发挥工资集体协商专职指导员作用，完善全程参与、定期通报、"月汇报、季督导、年考核"制度，指导基层企业协商52家。深化"七种模式·关爱女工"品牌，围绕女职工权益落实情况，对56家非公有制企业进行调查（其中大型企业7家、中型企业11家、小微型企业38家），涉及女职工7681人。加强"爱心妈妈小屋"建设，年内建成"爱心妈妈小屋"18家，惠及女职工1080人。

【帮扶服务】 加快推进镇街、企业职工服务站、职工之家建设，全面完成各镇（街、区）职工服务站建设。坚持精准化工作目标，持续开展好"四季服务"活动。"两节"送温暖，救助困难职工227户，发放慰问金29.8万元；"春送岗位"组织90家单位参加，提供就业岗位6000个，进场求职者1.1万人，总体意向率达

70%，联合鲁东大学设立就业实习基地和大学生创业实践基地3家；“送清凉”慰问一线环卫工1500人；“金秋助学”活动资助困难学生39人，发放助学金9.3万元。扎实开展职工互助保障工作。昌乐参保人数1.58万人，参保单位172家，其中新参保单位70家，完成保费139.84万元，理赔702人次，理赔金426891元。开展互助互济活动，二次救助，为参保单位83名会员，发放二次救助金10.3万元。打造职工志愿服务品牌，启动“环卫工人关爱行动”，建爱心驿站12处。年内组织各条战线的102名一线职工赴烟台疗休养。

【企业文化建设】 加强企业文化建设，总结挖掘比德文“文化二十事”、龙海民爆安全文化等不同类型先进企业文化典型，积极引导企业劳资双方构建共同价值观、构建和谐劳动关系。繁荣职工文化建设，发挥职工艺术合唱团作用，开展教学、交流、比赛等群众性活动25场，组织举办全民健身羽毛球大赛、全民健身运动会乒乓球比赛暨山东省第九届千乡乒乓球（潍坊赛区）昌乐选拔赛，累计50支代表队600人参加，形成职工文化体育活动的长效机制。

【自身建设】 紧紧围绕“作风建设年”活动要求，坚持“机关围着基层转、领导帮着基层干”，从领导班子成员做起，低下头、弯下腰、沉下心，进一步夯实基层工会组织建设基础。积极加强工会自身建设。顺利召开昌乐工会十一届二十三次全委会议。财务管理规范严格，委托信达会计师事务所对本级财务进行系统审计，迎接潍坊工会经审工作标准化建设考核和财务审计，通过山东省总工会规范化验收，形成工会财务会计规范管理的长效机制。工会经费审计监督得到强化，做好关于申报荣誉称号单位工会经费的专项审计工作，举办昌乐工会经审工作暨信息平台建设培训班，不断深化工会经审工作规范化建设，提升基层工会经审工作台账化管理水平。进一步加强对典型经验的研究和运用，着眼于厂务公开民主管理、工资集体协商、“查保促”活动等重点工作的推进，着眼于基层工会作用发挥等难点问题的破解，把具有普遍指导意义的经验做法，归纳运用到实际工作中，转化为现实推动力，使个别的积极因素转化为倍增的效应，形成调研总结报告6篇。

（供稿：秦　鹏）

共青团昌乐县委员会

【概况】 2017年，在县委和团市委的关心领导下，昌乐团县委以及各级团组织团结带领广大青年，牢牢把握“凝聚青年、服务大局、当好桥梁、从严治团”四维工作格局，突出改革攻坚，服务青年发展，丰富工作形式，推动各项工作取得新突破。

【青年思想教育工作】 紧紧围绕迎接宣传贯彻中共十九大精神这条主线，不断推进青年思想政治引领工作。加强政治引领。深入开展中国特色社会主义教育，广泛开展“我向习爷爷说句心里话”、党史国史进校园等系列主题教育活动；从各战线筛选出15名优秀青年党员干部代表组成宣讲团，深入校园、社区、大企业等青年密集区域开展中共十九大精神宣讲，把党的声音传到更广大青年当中。创新舆论引导。更加注重运用新媒体创新手段，以网上共青团为平台，突出线下、线上相结合。线上开通“团青公告”“昌乐青年”等特色栏目，采用小切口、互动谈的方式，邀请青年榜样入驻专家平台；突出青年参与，利用“青年之声”平台、微信公众号、微博等新媒体，以“青春喜迎十九大·不忘初心跟党走”“砥砺奋进的五年”为话题，组织各级团员青年、网宣员队伍、微博大V参与讨论，并积极组织团员青年参与“我的青春我的梦”主题征集活动，在青年中传递正确的世界观、人生观、价值观。强化活动支撑。2017年持续开展第二季关注青少年健康成长系列活动，包括“小手拉大手 共建碧水蓝天”、“微心愿·校园行”微公益活动、“书香长流 伴随一生”读书朗诵大赛、舞蹈比赛等活动。同时，积极参加“国学达人”挑战赛、“中国画都”全市青少年书画大赛等活动，其中，由团县委和县教育局联合申报的“国学三礼进校园”项目获得2017年全国优秀国学项目。通过前期这些活动的开展，让社会各界认识到加强青少年教育的意义，将德育、智育、体育整体贯穿于青少年健康成长之中，营造共同关注青少年健康成长的良好氛围，不断提升青少年综合素质，促进青少年德智体全面发展。

【发挥共青团生力军作用】 引导青年投身发展大局。以“作风建设年”活动开展为契机，在全县团员青年中开展“强化作风 担当作为 服务发展”主题演讲比赛、“作风建设年—青春先锋”、“昌乐县十大杰出青年”评选等活动，旨在引导全县广大团员青年立足岗位比贡献、拼搏进取争一流，提升团员青年的整体素质和思想境界，号召青年时刻在思想上、政治上、行动上与党组织保持高度一致，形成青年人人都能成才、人人皆可出彩的生动局面。扎实推进青春扶贫行动。与县扶贫办联合实施“金晖助老——青春志愿扶贫行动”，通过社会组织招募志愿者，开展“五个一”助老志愿服务和特色活动，主要帮扶乔官镇、营丘镇、红河镇、鄌郚镇、高崖水库库区 166 名 65 岁以上不集中供养的留守、失独贫困老年人，为他们送去温暖和关怀。同时，通过暑期“圆梦行动”以及平安希望小学，帮助贫困小学生 30 余名、中学生 4 名、大学生 7 名，带给他们帮扶资金 8 万余元，帮助他们继续完成学业。精准服务青年发展需求。大力宣传“鲁青基准贷”优惠金融政策，扶持中小企业的转型发展和青年创业，并将“鲁青基准贷”向农村，尤其是贫困村和贫困青年倾斜，鼓励利用贷款资金开展产业扶贫和自主创业，尽快实现脱贫致富。2017 年，团县委已为全县创业青年办理贷款服务 720 万元，为打赢扶贫攻坚战提供有力保障。

【共青团改革工作】 制定出台《昌乐共青团改革实施方案》，团委配备书记 1 名、专职副书记 1 名，设 3 名挂职副书记和 3 名兼职副书记。确定团县委常委会委员、委员会委员、团代表中基层和一线代表的比例分别不低于 25%、50%、75%；成立昌乐县青少年活动中心，为团县委下设公益一类事业单位；继续推行镇级团委书记和少先队大队辅导员轮岗学习制度，不断提高基层团队干部工作水平。持续推进中学共青团和中小学少先队改革，并将改革纳入学校教育教学整体工作安排，纳入上级对学校的督导考核中。是强化青年政治引领，全力服务“四个城市”建设，成立昌乐县青年企业家协会，服务昌乐经济发展大局、服务青年企业家成长发展。

【基层建设】 配优配强团干部。深入开展“两学一做”学习教育、“学习总书记讲话 做合格共青团员”教育实践，推动团干部融入青年、转变作风；将各镇（街、区）团干部配备情况纳入到年底考核中，实现镇街团干部专职数不少于 1 人。从严管理团的组织。2017 年，对全县中小学校实行述职评议，来自全县 51 所学校的团委书记、大队辅导员进行现场述职评议，并进行现场打分颁奖。严格团员发展和教育管理。根据团员发展相关要求，紧扣团青比例、团员年龄、团员培养等重要环节，贯彻落实“三会两制一课”制度，把发展团员和团员管理作为青年发展的人生第一步。

【服务社会经济发展大局】 全力服务“四个城市”建设。致力“青春扶贫”，主动参与“产业强市”建设，成立昌乐县青年企业家协会，服务昌乐经济发展大局、服务青年企业家成长发展；开展传统文化进校园进社区活动，深化青少年朗诵大赛、国学达人挑战赛等主题活动，引导青少年成为“文化名市”建设的生力军；以“创新成就精彩人生、创业打造活力城市”为主题，营造良好的就业、创业氛围；推动志愿服务活动开展常态化，将志愿服务品牌打造成为城市名片。积极参与生态文明建设，提升“小手拉大手·共筑碧水蓝天”品牌影响力，打造青年参与的“品质城市”。全县范围内开展垃圾分类减量、禁燃烟花爆竹、“共守文明交通”、低碳生活等活动，教育引导学生从身边事做起，从小事做起，在家庭、学校开展杜绝浪费，一起清理垃圾、抵制燃放烟花爆竹；践行文明出行，自觉遵守交通法规，带动家长文明出行，维护交通秩序，用自己的实际行动感染市民，营造文明、畅通的良好交通秩序；开展“光盘行动”，倡导学生珍惜粮食，自觉抵制过度消费、铺张浪费。青少年健康成长 15 项活动缤彩纷呈。

（供稿：陈永亮）

昌乐县妇女联合会

【概况】 2017年，昌乐县妇联在县委、县政府的正确领导下，紧紧围绕党的中心工作，坚持服务大局、服务基层、服务妇女的工作宗旨，创新开拓，积极作为，全力推进妇女工作发展，维护妇女儿童合法权益，努力为妇女儿童办好事、做实事、解难事。推选县委办等6个单位和7名个人被市委、市政府表彰为全市妇女儿童工作先进集体、先进个人。年内推选获得省级先进集体1个；市级进集体20个，市级先进个人7个；县级先进集体51个，县级先进个人31个。

【参与经济建设】 搭建资金扶持平台，助力妇女创业就业。积极协调争取邮政银行、人社局等部门支持，用足用活政策，破解妇女创业资金难题，保障妇女创业发展。为全县53名创业妇女争取到全国妇女小额担保财政贴息贷款570万元。重点协助有关创业妇女用好政策，推选3家企业申报省级财政贴息资金，推选2家企业申报市巾帼创业贴息资金。争取到市财政局“巾帼电商居家创业”专项资金4.04万元；为2家企业争取到省财政巾帼创业贴息资金7.31万元，带动各类城乡妇女创业就业。开展新农村（社区）新生活培训、电商妇女创业就业专项培训等，探索推行“互联网+妇女创业”模式。联合县文明办、县人社局等部门，举办家庭教育、巾帼家政、巾帼电商等各类培训班54期，培训妇女4431人次；大力实施“女企业家成长”计划，先后组织创业女性和女企业家积极参加省、市高端培训交流活动5次，省级创业创新活动2场，提高女企业家的综合素质和创业创新能力。积极开展“巾帼电商·居家创业”行动。先后组织选调昌乐县45名优秀创业女性参加潍坊市妇女创业带头人培训班和潍坊市巾帼电商及居家就业技能提升培训。举办潍坊市“巾帼电商．居家创业”工程村（社区）妇联主席昌乐培训班，村（社区）妇联主席201人参加培训，进一步提升农村妇女电商创业就业技能。开展寻找“最美女创客”活动，推荐表彰潍坊市“最美女创客”4名，推荐表彰潍坊市巾帼电商创业就业示范基地4家，潍坊市巾帼电商创业产业园1处，潍坊市巾帼脱贫示范基地1处，并获市财政专项扶持资金2万元。推选2家省、市“大姐农家乐”，5个山东省“巾帼居家创业就业脱贫行动大姐工坊（农家乐）”，打造晓琳家政、佳益家政2个县妇联妇女创业就业示范点。联合县人社局等部门开展春风行动，促进转移就业。发动组织昌乐县4家企业及3个创业项目参加市第十九届“春风送暖”女性专场招聘洽谈暨第十四届妇女居家创业项目展示会。积极引领妇女立足岗位建功争先。开展以“争创巾帼文明岗、争当巾帼建功标兵”为主题的巾帼建功竞赛活动，引领广大妇女立足岗位、建功争先。年内推选全国巾帼文明岗1个，市级巾帼文明岗5个，市“巾帼建功标兵”5人；组织昌乐县2家巾帼家政公司参加潍坊市第三届巾帼家政技能大赛，2人获个人赛二等奖，4人获优秀奖，康乐物业喜获团体赛二等奖，推选的7名家政服务员获潍坊市百名巾帼家政服务明星荣誉称号，县妇联获得优秀组织奖。

【优化妇女儿童发展环境】 联合县卫计局、县财政局组织开展“两癌”（宫颈癌和乳腺癌）免费筛查工作，年内免费筛查14080人，超额完成筛查任务，近年来累计为61337名农村适龄妇女进行“两癌”免费筛查。年内为12名患病农村特困母亲争取到全国妇联、中国妇女发展基金会设立的中央专项彩票公益金项目提供的“贫困妇女‘两癌’救助金”12万元。充分发挥“联”字作用，借助新媒体应用平台，联合巾帼志愿者协会、春雨社区义工、北京仁爱慈善基金会、暖心志工等社会组织和广大爱心人士，发动县妇儿委成员单位，整合资源，创新形式，持续做好“春蕾助学”活动。先后组织开展 “笃学”春蕾计划结对帮扶、“六一”走访慰问困境儿童、昌乐县“春蕾计划”结对帮扶、红河镇“春蕾计划”等活动，达成结对帮扶292人次，筹集春蕾助学金32.84万余元。妇女儿童维权工作稳步推进。充分发挥宣传、联动、引导、调处等作用，全力维护妇女儿童合法权益。持续开展好“三八”维权周活动，通过开展专题培训、赶普法大集、送法入户等多种形式，组织开展“建设法治昌乐·巾帼在行动”和《中华人民共和国反家暴法》普及宣传活动。同时，妥善做好群众的来访、来电、来信的接待处理工作，充分发挥12338妇女维权热线作用。年内接到来信来访34件，均得到及时、有效处理。儿童家园建设实现新突破。联合县邮政公司，建成昌乐县首个占地面积350平方米、设施齐全的“温暖邮我”昌乐尧沟儿童之家。利用邮政公司健全发达的网络平台，以农村邮政网点为基地，打造关爱儿童成长之家，为广大儿童提供活动的阵地、交流的平台、成长的乐园。年内开展亲子教育活动8场，受益儿童200余人。做好妇女儿童发展“两个规划”编制工作。全面做好昌乐县妇女儿童发展“十三五”规划规划思路研究，推动妇女儿童两个规划顺利颁布。

【家庭文明建设】　深入开展家庭文明建设活动。联合县文明办，组织开展2017年度全县文明家庭的推选工作，进一步激发文明家庭创建活力，以实际行动为培育和践行社会主义核心价值观贡献巾帼力量。同时，推选省级文明家庭2户、市级文明家庭5户、市级最美家庭6户。探索实施幸福婚姻家庭工程。设立2处婚姻家庭纠纷调解站，组织专业心理咨询师、婚姻家庭咨询师负责运作。组建一支由有调解工作经验的妇联干部和志愿者组成的婚姻家庭纠纷调解员队伍，开展家庭教育培训19场。大力推进巾帼志愿服务工作。针对突陷困境家庭、贫困母亲等困难群体，持续扎实开展多种形式的帮扶救助活动。年内组织开展服务活动18次，筹集爱心帮扶资金440200元，受益家庭和个人714个。深化未成年人思想道德建设。先后组织开展“我的感恩故事”网络征文、“传承好家风·共圆中国梦”书画摄影大赛等活动。303人在山东省第四届儿童少年书画摄影大赛中获奖。推选山东省家庭教育示范基地4处。

【妇女组织建设】　稳妥推进妇联改革。出台《昌乐县妇联改革实施方案》，结合“两学一做”、作风建设年、“四个城市”建设活动的开展，着力解决“四化”等脱离妇女群众的突出问题，切实增强政治性、先进性和群众性。加快推进网上妇联建设，做好“一微三号”的运营工作和“一专题一群组”微信群组建应用工作。圆满完成全县10个镇街区的370个行政村的妇代会改建村妇联工作，选出副主席481人、兼职副主席307人、执委2983人。7个社区妇代会改建为社区妇联，选出副主席11人、兼职副主席9人、执委76人。不断扩充妇联组织力量。对第一批县妇联兼职妇女干部进行续聘，并且新选聘2名优秀女性加入兼职干部队伍。同时，组织全县10个镇、街区妇联，370个村妇联开展有序高效地选聘和补选兼职妇女干部工作。全县选聘373名兼职妇联干部，其中县级兼职妇联干部16名，为基层妇联组织延伸工作手臂，注入新的活力。

（供稿：刘　洋）

昌乐县科学技术协会

【概况】　2017年，昌乐县科协以全民科学素质行动计划纲要实施为主线，开启传统科普创新与科普信息化“双引擎”，全面提升科普覆盖面和实效性，呈现出蓬勃发展的新局面。2017年，3个社区被中国科协、财政部授予“基层科普行动计划”先进单位，1个协会被评为“中国农村专业技术协会科普奖”。

【社区科普】　实施“基层科普行动计划”和“社区益民计划”，不断提升青少年、居民、城镇劳动者科学素质。实行教学点自聘讲师和志愿者讲师“订单式”授课服务两种方式，始终把握“纯科普”这一主线，对教学内容进行严格把控，开设医疗卫生、营养健康、食品安全、防灾避险、家庭急救等贴近居民生活的科普课程，受到市科协领导的充分认可，得到基层群众的广泛好评。2017年，社区科普大学授课30次，累计授课人数5600人。投资50万元，建成面积达200平方米的社区科普馆，为公众提供全面、广泛、深入学习科学思想、树立科学精神、获取科学方法、掌握科学知识的良好条件，馆内设立有基础展品区和体验区两个功能区，涉及声、光、电、磁、力学等多种内容。9月16日开馆以来，接待群众1万多人次。

【科普e站】　采取面向“三个层面”，整合“六有平台”，惠民“四式渠道”的“三六四”措施，实现社区e站益民，学校e站提趣，乡村e站增技。线上利用全媒体科普阅览屏定向、精准地将科普信息资源送达目标人群，强化科普信息在等处的落地应用。线下加强、改进、整合社区科普大学、数字科普、电子阅览室建设，逐步建立优势互补、协作配合、资源共享、综合集成的工作机制，开展多样科普培训，提升公众素质。同时吸收娜姐、爱心志愿者、北京康泰兴农等社会机构和企业等社会资源，开展技术咨询培训、科技帮扶、种养技术的普及应用，扩大科普覆盖面。全市科普中国e站建设现场会议在昌乐召开。在全县已规范建设科普e站28个。

【青少年科普】 2017年5月，积极开展山东省青少年科普报告百校行活动，聘请中国气象局国家卫星气象中心研究员夏青教授到昌乐为近万名师生，作《航天卫星与气象小故事》的科普报告，进一步提升青少年的科学文化素质。在校园流动科技馆建设上，充分利用2处校园流动科技馆的优势，积极开展青少年科普活动，进一步培养广大青少年的创新意识与实践能力，提高青少年的科学文化素质，2017年，参观体验人数达2万多人次。组织参加山东省青少年科技创新大赛、山东省青少年机器人竞赛等活动，其中，获一等奖3项，三等奖4项。

【精准扶贫】 多次到省科协沟通联系，争取上级对昌乐在政策和项目支持，争取到省科协2017年省级精准扶贫专家帮扶项目，拨付补助经费1.2万元，作为专家开展帮扶活动的专项经费，项目实施周期为一年。争取省科协10台数字科普终端，全部在贫困村安装。

【科普活动】 9月16日，2017年潍坊市暨昌乐县全国科普日活动启动仪式在昌乐县宝都街道西湖社区启动，拉开2017年潍坊市“全国科普日”活动的序幕。迅速在全县开展围绕“创新驱动发展，科学破除愚昧”为主题，贴近群众、贴近生活、丰富多彩的科普活动，在全县掀起学科学、爱科学、讲科学、用科学的热潮，营造浓郁科普氛围，推动公众科学素质提高。县科协联合相关部门，组织动员全县科协组织，带领科技工作者、科普志愿者深入到社区、镇街有针对性地开展科普活动，举办活动12次，受益群众31080人，进一步提高科普吸引力，推动群众性，社会性和经常性科普活动的深入开展。

【企业科普】 面向全县企业开展企业人才、技术、项目需求征求活动，2017年征求需求35项，围绕着企业需求邀请中科院中科学道科技公司总经理李悦等一行3人，对接国创节能、日科化学、潍焦集团等企业解答部分企业需求情况。8月26—27日利用“山东省材料大会暨院士专家潍坊行”活动，组织4个部门，8家企业，其中5家企业带着8个人才、技术、项目方面的需求参加会议，并与专家进行对接，专家对企业人才、技术、项目需求进行了解解答。其中五图街道潍坊润海化工有限公司与专家教授洽谈建立联系。帮助潍坊创科种苗有限公司与吴明珠院士及其科研团队合作，建立“潍坊创科种苗有限公司院士专家工作站”。

（供稿：王文静）

昌乐县工商业联合会

【概况】 2017年，县工商联深入贯彻习近平新时代中国特色社会主义思想和中共十九大精神，以换届为契机，进一步充实壮大工商联队伍，紧扣全县中心工作，认真履职尽责，充分发挥政府管理和服务非公有制经济助手的作用，引导、教育广大会员把我趋势、抢抓机遇、提振信心，努力实现新作为、新提升、新发展。县工商联在全市科学发展观考核民营企业满意度调查中获得第二名，被县委、县政府评为2017年度先进单位。红河基层商会和国际商会被评为“四好商会”。

【召开换届会议】 县工商业联合会第九次会员代表大会于4月22日成功举行，县委、县政府主要领导参加换届大会，县委主要领导发表重要讲话。选举产生昌乐县工商业联合会第九届执行委员会执委、常委、主席、常务副主席、副主席、秘书长；昌乐民间商会会长、副会长。吸引“三高一强”、热爱工商联事业的非公有制经济人士参加工商联队伍，为今后五年的工作打下坚实的组织基础。

【自身建设】 寻标对标。按照开展对标学访活动要求及《昌乐县工商联“作风建设年”活动总体安排配档表》规划，于5月下旬到诸城市工商联、7月6日到莱州市工商联开展“对标学访”活动，在对接互访中，学习他们在搭建平台、联络会员、组织学习等方面的先进做法，为今后工商联的进步提供良好的模范。

教育培训。把政治引领工作始终抓住手上，放在心上，换届结束后，立即举办主席会长培训班、执委常委培训班和非公有制企业党务干部培训班。举办执委企业学习中共十九大精神培训班。借助县委创办的宝都半月讲堂，组织执委以上企业全部参加培训，使培训教育成为常态，保持工商联工作的先进性。

作风建设。结合开展“作风建设年”和“两学一做”常态化制度化，改进机关作风，增强工商联机关的主动意识、服务意识、学习意识和创新意识。积极参与县委、县政府的中心工作，在拆违建、棚户区改造、维稳、下基层大走访等阶段性工作中圆满完成任务。

【服务会员企业】 依托昌乐县国际商会服务企业。依托商会为企业提供信息、融资、法律、贸易等方面的服务。为会员企业解决周转资金1.2亿元，提供法律服务300多次。

帮助企业规范经营。引进山东万林投资有限公司辅导企业上市，积极与公司对接，帮助服务昌乐县企业挂牌齐鲁股权交易中心。该公司已与昌乐县多家企业进行合作，帮助宝城医院等3家单位完成企业的股份制改造。

组织参加评选活动。“2017中国民营企业制造业500强”是由全国工商联主办的，是中国民营经济领域最权威、最全面的榜单。县工商联主动服务，帮助企业提报相关材料，完成相关手续，组织参选的企业有4家上榜，分别是山东潍焦控股集团有限公司、山东万山集团有限公司、潍坊英轩实业有限公司、山东世纪阳光纸业集团。

帮助企业推广。与山东中迅网络传媒有限公司、百度（潍坊）营销服务中心进行对接，筹划建立战略合作关系，借力百度搜索推广帮助企业提升运营效率和市场影响力，已经达成协议，正在个别企业试验中。

【烟台潍坊商会到昌乐县考察】 通过前期多次联系和沟通，6月24日至25日，烟台市潍坊商会在潍坊市委党校召开第一届第六次理事大会。县长邱旺到会祝贺，对昌乐的投资环境、投资优惠政策等进行全方位推介。与会人员先后到昌乐县火山国家地质公园、雷丁新能源电动汽车、梦金园黄金、中国蓝宝石博物馆等地参观考察。考察团表示，下步将与昌乐县密切交往、加强合作，在扩大潍坊籍企业家影响、反哺家乡经济等方面积极开展工作，为促进烟潍两地经济合作发展做出新的更大贡献。

【招商引资】 与北京东方文化资源交易中心有限公司达成合作意向，计划投资2亿元参与昌乐县方山小镇宝玉石博物馆建设；引进总投资5000万元的潍坊万和包装机械项目，当年引进、当年开工建设，2018年建成投产。通过烟台潍坊商会引进投资2亿元的装配式建筑项目，正在进一步洽谈中。

【非公党建】 继续开展五星级党建企业信誉贷款活动，进一步扩大规模和影响力，形成非公党建工作独特的昌乐品牌，实现党委、企业、银行三赢。向非公有制企业派驻党建指导员，做到党建工作有人抓、有人管。举办非公有制企业党务干部培训班，提升非公有制企业党务干部的工作水平。

【引导企业感恩回馈社会】 通过加强政治引领，非公有制经济人士的政治觉悟和思想素质有很大提高。山东万山集团捐资4500万元建设朱刘街道中心小学，山东梦金园集团设立3000万元的慈善基金。在他们的带动下，一大批非公有制经济人士投身到“四个城市”建设和公益事业中去。

（供稿：周志远）

昌乐县残疾人联合会

【概况】 全面实施《国务院关于加快推进残疾人小康进程的意见》，以残疾人需求为根本出发点和落脚点，紧紧围绕残疾人“两个体系”建设目标，认真履行“代表、服务、管理”职能，加强残疾人就业、扶贫、康复、组联等各项工作，昌乐县残疾人事业迈上一个新台阶。

【残疾人社会保障】 贯彻《国务院关于全面建立困难残疾人生活补贴和重度残疾人护理补贴制度的意见》精神，认真做好困难残疾人生活补贴和重度残疾人护理补贴政策，确保符合条件的残疾人实现应保尽保，并逐步做到提高补贴标准。配合协调有关单位全面推动落实重度残疾人加入社会养老保险、医疗保险政府代缴费的工作。

残疾学生和贫困残疾人子女助学工作 继续落实残疾人学生和贫困残疾人家庭子女助学补贴政策，为符合条件的学生发放助学补助金，并积极做好“共享阳光—山东省残疾大学生励志助学”项目申报和奖学金发放工作，鼓励和帮助残疾人接受不同层次教育。

开展残疾人实用技术培训工作 贯彻《关于2016年农村贫困残疾人实用技术培训项目和残疾人青壮年文盲扫盲行动转移支付绩效目标建议的通知》精神，组织实施农村残疾人实用技术培训班，培训60名残疾人，提升他们生产劳动的技能，更好地参与到日常生产生活中。

残疾人就业扶贫工作 切实做好精准识别建档立卡工作，确保将符合条件的贫困残疾人家庭纳入政府年度脱贫计划，帮扶50名贫困残疾人进行脱贫，精准帮扶。

残疾人就业创业 落实市委组织部等六部门《关于促进残疾人就业按比例就业的实施意见》精神，实施“百千万残疾人就业创业扶贫工程”，帮扶20名残疾人实现自主创业，扶持建设1个残疾人就业扶贫基地，辐射带动10名农村贫困残疾人脱贫致富。

“阳光家园计划” 建立健全以托养服务机构为骨干、社区日间照料为主体和居家托养为基础的残疾人托养服务体系，为100名残疾人提供托养服务。

【康复救助】 残疾人精准康复服务行动建设 贯彻《山东省残疾人精准康复服务行动实施方案（2016—2020年）》精神，根据昌乐县实际情况制定实施方案，开展细致的康复服务调研行动，组织人员对昌乐县1.5万残疾人家庭进行入户调查，对有康复需求的残疾人进行初步评估，接受评估后对符合精准康复需求的发放“残疾人精准康复服务卡”，实施精准康复服务，努力实现残疾人“人人享有康复服务”的目标。

社区康复工作 贯彻《关于加快推进残疾人社区康复建设工作的通知》精神，重点推动农村示范社区建设，在2016年已建立1处市级示范社区康复指导站基础上，2017年新建1处市级示范社区康复指导站，让更多残疾人能就近享受康复服务。

重点康复救助项目工作 切实做好国家、省、市贫困残疾人康复救助项目，为23例白内障患者做复明手术，为15名肢体残疾人免费安装假肢，为4名聋人配发成人助听器，并建立康复台账、档案。

0—7岁残疾人康复救助工作 把20名0—7岁残疾人儿童免费抢救性康复作为2017年康复工作重点。除国家、省、市救助外，积极争取县财政投入，将残疾儿童康复救助经费列入同级财政预算，并逐步实现将残疾儿童康复救助从项目救助向制度化保障转变。

【权益保护】 加强基层组织建设。落实《关于开展基层残疾人组织示范县、乡创建活动的实施方案》精神，开展基层残疾人组织示范县、镇街创建活动，探索建立残疾人专职干事工作津贴基本保障制度。积极参加全省残疾人事业发展专题培训班，办好全县残疾人工作者培训班，抓好残疾人专职干事在线学习，提成残疾人工作者素质。

做好残疾人法律维权工作。积极推动各级人大、政协执法检查、视察和调研活动，加大《中华人民共和国残疾人保障法》及山东省实施办法等法律法规的落实力度。开展残疾人权益保护立法工作，依法保护残疾人合法权益。

加快推进无障碍改造建设。严格按照国家规范建设无障碍设施，对25名肢体残疾人家庭实施无障碍改造，为30户聋人家庭配备闪光门铃，为40名盲人配备多功能智能盲杖。

【文体活动】 加强公共文化体育服务，丰富残疾人文化体育生活。组织残疾人开展形式多样、健康有益的群众性文化娱乐活动，鼓励扶持残疾人参加工艺美术、书画、文学、摄影等艺术活动和创作。加强残疾人体育工作。组织选拔残疾人运动员参加潍坊市第九届残疾人运动会，并取得优异成绩，在全县普通学校、特殊教育学校推荐、选拔艺体特长生，进行重点培养，建立昌乐县优秀残疾人体育人才基础数据库，输送优秀运动员。

（供稿：刘光明）

军　事

Jun Shi

人民武装

【概况】　2017年，昌乐县人武部在潍坊军分区党委和县委、县政府的正确领导下，坚持以强军目标为引领，坚决贯彻落实山东省军区和潍坊军分区党委关于把人武部建成坚强“五部”的决策部署，心系使命干事业，着眼实战砺精兵，敢于担当求作为，奋力争先创一流，实现民兵预备役工作和全面建设水平双提升。

2017年7月28日，昌乐县委常委议军会议在县人武部作战室召开　（供稿：人武部）

【思想政治建设】　始终坚持把思想政治建设摆在突出位置，坚持用党的创新理论武装头脑，确保人武部干部职工思想稳定、政治合格。扎实推进“两学一做”学习教育活动常态化、制度化。人武部党委把抓好“两学一做”学习教育活动作为年度一项重点工作，周密计划、科学组织、有效落实。充分利用多种形式在党员干部中大力宣传开展深化“两学一做”学习教育活动的重要意义。严格落实“三会一课”制度，利用党委中心组学习、党员干部大会、党小组会等形式，抓好党章、党规和习近平总书记系列重要讲话精神学习。引导党员干部读原著、学原文、悟原理，确保党员能够补思想之“钙”、固党性之“元”、铸党性之“魂”。组织党员进行承诺践诺，公示承诺践诺书，进行承诺践诺“回头看活动”，结合缴纳党费，汇报思想，不断强化党员党性意识。学习贯彻中共十九大精神成效显著。及时召开党委会部署学习贯彻中共十九大精神，科学制定学习计划方案，组织广大党员干部原原本本的学习原文，逐字逐句的领悟精神实质，人人书写心得体会，组织进行笔记和心得体会展评。结合本职工作，扎实组织开展以“传承红色基因，担当强军重任，努力为全面推进国防和军队现代化建设做出积极贡献”为主题的演讲比赛活动，着力塑造新一代革命军人大局意识、使命意识和担当意识，使广大民兵预备役人员在新的历史条件下迸发出爱国精武的激情与活力。积极营造学习中共十九大精神氛围，投资30多万元在人武部营区修建“传承红色基因，担当强军重任”之路图片展，掀起学习中共十九大精神高潮。征兵宣传工作扎实有效。组织人武部机关及所属10个镇（街、区）武装部在主要街道、繁华路段和集贸市场、学校等人口聚集场所设置预征宣传咨询站，张贴兵役登记通告，悬挂宣传横幅，发放宣传材料，进行政策解答，派出宣传车深入到每个街道、村庄进行征兵宣传发动。同时，对辖区内适龄大学生、应届毕业生进行预征宣传发动，通过新闻媒体发布征兵政策规定，制作图版开展征兵宣传展览，有效激发适龄青年参军入伍积极性，结合新兵起运，隆重举行新兵入伍欢送仪式，制作欢送新兵入伍纪念录像视频，印刷《沙场秋点兵》纪念册，每名新兵人手一份，激发应征青年扎根军营，报效国家的决心和意志。传承红色文化，国防教育深入扎实。结合纪念中国人民解放军建军90周年，在县人民广场举行建军90周年图片展活动，开展全民国防教育，宣传人民军队发展壮大历程，展现人民军队威武之师、文明之师光辉形象。结合“八一”建军节 “军事日”活动，组织地方党政机关领导到驻军部队进行实弹射击、参观驻军史馆礼堂、荣誉室、观摩官兵训练课目示范表演，体验军营一日生活，接受国防教育，增强领导干部热爱武装、尚武精武的意识。军地平安建设成效显著。积极协调处理涉军维权事宜。年内，协调处理八起涉及军人军属正当利益被侵占事件，及时化解矛盾，避免事态的恶化，积极为部队官兵排忧解难，使其在部队安心服役，确保部队安全稳定，提升战斗力。

【战备和训练工作】 着眼战备能力建设实战化。结合担负的战备任务，及时对战备方案和国防动员预案进行重新修订，合理调整各级指挥组织，结合任务调整相关方案背景和假想敌情况，组织首长机关带领民兵分队进行演练，按照实战要求检验方案的可行性和实用性，随时进行调整、修改和完善，使之更加符合实战需要。民兵组织整顿工作规范化。依据上级民兵组织整顿工作指示要求，按照编组出战斗力的原则，加强组织领导，调整编组布局，优化组织结构，突出建设重点，整合军地资源，规范整组秩序，狠抓工作落实，实现人员编组由农村向社区、企业、政府机关的转移，形成以主要交通干线、重点目标、大中型水库为重点，以“应急、支援、储备”三支队伍为骨干的民兵组织新格局。2017年重新对三支队伍的编组单位进行调整，将应急队伍人员向政府部门机关及其下属企业单位转移，确保人员编实，可靠、实用。组织全县基层专职武装干部进行民兵组织整顿业务培训，对全县民兵组织进行调整，民兵组织结构得到优化，布局更加合理。结合民兵组织整顿工作，对全县国防坑道进行普查，督导基层武装部搞好维护管理和保护工作，防止人为破坏，确保国防工程时刻处于良好战备状态。军事训练贴近实战化。坚持党委议训，始终坚持紧紧抓住军事训练这项中心工作，坚持按纲施训，科学施训，持续用力，狠抓落实，圆满完成专武干部业务培训、民兵应急分队集训和基层新任职武装部长集训。首长机关训练扎实有效。依据潍坊军分区军事训练指示，严格按照计划，抓好首长机关训练。集中10天时间，主要进行军事理论、识图用图等课目的学习训练，抓好体能训练，着力提高现役干部业务技能和组织指挥能力。专武干部训练组织严密。组织专武干部进行基本理论、民兵整组业务知识、体能以及防汛、灭火等课目训练。着力提高全县专武干部军事素质和带兵能力。民兵分队训练紧贴形势任务。采取民兵干部集中训、应急队员分级训、民兵信息员专题训的方式进行，以民兵干部、民兵应急分队和民兵信息员培训为重点，训练民兵280人、民兵信息员180人。组织精干力量开展新大纲试训工作，形成教案7套，论证报告7份。组织现役干部、专武干部和民兵应急分队进行轻武器实弹射击训练。组织民兵应急连拉动演练，圆满完成年度训练任务。兵员征集工作实效化。认真落实上级征兵“五率”标准和“征集大学生士兵比例达75%”的要求，加强组织领导，科学筹划部署，积极有效地开展兵员征集工作。在全县各镇（街、区）设立兵役登记站，认真开展兵役登记工作，准确把握辖区兵员情况；设立应征青年网上报名和移动网上报名点，确保最大限度地提供网上报名方便。科学筹划，严密组织，严格落实封闭式体检，一站式服务要求，首次在县人民医院高标准设立征兵体检站，方便应征青年上站体检，杜绝一切外界干扰，确保体检结果真实、可靠，为部队输送合格兵员。依据山东省军区首长指示和年度工作计划安排，昌乐县人武部在县民兵训练基地组织开展预定新兵役前教育训练活动，利用7天时间对全县预定新兵进行封闭式集训，成效明显。入伍新兵大专以上学历占79.5%，超额完成上级提出的要求，圆满完成2017年度兵员征集任务。

【后勤工作】 严格财经制度。严格落实党委理财制度，大项经费开支必须经部党委会研究决定，对经费账目做到“三个审细，六个不报”。即：审查凭证的内容是否完整真实、合法；审查凭证的手续是否完备；审查凭证的金额是否正确；凭证内容不完整的不报；手续不全的不报；金额不一致的不报；品名不详的不报；书写不清楚的不报；填制不及时的不报。把好经费报销的各个关口，确保财务制度的严格落实。加强对车辆和驾驶员的管理。车辆使用上，严格落实车辆派遣手续，由值班员填写派车单，值班首长签字派车。定期对车辆进行维护保养，确保车况良好。突出抓好驾驶员安全形势教育，提高防范意识，做到不开英雄车，不开赌气车，不带故障出车，杜绝酒后开车等现象。严格遵守各项规章制度，确保行车安全，圆满完成车辆保障任务。加强营房设施维修管理。针对人武部营区面积大营房设施管理任务重的实际，投资40余万元，对民兵训练基地专业教室、地下射击场、住训楼、器材库、文体活动场所等进行升级改造，配置、配套办公场所、设备，教学训练保障有力、日常办公秩序有序，各项训练保障有条不紊地进行。

【安全稳定工作】 坚持“安全重于泰山，稳定压倒一切”的思想，始终把安全稳定工作作为年度工作的重中之重抓紧抓好，做到思想一刻不松，检查一处不漏，落实一丝不苟，问责一抓到底。安全活动开展经常。以上级安全检查为契机，结合潍坊军分区各项安全管理工作指示要求，积极开展条令条例学习月活动、“五项整治”活动、“百日安全竞赛”活动、“安全隐患大排查”活动，制定夏防、冬防措施，重点查找本部在车辆事故预防、训练事故预防、人员管理、枪弹爆炸物品管控、重点目标、信息传播媒介使用等方面存在的安全隐患，及时制定相关措施，保障各项活动顺利开展，大项活动开展坚持做好安全风险评估，制定相应措施，确保全年安全无事故。严格落实制度保安全。严格落实签到点名制度，每日由值班员进行点名，部交班时进行情况汇报，严格规范办公秩序。加强安全保密管理，落实文印室专人规范管理制度，做到文件打印、复印有登记，传真接收、传达、收回高效及时，确保每一份文件都在保密程序范围之内、掌控之中。重点抓好值班管理，确保关键部位的制度落实。高度重视值班管理，严格落实首长值班和机关值班制度，切实落实5分钟之内用办公电话回复的刚性要求。投资10余万元对营院营门等部位进行升级改造，分别在营门安装车牌设别系统，办公楼大门安装门禁系统，确保军事机关办公场所，秩序正规，安全稳定。

【维护军人合法权益】 妥善处理每件涉军维权问题，有效维护军队和国防利益、军人军属合法权益，最大限度解除部队和军人军属后顾之忧。进一步加强和完善涉军维权机构，分别在县人武部、县法院、县司法局成立维护军人军属合法权益领导小组、维护军人军属合法权益巡回法庭、维护军人军属合法权益法律咨询服务站，保证涉军矛盾的快速、公正、及时化解。高效协调、处理8起涉及军人军属遗产继承、承包地纠纷、房屋拆迁补偿、侵占军属利益等部队来函事件，全力维护军人军属合法权益，真正让军人成为全社会受尊崇的职业。

【全民国防教育】 坚持将国防教育纳入各级党委班子理论学习计划、党校培训内容、中小学德育必修课程、民兵政治教育教学安排、全民国防教育总体规划，努力实现国防教育系统化、全覆盖。坚持以领导干部、中小学生和民兵预备役人员为重点，通过在县委党校安排国防教育课、组织领导干部过军事日等活动，提高全县党政机关领导干部国防观念。结合组织学生军训、征兵宣传和民兵整组等时机积极开展国防教育，不断加大县财政对国防教育基地建设投入力度，扎实推进国防教育向社会各界延伸。通过建立国防教育展室、设置国防教育讲堂等方式，努力扩大国防教育社会覆盖面。结合纪念建军90周年，在县人民广场举行建军90周年图片展活动，开展全民国防教育，宣传人民军队发展壮大历史，展现人民军队威武之师、文明之师光辉形象。“八一”建军节，组织全县党政机关领导干部到驻军部队，感受军营尚武氛围，忆红军传统、观科目表演、体实弹射击、吃士兵灶餐，接受红色教育，增强广大领导干部热爱国防、献身国防的观念。扎实开展以“传承红色基因，担当强军重任，努力为推进国防和军队现代化建设做出积极贡献”为主题的演讲比赛活动，着力塑造新一代革命军人的大局意识、使命意识和担当意识，让广大民兵预备役人员在新的历史条件下迸发出青春与活力。投资30余万元在人武部营区修建“传承红色基因，担当强军重任”之路图片展，进一步丰富国防教育成果。

（供稿：刘福祥）

人民防空

【概况】 2017年，在昌乐县委、县政府的领导下，深入学习贯彻中共十八大、十八届历次全会、十九大精神和习近平新时代中国特色社会主义思想，紧紧围绕昌乐县委、县政府重点任务目标，深入开展“作风建设年”活动，推进“两学一做”学习教育常态化制度化，推进“四个城市”建设，解放思想、崇实重干，切实履行“战时防空、平时服务、应急支援”使命任务，推进人防工程建设、宣传教育、行政审批和信息化建设，促进人防建设与城市建设同步协调发展，2017年2月山东省人力资源和社会保障厅、山东省军区司令部、山东省人民防空办公室授予昌乐县人防办“全省人民防空先进集体”称号。

【管理机构】 2017年，昌乐县人民防空办公室实有编制人数9人，内设综合科、业务科、审批服务科、安全科（与综合科合署办公）等4个科室。

【工程建设】 2017年，昌乐县人防办坚持落实“以建为主、应建必建”原则，严格执行国家和山东省、潍坊市人防政策法规，严格控制易地建设审批，有效推进人防工程建设。牢固树立红线意识，持续强化安全生产监管，扎实开展“大快严”“百日攻坚”行动、“安全生产月”和安全生产大检查等活动，积极向人防工程使用单位宣讲安全生产法律法规、政策措施和安全防控知识，督促使用单位落实安全生产责任，排查安全隐患，2017年未发生安全生产事故。

【宣传教育】 2017年，昌乐县人防办积极推进人防宣传教育“进机关、进社区、进学校、进企业、进网络”，深化与宣传、教育、媒体的沟通交流，结合防灾减灾日、警报鸣放等重要活动，通过多种形式，积极开展人防专题宣传教育。5月，围绕“减轻社区风险灾害、提升基层减灾能力”主题，开展防灾减灾宣传周活动，深入开展灾害风险隐患排查治理，修订完善应急预案。12日参加全县“防灾减灾日”集中宣传活动，设立宣传站点，悬挂宣传标语，摆放宣传版面，向过往市民发放《市民防空防灾应急手册》100册。6月，结合2017年防空防灾警报试鸣活动，积极开展人防宣传教育，在《中国蓝宝石之都·昌乐》刊登人防知识专版，上街设立宣传站点，发放宣传手册120册。

【行政审批】 积极开展“作风建设年”活动，推进行政审批制度改革，优化审批流程，提升服务水平，全年人防行政审批项目按时办结率保持100%。

推进“双随机一公开”工作 2月，制定随机抽查事项清单和随机抽查工作细则，完善抽查对象名录库和执法检查人员名录库，抽查事项3项，抽查频率每年不超过2次，抽查比例不低于10%。9月，抽查3类监管对象3家企业，抽查对象均符合抽查要求，未发现违规违法问题，抽查结果向抽查对象进行反馈，并向社会公开。

调整权力清单 5月，新增“新建民用建筑减免防空地下室易地建设费审批”和“人防工程竣工验收备案”等2项“其他行政权力”事项，调整后的权力清单事项纳入山东省行政权力事项动态管理系统管理，通过全省统一的政务服务平台对外公示。

简化审批流程 9月，昌乐县人防办“防空地下室易地建设审批”纳入“昌乐县‘只跑一次’事项清单”。

加强执法队伍建设 4月，开展执法人员专业法律知识培训，增强执法人员知法、守法、用法能力，提高行政执法水平，完成执法证件审验工作，执法人员全部持证上岗。

全面推行“三项制度” 10月，印发《昌乐县人民防空办公室行政执法公示制度》《昌乐县人民防空办公室行政执法全过程记录办法》《昌乐县人民防空办公室重大行政执法决定法制审核制度》，全面规范行政执法行为，切实让行政执法权力在阳光下运行。

（供稿：刘文波）

法　治

Fa Zhi

政法委及综治

【概况】　2017年，昌乐县委政法委围绕县委、县政府的中心工作，牢固树立以人民为中心的发展思想，充分发挥县委政法委对政法工作的领导作用，以“作风建设年”为总抓手，扎实开展社会治安综合治理、涉法涉诉信访积案化解、社会稳定风险评估等事项。一年来，政法综治维稳各项工作取得显著成绩，昌乐县委政法委被山东省委、省政府评为“全省十九大安保维稳工作先进集体”，被昌乐县委、县政府评为2017年度“三大攻坚战”先进单位、县直部门（单位）工作实绩综合考核一等奖，昌乐县综治办被山东省委、省政府评为“社会治安综合治理先进单位”。

获省社会治安综合治理先进单位　　（供稿：政法委）

【政法队伍建设】　以“两学一做”学习教育常态化制度化和“作风建设年”活动为契机，县委政法委积极组织政法部门深入开展“两转变、两提升”活动，增强“双四意识”，弘扬“五种精神”，落实“五个责任”，加强政法系统意识形态工作和执法司法软环境建设，做好政法群众工作，引导政法干警“解放思想、崇实重干、勇闯新路、敢为人先”。强化基层培训，举办教育讲座组织政法干警集中学习，加强队伍正规化、专业化、职业化建设。积极顺应司法改革大趋势，找准站位，精准发力，建立“三评三查”机制，及时发现、动态预警，有效解决政法队伍建设方面存在的突出问题。坚持“社评工作、网评单位、联评干部”三评联动，畅通群众评议渠道，加强政法队伍外部监督。2017年12月15日，召开全县政法系统联评干部工作会议，对政法部门领导班子成员及中层单位主要负责人进行公开、公平、公正的评议，推动全体政法干警严格、公正、文明执法司法，利用评议结果，抓好“督查执法行为、倒查执法过错、检查社会形象”工作，进一步促进严格规范公正执法。动员政法干警积极参与全县“矿产资源集中整治”和“拆违建”两个专项活动，非法采矿等案件立案30起、抓获犯罪嫌疑人88人，其中批捕14人、移诉83人，在社会面上形成强大震慑，为全县重大项目建设打开局面、铺平道路；引导政法干警加强、改进执法办案方式方法，对企业法人慎重适用拘留、逮捕等强制措施，灵活运用查封、扣押、冻结等诉讼保全措施，正确适用强制执行措施，最大限度保障涉案企业正常生产经营活动。2017年10月14日，召开“双百”法治报告会，牢固树立法治思维和法治理念，提升政法综治维稳干部法治素养。2017年10月10日成立昌乐县法学会机关，面向社会招考2名法学会机关工作人员，12月29日，召开昌乐县法学会成立

★县法学会成立暨第一次全体会员大会　　（供稿：政法委）

大会暨第一次全体会员大会，选举产生第一届理事会。以潍坊长安网昌乐平台为基础，中央、省、市主流、政法媒体为重点，政法部门“两微一端”为支撑，加强对政法工作的宣传。2017年，县委政法委在潍坊长安网发表宣传稿件1740篇，在参与排名的16个县（市、区）中位列第一。

【社会治安综合治理】　完善基层综治平台建设。按照“活力城市”要求和国家综治中心建设与管理规范，结合昌乐县实际，加强县、镇、社区三级综治中心建设，研究制定指导意见，全力推动基层综治中心实体化运行。10个镇级综治中心和370个社区（村）级综治中心基本建成，昌乐县做法为潍坊市综治中心建设提供推进路径。加强视频监控专网建设。“雪亮工程”建设迈出新步伐，结合公共视频监控建设应用，由县综治办牵头，强力推进以农村为重点的“雪亮工程”建设，建成政法综治专网，安装监控探头3.1万个，接入专网5500余个，实现自然村监控覆盖率和入网率达“双百”目标，深度利用视频监控服务治安实战，可防性案件比上年大幅下降，公安机关视频监控为侦破案件贡献率达80%以上，实现走在潍坊市前列的目标。稳步推进综治网格化工作。全面实施网格化管理，坚持警力下沉、保障下倾，扎实推进“1+2+N”社区警务模式，打通与群众联系服务的“最后一公里”。划分853个农村网格，选聘853名警务助理；划分130个城市网格，选聘130名专职网格管理员。每名网格员（警务助理）配备1部“警务助理”手持终端，与公安标准数据自动对接，自动上传图片信息，便于网格员（警务助理）接受任务、采集信息、开展工作，破解治安防控难题，真正将综治的触角延伸到最基层。加强矛盾纠纷排查化解。5月至7月，组织开展矛盾纠纷大排查大调处百日专项行动，排查各类矛盾纠纷200余起，运用多元方式化解190余起。组织各镇（街、区）、综治委成员单位深入开展“四类风险”隐患排查化解，对排查出的各类风险隐患，分门别类建立台账，及时跟上分析研判，实行归口分流办理，全部落实责任单位、整改措施和整改时限，排查隐患1169起，化解1165起。抓好社会面整体防控工作。9月21日，组织开展昌乐县“打黑除恶打霸治痞暨社会秩序集中整治”专项行动，印发《全县打黑除恶打霸治痞暨社会秩序集中整治行动实施方案》，成立专项行动领导小组，依法严惩“两抢一盗”、黑恶势力、村霸地痞、涉枪涉爆等严重危害社会治安的犯罪190案264人，依法判处贩卖毒品和容留他人吸毒罪30案41人，严厉打击非法传销、非法集资、危害食品药品安全等涉众型经济犯罪53案91人，依法严惩非法采矿案30件106人，进一步净化社会治安环境。

【维护稳定工作】　深化社会稳定风险评估机制。通过完善决策机制、规范评估程序、健全保障制度、加强评估引导四项措施，推动昌乐县重大决策社会稳定风险评估工作有序开展，先后对6个重大工程建设项目进行社会稳定风险评估，没有发生一起因评估不到位引发稳定问题，有力维护昌乐县社会和谐稳定。做好国家节庆和重大活动安保维稳工作。按照“三到位一处理”的要求，坚持“非访不是访，是违法行为”的理念，扎实做好进京非访治理工作。加大宣传力度，在昌乐县范围内张贴《关于依法处置信访活动中违法犯罪行为的通告》3000份，对缠访闹访、蓄意滋事、扰乱公共秩序的信访重点人员，及时固定证据，依法严厉打击，形成强大震慑。中共十九大召开期间，按照上级要求，圆满完成十九大安保维稳任务。特殊人群管理进一步加强，有效防止社区矫正对象重新犯罪和重性精神障碍患者肇事肇祸行为发生。全力做好涉众型经济犯罪受害人教育稳控工作，公安机关共办理涉众型经济犯罪案件9起，其中传销类案件7起、非法集资类案件2起，涉及昌乐籍会员及投资者5000余人，涉及金额2500余万元，抓获犯罪嫌疑人45人，其中提请逮捕14人、移诉37人，维护正常的经济社会发展秩序。

（供稿：韩耀辉）

法制政府建设

【规范性文件制定程序】 严格按照《山东省行政程序规定》的有关规定，对全县规范性文件进行统一登记，统一编制登记号，并按照规定时限通过政府公报、政府网站统一公布。未经统一登记、统一编制登记号、统一公布的规范性文件无效，不得作为行政管理的依据。2017年制定出台县政府规范性文件2件，已经按要求报送市政府和县人大常委会备案。

【行政执法队伍建设】 建立行政执法主体资格清理和公示制度，以县政府文件形式公布县级行政执法主体63个，其中法定行政机关27个、法律法规授权的单位29个、依法受行政机关委托的单位7个。进一步加强行政执法人员资格管理，对离开执法岗位和开始未通过执法人员全部注销执法证件。

【改革行政执法监督体制】 12月18日，经县编制委员会研究同意并报市编制委员会备案，印发《关于设立昌乐县人民政府行政执法监督局的通知》，设立昌乐县人民政府行政执法监督局，为县政府办公室（法制办）行政内设机构，配备局长（副科级）1名，工作人员不少于3人。通知下发后，县政府办公室（法制办）迅速行动，抽调业务人员、配备办公设备和业务装备，做好执法监督业务开展各项准备工作。

【行政复议工作】 认真办理行政复议案件。2017年受理行政复议案件41件，审结38件。在审理过程严格按程序办案，从受案、审理、决定等环节入手，进一步规范复议法律文书，切实提高办理行政复议案件水平。认真落实行政复议规范化建设。根据省、市行政复议规范化建设要求，设立受案室、庭审室、调解室、档案室等办案场所，面积约120平方米，相关办案设备也全部到位并投入使用，圆满完成完成规范化建设各项任务。

【依法接受司法监督】 2017年3月，以县政府办公室文件下发《关于进一步加强和改进行政应诉工作的意见》，进一步明确行政应诉责任部门和行政机关负责人出庭应诉范围，切实提高行政机关负责人出庭应诉的质量，充分发挥行政审判对依法行政工作的助推作用。认真办理行政应诉案件。2017年办理县政府应诉案件11件，负责人出庭应诉6件。

公 安

【概况】 2017年，县公安局在县委、县政府和市公安局的领导下，按照“崇实重干、创新求变、提高标准、争创一流”的总要求，着力提升服务大局、维护稳定、保障安全、服务群众的能力水平，在省、市组织的群众满意度测评中，昌乐“治安满意度”和“公安工作”得分均位居全市17个县（市、区）局第一名；县公安局被县委、县政府授予县直部门单位绩效考核唯一的突出贡献奖，并被记集体三等功，被市委市政府记集体二等功。

【护航经济社会发展】 围绕封山禁采，抓获犯罪嫌疑人88人，矿产资源私采滥挖现象得到根除。积极参与拆除违建、棚改拆迁，组织警力全天候巡逻执勤、应急处突、维护秩序，为县委、县政府“三大攻坚战”做出突出贡献。先后出动警力6700余人次，加强各级“两会”、党代会，宝石博览会等重大活动、重要时期的社会面防控、重点人员稳控等工作，实现“三个不发生”和“七个严防发生”的总目标。

【惩治刑事犯罪】 深入开展破案会战，快破大案、多破小案，破获各类刑事案件792起，抓获犯罪嫌疑人1136名，提请逮捕238名，移诉1019名，比上年分别上升56%、78%、38%和70%。深入推进打黑除恶、打霸治痞工作，侦办黑恶霸痞案件190起，打掉黑恶霸痞团伙 21 个，铲除村霸 12 名，抓获九类涉黑恶霸痞分子 264 名，打掉黑恶霸痞团伙数、抓获成员数比上年分别上升 133% 和 311%。

【公共安全监管】 交通管理方面，查处现场及非现场交通违法 59 万余起，行政拘留 114 人、采取刑事强制措施 193 人，比上年分别上升 32%、27% 和 58%。危爆物品管理方面，成功破获制贩爆炸物品案 1 起，缴获扣押爆炸物品、原材料 1 宗，公安部专门发来贺电，省委领导批示表扬。消防监督管理方面，发现整改火险隐患 5.9 万处，行政处罚 726 家、行政拘留 22 人，比上年分别上升 195%、52%、43%，所有安装“智慧用电”系统的单位、场所无一发生电气火灾事故，并在全省消防工作会议上作为唯一县市区作典型发言。

【信息化建设应用】 加强全县视频监控补点扩面和县乡道路监控建设，主城区、城区周边、派出所辖区周边、县界周边“四道视频防控圈”有机衔接，853 个自然村视频监控全部接入公安平台。充分发挥“王振华视侦工作室”团队引领作用，深度拓展“视侦 +”技战法、视图云大数据平台等视频监控创新应用，视频监控破案贡献率达 90% 以上。创新研发的基于二维码警用设施智能运维管理系统获得山东公安科学技术进步奖三等奖，“平安指数发布”“无证入住旅馆”等“互联网 + 民生警务”取得较大进展。5 月 25 日，市公安局专门在县公安局召开视频监控建设应用现场推进会议。

【社会管理服务】 创新社会治理，全面落实“1+2+N”和“一村一警务助理”工作模式，城区 130 名网格员、农村 853 名警务助理全部培训上岗。深化放管服改革，优化窗口服务，向社会公开 37 项服务承诺，全面开展跨省异地办理身份证业务，13 个城市社区委员会全部开通户口协管权限，率先试点“平安指数”可视化播报服务，创新“互联网 + 车管”便民举措，首推微信申领新车 6 年年检标志业务。

【基层基础建设】 制定出台《关于加强和改进公安基层基础工作的实施意见》《关于推进社会管理网格化的实施意见》等文件，将基层基础建设三年攻坚战纳入党委政府工作。在“硬件”建设方面，全县 13 处派出所，2 处搬迁新址、11 处提档升级；新建投入使用朱刘消防中队，乔官、营丘、红河 3 处镇级消防站，以及县公安局执法办案中心、全县禁毒教育基地；新购置运警车、执勤车 17 辆，新配备防护防爆、勘查取证等装备 3700 余件（套）。在“软件”建设方面，充实派出所警力，聚焦实战实用，健全完善机制，着力推进警务实战指挥体系、视频监控建设应用、执法规范化建设、社会治理网格化建设 、“一标三实”基础信息采集等重点工作，“软实力”明显提升。2017 年度的 120 项攻坚任务全部完成，全省公安三年攻坚战现场推进会观摩县公安局，在全市基层基础建设三年攻坚战 2017 年度考核中，县公安局位列全市 17 个县市区局的第二名。

【队伍建设】 深入开展“两学一做”学习教育、“作风建设年”“两转变两提升”等系列主题教育活动，举办大讲堂大培训。聘任 82 名执法执纪监督员，从严处理违规违诺苗头，约谈提醒 9 人。改善派出所办公办案生活条件，加强一线装备配备；提高人身保险投保额度，举行“荣休纪念章”发放仪式。年内受到县委、县政府和市公安局以上表彰的单位达 14 次、民警 77 人次。

【治安“打防控”体系建设】 县公安局坚持实战引领、科技支撑的理念，以实战型指挥机制建设为龙头，强化打防控合成作战，进一步完善立体化、智能化打防控体系建设，有效提升平安昌乐建设水平。加强融合协调，着力打造实战化、科学化指挥机制。以基层基础建设三年攻坚战为契机，优化组织架构，再造工作流程，打造集指挥调度、分析研判、案件查破、决策指挥功能于一体的指挥大脑。健全完善运行机制，设立接警调度、情报研判、巡特警巡控处突、交警勤务调度、视侦合成作战 5 个分中心，明确制定界定各分中心的工作职责、运行流程和案事件处置方案预案。紧紧围绕情报、指挥、行动对接融合这一关键，重大案事件第一时间分析研判，科学调配警务资源，多警种同步上案、多战法合成作战、多手段并联推进，实现精细化、规范化、标准化运行管理。健全完善指挥长制度，指挥长24小时坐镇指挥，统筹调度、管理5个分中心工作，警情指令、研判指令、作战指令，直接推送到一线实战单位，减少指挥层级，压缩响应时间。健全完善社会联动体系，非警务警情由指挥长甄别、剥离，分流至110社会联动单位，减轻基层民警接处警负担，重大活动安保或敏感时期，会同综治、维稳、信访等部门集中分析研判，提升快速反应、整体协作、妥善处置能力。充分应用信息化科技手段，对指挥大屏、高清监控、移动接处警系统、350兆数字集群、340兆无线图传、4G移动图传、视图云大数据平台等科技支撑手段，维护好、拓展好、应用好，打造一屏展示、一键调度、一呼百应、一机管理的科技保障体系，提升扁平化、可视化、智能化的上下联动处置能力。创建新型打击工作机制，着力提升打击犯罪效能。紧紧抓住推进情报、指挥、行动对接融合这一关键，科学架构“1+4+N”合成作战体系。“1”即情指联动，“4”即刑侦、视频、网侦、技侦四种技术手段，“N”即各办案大队和派出所。遇有警情、案件，依托“案件智能追踪系统”和视图云大数据平台，情报研判中心即时开展警情分析、维稳研判、重点管控、轨迹核查，快速集聚刑侦、视频、网侦、技侦四种技术手段并联推进，精确制导各办案大队、派出所同步上案，形成打击合力。以“1+4+N”合成作战体系为保障，全面打击危害公共安全、公民人身、财产安全犯罪，打击犯罪效能全面提升。严打黑恶霸痞犯罪，主动向盘踞在矿产开采、交通运输、建筑开发等领域以及农村地区的霸痞分子、黑恶势力发起凌厉攻势，侦办黑恶霸痞案件190起，打掉黑恶霸痞团伙21个，铲除村霸12名，抓获九类涉黑恶霸痞分子264名，严打涉众经济犯罪，抓获犯罪嫌疑人17名、提请逮捕6人，有力维护全县经济秩序。严打毒品犯罪，打掉贩卖毒品团伙2个，抓获犯罪嫌疑人12人，缴获毒品410余克，有力净化社会环境。加大科技保障，着力构建立体化、智能化治安防控体系。深入推进视频监控全覆盖工程，加强补点扩面，增建监控点348处，更新监控点268处，在全县铁路桥涵、重要公交站点、县乡道路的重要路段路口安装监控点166处，全县高空球机达50组，重点部位高清智能监控达2000个，城区主要街道、城区周边及县界毗邻区电子警察、治安卡口达106处，形成主城区、城区周边、县界周边“三道监控封锁圈”。推进“技防示范村”和“村村通”工程，着力推进全县自然村视频监控联网接入公安机关视频监控平台，有效延伸视频监控建设触角，基本实现城区全封闭、城乡全覆盖。推行网格化治理，利用网格员、警务助理人熟、地熟、情况熟的优势，协助民警开展情报信息搜集、人员场所管控、矛盾纠纷排查化解等工作，有效缓解基层力量不足难题，有效激发群众参与群防群治的积极性，提升基础管控能力。加强巡逻巡控，在开展视频巡逻、城区24小时巡控处警、“夜间巡逻进村庄”的基础上，落实“专业化处警、常态化巡防”措施，从机关选派35名民警到城区实行24小时网格化巡控；在城区两个巡特警PTU战斗单元24小时不间断巡控，配备武器装备，随时处置突发事件；重点敏感时期在城区设置9处驻巡点，每日街面巡防警力达410人次，有力地震慑各类违法犯罪，年内可防性警情案件比上年下降37.2%，社会秩序明显好转。

【“110”服务】 昌乐县公安局“110”服务工作以“四抓四促”为抓手，进一步提升“110”快速反应水平。一抓规范，促满意率。牢固树立“110无小事”责任意识，及时妥善处理群众报警和求助，从接警、指挥、出警、处警、反馈、视频监控等各个流程入手，进行规范化管理。特别是对接受报警、警情录入、指挥调度、警情回访等方面进行明确和规范。在接处警工作中，注重公安礼仪规范，做到语言文明、态度诚恳、内容简明，要素齐全。对不属职责范围内的警情，立即启动“110”社会服务联动机制，坚决杜绝冷硬横推等现象发生。昌乐“110”接处警114625起，其中有效警情31583起，接警反馈率达100%，回访满意率达99%。二抓调度，促出警效率。实行指挥长24小时值班负责制，指挥长要确保在岗在位。5个分中心要在指挥长带领下开展工作，发生重大案事件时，由指挥长统一调配全局警力、资源，快速稳妥处置。遇有重大活动安保维稳、重要敏感节点期间和处置突发（案）件等工作需要，

2017年昌乐县公安局举行“110”宣传活动（供稿：公安局）

指挥长视情报经局长批准后启动指挥联勤机制，指令相关警种单位进驻警务实战指挥中心统一指挥处置。依托视频监控系统、4G执法记录仪、350兆集群等平台，根据警情地点，运用指挥调度平台快速高效调度就近警力处置，有效减少指挥调度的中间环节。为群众提供咨询、查询服务8700余次，实现“行动快速、处置有序、管理规范、群众满意”的效果。三抓信息化，促服务能力。坚持“信息主导警务”理念，遇有警情、案件，情报研判中心即时开展警情分析、维稳研判、重点管控、轨迹核查，快速集聚刑侦、视频、网侦、技侦四种技术手段并联推进，累计向群众和相关部门提供视频查询服务940余人次，为群众挽回财物累计价值132万余元，找回失踪儿童、老人30余人。四抓宣传，促社会效应。坚持传统方式与网上宣传相结合，通过“110”宣传日，上街咨询、展板展示、发放宣传手册等传统形式，同时充分利用电视、网络、移动通信设备等现代新闻资讯渠道，精心策划宣传专题，大力开展“110”宣传活动，让广大群众了解“110”。

【治安行政管理】 加强危爆物品、枪支共安全监管工作。行政许可爆炸物品购买证518份、爆炸物品运输证600份、爆破作业合同备案21次，爆破使用炸药48.716吨、雷管5214枚；烟花爆竹运输证66份；剧毒化学品购买证9份，购买剧毒化学品660吨；出具管制刀具鉴定书7份。通过开展缉枪治爆、危爆物品隐患深入排查整治、安全生产隐患大排查快整治严执法集中行动、危险化学品安全专项集中整治、易制爆危险化学品专项整治、民爆储存库和剧毒放射源存放场所治安防范达标、公务用枪全面排查整治、打击非法制贩烟花爆竹等专项行动，严查严打涉枪涉爆违法犯罪活动，全面落实从业单位安全管理主体责任和监管部门职责，强化安全管理工作，坚决消除管理漏洞。收缴各类枪支23支、各类子弹3214发，收缴枪支23支、各类子弹3214发，收缴管制刀具9把，收缴炸药540公斤、易制爆化学品1800公斤，收缴各类烟花爆竹658箱。对涉枪涉危爆单位检查58次，下发隐患整改通知书19份。加强特种行业管理工作。全县有旅馆362家，其中，正常营业的193家，办理停业169家；典当行2家，其中，正常营业1家，停业1家；公章刻制业1家；废旧金属收购业80家；开锁业备案17家；机动车修理业271家。强化印章备案管理工作，年内备案印章4767件；组织开展旅馆业专项检查行动，取缔无证旅馆6家，治安拘留7人，行政罚款13人。加强重点单位内部安全防范工作。受理金融机构营业场所安全防范建设申请和安全防范验收申请13份（自助银行6处、营业场所7家），全部验收合格。开展护校安园专项行动，召开专题会议3次，牵头组织对全县208家校园开展专项安全检查。

【安保工作】 县公安局组织开展安全保卫活动51次，警卫任务1次，确保安保工作“万无一失”。较大的安全保卫警卫任务有：（1）完成全国、省、市、县两会安保任务。（2）完成“五一”“十一”等节假日期间安保任务。（3）完成“3·28”一级警卫任务。（4）完成第34届潍坊国际风筝会安保任务。（5）完成昌乐县第三十一届元宵节民间文艺表演安保任务。（6）完成全国高考保卫工作。（7）完成2017年度“文明之夏”广场文艺演出安保任务。（8）完成省委书记、省人大常委会主任刘家义到昌安保任务。（9）完成2017中国（昌乐）国际宝石博览会安保任务。（10）完成2017年全市重点项目观摩点评安保卫任务。

【网络安全】 网络安全保卫工作以服务全警，服务实战为原则，创新网络安全配侦机制，打击各类互联网违法犯罪活动，维护全县互联网安全稳定。加强社会管理工作。扎实开展重点网站和重要信息系统等级保护工作，推动县传媒集团、县中医院、县人民医院、县财政系统等5个3级信息系统进行等保评测。审批新开办网吧1家，变更网吧2家，检查网吧120余家次，处罚未落实实名制网吧11家。加强网络舆情监控巡查。对全县互联网7×24小时不间断巡查，妥善处置网上突发舆情事件，及时处置违法有害信息，确保全县网络安全稳定。加强电子数据取证工作。电子取证实验室受理电子数据取证委托117起，分析涉案手机、电脑等电子设备205台，出具电子数据取证报告72份。

【户籍制度改革】 县公安局继续深化户籍制度改革，按照省市公安机关部署要求，结合实际工作，逐项落实推进。完成全县门楼牌编制工作。按照省公安厅、市公安局基层基础建设三年攻坚战部署要求，以标准地址、实有人口、实有房屋、实有单位（以下简称“一标三实”）信息核查为契机，全县基本完成城区及镇（街）驻地已建成建筑物门楼牌的编制工作，农村全面完成门楼牌编制工作（除拆迁或待拆迁村庄），编制安装各类门楼牌19.9万余块。积极推进镇街区中心社区管理户口制度。为进一步方便大中专学生和外来务工、购房居住人员落户，在全县除城区外的10个派出所所在镇街区驻地中心社区设立12个社区集体户，落户人员4294人。进一步深化户口登记清理整顿工作。组织核查登记无户口人员67人；死亡未注销人员核查2503人，注销户口2460人；核查入伍未注销户口人员233人、注销户口228人；人像比对核查疑似问题户口368人、比对重复户口5人，全部注销重复户口。

【出入境管理】 县公安局出入境管理部门办理护照证件3660人次，加注267人次；办理港澳通行证2119人次，签注4282次，大陆居民往来通行证422人次，签注333次。境外人员签证43人次，临时入境人员880人次，临时入住境外人员住宿登记“登记率、准确率、及时率”均达100%。更新国家机关工作人员备案数据库3867条，录入法定不准出境人员56人。严厉打击“三非”外国人，办理涉外案件10起，行政处罚美国、印度、越南、巴西、泰国等国家的6名外国人。购置自助签注机、批量签注机等新设备，将原来的港澳台旅游签注7个工作日缩短为3分钟，方便办证群众。

【消防】 2017年全县接处火灾警情 533 起，抢险救援136起，救助遇险被困群众 98 人。成功处置“2·3”20吨粗苯槽罐车泄露燃烧事故、“9·20”20吨液化气槽罐车侧翻事故，参与处置 “5·20”潍城新樱桃园商城火灾扑救工作。消防安全委员会“实体化”运作，成效明显。推动各镇街区成立消防安全委员会，建立县每季度、镇街区每月的联席会议制度，充分发挥消防安全责任制落实的“主推手”作用。抢抓机遇，因势利导，持续强化消防保障水平。高标准地完成营丘、乔官、红河的乡镇专职队的营房建设，三个乡镇专职队的车库数达11个，营房面积3000余平方米，达正常执勤条件。完成“一高一大”及相关特种器材的采购任务，新购买高喷、泡沫消防车2台。新建市政消火栓83具，完成年内计划总数的105%。强化社会面消防宣传教育培训。按

2017年昌乐公安朱刘街道镇级消防站建成　（供稿：县消防大队）

照《昌乐县“消防安全明白人”培训演练活动实施方案》要求，在全县组织开展各类消防安全培训和演练，累积培训2.16万余人次；采取点对点、上门培训的方式，进社会单位开展培训586家次，受训员工12.5万余人。严格执法，强力开展消防违法行为及火灾隐患的督改力度。开展汗蒸场所、夏季消防、电气线路、商（市）场、危化品企业、高层（地下）建筑等18个专项行动，重大活动、重要节日期间集中开展16次消防安全“零点夜查”行动。组织对火灾隐患单位主要负责人集中约谈3100余家次。县消防大队检查单位5100余家，督促整改火灾隐患1.4万余处，下发责令改正通知书3743份，办理行政处罚案件171起、临时查封116起，责令“三停”42起，拘留22人，办理火灾调查18起，处理投诉举报案件97起。全县公安派出所检查单位3.8万余家，督促整改火灾隐患47572处，下发责令改正通知书16420份，办理行政处罚案件181起，当场处罚案件374起。

【交通管理】 全县公安交通管理工作以“降事故、保安全、保畅通、促和谐”为总目标，全面深化落实交通安全管理的各项措施，保证全县交通安全形势总体平稳。聚焦解决城区交通突出问题，建设现代城市交通。推进城区道路交通设施建设，施划标线14.1万平方米、新建红绿灯9处、增设标志牌160块、改造红绿灯40处。以开展行人、非机动车交通违法行为集中整治为重点，加强城区交通秩序管理，处罚行人、非机动车交通违法行为2.4万余起。严抓重点车辆、重点违法管理，规范道路通行秩序。强力开展渣土车严重违法和大货车超限超载集中整治、“压事故 保畅通”大会战等专项行动，突出抓好机动车“四非”问题（非法生产、非法改装、非法拼装、非法报废回收机动车）、渣土车、变型拖拉机、货运车辆的管理整治，查处重点道路交通违法行为1.6万余起，其中酒后驾驶1300余起、醉酒驾驶120余起、无证驾驶1900余起、超载行驶1400余起、超员30余起，超速1.3万余起，采取刑事强制措施193人，行政拘留114人。以便民利民为重点，不断提高服务群众的能力。增设非现场违法处理窗口6处，处理窗口达15个，方便广大群众特别是偏远乡镇群众办理非现场处理业务；联系邮政银行进驻车管所非现场处理大厅，增设POS机，解决广大群众到银行长时间排队缴款的问题；车管所推出微信申领新车6年年检标志业务，群众只要关注车管所微信公众号，足不出户就能办理相关业务。

【监所管理】 县看守所办理收押984人次，出所971人次，提审2300余人次，谈话教育5000余人次；救治各类患病危重被监管人员3人，医护巡诊760余次，出所就医30人次，投牢172人，县拘留所收拘被拘留人643人，均做到安全无事故，积极发挥第二战场作用，获取犯罪线索141条，破获各类案件23起，抓获犯罪嫌疑人7名，比对省外网上逃犯1名。

【森林公安】 县森林公安局不断加强森林资源保护力度，集中开展非法侵占林地清理整顿、打击破坏森林资源和野生动物“利剑”专项行动、鸟类等野生动物执法保护专项执法行动、严厉打击野外违法用火行为等专项行动。侦办各类涉林案件33起，其中刑事案件2起、处理犯罪嫌疑人2人，治安案件1起、林业行政案件30起；行政处罚40人。救助国家一级保护动物丹顶鹤1只、国家二级保护动物红隼2只、省级及三有保护动物白鹭、夜鹭等5只。开展森林防火宣传教育活动8次，增挂宣传标语横幅500余幅、粉刷墙体标语200余条，发放宣传材料5.5万份，增设防火警示碑、警示牌120余块。

（供稿：张仁泉）

检　察

【概况】 2017年，昌乐县人民检察院设有20个内设机构，派驻红河、营丘、乔官、朱刘、城郊5个检察室。在职在编干警84人，男女比例为76%和24%。全院现有法律专业人员62人，研究生学历12人，本科学历56人，入额检察官25人。先后被评为全省检察机关“六型”建设示范院，全省检察文化建设示范院，全国检察宣传先进单位，控申举报接待室被评为全国检察机关“文明接待室”，乔官检察室被评为全省检察机关

“无违法违纪 无责任事故”派驻基层检察室，在2017年度全市检察工作科学发展绩效考核中名列第三名，被潍坊市人民检察院表彰为“全市优秀检察院”。

【刑事检察】 充分履行批捕、起诉职能，依法批捕各类犯罪嫌疑人168件210人，起诉596件815人，批捕“善心汇”“五行币”等组织领导传销活动犯罪9件12人，起诉“黄赌毒”犯罪41件60人。持续推进“打黑除恶、打霸治痞”专项行动深入开展，重拳严打各行业领域的黑恶霸痞分子，促进社会治安的持续稳定。护航未成年人健康成长，成立“雏鹰”未检工作室，探索将VR虚拟现实技术用于未检工作，开展“法治进校园”巡讲6次，办理未成年人犯罪案件11件12人，连续17年保持“省级青少年维权岗”荣誉称号。积极参与全县“矿产资源集中整治”“拆违建”专项行动，依法从严从快批捕涉嫌非法采矿罪的犯罪嫌疑人9件13人，起诉17件61人，立查非法采矿背后的渎职犯罪案件3件3人。积极参与全县“矿产资源集中整治”、“拆违建”专项行动，依法从严从快批捕涉嫌非法采矿罪的犯罪嫌疑人9件13人，起诉17件61人，立查非法采矿背后的渎职犯罪案件3件3人，有力打击和震慑非法采矿行为。挂牌成立派驻公安检察室，与县法院会签检察长列席法院审判委员会暂行规定，依法监督侦查机关立案9人，监督撤案5件，对应当逮捕、起诉而未提请批捕和移送起诉的依法追捕追诉37人，对认为确有错误的刑事案件提出抗诉4件。

【职务犯罪检察】 坚持办案力度不减、节奏不变、质量不降、安全不丢，立查贪污贿赂等职务犯罪案件12件14人，立查渎职侵权等职务犯罪案件5件5人，其中县处级干部2人，大案率和起诉率均为100%。积极开展“预防邮路”系列预防活动，受理行贿档案查询4985次，发出检察建议4份，开展警示教育和法制宣传12次，组织3500余名基层干部和重点岗位人员接受警示教育，拍摄的微电影《底色》被评为全省预防职务犯罪新媒体原创作品评选一等奖。

【刑事执行检察】 强化刑事执行检察监督，监督纠正刑事执行活动违法10件，办理羁押必要性审查案件34件，立查职务犯罪案件1件2人，有力维护刑事执行公平正义。集中清理判处实刑罪犯未执行刑罚专项活动，监督执行机关将11名未羁押实刑犯依法交付监狱或看守所执行刑罚，极大地维护法律的严肃性与公正性。着力保障在押人员的合法权益，畅通在押人员维权通道，实时掌握在押人员羁押时间变动情况，及时进行羁押期限预警提示。深化监管场所检务公开，向在押人员发放《在押人员权利义务告知书》《检务公开手册》700余份。

【民事行政检察】 强化民事行政检察监督，办理各类民事行政监督案件51件，包括执行监督案件4件，审判程序监督案件5件，行政执法检察监督案件28件，再审检察建议案件1件，法院再审改判1件，不支持监督申请案件6件。另外，还协助市院办理二审案件7件。办理的对昌乐县国土资源局行政公益诉讼案被评为全省检察机关行政公益诉讼典型案例，制定的《关于开展公益诉讼的实施意见》县人大予以批转，民事行政检察监督工作在全省会议上作典型经验介绍，1名干警被省院记全省公益诉讼试点工作个人二等功。

【控告申诉检察】 全力以赴做好中共十九大期间安保维稳工作，扎实开展涉检信访积案清理，积极作为，勇于担当检察责任，妥善处理各类信访案件151件，司法救助刑事被害人9人，办理涉检案件2件，控告检察机关办案违法2件，市院交办案件1件，初核案件1件，不立案线索审查3件，刑事申诉5件，提请市院抗诉1件，市院采纳并向潍坊市人民法院提出抗诉。杜绝非正常赴省进京上访发生，控申举报接待室被评为全国检察机关“文明接待室”。

【检察信息化建设】 深入推进高检院“智慧公诉”试点，积极探索应用“三远一网”办案模式和“智能语音识别系统”，建设公诉出庭远程指挥系统，实现庭审指挥、观摩评议、审判监督的同步化、动态化和全程化，提高公诉出庭的规范化和效率。积极开展“一院一品”品牌创建工作，创新以案释法新模式，全员参与，全检行动，全案释法，制作并播出《检察官说法》

电视节目6期，以案释法宣讲团巡回宣讲11次，传播检察“好声音”和法治“正能量”。以掌上检察OA系统为抓手，引进应用队伍管理、绩效考核管理软件，实现队伍管理的科学化、智能化。规范检察服务大厅运行，整合“两微一端”平台，建立新媒体工作室，搭建多元化、立体式的网上网下“一站式”检务公开平台，被最高检评为“全国检察宣传先进单位”。

【派驻检察室建设】 高标准高起点建成派驻朱刘、红河、乔官、营丘、城郊5个检察室，围绕辖区特点打造“一室一品”。认真落实基层基础建设，进一步提高工作效率，以打造全市检察机关样板派驻检察室为目标，顺利完成5个一级规范化检察室的等级复核，完善内部无缝对接、外部顺畅衔接的职能发挥机制，办理轻微刑事案件62件，开展社区矫正监督21次，化解矛盾纠纷56起，为群众办实事25件，在基层治理法治化中注入充足的检察元素。

【检察队伍建设】 深入推进队伍专业化职业化建设。加强专家型业务人才培养，积极开展“检校共建”活动，与山大法学院建立实训基地，成立专家咨询委员会，建立人才合作培养机制，促进各类优秀人才不断涌现。制定《检察官素能提升实施意见》，健全完善“我的业务我来讲”、移动学堂、精品微课等多元化教育培训机制，开展公诉论辩、疑案研讨、侦讯模拟等岗位练兵活动12次，1名干警入选省院检察业务师资人才库，3名干警在省市院公诉业务竞赛中取得优异成绩，2名干警被省院记功嘉奖。深入推进纪律作风建设。认真对待、主动配合市院巡察工作，强化“两个责任”落实，健全廉政风险防控、廉政隐患摸排预警等制度，印发《中国共产党纪律处分条例》《中国共产党廉洁自律准则》学习手册，形成清廉、勤政、自律、务实的良好风气。认真开展“作风建设年”活动，巩固和拓展落实中央八项规定精神成果，赴临沂兰山区院、青岛黄岛区院进行对标学访，向社会公开“十项承诺”，开展检务督察33次，队伍纪律作风更加过硬。深入推进检察文化建设。成立青年志愿者服务队，组织开展“庆三八”公益服务、“青春勇担当”读书分享、羽毛球对抗赛等各类文化活动7次，促进“软实力”转化为战斗力，被评为“全省检察文化建设示范院”。

（供稿：王　栋）

法　院

【概况】 2017年，昌乐县人民法院依法履行司法职责，处结各类诉讼、执行案件7004件，标的额17.4亿元。服务保障“四个城市”建设等做法先后三次得到县委主要领导的批示肯定；被授予“全国法院司法宣传工作先进单位”“全省老年人公益维权服务示范站”称号。在社会治安群众安全感满意度考评中获得全市法院系统第一名。

【刑事审判】 刑事审判认真贯彻宽严相济的刑事政策，依法惩处各类刑事犯罪625案843人，收结案数量创历史最高。深入开展“打黑除恶、打霸治痞”专项活动，依法严惩严重危害社会治安犯罪113案208人。加大环境资源保护力度，坚决打击乱采滥挖矿产资源违法犯罪行为，依法严惩非法采矿17案61人，巩固扩大全县矿产资源集中整治成果。被告人刘某某因非法采矿、非法转让倒卖土地使用权犯罪，被依法判处有期徒刑十年，罚金180万元，并追缴全部违法所得。突出打击毒品犯罪，依法判处贩卖毒品和容留他人吸毒罪30案34人。依法惩处职务犯罪，审结贪污、贿赂、渎职犯罪11案14人。严厉打击危害食品药品安全和非法传销、集资诈骗等涉众型经济犯罪15案23人。加大交通肇事等案件民事赔偿的调解力度，调解率达95%。

【民商事审判】 认真贯彻新发展理念，校准服务发展目标，制定出台《进一步优化审判职能服务工业发展的意见》，为全县工业发展提供坚实的司法保障。始终坚持快立案、快审判、快执行，妥善快速处结影响全县经济发展的重大项目建设纠纷和企业合同纠纷608件，为招商引资和企业生产经营提供有力司法保障。派出干警远赴全国20多个省市，为全县骨干企业挽回经济损失9000余万元。积极参与全县房地产项目整治工作，取得较大进展。把定分止争、促进和谐作为工作重点，审结民商事案件4384件。快速审结关系群众

宪法日法官宣誓 （供稿：法 院）

切身利益的道路交通事故损害赔偿案1215件，及时过付赔偿款6717万元。妥善化解劳动合同、工伤待遇等劳动争议案185件，维护正常的劳动用工秩序。充分发挥人民法庭在矛盾纠纷化解中的主阵地作用，处结婚姻家庭、民间借贷等案件2327件。加大对弱势群体和困难群众的司法救助力度，为困难群众减缓免诉讼费41万元，发放司法救助金30万元。针对金融类案件逐年增多的实际，设立金融法庭，对金融类案件进行集中管辖，配备16名法官、法警负责送达、保全、审判、执行，实现立审执一体化。建立完善沟通协调机制，加强法院与银行在风险管控等方面的信息共享，召开座谈会12次。开展金融纠纷案件专项集中执行活动25次，清收不良贷款9895万元，最大限度地兑现金融债权。自2017年2月金融法庭成立以来，审执结借款合同案1291件，标的额5.2亿元。昌乐法院的做法被省法院予以转发推广。

【行政审判】 认真履行司法审查职责，坚决支持促进依法行政、保护群众合法权益，审执结行政诉讼和非诉行政案189件，依法征收各种行政规费和罚款350万元，有效维护行政机关执法权威。坚决依法保障违法建设治理和棚户区改造工作，派出16名干警积极参与，先后参加协调会数十次，提出合理化建议6条，为全县拆违棚改工作提供有力的司法保障。加强对社会抚养费行政征收案件的执行，选取5个典型案例，制作成宣传片，通过电视台、微博微信广泛播放，营造良好的社会秩序。加大行政诉讼法制宣传力度，积极推进行政机关负责人出庭应诉规范化和常态化，行政机关负责人出庭应诉率明显上升。

【执行工作】 围绕“两到三年基本解决执行难”的目标，不断加强信息技术应用，强化执行规范化建设，有效提升执行结案率，执结案件1803件，标的额9亿元。推进执行指挥中心建设，充分运用网络执行查控系统，查控被执行人财产信息3.6万人次。大力推进网络司法拍卖，累计网拍95次，成交额7200万元，提高财产变现率。积极构建“一处失信，处处受限”惩戒机制，综合运用征信网站、微博微信、户外大屏等平台公开曝光拒不履行义务的失信被执行人信息3520条。加强联合惩戒，在申请贷款、高消费、出国出境、乘坐飞机高铁、评先树优等方面进行严格限制，多方合力促使192名被执行人自动履行法定义务。组织开展涉民生、涉金融案件集中执行活动39次，拘传拘留789人次，搜查13次，查封扣押2547次，最大限度地实现申请执行人的合法权益。

【立案信访】 着力践行以人民为中心的发展思想，加强院机关诉讼服务中心和法庭诉讼服务站建设，为群众提供全方位、多层次的服务。认真落实立案登记制，切实做到有案必接、有案必立，及时受理当事人的诉求。把信访工作作为送上门来的群众工作，领导带头接访，落实办案人员一岗双责，及时解决群众的合理诉求，圆满完成中共十九大期间的安保维稳任务。

【调研宣传】 围绕反映法院工作动态，及时编写工作信息，被省市法院和县委采用12篇。围绕总结审判经验，组织10多次调研活动，为推动工作开展提供决策依据。大力加强宣传工作，在《潍坊日报·法院特刊》等各级新闻媒体发表稿件152篇。认真做好法院网站和微博微信的建设和维护，及时发布司法动态上万条，满足群众对司法的新需求。

【司法警察】 围绕充分发挥法警服务保障审判的职能作用，进一步完善警务工作机制，法警大队保障刑事庭审427件，508人次，协助市中院执行死刑3次，保障省法院在昌乐法院二审开庭2次，执行非诉行政执行案件229件，协助执行案件86件，出动警力达1190人次，圆满完成各项保障任务。

【司法技术】 严格落实《对外委托鉴定、评估、拍卖工作等管理规定》，对外委托办理法医鉴定、文证鉴定以及审计、评估、拍卖等1029件，为审判执行工作提供优质高效的服务。

【司法公开】 进一步完善审判流程、庭审直播、执行信息、裁判文书“四大平台”，及时向当事人推送案件信息7986条，庭审直播案件185件，裁判文书公开上网2.3万件。全面推进庭审公开，案件公开开庭率达99%，旁听群众4.2万人次。加强人民陪审员工作，人民陪审员参审案件1123件。

【司法责任制改革】 按照上级的统一部署，扎实开展法官员额制改革，对法院人员进行分类管理，经过严格的考核考试，遴选产生42名员额法官。完善办案质量终身负责制，成立家事、金融、劳动争议、交通事故等专业审判团队，实现法官队伍的专业化、职业化。严格落实院庭长办案制度，出台监督管理办法，院庭长带头办理重大疑难复杂案件976件。探索设立专业法官会议制度，制定院庭长权责清单，确保办案质量。

（供稿：刘今平）

司法行政

【概况】 2017年，全县司法行政工作在县委、县政府的正确领导和各级各部门的关心支持下，按照“固基础、创特色、树品牌”的总要求，突出抓好公共法律服务体系建设、执法规范化标准化建设、班子队伍建设三项重点工作，为法治昌乐建设提供有力保障。有3个集体、7名个人受到上级部门表彰。昌乐县公共法律服务中心被评为“山东省首批公共法律服务示范中心”。在全市政法系统2017年度社会治安群众满意度测评中，昌乐县司法局位居8县市司法行政机关第1名。普法依法治理工作扎实推进，全县有2个单位被授予“潍坊市法治文化建设示范基地”称号，2个单位被授予“潍坊市法治宣传教育示范基地”称号，1个社区被评为“全省民主法治示范村（社区）”。矛盾纠纷排查化解效能有效提升，律师驻城管执法队陪同执法，助力城市管理新模式，得到司法部领导的肯定。在8月召开的潍坊市“一村（社区）一法律顾问”暨农村新型社区人民调解组织建设工作推进会议上，昌乐县代表作典型发言。

【普法工作】 认真实施普法依法治县“两个规划”，深入开展法律进机关、进乡村、进社区、进学校、进企业、进单位“法律六进”等活动。全面落实“谁执法谁普法”责任制，制定下发镇（街、区）与县直部门“增强全民法治观念”考核细则，明确职责，压实责任。高质量完成“潍坊市在线学法考法平台”的人员登录、学法考法任务目标。创新载体形式，充分发挥手机短信、微博、微信、“今日头条”公众号、无纸化考试系统等新传媒普法阵地作用，强化媒体公益普法，延伸普法触角，在昌乐日报刊发食品安全、公证之窗等专版52期，播出“今日说法”广播栏目300余期。突出抓好青少年法治宣传教育，实施校园“四个一”工程，会同县关工委、教育局等单位规范推进“法治校长”工作，会同县检察院、县教育局等部门开展“法治进校园”暨“以案释法”活动10余次。

【人民调解】 充分发挥听证法、警民联调、律师参与“三项机制”作用，完善人民调解与公安110、审判、检察、信访四个对接机制，引导法律服务工作者参与多元化解纠纷工作。宝都律师事务所实行律师驻城管执法队陪同执法，助力城市管理新模式，得到司法部领导的肯定。司法部、住建部联合下发《关于开展律师参与城市管理执法工作的意见》，在全国推广实行律师参与城市管理执法的做法。积极落实“万人下基层”化解信访积案和矛盾纠纷工作。以村“两委”换届为契机优化村级人民调解委员会，加强医疗纠纷等专业性、行业性调解组织建设。年内，全县各级调解组织化解矛盾纠纷5000多起。对15名涉军人员建立包靠工作台账，成立党员律师顾问团，积极为涉军人员提供政策解读、法律咨询、诉讼代理等法律服务，提供法律服务70余人次。认真落实律师陪同县领导接访制度，全年安排接访191人次。

【法律服务】 开展“公共法律服务体系建设提升年”活动，重点突出基层平台建设。县级公共法律服务中心在硬件基础上进行规范完善，制定推行《公共法律服务规范化手册》，对公共法律服务业务工作逐项“确岗明责”。全年办理各类公证事项3122件，法律援助案件380件，解答法律咨询1万余人次。镇（街、区）公共法律服务工作站和社区、村司法行政工作室建设完成80%。优化县公共法律服务网功能，升级县“12348”公共法律服务热线，强化微博、微信等“微阵地”建设，实现司法行政“智慧法务”高效精准服务群众的目标，全年接听法律咨询电话1060余人次。全面推进“一村（社区）一法律顾问”工作，为全县53个社区、896个自然村配备法律顾问94名。

【社区矫正】 开展社区矫正、安置帮教安全隐患专项整治活动。对县域内在管的社区服刑人员、近5年的刑释人员以及近3年的解教人员集中进行排查走访，走访6000余人次。对排查出的131名重点人员，落实监管措施。加大监督检查力度和执法公开力度，提起撤销缓刑建议4人次，下发警告68人次，提请治安拘留3人次，向司法所下发整改建议书29份。承担全市社区矫正标准化试点任务，会同县市场监管局、县档案局出台社区矫正档案标准，定期开展档案展评及观摩交流活动。年内，全县接收社区服刑人员389人，解除矫正343人。承接国家心理矫治试点工作，联合潍坊医学院心理健康中心进行数据采集，在管的500名服刑人员的心理数据已采集完毕。

2017年昌乐县律师事务所、法律服务所一览表

表3

律师事务所		
山东宝都律师事务所	山东昌明重光律师事务所	山东联合诚信律师事务所
法律服务所		
昌乐众维仁和法律服务所	昌乐蓝光法律服务所	昌乐安信法律服务所
昌乐五图法律服务所	昌乐乔官法律服务所	昌乐营丘法律服务所
昌乐红河法律服务所	昌乐亿铭法律服务所	

（供稿：石宾南）

经济管理与监督

JingJi GuanLi Yu JianDu

发展和改革

【宏观调控】 编制实施中国比德文新能源汽车产业基地规划、昌乐县品质城市建设五年规划和三年行动计划、昌乐县产业强市建设五年规划和三年行动计划等规划。牵头制定《昌乐县加快推进生态文明建设实施方案》《关于推行信用评价机制和实施守信联合激励、失信联合惩戒制度，加快推进社会信用体系建设的实施意见》《关于对失信党员和公职人员实施信用惩戒的意见》等文件。组织实施2017年全县国民经济和社会发展计划，圆满完成各项任务目标。牵头编制2018年经济和社会发展计划草案，提出发展思路、目标任务和工作重点。科学研判宏观经济走势，加强对经济运行中苗头性、倾向性问题的分析研究，及时提出对策建议，每季度形成分析报告，为县委、县政府科学决策提供参考。

【经济结构】 实现地区生产总值307.95亿元，按可比价格计算，比上年增长7.3%。其中第一产业增加值39.32亿元，增长4.3%；第二产业增加值127.47亿元，增长7.8%，其中，工业增加值115.4亿元，比上年增长8.3%；第三产业增加值141.16亿元，增长7.7%。国地两税占二三产业增加值比重为12.1%。人均地区生产总值48299元，比上年增加2210元。产业结构进一步调整，三次产业比例由上年的12.9∶42.9∶44.2调整为12.8∶41.4∶45.8。

【产业转型升级】 工业强基成效显著。比德文新能源汽车产业基地纳入市“四区四基地一通道”战略，汉唐·中能新能源汽车、佳诚数码（惠普）产业园等一批新兴产业项目落地开工，造纸包装、装备制造等传统优势产业加快迈向中高端；规模以上工业主营业务收入、利润、利税分别增长9.1%、24%、21%，6家企业入选省中小企业“隐形冠军”和“专精特新”企业，新增省级以上名牌名标21件。化工产业安全生产转型升级工作扎实推进，停产整顿化工企业54家、永久停产19家、转产10家，87家企业“四评级一评价”全面完成验收。加快企业改制步伐，55家企业完成规范化公司制改制，47家企业在“新三板”或区域性股权交易市场挂牌。现代农业稳步推进。西瓜产值突破20亿元，建成全省首家西瓜院士工作站，昌乐西瓜品牌价值达36.91亿元。新建设施农业1.5万亩、百亩以上农业园区27处，新增市级以上标准化示范园区4处，新发展合作社、家庭农场155家，新认定“三品一标”41个。服务业发展速度不断加快、结构趋向优化，实现增加值141.16亿元，比上年增长7.7%，服务业增加值占GDP比重达45.8%，比上年提高1.6个百分点；服务业提供税收12.63亿元，比上年增长6.7%；服务业为第一产业的加强和第二产业的优化提供有力支撑，从而对优化经济结构、推动城乡统筹发展、扩大劳动力就业等方面发挥积极作用。

【固定资产投资】 固定资产投资平稳增长，完成固定资产投资349.5亿元，增长4.2%，增幅居全市8县市第1位。民间投资147.4亿元，增长9.2%，占全县投资的42.2%。资源争取居全市前列，争取中央预算内投资项目11个，资金7075万元；争取省专项建设基金项目2个，资金1130万元，带动社会资金4.4亿元。

【重点项目】 实施过亿元项目122个，总投资534.4亿元，计划完成投资132.43亿元，实际完成投资137.77亿元，完成年度计划的104%。其中九龙湖综合开发、南寨水库扩建工程、北大公学双语学校等13个项目列入市重点建设项目。这13个项目总投资231.75亿元，2017年计划完成投资25.2亿元，实际完成投资30.21亿元，完成年度计划的119.9%，完成率列8县市第4位。加快新旧动能转换和“四个城市”项目建设，建立全县新旧动能转换项目库，30个项目初步纳入市项目库，4个项目初步纳入省项目库；建立“四个城市”“10·30·100”项目库，其中8个项目列入市产业强市项目库，4个项目列入市品质城市项目库。鼓励社会资本参与公用事业项目建设，推出基础设施、文化旅游等领域10个项目向社会资本开放，2个PPP项目开工建设。项目在线审批监管平台高效运转，全县审批项目440个，投资额333亿元，同比分别增长84%、63.7%。

【现代服务业】 现代服务业增加值占服务业比重53.22%，现代服务业增加值占GDP比重24.4%。重点培育现代物流、电子商务、医养健康、文化旅游、现代教育等产业发展，不断提升服务业发展层次，着力构建现代服务业产业体系。中国宝石城、“三区”建设物流园等5个重点园区建设扎实推进，山东亿福金业珠宝首饰有限公司、昌乐农村商业银行等15家重点服务业企业运行良好，昌乐国际物流中心海关检验检疫监管场站、北大公学、英才实验学校、庵上湖采摘园、宝都护理院等一批服务业重点项目建成投用，莲花山农庄小镇、九龙湖片区开发、五棵松农业旅游观光等项目加紧建设。泰山产业领军人才工程申报工作取得突破性进展，山东昌乐农村商业银行股份有限公司赵连东同志荣获“泰山产业领军人才”称号，并获得省财政配套经费及政策支持，成为全县首位现代服务业领域的泰山产业领军人才。中宝正信金银珠宝首饰检测有限公司信息服务平台项目获100万元省级服务业发展引导资金扶持。昌乐县珠宝产业创业园成功创建省重点服务业园区。

【农村产权制度改革】 50%的村完成权能改革试点。土地综合整治加快实施，新开工实施增减挂钩项目167亩，工矿废弃地复垦利用验收建设用地指标470亩，依法处置闲置土地722亩。“放管服”改革不断深化，实施“五证合一”登记制度，省市县三级政务服务平台互联互通先行试点顺利推进。传媒事业体制机制改革走在全省前列。

【医药卫生体制改革】 启动分级诊疗工作，县级公立医院综合改革试点稳步推进。加快社会信用体系建设，明确3219项行政许可和行政处罚事项。大力推进开放发展，进出口保持平稳增长，扩大对外贸易，加强利用外资工作，完成进出口总额79.8亿元，其中出口额50.2亿元；利用外资到账1.4亿元。农村集体资产股份权能改革试点顺利通过国家验收。城乡建设用地增减挂钩等节地挖潜试点深入开展，新增建设用地3984亩。实施“多证合一”改革，登记核发“多证合一”营业执照6767份。政府债务管理进一步规范，争取地方债置换债券8.8亿元。“放管服”改革不断深化，在全省率先实行“一窗受理，全科服务”，公布“零跑腿”和“只跑一次”事项340项。公立医院改革扎实推进，启动家庭医生签约和档案复核升级行动。加大招商引资力度，到位资金达65亿元。开放发展水平显著提升，实现进出口总额88亿元；利用外资3.1亿元，增幅居全市首位；成功创建国家级出口食品农产品质量安全示范区，被确定为全省首批原产地证书第三方发证机构下放试点。创新活力不断增强，新增市级以上科技创新平台24家，新获专利授权510件，高新技术产业产值占比达28%。全县开工工业技改项目53个，完成投资51.6亿元。

【社会信用体系建设】 昌乐县在潍坊市2017年社会信用体系建设工作考核中位居8县市第三位。建立社会信用体系建设联席会议制度，设立社会信用体系建设联席会议办公室。制定印发《关于推行信用评价机制和实施守信联合激励、失信联合惩戒制度 加快推进社会信用体系建设的实施意见》。昌乐县“一网三库一平台”公共信用信息系统试运行，建立企业法人基础数据库、非企业法人基础数据库和重点职业人群基础数据库。归集“双公示”信息27599条，其中行政许可信息24955条，行政处罚信息2644条；报送信用“红黑名单”信息685条，其中“红名单”646条、“黑名单”39条。在招投标领域应用信用记录和信用报告。报送信用新闻信息，3篇被“信用中国”网站采用，24篇被“信用山东”网站采用，32篇被“信用潍坊”网站采用。

（供稿：郑　凯）

市场监管

【机构设置】　昌乐县市场监督管理局，加挂昌乐县食品安全委员会办公室牌子，为县政府工作部门，负责全县范围内食品药品、工商行政管理、质量技术监督等工作。核定行政编制149名，事业编制78名，实有人员221人，其中，公务员147名，参公人员34名，行政工勤6名，事业人员34名。内设16个职能科室：办公室（挂督察室牌子）、装备财务科、组织人事科（挂培训科牌子）、食品安全综合协调科（挂食品安全应急管理办公室牌子）、食品生产监管科、食品流通监管科、药品监管科（挂医疗器械监管科牌子）、餐饮监管科、保健食品化妆品监管科（挂不良反应科牌子）、市场合同管理科（挂网络监督办公室牌子）、商标广告管理科、消费者权益保护科（挂投诉举报中心牌子）、特种设备安全监察科（挂特种商品管理科牌子）、产品质量综合监督科（挂标准化计量管理科牌子）、法制科、企业信用管理科。直属和派出机构：昌乐县企业注册局、昌乐县公平交易局（挂山东省工商行政管理经济检查总队昌乐大队和打击传销办公室牌子）、朱刘街道市场监督管理所（挂朱刘街道食品药品监督管理所牌子）、宝都街道市场监督管理所（挂宝都街道食品药品监督管理所牌子）、宝城街道市场监督管理所（挂宝城街道食品药品监督管理所牌子）、五图街道市场监督管理所（挂五图街道食品药品监督管理所牌子）、乔官镇市场监督管理所（挂乔官镇食品药品监督管理所牌子）、营丘镇市场监督管理所（挂营丘镇食品药品监督管理所牌子）、红河镇市场监督管理所（挂红河镇食品药品监督管理所牌子）、鄌郚镇市场监督管理所（挂鄌郚镇食品药品监督管理所牌子）、宝石城市场管理所（挂宝石城市场食品药品监督管理所牌子）、农贸城市场管理所（挂农贸城市场食品药品监督管理所牌子）。

【市场主体登记】　深入推进商事制度改革，实行“一审制”与“一审一核制”相结合，提高审批效率。实行企业登记网上远程申报，企业名称预核准、企业登记网上远程申报率已达100%。将个人独资企业、合伙企业登记管理权限下放至基层所，方便群众就近登记。新发展市场主体10443户，比上年增长39%，其中企业1964户，比上年增长16%，个体工商户8333户，比上年增长45%，农民专业合作社146户，比上年增长55%。实施“多证合一”改革，登记核发“多证合一”营业执照6767份。

【市场合同监督管理】　开展“守合同重信用”活动，增强企业信誉度和竞争力。组织市级“守合同重信用”企业公示工作，根据企业自愿原则，做好培训、函询等工作，培育申报市级“守合同重信用”公示企业20家。对旅行社使用的旅游合同内容进行检查指导，检查旅行社9家。组织16家旅行社负责人召开培训会，就旅游合同中常见的格式条款进行重点讲解。新登记动产抵押登记37起，主债权94252.96万元，全部网上公示。采取邮寄受理的方式办理拍卖备案手续，受理拍卖备案22起，拍卖结果备案21起。制定社会加油站油品质量抽检工作计划，对61家社会加油站的油品质量检测实现100%全覆盖，抽检118个批次，10批次不合格产品全部立案查处。制定农资打假专项整治方案，采取招标方式确定承检机构，按15%的比例随机抽取确定被检业户，抽检农资样品109份，15份检测不合格样品全部查处。开展烟花爆竹市场专项检查，签订《责任书》118份，检查烟花爆竹市场8个。召开交易平台经营者座谈会，对5家平台经营者进行约谈，对都昌淘宝村和李和百姓菜园微商公众号实体店进行现场检查。做好网络商品交易平台建档工作，对全县涉网业户进行研判建档，对涉嫌使用极限广告用语、虚假宣传“守合同重信用企业”的企业和网店进行规范。

【商标广告监督管理】 对侵权易发行业和领域展开摸底排查，严厉打击商标侵权违法行为。开展侵犯知识产权和制售假冒伪劣专项行动，保护企业商标专用权和消费者合法权益。严厉打击虚假违法广告，开展互联网金融和以投资理财名义从事金融活动风险专项整治活动及涉嫌非法集资信息排查活动，排查企业200多家，规范重点企业3家。加强印刷品广告监管，强化信用建设，建立健全广告管理制度，督促企业自律，自觉遵守广告法律法规，查处违法行为2起。加强互联网广告管理，受理处结网络投诉30件，立案查处2起。规范户外广告发布行为，查处违法广告，纠正轻微违法发布行为，下发行政指导建议书9份。

【消费者权益保护】 加强流通领域商品质量监管，针对日常消费投诉的热点领域，确定一批与消费者生活密切相关的民生商品开展抽检，抽检钢筋钢材、儿童玩具、电线电缆、小家电、服装、水暖地暖管材96批次，立案查处12起。强化服务领域消费维权，整顿儿童及婚庆摄影、快递物流以及美容美发行业，利用格式条款、通知和告示、虚假和引人误解宣传等损害消费者权益的违法行为，通过行政指导、行政约谈、行政处罚等多种手段，规范经营行为，完善消费纠纷处理等机制。受理服务领域投诉25件，行政约谈并成功调解21起，查处案件2起。开展网络购物平台专项规范，受理网络购物投诉15起，成功调解并退换货11起，查处利用网络虚假宣传、销售无厂名、厂址、合格证等来源不明商品、格式条款侵害消费者权益案件4起。开展品牌服装鞋帽的明察暗访，查办4起销售冒牌耐克、阿迪达斯商标侵权案件。开展假冒伪劣商品集中销毁活动，销毁货值4万余元的问题商品。受理投诉举报（咨询建议）1157件，全部受理回复。圆满处理黑骏马健身俱乐部更换经营者原会员卡不能继续使用引发的集体投诉，为960多个消费者挽回损失近30万元。

【食品安全监督管理】 开展食安创建，5月顺利通过潍坊市国家食品安全示范城市验收，12月顺利迎接省级食品安全先进县验收。以镇（街、区）、社区、自然村为单位层层划分网格，落实基层监管责任。突出问题导向，全面抓好区域内食品业户的监管整治。突出重点区域集中整治，持续推进农贸城规范提升工程。实施“智慧监管”，将120家餐饮单位后厨加工过程、快检室操作监控联网到监控平台，迎接全市学校食堂快检室暨“阳光厨房”建设现场推进会。实行食用农产品产地准出、市场准入制度，食品流通环节全面使用“一本通”，韭菜实行“双证制”管理。建立食品业户信用档案，实施分级分类监管，实现动态管理。开展快检“三进”活动，对农贸城、大中型超市实行快检第三方托管。做好食品生产许可审批工作，完成发证9家。推进“三小条例”贯彻实施，提升“三小”规范化水平。狠抓食品抽样检测，完成自主抽检830批次，食品生产企业抽样检测全覆盖。抓好多元共治，建立健全红黑名单制度，鼓励社会各界参与监督。强化宣传引导，对373个行政村落实地上“四个一”标准，其他村安装宣传牌并粉刷食品安全宣传标语，强化道路护栏、公交站牌、汽车站等场所的宣传，在县电视台开设《市场监管在行动》栏目，营造良好舆论氛围。

【保健食品化妆品监管】 完善保健食品化妆品档案管理，建立健全信用档案，全面掌握基本情况，对保健食品、化妆品经营单位进行全面摸底并建档，实行档案动态化管理。对化妆品生产经营日常检查同步上传日常监管系统，有53家化妆品经营企业录入监管系统。对保健食品化妆品经营企业现场进行严格核查，认真审查经营资质，推进保健食品经营许可和委托化妆品备案工作，核查保健食品经营许可现场95家，检查化妆品委托生产企业4家，化妆品备案品种42种。围绕产品的标签、说明书、经营管理制度、索证索票和台账、产品分类管理及是否扩大宣传等情况进行检查，完成保健食品抽样13个批次，化妆品抽样8个批次。开展专项整治，重点整治县城区域内大中型连锁零售药店、大型超市及保化品专卖经销企业，对涉嫌假冒伪劣的产品，做好现场检查记录和先行登记保存记录，通过对照文件、网上系统核查等方式辨别真伪，检查经营企业319家，受理投诉2起。

【药品及医疗器械监督管理】 开展“规范药店提升”行动，要求药品经营企业做到“六统一、六禁止、六承诺、三服务”。对药品生产企业和药品经营连锁总部进行全覆盖检查和风险大排查，检查药品生产企业6家次，检查药品经营连锁总部4家，GSP跟踪检查药品零售企业28家，对发现的问题要求企业限时整改并提供整改报告。完成药品抽样71批次，2批次不合格，协助市食品药品检验检测中心抽检28批次，协助省局评价性抽检7批次，流通环节的快检检查135批次，圆满完成抽检工作任务。报送药品不良反应798例，医疗器械不良事件434例，化妆品不良反应46例，圆满完成工作目标。

【质量强县（名牌战略）】 名牌工作根据山东名牌评价目录，推荐7家企业申报山东名牌产品，1家单位的2个项目申报山东省服务名牌，推荐2家单位和2名个人申报市长质量奖，山东梦金园珠宝首饰有限公司成功获评潍坊市市长质量奖。起草印发《关于推荐优势企业开展品牌创建工作的通知》，要求各镇（街、区）推荐优势企业，建立品牌培育库。召开全县品牌工作会议，对2015年新获品牌企业进行表彰奖励，对2017年名牌工作进行部署和发动。

【质量管理】 开展打击消费品、建材、消防用产品、危险化学品及其包装物、儿童游乐设施、汽车配件、车用汽柴油打假和电梯安全专项执法行动的“质检利剑行动”，查办质监类案件43起。强化企业信用监管，建立企业动态信用档案，对17个不合格产品进行后处理。采取政府购买服务的方式，聘请专家对10家检验检测机构进行检查，对发现的问题责令立即整改，并将问题通报检验检测机构和公安、建设、交通等部门。开展沟槽式管接件产品监督抽查工作，抽取9家企业9批次产品。调度全县48家企业开展工业产品生产许可证企业年度自查工作，对未按时提交年度自查报告的3家企业下达责令改正通知书。

【计量管理】 扎实推进民生计量工作开展，组织开展加油站计量器具专项监督检查、安全防护计量器具监督检查和重点环境监控企业在用环境监测计量器具监督检查；加强强制检定计量器具备案工作，新办理强制检定计量器具备案近1.2万件。年内检定计量器具16084台件，其中强检计量器具15630台件，定量包装产（商）品检验27批次，检定数比上年增长8.5%。

【标准化工作】 深入开展“一对接两走访”活动，对接地方党委政府、走访企业、走访乡村，根据特色产业和工作重心，了解实际困难和需求，引导鼓励企业走品牌化道路。活动期间，走访各类企业89家，发现问题35个全部解决。指导、服务企业参与标准化活动，支持企业主导和参与国家标准修订制定，培育一批达国际先进水平的“昌乐标准”，增强市场话语权，年内取得“山东标准”建设试点项目立项3个、新增行业标准1项、国家标准3项，阳光纸业获评潍坊标准创新奖三等奖。

【特种设备安全监察】 2017年办理特种设备使用登记655台（次）。开展特种设备安全生产大排查快整治严执法、涉氨制冷特种设备专项整治、电梯专项整治、气瓶专项整治等系列行动，检查单位760家次，发现隐患412项，责令停产停业整顿70家，下达特种设备安全监察指令书80多份。通过联系协调镇街、有关部门，约谈公司法人代表，督促企业落实安全主体责任。抽调精干力量包靠，将10吨及以下的燃煤小锅炉全部“清零”。邀请市特检院检验专家到“煤改气”攻坚重点乔官镇现场指导、座谈提议，加快推进燃气锅炉检验验收工作进程。牵头组织全县气瓶专项整治会议，公安局、住建局相关负责人、气瓶充装单位负责人等参会，签订安全责任承诺书26份。对在用特种设备进行排查摸底，排查出139台特种设备未办理注册登记。邀请市特检院专家举办2期特种设备安全培训班，强化企业安全生产主体责任意识，落实主体责任。

【公平交易执法】 2017年查办案件630起，结案616起。与公安部门联合开展打击传销行动，捣毁传销窝点10余个，教育遣返300余人，移送2起。开展通过授课向老年人推销产品行为专项整治，结案6起。开展“促竞争、树品牌、保民生”专项执法行动，查处8起销售侵权白酒行为，端掉生产窝点1个。完善政企联合打假维权机制，将梦金园、乐化确定为重点保护对象报送省工商局，会同厂家打假，查获假冒清扬洗发水、中华牙膏一批，查获假冒“牛栏山陈酿”320多箱，立案查处19起。开展桶装饮用水、速冻肉、学校食堂及周边、保健食品、“六小”、畜禽产品、水产品等30多项食品安全专项行动，严肃处理违法行为，查处情况在网站上进行公开。开展药品、医疗器械经营使用单位质量提升和风险大排查活动，检查749家次，查处违法行为422起。

2017年昌乐县驰名商标企业一览表

表4

驰名商标企业名称	商标名称	所属镇（街）
山东梦金园珠宝首饰有限公司	梦金园	开发区
山东蓝天首饰有限公司	图形	开发区
山东蓝天首饰有限公司	赛菲尔	开发区
潍坊现代塑胶有限公司	时代	开发区
潍坊嘉福珠宝有限公司	嘉福	开发区
山东亿福金业珠宝首饰有限公司	亿福	开发区
山东潍焦集团有限公司	昌及图	朱刘街道
山东比德文电动科技股份有限公司	比德文	朱刘街道
山东万山集团有限公司	万山	朱刘街道
山东乐化铝塑制品有限公司	乐化及图	朱刘街道
山东乐化集团有限公司	乐化及图	红河镇
山东矿机集团股份有限公司	乐煤及图	开发区

2017年昌乐县山东省著名商标企业一览表

表5

著名商标企业名称	商标名称	所属镇（街）
山东矿机集团股份有限公司	乐煤及图	开发区
山东蓝天首饰有限公司	赛菲尔	开发区
山东蓝天首饰有限公司	图形	开发区
潍坊嘉福珠宝有限公司	戴丽姿及图	开发区
山东亿阳电工有限公司	亿阳 YIYANG	开发区
山东日科化学股份有限公司	图形	开发区
潍坊英轩实业有限公司	乐源及图	宝都街道
山东爱蒂娜珠宝有限公司	爱蒂娜	宝都街道
潍坊华翎羽绒制品有限公司	雪尔雅及图	宝都街道
潍坊英轩实业有限公司	英轩 YINGXUAN	宝都街道
潍坊三江塑料制品有限公司	潍塑三江及图	宝都街道
山东潍焦集团有限公司	昌及图	朱刘街道
山东比德文电动科技股份有限公司	比德文	朱刘街道
昌乐乐化五金制品有限公司	乐化及图	朱刘街道
潍坊龙海民爆有限公司	龙威 LW 及图	鄌郚镇
昌乐恒昌化工有限公司	昌铸	乔官镇
山东乐化集团有限公司	乐化及图	红河镇
潍坊现代塑胶有限公司	双马	开发区
潍坊现代塑胶有限公司	时代及图	开发区
山东开元电子有限公司	图形	宝都
山东含羞草卫生科技股份有限公司	含羞草	开发区
山东含羞草卫生科技股份有限公司	含羞草及图	开发区
中慧农牧股份有限公司	亚太中慧及图	五图街道
潍坊乐化酒业有限公司	乐化及图	五图街道

2017 年昌乐县山东省名牌产品一览表

表 6

序号	企业名称	产品名称	申报时间（年）
1	潍坊现代塑胶有限公司	PVC 增强软管	2013
2	山东乐化漆业股份有限公司	油漆、建筑涂料	2015
3	山东日科化学股份有限公司	PVC 抗冲改性剂 ACM 树脂	2015
4	山东矿机集团有限公司	单体液压支柱、液压支架	2013
5	山东矿机集团有限公司	工业机器人	2015
6	山东巴夫利化学建材有限公司	保温装饰一体化板系列	2013
7	潍坊科兴塑料建材有限公司	PVC 高强度水带	2013
8	潍坊西水机器人科技有限公司	工业机器人	2015
9	山东开元电子有限公司	LED 路灯	2017
10	山东昌乐农村商业银行股份有限公司	金融服务	2015

有效期内的山东名牌 8 家企业 11 种产品，山东省服务名牌 1 家。

（供稿：刘命锋）

检验检测

【机构设置】 昌乐县检验检测中心成立于 2014 年 3 月，为昌乐县政府直属事业单位，主要承担全县食品和农产品质量安全检测工作。中心机关下设办公室、财务科、业务室、检测室 4 个科室。至 2017 年 12 月，中心在职在编干部职工 24 人。

【产品检验检测】 2017 年，中心完成农产品、食品等产品质量安全检测 2114 批（次）。农残定量检测：全年完成农残定量检测 902 批（次），超额完成 720 批（次）年度工作目标。农残速测：全年完成县市场监管局、农业局等单位委托的农残速测 1212 批（次）。

【检验检测技术服务】 2017 年，中心组织检测技术骨干，深入一线为镇（街、区）、企业、合作社等检测站（室）提供仪器维护、试剂购置、实验室建设指导服务 9 次；举办各类检验检测技术人员专业培训班 6 批（次），助推昌乐县各级检验检测机构建设再上新台阶。

（供稿：赵军普）

物价管理

【概况】 2017 年，在县委、县政府的正确领导下，在深化价格公共服务，在深化价格改革、疏导价格矛盾、完善价格机制、整顿价格秩序和规范收费行为优化经济环境等方面都取得较好的成效。2017 年在全市科学发展综合考核中位列第一名；被省物价局评为全省价格认定质量评查工作先进单位，潍坊市只有昌乐县和奎文区获得；省物价局业务副局长董金文对昌乐县工作专门作出肯定性批示，是潍坊市县（市、区）历史上第一次。

【价格改革】 积极推进天然气价格改革。根据山东省物价局《关于降低非居民用天然气基准门站价格的通知》要求，印发《关于调整昌乐县非居民用天然气基准销售价格的通知》文件调整昌乐县非居民用天然气价格。非居民用天然气基准销售价格每立方米由 3.16 元调整为 3.03 元。供需双方可以基准销售价格为基础，在上浮 10%、下浮不限的范围内协商确定具体销售价格；当遇供气企业调峰，门站基准价格上调时，具体销售价格可以比上年例上浮。

继续推进公立医院改革。根据上级有关规定，参照潍坊市发展和改革委员会、潍坊市卫生和计划生育委员会、潍坊市人力资源和社会保障局、潍坊市财政局、潍坊市深化医药卫生体制改革领导小组办公室发布的《潍坊市城区公立医疗机构医疗服务价格》和潍坊市发展和改革委员会、潍坊市卫生和计划生育委员会、潍坊市人力资源和社会保障局《关于贯彻落实鲁价格二发〔2014〕47 号文件精神明确新增医疗服务价格项目和修订部门医疗服务项目价格的通知》文件，印发《关于公布昌乐县公立医疗机构医疗服务价格的通知》

文件，昌乐县人民医院执行此文附件医疗价格的95%，昌乐县妇幼保健院执行此文附件医疗价格的90%，其他医疗机构执行此文附件医疗价格的80%。此价格为最高价格，各医疗机构可根据具体情况适当下浮；对体现医务人员技术劳务价值的手术服务项目，可以此价格为基础在不超过10%的幅度内浮动。

【价格监督】 加强行政事业性收费事中事后监管。贯彻落实省物价局、省财政厅《关于贯彻发改价格〔2015〕36号文件加强行政事业性收费事中事后监管的通知》精神，按照《潍坊市行政事业性收费单位情况和收支状况报告办法》及《潍坊市行政事业性收费政策及执行情况评估办法》规定，继续搞好行政事业单位收费公示工作，在市民服务中心统一设立收费公示牌。

开展农贸市场明码标价试点工作。针对农贸市场摊贩多、小，摊主随意要价、价格不明确等问题，在昌乐县农贸城西区蔬菜批发市场开展明码标价试点工作，该区域明码标价公示牌已全部完成，并于9月底在昌乐县召开全市价格检查工作会，并现场进行观摩。

【物价执法】 积极探索“柔性”执法，树立教育为先、防范为主的执法理念。通过召开提醒会、告诫会、约谈等方式，加强对经营者的提醒与劝诫，增强其价格法制意识，变事后处罚为事前防范，有效预防和减少价格违法行为的发生。2017年，先后对涉企收费单位、中小学、医院、天然气行业、房地产企业等召开政策提醒会，发放提醒告诫函若干。分时段开展定期和不定期的价格监管，扎实做好节日市场价格检查。组织开展元旦、春节、“五一”“十一”市场价格检查，加强对生活必需品、食品、餐饮、停车场以及交通运输价格的监管，采取告诫、约谈等方式，维护节日市场价格秩序，同时结合日常市场巡查，对发现的问题及时纠正，避免问题扩大化。

积极研判舆情导向，重视网络问政办理。价格举报中心建立网络舆情信息监测制度，明确专人负责舆情，及时受理咨询和投诉，确保群众合理诉求件件有回复、事事有结果。2017年，受理价格投诉市县长公开电话案件284件，民声155件，全部办结，办结率100%。同时对于一些季节性的投诉，如供暖等，提前做好告诫并在收费处做好解释工作。

开展昌乐县公平竞争审查工作。根据潍坊市人民政府《关于印发在市场体系建设中建立公平竞争审查制度实施方案的通知》要求，为加快建立统一开放、竞争有序市场体系，促进和保护市场公平竞争、提高资源配置效率，规范政府有关行为，推动经济社会持续健康发展，由县物价局牵头成立公平竞争审查办公室，并制定相关文件：印发《实施方案》。按照县政府要求，县物价局牵头起草《在市场体系建设中建立公平竞争审查制度实施方案》，并于7月10日全部下发各相关单位，建立指导协调机制。经县政府同意，建立由县物价局、财政局、商务局、市场监督管理局和县政府法制办组成的公平竞争审查工作联席会议制度，指导、协调推进全省公平竞争审查工作，并于8月19日公布《昌乐县公平竞争审查工作联席会议成员名单和工作规则》。召开全县公平竞争审查推进会议。公平竞争审查工作是2017年从中央到省、市、县的一项重要工作，同时潍坊市也把此项工作列入年底对我们县科学发展观的考核，为做好此项工作，联系市公平竞争审查办公室负责人到昌乐县进行业务培训，取得良好效果，并得到市领导对昌乐县公平竞争审查工作的好评。

【价格检查】 结合医保定点刷卡审批和检查活动，开展药品价格明码标价及医疗服务价格检查。开展零售药店药品价格明码标价检查活动，对全县32家零售药店药品价格执行情况进行检查；对昌乐县人民医院和中医院价格政策执行情况进行检查。通过检查各医院及药店价格执行情况良好，无违规现象。

电力价格专项检查。根据潍坊市物价局《关于转发开展电力价格专项检查的通知》要求，一方面配合市局对昌乐县电业系统进行检查，同时也通过巡查对电业系统进行检查。检查内容：销售电价的政策执行情况；差别电价、阶梯电价政策执行情况；环保电价政策执行情况；收取的政府性基金、附件费等；农村各类用电价格；电力工程建设安装过程中的各种收费；

其他各种自立项目等收费。通过检查昌乐县电业系统均能按政策要求执行。

开展涉企收费专项检查。根据潍坊市物价局《转发山东省物价局鲁价检发〔2017〕45号关于深入开展涉企收费专项检查工作的通知》文件要求，在前期调查摸底的前提下，开展昌乐县涉企收费检查。

行政审批中介服务检查。对昌乐县不动产测绘、土地评估、安评和环评的6家中介公司进行检查，经查各单位均按要求进行公示且按规定收费。

行业协会商会检查。积极沟通县民政部门在掌握昌乐县行业协会情况后，对县的个体私营者协会、旅游协会及房地产协会进行检查，经查仅房地产协会收取会费，且收费符合规定。

进出口环节检查。对昌乐县商贸局和交通局进行检查，经查昌乐县无进出口环节收费。

金融机构检查。对昌乐县建设银行、中信银行、农商行进行检查，各银行均按要求进行明码标价，昌乐县各银行均为各行分行，无收费定价权，全部按照其上级要求执行。

电子政务平台检查。对昌乐县市场监督管理局、卫计委、水利局、建设局、房管办和国土局进行检查，经查该单位电子政务平台均未收费。

建设领域检查。对昌乐县建设局、房管办和规划设计院进行检查，经查该单位均按政策要求执行。

【商品房备案及明码标价工作】 严格审核把关，做好商品房价格备案。2017年28个项目进行备案。对每一个提供的资质、批文、建设、规划等文件严格审核把关，特别是规划建筑面积与实际建筑面积是否相符，容积率等是否合理，各区域商品房价格是否合理等逐项把关，严格审核，不符合要求不予备案，有效调控房市价格。根据备案情况，备案后7天内对备案楼盘进行复查，同时配合市物价局于2017年9月对昌乐县开盘的房地产开发企业商品房销售明码标价工作落实情况进行专项检查。县物价局开展商品房销售明码标价专项检查。组织工作人员分成2个组，对15家房地产开发企业进行拉网式检查，确保每个新开发的居民住宅小区、每个正对外公开发售的楼盘、每套出售的新建商品房都检查到位，无一遗漏，不留空白。

【价格鉴证与服务】 在价格鉴证工作中严格按照规定的程序和标准开展工作，坚持“客观、公平、公正、科学、及时”的原则，保证价格鉴定结论的准确性和科学性。2017年度办理涉案案件181件，鉴证标的额279.07万元。在人手少、工作量大、任务繁重的情况下，以扎实的工作作风，履职尽责的严肃态度，严格按照规定的程序办理案件，做到严把现场查验关、市场调查关、测算思路关，复杂案件请教有关单位和专家，在取得大量数据资料基础上科学地出具认定结论，案件办结率达100%，复议率为0，投诉率为0。质量和数量均居全市首位，未引发一起投诉上访案件。获得上级充分肯定，“全市价格认定工作质量评查现场会”在昌乐县召开，昌乐县价格认证案例被推荐为全市优秀案例；局价格认证中心被省物价局价格认证中心评为全市唯一的“山东省先进价格认定机构”，并被省局向国家发改委推荐。先后有5份案件被国家发改委、省物价局评为优秀认证案件，20份评为全市优秀，居潍坊市前列。认证工作得到省物价局董金文局长亲自批示，受到省物价局领导高度评价。

【服务地方政府发展】 全力搞好棚改评估监督工作。根据县委、县政府安排，在人员非常紧张的情况下，抽调工作骨干组成4个工作小组参加全县2017年列入计划的棚户区改造项目的评估监督工作，持续时间近5个月。在棚改工作中，工作人员放弃个人休息时间，吃在现场，靠在户里，加班加点克服各种困难，以优质高效的工作圆满完成棚改工作任务。先后对五个镇街区近5000户进行评估。由主要领导带队对两个村分配网络的棚改拆迁的工作，都在规定时限内提前完成任务，得到农户的好评和县级领导的肯定。12月对2018年南关片区1100户提前评估。参与新能源汽车配套、汉唐汽车等大项目的2000亩地上附着物的拆迁评估工作。

开展矿产资源集中整治涉案财物价格认定。精心组织、靠前服务，为全县矿产资源集中整治大局提供坚实的法律价格支持。组织专业力量在现场查验、开展市场价格调查、咨询相关专业人士，集体审议认定等各个环节实施规范操作、精准测算，加班加点圆满快速完成40余处非法采矿点的包括石灰石片石、石子、石硝、石粉、玄武岩矿坑石料、麻刚沙原沙及成品沙等20余个品种的现场查验、测算和认定，完成并出具认定结论书30多件，无一例出现争议上诉。

【收费管理】 完善收费目录清单。2017年加强收费项目管理工作，将收费管理与物价检查工作相结合，利用检查手段促进收费项目清理规范工作的开展，并出台《昌乐县政府定价或政府指导价经营服务性收费目录（2017版）》和《昌乐县县级政府定价政府指导价涉企收费目录清单（2017版）》，清费治乱工作取得良好效果。

做好收费统计工作。根据潍坊市发改局、潍坊市财政局《关于开展2016年度行政事业性收费单位情况和收支状况报告工作的通知》文件精神，高度重视行政事业性收费单位情况和收支状况报告工作，积极与有关收费单位对接协调，按时汇总上报市物价局，圆满完成收费统计工作。上报《昌乐县物价局2016年度行政事业性收费统计情况报告》。

及时落实上级文件精神。收到省、市有关调整收费标准文件后，通知相关部门落实文件精神，要求及时调整有关标准，做到收费公示。规范物业服务收费管理，以乐价字〔2017〕8号《关于延长乐价字〔2014〕15号文件有效期的通知》文件规范昌乐县物业服务收费。

【自身建设】 深入学习中共十九大精神，加强机关党的建设。2017年深入学习中共十九大精神，认真学习贯彻习近平新时代中国特色社会主义思想，大力加强机关党的建设。加强对党员干部的管理力度，增强党员干部纪律意识。结合“作风建设年”活动，在全局深入开展 “守规矩、讲纪律”学习教育活动，定期开展学习培训和交流讨论，主要负责人带头上党课，强化党员干部对纪律意识的重视，持续增强对党员干部的教育。在机关开展“机关作风大比拼”主题实践活动，倡导党员干部争先创优，增强干事创业本领，提升党员干部业务能力，激发党员干部干事创业积极性。

【物业水电代收费公开公示工作】 针对部分住宅小区物业水电代收费不透明、乱公摊，业主不了解、不理解、怨气大的问题，实施物业水电代收费公开公示。每季度首月10日前，将上季度自来水公司、电业公司收取本小区的水电费总额、物业收取业主的水电费总额和详单、本小区内公共损耗的水电费总额和损耗详细说明、水电公摊费用等4方面内容，在小区公开栏等显要位置进行公开公示，使小区水电实现“阳光收费”，让物业不再“任性”，给业户一个“明白”。2017年在昌盛花园等5个规模大、基础条件好的小区开展试点，待试点摸取经验、改进完善后，在全县面上推开。

【启动价格补贴联动机制】 履行物价帮扶职能作用，启动社会救助和保障标准与物价上涨挂钩联动机制，对低收入群众发放价格临时补贴。针对全市2016年12月和2017年2月城镇低收入居民基本生活费用价格指数比上年上涨较多的实际，经过科学测算和精心组织，联合有关部门对相关保障对象发放价格临时补贴。

【招商引资工作】 转作风，争项目，以全县“项目攻坚月”为引领，促项目落地。积极围绕大局开展招商引资，在县直部门中名列前茅。引进年产1000万米自粘防水卷材项目，总投资3000万元。引进食品加工项目，总投资4000万元建设，投产后年可实现主营业务收入7000万元。引进锅炉烟气超低排放改造项目，到位资金5500万元。

（供稿：朱　超）

统　计

【概况】 2017年，昌乐县统计局被评为“山东省统计先进单位”“山东省第三次农业普查先进集体”“山东省统计宣传先进单位”“2015—2016年度全市‘四德工程’”建设示范点”“全市先进基层妇女组织”“2017年度县直部门（单位）工作实绩综合考核一等奖”“三大攻坚战”先进单位；被中国信息报社评为2016—2017年度统计宣传工作先进单位。

【专业统计】 围绕地区生产总值核算，全面抓好农业、工业、能源、投资、贸易、服务业、社会等各项常规统计，做好各类报表的审核汇总和上报，确保各项指标数据准确、逻辑严谨、上报及时。2017年全县429家“四上”企业，按照国家局联网直报要求，通过网络顺利向国家局报送月报、季报和年报等原始数据，上报率达100%。深入基层调研企业生产经营状况，及时将达规模的企业纳入联网直报范围，力求应统尽统。认真做好规模以下工业、粮食产量、畜禽监测、工业产品价格、商品零售价格、农业生产资料价格、城镇化监测等统计调查。

【专项统计】 扎实开展全国第三次农业普查现场入户登记和数据审核等工作，普查总户数127974户。其中，普通户109713户，规模户16989户，经营单位1272家，户表上报率均为100%。组织开展2017年1%人口抽样调查。抽样调查采用调查员入户登记的调查方式，调查42个小区，涉及全县所有镇（街、区），登记3229户，人口7184人。

【基层基础工作】 以保障源头数据质量为根本，规范基层基础建设。全面落实上级统计部门对统计基层基础的工作意见，健全完善统计基层组织和统计基础工作，持之以恒抓好基本单位名录库和企业星级管理等工作，推动统计基层基础工作向纵深发展，源头数据质量不断提高。

【统计服务】 以科学分析预警为着力点，提高服务决策水平。适应新常态对统计工作的新要求，建立以GDP核算为龙头的预警机制，每月收集与GDP核算相关的基础指标，与相邻月度及季度数据进行对比，对变动较大的数据进行分析，统计部门及时与相关企业或部门联系，对存在问题的数据及时改正，做到对经济发展走势心中有数，统计服务的精准度有所提高。打造优质统计服务产品。根据统计报表、调查资料，采取定期资料、统计信息等多种形式，向县委、县政府和社会各界提供经济和社会发展情况的信息资料，为宏观决策、制定计划、指导工作提供咨询服务。每月编发1期《昌乐统计月报》，发布上月全县经济运行和社会发展情况。编写《2017年昌乐统计年鉴》，内容包括政府工作报告、综合平衡、各专业年报、交通邮电电力、财政金融、社会事业、物价、人民生活等内容，是了解县情、正确决策、科学规划、指导工作的重要资料和依据。统计产品的适用性、权威性、实效性进一步增强。

【统计改革】 以创新思维为指导，推进重点领域统计改革。全力衔接GDP核算制度。以数据质量为中心，加强对基层基础数据的审核评估，保证数据的可靠性和严肃性；积极推进专业统计与GDP核算制度方法的协调，着力提高GDP核算数据与专业统计数据的匹配性。全力推进投资统计改革。以投资项目单位入库为重点，县统计部门加强与主管部门的沟通和联系，全面获取投资项目单位信息，确保500万元及以上开工项目100%纳入统计，做好5000万元及以上项目法人单位和项目双入库的审核管理。

【统计监督】 以防范和遏制弄虚作假为目的，切实提高统计法治水平。认真贯彻落实中央领导重要批示精神，从讲政治的高度，强化在提高数据质量、反对统计造假上的主体责任，增强担当意识、风险意识、底线意识，坚持抓源头、强法治、严规程、建机制，坚决防范数据造假、弄虚作假，推动统计数据质量不断提高。

（供稿：庞明一）

审计监督

【概况】 2017年，昌乐县审计局下设4个职能科室，包括办公室（挂信息化建设科牌子），法制科（挂政策研究室牌子），财政金融审计科，行政事业审计科（挂政策跟踪审计科牌子）；下设2个事业单位，包括昌乐县经济责任审计办公室（副科级）、昌乐县政府性投资审计中心（股级）。2017年完成审计项目44个，查处违规金额13714万元，移送案件线索4起。完成县委县政府临时交办的各类任务15项。信息宣传稿件被采用138篇。潍坊市2017年度重点行业数据操作指引征集活动“优秀组织单位”；全市审计质量检查考核为优秀等次；2017年度县直部门工作实绩综合考核一等奖；“工人先锋号”称号；中国时代经济出版社、《中国审计》编辑部和中国审计报社审计宣传工作先进单位；内部审计协会获得山东省优秀内部审计协会称号；山东省档案工作科学化管理合格单位；连续四年保持“省级精神文明”荣誉称号。

【财政审计】 对县财政局具体组织的县级预算执行情况进行审计，并延伸审计10个预算单位，发现预算编制不够科学、收入未纳入预算管理、虚列支出挂暂存、违规出借财政资金、差旅费报销不严格等14类31个问题，提出审计整改建议38条。对土地增值税、土地使用税、耕地占用税等税收方面的问题进行审计，延伸审计15户企业，发现房地产企业税收管理不规范、房地产企业土地增值税清算不及时、税务登记不规范等5方面问题，针对发现的问题，对昌乐县7家房地产企业税收情况进行专项检查，发现部分企业通过隐瞒收入等不按规定计提和缴纳税款，涉及金额1583.86万元。县人大根据审计情况历史上第一次启动质询程序，对地税局税收征管方面存在的突出问题及个别预算执行单位存在的问题和整改情况进行质询。

【经济责任审计】 完成干部经责审计27个，发现部分镇（街、区）部门在征地拆迁方面乱开口子、违规扩大开支范围、聘用临时工过多，个别单位部门财经制度执行不严、内控制度薄弱、资产管理不到位、无依据收费等各类问题98个。

【政府投资审计】 2017年，昌乐县政府投资审计中心完成流泉街下穿立交桥和昌五路改建工程2个政府投资项目的结算审计工作，审计金额为1.19亿元，综合审减率为17.91%，节约财政资金2138.85万元。

【政策落实跟踪审计】 保障性安居工程审计。对昌乐县2017年保障性安居工程的计划、投资、建设、分配、运营情况，及配套基础设施建设情况进行审计。关注安居工程政策落实、管理绩效和遵守法律法规情况，对8个安居工程项目的建设管理情况进行重点检查。发现政府购买棚改服务、住房使用和运营管理等方面的3个问题，提出审计建议3条。

精准扶贫政策落实专项审计。年内对昌乐县2016年度精准扶贫政策落实情况进行跟踪审计调查，重点审计县扶贫办，延伸审计3个乡镇、5个村、8个项目，调查走访9户贫困人员，发现资金拨付不及时、使用现金支付扶贫资金、产业扶贫项目闲置、项目收益收取不到位4个问题，提出审计建议3条。公立医院综合改革跟踪审计。年内对公立医院综合改革政策措施落实情况进行跟踪审计，发现管理体制改革方面、医药管理体制改革方面、医疗服务体制改革方面、医疗保障体制改革方面、信息系统方面、相关配套改革等方面的11个问题，提出审计建议2条。

【民生审计】 2017年，对昌乐育才双语学校、昌乐外国语学校、昌乐博闻学校3所民营学校财务收支及其他相关情况进行专项审计调查，发现政府投资国有资产未收益、学校大量使用公办老师挤占全县公共教育资源、资产未纳入国有资产管理等14个方面的问题。

（供稿：刘元兴）

安全生产监管

【概况】 2017年，在县委、县政府的正确领导下，昌乐县安监局深入贯彻落实中央、省、市各级有关安全生产工作的部署和指示精神，践行安全生产法律法规，坚持“安全第一、预防为主、综合治理”方针，结合昌乐县实际，建立有效的监管机制，扎实开展“大快严”行动及各项检查，继续推动“双重预防体系”及标准化建设，加快“智慧安监”平台建设，实现全县安全生产形势持续平稳。

【严把安全准入关口】 严控高危行业企业安全生产许可，狠抓新建、改建、扩建项目安全设施“三同时”落实，对新上项目，严格审批条件、标准和程序，对达不到规定条件的，一律不予审批，确保新上项目“三同时”率达100%。对安全许可的企业，凡发现安全生产条件下降的，一律责令整改，整改验收不合格的，吊销许可，依法关闭。对现有项目，原设计不规范、相关安全设施不完备的，督促企业选择有资质的单位进行设计改造，实现本质安全。对历史形成的个别“先上车、后买票”的建设项目，主动帮助企业完善手续，实现生产经营合法化。全县168家危化企业全部取得安全许可，重点建设项目“三同时”率达100%。

【安全生产监管体系】 年初，根据市里下达的控制指标和工作任务分别与各镇（街、区）、县直有关部门和单位层层签订安全生产责任书，构建“横到边、纵到底、全覆盖、无缝隙”的安全生产监管体系。各镇（街、区）成立安环办，分管负责人任主任，配备1名副科级专职副主任，按照10人以上标准配备安全和环保监管人员，做到专人专职。

【安全生产大检查】 按照“四不两直”的执法检查原则，由县政府安委会办公室牵头，制定详细检查方案，成立85个检查组次，出动检查人员430余人次，检查各类生产经营单位1794家，排查整改各类安全隐患3565项。同时，成立包靠督导组、工作巡查组两支队伍，对行动进行全面督导检查。

【重点领域专项整治】 采取政府购买服务的方式，出资45万元，聘请3家公司，对全县70家危险程度相对较高的企业进行“诊断式”安全检查。对专家排查出的安全隐患，边查边改，督促企业做到整改时限、责任、资金、预案、措施“五落实”，对安全生产非法违法行为一律严管重罚。对列入2017年执法监察计划的363家高危行业企业、290家重点生产经营单位进行重点排查。2017年以来，立案60起，行政处罚170余万元。

【风险防控与隐患排查治理】 “双重预防体系”建设和标准化建设。制定下发《安全生产风险分级管控与隐患排查治理两个体系建设工作方案》，成立双重预防体系和标准化建设推进工作领导小组，充分发挥乐化油漆、英轩重工、振兴日升等省、市级标杆企业典型带动作用，推动全县面上工作开展。将县域划分6个网格，实行网格化管理，每个网格落实1名科级干部包靠，具体负责网格内企业的双重预防体系和标准化建设工作。全县300余家生产经营单位安全标准化完成达标，80余家生产经营单位建成风险分级管控和隐患排查治理双重预防体系。

【迎接国务院、省政府安委会督查组督查】 深入开展安全生产大检查活动，全县成立85个检查组，检查各类生产经营单位2794家，排查整改各类安全隐患6567项。9月16日，昌乐县作为市里指定的县（市、区）接受国务院安委会督查组的督查，重点查看昌乐县政府层面和县直有关部门档案材料，从督查组人员现场反馈的情况来看，昌乐县安全生产大检查工作得到督查组的充分肯定，给予高度评价。扎实开展安全生产整治活动，6月20日至22日，省政府安委会巡查组到昌乐县进行安全生产巡查。巡查组听取昌乐县安全生产工作情况汇报，随机抽查部分重点县直部门及企业，对昌乐县的安全生产工作给予充分肯定。

【智慧安监平台建设】 在振兴日升、日科化学2家企业试点智慧安监系统建设，实现对重点岗位、重点人员、重点罐区实时监控和重点参数实时查看报警。在商场、超市、宾馆、饭店等人员密集场所率先推行智慧安全用电，全县已有190余家工商贸企业和人员密集场所接入监管平台，实现对519个区域的用电实时监测。

【安监培训】 举办镇（街、区）安环办、部门安全科人员培训班2期，培训150多人次，提高安监队伍执法水平。进一步完善“菜单式”培训方式，举办各类安全生产培训班14期，培训人员2600余人，全员培训企业20余家，培训人员12000余人，组织职业健康专题培训班7期，培训人员900余人。严格应急救援预案审查，聘请专家现场审查，提升企业应急处置能力。截至年底，全县有140家生产经营单位进行应急预案备案。以“作风建设年”活动为契机，加大为企业服务力度，主动帮助企业办理安全手续，2017年以来，先后帮助潍焦集团、英轩集团、元利科技、杰富意、振兴日升、振兴宏泰、万山、乐化、德润化工等10余家危化品生产企业办理安全生产许可证延期手续。

【安监宣传】 以6月的“安全生产月”活动为平台，通过开展安全咨询日活动，大力普及安全生产知识。采取发放标语、编印小册子、张贴横幅等多种方式对《中华人民共和国安全生产法》《山东省生产经营单位安全生产主体责任规定》等大力宣传普及，并联合报纸、广播、电视等媒体大力宣传法律法规、风险防范小知识，提高全民安全素质。积极参加2017年潍坊市安全生产法知识大赛，荣获亚军。

（供稿：郭　健）

农村经济管理

【概况】 2017年，县农村经济管理局紧紧围绕县委、县政府的总体部署，以全国农村集体资产股份权能改革试点为契机，加强组织协调和调度督促，创造性开展各项工作，形成主题清晰、责任明确，一级抓一级、层层抓落实的工作推进机制，圆满完成全年工作任务目标，取得优异的工作成绩。

【机构设置】 2017年，县农村经济管理局内设办公室、农财科、合同管理科、合作社管理科、农民负担监督管理科5个科室。2017年核定事业编制 15人，实有12人。

【农村集体资产股份权能改革】 深入推进农村集体资产股份权能改革，完成441个村改革工作，实现改革试点全覆盖。到2017年年底，890个村完成改革，占全县自然村总数的99.3%。通过改革，量化集体资产4.85亿元，界定村集体经济组织成员52.3万人，颁发股权证书14.8万本。昌乐县改革做法，在全国农村集体产权制度改革工作培训会议上作介绍，省内外考察团180多批次前来学习，《人民日报》、中央电视台《焦点访谈》、新华社、《经济日报》《农民日报》等主流媒体对昌乐县的改革做法给予宣传报道，中央改革办、农业部实地督查后，给予充分肯定。2017年5月27日，省委副书记、省长龚正批示：“昌乐县改革试点过程中探索形成的经验、做法、制度体系成效明显，很有说服力，也初步经历实践的检验，请省农工办抓紧总结完善，供新安排的改革试点单位学习借鉴”；9月24日在全省美丽乡村建设现场会议上，省委书记刘家义在讲话中指出：“不断深化农村集体产权制度改革，认真落实《中共中央国务院关于稳步推进农村集体产权制度改革的意见》，总结推广昌乐县积极发展农民股份合作改革试点经验，不断放大改革示范效应。”10月25日—27日，顺利通过农业部对昌乐县农村集体资产股份权能改革试点三年工作进行的评估验收；12月1日在全国农村集体资产股份权能改革试点工作总结交流会议上昌乐县作典型发言。经过三年的改革，昌乐县的改革成效初步显现：改革明晰产权关系，界定成员边界，规范农村集体资产管理，提升村级治理水平；改革赋予集体经济组织市场主体地位，发展壮大集体经济；改革为精准脱贫提供有效路径；改革既实现资产资金的保值增值，又发现资源、盘活资产、引进资本，助推“新六产”的大发展。

【农村集体“三资”管理】 以成功创建全国农村集体“三资”管理示范县为契机，严格落实农村集体“三资”管理各项制度，确保农村集体“三资”规范化管理水平再上新台阶。继续落实好农村集体资金“双印鉴”管理制度，强化集体资金管理，代理中心和村分别保管一套银行印鉴，须两套印鉴齐全，方可办理银行结算业务；规范农村集体资产、资源经营、处置，严格履行民主程序，8月，选取朱刘、营丘为试点开展合同信息管理，将2010年以来村集体资产资源的承包、租赁、处置以及工程建设项目和物资采购等签订的合同，统一编号，规范文本，录入“农村集体资产信息化平台”，逐步实现实时在线查询、监督；深化财务公开，严格执行“月审、月结、月公开”，每月8日为全县统一“财务公开日”，通过公开财务计划、收入、支出、资产、资源等“8+N”模式，做到原始凭证、记账凭证、财务公开榜、网上公开“四统一”；建立健全镇、村财会人员业务培训长效机制，2017年对村会计培训两次，培训人员1700余人次，对镇（街、区）经管财会人员集中培训4次，培训人员300余人次，组织现场观摩考核点评2次，推动各项工作的有效落实。

【“三权”分置】 深入贯彻落实中共中央办公厅、国务院办公厅《关于农村土地所有权承包权经营权分

2017 年 12 月 1 日，县长邱旺代表昌乐县在全国农村集体资产股权能改革工作试点总结交流会议上作典型发言　　（供稿：县经管局）

置办法的意见》，完善“三权”分置，稳步推进土地经营权有序流转。扎实做好承包地确权登记颁证工作，做到应确尽确；加强政策引导，健全土地流转服务机构。针对当前存在问题，通过培训、走访等途径不断加强政策宣传，引导农户正确理解和准确把握土地流转政策界限，引导农户通过县、镇两级产权交易平台办理流转业务，规范流转程序，签订正规合同，维护双方权益。

【农村产权交易】　坚持为农服务宗旨，以规范流转交易行为和完善服务功能为重点，全力推进全县农村产权交易、鉴证、抵押登记等服务事项。与齐鲁农村产权交易中心有限公司签订战略合作协议，合力打造全市首家齐鲁农村产权交易中心授予提报、审核、发布、交易鉴证、抵押登记等独立权限的县级分中心；以此为契机，以营丘办事处为试点，着力建设配备齐全、服务全面的先进镇级服务机构，健全县、镇、村三级服务体系；贯彻落实县政府出台的《昌乐县金融扶持设施农业发展暂行办法》等优惠政策，积极协调银行部门拓宽贷款渠道，创新金融品种，加大对各类农业经营主体的资金支持力度。

【新型农业经营主体】　以三年培育计划为目标，规范化建设为重心，引导农民合作社及家庭农场做优做强。鼓励合作社创新发展，大力培育家庭农场。引导农户以土地、资金、技术、产品等多种形式开展合作与联合，引导合作社以土地托管和入股等途径提升规模经营水平，完善利益联结机制，提升组织带动能力，助力脱贫攻坚。全县已发展农民合作社 1424 家，其中联合社 42 家，土地股份合作社 70 家；发展家庭农场 537 家。健全名录登记制度，抓好示范创建活动，促进规范化建设。定期对农民合作社进行普查，编制政府优先扶持名录，以此作为评选各级示范社的重要依据。全县获得市级以上示范社称号的合作社 73 家，其中国家级示范社 3 家、省级示范社 22 家、市级示范社 48 家，获得市级以上示范称号的家庭农场 19 家，其中省级示范农场 3 家；华安瓜菜、宝城瓜菜、全华果蔬等 81 家农民合作社经审核列入 2017 年《昌乐县政府优先扶持农民合作社目录》，453 家家庭农场已全部实现系统登记。

（供稿：赵明涛）

农业 农村工作

NongYe NongCun GongZuo

农村工作

【概况】 2017年，县委农工办根据县委、县政府部署要求，紧紧围绕美丽乡村建设、农村集体资产股份权能改革和农业农村重点项目建设，认真履行部门职能，统筹协调推进其他工作，圆满完成各项年度任务。

【美丽乡村建设】 把美丽乡村建设作为"三农"工作的总统领、总抓手，以打造"示范走廊、旅游线路、特色村庄、精品景观"为主线，坚持"点片结合、以线穿点、连片打造、全面提升"，统筹谋划，协调推进，重点突破，全县美丽乡村建设再上新台阶。在临沂沂南县召开的全省美丽乡村建设现场会上，昌乐县作为潍坊市唯一县（市、区）在会上作书面发言。

明确思路、细化目标。制定以"党支部+"为统领，以田园综合体为方向，以"美丽乡村+现代农业+文化旅游"为主要内容，着力打造方山蓝宝石寻梦之旅线路、火山口地质公园体验线路、古城齐文化探源线路、白浪源河谷生态旅游线路、红河现代农业长廊线路、仙月湖度假区线路6条精品线路的全县美丽乡村标准化建设的工作思路。完成任家庄村、兴隆村、梁家官庄村3个省级示范村、庵上湖村、埠南头村2个市级示范村建设，全县达B级及以上美丽乡村标准的村庄总数达，美丽乡村覆盖率达51%。

拓宽渠道、整合资金。参照省、市和其他县市区做法，县里设立1045万元的美丽乡村建设专项奖补资金，视村庄改善提升情况予以不同程度奖补。发挥群众主体作用，在依法依规前提下，采取"一事一议"的方式筹资筹劳用于美丽乡村建设。整合农村基础设施、环境整洁、农村民生改善等方面的资金6690万元，吸收社会资金6000余万元，集中投向美丽乡村建设。积极争取上级政策、资金，结合省财政厅扶持村级集体经济发展试点，争取省级资金1500万元，县级财政配套500万元，协同推进美丽乡村建设。

统筹推进、做好结合。在打造以现代农业、乡村旅游、农村电商为主的优势特色产业基础上，推动庵上湖、埠南头、郦部伟圣现代农业等带动能力强、产业层次丰富、基础较好的村（合作社）向田园综合体方向发展。同时，着力抓好以"七改"为主的基础设施建设、以环卫一体化为主的人居环境建设、以社区服务中心为主的公共服务建设和以村两委成功换届、

2017年3月23日，全省农经系统培训会就农村产权制度改革工作在昌乐县安排现场观摩　（供稿：经管局）

党务村务财务公开以及“一约四会”为主的社区管理建设等工作，开创美丽乡村新风貌。以集体资产股份权能改革作为推进美丽乡村建设的切入点和重大机遇，推动集体增收、农民致富，不断增强美丽乡村建设内生动力。

【农业农村重点项目】 突出抓好朱刘东庄现代农业种植园、五图万亩现代农业示范园区、乔官莲花山农庄小镇、营丘山东都市型现代农业博览园、红河城市园丁园艺综合体、高崖水库库区窝铺田园综合体等33个总投资24亿的重点农业项目建设，通过建立动态台账，定期调度项目进展情况，加快推进项目建设。

【统筹做好其他工作】 全力做好引项目、争资金工作。引进北京金世纪华源科技有限公司投资3500万元建设的高档生活用纸项目，项目落户红河产业园内，新上2条生活用纸生产线；达产后，年可实现主营业务收入5000万元、利税300万元。先后争取省市美丽乡村建设资金380万元，其中省级300万元、市级80万元，争取省委农工办产权制度改革配套资金90万元。积极做好对标学访。将寿光市、烟台莱州市作为市内、市外学习对标对象。先后多次到对标学访对象学习参观，结合单位实际，制定比学赶超活动方案，明确目标、步骤、保障措施，用实实在在的工作成绩检验对标学访效果。认真做好调研工作。2017年以来，根据县领导和上级业务部门安排，结合县工作实际，先后就乡村治理、农村电商、小农生产、美丽乡村建设、农业“新六产”等进行调研，形成十多篇调研报告，为各级决策提供依据。认真做好“两学一做”、机关党建、党风廉政建设等工作，扎实开展好“作风建设年”活动。

种植业

【概况】 昌乐县耕地面积79.1万亩，农作物常年种植面积121万亩，其中粮食作物57万亩，经济作物64万亩，粮经作物面积比接近1:1。瓜菜是昌乐县农业的主导产业，主要采用设施栽培，种植品种以西瓜、甜瓜、辣椒、西红柿、南瓜、西葫芦、大姜、芋头等为主，年产量超过170万吨，是昌乐县农村经济的重要来源之一。昌乐西瓜常年种植面积16万亩以上，年产量60万吨以上，总产值20亿元。

2017年，昌乐县农业局以农业供给侧结构性改革为主线，深度调整农业产业结构，突出“新六产”打造，大力发展设施农业、品牌农业，全面提升农业生产标准化、经营规模化、产品品牌化水平。昌乐县被评为全国出口农产品食品质量安全示范区、山东省农产品质量安全县创建单位；昌乐县农业局被评为全省种业先进集体；庵上湖获批山东省休闲农业和乡村旅游示范点；昌乐西瓜区域公用品牌价值达36.91亿元，位居全国西瓜品牌价值第一名，荣登2017年中国果品区域公用品牌价值英雄榜。

【惠农政策】 2017年，昌乐县全面落实耕地地力保护补贴、政策性农业保险等国家支农惠农政策。其中，对全县所有种类农户实现耕地地力保护补贴全覆盖；做好小麦、玉米政策性农业保险工作，为种粮农户挽回部分经济损失。在营丘镇、红河镇实施2017年耕地地力保护工作试点项目，为两镇省级粮食高产创建示范方内播种小麦的农户免费开展“土地深翻+整地镇压”服务。

【产业结构】 以农业供给侧结构性改革为主线，调整农业种植结构，发展优质高效农业。抓住县委、县政府出台的《昌乐县培育新型农业经营主体发展现代农业奖励扶持暂行办法》等系列扶持政策有利契机，从农民培训、技术指导、品牌创建、落实奖励等方面为设施农业发展提供全方位、全过程服务。2017年，全县新增设施农业面积1.5万亩，全县设施农业面积43.5万

★昌乐西瓜获“2017中国果品区域公用品牌价值英雄”称号
（供稿：农业局）

亩，新建100亩以上现代农业园区27处。南部镇区，近年生姜、芋头、马铃薯等高效农业种植面积不断扩大，县农业局通过试验示范、典型带动，以点带面，大力推广水肥一体化、生物农药等优质安全生产关键技术，促进农产品品质不断提升。

【粮食作物】2017年，全县粮食作物总面积57万亩，总产量26.4万吨，主要包括小麦、玉米、地瓜、谷子、大豆等作物，其中小麦19.5万亩，总产8.85万吨；玉米34万亩，总产16.2万吨；地瓜1.74万亩，总产0.9万吨；谷子1.15万亩，总产0.25万吨。

【经济作物】 2017年，全县经济作物总面积64万亩，主要包括西瓜、甜瓜、蔬菜、花生、黄烟、草莓等作物，其中，瓜菜53万亩，总产173.4万吨；花生9.5万亩，总产3.3万吨；黄烟1.1万亩，总产0.19万吨。瓜菜是昌乐县农业的支柱产业，是农村经济的主要来源之一，种植面积50多万亩，其中设施种植面积43.5万亩，主要种植西瓜、辣椒、大姜、番茄、南瓜、大葱、马铃薯、茄子、甜瓜、黄瓜、芋头、圆葱、芦笋、草莓等品种，年产值40亿元以上。

【农业产业化经营】 做大做强特色优势农业基地、农业规范化经营不断提高，按照“一乡一业”“一村一品”的建设思路，建成57万亩的粮食生产区和64万亩的瓜菜经济作物生产区，其中设施西瓜种植区达16万亩。

农业经营组织不断扩大，产业带动能力不断增强，全县市级以上的农业龙头发展到52家，登记农民合作社1424家，家庭农场537家，培育昌乐西瓜、庵上湖瓜菜、火山小米、白塔芋头、红河花生、营丘草莓等一批特色农产品品牌，带动发展华安瓜菜、宝城瓜菜、伟圣农业等规模大、产品品质好的一批农业园区，全县上档次、规模较大的农业园区发展到60家。

在全县全面推行标准化生产，按照产前、产中、产后全程监管思路，杜绝销售使用高毒高残留农药，加大农产品抽样检测力度，农产品质量安全得到保障。

积极培育农产品交易市场，逐渐完善鲁中瓜菜批发市场等市场功能，引导农产品购销大户、经纪人队伍有秩序进入市场，搞好市场流通。

【农业龙头企业】 2017年，全县统计在册农业龙头企业69家，其中国家级1家（乐港食品）、省级4家（亚兴食品、亚太中慧、盛泰药业、恒源丝）、市级47家、其他17家；潍坊恒源丝制品有限公司2017年被评为山东省农业产业化重点龙头企业；具备进出口经营权的企业有潍坊乐港食品股份有限公司、潍坊盛泰药业有限公司、潍坊四季丰食品有限公司等8家，出口创汇31741万美元，带动农户50万户以上。乐港公司是国内唯一一家获得欧盟出口权的大型肉鸭生产加工企业，山东亚太中慧集团有限公司亚太中慧牌鸡肉产品被评为山东省知名农产品企业产品品牌。

【农业科技推广】 2017年，开展农业科技推广服务，全年引进、试验、示范、推广小麦、玉米、甘薯、西瓜和蔬菜等良种38个，新技术20项，全年农作物良种良法覆盖率100%。昌乐县种子管理站荣获2017年全省种业展示示范先进集体，昌乐县新品种展示示范中心被评审确定为山东省农作物新品种展示示范中心。

农作物良种化。试验展示示范小麦品种圣麦102、藁优5766、徐麦36等36个；推广小麦良种主要有济麦22、鲁原502、山农27、山农28、泰山22、烟农21等，其中，济麦22播种面积最大，占70%以上；玉米品种主要有登海605、登海3622、登海618、郑单958、金海5号、先玉335、先行1658、隆平206、宇玉30、先玉045等，其中，登海605播种面积最大，占60%以上；甘薯主要有龙薯9号，红香蕉、海南、铭门、烟薯25、商薯19、徐薯22、烟紫薯4号、烟薯28、烟紫薯3号、烟薯26、烟薯29等，其中，红香蕉占70%左右；蔬菜品种，黄瓜主要有津冬656，长茄主要有布利塔、765，西红柿主要有齐达利、千禧、安唔、戴安娜、秀丽、釜山88，辣椒主要有喜洋洋，甜椒主要有凯丽2号、方大、美满、华甜等；西瓜主要是甜王；甜瓜主要是久青蜜。

农业生产新技术。小麦重点推广选用良种、测土配方施肥、规范化播种、宽幅精播、镇压播种、播后镇压、镇压划锄、氮肥后移、“一喷三防”等技术；玉米重点推广“一增四改”“一防双减”、适期晚收等技术；花生重点推广“四大关键八大改进”技术；蔬菜重点推广保健栽培技术和水肥一体化技术。

【农产品质量安全监管】 把保障农产品质量安全作为实施乡村振兴战略、推动农业供给侧改革的一项根本任务。以省级农产品质量安全县创建项目为契机，编制《昌乐县2017年省级农产品质量安全县创建项目实施方案》，按照“产前、产中、产后”全过程监管思路，全面加强农产品质量安全监管，农产品质量安全形势稳步向好，未发生农产品质量安全事件。2017年度，出动执法人员1500人次，检查农资生产企业84家次，经营单位1100家次，签订责任书556份，抽检农资产品45批次。组织各镇（街、区）与全县8万多名瓜菜种植户签订《农产品质量安全承诺书》。完成农业部监督抽检农产品24批次，省级监督抽检农产品117批次，市级监督抽检农产品674批次，合格率100%；县、镇两级监督抽检农产品14200批次，其中，定量抽检1038批次，合格率99.8%，定性抽检13162批次，合格率100%。举办培训班34期，培训4600余人次。五图街道新创建为市级农产品质量安全示范街道，昌乐尧沟西瓜专业合作社新创建为市级农产品质量安全示范园区。全面推行韭菜产品“双证制”，完成“放心韭菜地图”标注工作，标注韭菜种植户1032户，面积1174.83亩。

【品牌创建】 把培育农产品品牌作为推动现代农业发展的重要手段，从标准化生产、“三品一标”认证、品牌宣传推介等方面，加大品牌培育力度，进一步提升昌乐西瓜、庵上湖瓜菜、白塔芋头、火山小米等农产品品牌的知名度和影响力。2017年，昌乐西瓜入选农业部“2017全国名特优新农产品”，“亚太中慧”牌鸡肉产品被评为山东农产品知名企业品牌，新认证“三品一标”农产品37个，昌乐西瓜品牌价值达36.91亿元，位居全国西瓜品牌价值第一名。

【农业面源污染控制】 抓好农业面源污染防治，发展节水农业，实施化肥、化学农药零增长行动，着力

★ 2017年6月30日，潍坊市农产品区域公用品牌发布会
（供稿：农业局）

解决农田残膜污染，深入开展农业废弃物资源化综合利用。发展节水农业，全年新增水肥一体化技术面积近2.9万亩；推广测土配方施肥技术，增施生物有机肥、缓控释肥，减少化肥使用量，提高肥料利用率；加强农业有害生物检测预警，推广新型植保器械，实施小麦“一喷三防”、玉米“一防双减”技术。杜绝销售使用高剧毒农药，开展农药残留治理。2017年，全县绿色防控面积25万亩，统防统治面积30万亩，化学农药使用量2017年比2016年减少2%以上；大力发展生态循环农业，推广秸秆还田、秸秆青贮、秸秆生物反应堆等综合利用技术，提高农作物秸秆等农业废弃物综合利用水平，农作物秸秆综合利用率达91%以上；积极引导使用0.01毫米以上地膜和可降解地膜。

【农村新能源开发】 贯彻落实国家新能源相关政策，引导发展农村沼气工程，推广应用太阳能发电和太阳能热水器等，大力发展农村生物质能利用和秸秆综合利用。引进瓜菜废弃物处理企业，对农业废弃物循环利用，提高农业废弃物资源化利用水平，建成年产3万吨生物质燃料的昌乐县浩森秸秆利用有限公司，引进北京三益新能源股份有限公司建设昌乐县农业废弃物处理中心；引导推广应用光伏发电、太阳能热水器等，加快推进太阳能推广应用；加强农村沼气安全使用培训和宣传，推广养殖场大中型沼气工程和联户沼气。

【重要事项】 2017年7月，潍坊创科种苗有限公司

与中国农业科学院郑州果树研究所合作成立中创西甜瓜研究中心。2017年9月，潍坊创科种苗有限公司成功设立山东省院士专家工作站（省科协批复）。2017年9月，山东亚太中慧集团有限公司亚太中慧牌鸡肉产品入选山东农产品知名企业品牌（省农业厅颁发）。2017年11月，昌乐西瓜入选“2017年全国名特优新农产品目录”（农业部优质农产品开发服务中心颁发）。2017年12月，昌乐西瓜品牌价值达36.91亿元，居2017年中国果品区域公用品牌价值榜西瓜品牌之首（浙江大学CARD中国农业品牌研究中心发布）。2017年12月，与中国工程院吴明珠院士合作，在昌乐设立全省首家西瓜院士工作站（省科技厅备案）。

（供稿：农业局）

畜牧业

【概况】　2017年，全县畜牧兽医系统在县委、县政府的正确领导下，以推进畜牧产业供给侧结构性改革为主线，以提高畜牧产业质量效益为核心，围绕保供给、保健康、保质量、保生态，积极推进标准规模、三产融合、生态循环、改革创新、安全健康“五个发展”，畜牧业转型升级绿色发展取得明显成效。县畜牧局被省畜牧兽医局、省人社厅评为“全省畜牧兽医工作先进集体”。畜禽标准化生产程度显著提升，畜牧业形成肉鸭、肉鸡、生猪、奶牛四大支柱产业，利用“龙头企业+基地”“龙头企业+基地+合作社”等模式，建成规模化饲养场（小区）181处，各类畜禽基本实现“工厂化养殖、标准化生产、车间化加工”。严格落实官方兽医监管制度，牢牢把握生产、加工、运输、销售等重点环节，实施全方位、立体式、全程化监管，建立起畜产品质量安全监管长效机制。健全完善县、镇、村、企业、农户“五方共防网络”，各类重大动物疫病的应免密度常年保持100%，筑牢现代畜牧业发展的安全屏障。注重科技创新，推广普及10项畜牧新技术，提升全县畜牧业发展水平。引领创办畜牧专业合作社（协会），带动养殖户1.3万户，实现养殖场（户）与市场的有效对接，形成“一体化搞生产、抱成团闯市场”的格局。全县畜产品“三品”认证40个，京沪杭等大城市畜产品准入企业3家，年外销畜产品20万吨以上，其中出口6000吨以上，创汇4000万美元，昌乐已成为国内外市场上众多知名畜产品品牌的生产加工供应基地。

【畜牧政策】　畜牧标准化规模养殖支持政策　2017年国家继续支持奶牛、肉牛和肉羊的标准化规模养殖，支持资金主要用于养殖场（小区）棚舍改造、粪污处理设施、库房等配套设施建设等。昌乐县提报潍坊杏源牧业有限公司、昌乐茂园奶牛专业合作社、昌乐县本吉奶牛养殖专业合作社为2017年奶牛标准化规模养殖场（小区）建设储备项目，并获上级批复，项目总投资440万元，其中申请中央资金340万元。

基层农技推广体系改革与建设补助政策　中央财政继续安排资金支持各地加强基层农技推广体系改革与建设，财政资金主要用于农业科技示范基地建设、基层农技人员培训、科技示范户培育、农技人员推广服务补助等。2017年昌乐县基层畜牧兽医技术推广体系改革与建设项目获上级支持资金30万元。

现代畜牧业示范县项目　昌乐县2017年现代畜牧业示范县项目投资660.11万元，其中申请省级以上财政资金385万元，主要用于土建工程、设备安装、产业扶贫、科技推广、县级公共服务体系建设五部分，进一步构建昌乐县农牧结合、生态循环、结构优化的现代畜牧业产业体系，进一步提升畜禽标准化规模养殖比重、良种覆盖率、粪污无害化处理利用率，带动全县畜牧业提质增效、转型升级。

“粮改饲”支持政策　2017年，山东省继续实施“粮改饲”试点项目，并进一步增加资金投入，扩大实施范围。昌乐县2017年“粮改饲”试点（省财政）项目计划总投资920.589万元，其中申请中央资金141.081万元。

农业保险支持政策　中央财政提供畜牧业保险保费补贴的品种能繁母猪、生猪、奶牛3个品种，项目由中华联合财产保险股份有限公司承办，2017年能繁母猪承保数量约9044头，育肥猪承保数量约137963头，奶牛承保数量约2442头，补贴资金。

强制免疫疫苗免费供应　根据上级有关要求，禽流感、口蹄疫、小反刍兽疫等疫苗作为强制免疫疫苗，由中央、省、市、县四级财政配套，安排专项资金对所需疫苗进行财政拨付，确保养殖场（户）能够免疫使用。昌乐县2017年配套资金为82万元。

应急物资储备 2017年安排专项资金20万元。主要用于购买消毒药、防疫用针头、针管、手套、隔离衣、消毒机等物资。这些物资根据实际情况需求，免费使用或者发放。村级动物防疫工作补助。全县配备620名村级防疫员，按照划定的管理区域负责辖区内的养殖场（户）免疫、数据统计、疫情上报等工作。2017年按照每人每年1200元的标准进行补助，其中全县配套资金18.4万元。

病死畜禽无害化处理补贴 根据潍坊市畜牧兽医局、潍坊市财政局《关于做好生猪规模化养殖场无害化处理补助相关工作的通知》每无害化处理1头病死猪，给予80元补贴（其中中央财政补助40元，省财政补助10元，其他由县财政负责）要求，每无害化处理1头病死猪，给予养殖场（户）30元补贴，给予县病死畜禽无害化处理中心40元补贴，给予回收站10元补贴。到2017年年底，中央拨款646.2841元，省里拨款89.82万元用于病死猪无害化处理补助。

【规模养殖】 依据2017年昌乐县畜牧业三区划定要求，对全县养殖业进行科学布局。宝都、宝城、朱刘、五图四个街道和首阳山旅游度假区因禁养区与限养区的划定，养殖量下降较快；肉鸡肉鸭生猪养殖主要分布在红河、鄌郚、乔官、营丘四镇，奶牛养殖主要分布在鄌郚、高崖水库库区。近年来，养殖场户饲养水平不断提高，向规模化、集约化、标准化改进，散养户因单个畜禽利润降低，逐步退出养殖。全县养殖总体平稳，规模养殖量越来越大。

全县畜禽存栏1749万只（头），饲养场户7252个，规模养殖存栏1740万只（头），占饲养总量的99.5%。根据省市有关养殖场（小区）、养殖专业户标准统计，全县有规模畜禽养殖场（小区）132处，存栏750万只（头），占饲养总量的42.9%；肉鸭有42家存栏303万只，种鸭有11家存栏64.3万只，肉鸡有35家存栏355万只，生猪有31家存栏16.4万头，良种奶牛有9家存栏0.45万头。

全县有规模养殖专业户3323户，存栏991.9万只（头），占饲养总量的56.7%，饲养量最多的为肉鸭，有1016户存栏617.5万只；肉鸡有289户存栏242.4万只，生猪有1551户存栏19万头，肉牛有106户存栏0.45万头，蛋鸡有104户存栏90万只。

【标准化生产】 推行园区新模式，实施标准化生产以发展无公害和绿色畜产品为重点，大力推进畜牧业示范园区建设。对新建养殖场合理进行布局，高起点规划、高标准建设，做到无害化处理设施与畜禽养殖设施同时设计、同步建设、同时投产。积极开展畜牧示范园区创建活动，加强标准化生产，提高规范化程度。全县市级以上畜牧示范园区35处，其中潍坊乔新农业发展有限公司、潍坊宝利牧业有限公司、山东中慧牧业有限公司通过国家级标准化示范场认证，山东晨晖牧业有限公司、昌乐本吉奶牛养殖专业合作社等13处养殖场通过省级标准化示范场认证。

加强技术培训，开展指导服务 通过举办培训班、发放明白纸、到养殖场现场服务等多种方式，积极开展标准化生产的技术指导，重点推广养殖“一控、两分、三防、两配套、一基本”废弃物源头控制技术，“畜—沼—粮”“畜—沼—果”等生态养殖模式，鼓励大型养殖场建设小型污水处理厂与沼气发电工程，沼液沼渣加工有机肥或者还田。指导中小型养殖场建设与规模相适应的防渗防雨防溢流堆积发酵平台和三级污水过滤沉淀池，粪污堆积发酵后还田利用，污水过滤沉淀后循环利用，最大限度提高畜禽养殖废弃物利用率。2017年规模化畜禽养殖场全部配套建设粪污废弃物处理设施，建设有机肥厂1处，同时推广实施肉鸡笼养场户5家、建设奶牛高标准牛舍3家、改造生猪现代化喂养线4家。

严格规划布局，落实审批制度 按照《昌乐县“十三五”畜牧业发展规划》的要求，根据“限量、提质、增效”的发展原则，积极引导养殖户逐步按养殖规划向五荒地转移，密集区向疏散区转移，实施适度规模化标准化养殖。同时，本着“先规范、后发展”的原则，对新建养殖场要严格按有关规定审批和管理，对没有污染治理规划的项目，宁可不上也不予审批。

【疫病防治】　上级防控会议后，及时召开全县防控工作会议，按照政府保密度，畜牧部门保质量的要求，作好防疫工作部署，并积极做好防疫安全协管员培训等各项工作。县政府与各镇街道政府、畜牧局与各兽医站、兽医站与防疫工作人员、养殖场（户）之间按照各自分工逐级签订责任书，层层落实责任。2017年购进动物免疫疫苗1677.2万毫升（头份）（其中：禽流感疫苗1182.2万毫升、禽新二联疫苗237.6万毫升、猪口蹄疫疫苗198万毫升、牛羊口蹄疫疫苗42.02万毫升、奶牛口蹄疫疫苗8.8万毫升、小反刍兽疫疫苗8.58万头份），以及消毒药品20吨、免疫耳标16万套、免疫卡40万份等防控物资，印发各种免疫档案5万多张。结合春秋两季防疫以镇（街区）为单位分片分区对防疫工作人员进行培训，培训1960人次。全年免疫猪口蹄疫41万头、牛口蹄疫2.86万头、羊口蹄疫11.1万只、羊小反刍兽疫5.8万只、高致病性禽流感1402万只。

【畜牧科技推广】　畜禽粪污无害化处理技术及生态养殖模式示范与推广　全面推行粪污处理基础设施标准化改造，即“一控两分三防两配套一基本”（12321）建设。“一控”，控制用水量，压减污水产生量；“两分”，雨污分流、干湿分离；“三防”，“两配套”设施符合防渗、防雨、防溢流要求；“两配套”，配套粪便、污水贮存设施；“一基本”，即粪污基本实现无害化处理、资源化利用。分类推行无害化处理资源化利用模式：（1）自然发酵主要适用于各类中小型畜禽养殖场和散养户，全县大多数场户采用此方法。（2）垫料发酵床适用于中小型生猪养殖场、肉鸭养殖场等。（3）沼气工程适用于有能源需要的大型规模养殖场或区域性处理中心，乔新沼气发电站推举为全市样板。

奶牛精细化养殖技术示范与推广　包括选种选配技术、奶牛分阶段测料配方技术、DHI测定饲养管理应用技术、疫病防控技术、信息化设施化管理技术。宝利牧业在这方面是全省的典范。

生猪健康养殖与高效繁育技术示范与推广　围绕品种改良、后备猪培育、配种管理、母猪管理、仔猪培育等环节开展高效生产技术推广，母猪年提供断奶仔猪数从16头提高到18头，但与国际水平25头差距还较大。

肉鸡标准化健康养殖技术示范与推广　包括肉鸡多层笼养模式及关键技术，饲养环境控制综合技术，肉鸡清洁生产技术，疫病防控技术。刘瑞田养鸡场是这方面典型。

肉鸭标准化健康养殖技术示范与推广　主要包括雏鸭、成鸭新型饲料配方技术与标准化养殖配套技术，科学免疫、疫病快速诊断检测技术等。促进全县肉鸭产业健康发展。

农作物秸秆饲料化利用及混合日粮配制关键技术示范与推广　主要有规模化全株玉米青贮技术，减少青贮料霉变，提高青贮料品质，大幅度提高农作物秸秆饲料化利用比重。全混合日粮配制与饲喂技术，按照不同生长阶段营养需求、合理搭配精粗料、并均匀混合制成TMR全混合日粮的配套技术，达日粮营养的均衡供应，提高饲料资源的最佳利用和效益的最大化。全县年全株玉米青贮5万多吨，各奶牛场均采用TMR全混合日粮，牛奶质量大幅提高。

种畜禽场疫病净化技术示范与推广　种猪场猪瘟、猪伪狂犬病等主要动物疫病净化技术示范与推广。种鸡场禽白血病、鸡白痢等垂直传播疫病净化技术示范与推广。种鸭场鸭病毒性肝炎、禽霍乱等主要动物疫病净化技术示范与推广。种牛羊场布病、结核病等主要动物疫病净化技术示范与推广。

【饲料生产企业和兽药市场监管】落实监管责任制，加强对兽药饲料企业的监管　与兽药饲料生产经营企业签订兽药饲料质量安全生产、经营责任书，明确企业法人代表或负责人是质量安全的第一责任人；落实兽药饲料生产、经营企业质量安全承诺制度；与各镇街办兽医站签订兽药饲料生产、经营企业监管责任书；对昌乐县33家兽药饲料生产企业进行A、B、C三级分类管理。

建立和完善日常巡查检查制度，实施网格化监管　将辖区内所有饲料、兽药生产和经营企业落实监管责任制及分片管理，对监管企业明确到人，明确对监管企业每月监管一次，做好巡查检查工作记录并及时将监督检查记录表上传省局监管系统。

加大监管力度，明确监管内容 加强畜牧投入品监管，从源头上确保畜牧投入品质量安全。在全县24家饲料生产企业中全面落实饲料质量安全管理规范，监督检查企业原料采购记录、化验记录、生产记录、销售记录，杜绝生产假劣饲料和饲料添加剂。在全县9家兽药生产企业中监督企业全面落实GMP管理，督促企业严把原料入口关，建立健全化验记录、生产记录、销售记录。在34家兽药经营企业中全面落实兽药GSP经营规范。

【龙头企业】 全县有乐港、铭基中慧、乔新、富利特、大北农、兴安等市级以上畜牧龙头企业23家，带动形成养殖专业村72个，养殖专业大户776户，户均增收6万元。其中，潍坊乐港食品股份有限公司是全国首批151家“农业产业化国家重点龙头企业”，集肉鸭生产和生猪养加销于一体，年宰杀肉鸭能力4000万只、生猪100万头的生产能力，乐港肉鸭和猪肉产品销往欧盟、美国、新加坡、日本、韩国等国家和地区。山东铭基中慧食品有限公司是省级重点农业龙头企业，现辖种鸡场5处，饲料加工厂1处，冷藏厂2处，职工1000人，年宰杀肉鸡1500万只，加工肉鸡产品4万吨，实现销售收入4亿元，带动养殖农户3000户。大北农集团计划投资14亿元，利用3至5年时间在昌乐建设万头母猪场、10万头育肥猪示范场及配套建设饲料厂、屠宰厂、有机肥厂，实现生猪养加销一体化经营，形成农牧良性循环发展模式。

【畜牧业品牌】 县委、县政府高度重视品牌建设，制定并引发《昌乐县人民政府办公室关于印发昌乐县培育新型农业经营主体发展现代农业奖励扶持暂行办法的通知》，围绕畜产品质量安全这个中心，强化品牌建设加快畜产品品牌培育，着力打造优势畜产品品牌，提升畜产品综合竞争力，不断提升畜产品品牌公信力。积极开展“三品一标”认证，加强对规模化企业的品牌培育工作，组织申报“三品一标”和“食安山东”认证。同时，为确保产品质量和品牌特色，对辖区内获证产品开展全面自查，引导广大消费者和市场经营主体正确识别、选购无公害畜产品，为无公害畜产品生产、消费营造良好氛围。2017年，全县无公害认证企业发展到50家，有机认证企业2家，获得“食安山东”挂牌企业2家。

【畜牧业面源污染防治】 2017年根据《关于印发昌乐县畜禽养殖禁养区、限养区和适养区划定方案的通知》《关于印发昌乐县全面实施河长制实施方案的通知》《关于印发昌乐县畜禽养殖污染治理工作方案的通知》《关于印发昌乐县畜禽养殖禁养区养殖场（小区）和养殖专业户关闭搬迁工作实施方案的通知》的部署要求，县禁养区内的养殖场（小区）和养殖专业户关闭搬迁完毕，禁养区内严禁新建、改建、扩建各类畜禽养殖场（小区），鼓励禁养区内现有的散养户自行拆除养殖圈舍，不再养殖，继续养殖的必须建设达标粪污处理设施，严禁粪污直排；限养区内严禁新建、改建、扩建各类畜禽养殖场（小区），现有养殖场（小区）改造升级，建设达标粪污处理设施，现有散养户必须建设达标粪污处理设施，严禁粪污直排，粪污经无害化处理后还田利用。最大限度地减少畜禽养殖对环境可能造成的污染。

优化畜禽养殖业结构，推动面源污染减排和区域环境质量改善。2017年畜牧行业新建畜禽粪污处理设施示范工程4个，分别是乔新农业发展有限公司污水处理项目、高军明养鸡场粪污处理项目、永新奶牛养殖专业合作社粪污处理项目和马庆仁养鸡场粪污处理项目。新建、改造标准化饲养场4个，分别是茂园奶牛专业合作社、高军明养鸡场、华源奶牛养殖专业合作社和永新奶牛养殖专业合作社。畜禽粪便处理利用率86%，污水处理利用率62%，畜禽粪污综合利用率76%，规模养殖场粪污处理设施装备配套率84%。

【病死畜禽无害化处理】 县委、县政府高度重视病死畜禽无害化处理工作，专门成立病死畜禽无害化处理工作领导小组，县政府办公室下发《关于印发昌乐县病死畜禽无害化处理办法的通知》，对病死畜禽无害化处理的要求、病死畜禽的收集和处理、病死畜禽无害化处理工作的监管、补贴及保障措施做出详细的规定。

县病死畜禽无害化处理中心配备收集车8辆，建设收集暂存点2个，按照当天接报，当天收集，当天处理的原则，对辖区内所有病死畜禽进行收集并处理，同时建立病死畜禽的入厂、处理、产品出厂台账。2017年1—12月收集处理病死猪170109头、牛788头、羊16292只、禽及狐貂1687562.5公斤、下脚料13583公斤。

【行政执法】 采取常规检查和错时检查相结合的模式，组织开展“食安昌乐”集中整治行动，对肉品配送情况、贮存冷藏设施使用情况、生产经营者台账管理制度实施情况“拉网式”检查，严厉查处和打击私屠滥宰等违法行为。加大与公安、市场管理等部门的联合执法力度，坚决取缔私屠滥宰、贮存冷藏病死猪、病害猪产品等窝点。各镇（街、区）畜牧兽医站加强辖区内屠宰户、肉品经营户的调查摸底和日常监督管理工作。2017年查办私屠滥宰案件1 起，取缔私屠滥宰窝点1个，罚款金额0.69万元；动监案件2起，罚款0.1万元；畜牧案件1起，罚款3.12万元；兽药案件2起，罚款0.4万元。

【动物卫生监督风险评估分级管理工作】 根据《昌乐县动物卫生监督风险评估分级管理实施方案》，明确对动物养殖场、动物屠宰场、动物和动物产品无害化处理场等场所，实施风险评估分级管理的新型监管模式；全县各类场所评出A级84个、B级18个、C级59个。加强评估分级后的管理，监管对象被评为A级的至少6个月监管一次，评为B级的至少3个月监管一次，评为C级的至少1个月监管一次。并印制监管记录4万份，要求监管人员按照监管频次如实填写记录，并把监管内容及时上传县畜牧局，确保把新型的分级监管模式落实到位。

【动物产地检疫工作】 落实养殖场管理责任制，明确养殖场负责人为第一责任人。指导好养殖场建立健全“畜禽养殖档案（饲养日志）”，动物出栏前申报人凭养殖档案或饲养日志、免疫卡、无害化处理单等材料到检疫申报点进行检疫申报。2017年，检疫肉鸡3109.5万只、肉鸭5421.2万只、生猪27.2万头。加强产地检疫出证痕迹化管理，自6月1日起检疫申报时必须完整提供每批次的养殖档案（饲养日志）、佩戴耳标、免疫证明、无害化处理单等资料，官方兽医分类拍照留存，以检疫证号码为编号制作文件包，当天上传到县动物卫生监督办公室，以备审查，作为换发检疫证明的依据，审核各类证明材料2.1万份。

【动物屠宰检疫工作】 规模屠宰场严格落实官方兽医派驻制度和屠宰检疫申报制度，严防不合格动物进入屠宰场。做好同步检疫监管，未经检疫或检疫不合格的动物产品不得出厂（场）。严把宰前、宰中、宰后各个关口，发现病害动物和病害动物产品，依法出具《动物检疫处理通知单》，并监督厂（场）方做好无害化处理工作。严格落实屠宰场自检制度，要求企业待宰生猪批批自检。2017年检疫动物产品95813吨。

（供稿：刘彩霞）

水　利

【概况】 2017年，县水利局深入开展“作风建设年”活动，大力弘扬“团结、实干、争先”的昌乐水利精神，按照“一三三九”工作思路，以“干在实处、走在前列”为定位，突出“民生水利、生态水利、平安水利、效率水利”四大建设，聚力补齐短板，聚焦水利惠民，认真履职、勇于担当、狠抓落实，实现水利各项工作提档升级。11月17日，全市冬春农田水利基本建设暨水肥一体化现场会在昌乐县鄌郚镇召开，被山东省水利厅评为“全省水利系统先进集体”，获得2017年度县直部门（单位）工作实绩综合考核一等奖。

【机构设置】 2017年，县水利局内设办公室（挂政工科牌子）、计划财务科、水资源科、水政科4个科室。直属事业单位6个，其中正科级事业单位1个，为水资源办公室；副科级事业单位1个，为水政监察大队；股级事业单位4个，分别是工程管理站、农田水利站（与水土保持站合署）、水利工程规划站、水利移民办公室。下属副科级事业单位4个，分别为荆山水库管理局、马宋水库管理局、农村供水管理办公室（加挂昌乐县南水北调工程管理局牌子）、南寨水库工作办公室。2017 年核定水利局编制 142 人，其中行政编制 12 人，事业编制 130 人；实有 143 人，其中：行政 14 人，事业 129 人。

【抗旱服务】 2017 年争取中央财政农业生产救灾及特大防汛抗旱补助资金 195 万元，建设完成马宋水库从阎扬水站改造工程、营丘镇马宋河抗旱水源工程、红河镇崖下店子村拦河坝工程、红河镇大芦沟塘坝除险加固工程、荆山水厂供水管道工程、首阳山旅游度假区北王村农田水利灌溉工程、五图街道边下村抗旱应急水源工程 7 个项目。通过新建应急蓄水、提水工程，切实缓解项目区的旱情，保证农业基本用水需求。

【防汛工作】 调整并公布防汛责任人（包含行政责任人和技术责任人），签订防汛责任书，落实防汛责任。修订完善《昌乐县防汛应急预案》《昌乐县抗旱预案》《昌乐县防台风应急预案》《荆山水库大坝安全管理应急预案》《马宋水库大坝安全管理应急预案》和汶河、白浪河、丹河、圩河、溎河、红河 6 条河道防洪应急预案等防洪抢险预案。落实人防、物防、技防措施，组织防汛检查督查，成立 5 个检查组，分片包靠，强化督导。严格防汛值班，及时统计发布雨水情信息。2017 年争取水毁修复工程中央资金 245 万元，用于建设营丘镇刘家营塘坝生产桥新建工程、红河镇汶河箱涵新建工程、高崖库区洋河河道修复工程。

【水资源保障规划】 按照县委、县政府统筹生产、生活、生态用水，统筹蓄、调、节、用，从战略高度抓紧研究制定昌乐县水资源保障规划的要求，联合山东省水利科学研究院，以水问题为导向，组织编制完成《昌乐县水资源保障规划》。规划建立“一主两辅，三线四库，双水源运行”供水模式，建成综合全面的节水型社会体系、互联互通的水源保障体系、安全可靠的雨水集蓄利用体系、功能完善的水生态修复体系、设施完善的再生水利用体系、规范健全的现代水利管理体系、运行高效的应急供水保障体系。规划实施水资源保障、雨洪资源利用、水生态修复、再生水利用（蓄、调、节、用）等 9 大类 51 项工程，估算总投资 19.41 亿元，从调水、蓄水和中水回用三个方面解决昌乐县发展的“瓶颈”问题。

【南寨水库扩建工程】 为省雨洪资源利用项目和山东省利用亚行贷款地下水漏斗区域综合治理示范项目，总投资 3.56 亿元，2017 年度累计完成投资 1 亿元，省发改委批复工程建设内容基本完成，并完成下楼村和边下村移民搬迁 258 户 995 人，按时完成省水利厅要求的建设任务。被水利部淮河委员会评为 2016-2017 年度治淮建设文明工地。

【农村饮水安全村级工程巩固提升项目】 投资 16.17 万元，铺设 PE 主管道 215 米、PE 支管道 670 米、入户管道 14500 米，修建水表井 15 座，购置安装 DN15 水表 230 块，挖填土方 3257.2 立方米，解决鄌郚镇汶丰村 230 户、700 口人的饮水安全问题。

【南水北调工程维修加固项目】 投资 57.98 万元，对南水北调工程五图街道（任家村、宇家村、马山、后坡、徐家庙、黄家洼村北、村西）和乔官镇（孟家淳于村、邓家庄村）等 10 处干渠损毁段进行维修加固。

【高效节水灌溉】 建设省扶持山东火山公社高效节水灌溉工程、潍坊莲花山农庄小镇高效节水灌溉工程、山东伟圣高效节水灌溉工程、朱刘街道苗丰农场引入社会资本建设和管理高效节水灌溉等示范点 4 处，发展节水灌溉面积 0.6 万亩。全县累计发展节水面积 1.65 万亩，节水灌溉工作极大的改善农业灌溉水平，增加农业受益。

【全面实行“河长制”】 立足“先行一步、率先突破、争当先进、走在前列”，于 6 月底前，全县所有河流全面实行河长制，出台《昌乐县全面实行河长制实施方案》《昌乐县河长制县级会议制度》等七项制度，制定年度考核细则，完成全县 40 条河道问题排查，建立问题台账。完成市级负责的汶河、白浪河和县、镇级负责的 38 条河流“一河一策”实施方案编制。结合全县违法建设治理“百日攻坚”集中行动、汛期河道清障工作，借势借力、顺势而为、乘势而上，在全市率先开展“清河行动”， 40条河道排查出的919处问题全部清理整治，“清河行动”全面完成。8月16日，白浪河市级河长制工作现场推进会议在昌乐县召开。在全市16个县（市、区）县级总河长年度考核中获得优秀等次第二名。

【水事秩序维护】　加大水政执法力度，积极推进水利综合执法，认真落实“三项制度”（行政执法公示制度、执法全过程记录制度、重大执法决定法制审核制度），实施执法制度和执法网络体系建设，开展河道、水库执法、水土保持法检查、水资源和供水工程执法活动，对破坏河道、损毁水利工程、擅自开源、拖欠拒缴水利规费违法行为，进行严厉查处，维护水事秩序。年内，开展河道巡查52次，结合河长制和河湖执法检查活动，对河道内的违法建筑物、构筑物进行依法查办，并对2起未经许可新建入河排污口案件下达水行政处罚决定书，维护全县良好的水事秩序。全程参加昌乐县矿产资源集中整治活动、县城禁养区内养殖户搬迁工作、首阳山低丘缓坡治理及拆违联合行动、国有林场拆违联合行动、首阳山第三片区拆违集中攻坚行动、白浪河水库水源地清理违建工作。被评为2017年度“三大攻坚战”先进单位。

【水法宣传】　结合“3·22世界水日”和“中国水周”进行集中宣传，3月22日至28日“中国水周”期间，县水利局出动宣传车深入到乡镇、企业开展巡回宣传，开展节水科普进校园活动，在中小学上“爱水、惜水、护水”常识课，广泛宣传节水理念、节水效果和节水措施，发放宣传材料5000余份；在县电视台集中播放节水护水公益广告片，利用微信公众号“昌乐水利”，推送“世界水日”“中国水周”宣传信息。按上级要求做好“世界水日”“中国水周”“12•4”国家宪法日暨全国法制宣传日等水法宣传工作，推动水利系统依法治理工作全面开展。

【水资源论证审批和征管】　严把水资源论证关，要求凡需新增取水的新建、改建、扩建建设项目，全部按照《山东省建设项目水资源论证实施细则》规定的程序和标准进行建设项目水资源论证。强化取水许可后续监督管理工作，取水许可证做到一户一档、规范存档。2017年新办取水许可证34个，延续取水许可证21个。征收水资源费1874余万元。其中，对9家超计划用水取水户累进加价征收水资源费135.816万元。

【水资源费改税】　自2017年12月1日启动，在时间紧、任务重的情况下，积极与地税部门沟通协调，利用10天时间对全县的393个非农业取水户的396个取水许可信息逐个进行入户现场登记核实，并通过山东省水资源税信息管理系统，逐个进行信息核对录入，严格按照省市规定时间，圆满完成对昌乐县取用水户取水许可信息的核实及录入工作，为昌乐县水资源税按时征缴奠定坚实基础。

【地下水管理和保护】　县政府制定出台《昌乐县城区供水管网覆盖范围内自备井关闭工作实施方案》，并成立县城区供水管网覆盖范围内自备井关闭工作领导小组，从2012年开始，对县城区公共供水管网覆盖范围内的自备井逐步进行封关，累计关停城区地下取水井172眼，其中2017年封关自备井13眼，有效遏止地下水超采，城区地下水基本实现采补平衡。

【全县取用水计划下达】　依据《昌乐县用水总量控制管理办法》和市水利局下达昌乐县的用水总量控制指标，将指标分解并下达各取用水户、供水企业和各镇（街、区）。严格计划用水管理，年初依据取用水户的年度许可水量和提报的2017年度取用水计划水量，结合国家行业用水定额以及取水户上年度的生产、生活实际取水量，对全县401个非农业取水户和76个公共供水管网用水户分水源下达2017年度取用水计划。

【节约用水管理】　根据省市化工产业转型升级工作安排，完成昌乐县87家化工企业的“节水评级”评价工作，并顺利通过省、市验收。2017年昌乐县农业灌溉用水有效利用系数达0.6561（2017年控制目标0.6560），超出市局下达昌乐县的控制目标；用水总量比2016年（7571万立方米）下降393万立方米，下降率为5.2%，下降率在全市排名第二；2017年经省住建厅、省发改委、省经信委评估，昌乐县获省级节水型单位13个、节水型社区（居民小区）7个。

【移民后期扶持】 昌乐县是省人民政府批复的山东省大中型水库移民避险解困第二批试点县之一。为进一步改善库区移民生产生活条件，加快移民增收致富步伐，昌乐县抢抓机遇，主动作为，将建设移民安置社区、打造美丽乡村与发展乡村旅游融为一体，着力增强移民自我发展能力，使之搬得出、稳得住、逐步能致富。

移民后期扶持项目 2017年发放10662名移民直补资金639.72万元。实施2016年移民结余资金扶持项目19个，完成投资865万元。完成2017年移民结余资金扶持项目14个，在鄌郚镇、红河镇、营丘镇、乔官镇、五图街道、高崖水库库区分别建设文体中心建设、道路、扬水站、高效大棚等14个项目，完成投资733万元。

水库移民避险解困试点项目 昌乐县大中型水库移民避险解困第二批试点项目总投资1.54亿元，规划建设东篱湖畔社区、白塔社区2个移民安置区，39座安置楼及其配套设施。2017年，完成东篱湖畔社区安置楼交付使用3座；开工在建安置楼9座，其中完成主体封顶 3座。第二批大中型水库移民避险解困试点变更项目总投资1.03亿元，规划建设双河社区、桃花源里社区2个移民安置区，20座安置楼及其配套设施，完成实施方案编制。

【水土保持】 **水土流失综合治理** 争取山东省水土保持生态文明重点建设项目昌乐县凤凰岭小流域水土保持项目，投资554.07万元，完成梯田工程585公顷，栽植水保林267公顷，经果林20公顷，完成2座蓄水池，新修道路1.8公里，新修排水沟3.6公里，整修生产路排水沟4公里，综合治理凤凰岭小流域水土流失面积9.76平方公里。

水土保持监督检查 2017年内，给96家生产建设单位下发《关于编报水土保持方案报告书（表）的函》，审批水土保持方案8项（报告书2项、报告表6项），征收补偿费3.45万元。监督检查及配合市局监督检查省级立项生产建设项目8个，市级立项2个，县级立项8个，电话督查18次，现场检查18次。

【农业水价综合改革】 根据市水利局的统一规划部署，昌乐县农村水价综合改革的总体目标是，到2024年年底，在全县农田有效灌溉面积范围内推行农业水价综合改革总面积62万亩，建立起合理反映农业供水成本、有利于节水和农田水利工程良性运行的农业水价形成机制。2017年，完成 4.37万亩耕地的农业水价综合改革任务，涉及鄌郚镇48个村，分配初始水权475.59万立方米，以自然村为单位，颁发水权证书。落实13 个基层用水组织，其中村民委员会12个、工商注册的农业合作社1个。对431个机井、103处提水泵站进行产权制度改革，共颁发产权证、使用权证、签订管护协议534套。

（供稿：李伟娜）

林　业

【概况】 2017年县林业局下设森林公安局1个副科级行政单位，定编9人；国有孤山林场1个副科级事业单位，定编30人；林业站、森保站两个股级事业单位，分别定编6人、4人；局机关定编16人，内设办公室、林政科（加挂安全科牌子）、林改办、财务科、重点项目办、审批服务科（派驻行政服务大厅）。

【林政管理】 加大依法治林的力度，强化林政专项执法行动，先后组织集中开展非法侵占林地清理整顿、打击乱捕滥猎和非法经营鸟类等野生动物违法犯罪专项行动。严厉查处各类涉林违法行为，破获涉林刑事案件2起，处理犯罪嫌疑人2人；查处行政案件28起，行政处罚违法嫌疑人39人；放飞鸟类活体400余只，行政处罚1人，批评教育12人。林政审批服务更加高效，依法办理各类审批办件1754件。进一步加大森保检疫执法力度，深入开展以产地检疫、调运检疫为主的检疫执法活动，对生产、经营、运输林业植物及其制品的单位和个人进行严格检查，种苗产地检疫率达 100%。

【育苗造林】 昌乐县有苗圃 64 处，育苗总面积 7953 亩。其中，新育苗 520 亩，苗木产量 2100 万株，实际用苗量 1300 万株。绿化苗木主要以培育白蜡、悬铃木、樱花、银杏、海棠、国槐、紫薇等为主；用材林种苗主要培育杂交杨、柳树等；经济林种苗以桃苗、核桃苗、苹果苗等为主。苗木合格率达 95% 以上，良种使用率达 100%，出圃种苗合格率达 96% 以上。实施全域绿化，积极推进荒山、水系、镇村、道路绿化、农田林网建设和生态修复工程，攻坚克难，崇实重干。全县完成新增人工造林面积 7880 亩，退化林分修复面积 3000 亩；新建成省级森林村 3 个，市级森林镇 1 个，市级森林村 5 个；新建和完善农田林网化面积 3500 亩；新建和完善绿色通道 54 公里；完成中幼林抚育 1500 亩；完成义务植树 45 万株。

【林业科技推广】 建设平衡根系轻基质容器育苗示范基地 1 处，繁育轻基质容器苗木 8 万株，建立平衡根系轻基质容器苗木标准化造林示范基地 50 亩，辐射带动推广平衡根系轻基质容器苗木造林 500 亩；建设千头椿技术研究基地 1 处。获得省林业优秀设计奖三等奖 2 项；昌乐县国有孤山林场被评为“山东省林业科技工作先进集体”；潍坊绿金杜仲开发有限公司王世喜被省林业厅评为“林业科技乡土专家”。

【国有孤山林场】 昌乐县国有孤山林场是昌乐县唯一的国有林场，系县财政全额拨款事业单位，定编 30 人，在职职工 26 人。2017 年，国有林场改革任务全面完成，顺利通过市级验收。

基础设施建设 搞好林区供水供电设施建设。先后深埋铺设电缆 1200 余米，有效解决孤山林区用电问题。在孤山林区打深水机井 1 眼，铺设引水管道，有效解决孤山林区西侧护林房用水问题和消防蓄水池快速蓄水灭火能力。加强林区道路建设。把道路建设作为林场建设的一项基础工作，搞好林区间和林区内道路建设。2017 年投资近 10 万元，硬化道路 200 余米。

残次林改造和裸露山体绿化工作 方山林区残次林改造，包括方山后坡和方山庙后，面积 430 亩，栽植侧柏、黄栌、五角枫等苗木 6.51 万株；孤山区域裸露山体绿化，包括马山、牛山、孤山西坡、老雕峪，面积 372 亩，栽植侧柏、黄栌等苗木 8.26 万株。

国有林地管护 认真贯彻落实县委关于违法建设治理工作推进会议精神，积极安排部署国有林场范围内违法建设治理工作，仅用 48 小时就完成 37 户、56 处违法建设治理拆除任务，拆除违建面积 16000 多平方米。

开展侧柏双条杉天牛、侧柏蚜虫和核桃卷叶螟等虫害防治工作 在方山、谢家山、孤山、李家山林区释放管氏肿腿蜂 100 万头，并配合喷洒绿色威雷、高效氯氰菊酯、甲维盐、蚍虫林等药物，防治面积 5000 亩。认真履行市级林业有害生物测报站和国家森防总站美国白蛾监测点工作，落实专人负责测报，开展双条杉天牛、侧柏毛虫、法桐方翅网蝽、美国白蛾等森林病虫害测报，测报准确率达 90%。认真做好周氏啮小蜂繁育工作，完成市林业局下达的 1.51 亿头周氏啮小蜂繁育任务。

【郝部苗圃】 昌乐县国有郝部苗圃始建于 1951 年，为股级自收自支事业单位。根据昌乐县生产经营服务类事业单位改革领导小组《关于生产经营、科研开发、中介服务和符合推向市场的社会公益类事业单位改革改制的指导意见》及昌乐县机构编制委员会《关于注销良种繁育场等四个单位事业性质的通知》，从 2004 年 7 月 20 日起，县郝部苗圃改制为国有企业，并注销其事业性质，收回事业编制。

【森林防火】 通过购买社会服务的方式，招聘森林消防防汛（抗旱）专业队员 50 人，驻扎在国有孤山林场县级森林防火营地，配齐配全森林防扑火器材装备，集中食宿，统一管理，加强队伍管理和训练演练，提高队伍专业化水平。视频监控 24 小时运转，购买无人机 1 架，做到人机结合，确保森林防火监控不留死角。在林区内道路两侧、墓地周围等重点火险区域，清理防火隔离带 15 公里，建设集中焚纸炉 37 处。集中开展森林防火安全大检查 2 次，发现火险隐患 37 条，下发森林火险隐患整改通知书 12 份，限期整改落实。在林区及周边悬挂森林防火宣传条幅200余条，设置宣传牌500多块，印发森林防火宣传彩页2万余份，全县没有发生一起森林火灾事故。

【古树名木】 昌乐县所有登记在册的古树名木，涉及18个科、21个属、23个树种。树种主要以国槐、楸树、侧柏、栾树、白蜡、麻栎、榆树、元宝枫等为主。其中，树龄在500年以上的国家一级古树名木75株；300年以上的国家二级古树名木93株；100年以上的国家三级古树名木748株。

【林业有害生物防控】 制定《昌乐县2017年重大林业有害生物防控方案》，建立完善林业有害生物防控机制，为全面做好林业有害生物防控工作奠定基础。全年林业有害生物防治面积1.955万亩，无重度发生面积和成灾面积。针对国有孤山林场双条杉天牛发生情况，释放100万头肿腿蜂进行生物防治。突出林业有害生物监测体系建设，建设林业有害生物监测点7处。适时地完成松材线虫病、美国白蛾等重大林业有害生物普查行动，对春尺蠖、杨扇舟蛾、杨小舟蛾、悬铃木方翅网蝽等有害生物进行重点监测和调查，发布《森保简报》3期。另外，承担建设的潍坊市林业有害生物疫情监测站工程项目全面完工，并投入使用。

【林权改革】 以实施农村集体资产股份权能改革试点为抓手，深入推进集体林权制度改革，将林权作为经营性资产与其他经营性资产打包进行股份权能改革。9月，全县896个自然村全部完成改革任务，10月通过农业部组织的验收。

【林业产业】 加大林业产业龙头企业及合作组织培育，充分发挥财政资金的杠杆和引领作用，吸引盛泰药业、红河城市园丁、潍坊金宝集团等社会资本、工商资本项目投向造林绿化。其中，盛泰药业有限公司投资5000万元，在营丘镇流转土地1000亩，建设大樱桃种植园区；河南红枫种苗有限公司在红河镇投资5亿元，计划流转土地5000亩，一期已流转土地2000亩，开展退耕还果还林工程。潍坊金宝集团投资2.2亿元，在乔官镇莲花山区流域流转土地2000余亩，建设集生态观光、养生度假、农耕采摘、休闲娱乐等多功能于一体化的综合性乡村旅游景区。现在已完成投资1600万元，流转土地1800余亩，栽植绿化苗木12000株，种植花田400亩。

2017年，潍坊市绿金杜仲开发有限公司成功申报为省级林业产业龙头企业，昌乐县绿韵园艺苗木专业合作社被评为山东省“十佳”林业专业合作组织、林业产业先进单位。在第十四届中国（菏泽）林产品交易博览会上，昌乐县绿韵园艺苗木专业合作社的“黄金蜜桃”被中国林产品交易组委会评为“金奖”；昌乐县绿韵园艺苗木专业合作社、潍坊绿金杜仲开发有限公司被潍坊市林业局评为“优秀参展企业”，昌乐县林业局被潍坊市林业局授予先进单位。

（供稿：刘　旭）

农业机械化

【概况】 2017年，全县农机总动力70.1万千瓦，农机总值达5.26亿元，平均每万亩耕地拥有8987千瓦，农机从业人员2.4万人，农机经营总收入2.1亿元。主要粮食作物机耕作业面积34.8万亩，机播作业面积31.2万亩，机收作业面积29.5万亩，小麦、玉米等主要粮食作物全程生产实现机械化，经济作物和设施农业机械化水平也得到长足发展，花生、大姜、黄烟、瓜菜及设施农业中的部分环节实现机械化，主要农作物综合机械化水平达93%。农业机械成为促进农业增产、农民增收和农村剩余劳动力转移的重要物质和技术基础。昌乐县被省农机局、省安监局评为全省“平安农机”示范县。

【农机装备结构】 通过引导大中小型农业机械合理增长，各类配套机械协调发展，高性能、复式多功能作业机械加快发展，大中小型机械与高中低档次机械、动力机械与配套机械、粮食作物机械与其他农产品机械的配置日趋合理，促进农机装备结构进一步优化。2016年，全县拥有各种链轨及轮式农用拖拉机6930台82764千瓦，手扶拖拉机10536台38100千瓦，自走式小麦联合收割机642台35297千瓦，玉米联合收获机

368台29130 千瓦，花生收获机17台574千瓦，播种机2850台，农副产品加工机械13100台21737千瓦，田园管理机2400台，电动卷帘机44000台，旋耕机1920台，深松机2514台，节水灌溉机械1015台，各种农田基本建设机械326台18793千瓦，农用飞机7架，与拖拉机配套的农机具13800台（套）。

【农机服务体系建设】　县农业机械管理局是全县农业机械化行政主管部门，局机关内设办公室、财务科、政工科、安全科4个科室，下设农机管理服务站、农机技术推广站2个股级事业单位，在编干部职工49人，其中专业技术人员30人。

镇级设立农业综合服务中心，全县8个，镇农业综合服务中心下设农机站，编制3人，在职3人。其职能是负责本镇的农机推广、农机培训、安全监理、农机管理等工作，县级农机主管部门对其实行业务指导。

村级服务组织为农机大户和农机专业合作社，2017年，全县固定资产在50万元以上的农机大户15个，固定资产20万元～50万元的农机大户110个，农机大户拥有大型拖拉机370台，联合收获机132台，配套机具1980台（套），年作业收入1800万元。

【农机科技推广】　重点开展农机新机具、新技术的示范推广工作，加大科技创新力度，大力发展各种新型、复合型、低碳型、环保型农机装备，降低农机污染排放总量。2017年召开农机科技下乡和新技术现场会5次，参加人员620人次，培训新技术350人次，推广联合收获、秸秆综合利用、保护性耕作、深松整地、设施农业等新型机具280台（套）。组织农机大户100户和农机生产销售企业20家参加在潍坊金宝会展中心举办的中国（山东）农业机械博览会，使农民对农机新产品认知程度和应用农机新技术主动性得到提高。

【农机合作社】　到2017年，全县经工商注册的农机专业合作社44个，注册资金550万元，入社社员1620人，入社机械2480台套，资产总额达4000万元。全年完成耕、耙、播、植保、收获等作业面积31.6万亩，其中跨区作业面积1.32万亩，合作社作业面积占全县农机作业面积的76%，实现服务总收入1190万元。农机合作社为社员增加收入，提高机械利用率和农业、农村经济专业化、组织化程度，实现经济效益和社会效益双赢。恒民农机专业合作社、绿野农机专业合作社、诚民农机专业合作社被省农机局、省安监局评为“2016—2017年度全省农业经营服务组织农机安全生产管理示范单位”。

【农机培训与农机管理】　2017年，培训各类人员960人。2013年起，县农业机械学校不再承担拖拉机驾驶员培训工作，驾驶员培训工作由社会培训机构负责。2017年检验拖拉机301台、登记挂牌439台、核发（换发）拖拉机驾驶证425个。2017年，在对农机经营门市部、维修点继续进行审验的同时，开始对农机修配人员进行职业技能鉴定发证工作，审验维修网点160处，核发操作证180个。2017年“三夏”“三秋”期间，部分农机大户和农机合作社组织160台小麦联合收割机、90台玉米联合收获机、140台大型拖拉机开展跨区订单作业，增加机械作业收入。

【农机购置补贴】　2017年，落实中央财政农机购置补贴政策资金1280万元。全县享受农机购置补贴农户552户，补贴机具685台，购机总额4395.6万元。补贴购置大中型轮式拖拉机543台，补贴金额1133.367万元；自走式小麦联合收获机15台，补贴金额45.381万元；自走式玉米联合收获机15台，补贴金额57.105万元；青饲料收获机3台，补贴金额15.831万元；秸秆还田机3台，补贴金额0.288万元；翻转犁14台，补贴金额4.104万元；深松机4台，补贴金额0.918万元；联合整地机80台，补贴金额17.488万元；铡草机4台，补贴金额1.024万元；花生脱壳机3台，补贴金额1.281万元；粮食色选机1台，补贴金额2.09万元。农机购置补贴政策的实施，使农民购买使用农业机械积极性和全县农业机械化综合水平显著提高。

【农机深松整地作业补助】　通过政府招标的形式确

定恒民农机合作社、祥宝农机合作社为作业主体，选定红河镇、乔官镇、唐吾镇开展农机深松整地作业补助试点工作，2017年深松整地2万亩，落实中央财政补助资金70万元。

（供稿：王文超）

农业综合开发

【概况】 2017年，农业综合开发以小流域治理、高标准农田建设和扶持农业产业化龙头企业为重点，向保护改善生态环境和优质粮食生产倾斜，着力培植优势产业，推动农业产业转型升级。全县完成农业综合开发项目总投资1534万元，其中潍坊市级以上财政资金投入达1269万元。小流域治理0.6万亩，建设高标准农田0.21万亩，扶持农业龙头企业和农民专业合作社4家。

【土地治理资金投入】 在资金投入上，积极争取上级财政资金投入和相关优惠政策，鼓励企业资金、金融资金和社会资金投入高标准农田建设，千方百计拓宽投资渠道，努力提高投入水平。坚持以改善生态环境和提高粮食生产能力为重点，资金向水土资源条件好、开发潜力大和工作成效突出地方倾斜，因地制宜，集中资金，规模开发。2017年，完成土地治理项目2个，其中小流域治理项目1个，高标准农田建设项目1个。项目总投资1037万元，其中潍坊市级以上财政资金1037万元。完成2个土地治理项目招投标工作，2个项目总投资1191万元，均来自财政资金。

【土地治理项目】 红河镇白浪河小流域治理项目。该项目区位于红河镇北部，东连朱大路，西邻郚部镇，北靠乔官镇，南接户全村。开发面积0.6万亩。主要建设内容为：新打机井8眼；建排灌站8座；埋设地下管道19.7公里；新修建筑物49座；建设输变电线路13公里（其中变压器2台）；疏浚沟渠9.5公里；建塘坝1座；建蓄水池13座；新植树木0.88万株；新修及复修机耕路9.1公里。项目下达计划总投资726万元，其中财政资金726万元（中央518万元、省187万元、潍坊21万元）。

乔官镇高标准农田建设项目。该项目区位于乔官镇邵家庄村、宗家山村、王家槐林村3个村。开发面积0.21万亩。主要建设内容为：新建排灌站3座；新打机井9眼；建设输变电线路5.2公里；埋设地下管道9公里；新修渠系建筑物33座；新建大口井1座；扩建加固塘坝3座；开挖疏浚沟渠4.6公里；新修及复修道路5.1公里；改良土壤600亩；新植树木0.15万株。项目下达计划总投资311万元，其中财政资金311万元（中央222万元、省80万元、潍坊9万元）。

【土地治理招标项目】 年内完成2个土地治理项目的招标工作：营丘镇0.7万亩高标准农田建设项目，计划投资1040万元，其中财政资金1040万元。庵上湖村0.1万亩高标准农田建设项目，计划投资151万元，其中财政资金151万元。

【产业化经营】 建立竞争立项机制。在农业产业化项目的选择上，采取公开竞争的方式，确保项目选择公平公正、公开透明，缩小项目安排和资金分配的自由裁量权，调动项目建设单位的申报积极性。探索实行先干后补机制。对符合上级产业发展要求的项目，经初步论证后，实行先干后补的政策机制，鼓励龙头企业先行建设规模化、标准化的现代农业产业基地。严格落实扶持政策。集中扶持和培育产业关联度高、规模大、带动力强、利税水平高的农业科技企业、龙头企业和农民专业合作组织，加快带动农业增效和农民增收。

【年度重点扶持项目】 （1）启明果蔬专业合作社4800吨优质果蔬种植基地扩建项目。总投资150万元。其中中央50万元，省级18万元，潍坊2万元，自筹资金80万元。新建钢架构种植大棚2个，建筑面积4750平方米；新打机井2眼，购置设备9台套。项目完成后，新增销售收入51.6万元，年新增利润11.6万元，带动农户180户，收入200万元。（2）华安瓜菜专业合作社4500吨优质瓜菜种植基地扩建项目。总投资120万元。其中中央40万元，省级14万元，潍坊2万元，自筹资金64万元。建设钢架构大棚1个，面积5040平方米，购置设备3台套。项目完成后，新增销售收入 56.7 万元，新增利润 23.9 万元，带动农户 240 户，收入 250 万元。（3）宝城瓜菜专业合作社 4800 吨优质瓜菜种植基地扩建项目。总投资 120 万元。其中中央 40 万元，省级 14 万元，潍坊 2 万元，自筹资金 64 万元。建设钢架构大棚 1 个，建筑面积 5376 平方米，新打机井 1 眼，购置设备 17 台套。项目完成后，新增销售收入 62.1 万元，年新增利润 33.8 万元，带动农户 300 户，收入 600 万元。

（供稿：杨仕昌）

工 业

Gong Ye

综 述

【概况】 2017年，全县227家规模以上工业企业累计完成工业总产值942.4亿元、主营业务收入940.3亿元、利润42.9亿元、利税64.4亿元，比上年分别增长8.2%、7.3%、20.8%、19.1%，主营业务收入、利润增幅均位列全市第二，利税增幅位列全市第三；规模以上工业增加值比上年增长7.9%，位列全市第一；全社会用电量22.0亿千瓦时，其中工业用电量15.5亿千瓦时，比上年增长7.0%。

全县31家骨干企业完成工业总产值645.6亿元，主营业务收入642.0亿元，利润34.0亿元，利税51.3亿元，比上年分别增长10.3%、9.3%、23.5%、29.2%，分别占县规模以上工业企业的68.5%、68.3%、79.2%、79.6%。

全县41家成长型企业中有规模以上企业27家。27家成长型企业完成工业总产值40.7亿元，实现主营业务收入41.1亿元，利润1.5亿元，利税2.1亿元，比上年分别增长19.1%、18.8%、4.9%、0.5%，分别占县规模以上工业企业的4.3%、4.4%、3.5%、3.3%。

全县33家高新技术企业中有规模以上企业26家。26家规模以上高新技术企业累计完成工业总产值271.2亿元、主营业务收入268.8亿元、利润20.5亿元、利税28.1亿元，比上年分别增长20.6%、18.0%、17.2%、16.3%，分别占县规模以上工业企业的28.8%、28.6%、47.8%、43.6%。

【经济运行】 工业企业运营状况 全县工业企业总体运行态势良好，各项运行指标持续向好。全县规模以上工业企业资产负债率为54.8%，比上年下降0.7个百分点；全县规模以上工业企业每百元主营业务收入中的成本为90.5元，比上年下降0.5%；全县规模以上工业企业主营业务收入利税率为6.9%，比上年提高0.7个百分点；全县规模以上工业企业主营业务收入利润率4.6%，比上年提高0.5个百分点；全县规模以上工业企业亏损个数为7家、比上年减少50.0%，亏损面3.1%、比上年下降2.9个百分点，亏损额2399万元、比上年减少70.9%。

工业产品产销态势 重点企业产销态势良好，主导产品价格始终保持高位。阳光纸业累计生产白板纸100.9万吨，比上年增长4.4%；平均价格4253元/吨，比上年上涨33.7%；累计生产纱管纸28.0万吨，平均价格3597元/吨，比上年上涨43.3%。英轩实业累计生产柠檬酸55.9万吨，比上年增长12.2%；累计出口柠檬酸27.3万吨，比上年增长7.3%；平均价格5476元/吨，比上年上涨28.3%。盛泰药业累计生产无水葡萄糖3.5万吨，比上年增长31.0%；平均价格4135元/吨，比上年增长11.1%。元利科技累计生产高沸点溶剂7.9万吨，比上年增长14.3%；平均价格7590元/吨，比上年增长22.7%。矿机集团累计生产刮板机391台，比上年增长203.1%；平均价格8.4万元/台，比上年增长1.8%。

工业领域新兴动能 全县工业结构不断优化，新旧动能转换不断加快。装备制造业主营业务收入增长率14.0%，比规模以上工业企业数据高6.7个百分点；高新技术企业主营业务收入利税率10.5%，比规模以上工业企业数据高3.6个百分点。全县开工工业技改项目53个，其中：续建项目14个，新建项目39个，实际完成投资51.6亿元。佳诚数码（惠普）新材料产业园、汉唐中能新能源汽车、阳光纸业80万吨高级瓦楞原纸、盛泰药业6万吨无水葡萄糖、亚太中慧中央大厨房、中传拉链生产线技改等一批重点项目加快建设，为昌乐县新旧动能转换注入强劲动力。

【技术创新】 大力实施创新驱动发展战略，全面提升企业自主技术创新水平，增强经济发展内驱动力。加大技术创新项目建设。鼓励企业应用新技术、新工艺、新装备、新材料，提高企业生产技术水平和效益。积极组织企业申报省级技术创新项目，加强新产品、新技术的研发，加快技术创新成果转化。矿机集团、英轩重工、精华粉体等24项目列入2017年山东省技术创新项目计划。加快企业技术创新平台建设。发挥公共创新服务平台作用，积极推动行业、企业创新平台建设，不断激发创新动力和活力。英轩重工、元利化工、亿福金业等3家企业技术中心获省级认定，精华粉体、国创节能、华鹏电子等3家企业技术中心获市级认定，联信增压器、浩顺机械、瑞力生药业、亨利达钢结构等4家企业工业设计中心获市级认定，矿机集团、蓝天首饰等2家企业在潍坊市“市长杯”工业设计大赛获奖。英轩实业、蓝天首饰等2家企业列入山东省百年品牌重点培育企业，山水水泥、科苑纸业、神州纺织等8家企业列入省电力直接交易试点企业。

【新能源汽车产业基地】 依托比德文控股集团，规划建设以“一区两园”和新能源汽车特色小镇（新能源汽车核心区、配套产业园、新能源汽车科创园、新能源汽车特色小镇）为重点的新能源汽车产业基地，巩固低速电动汽车全国龙头地位，推动向高速、高端电动汽车迈进。产业基地现有电动车整车生产及配套企业40余家，产品主要涵盖电动三轮车、电动汽车、电动观光车、电动微卡、电动餐车等，拥有“比德文”“宝路达”“雷丁”等10余个自主品牌。2017年，生产新能源电动车30余万辆，其中电动汽车约26万辆、电动三轮车5万余辆，主营业务收入突破100亿元、利税1.5亿元。2017年，该产业基地被评为潍坊市新型工业化产业示范基地。

【鄌郚乐器特色产业园】 占地1000亩，2017年，已入驻企业62家，注册乐器商标总数达40多个，拥有“山东名牌产品”和“山东省著名商标”各2个。6家企业通过ISO 9000等3个体系认证和计量体系等4个标准认证。产品包括电吉他、电贝斯、木吉他、木贝斯、音箱、数码钢琴、萨克斯、乐器配件8大系列400多个花色品种，80%以上销往国外，其中电吉他产量占山东省总产量的90%以上，占全国总产量的36%。园区设立乐器创业孵化平台、乐器产业发展中心，成立昌乐县乐器行业协会，为企业提供乐器展览展示、产品研发、质量检测、电子商务、资源整合等服务。产业园先后被评为潍坊市创业示范园、山东省重点文化产业园、山东省创业示范园，纳入山东省第二批智慧园区、全国就业扶贫基地名单。2013年，乐器产业发展中心被评为省级优秀公共服务平台。产业园所在地鄌郚镇先后被评为首批省级特色产业镇、山东省电声乐器产业基地、中国电声乐器产业基地、山东省特色景观旅游名镇、山东省“百镇建设示范行动”示范镇、山东省“互联网+”特色产业强镇、全国特色景观旅游名镇和全国重点镇等。

【“两化”融合】 实施“两化”融合行动计划，持续推进首席信息官（CIO）制度建设，推动企业信息化改造，促进两化深度融合。推动企业参加国家、省的两化融合管理体系贯标试点，突出示范引领作用。引导企业利用“中国制造2025”“互联网+先进制造业”等新的发展理念和模式，创新生产和营销方式。2017年，全县9家重点企业列入潍坊市第一批两化融合重点培育企业，杰富意、元利科技等2家企业列入省级两化融合管理体系贯标试点。截至2017年年底，全县3家企业列入省级两化融合管理体系贯标试点。鄌郚乐器产业集群与“好品山东”建立战略合作关系，统一以“昌乐乐器”品牌登上“好品山东”门户网站，佳诚数码加快信息化改造，致力打造智慧工厂项目，梦金园建立大数据平台管理系统，推动个性化产品网上订制。同时，开展“企业上云”政策宣讲解读，研究推进激励措施，科学制定补助办法，有序推进“企业上云”。2017年组织企业“两化融合”专题培训10次，培训企业信息化主管人员400余次。

【节能降耗】 昌乐县严格按照国家、省、市节能降耗工作的总体部署和要求，突出重点，狠抓落实，加强组织领导，落实目标责任管理，调整产业结构，发展循环经济、开展节能监察，节能降耗工作取得明显成效。

节能工作机制 考核办法进一步规范完善，把节能责任目标完成情况纳入对各镇（街、区）、企业的科学发展综合考核和年度考核。完善节能目标责任考核，对节能降耗实行“双目标”责任考核。每季度召开节能减排工作联席会议，研究部署能耗总量和强度“双控”工作，确保全面完成市政府下达的节能目标任务。

固定资产投资项目节能评估和审查制度 严格源头控制，把好能评关，提高能源利用效率，加强能源消费总量管控，严格执行《山东省固定资产投资项目节能审查实施办法》，对耗能量较大、影响地区能耗指标项目实行能耗等量置换，控制高耗能行业过快增长。严格按照省、市实施煤炭消费减量替代的有关规定，对以煤炭作为燃料或原料的有关项目，全面落实煤炭消费总量削减要求。2017年，对50个固定资产投资项目进行节能评估审查。

开展节能减排全民行动 根据省《“十三五”节能减排全民行动实施方案》的总体要求以及国家、省、市《关于开展2017年全国节能宣传周和低碳日活动通知》要求，印发《昌乐县2017年节能宣传周和低碳日活动实施方案》，组织有关部门、单位认真开展全国第二十七个节能宣传周和第五个低碳日主题宣传活动，活动期间开展形式多样的主题活动，宣传节能法律法规，形成推动节能减排的良好氛围。

散煤清洁化治理工作 对全县民用煤炭消费量、炉具使用情况、散煤经营业户情况全面排查，摸清全县散煤经营和使用底数。结合县里实际，采取竞争性磋商方式对2017年清洁型煤采购进行招投标，潍坊暖阳新能源有限公司以生产能力强、配送方案优、应急供应和服务措施具体等综合优势中标，昌乐县成为全市第一个通过招投标确定型煤生产配送企业的县市区。将营丘镇作为试点，在全市先行开展型煤配送，型煤配送和炉具推广工作全面完成，为全市首个完成目标任务的县市区。

【服务企业】 做好政策服务 通过企业服务办公室，积极向企业解读、推送各级促进工业发展的政策，帮助企业充分享受政策扶持。推送、解读各级政策信息100余条，梳理政策适用企业50余家。

帮助企业解决问题 为阳光、盛泰、汉唐等企业解决项目建设问题42项；为乐港、永顺泰、大明生物等3家企业解决上市有关问题；组织开展政银企对接会，帮助33家企业协调解决融资问题；为53家企业解决房屋登记手续补办问题。

提高审批效率 创新推行项目开工与手续同步办理机制，为盛泰药业无水葡萄糖、科苑纸业装饰原纸、汉唐中能新能源电动车等12个项目实行项目边开工建设边办理手续，确保手续办理不影响项目建设。争取上级政策、资金、资源成效显著。为五图煤矿、暖阳新能源、万山集团、精华粉体等企业争取国家工业结构调整专项奖补、化工转型升级奖补、市级洁净型煤项目补助、市散煤治理专项资金、太阳能集热系统项目资金、循环经济专项资金等1986.8万元。

【工业转型升级】 开展化工产业安全生产转型升级专项行动 昌乐县按照省市部署组织开展化工企业安全隐患大快严紧急行动，彻底摸清全县化工企业基本情况。严格执行“省八条断然措施”，停产整顿化工企业54家，永久停产19家，转产10家。组织87家化工生产企业开展“四评级一评价”，全面完成验收。牵头起草《昌乐县化工企业转型发展扶持政策》，从转型新上项目、兼并重组、转让和租赁土地、厂房等方面制定扶持措施，鼓励支持化工企业转型发展。组织朱刘精细化工园区按照省、市标准要求申报市级化工园区，园区获批后将为昌乐县化工企业转型发展提供保障。

加大政策扶持力度　把制定、宣传和落实好促进工业发展的扶持政策作为优化发展环境的重要抓手，大力度为企业发展提供政策支持。起草出台《关于推进工业强基的意见（试行）》及其《实施细则》《关于公布2017年度工业“三四三”培育工程名单的通知》《昌乐县化工企业转型发展扶持政策》《昌乐县重点产业投资扶持政策》等一系列政策措施，加大企业在降成本、技术改造、科技创新、人才引进、品牌培育等方面的扶持力度，对重点企业、重点项目集中优势资源重点扶持，推动企业上新创新、内涵发展、转型发展、提质增效。

抓好产业聚集，推进产业结构调整　依托比德文控股集团这一龙头，规划建设以“一区两园”和新能源汽车特色小镇（新能源汽车核心区、配套产业园、新能源汽车科创园、新能源汽车特色小镇）为重点的新能源汽车产业基地。打造智能制造产业园区。抓住潍坊市全力打造智能装备制造业基地这一机遇，采取多项措施加快推动园区建设。利用县智能制造产业发展专项基金，重点发展引进工业机器人、数控机床、新能源汽车核心零部件等项目，突出抓好现有的矿机集团航空发动机和无人机项目、激光增材制造（3D打印）成套设备、工业机器人系列化研究开发与应用、西水机器人SR16铸锻造机器人等重点支撑项目的建设进度，切实将智能制造产业培育成为新常态下昌乐县经济新的增长点。此外积极做好智能装备优质项目的招商引进工作，针对智能装备产业进行定向招商。

【清洁生产宣传和审核】　积极开展清洁生产宣传、教育和培训，使企业全面掌握清洁生产基础知识，了解国家清洁生产方面新的政策、措施，进一步提高企业经营管理者和公众对清洁生产的认识，积极鼓励、引导和支持包括农业生产企业、宾馆、酒店、医院、学校等在内的企事业单位，自愿开展清洁生产审核，真正从源头上减少污染，减少浪费。昌乐县有37家企业通过清洁生产审核验收，规模以上企业清洁生产审核率达16.3%。

【节能环保产业发展】　昌乐县逐步形成以装备制造、新能源汽车、节能环保建材、LED照明、光伏太阳能、垃圾处理为主导的节能环保产业集群，并在节能环保装备、新能源、节能环保材料三大领域形成新的产业优势。2017年，组织山东国创节能科技有限公司外墙保温装饰一体化板项目、山东大华环境节能科技有限公司复合型蒸发式冷却（凝）器项目和山东瀚星生物科技股份有限公司的利用废弃蚕沙提取叶绿素新技术等3个项目申报山东省节能环保产业新技术、装备（产品）推广目录。

【循环经济示范城市创建】　昌乐县扎实推进生态文明建设，加强组织领导，完善有关政策措施，明确部门职责分工，形成统一协调、共同推进的工作机制，通过推动发展循环经济，有效提高资源利用率，带动绿色发展、低碳发展，推动潍坊市循环经济示范城市创建。昌乐县经济开发区顺利通过循环经济示范园区验收。在巩固发展潍坊英轩实业有限公司柠檬酸生产循环经济发展模式、山东潍焦集团能源集约化循环经济发展模式和山东世纪阳光纸业集团造纸行业纵向一体化发展模式的同时，积极培育新的循环经济发展模式，新培育发展潍坊三益新能源资源循环综合利用发展模式和乔新农业农作物综合利用发展模式。

产业发展

【概况】　2017年，昌乐县确立“产业兴县、工业强县”发展战略，大力推进工业强基，着力发展装备制造、新能源汽车、食品加工、精细化工、造纸包装、黄金珠宝加工等六大重点产业与智能制造、医药电子、塑胶、板材、乐器、装配式建筑、纺织服装和织带等七大特色产业。2017年先后培育龙头企业4家，培育省级中小企业“隐形冠军”3家、市级中小企业“隐形冠军”11家。

【装备制造产业】　以矿机集团、英轩重工、中铁华盛为龙头企业，规模以上企业34家。主导产品为煤矿井下机械化采煤成套设备、装载机、输变电铁塔、数控机床、机器人等。2017年，实现主营业务收入79.3亿元，利润2.6亿元，利税4.4亿元，实缴税金9120万元。

【新能源汽车产业】 以比德文控股集团为龙头企业，现有产业链企业50家，规模以上企业4家。主导产品为电动自行车、三轮车、低速汽车、观光车、微卡等，有自主品牌12个。2017年，实现主营业务收入103.4亿元，利润4.0亿元，利税5.2亿元，实缴税金9225万元。

【食品加工产业】 以英轩实业、盛泰药业、乐港食品、恒泰食品、铭基中慧为龙头企业，规模以上企业17家。主导产品为柠檬酸系列、酒精、肉鸡肉鸭、玉米淀粉、葡萄糖、焦糖色、啤酒麦芽等。2017年，实现主营业务收入152.5亿元，利润14.2亿元，利税19.3亿元，实缴税金4.8亿元（含免抵调库）。

【精细化工产业】 以潍焦集团、万山集团、元利科技、日科化学、乐化集团为龙头企业，全县有化工企业98家，正常生产经营企业43家，规模以上企业 34家。主导产品为焦炭、炭黑油、工业萘、油漆、涂料、高沸点溶剂、增塑剂、抗冲改性剂、减水剂等。2017年，实现主营业务收入258.2亿元，利润10.7亿元，利税16.2亿元，实缴税金6.4亿元。

【造纸包装产业】 以阳光集团、科苑纸业为龙头企业，规模以上企业13家。主导产品为白面牛卡纸、涂布白面牛卡纸、纸管原纸、概念包装纸箱、育果袋纸等。2017年，实现主营业务收入80.8亿元，利润3.7亿元，利税8.3亿元，实缴税金3.9亿元。

【黄金珠宝加工产业】 以梦金园、蓝天首饰为龙头企业，规模以上企业3家。主导产品为黄金饰品。2017年，实现主营业务收入80.0亿元，利润2781.0万元，利税4641.3万元，实缴税金5440万元。

【智能制造产业】 以矿机集团、西水机器人、亿林数控为龙头企业，规模以上企业1家。主导产品为数控机床、机器人等。2017年，实现主营业务收入13.0亿元，利润7300万元，利税1.5亿元，实缴税金6193万元。

【医药电子产业】 医药产业，以盛泰药业、普康药业、富利特为龙头企业，规模以上企业8家。主导产品为葡萄糖类、动物药品、保健品等。2017年，实现主营业务收入25.9亿元，利润1.1亿元，利税1.5亿元，实缴税金1089万元。

电子散热器产业，以华光散热器、开元电子、新兴电源、华鹏电子为龙头企业，全县电子散热器企业数量50余家，规模以上企业8家。主导产品为电子散热器、变频散热器、汽车散热器、LED 光源散热器等，年可生产各类散热器6亿件。2017年，实现主营业务收入16.5亿元，利润6721万元，利税8481万元，实缴税金677万元。

【塑胶产业】 以前卫塑料、现代塑胶、利发塑料为龙头企业，全县塑胶企业130余家，其中规模以上企业35家。主导产品为塑料管、塑料袋、水带、农膜等。2017年，实现主营业务收入39.4亿元，利润1.8亿元，利税2.5亿元，实缴税金3636万元。

【板材产业】 以江泉木业、万利木业、云升木业为龙头企业，全县板材加工及配套企业160余家，其中规模以上企业3家。主导产品为建筑模板、装饰板、细木工板等，年产各类板材3000余万张。2017年，实现主营业务收入1.9亿元，利润606万元，利税1090万元，实缴税金195万元。

【乐器产业】 以百灵乐器、明宇乐器、圣韵乐器等为龙头企业，全县乐器生产及配套企业83家，规模以上企业8家。主导产品为吉他、电吉他、贝斯、音箱及乐器配件等。2017年，实现主营业务收入18.5亿元，利润4274万元，利税8107万元，实缴税金155万元。

【装配式建筑产业】 以国创节能科技（巴夫利建材）、潍昌房屋、金伟达钢构、华宏钢构为龙头企业，全县装配式建筑企业50余家，规模以上企业5家。主导产品为保温材料、集成房屋、彩钢板、钢结构等。2017年，实现主营业务收入2.8亿元，利润1201万元，利税1507万元，实缴税金219万元。

【纺织服装、织带产业】　纺织服装产业，以中传拉链、神州纺织、牵手娃服饰、兰天纺织为龙头企业，规模以上企业15家。主导产品为拉链头、纯棉服饰、高档服装面料等。2017年，实现主营业务收入23.2亿元，利润3910万元，利税9267万元，实缴税金1699万元。

织带产业，以东方织带、德韵织带为龙头企业，全县织带企业有23家，规模以上企业9家。主导产品为尼龙缎带、雪纱带等各类织带制品。2017年，实现主营业务收入4.3亿元，利润1532万元，利税2338万元，实缴税金250万元。

2017年3月10日，世纪阳光纸业集团50万吨集束包装纸板项目奠基仪式

（供稿：县经信局）

龙头企业

【山东潍焦控股集团有限公司】　前身为昌潍地区朱刘店焦化厂，是一家以发展煤化工为主，集科、工、贸为一体的国家大型现代化民营企业集团。集团公司现拥有潍坊昌乐和枣庄薛城两大产业基地，2017年末员工人数3500多人，占地5000多亩，总资产95.5亿元。主要产品有焦炭、炭黑油、工业萘、改质沥青、苯酐、PBT合成树脂、锂电池负极材料、食品添加剂碳酸氢铵、纯苯、苯酚等40余种，广泛应用于冶金、化工、医药、食品加工等行业领域，不仅畅销国内，还远销世界50多个国家和地区。2017年，获得“山东民营企业100强”称号、山东省石油化工设备管理协会2016年度“设备管理优秀单位”称号。2017年，实现主营业务收入42.0亿元，利润1.7亿元，利税3.1亿元，实缴税金1.8亿元。

【山东世纪阳光纸业集团有限公司】　成立于2000年底，2007年在香港联合证券交易所主板挂牌上市，现拥有总资产约100亿元，职工3000人，年造纸产能140万吨，是中国乃至亚洲以废纸为原料的白面牛卡纸、涂布白面牛卡纸及高级彩色素色纸生产规模最大、装备能力最强、产品档次最高的生产基地，先后成功开发白面牛卡纸、涂布白面牛卡纸等20多个新产品、新品种，获得20多个国家专利，在全国造纸企业中产量排名第16位。2017年，获得2016年度山东省造纸行业“十强企业”称号；获得2016年度“山东创新型民营企业”称号；公司起草制定的《漂白浆挂面箱纸板》国家标准获得“全市标准创新应用奖”三等奖。2017年，实现主营业务收入60.0亿元，利润3.0亿元，利税7.3亿元，实缴税金4.7亿元。

【英轩控股集团有限公司】　成立于1996年，占地2800亩，2017年有职工2900人，总资产45亿元，是全球著名的柠檬酸生产企业和国内最大的特级酒精生产企业。主要产品柠檬酸系列产品包括一水柠檬酸、无水柠檬酸、柠檬酸盐，酒精系列产品，年柠檬酸生产能力50万吨，占全世界市场份额的35%。2017年，入选山东百年品牌企业培育工程，获得“中国轻工业百强企业”“中国轻工业食品行业50强企业”称号；集团下属英轩重工有限公司技术中心被认定为“省级企业技术中心”。2017年，实现主营业务收入78.4亿元，利润11.3亿元，利税16.1亿元，实缴税金4.4亿元。

【比德文控股集团有限公司】　公司成立于2001年，占地1500亩，拥有员工3000余人，总资产30亿元，下辖雷丁汽车、比德文动力科技等5家全资子公司和天津、无锡、台州三大外埠生产基地。主要产品有电动汽车、电动两轮车、电动三轮车，年产各类电动车200万辆，电动汽车占市场份额的20%左右。2017年，实现主营业务收入 78.5 亿元，利润 3.6 亿元，利税 4.7 亿元，实缴税金 9212 万元。

【主要产品】 白板纸：2017 年累计生产 100.9 万吨，比上年增长 4.4%；累计销售 93.9 万吨，比上年下降 6.6%；平均价格 4253 元 / 吨，比上年上涨 33.7%。

纱管纸：2017 年累计生产 28.0 万吨，比上年下降 0.1%；累计销售 26.8 万吨，比上年下降 4.6%；平均价格 3597 元 / 吨，比上年上涨 43.3%。

焦炭：2017 年累计生产 112.0 万吨，比上年下降 3.5%；平均价格 1721 元 / 吨，比上年上涨 79.9%。炼焦烟煤当月进价 1138 元 / 吨，比上年下降 6.0%。

柠檬酸：2017 年累计生产 55.9 万吨，比上年增长 12.2%；累计销售 48.1 万吨，比上年上涨 2.8%；平均价格 5476 元 / 吨，比上年上涨 28.3%。其中，2017 年累计出口柠檬酸 27.3 万吨，比上年增长 7.3%；累计出口交货值 23269 万美元，比上年增长 32.3%；出口价格 747 美元 / 吨，比上年增长 14.4%。

减水剂：2017 年万山集团累计生产 74.8 万吨，比上年下降 2.6%；累计销售 72.6 万吨，比上年下降 2.6%；平均价格 5400 元 / 吨，与去年同期持平。

炭黑油：2017 年杰富意化工累计生产 24.1 万吨，比上年下降 6.6%；累计销售 23.9 万吨，比上年下降 8.2%；平均价格 2657 元 / 吨，比上年上涨 68.0%。煤焦油平均进价 3609 元 / 吨，比上年上涨 98.5%。

淀粉：2017 年盛泰药业累计生产 35.2 万吨，比上年增长 9.0%；累计销售 35.2 万吨，比上年增长 8.8%；平均价格 1921 元 / 吨，比上年下降 4.4%。

葡萄糖：2017 年盛泰药业累计生产口服葡萄糖 6.9 万吨，比上年下降 13.4%；累计销售 6.8 万吨，比上年下降 15.3%；平均价格 2810 元 / 吨，比上年上涨 5.2%。累计生产无水葡萄糖 3.5 万吨，比上年增长 31.2%；累计销售 3.5 万吨，比上年增长 16.6%；平均价格 4135 元 / 吨，比上年上涨 11.1%。

单体液压支架：累计生产 70311 根，比上年增长 66.7%，平均价格 750 元 / 根。

抗冲加工改性剂：累计生产 9.1 万吨，比上年增长 10.2%；累计销售 9.1 万吨，比上年增长 8.4%；平均价格 1.6 万元 / 吨，比上年上涨 36.8%。

高沸点溶剂：2017 年元利科技累计生产 7.9 万吨，比上年增长 14.3%；销售高沸点溶剂 7.0 万吨，比上年增长 13.4%；高沸点溶剂售价 7590 元 / 吨，比上年上涨 22.7%。

增塑剂：2017 年元利科技累计生产 4.6 万吨，比上年增长 7.2%；销售增塑剂 4.7 万吨，比上年下降 8.2%；增塑剂售价 7994 元 / 吨，比上年上涨 4.9%。

脂肪醇：2017 年元利科技累计生产 1.5 万吨，比上年增长 26.6%；销售脂肪醇 1.4 万吨，比上年增长 8.0%；脂肪醇售价 29919 元 / 吨，比上年上涨 45.2%。

油漆：2017 年累计生产 17.5 万吨，比上年增长 0.8%；销售油漆 17.5 万吨，比上年增长 0.8%；销售价格 9200 元 / 吨，比上年下降 1.1%。

光电子器件：2017 年累计生产 61.88 万只（片），比上年增长 13.0%。

塑料制品：2017 年累计生产 155177 吨，比上年下降 1.3%。

电动车：2017 年累计生产新能源电动车 30 余万辆，其中电动汽车约 26 万辆、电动三轮车 5 万余辆。

电声乐器：年产各类乐器成品 80 万把、乐器配件 400 万件，主营业务收入达 15 亿元。

珠宝首饰：珠宝加工交易额 300 亿元，黄金生产加工 100 余吨。

（供稿：刘红军）

电 力

【机构设置】 国网山东省电力公司昌乐县供电公司是国网山东省电力公司分公司，年初设有 8 个职能部室、2 个业务支撑和实施机构、11 处供电所、17 个班组；担负着全县 10 个镇街（区）、902 个自然村的供电服务工作。2017 年 1 月，公司内设办公室、发展建设部、财务资产部、人力资源部、党群工作部（工会、纪委办公室、团委）、安全监察质量部（保卫部）、乡镇供电所管理部、电力调度控制分中心等 8 个职能部门，设运维检修部［检修（建设）工区］、营销部（客户服务中心）2 个业务支撑及实施机构。下辖 11 个乡镇供电所，分别为开发区、城关、城南、宝城、五图、朱刘、乔官、鄌郚、高崖、营丘、红河供电所。

2017年7月，对供电所进行优化设置，撤销职能部门乡镇供电所管理部，撤销城关、宝城、高崖3个供电所，城南供电所更名为宝都供电所，唐吾供电所更名为鄌郚供电所。

2017年11月，对公司党建机构进行优化，办公室更名为办公室（党委办公室），人力资源部更名为党委组织部（人力资源部），党群工作部（工会、纪委办公室、团委）更名为党建工作部（工会、纪委办公室、团委）。

2017年，公司班组对标创历史最好成绩，1个班组授予国网公司先进班组，5个班组评为省公司标杆班组，6个班组评为市公司标杆班组。公司获省公司“先进单位”“班组建设先进单位”等称号。

【党建工作】　学习贯彻中共十九大精神，围绕学懂弄通做实，党委中心组集中学习研讨12次，班子成员深入基层讲授专题党课6期，组织主题党日、支部研讨等各类活动，学习宣贯覆盖所有27个党支部、355名党员。推进“两学一做”学习教育常态化，落实党建基础建设年25条措施，编制党委、党支部、党员三张清单，在应急抢修、工程攻坚等关键时刻，发挥党员先锋模范作用。强化党建组织领导，建立专项工作领导小组，完善党建工作机构设置，新成立1个党总支、14个党支部，完成63名属地党员组织关系转接。深化电网先锋党支部创建，2项成果获得市公司奖励。落实“两个责任”，开展内部巡察自查自纠，发现整改问题63项。执行约谈和报告制度，约谈部门主要负责人等50人次，公司保持风清气正良好局面。

【安全生产】　开展安全生产大整顿、问题清单专项梳理等系列活动，组织安全日等专题学习42期，层层签订安全承诺书963份，查摆整改重点安全问题7项。公司通过省公司安全性评价复评验收。严格作业现场安全风险管控，各级管理人员到位监督1095人次，启用作业现场视频监控137处，查处违章193起，完成春、秋检任务。充实三级护线力量，领导班子带头挂牌督导，过境线路实现全年零事故。开展配网安全隐患专项整治行动，查改问题1万余项，10千伏配网八级事件比上年降低30.4%。执行有序用电方案，成功应对电网负荷两创新高的严峻局面，完成迎峰度夏和防汛任务。落实“1+9”方案，完成十九大保电稳定服务工作。

【特高压属地工作】　面对异常繁重的特高压属地工作，举全公司之力奋力攻坚。积极沟通汇报，促成县委、县政府组织召开3次特高压建设协调会。取得1000千伏昌乐特高压站施工许可证；全力做好协调配合，保障昌乐特高压站按期投运，成为全国一次性投运容量最大的特高压变电站。按期取得1000千伏临沂—潍坊、500千伏官亭—潍坊线路路径规划意见。提前办理500千伏乔官输变电工程前期手续。编制完成榆横－潍坊等6项工程建场费结算书，参加并通过国网公司、省公司集中审核22次。领导班子分片包靠，多方沟通协调，完成所有293.5基铁塔民事协调任务；累计砍伐树木5万余棵，拆除房屋202处，按期完成143.2公里线路走廊清理，得到省、市公司高度评价。

【电力设施】　2017年，累计完成中低压电网建设投资1.26亿元。完成机井通电、中心村、常规网改项目593个，建设10千伏线路133.62公里、低压线路818公里，新增配变571台、配变容量85850千伏安，完成4517眼机井通电、162个用电村改造任务，惠及全县309个村、18.34万亩农田，惠民工程有效落地。同时，严把工程质量关，2项配农网工程评为省公司“配电网优质工程”，1项工程推荐参加国网公司“优质工程”评审。

2017年，完成35千伏南郝站改造等技改项目，有效处置35千伏高崖站设备重大隐患。完成朱汉35千伏变电站1号主变增容工程，新增变电容量6.85兆伏安。境内拥有1000千伏变电站1座、220千伏变电站2座、110千伏公用变电站10座、35千伏公用变电站10座，主变总容量167.7万千伏安，10千伏及以上输配电线路2769.2公里。形成以220千伏变电站为枢纽、110千伏变电站为中心、35千伏变电站为供电电源的网架结构。

【营销服务】 开展“彩虹·心服务·新价值”主题活动，建立“电管家”服务团队，配备5名专属客户经理，为全县12家三星级客户提供“定制化”服务。完成12家直接交易客户电量结算，交易电量1.96亿千瓦时，为客户减少电费支出263万元。利用业扩配套应急项目资金585万元，释放容量1.6万千伏安。深化营业大普查，完成40期132户异动核查，追补电量69.12万千瓦时。推进“三供一业”供电设施接收改造，与3个小区签订移交框架协议。加大电能替代推广力度，全年完成替代电量9500万千瓦时。优化“全能型”供电所设置，精简撤并3个供电所，选聘249名台区经理，顺利完成143名星级台区经理评定，新创1个四星级、3个三星级供电所。联合县经信局下发《关于做好安全用电工作的通知》，派发整改告知书3022份、整改隐患456处。拓展微信、电e宝、支付宝等新型缴费方式，线上缴费率由年初19%提升至40%。强化服务管控，万户投诉率保持全市较低水平。

【供用电管理】 供售电量 2017年昌乐县全社会用电量22.02亿千瓦时，较2016年（20.28亿千瓦时）增长8.60%。公司供电量完成17.58亿千瓦时，比上年增长8.65%；售电量完成16.97亿千瓦时，比上年增长10.31%；综合线损率完成3.47%，比上年降低1.48个百分点。

电价电费 （1）2017年电价政策变化情况。全市电力销售价格宏观调整2次，政策文件分别为《鲁价格一函〔2017〕42号山东省物价局关于降低工商业用电价格的通知》（2017年5月31日）、《鲁价格一发〔2017〕60号山东省物价局关于合理调整电价结构有关事项的通知》（2017年6月30日）。本年度两次调价，使整体到户电价水平进一步降低，其中居民用电和农业用电价格保持不变，大工业用电价格下调26.8元／千千瓦时，一般工商业用电价格下调11.4元／千千瓦时。另外，通过文件《鲁价格一发〔2017〕80号山东省物价局关于山东电网2017—2019年输配电价有关事项的通知》进一步明确输配电价。

2017年昌乐县电价调整价格汇总表

表7　　单位：元／千瓦时

用电分类	电压等级	2016.1.1	2017.7.1
居民活用电	第一档	0.5469	0.5469
	第二档	0.5969	0.5969
	第三档	0.8469	0.8469
	不满1千伏	0.5550	0.5550
	千伏及以上	0.5010	0.5010
一般工商业用电	不满1千伏	0.7639	0.7525
	1-10千伏	0.7489	0.7375
	35-110千伏	0.7339	0.7225
大工业用电	1-10千伏	0.6474	0.6206
	35-110千伏以下	0.6324	0.6056
	110-220千伏以下	0.6174	0.5906
农业生产用电	不满1千伏	0.5600	0.5600
	1-10千伏	0.5450	0.5450
农业排灌用电	不满1千伏	0.5400	0.5400
		0.5250	0.5250

（2）电费收取情况。2017年全县电费收取11.66亿元，比上年增加0.45亿元，主要是电量增长导致电费增收，但平均到户电价水平下降0.04元／千瓦时。

【电力副业】 国网昌乐县供电公司现有集体企业7家，分别是昌乐县伟业电力工程有限公司及物业分公司、设计分公司，山东亿阳电工有限公司及变压器分公司、昌乐分公司，昌乐县光明电力服务有限责任公司。主营业务涵盖电力工程施工、电工电气设备制造、农电服务、勘察设计、物业服务等业务。拥有建筑业输变电专业承包三级资质证书和叁级承装（承修、承试）电力设施许可证、五级承装承修承试电力设施许可证。2017年，集体企业实现销售收入2.45亿元，利润808.39万元。

【运营管控】 贯彻执行省公司《资金分级授权管理方案》，提升资金支付风险防控能力。查找相关历史资料，测算历年利息，清理完成省国拖欠款历史遗留问题。强化人资、财务、物资等重点领域管控，召开协同监督委员会会议4次，有效防范各类风险。开展班组建设常态化督导检查，加强指标过程管控，班组对标获得全省A+，运维检修、营销服务、调控运行、支撑保障4大专业全部获得全省A+。持续规范基础管理，综合评价位居全市第三；安全、财力、检修3大专业评为市公司“标杆专业”。

【内质外形建设】 开展关键岗位交流70余人次，完成光明公司薪酬调整任务。常态化开展“班组大讲堂”800余期，举办青年员工、管理人员专题培训班2期，多渠道促进职工成长成才，1名职工当选“齐鲁首席技师”，1名职工评为“潍坊市能工巧匠”，2项竞赛调考获市公司团体第一名。开展专业“大讲堂”劳动竞赛，7个专业入选市公司代表队，运检专业获省公司二等奖。5项成果获国家发明专利授权。1名职工评为“山东好人之星”。新建档案库房投入使用，通过省档案局测评验收，并授予“山东省档案工作科学化管理示范单位”荣誉称号。整合办公场所，电力调度中心大楼顺利搬迁；完成生产基地等改造提升工程，公司“一个中心、四个基地”投入运行，为企业长远发展奠定基础。关心关爱职工身心健康，增加体检项目，建设投运员工关爱中心，新建改造两处标准化食堂，提升职工满意度和获得感。公司评为潍坊市“劳动关系和谐企业”、三星级“厚道鲁商”品牌形象上榜企业。

（供稿：潘 华）

中小企业

【概况】 2017年，县中小企业办公室认真开展数据监测，积极把握和了解企业运行动态，及时关注昌乐县纳入“全国中小企业生产经营运行监测平台”重点监测的30家中小企业生产经营运行情况，全县中小企业和民营经济各项指标保持平稳运行。中小企业方面，全县219家规模以上工业中小企业主营业务收入累计达607.77亿元，比上年增长3.69%，实现利润21.83亿元，比上年增长10.3%，利税29.98亿元，比上年增长2.12%，增加值累计比上年增长3.58%，出口交货值53.74亿元，比上年增长17.8%。

非公有（民营）经济方面， 2017年，全县非公有制（民营）经济单位数量，达5.33万户，比上年增长17.5%；纳税额23.05亿元，比上年增长8.4%；进出口总额90.51亿元，比上年增长14.5%。

【产业集群、特色产业镇转型升级】 制定《昌乐县产业集群升级年活动实施方案》。先后组织企业参加2017两岸(鲁台)产业集群运作与咨询技术交流研讨会、山东省走进特色产业镇巡礼、全省产业集群升级年启动仪式暨智能制造论坛等活动。积极开展产业集群转型升级调研，开展食品产业集群专题调研活动、塑料包装材料、聚氯乙烯软管特色区域和产业集群“回头看”调研活动。2017年，争取省级中小企业专项扶持资金和市级特色产业镇专项扶持资金80万元，朱刘街道被评为省级特色产业镇。

【企业技术创新建设】 潍坊盛泰药业技术研发中心、潍坊现代塑胶研发中心、潍坊龙海民爆技术研发中心被授予省级“一企一技术”研发中心，蓝天首饰研发中心、友谊塑胶高档PVC橡塑管研究中心、汇智化工特种沥青产品研发中心、潍坊世宇生物硫酸软骨素钙技术研发中心、东兴防爆一种隔爆变频器用减震器研究中心、亿福金业珠宝首饰加工技术研发中心被授予市级“一企一技术”研发中心。山东瀚星生物科技股份有限公司、山东梦金园珠宝首饰有限公司、潍坊市精华粉体工程设备有限公司进入省级中小企业“隐形冠军”行列，佳诚数码等10家中小企业入选潍坊市“隐形冠军”企业群培育数据库。昌乐好友油脂有限公司、潍坊佳诚数码有限公司、山东瑞力生药业有限公司3家企业被评为省级“专精特新”中小企业，潍坊立阳新材料有限公司、潍坊佳诚数码材料有限公司、潍坊联信增压器股份有限公司、山东瑞力生药业有限公司4家企业被评为市级“专精特新”中小企业。潍坊佳诚数码有限公司被评为全省先进中小企业，潍坊市精华粉体工程设备有限公司被评为省级“创新转型优胜”中小企业，梦金园被评为全省中小企业数字化智能化发展典型。

【中小企业服务机构和载体建设】 2017年，新申报省级中小企业服务机构1家、省级小型微型企业创业创新示范基地1处、市级小型微型企业创业创新示范基地1处，7家企业被认定为市级诚信民营企业，5家服务机构被评为潍坊市三级平台体系先进服务机构，新增市级创业辅导师4人，县中小企业公共服务中心、昌乐县乐器产业发展中心被评为潍坊市三级平台体系先进平台，县中小企业办公室被评为潍坊市三级平台体系先进单位，玄海云、朱洪华等6名同志被评为三级平台体系先进个人。

【中小微企业管理培训】 2017年，先后组织部分小微企业家参加全省中小企业发展新经济经验交流会、中小企业信息化巡展、“一企一策”专家会诊、“5A管理系统”落地应用培训、山东省互联网大会、企业首席信息官（CIO）培训、“互联网+形势下如何提升企业管理能力”研讨培训、匠人时代“趋势红利”用工匠精神重塑企业价值论坛、发展新经济培育新动能企业家高级培训班等服务活动，组织举办全县中小微企业划型认定专题培训、2017年山东省中小微企业巡回大讲堂（昌乐班）培训、中小企业公共服务平台巡展等活动，配合市中小企业办开展“发展新经济培育新动能”调研活动，组织部分中小企业参加2017年中国中小企业博览会、2017年全国大众创业万众创新活动周、山东网络商品博览会、“工业云助力企业转型升级高峰论坛”、山东省中小企业与哈尔滨工业大学产学研培训班暨合作项目对接会等。培训覆盖县内小微企业500多家，累计培训人数达600多人。

【中小微企业“创业创新”服务】 积极深入基层企业解决实际问题。先后开展机械制造业情况调研、“潍坊市工业中小企业‘隐形冠军’数据调研”、新能源电动车情况摸底调研、食品产业集群发展调研、如何推动全县中小企业快速健康发展等专题调研活动。对如何开展大小企业牵手合作进行认真思考，并形成《关于促进大小企业牵手发展的几点思考》，获2017年度全省中小企业系统优秀调研成果二等奖，9月24日县人大专门以简报形式予以刊发。做好企业的“政策快递员”。认真搜集整理国家、省、市、县2017年来出台的促进中小微企业创新创业发展的优惠政策，编印300余册《中小企业·民营经济新规速递》免费向企业发放，使上级的惠企政策及时全面地传达有关适用中小企业。认真做好中小微企业划型认定。2017年，先后为23家符合条件的小微企业出具小微企业认定，切实帮助小微企业享受政府采购优惠。

（供稿：刘红军）

商　务

Shang Wu

【概况】　2017 年，全县实现社会消费品零售总额 149.6 亿元，同比增长 8%。其中批发、零售业 134 亿元，住宿、餐饮业 15.5 亿元，同比分别增长 4.4%、13.9%。加快推进物流园区基础设施和物流项目建设，积极打造政策洼地，激发物流业发展动力和活力，全县现代物流产业实现突破发展。截至 2017 年年末，全县在营物流运输企业达 60 家，拥有各类载货汽车 731 辆，从业人员 1609 人，全年公路运输 1024 万吨，铁路物流到达量 800 万吨，实现物流收入 16.38 亿元。

【市场体系建设】　积极拓展宝石城、农贸城等传统专业化市场在餐饮住宿、电子商务、旅游观光等方面的价值，整合线上线下资源，深耕昌乐县市场品牌文化，实现跨越式发展。对二手车流通行业、典当行业开展两次集中专项检查，重点核查二手车交易市场有关证件是否齐全、交易行为是否规范，对典当企业金融风险和非法集资风险情况进行集中排查整治。制定昌乐县《关于开展单用途商业预付卡专项检查的行动方案》，并下发至有关企业，要求企业按照《单用途商务预付卡管理办法（商务部令 2012 年第 9 号）》有关文件精神认真进行自查自纠，10 月对昌乐县售卡企业进行明察暗访，确保企业严格落实“发卡实名登记、非现金转账、限额发行”三项制度。

【商贸服务业】　2017 年 3 月，积极推进老字号振兴，更好地推动“老字号”发展，激发昌乐县商贸服务企业品牌潜力，对第四批“山东老字号”申报工作进行积极的宣传发动，筛选出一批具有历史文化传承和独特技术工艺的品牌，协助梳理历史渊源和文化传承，组织申报材料。8 月，经省商务厅认证，全市有 3 家企业荣获第四批“山东老字号”称号，昌乐县昌乐好友油脂有限责任公司位列其中。深入挖掘昌乐县地方特色名吃，推进昌乐县餐饮业持续健康发展，积极组织昌乐县餐饮企业申报“潍坊名吃”。山东儒乡情食品有限公司选送的“东岳乌驴酱香驴肉”和昌城宾馆选送的“鸽肉馄饨炖海虾”被评为“潍坊名吃”。通过以赛代训，提升商贸系统从业人员技术锻炼的积极性和服务水平，促进商贸服务行业的良性竞争和有序发展。积极参与组织昌乐县第四届职业技能竞赛，参与中式烹调师、中式面点师、茶艺师、育婴师、养老护理员 5 个项目的比赛，并取得优异的成绩。

2017 年，宝博会珠宝展现场　（供稿：商务局）

【电子商务】 2017年，昌乐县拥有省级电商示范企业1个（山东天序农林科技有限公司），农村电商产业园1处，“互联网＋品牌示范”企业1个（梦金园电子商务有限公司），电商专业村1个（朱刘街道都昌村），跨境电商产业园1个（郾部跨境电商产业园）。昌乐县华安瓜菜专业合作社，天序农林科技有限公司，山东铭基中慧食品有限公司等11家企业参加农商互联大会。促进与外地企业和大型电商平台的对接。乐港食品、好友油脂被评为潍坊市农商互联十大骨干出口企业，天序农林被评为潍坊市农商互联十大电商龙头企业，华安瓜菜专业合作社（西瓜）、昌乐西瓜科技示范园（西瓜）被评为潍坊市农商互联特色农产品企业（合作社）；宝城瓜菜专业合作社、乐都专业瓜菜合作社、金钗河蔬菜专业合作社等3家合作社被评为潍坊市农商互联龙头生产企业（合作社）。

【现代物流】 县政府组织有关部门，对全县物流产业发展情况进行深入调研，拟订《昌乐县物流产业发展规划（2017—2020年）》，规划建设提升“三区”建设、昌潍、智慧汽配、营丘四大物流园区，打造提升海关检验检疫、公铁联运、新业态孵化、邮政快递四大物流服务平台，加快建设辐射山东半岛乃至环渤海地区的潍坊城区西部高端国际物流中心。县政府办公室印发《关于促进现代物流产业发展的若干政策措施》，从纳税奖励、用地、信息化建设、品牌创建等方面，对物流产业发展加大支持力度。其中，对县内物流企业新增纳税额，按照实现地方财政净收益的70%给予奖励；对首次获评为国家AAA级、AAAA级、AAAAA级物流企业的，分别奖励30万元、50万元、100万元。通过出台扶持政策，有力发挥激励作用，物流业税收实现翻番。对“三区”建设物流园雨污管道进行铺设，完成雨污管网西段施工，东段施工有序推进。积极创建国家A级物流企业，潍坊申易物流有限公司被国家物流与采购联合会认定为国家AAAA级物流企业，实现昌乐县A级物流企业零的突破。

【争先创优工作】 争创国家级争先创优工作5项。成功创建国家级出口食品农产品质量安全示范区；帮助申易物流成功创建为国家级AAAA级物流企业；争取原产地证审批权限下放示范点，8月22日成功获国家质检总局批准，在昌乐设立原产地证书第三方发证机构；争取全国农商互联“建立重要农产品电子商务标准化体系项目”（由天序农林承办）；争取全国农商互联“畜禽屠宰企业标准化建设项目”（由铭基中慧承建）。

争创省级争先创优和突破性工作7项。争取省级电商示范企业、省厅电商扶持奖励资金。天序电商孵化公司顺利通过省级电子商务示范企业评选，同时获20万元奖励；争取“山东老字号”称号。8月，经省商务厅认证，好友油脂有限责任公司荣获昌乐县首家“山东老字号”称号；全省“互联网＋品牌”建设。推荐梦金园参与全省创建活动，获省新媒体排行榜百强第四位，全潍坊市第一，并获省奖励切块资金200万元；争取人才，多次赴省商务厅争取到自贸区处唐辰到昌乐县开发区挂职；争取1家企业为省级加工贸易转型升级示范企业；争取省级文化出口重点企业。昌乐明宇乐器有限公司被评为省级文化出口重点企业；争取齐鲁电商节山东优秀互联网品牌。山东梦金园电子商务有限公司被评为2017年度山东优秀互联网品牌。

2017年昌乐县重点市场一览表

表8

序号	重点市场
1	中国宝石城
2	昌乐亿丰五金机电建材城
3	昌乐七彩大市场
4	昌乐农贸城

2017年昌乐县商品交易市场基本情况一览表

表9

序号	市场全称	市场法人代表	注册资金（万元）	2017年营业额(万元)
1	中国宝石城	刘文涛	41.2	30000
2	昌乐亿丰五金机电建材城	魏志刚	100	1695
3	昌乐七彩大市场	刘新平	1000	22000
4	昌乐农贸城	童小鹏	3000	25150

对外经济贸易

【概况】 2017年，全县完成进出口总额905123万元，位居全市八县市第四位，增长14.5%。其中，出口564577万元，位居全市八县市第四位，增长14.1%；进口340546万元，增长15.0%。2017年全县新增境外企业3家，全年实际境外出资26万美元。2017年实际到账外资31526万元，增长119.3%，增幅列全潍坊市第一位。

【对外贸易】 市场主体进一步壮大。有进出口业绩的企业达239家，年进出口额过亿元的企业19家；产品结构进一步优化。落实潍坊市促进外贸转型升级23条政策和昌乐县《关于促进外经贸发展的政策措施》，向高附加值商品出口企业倾斜，推动机电产品、高新技术产品出口保持稳定增长，出口23801万元，占比4.3%。优势产品出口增幅明显。化工产品出口205991万元，增长29.4%；纸制品出口24755万元，增长71.3%。推进实施“千企百展”市场开拓计划，利用省、市确定的100个重点展会，利用展位补助等政策，引导60家企业参会参展，成为企业结交客户拿订单的重要平台。服务贸易实现突破发展。有4家企业实现服务贸易额1248万美元。

【对外经济技术合作】 2017年，全县新增境外企业3家。潍坊鸣泽国际贸易有限公司成功并购印度的中印

昌乐县创建国家级出口食品农产品质量安全示范区

（供稿：经贸局）

纺织品私人有限公司，协议出资725万美元，控股占比75%，成为该公司第一大股东。潍坊元利化工有限公司在荷兰阿姆斯特丹设立全资贸易子公司，计划投资117万美元，已在山东省商务厅备案。山东潍焦集团国际贸易有限公司在香港新设成立潍焦国际贸易（香港）有限公司，注册资本256万美元，已在山东省商务厅备案。

【利用外资】 2017年，制定出台《关于促进外经贸发展的政策措施》《2017年利用外资考核办法》，鼓励招商引资和利用外资工作发展。利用潍坊国际风筝会、香港山东周、中日韩产业博览会、鲁台经贸洽谈会、中国（昌乐）国际宝石博览会等开展招商活动。推进各镇（街、区）利用外资创新突破机制建设，全县大部分镇（街、区）实现利用外资零突破。落实重点外资企业和重大外资项目包靠制度，推进落实“服务大使”“专家顾问小组”等制度，加强对外商投资项目的管理与服务。根据市里加大简政放权要求，承接下放，提高行政效率。

【实行大组工作制】 2017年开始县商务局打破科室界限，实行“大组工作制”，将全局整合成贸易促进、外资外经、商贸流通、外贸审批园区、机关保障5个业务工作推进组，分别由局分管局长担任组长，各科室搭起联手，在干好各自业务的同时，集中力量抓重点难点工作的突破。6月市、县作风建设年活动部署后，县商务局在全县外经贸、物流、电商和内贸流通等领域企业中开展“深化作风建设双向撬动资源助力经济发展”为主题的服务活动，由5个工作组分头包片深入企业宣讲外经贸、物流、招商和县里出台的工业强基等一系列政策扶持措施，同时挖掘利用企业市场、招商方面的资源，广泛征集招商线索信息，推行“四个办理”，实现“五个转变”，确保“四个到位”，征集填写“昌乐县商务局服务直通车”系列三套表格（事项征集办理表、企业愿景信息征集表、招商引资信息统计表）。活动上门走访230余场次，征集到招商引资项目18个，解决进出口企业无法直接办理原产地证等问题13件、企业加工贸易生产能力证明手续办理难

等事项42件。为提升昌乐县的外经贸工作水平，五个小组包靠乡镇对全县80余家外贸和外资企业进行上门调研，在营丘镇、乔官镇搞试点，狠抓利用外资、外贸出口指标、社零额的调度和指导，促进各项工作的快速推进，其中利用外资工作在8个乡镇实现零突破。此外安全生产、维稳等工作县商务局都是以大组制办法推进落实，均取得较好成效。

（供稿：刘晓玉）

供销合作

【概况】 昌乐县供销合作社联合社是县政府直属事业单位。事业编制25人，内设5个职能科室（办公室、政工科、财务科、企管科、流通科），加挂昌乐县农民合作社联合社牌子，下设6个镇级农民合作社联合社（五图、乔官、鄌郚、红河、阿陀、南郝）、1个职业农民讲习所、3个社属企业（潍坊昌供农业生产资料有限公司、山东金福利农业发展有限公司、昌乐齐城供销农业科技有限公司），2017年全系统年销售额1.6亿元，实现利税520万元，资产总值 1.1亿元。

【综合改革】 农业服务规模化创新工程 探索建立“1＋N”为农服务综合平台。依托为农服务中心，整合服务资源，建立生产、供销、信用、流通“四位一体”为农服务新模式。制定2015—2020年为农服务中心规划，规划建设为农服务中心6处。

培育土地托管新动能 以山东金福利农业发展有限公司为主体，实现全县土地托管面积22.5万亩，其中甜瓜全程托管5000亩，小麦、玉米等半托管22万亩。

推广节水农业和水肥一体化技术创新 依托山东金福利农业发展有限公司新建红河、营丘、乔官、五图等液体配肥站20处。

实体性合作经济创新工程 潍坊昌供农业生产资料有限公司发展农资直营店100家；山东金福利农业发展有限公司设立200处农技推广综合服务站。

新型农民社员素质提升工程 利用昌乐职业农民讲习所和昌乐职业农民孵化基地，开展培训160多场次，培训8000多人次，颁发农业技术证书568个。

农村合作金融创新 昌乐县华安瓜菜合作社、昌乐农立德农业科技专业合作联合社、昌乐县金盆地瓜菜合作社开展信用互助业务，2017年7月获得省金融办农村合作金融改革试点资格证书。

【服务规模化】 建设2处为农服务中心 。乔官为农服务中心，投资1030万元；其中争取中华全国供销总社和省社资金420万元，占地18亩，建设服务大厅、培训中心、生产资料车间等5000平方米，于2017年5月开工建设，庵上湖为农服务中心，争取中华全国供销总社和省社资金60万元，建设瓜菜育苗棚、改造办公楼等设施。加快卧虎山现代农业示范园区建设。争取省级资金162万元，规划建设乔官卧虎山现代农业示范园。该园占地50亩，建设高标准日光式温室大棚8个，以及配套设施、围墙安装等，拓宽服务种类和范围。以土地全程托管和半托管为主，开展测土配方、智能配肥、统防统治、冷库储藏等服务，实现土地托管服务22.5万亩。

【流通现代化】 2017年4月，到济南、潍坊参加对接全国供销e家电商平台学习会，确定对接供销e家电商平台，开通昌乐供销e家的县域B2B和B2C平台；以潍坊鼎商电子商务有限公司为依托，发展乐通商城、庵上湖优厨房等电商平台。

【村社共建】 开展社村共建村210个，建农民专业合作社30家，改造提升农产品交易市场2处，建设农产品生产基地2处。2017年11月，建村庵上湖瓜菜荣获“中国农产品500强好品牌”称号；2017年1月，建村庵上湖村被省社评为“全省村社共建示范村”。

【高毒农药储备管理】 建立健全《高毒农药管理使用制度》《高毒农药招标和统一使用制度》，采集高毒农药需求信息，组建高毒农药施工作业队，统一施工作业，做到源头可追踪、信息可查询、流向可追溯。2017年为五图五虎山、县林业局等单位使用高毒农药1100余公斤，提供全程服务。

【社属企业】 潍坊昌供农业生产资料有限公司 成立于2013年3月，注册资金1200万元，承担昌乐县高毒农药储备管理任务。销售产品20多种，经营范围包括农药、化肥、农膜、种子、农机具及配件、土产杂品及销售；废旧物品收购；农业技术推广服务。

山东全福利农业发展有限公司 成立于2012年3月，注册资金910万元。2012年被县政府评为“支持经济发展单位”，2013年12月被潍坊市政府评为“潍坊市2013年市级农业产业化重点龙头企业”。公司与山东省土壤肥料总站、潍坊学院、青岛农业大学、山东省农业科学院农业资源与环境研究所开展农技服务与产品推广，已累计开展大田土地托管1.5万余亩、大棚托管3000余亩，推广测土配方肥3万余吨，受益面积达10万亩，全县建立20处服务站。

昌乐齐城供销农业科技有限公司 成立于2014年9月，注册资金5000万元。经营范围：化肥、不再分装的包装种子、苗木、农机具及配件、农副产品销售、废旧物资回收、农业技术推广服务、农田基础设施建设。

【招商引资】 引项目。推进山东（昌乐）鲁供农产品物流港（中石油昆仑润滑油物流）项目建设，全方位做好项目服务工作。引进潍坊明亮精细陶瓷有限公司生产碳化硅陶瓷项目，一期完成投资3000万元。争资金。争取乔官为农服务中心、卧虎山现代农业示范园扶贫项目、庵上湖为农服务中心、村社共建等四个项目，争取上级资金647万元。引人才。引进中国农大博士丁之铨、曹坳程等高层次人才6名。争牌子。2017年10月27日昌乐县职业农民创业孵化基地被评为省级创业孵化基地。争土地指标。2017年12月29日争取省社为农服务中心建设土地指标48.234亩，其中乔官为农服务中心18亩，鄌郚为农服务中心30.234亩。

（供稿：高维国）

粮食流通

【概况】 至2017年年底，县粮食局机关下设办公室、财务科、业务科（加挂监督检查科）3个科室，股级事业单位粮食局结算中心1个，在职在编干部职工18人。粮食系统下辖县粮食收储公司、山东省昌乐粮食储备库2家国有粮食企业，员工24人。

【粮食执法】 2017年，县粮食局共开展全国粮食库存检查、粮食流通统计制度检查、夏粮收购专项检查、秋粮收购专项检查、粮食质量监督检查、粮食系统大快严检查、粮食流通统计制度检查等7项大型检查活动，出动执法车辆40多台次，出动执法人员176人次，检查企业108个次。

【安全生产】 2017年，县粮食局开展粮食行业危险化学品安全治理、粮食库存检查、安全生产月、百日攻坚行动、安全生产大检查、粮食行业大快严行动及回头看、冬季安全生产大检查等7项大型检查活动。针对检查活动，县粮食局高度重视并多次召开党委会进行统一研究部署，成立检查小组、制定工作方案、开展检查活动、做好总结、抓好整改等。县粮食局采取企业自查、局里普查和聘请第三方检查相结合的方式，对企业安全生产制度、安全风险点、职业健康、应急演练、粮食熏蒸、主体责任落实等内容进行检查。其中，县粮食局里普查隐患10多项、下达责令整改通知书11份。配合安检部门聘请第三方对山东鲁中风筝面粉有限公司和潍坊家友油脂有限公司进行检查，查出隐患82项，所有隐患已全部整改完成。

【地方储备粮管理】 县粮食局协调山东省昌乐粮食储备库抓住6月小麦收获的有利时机，积极协调、合理调度，于6月18日全面完成2017年地方储备粮轮换入库任务，在整个地方储备小麦收购过程中没有出现“打白条”“压级压价”等坑害农民利益现象，有效的保障种粮农民的合法权益。地方储备粮日常管理严格按照《山东省地方储备粮管理办法》和《潍坊市地方储备粮管理办法》进行操作，实行“五日一小查、十日一大查”，风、雪、雨后随时查的原则，发现问题及时解决，确保地方粮食安全。

【粮食调控管理】 调控基础有力有序，2017年1月组织全县涉粮企业统计人员和企业分管领导参加《国家粮油统计网上直报系统》《山东省粮食管理云平台》《山东省粮食流通统计制度》培训。开展社会粮油平衡调查及2016年度乡村居民存粮专项调查，调查涉粮企业21个、中小学校3所、餐饮行业19个、乡村居民40户、城镇居民30户；组织涉粮企业完成夏粮收购五日报、秋粮收购五日报、价格周报、粮食流通月报、产业报、各类年报等数据的上报工作；对全县的粮食应急供应网点重新进行考察和确定，完成对8家应急供应网点、3家应急储备企业、2家应急配送企业的协议签订和挂牌工作。

【粮食安全责任制考核】 2017年县粮食局协调县发改、农业、财政、国土、水利、环保等牵头部门对各自承担的考核工作任务精细化分解，狠抓落实，顺利完成全县在粮食安全方面开展的自评、审核、汇总上报工作，经潍坊市粮食安全责任考核小组办公室审核资料和实地检查后，昌乐县以并列第一名的成绩通过2017年潍坊市粮食安全责任制考核工作。

（供稿：董英杰）

烟草经营

【概况】 昌乐县烟草专卖局、山东潍坊烟草有限公司昌乐分公司合署办公，属政企合一体制，简称昌乐县烟草专卖局（分公司），担负着全县烟叶生产收购、卷烟销售和烟草专卖管理工作。至2017年年底，昌乐县烟草专卖局（分公司）有在职员工220人，下设14个科室、4个市场管理服务站、4个烟叶工作站。2017年，企业实现税收2688万元，入库税金1602万元。

【烟叶生产】 2017年，全县种植烤烟0.85万亩，分布在4个镇、41个植烟村，户均种烟面积83亩。加强宣传培训，全年举办大型烟叶生产技术班8期，以烟站为单位举办烟农培训班40余次，发放“明白纸”等宣传材料1100份，累计培训烟农800余人次，为落实上级政策、推广先进适用技术奠定良好群众基础。优化生产布局，加快推进计划资源向烤烟种植适宜区和高水平的职业化烟农转移，扎实提升烟叶可持续发展能力，全县植烟地块数量由2401块调减到2037块，NC55主打优良品种占到总面积的84%，并在可控烟田内发展轮作面积2413亩、间作面积320亩。大力推广节水灌溉，全县落实滴灌烟田面积5410亩，占总面积的63.65%。全面推行绿色防控，在全县烟田安装5450个害虫诱捕器，合作社植保作业队对烟田周边开展病虫害统防统治2轮次；全面落实清洁生产措施，及时彻底回收药瓶、药袋、地膜，避免二次环境污染。进一步巩固合作社服务主体地位，烟叶生产专业化服务基本实现面积全部覆盖、生产全程支持、烟农全体受益。2017年，昌乐县石家河黄烟专业合作社被评为全国第四届“农合之星”优秀合作社，并被中国烟草总公司授予“行业示范社”荣誉称号。规范收购管理，推行专业化分级、散叶成件收购模式，将繁复的烟叶分级工作由烟农家中转移到烟站，由合作社组织专业化分级队伍统一操作，有效减轻烟农负担，节约生产成本；严格落实标准化收购流程，加强过程控制和监督管理，严肃收购纪律，保证公开透明、公平收购。全年收购烟叶18836担，公斤均价19.85元，上等烟比例21.34%；投放收购资金1869.6万元，实现烟叶税411万元。务实开展烟农增收工作，发挥烟农合作社平台作用，依托烟叶生产基础设施，组织全县烟农积极参与多元化经营，开展综合利用瓜菜大棚71个、烤房群5处、农机24台（套）；在工商部门注册“乐烟”瓜菜品牌，利用微信客户端建立“乐烟蔬菜园”网上销售店铺，依托快递开展蔬菜配送业务，打开烟农增收产品销路，在增加烟农收入的同时，取得良好的社会效益。

【基础设施】 2017年投入资金102.09万元，建设烟叶生产基础设施项目97项。具体包括：投资13.04万元，维修密集式烤房88座；投资14.36万元，为烟农合作社购买农业机械7台套；投资71.25万元，建设大型农机存放棚2座；同时发生综合费用3.44万元。

【卷烟销售】 2017年全县销售卷烟1.99万箱；实现单箱值2.45万元，比上年增长907元，增幅排名全市第一；实现销售额4.87亿元，比上年增长1635万元，增幅排名全市第3。强化流程建设，做实客户拜访，全县客户拜访覆盖率达100%，到位率达98%以上。实施“网建突破提升活动”，落实领导干部“一线工作法”，终端维护、服务指导、信息采集等重点基础工作进一步夯实。开展全员消费引导，组织业务竞赛，强化绩效挂钩，做强做优重点品牌，全县重点骨干品牌市场占有率达78.92%，比上年增长5个百分点；销售结构比上年增长3.84%；鲁产卷烟市场份额达60.66%，高出全市平均水平0.32个百分点，比上年增幅10.01%，排名全市第2位；销售细支卷烟1174箱，比上年增幅31.68%。加大婚庆、集团等特色市场开发力度，全年引导2154对结婚新人使用推介品牌卷烟5.6万条，户均用烟26条，婚庆用烟单箱值达2.97万元；辖区60余个重点集团客户累计消费卷烟1.8万条。

【专卖管理】 深化执法协作，扎实开展“齐鲁之盾2017”烟草市场专项治理行动，严厉查处假烟、走私烟和非法卷烟。全年查获涉烟案件190起，查扣违规违法卷烟111.24万支，案值39.03万元。移送公安立案3起，刑拘5人，判刑5人。破获国标案2起，县标案3起。其中1起国标案被省局、省公安厅列为重点督办案件。深化专销协作，完善营销部门提供异常信息、专卖部门排查治理的联合工作机制，市场监管精准度得到提升。全年累计筛选、检查异常户688户次，查处违法经营户53户，查获冲击本地市场卷烟57.49万支。深入开展依法严管违法违规卖烟大户专项行动，对15名存在违法违规经营行为的大户实施重点监管、分类治理，有效遏制大户扰乱市场、左右价格行为。加强互联网和物流快递领域涉烟行为监控，全年查获多媒体交易、快递环节案件57起，涉及假冒、走私卷烟8.49万支。注重源头管控，突出抓好终端、订单、品牌管理和内部监管，全年实施重点牌号监管620户次，客户经理交通工具监管182辆次，送货车辆随机监管51辆次，核查督查函70户次，卷烟非法流通行为得到有效遏制。坚持执法检查、客户服务、依法治理与普法宣教同步，强化执法过程监督，建立完善零售户电子档案，派员进驻县行政服务大厅，实现零售许可证限时办结、业务公开透明，烟草专卖依法行政工作格局持续优化。

（供稿：邢庆宏）

盐业经营

【概况】 2017年县盐务局在县委、县政府和市盐务局的正确领导下，在各有关部门的通力配合下，坚持以邓小平理论、“三个代表”重要思想和科学发展观为指导，深入学习贯彻落实中共十九大全会精神，以市局分解的八项工作中所承担的22项重点工作和考核指标为奋斗目标。坚持食盐专营地位不动摇，强化舆论宣传引导，依法规范食盐市场秩序，严格各项规章制度的落实，加强党的领导风清气正、清正廉洁。各项工作取得一定的成绩。销售各类盐产品5051吨，比2016年同期减少2915吨，其中小包装销售1535吨，完成年计划的111%，比2016年同期增加12.5%。实现销售收入662万元，完成年计划的66%，比2016年同期减少12.9%。

【宣传引导】 坚持食盐专营地位不动摇，加大食盐专营政策的宣传，特别是针对社会上对食盐专营政策和盐业体制改革的各种误读、误判，充分利用市公安局、市盐务局《关于严厉打击涉盐违法犯罪行为保障食盐安全的通告》和省公安厅、省盐务局《关于严厉打击涉盐违法犯罪行为确保食盐安全的通告》加强正面引导，消除负面影响。并将通告在《昌乐日报》上全文刊登，进行宣传。利用“3·15”保护消费者权益日和“5·15”消除碘缺乏病日联合市场监督管理局，县疾控中心进行宣传。借助昌乐法院宣判的两个案例进行宣传。在5月25日《潍坊日报》上发表“昌乐加大稽查力度，净化食盐市场”的文章，受到分管县长的肯定。5月24日《潍坊晚报》半个专版发表“入户卖假盐，两男子获刑”的文章，同时电子版以微信形式被“包头盐业”等微信群转发。在6月19日昌乐电视台“我们的家园”中播出专题片，对两个判刑案子进行宣传。元旦和7月1日的两个时间点的宣传。元旦前后同所有的零售网点签订“食盐安全目标责任书”，责任书一式两份，零售网点的负责人做出承诺并签字盖章，7月1日前后组织全体盐政执法人员及部分中层，组成4个组，利用4天的时间对全县所有零售晚点边宣传、边检查。以上两次活动进一步规范约束零售网点的进货、销售行为。

【盐政执法】 不定期开展对盐业市场拉网式大检查。采取主要领导带队，统一指挥，集中稽查中队，后勤人员齐上阵进行检查。全年共进行3次集中市场稽查，加强盐政执法队伍建设，充实盐政执法力量，加强对盐业市场的监管。堵源头，挖窝点。清理私盐贩销窝点2个。采取弹性工作法，打破固定上下班时间限制，取得显著成效。加强同公安机关的联合，2017年县盐务局与县公安局食药环侦大队召开联席会议4次，互相配合，联勤联动。全年查获涉盐违法案件119起，其中一般案件81起；没收盐产品7.5吨；罚款23850元；查获电、机动三轮车、面包车20辆；移送公安机关立案侦查4起，刑拘1人，判刑2人。

【安全生产】 根据市盐务局关于《开展安全生产隐患大排查活动》以及县委、县政府的有关会议精神，高度重视，多次召开办公会、中层以上人员会、全体人员大会进行动员部署。首先认真学习传达贯彻市局及地方政府的安全会议精神，分片包干，把安全生产责任分解到片、落实到人。其次按照要求建立健全各项规章制度，完善企业安全管理体系，责任体系和制度体系。动员各科、室、队对各个环节进行安全隐患大排查，不留死角和盲区。在检查中做到“五落实，五到位”明确职责，落实责任，加强培训。确保职责落实到位，责任落实到人，做到安全工作有人抓、有人管，确保不发生安全责任事故。坚持提升企业形象，降低政府监管成本，做最好的企业，推进国家食品安全城市创建工作，各尽其责，确保“舌尖上的安全”。

【党的建设】 认真学习贯彻中共十九大精神。2017年10月18日上午，县盐务局及时组织全体党员干部集中收看开幕会实况，认真收听收看习近平总书记代表十八届中央委员会向大会作的报告。同时召开深入学习贯彻中共十九大精神会议，会上学习十九大会议主要精神，全体干部结合自身工作实际，一起交流学习心得。认真开展“两学一做”制度化、常态化工作，建立健全学习教育长效机制，夯实学习教育组织基础，强化学习教育工作成效。认真开展“作风建设年”活动。弘扬“四种精神”助力作风转变，强化“五个导向”扎实开展作风建设，健全“七项机制”确保活动持续深化。充分发挥党员先锋模范带头作用。自觉维护党的团结和集中统一，认真贯彻执行《中国共产党章程》，充分发挥党员先锋模范带头作用，切实履行党建责任，有效实现党组织政治功能和服务功能，团结带领党员群众认证完成各项任务，在推动发展、深化改革、服务群众、维护稳定等方面取得显著成绩。昌乐县盐务局党支部在2017年7月被市局党委评为优秀基层党组织。

（供稿：郭建春）

石油经销

【概况】 2017年，昌乐县有101座加油站，按性质划分中石化22座，中石油5座，中海油5座，中化1座，其他国有8座，民营65座；按位置划分，省道国道50座，县乡道16座，城区20座，农村15座。2017年销售汽油4.9万吨，柴油4.4万吨。昌乐县无成品油批发及炼油企业。

【成品油销售】 按照国务院《能源发展战略行动计划（2014—2020）》要求，加快转变成品油流通发展方式，突出成品油零售体系与成品油配送体系有机结合，促进中心城区和乡镇农村成品油销售网络协调发展，进一步健全与国民经济发展相适应、满足消费者需要、布局合理、竞争有序、功能完善的现代化成品油分销服务体系，为昌乐县经济平稳较快发展和满足广大消费者需求提供坚实的保障。

【加油站年度检查】 根据上级要求，组织已取得省经信委核发的成品油零售经营批准证书，并在工商行政管理部门登记注册，从事成品油零售经营的企业（个人）开展年度检查工作，全县95座加油站完成年检。

【证书变更、换证】 2017 年完成成品油零售经营批准证书变更法人、地址 20 余个，到期换证约 10 个。

【油品质量升级】 严格山东省人民政府《关于山东省成品油质量升级的通告》要求，全县加油站供应的车用汽、柴油全部达国 V 标准。

（供稿：刘红军）

招商引资

【概况】 昌乐县招商引资工作主要由县招商局负责。县招商局下设办公室、招商一科、招商二科、综合科、安全科，12 人。2017 年，昌乐县按照县委、县政府安排部署，积极投身项目服务，全力推动项目进展，扎实做好招商引资工作。全县招商引资到位资金 57.94 亿元，其中市认定项目 25 个，到位资金 31.94 亿元。

【招商引资和招商项目库建设】 2017 年，县招商局认真研究全县产业发展特色，科学论证编印高质量的投资指南和重点招商项目库， 利用网络、电视、报纸等灵活有效地宣传途径，通过寄送招商项目册等方式，大力宣传推介昌乐县的区位优势、资源优势、产业优势、投资环境、重点招商项目等，全方位宣传、推介昌乐，全面提高投资吸引力。

【精准招商】 6 月，在全县深入开展“项目攻坚月”活动，各级各部门立足昌乐县实际和主导产业，积极搜集项目信息，筛选投资意向明显的项目，组织小分队走出去对接推动，邀请客商到昌乐实地考察洽谈，取得显著成效。项目攻坚月期间，全县洽谈项目 73 个，签约项目 11 个， 总投资 13.21 亿元。组织小分队外出赴上海、北京、深圳等地开展精准招商，赴威海、高密、无锡等地开展新能源汽车专题招商，对接洽谈新能源汽车电机控制器等项目。与县委组织部在复旦大学举办人才对接交流活动，邀请知名专家、教授与昌乐县产业科技项目进行对接，达成一批意向合作项目。

【节会招商】 积极组织参加第 34 届风筝会“潍坊在外知名人士”回乡创业对接会暨重点合作项目集中签约活动，昌乐县川崎高性能机器人本体生产项目进行现场签约。组织参加潍坊市珠三角地区集中招商活动，与深圳稳健投资有限公司洽谈福利龙农业环境保护技术开发应用、与铭基食品（香港）有限公司洽谈投资铭基熟食等 13 个项目，总投资 20.9 亿元，PPT 改性材料、新能源电动汽车等 6 个项目签订合同，其中福利龙农业环境保护技术开发应用、声威家居用品、铭基熟食等 3 个项目在“2017 潍坊（深圳）重点项目洽谈签约会”上进行集中签约。积极组织参加 2017 年中日韩产业博览会，昌乐县佳诚数码惠普新材料产业园和电动车充电桩、光伏太阳能发电储存设备生产项目在重点项目签约仪式上签约。扎实做好 2017 中国（昌乐）国际宝石博览会招商工作，利用节会影响宣传推介，邀请客商，对接洽谈项目。有 28 个项目在重点招商项目签约仪式上签约，总投资 128.8 亿元。参加潍坊（北京）重点合作项目签约活动，洽谈推动重点项目 13 个，其

2017 年，中国（昌乐）宝石博览会现场　　（供稿：招商局）

中，50万头生态养猪、200兆瓦分布式光伏发电、城镇居民生物质天然气保障供应、中科院化学研究所·昌乐县科技合作等5个项目在会上集中签约。

【以企引企】 围绕全县主导产业，发挥企业招商主体作用，引导企业成为引项目、争资源的主力军，广泛开展以商招商、以企引企。组织有关部门逐一对接全县重点骨干企业，梳理统计骨干企业项目信息、招商线索，围绕企业对外合资合作，洽谈引进一批项目。围绕主导产业引进配套企业，依托比德文新能源汽车产业基地，引进汉唐中能新能源汽车、电动汽车零部件等一批新能源电动汽车产业链项目；依托智能装备制造产业，洽谈引进陶瓷制版、华中数控机床、亿林数控机床等一批高端装备智能制造产业项目；依托石大昌盛产业园，引进硅油和环保食品包装等项目。

寻标对标。赴蓬莱开展对标学访，认真学习标杆单位在招商体制、机制、服务项目等方面的先进经验和做法，结合部门实际，学习先进、改进不足，进一步提高招商工作成效。特别组织赴海宁市考察学习招商引资先进经验，深入了解海宁市主导产业发展、省级对外园区建设、骨干企业发展等情况，重点学习海宁市在招商引资工作中的思路理念、体制机制、办法措施等方面的好经验、好做法。结合昌乐县招商引资工作实际，提出推动改进昌乐县招商引资工作的建议措施。

【招商服务】 年初起草《昌乐县重点产业投资扶持政策》，对县内投资新上项目从用地、资金、人才引进等方面给予扶持，利用宣传册、网站、微信群等方式及时公开发布，确保将政策第一时间送到企业家、项目单位手中。在对接洽谈项目过程中认真介绍、解读政策，让企业、客商充分了解政策内容，增强企业、客商上项目、建项目信心。年终，统计梳理全县符合政策条件的项目，汇总审核后报县政府研究，严格按照政策规定兑现。

（供稿：刘吉庆）

金 融

JinRong

银行业

【概况】 2017年，昌乐县有中国人民银行昌乐县支行和中国农业发展银行昌乐县支行、中国工商银行昌乐支行、中国农业银行昌乐支行、中国银行昌乐支行、中国建设银行昌乐支行、邮政储蓄银行昌乐支行、交通银行昌乐支行、中信银行昌乐支行、昌乐农村商业银行、潍坊银行昌乐支行、昌乐乐安村镇银行11家银行机构。年末各项存款余额347.95亿元，各项贷款余额263.21亿元。

【货币】 人民银行昌乐县支行负责行政区域内的货币发行、流通管理。2017年，第四、五套人民币混合流通，人民币主币有1元、2元、5元、10元、20元、50元和100元6种，辅币有1角、2角和5角3种，主辅币9种。2017年，人民银行昌乐县支行未设立专门的货币发行工作部门，在金融服务管理科设立货币管理岗位，负责人民币管理、反假人民币等业务。辖区内工行、农行、中行、建行等国有商业银行的现金调拨、券别调剂、损伤券上解由其管辖行统一管理，昌乐农村商业银行自己办理，村镇银行、交通银行等股份制商业银行的现金业务通过昌乐农村商业银行办理。

【货币供应】 2017年，为做好现金供应工作，人民银行昌乐县支行组织协调辖区内各商业银行签订现金供应协议、零币横向调剂使用协议及零币整点回收服务协议，为“点对点”现金供应单位（主要是商贸流通企业）解决1元以下零币32万元，有效缓解商业企业零币短缺的困难。为破解零币短缺问题，组织全县银行机构召开银企座谈会，引导创新推出“超市零钱包”服务，即在超市（商场）会员卡原有功能的基础上添加一个“零钱包”功能，减少零币需求，为企业减少零币支出300多万元。

【反假人民币】 2017年，组织银行类机构现金业务人员进行反假货币实物操作技能测试，应测试82人，实际测试82人，补测试2人，参加测试的82人全部合格；收缴银行机构缴来假人民币4372张、36.9万元。

昌乐县银行机构每年于“3·15”、9月2日至6日昌乐国际宝石节期间，按照“农村是重点，城市不放松”的原则，在广大农村地区、城市商业区和人流密集区，开展反假币宣传活动。充分利用农村集市进行宣传，将反假人民币的目的、意义，什么是假人民币、发现假币如何处理、处罚规定、人民币真伪的鉴别方法等作比较详细的介绍，收到较好效果。充分利用聘请反假货币农村义务宣传辅导员的有利条件，以农村反假货币义务宣传网络为平台，加强以农村为重点，面向农民、面向中小学生、面向农贸市场、面向群众的宣传教育活动，进一步提高群众特别是农民识别假币的能力。

【存款】 银行存款由来源、性质不同的单位存款、个人存款、财政性存款、临时性存款、委托存款、其他存款6大部分组成，其中单位存款、个人存款所占份额最大，个人存款中又以储蓄存款为主体。按照人民银行统计口径，单位存款包括活期存款、定期存款、通知存款、保证金存款；个人存款包括储蓄存款、保证金存款、结构性存款。2017年年末，全县银行机构各项存款余额347.95亿元，其中非金融企业单位存款115.89亿元、个人存款230亿。

2011—2017年存款准备金率调整一览表

表10

公布时间	大型金融机构			中小金融机构		
	调整前	调整后	调整幅度	调整前	调整后	调整幅度
2011年1月20日	18.5%	19%	0.5	15%	15.5%	0.5
2011年2月24日	19.00%	19.50%	0.5	15.50%	16.00%	0.5
2011年3月25日	19.50%	20.00%	0.5	16.00%	16.50%	0.5
2011年4月21日	20.00%	20.50%	0.5	16.50%	17.00%	0.5
2011年5月18日	20.50%	21.00%	0.5	17.00%	17.50%	0.5
2011年6月20日	21.00%	21.50%	0.5	17.50%	18.00%	0.5
公布时间	大型金融机构			中小金融机构		
	调整前	调整后	调整幅度	调整前	调整后	调整幅度
2012年2月24日	21.00%	20.50%	-0.5	17.50%	17.00%	-0.5
2012年5月18日	20.50%	20.00%	-0.5	17.00%	16.50%	-0.5
2012年7月18日	20.50%	20.00%	-0.5	17.00%	16.50%	-0.5
2014年4月25日	下调县域农村商业银行人民币存款准备金率2个百分点，下调县域农村合作银行人民币存款准备金率0.5个百分点					-0.5
2014年6月16日	对符合审慎经营要求且“三农”和小微企业贷款达一定比例的商业银行下调人民币存款准备金率0.5个百分点					-0.5
2015年2月5日	20.00%	19.50%	-0.5	16.50%	16.00%	-0.5
2015年4月20日	19.50%	18.5%	-1	16.00%	15.00%	-1
2015年6月28日				15%	14.5%	-0.5
2015年9月6日	18.50%	18%	-0.5	14.5%	14%	-0.5
2015年10月24日至2017年年末	18.00%	17.50%	-0.5	14.0%	13.5%	-0.5

【贷款】 贷款币种包括人民币和外币。2017年年末，全县各项贷款余额263.21亿元，较年初增长8%。

【结算】 昌乐县结算方式有银行汇票、商业银行汇票、银行本票、支票、汇兑和委托收款6种；企业间资金往来以支票、汇兑为主。昌乐县各银行机构认真贯彻党中央关于建设美丽新农村，促进乡村镇振兴的方针、政策，以加强电子银行建设，创新结算方式为切入点，推行非现金支付结算方式、先后推出个人网上银行、企业网上银行、银联POS机、ATM机等结算品种和机具，在城乡设立自助银行、助农取款点等便民服务设施，向农产品批发市场、蔬菜加工企业、从事蔬菜经营的个体工商户推介先进的电子业务产品，传统的大额现金交易做法发生变化。至2017年年末，5家涉农银行机构（工行昌乐支行、农行昌乐支行、中行昌乐支行、昌乐农村商业银行、潍坊银行昌乐支行）设立助农取款点449处，银行机构布放POS机2755台、ATM机282台、转账电话364部、农民自助终端 369个，注册网上银行43.06万个、手机银行75.14万个、发行银行卡110万张，人均持卡量达1.73张。

【外汇】 2017年开展跨境人民币政策宣传走访工作。组织辖内中行、建行、农行、工行等银行深入山东潍焦集团、英轩实业集团、宇通服装有限公司等10余家企业进行跨境人民币业务宣传对接，对跨境人民币政策上门进行详细解读；涉外银行推介跨境人民币各项业务产品；涉外企业提出对跨境人民币的业务需求，银行与企业面对面进行交流对接。办理跨境人民币业务1.2624亿元，涉外企业跨境人民币结算环比增长10.6%，比上年增长9.12%。

2017年昌乐县内银行一览表

表11

机构名称	网点数量（个）	存款余额（万元）	贷款余额（万元）
中国工商银行股份有限公司昌乐支行	4	326655	260557
中国农业银行股份有限公司昌乐县支行	9	431469	238738
中国银行股份有限公司昌乐支行	3	205056	232663
中国建设银行股份有限公司昌乐支行	3	308105	332470
中国农业发展银行昌乐县支行	1	131917	320954
山东昌乐农村商业银行股份有限公司	33	1417154	899781
中国邮政储蓄银行股份有限公司昌乐县支行	3	272359	71393
中信银行股份有限公司潍坊昌乐支行	1	51549	69495
潍坊银行股份有限公司昌乐支行	3	183110	158973
交通银行股份有限公司潍坊昌乐支行	1	61803	29802
昌乐乐安村镇银行股份有限公司	3	26923	17320

（供稿：安媛媛）

保险业

【概况】 2017年全县保险创新工作稳步推进。以制定保险业机构考核办法作为切入点，以税收贡献、承担社会责任、保险理赔等项工作为抓手，推进保险经营机构争先创优，保险业创新发展呈现可喜局面。全县保险机构发展到30家，保险品种发展到数百种，保险业务实现快速发展。各保险业经营机构立足实际，积极争取，引进新的险种在昌乐落地实施，极大地增强社会各阶层抵御意外风险的能力，维护广大群众的切身利益。2017年，中国人寿昌乐支公司被省公司批准率先在全县开展保险先进村试点创建工作；中国人寿财险昌乐县支公司被省公司批准率先在全县开展生猪价格指数保险试点工作。

2017年，全县有保险机构30家，其中，纳入潍坊市保险行业协会统计的20家保险机构2017年实现保费收入7.37亿元，比上年增长15.25%；其中财产险保费收入1.85亿元，比上年增长-6.24%；寿险保费收入5.52亿元，比上年增长24.81%。赔付合计1.51亿元。其中财险1.05亿元，比上年增-0.16%，寿险0.46亿元，比上年增13.66%。

【中国人民财产保险股份有限公司昌乐支公司】 成立于1984年1月，业务范围包括企业财产损失保险、家庭财产损失保险、短期健康保险、意外伤害保险、建筑工程保险、安装工程保险、货物运输保险、机动车辆保险、船舶保险、能源保险、法定责任保险、一般责任保险、保证保险、信用保险、种植保险、养殖保险，代理国内外保险机构检验、理赔、追偿及其委托的有关事宜，经保监局批准的其他业务。公司在全国开通365天24小时服务专线“95518”，随时随地为客户提供报案、咨询、投诉、车辆救援、预约投保和客户回访等多功能、个性化服务，并开通电话销售专线、移动互联平台、柜面一体化和“中国人保”APP，形成强有力的服务网络，随时随地为客户提供投保咨询、理赔查询、一站式在线服务，打造智慧理赔、拇指理赔和极速理赔等高品质保险服务，可以与任何客户实现“点对点”快速对接。打造“人保之友”客户俱乐部，为客户提供与车务和生活相关的增值服务。2017年，昌乐支公司实现保费5882万元，支出赔付2792万元，上缴税额765万元。

【中国人寿保险股份有限公司昌乐县支公司】 成立于1996年9月12日，业务范围包括人寿保险、健康保险、意外伤害保险等各类人身保险业务；人身保险的再保险业务；各类人身保险服务，咨询和代理业务；国家保险监督管理部门批准的其他业务（依法须经批准的项目，经相关部门批准后方可开展经营活动）。公司秉承“成己为人，成人达己”的经营理念，在全国开通365天24小时服务专线“95519”，随时随地为客户提供业务咨询、信息查询、保险投诉、挂失登记、理赔报案等热情周到的“一站式”保险服务。2016年，公司推出中国人寿云助理、国寿e宝、国寿通、掌上国寿、国寿i购等APP客户端，理赔方面推出电子化理赔、通赔通付，全方位满足客户需求。深入参与社会保障体系建设在养老保障体系建设方面，坚持创新驱动发展战略，贯彻落实集团公司“大养老”“大健康”战略布局，积极应对人口“老龄化”趋势，不断创新供给产品服务，提供多样化养老保险产品，陆续推出“个人养老保险”“福禄满堂”“鑫福年年”“鑫如意年金”等养老产品。在医疗保障体系建设方面，做好城乡居民大病保险补偿服务。2013年以来，公司独家承办潍坊市新型农村合作医疗重大疾病医疗保险和城镇居民大病保险，每年为城乡居民提供重大疾病“二次报销”补偿服务。大力发展商业健康保险，积极拓展国寿康宁、康恒、瑞鑫等重大疾病保险产品，持续加大保障型产品供给和服务，提高县域居民保障水平。公司认真贯彻监管机构和上级公司防风险制度要求，重点防范和处置销售误导、非法集资、反洗钱等领域风险点，勇于承担行业和社会责任。公司还积极参与各类社会公益慈善和各项创建活动，如“老年节”期间，配合市老龄办组织专人上街大力宣传“银龄安康业务”，投身扶贫济困、奉献爱心等社会公益事业，帮助社会弱势群体，赢得客户的好评和社会各界的广泛赞誉。2017年公司社会影响力进一步扩大，新农合大病保险平稳运行，参合患者补偿比例大幅度提升，参合群众满意度不断提高。2017年，中国人寿昌乐县支公司实现保费23360万元，赔付支出3277万元，上缴税额近278万元。

【中国人寿财产保险股份有限公司潍坊市昌乐支公司】 成立于2012年5月03日，业务范围包括企业财产损失保险、家庭财产损失保险、短期健康保险、意外伤害保险、建筑工程保险、安装工程保险、货物运输保险、机动车辆保险、船舶保险、能源保险、法定责任保险、一般责任保险、保证保险、信用保险、种植保险、养殖保险，经保监局批准的其他业务。公司秉承“专业、快捷、便利、贴心”的经营理念，在全国开通365天24小时服务专线“95519”，随时随地为客户提供报案、咨询、投诉、车辆救援、预约投保和客户回访等多功能、个性化服务，并开通“4008007007”电话车险投保专线和网络销售平台。昌乐支公司分别在红河、鄌郚、乔官、朱刘、阿陀等乡镇街道增设五级机构，配备网点经理、承保、理赔人员，现已成为县内网点最全的财产保险公司。自2012年公司成立以来，连续5年位居市场前三位。2017年年底根据市行业协会数据分析，昌乐支公司累计完成业务保费收入2469万元，赔付款1202万元，累计缴纳税款787万元 。

【中国太平洋人寿保险股份有限公司潍坊市昌乐支公司】 成立于2003年1月21日，公司坚持“以客户需求为导向，专注保险主业，推动和实现可持续的价值增长”的经营理念，建立覆盖全县的营销网络和多元化服务平台，提供全方位风险保障解决方案、投资理财和资产管理服务。推进“以客户需求为导向”的战略转型，紧密围绕转型三大目标，坚持问题导向，推动转型成果落地：在关注客户需求方面，实现精准销售和精细服务；在改善客户界面方面，积极运用新技术，确保中后台支持前端；在提升客户体验方面，大力推动产品创新，将优质、便捷的保险服务带到客户身边，得到社会各界的广泛认同。太保公司以“做一家负责任的保险公司”为使命，以“诚信天下，稳健一生，追求卓越”为企业核心价值观，将企业社会责任全面融入公司的商业模式中，为客户、员工、行业、社会、环境等利益相关方创造共享价值，受到广泛赞誉，连续六年获中国企业社会责任榜“杰出企业奖”。2017年，昌乐支公司实现保费收入13722万元，支出赔付218万元。

【中国太平洋财产保险股份有限公司昌乐支公司】 成立于2005年7月4日，业务范围包括企业财产损失保险、家庭财产损失保险、短期健康保险、意外伤害保险、建筑工程保险、安装工程保险、货物运输保险、机动车辆保险、船舶保险、能源保险、法定责任保险、一般责任保险、保证保险、信用保险、种植保险、养殖保险，代理国内外保险机构检验、理赔、追偿及其委托的有关事宜，经保监局批准的其他业务。公司秉承“诚信天下，稳健一生，追求卓越”的经营理念，在全国开通365天24小时服务专线“95500”，随时随地为客户提供报案、咨询、投诉、车辆救援、预约投保和客户回访等多功能、个性化服务，并开通“10108888”

电话车险投保专线和网络销售平台。2016 年以来，公司推出数字太保、CRM、码上保，都保吧等 APP 客户端，理赔方面推出太好赔，理赔更便捷，全方位满足客户的投保需求。2017 年，昌乐支公司实现保费 1379 万元，支出赔付 637 万元，上缴税额近 238 万元。

【中华联合财产保险股份有限公司昌乐支公司】 成立于 2004 年 3 月 15 日，业务范围包括企业财产损失保险、家庭财产损失保险、建筑工程保险、安装工程保险、货物运输保险、机动车辆保险、船舶保险、飞机保险、航天保险、核电站保险、能源保险、法定责任保险、一般责任保险、保证保险、信用保险、种植保险、养殖保险，经中国保监会批准的其他财产保险业务；个人意外伤害保险、团体意外伤害保险、个人短期健康保险、团体短期健康保险等短期人身保险业务；涉外保险业务（依法须经批准的项目，经相关部门批准后方可开展经营活动）。公司秉承新疆建设兵团优良传统，以“忠诚服务，笃守信誉，回报社会”为根本宗旨，坚持以人为本，主张“公司是学校，教人要育；公司是军队，治司要严；公司是家庭，同仁要爱”，形成具有鲜明特色的企业文化，为公司快速成长提供强力支撑。自 2014 年开始承保全县的小麦保险、玉米保险、生猪保险、奶牛保险，切实为农民朋友解决后顾之忧。全国统一服务热线“95585”，作为中华财险统一对外服务窗口，为您提供 365 天 24 小时全天候服务，随时为您排忧解难。并开通“4001999999”电话车险投保专线和网络销售平台。理赔服务方面，已成立从省公司到地市、县级公司的专业理赔部门，并配备理赔专家，制定一套高效准确的流程。公司开通一站式理赔服务，赔款金额 5000 元以内的不需要提供发票当日结案。2017 年，昌乐支公司实现保费 1816 万元，支出赔款 1226 万元，上缴税额 187 万元。

【中国平安财产保险股份有限公司昌乐支公司】 成立于 2004 年 4 月 17 日，业务范围包括企业财产损失保险、家庭财产损失保险、短期健康保险、意外伤害保险、建筑工程保险、安装工程保险、货物运输保险、机动车辆保险、法定责任保险、一般责任保险、保证保险、信用保险、种植保险、养殖保险、诉讼责任保险等。代理国内外保险机构检验、李诶、追偿及其委托的有关事宜，经保监局审批的其他业务，公司秉承“专业创造价值”的经营理念，在全国开通 365 天 24 小时的服务专线“95511”，随时随地为客户提供报案、咨询、投诉、车辆救援、预约投保和客户回访等多功能、个性化服务，开通电话车险投保专线和网络销售平台，为客户提供做不出户就可以买保险的优质服务。公司推出好车主、平安口袋银行、平安信用卡等 APP 客户端，理赔更进一步贴近客户，推出理赔新高铁，理赔更快捷、方便，2017 年推出平安挪车码。昌乐支公司先后被潍坊市金融工作办公室评为“潍坊市保险业诚信经营示范单位”，并多次获得省市先进集体称号。2017 年，昌乐支公司实现保费收入 2031 万元，支出赔款 1057 万元，上缴税金 269 万元。

【中国平安人寿保险股份有限公司潍坊市昌乐支公司】 成立于 2003 年 4 月 11 日成立，经营范围包括在昌乐县经营承保人民币和外币的各种人身保险业务，包括各类人寿保险、健康保险（不包括“团体长期健康保险”）、意外伤害保险等保险业务，办理各种法定人身保险业务、代理国内外保险机构检验，理赔及其委托其他有关事宜；证券投资基金销售业务；经中国保监会批准的其他业务。公司秉承“专业制造价值”的经营理念在全国开通服务专线“956511”，随时随地为客户提供咨询、投诉、预约投保和客户回访等多功能、个性化服务。2015 年以来，公司推出平安口袋银行、平安金管家等 APP 客户端，理赔方面推出理赔新高铁，理赔更便捷，全方位满足客户的投保需求。支公司被潍坊市金融公主办公室评为“潍坊保险业诚信经营示范单位”，并多次获得省市先进集体称号。2017 年，昌乐支公司实现保费收入 10168 万元，支出赔款 678 万元，上缴税金 184 万元。

【天安财产保险股份有限公司昌乐营销服务部】 成立于 2002 年 10 月 15 日，主要经营中国保险监督委员会核准的人民币、外币的各种财产保险、业务范围包括企业财产损失保险、家庭财产损失保险、建筑工程保险、安装工程保险、货物运输保险、机动车辆保险、船舶保险责任保险、信用保险、水险、意外伤害保险、健康保险、金融服务保险等业务，办理各种再保险和法定保险业务。此外，公司还不断开发符合市场需求的新产品，实施产品创新的发展战略。为适合市民家财保险的需求热点，率先推出“幸福家庭保险计划”；近两年，公司又在国内首创“机动车延期保修保险”“医疗责任保险”“建筑工程监理责任保险”“律师责任保险”等业务，在责任保险和消费信用保险方面做出积极的贡献。公司以“客户至上，服务社会，信誉为本，追求卓越”为宗旨，在成立客户服务中心的基础上，公司在转变观念、创新机制、硬件投入等方面加大力度，不断完善客服体系，提升服务质量。各分支机构结合各自市场情况，以“人无我有，人有我优”为努力目标，推出一系列为客户服务的新举措，形成天安客户服务个性，赢得客户的信任和好评。“为天安客户提供专业的全程服务、提供周全完善的风险保障”，是天安的质量方针。在全国开通365天24小时服务专线“95505”，随时随地为客户提供报案、咨询、投诉、车辆救援、预约投保和客户回访等多功能、个性化服务。2017年，实现保费610万元，支出赔付508万元，上缴税额近112万元。

【太平财产保险有限公司潍坊市昌乐支公司】 成立于2005年11月21日，业务范围包括企业财产损失保险、责任保险、信用保险和保证保险的人民币或外币保险业务；短期健康保险和意外伤害保险；各类财产保险的再保险业务；各类财产保险及其再保险的服务与咨询业务；代理其他保险公司办理相关业务；国家法律、法规允许的资金运用业务；国家保险监管部门批准的其他业务。太平财险以“创造富裕的安宁生活”为使命，秉承“用心经营、诚信服务”的经营理念，坚持“诚信、专业、价值”的核心价值观。在全国开通365天24小时服务专线“95589”，随时为广大客户提供专业、便利、快捷的优质服务。公司经营范围涵盖从航空航天、核电工程到私家汽车、个人旅游，从工业企业到个人客户的几乎全部非寿险领域。公司业务稳健发展，在国内财产保险市场上一直稳居第二集团阵营。2017年，昌乐支公司实现保费357万元，支出赔付404万元，上缴税额近53万元。

【阳光财产保险股份有限公司潍坊中心支公司昌乐营销服务部】 成立于2007年7月20日，业务范围包括财产损失保险、责任保险；信用保险和保证保险；短期健康保险和意外伤害保险；上述业务的再保险业务；国家法律、法规允许的保险资金运用业务；经中国保监会批准的其他保险业务（有限期限以许可证为准）。公司在全国开通365天×24小时服务专线“95510”，随时随地为客户提供报案、咨询、投诉、车辆救援、预约投保等多功能、个性化服务，并开通“4000000000”电话车险投保专线和车辆救援平台。2016年以来，公司推出阳光车生活、阳光惠金所、全能保等APP客户端，理赔方面不断升级以闪赔、直赔为特色的服务，全方位满足客户的投保需求。2017年，实现保费810 万元，支出赔付319万元，上缴税额150万元。

【新华人寿保险股份有限公司潍坊市昌乐支公司】 成立于2005年11月17日，业务范围包括在潍坊市昌乐县经营个人意外伤害保险、个人定期死亡保险、个人两全寿险、个人终身寿险、个人年金保险、个人短期健康保险、个人长期健康保险、团体意外伤害保险、团体短期健康保险、团体长期健康保险，经中国保监会批准的其他人身保险业务。经营范围包括对营销员开展培训及日常管理；收取营销员代收的投保单等单证及保险费；分发保险公司签发的保险单，保险收据等相关单证；接受客户的咨询和投诉。公司的愿景是中国最优秀的以全方位寿险业务为核心的金融服务集团，以客户为中心，不断完善服务平台建设，为客户提供便捷、温馨的服务体验。遍布全国的数千家客户服务中心，以统一的服务形象、规范的服务流程、便捷的服务设施、高效的运营管理和创新的服务方式，为客户提供便捷、贴心、专业的一站式服务，客户满意度持续提升并保持行业领先。客户联络中心（95567）可以为全国客户提供7×24小时全年无休的投保咨询及理财顾问预约、理赔报案、保单查询、单证补发、联系信息修改、回访等服务。新华保险官网（www.

newchinalife.com）、官方微信、掌上新华移动服务平台为全球客户提供在线保单自助服务；短信、电子邮件为客户提供覆盖保险业务全流程的主动信息提醒、温馨关怀、活动推广及账单信函等服务。新华保险推出道路紧急救援、12小时家庭医生、中医养生和客户服务节系列活动等附加服务，使客户感受到新华保险贴心的关爱。新华保险从客户的需求出发，不断提升理赔服务水平，致力于打造更快、更易、更关怀的理赔服务。2017年实现保费4627万元，支出赔付263万元，上缴税额20万元。

【中国大地财产保险股份有限公司昌乐营销服务部】 成立于2003年5月1日，业务范围包括企业财产损失保险、家庭财产损失保险、短期健康保险、意外伤害保险、建筑工程保险、安装工程保险、货物运输保险、机动车辆保险、船舶保险、能源保险、法定责任保险、一般责任保险、保证保险、信用保险、种植保险、养殖保险，代理国内外保险机构检验、理赔、追偿及其委托的有关事宜，经保监局批准的其他业务。公司秉承“诚信为先、稳健经营、价值至上、服务社会”的经营理念，在全国开通365天24小时服务专线“95590”，随时随地为客户提供报案、咨询、投诉、车辆救援、预约投保和客户回访等多功能、个性化服务，并开通“4009666666”电话车险投保专线和网络销售平台。2015年以来，公司推出大地通保等APP客户端，提供客户投保、一键报案、道路救援、违章查询等服务，理赔方面推出微信快速理赔，理赔更便捷，全方位满足客户的投保需求。昌乐营销服务部被潍坊市金融工作办公室评为“潍坊保险业诚信经营示范单位”。并多次获得省市先进集体称号。2017年，昌乐营销服务部实现保费756万元，上缴税额171万元。

【安华农业保险潍坊市昌乐支公司】 成立于2013年2月18日，业务范围包括机动车交通事故强制责任保险、机动车辆商业保险、道路客运承运人责任险、道路危险货物承运人责任险、人身意外伤害保险、团体人身意外伤害保险、学生幼儿平安保险、小康之家家庭财产综合保险、财产保险综合保险、财产保险基本保险、农村干部风险综合保险、农村家庭财产定额保险、农村家庭综合与人身意外伤害组合保险、公路货物运输定额保险、国内公路货运保险、财产综合险、人身意外伤害定额保险、城镇家财定额保险等20种险种。代理国内外保险机构检验、理赔、追偿及其委托的有关事宜，经保监局批准的其他业务。公司秉承“根植农村、安身农业、贴近农民、服务三农”的经营理念，在全国开通365天24小时服务专线“95540”，随时随地为客户提供报案、咨询、投诉、预约投保和客户回访等多功能、个性化服务。获得潍坊中支颁发的“最佳经营管理二等奖”并多次获得省市先进集体称号。2017年，昌乐支公司实现保费1437万元，赔付支出1196万元，上缴税额近222万元。

【泰山财产保险股份有限公司昌乐支公司】 成立于2014年12月2日。主要经营：财产损失保险；责任保险、信用保险和保证保险；短期健康保险和意外伤害保险；上述业务的再保险业务；国家法律、法规允许的保险资金运用业务；经保监会批准的其他业务。泰山保险秉承“规范治理、稳健发展、创新经营、诚信服务”的经营理念，奉行“忠诚、责任、专业、共赢”的核心价值观，建立由股东大会、董事会、监事会和管理层组成的公司治理架构，形成权力机构、决策机构、监督机构、执行机构权责清晰、运行规范的内部治理机制和内控制度健全、风险管控到位、责任落实明确、运行相互制衡的内控管理体系。泰山保险24小时服务专线“400607777”，随时随地为客户提供报案、咨询、投诉、车辆救援、预约投保和客户回访等多功能、个性化服务。2017年度昌乐保费收入194万元，赔付支出165万元，上缴税款额为35万元。

【长安责任保险股份有限公司昌乐支公司】 成立于2011年3月14日。2017年，昌乐支公司实现保费收入410万元，支出赔付339元，上缴税额近31万元。

【泰康人寿保险有限责任公司山东潍坊昌乐支公司】 成立于2002年12月26日，业务范围包括个人意外伤害保险；个人定期死亡保险；个人两全保险；个人终身寿险；个人年金保险；个人短期健康保险；个人长期健康保险；团体意外伤害保险；团体定期寿险；团体终身保险；团体年金保险；团体短期健康保险；团体长期健康保险；经中国保监会批准的其他人身保险业务。公司秉承“求实创新，稳健进取，专业规范，亲和诚信，铸造团队分享成功，奉献社会”，在全国开通365天24小时服务专线“95522”，随时随地为客户提供报案、咨询、投诉、车辆救援、预约投保和客户回访等多功能、个性化服务，支公司被潍坊市金融工作办公室评为“潍坊保险业诚信经营示范单位”。并多次获得省市先进集体称号。2017年，昌乐支公司实现保费2840万元，支出赔付174元，上缴税额近0.6万元。

（供稿：刘栋华）

证券业

【概况】 中泰证券股份有限公司潍坊昌乐新昌路营业部成立于2011年6月，是经中国证监会批准、依法设立的证券营业部。经营范围：证券经纪，证券投资咨询，融资融券，证券投资基金代销，代销金融产品。为投资者提供电话委托、网上委托、手机炒股等多种交易方式。营业部提供多样化的交易设施和服务，同时拥有一支高素质的员工队伍。营业部始终坚持“客户第一，服务客户”，同时秉承中泰证券“合规创造价值、人才提升效率、创新推动发展、诚信铸造品牌”的经营理念，用最正规优质的服务帮助广大投资者提高证券投资收益。2017年年底，有存量客户10672人，全年证券交易量（含A股、B股、基金、债券融券回购交易）72.6亿元，资产规模15亿元。

【融资服务】 积极与昌乐县2家上市公司联系、协调，建立起密切的沟通机制，通过开展各项工作，对大小股东进行梳理，保持良好的关系，获得上市公司的信任和支持，并以此为基础，年内为当地企业融资2.78亿元，为当地企业实体经营融资做出贡献。

【与当地政府、金融办及企业合作】 积极与当地政府、金融办密切联系，取得政策支持。积极推动企业改制和多层次资本市场建设，为昌乐县多家企业改制提供上市辅导。（1）已成功将山东精科智能传动设备股份有限公司新三板挂牌企业所有自然人股东及一个有限合伙企业股东在营业部开立账户，股本总额3000多万元。（2）山东国创节能科技股份有限公司新三板挂牌企业所有自然人股东及两个有限合伙企业股东在营业部开立账户，股本总额3300万元。（3）2017年7月日科化学2081万股定增股份托管到营业部。（4）2017年11月山东矿机通过中国证监会核准公司发行股份购买资产并募集配套资金暨关联交易方案，新增山东矿机五名股东均在营业部开立账户，定增股份8000万股山东矿机股份托管到营业部席位。（5）积极推动元利化工IPO上市发行进程。(6)积极协调外地上市公司股份托管工作。(7)积极推动当地企业进入香港资本市场。

【投资者教育工作】 对维持营业部发展的合规工作高度重视。设立合规专员，对营业部营运、营销等方面的工作进行全面合规监督和检查，确保营业部各项业务的合规经营。严格按照上级部门的要求，坚决不允许没有执业资格的人员从事产品销售和营销活动，严格禁止出现代客理财、发展下线等违规违法行为，落实开展客户回访活动，向客户充分揭示证券投资的风险，做好投资者教育，切实履行好反洗钱义务。通过合规管理和合规经营，保证营业部的健康、良性发展。

地方新型金融组织

【概况】 全县有新型地方金融组织4家，分别是昌乐县裕丰小额贷款有限公司、昌乐县汇金融资担保有限公司、山东汇康融资担保有限公司、昌乐县乐融民间资本管理有限公司。

【昌乐县裕丰小额贷款有限公司】 成立于2011年3月，注册资本金1亿元人民币。主要经营范围是：在昌乐县区域内办理各项小额贷款；开展小企业发展、管理、财务等咨询业务（在国家法律法规规定范围内开展业务）。至2017年年末，公司贷款余额10154万元。

【昌乐县汇金融资担保有限公司】 成立于2016年3月，注册资本金3亿元人民币。主要经营范围是：贷款担保，票据承兑担保，贸易融资担保，项目融资担保，信用证担保；诉讼保全担保，投标担保、预付款担保、工程履约担保、尾付款如约偿付担保等履约担保业务，与担保业务有关的融资咨询、财务顾问等中介服务；以自有资产进行投资。不得从事吸收存款、发放贷款、受托发放贷款、受托投资等活动。至2017年年末，公司在保责任余额6090万元。

【山东汇康融资担保有限公司】 成立于2005年9月，注册资本金10150万元人民币。主要经营范围是：开展贷款担保，票据承兑担保，贸易融资担保，项目融资担保，信用证担保；诉讼保全担保，投标担保、预付款担保、工程履约担保、尾付款如约偿付担保等履约担保，与担保业务有关的融资咨询、财务顾问等中介服务；以自有资产进行投资。不得从事吸收存款、发放贷款、受托发放贷款、受托投资等活动。至2017年年末，公司在保责任余额22510万元。

【昌乐县乐融民间资本管理有限公司】 成立于2015年12月，注册资本金3260万元人民币。主要经营范围是：针对当地实体经济项目开展股权投资、债权投资、资本投资咨询、短期财务性投资及受托资产管理等（仅限于在金融监管部门批复的可行性评估报告的业务范围内开展经营活动）。至2017年年末，公司投资余额2275万元。

（供稿：孙　栋）

财政 税务

CaiZheng ShuiWu

财 政

【财政收支】 全县一般公共预算收入完成240168万元，占调整预算的100%，同口径增长3%；其中税收收入完成193480万元，同口径增长12.1%，占一般公共预算收入的80.6%，非税收入完成46688万元，下降22.9%，占一般公共预算收入的19.4%。一般公共预算支出完成317835万元，占预算的105.8%，增长13.0%。其中民生支出完成248893万元，占一般公共预算支出的78.3%。一般公共预算收入中，县本级收入完成106649万元，占调整预算的100%。宝都、宝城、朱刘、五图4个街道完成116637万元，占调整预算的128.6%，增长47.8%。一般公共预算支出中，县本级完成283336万元，占预算的106.5%，增长8.4%；宝都、宝城、朱刘、五图4个街道完成17981万元。

【财政管理】 深入推进预决算公开，打造“阳光财政”。在政府门户网站设立预决算公开专栏，集中公开财政总预决算和部门预决算，公开“三公”经费预决算，细化公开内容，接受社会监督，提高透明度。完善举债融资机制，加强政府债务限额管理。争取地方政府置换债券88928万元，减轻利息负担5336万元。充分利用债务限额空间，争取新增债券额度4200万元，用于全县公益性项目建设。加强国有资产管理。建立政府资产“公务仓”平台，实现资产共享共用。规范资产配置，厉行节约、反对浪费。严格资产处置程序，公开处置公务用车、查封没收的无主矿产品等国有资产，处置收入2031万元全部上缴国库。县镇体制改革成效明显。调整县镇财政体制后，镇街抓财税积极性加大，财政收入实现快速增长，基层财政保障能力大幅提高。推进国有资产运营管理体制改革。成立国有资产运营管理中心，理顺管理体制，清理规范融资举债行为，着力优化融资结构、创新融资方式，推进融资平台市场化转型改制。加强政府投资项目的全程管理。积极开展项目预算评审，把好第一道关，审减资金12460万元；加强政府采购过程监管，节约资金2998万元；创新完善三级复核评审制度，提高结算项目评审质量，审减资金2484万元。积极开展预算绩效评价，切实加强财政监督检查。选择32个项目开展支出绩效评价，评价资金达8174万元，选择12个预算部门开展部门整体支出绩效评价试点，提高财政资金使用效益。开展会计信息质量、规范预算编制执行、扶贫资金等专项监督检查，严肃财经纪律。

【财源建设】 研究制定《关于调整城镇土地使用税和房产税县镇财政体制分成比例的意见》，调动镇街税收积极性。发挥政策性担保机构作用，累计为全县各类企业累计提供担保8390万元，在保责任余额6090万元，有效降低企业融资成本。贯彻落实国家结构性清费政策。年内取消、停征41项行政事业性收费和两项政府性基金，减轻企业和社会负担2307万元。落实全县产业扶持政策。拨付资金2633万元，支持转型升级，淘汰落后产能。落实房地产去库存政策，优化工作流程，发挥窗口服务作用，累计兑付契税奖励7704万元，受益购房户12376户，推动全县房地产市场快速发展。

【增收节支管理】　围绕全年收入目标，细化分解收入任务，将收入任务落实到各征收部门、各镇（街、区），提高其组织收入的积极性。主动加强与国、地税的沟通协调，强化重点税源、重点行业监管，加强潜在税源和零散税源管理，确保应收尽收。加强行政事业单位国有资产处置、国有资源有偿使用等收入征管，建立执收执罚单位激励机制，大力挖掘非税收入潜力，确保应管尽管。加强预算支出管理。按照“无预算不支出”的要求，全面加强各项预算资金的支出管理，严格规范预备费支出，保证预算支出的均衡性和约束性。从严控制一般性支出，实现一般性支出压减5%，重点保障民生性支出。

【国库集中支付改革】　根据财政部要求全面清理规范财政专户，确保财政资金安全。根据数据共享管理工作的需要，将工资数据库软件由单机版更换为网络版，方便全县各单位办理工资业务。开展机关事业单位银行账户清理，规范单位财务管理。

【保障和改善民生】　完善社会保险和救助体系。累计为10.15万名60周岁以上老年人发放基础养老金13224万元；累计发放资金2589万元，提高城乡低保、农村五保保障标准；为1483名老年人发放高龄津贴和护理补贴98万元，使高龄老年人安享晚年；为8444名困难残疾人和重度残疾人发放生活补贴和护理补贴404万元，保障残疾人基本生活权益；投入资金165万元，继续实施“民生综合保险工程”。继续深化医药卫生体制改革。拨付资金2011万元，实施国家基本药物制度，促进城乡公共卫生服务均等化；深化居民医保制度，累计报销医药费29888万元，受益群众达60.1万人次；投入资金600万元，推进公立医院改革深入发展；投入资金400万元，用于提升基层医疗卫生机构服务能力。拨付资金944万元，发放老年乡村医生生活补助。完善计生和优抚安置等保障政策。投入资金526万元，用于计生家庭奖励扶助和特别扶助；拨付资金250万元，落实免费婚检、免费孕检、免费唐筛等政策，提高出生人口质量。投入资金4564万元，用于优抚安置保障工作，维护社会稳定。投入资金60万元，对全县65周岁以上老人免费乘坐城区公交车给予补贴。落实教育规划纲要，实现教育优质均衡发展。投入资金1557万元，实施城乡贫困学生救助，促进教育公平。累计拨付资金5544万元，落实教育生均公用经费投入机制，惠及学生近7万人。落实教育惠民政策。拨付资金1106万元，用于退养民办教师、民办代课教师等待遇发放。投入资金482万元，进一步完善中小学班级管理团队激励机制和开展教师培训。大力发展文化事业，积极推进文化惠民工程。投入资金308万元，用于支持农村公益电影放映、农家书屋、“送戏下乡”等农村公益文化建设，继续实施三馆免费开放，完善公共文化服务体系。推进保障性住房建设。争取保障性安居工程资金5390万元，用于北关片区等棚户区改造项目，改善群众居住条件。积极推进村级集体经济发展新业态试点工作。争取省级财政奖补资金1500万元，在全县15个村开展试点，有效盘活集体资产，合理开发集体资源，加快发展新业态经济。落实农业补贴政策，持续提升补贴政策效能。整合涉农补贴信息系统，将所有涉农补贴纳入系统管理；发放耕地地力保护补贴资金2435万元，受益农户52672户；落实大中型水库移民补贴资金748万元，改善移民基本生活条件；拨付农机购置补贴资金1280万元，提高农业装备水平。支持农业基础设施建设。争取资金3514万元，支持小流域治理、高效节水灌溉、土地治理、移民安置等基础设施建设。支持现代农业发展。筹集资金2034万元，支持新型农业、农产品质量安全、粮食高产创建等方面，促进农业标准化生产和规模化经营。投入资金1797万元，用于畜牧业病虫害综合防治、生态修复与保护、森林生态效益补偿等方面。大力推进脱贫攻坚工程。加大扶贫投入和整合力度，坚持精准扶贫、精准脱贫，整合各级各类资金2793万元，重点实施产业扶贫、社保兜底扶贫、金融扶贫等工作。

【筹措资金】　围绕全县封山禁采、拆违、棚改“三大攻坚”任务，以及比德文新能源配套产业园、佳诚数码、汉唐新能源等重点项目，累计筹措资金近9亿元，有力地保障重点任务和重点项目顺利推进。优先将人才工作经费纳入公共财政预算，全年投入资金11961万元，占本级财政支出的3.76%。推进政府和社会资本合作工作深入开展。累计筛选储备PPP项目12个，项目规划总投资12.6亿元，相继实施农村中小学建设、S224大沂线全绕城段改线工程、城区雨污分流3个PPP项目。支持农村集体产权制度改革和权能改革。投入资金1125万元，深入推进农村集体产权制度改革试点工作。推进农村金融服务工作。积极发挥财政资金杠杆作用，提升农村金融服务水平和风险处置能力，落实涉农贷款增量奖励573万元，落实农村金融机构定向费用补贴117万元，撬动涉农贷款新增7.3亿元。做好政策性农业保险工作，投入补贴资金628万元，积极开展小麦、玉米、公益林、畜牧业等政策性保险工作，提高农业风险防御能力。

（供稿：张林明）

政府采购和招投标管理

【概况】 围绕政府采购监管重心，继续贯彻简政放权要求，不断深化全县政府采购改革，推动政府采购工作开展。全年审批备案政府采购项目264个，完成采购项目214个，采购预算资金50018.14万元，实际采购资金47018.63万元，节约率5.99%。

【制度建设】 建立政府采购协同监管机制，依律依规，协同审计、监察机关做好政府采购监管工作。加强全县政府采购诚信建设，制订《关于对政府采购领域实施守信激励和失信惩戒制度的暂行规定》，通过“信用中国”“信用山东”“中国政府采购网”等渠道查询200多个项目的供应商信用记录，对列入失信被执行人、重大税收违法案件当事人名单、政府采购严重违法失信行为记录名单的投标人，其投标将被拒绝。完善政府采购信用信息，力促政府采购信用信息共享工作。大力推广部门随机抽查监管工作，履行好部门监管职责。完善“双随机、一公开”监管机制。制定《昌乐县财政局“双随机”抽查工作细则》，完善“一单两库”内容，将20家政府采购代理机构和2家会计代理记账机构纳入库中；完善执法检查人员名录库，将21位拥有行政执法证的人员纳入库中。

【信息公开】 做好政府采购信息 “六公开”，做到公开、透明、规范。依据《山东省政府采购信息公开管理暂行办法》，将全县政府采购项目的采购需求、采购文件（含采购预算）、采购公告、采购结果、采购合同和验收报告等内容全部通过山东省政府采购网、潍坊市政府采购网予以公开公示。全年发布信息公开1080条。

【变更审批】 依据《2017年度潍坊市政府采购目录》的通知，对政府采购项目采购方式进行审核。采购单项或批量预算金额在120万元（含）以上的货物和服务项目、200万元（含）以上的工程项目（工程勘察、设计、监理项目单项合同估算金额50万元以上），必须采用公开招标方式。采购单项或批量在公开招标数额标准以下的货物、服务和工程项目（自行采购项目除外），预算单位可根据采购项目具体特点采用竞争性谈判（磋商）、询价等非公开招标采购方式。全年对采购单位拟采用非公开招标方式的21项政府采购项目及时提报审核意见。

【自行采购】 深入推进部门自行采购工作。对于部门单项或批量采购预算金额在10万元以下的货物、5万元以下的服务和20万元以下的工程项目，告知相关采购单位自行采购操作规程，指导好部门采购及采购档案整理工作。全年指导教育系统完成自行采购2296.43万元，其他部门完成421.13万元。

（供稿：张林明　闫存全）

国家税务

【概况】 昌乐县国税局现有在职干部职工132人，内设11个科室，1个直属机构，1个事业单位 ，7个税务分局，担负着全县11200户纳税人的税收征管工作，其中增值税一般纳税人2658户。2017年，县国税局在组织收入、纳税服务、依法治税、文明创建、队伍建设等方面取得明显成效，先后获 “省法治国税示范基地”“省国税系统基层固税先进单位”“山东省青年文明号”“潍坊市学习型党组织”“潍坊市十佳理论宣教基地”、富民兴潍劳动奖状等称号。

【税收收入】　税收收入实现稳步增长。2017年，昌乐县国税局在县委县政府的正确领导和大力支持下，始终坚持刚性观念不动摇，根据各基层征收单位的税源情况以及政策调整、堵漏增收、减少流失等目标任务要求，将2017年税收计划在基层税源管理单位和有关业务科室之间进行分解，形成纵向横向联动齐抓、责任共担的组织收入格局。2017年累计完成各项税收收入227503万元，比上年增收73824万元，增长48.04%。其中完成县级收入103524万元，比上年增收43185万元，增长71.57%。县级收入增幅位列全市前列。

2017年昌乐县国税税收收入统计表

表12

序号	项　　目	税收收入
	一、税收收入合计	227503
1	（一）国内税收收入合计	227503
2	1. 国内增值税收入	162330
3	2. 国内消费税收入	242
4	3. 企业所得税	59622
5	4. 个人利息所得税	0
6	5. 车辆购置税	5309
7	（二）海关代征收入	0
8	二、出口退免税	-31409

【税收征管】　2017年，联合开展纳税信用评价2220户，联合办理设立登记1822户，变更登记2957户，注销登记792户，协同管理非正常户339户；做好委托地税代征销售取得的不动产及其他个人出租不动产工作，代征税款551.74万元；协作开展大规模税源调查工作，走访全县203户重点税源企业，先后三次联合召开税源分析会，最终形成《全县税源调查报告》。

根据上级安排部署，借助数据综合分析利用平台，切实做好征管数据质量指标情况的监控和督导，发现问题及时督促修正，对无法修正的进行运维处理。截至2017年，共对“法人身份证号码不正常”“身份证号不足18位异常纳税人”“证照编号重复登记”“证照号码存在无效字符”“主管税务机关为空或不完整”等6批次11321户次数据质量进行清理整改。

积极贯彻落实上级关于商事制度改革相关工作部署，成立工作组，明确工作目标，细化任务表，倒排时间表，落实责任人，采取多项措施稳步推进，确保此项工作落到实处。实现“三证合一、两证整合”业务平稳运行实施。不断提升业务办理质量，积极解决工作突出问题。截至2017年，为5355户企业纳税人进行“三证合一”补录工作，推动商事制度改革全面落地。

【税务稽查】　深化税收风险管理系统应用，加强对重点风险指标、重点行业纳税人的风险防范与应对，全力做好税收风险管理数据统计分析、全县分行业评估、上级部署的各项重点任务以及其他税收风险管理工作，收效明显。2017年通过纳税评估、大企业风险自查、大企业税务审计、税务稽查等风险管理合计入库税款、罚款、滞纳金3318万元，有效堵塞税收漏洞，整顿和优化全县经济税收发展环境，被授予“山东省国税系统法治国税示范基地”称号，并已有两个分局被授予“潍坊市国税系统法治国税分局示范基地”称号。2017年实际入库企业所得税59622万元，比上年增收21802万元，增长57.65%。对3262户纳税人开展汇算清缴，汇算清缴企业所得税1.1亿元，预缴企业所得税5.81亿元，汇算清缴面和数据准确率均达100%；认真落实所得税优惠政策，落实企业所得税优惠税额1.02亿元，有效缓解企业资金压力，促进全县经济的健康发展。

【税收服务】　扎实开展税收服务“一带一路”、千户企业上所得税课、税银互动助推特色产业升级、主流新闻媒体记者“聚焦国税”“昌乐国税”官方微信平台解读政策、党员联系户、金秋送税政、税企书画联谊会、税收宣传创意大赛以及“回应诉求、优化服务、助力发展”为主题的在线访谈等大型活动。累计向纳税人发放《纳税服务需求征求意见信》5600多份、《最新税收政策读本》2000多册，举办各类培训班10次，培训纳税人8000余人次，便民办税春风吹进千家万户。

各类涉税服务事项持续优化。认真落实《全国县级税务机关纳税服务规范》，对纳税人发起的涉税事项重新梳理，对涉税事项审批权限进一步前移和下放，实现升级达标、即办事项、减少审批、减少报送资料等涉税事项175项，提升纳税人办税质效。积极推广无纸化办税业务，对全县5000多户纳税人采集办理电子签章，实现纳税人足不出户办税。各项税收优惠政策全面落实到位，1—11月累计兑现企业所得税、增值税等一揽子税收优惠政策审批事项近7亿元，为企业发展增添活力，实现全县“十佳服务”五连冠。

纳税人“用票难”问题彻底解决。在城里设立一个24小时厅内自助办税服务厅和一个离厅式自助办税服务厅，在偏远农村设立19个委托代开发票网点，形成“城里有自助，乡下有网点”的纳税人发票开具全覆盖。厅内自助办税服务厅安装12台专用发票领购、专用发票代开、发票认证、防伪税控发行、完税证打印和专票代开一体机等自助办税设备，离厅式自助办税服务厅配备2台增值税发票自助领取机，在全县偏远的镇（街道）设立的19个委托代开发票网点，让他们尽享近距离开票带来的便利。仅发票代开一项，全年为纳税人代开普通发票5.2万余份，代征税款1500多万元。全县城乡纳税人开票用票“半小时服务圈”已经形成，纳税人自助办税需求满意度达100%。

（供稿：朱雯静）

地方税务

【概况】 昌乐县地税局现有在职干部职工110人，内设8个科室，2个直属机构，1个事业单位，5个中心税务所，担负着全县12030户纳税人的税收征管工作。2017年，昌乐县地税局在县委、县政府的坚强领导下，坚持以依法组织收入为中心，求真务实、积极创新，组织收入、征管建设、纳税服务、依法治税等各项工作实现新的发展，先后被授予“潍坊市理论大众化示范点”“潍坊地税系统征管基础建设年活动先进单位”等称号，并顺利通过山东省文明单位、山东省青年文明号复审。

【税收收入】 2017年，昌乐县地税局全局上下齐心协力，大力加强税源管理和收入调度分析，千方百计挖潜增收，积极克服经济增速放缓等减税因素影响，地税收入实现科学理性增长。年内组织地税收入114840万元，较2016年同期可比增长4.2%，增收4628万元。其中，地方级收入入库100365万元，较2016年同期可比增长0.08%，增收82万元，增幅居全市第五位。圆满完成全年收入任务，为全县经济发展提供坚强财力保障。

2017年昌乐县地税税收收入统计表

表13　　单位：万元

2017年地税总收入	114840
一、税收收入合计	104395
增值税	952
营业税	-476
企业所得税	10258
个人所得税	13413
资源税	226
城市维护建设税	8946
房产税	4903
印花税	3037
城镇土地使用税	35548
土地增值税	6986
车船税	2297
烟叶税	411
耕地占用税	5682
契税	12212
二、非税收入合计	10445
教育费附加收入	5303
地方教育附加	3486
税务部门罚没收入	44
残疾人就业保障基金	352
水利基金	1260

【税收征管】 扎实开展“税收征管基础建设年”活动　夯实税务登记、纳税申报、税款征收、数据整改等基础性工作。2017年，处理各类税收风险34622条，整改数据5786条，整改单管户4016户。与昌乐县法院、国税局、邮政公司等7家单位签订委托代征协议，确保税款及时、准确、足额入库，其中，与昌乐县法院签订委托代征协议，实现代征税款368.64万元。

强化税源管控，努力实现管理增收　开展分行业、分类型、分税种的全方位税源普查，确保真正摸清税源底数，重点联合昌乐县财政局、国土局、各镇街，开展土地使用税、房产税清查活动，年内土地使用税入库35548万元，房产税入库4903万元。集中精力抓好年纳税100万元以上重点税源企业和房地产、建筑、金融保险业等重点行业税收征管，进一步扩大纳税评估范围，提高重点行业的税收贡献率。

夯实征管基础，推进税收征管水平再上新台阶 利用税收风险防控平台，对内实行税收风险防控一体化、征管基础管理标准化、税收治理联动化；对外不断推进涉税信息聚合共享、涉税联合惩戒机制建设、国地税深度合作、重点领域税收控管，年内按期纳税申报率达99%，税款按期征收率达98%。

【税务稽查】 *牢固树立法治理念，严格规范执法行为* 在内部，切实加强宪法法律、税收法规等的学习，努力提高运用法治思维和法治方式推动工作开展、防范执法风险的能力；在外部，利用税收宣传月、宝石博览会等有利时机，大力开展税收法律法规宣传与普及，进一步提高纳税人政策知晓度、税法遵从度。规范执法程序和执法文书，探索实施税收执法权责清单制度，认真清理税收执法依据，分类编制并公开税务行政权力清单、纳税人权责清单、纳税人报送资料清单和权力运行流程图，进一步厘清征纳权责。

积极开展税收专项检查，有力维护税收执法刚性 充分发挥税务稽查的打击震慑作用，切实查处偷税、漏税和逃骗税等违法行为，坚持查案必查票，对被查单位发票取得、开具、票据报销、税前扣除等列为专项检查重点内容。加强对重点行业的纳税评估和税务稽查力度，开展房地产、建筑、金融等行业专项税收清理行动，大力整顿和规范税收秩序，营造公平公正的税收法治环境。2017年，对662户纳税人开展纳税评估和税务稽查，入库税款2450万元。

推进部门协作，有效提高稽查效率 修订完善《昌乐县地税局涉税第三方信息采集利用管理办法》，与昌乐县公安局、国土局、国税局等单位建立涉税信息交换制度，并联合昌乐县公安局经侦大队、昌乐县国税局稽查局进行税收法律公益性宣传2次，与昌乐县国税局稽查局联合组织纳税人自查会议2次，重点企业自查辅导21户次，有效提高稽查效率。

【税收服务】 *认真履行部门职责，丰富纳税服务内涵* 积极开展“地税局长服务日”活动，每月9日，分管领导在办税服务厅采取现场接待和接听热线电话等形式，“零距离”“面对面”为纳税人排忧解难、答疑释惑，促进征纳关系和谐发展。深入开展“纳税人税法培训”工作。2017年，举办纳税人培训13次，累计培训人员达800余人，发放调查问卷2000余份。加大税收宣传力度。利用税收宣传月、中国（昌乐）春季黄金珠宝展、中国（昌乐）宝石博览会等活动为契机，采取入社区、进校园、下企业等多种宣传渠道，加大对纳税人权利与义务、新税种相关规定等关系民生内容的宣传力度。积极开展信用等级评定工作。评定纳税人2149户，其中A级企业522户、B级企业1589户、C级企业22户、D级企业16户。加强对纳税信用结果应用，承接对“厚道鲁商”、“市长质量奖”、“优秀民营企业”、党代表候选人等依法诚信纳税情况转办核查，全面转办及核查该类业务606户次。

拓展办税服务方式，提升纳税服务质效 开展以纳税人需求为导向，以全业务、全流程一次性无条件告知服务为基础的“一揽子”告知服务，解决纳税人办理多部门业务事项时流程不清、资料不明，分头找、多方问的问题。全面推行“一站式”服务方式。对到前台办理涉税事项的纳税人，设置全职能综合窗口，实行一站式税收服务。年内受理办件67783件，其中房屋交易类办件13391件，按期办结率100%。全面落实首问责任制、一次性告知制度、提醒服务、预约服务、延时服务等10项便民服务举措，年内为纳税人发送短信提醒8000余条，累计享受预约服务对象73户，累计公开事项121件。

积极开展工作创新，落实税收优惠政策 依托“互联网+”，探索建立以“定向辅导、动态监控、量化考核、智能管理”为主要内容的税收优惠政策跟踪问效闭环管理新机制，实现对税务机关和纳税人的双向动态跟踪问效和智能化一体式管理，确保各项税收优惠政策不折不扣贯彻落地，服务转型升级，促进民生改善。年内为1524户纳税人办理税收优惠事项审批（备案）

手续，小微企业税收优惠享受面达100%。

【党建和党风廉政建设】 全面落实管党治党责任。制定《中共昌乐县地方税务局党组全面从严治党主体责任工作清单及台账》，并层层签订全面从严治党责任书，明确主要负责人、党组成员、各单位负责人的全面从严治党主体责任。党建水平明显提升。认真组织学习中共十八届六中全会精神、中共十九大精神和习近平新时代中国特色社会主义思想，深入推进“两学一做”学习教育常态化制度化。监督执纪不断深化。按照省、市地税局要求，扎实开展“纪律行动”2017“深入推进年”活动，驰而不息纠正“四风”，对苗头性问题或重点岗位人员组织提醒谈话10人次，集体廉政谈话1次，学习违纪警示案例20余次，为全体干部职工敲响警钟。

【干部队伍建设】 大力加强作风建设。按照县委要求，扎实开展“作风建设年”活动，制定公开承诺，实施寻标对标提标行动，推动工作提速、提质、提效，以干部作风大转变，促进地税工作大提升。加强干部能力建设。大力开展学习型机关创建，着力强化全体职工业务理论学习，通过系统性的业务培训和常态化的业务比武，实现全员业务能力提升。同时，依托党组中心组学习会、地税大讲堂、省局网络教育学院等平台，构建多层次、多功能的教育培训格局，全方位提升职工党性修养、业务能力、综合素养，进一步提高干部队伍的综合素养和服务现代昌乐建设的能力与水平。

（供稿：刘　祥）

交通 邮政 通信

JiaoTong YouZheng TongXin

交通运输

【概况】 2017年，交通基础设施建设稳步推进，潍昌路改造工程、平马路改造工程竣工通车。公路管养提档升级，县乡公路安全生命防护工程全部实施完毕。继续保障潍日高速昌乐段建设稳步推进。交通运输行业管理更加细化，交通运输监察执法向科技化信息化迈进。安全监管常抓不懈，全年未发生安全生产责任事故。成功申报全省城乡交通运输一体化建设工程示范县、潍坊市开展汽车维修电子健康档案试点县。交通运输局自2006年起连续11年被省交通运输厅授予省级交通文明行业称号，自2015年起连续3年保持省级文明单位称号。

【公路建设】 以干线公路升级改造、农村公路深入通达为着力点，积极推进公路网建设，与其他运输方式的衔接进一步增强，养护质量和路况水平稳步提升。截至2017年年底，公路总里程达2051.5公里，密度186.3公里／百平方千米，二级及以上公路里程283.2公里，分别比2010年增加276.8公里、25.3公里／百平方千米、27.4公里。

2010—2017年昌乐县各等级公路里程统计表

表14

年份	公路总里程（公里）	等级公路总里程（公里）	二级及以上公路里程（公里）	公路密度（公里／百平方千米）
2010	1774.7	1774.7	255.8	161.3
2011	1789.6	1789.6	262.2	162.7
2012	1807.4	1807.4	268.5	164.3
2013	1874.8	1874.8	272.1	170.4
2014	1933.8	1933.8	272.1	175.8
2015	2000.2	2000.2	272.1	181.8
2016	2034.4	2034.4	281.5	184.7
2017	2051.5	2051.5	283.2	186.3

2010—2017年昌乐县农村公路里程情况表

表15

年份	农村公路（公里）	密度（公里／百平方千米）	县道（公里）	乡道（公里）	村道（公里）
2010	1624	147.6	170	235.5	1218.5
2011	1638.9	149	170	235.5	1233.4
2012	1655.5	150.5	170	235.5	1250
2013	1723	156.6	170	235.6	1317.4
2014	1782	162	170	235.6	1376.4
2015	1848.5	168	170	235.6	1442.9
2016	1875.2	184.7	170	235.6	1469.6
2017	1892.3	186.3	170	235.6	1486.7

2017年昌乐县公路技术等级一览表

表16 单位：公里

路别	总计	高速公路	一级公路	二级公路	三级公路	四级公路	等外公路
合计	2051.5	10.6	124.3	158.9	143.9	1613.8	—
国道	38.8	10.6	28.2	—	—	—	—
省道	120.4	—	83.4	37	—	—	—
县道	170	—	—	111.9	50.4	7.7	—

续表 16

路别	总计	高速公路	一级公路	二级公路	三级公路	四级公路	等外公路
乡道	235.6	—	—	1.6	66.6	167.4	—
村道	1486.7	—	12.7	8.5	26.8	1438.7	—
专用道	—	—	—	—	—	—	—

2017 年，全县公路建设完成投资 5518 万元。其中，潍昌路改造工程完成投资 2106 万元，玄马路南段罩面工程完成投资 150 万元，乡道平马路改造工程完成投资 320 万元，村道完成投资 2942 万元。潍昌路改造工程完成续建，全线通车；玄马路南段进行大中修罩面；乡道平马路进行改造，建成通车。

潍昌路改造工程 工程西起原潍昌路与朱孔路交叉口，沿原潍昌路南侧的旧水泥路径直向东前进，横穿朱刘西村、朱刘东村，在水泥路东头处路线向北微偏，向东北方向前行，横穿山水水泥厂后，斜交于原潍昌路上，全长 1889 米，其中主线工程 1674 米，连接线工程 215 米，工程采用二级公路并参考城市道路标准设计，设计速度 60 公里 / 小时，双向 4 车道，路基宽度 25 米，路面宽度 20 米，两侧人行道宽 2.5 米，两侧雨水管道，一侧污水管道，雨污分流。工程建设资金 2106 万元，由潍坊市财政承担，昌乐县负责拆迁。2016 年，该工程完成大部分拆迁，完成全线二灰碎石铺筑。2017 年 12 月，完成全部施工项目并验收合格，道路竣工通车。

玄马路南段罩面工程 位于营丘镇，工程北起马宋水库大坝南端，向南终于胶王路，全长 2.5 公里，路面宽 10 米。改造方案为：以原路面为基础，加铺 5 厘米沥青混凝土，总投资约 150 万元，2017 年 12 月，道路竣工通车。

平马路改造工程 位于红河镇平原社区以北，工程北起记家屯村，向南至马家庄子转向西，终于朱孔路。改造方案为：对原有老路进行拆除，在原有线形走向基础上新建道路，长 8.2 公里，其中 0.9 公里为沥青罩面，7.3 公里铺设水泥混凝土路面，路面宽 5 米，总投资 320 万元，年底道路竣工通车。

【扶贫道路】 昌乐县省定贫困村涉及 4 个乡镇 15 个村庄，2017 年建设扶贫道路 22.9 公里，完成投资 916 万元，12 个村退出贫困村，另外 3 个村也达交通脱贫目标。昌乐县交通运输局定点扶贫营丘镇毕家官庄村，2017 年下半年局党委投入资金 3 万元，帮扶该村修挖南北、东西两条大街的排水沟 330 米，解决该村雨天排水不畅的难题。

【潍日高速昌乐段项目】 潍日高速昌乐段项目全长 28.2 公里，涉及 4 个镇街 39 个村，占地 3000 余亩，线长量大，拆迁任务重。昌乐县交通运输局严抓施工进程扬尘防治，加强环保督查巡查，累计提出整改意见 200 余条；积极协调解决拆迁遗留问题、“三线”迁改、取土场、国省道交叉施工等工作，保障潍日高速昌乐段建设稳步推进。

【公路养护管理】 强化日常养护、预防性养护、小修养护、季节性养护相结合。在日常养护方面，全县所有农村公路全部纳入日常养护范围，列养率 100%。截至 2017 年底，县道优良率 94.82%，乡道优良率 87.86%，村道优良率 72.29%。2017 年县道小修养护工程完成投资 500 万元，完成简易灌缝 4200 米、挖补基层 1000 平方米、铺油 7.1 万平方米，完善护坡 4000 平方米，整修路肩 5000 平方米。绿化美化公路两侧，朱孔路两侧更新行道树 3000 棵，其余县道两侧种植绿化树 8000 棵，对其他虫病害进行防治。加强农村公路桥梁管理，2017 年 7 月，委托山东恒建工程检测有限公司对高崖库区的汶河大桥进行专业检测，新增危桥 1 座，列入全国危桥数据库。加强危桥改造力度，积极争取上级资金支持，将徐贾路的贾陶北桥列入 2018 年危桥改造计划。同时加强危桥的日常巡逻力度，严格按照桥梁养护技术规范的要求进行巡查，发现问题及时上报，确保桥梁安全。加强危桥标志和养护责任人标牌保护力度，全部 42 套危桥标识保护完好。加强季节性养护力度，为应对雨雪、结冰天气带来的不利影响，在朱孔路谢家山段、宅科段，伦冶路郿部以西段，玄马路马宋水库段等重点路段撒防滑沙 500 立方米；夏季汛期期间，通过疏通泄水槽、路肩整理、边坡护坡等养护手段进行养护，提升养护水平。

【公路路政管理】 完成公路巡查12万余公里，查处路政事案2件，事案查处率、路赔回收率均达100%，无一例“公路三乱”和行政复议案件。严格涉路工程及非公路标志的审批，对涉及公路安全方面的涉路工程要求提供安全评价报告，同时加强事中和事后监管力度；对所有的施工场地联合质监站下达安全告知书，加强安全管理力度。以“公路路政宣传日”为契机，加强农村公路路政宣传，制作宣传横幅75条，利用广播、电视、网站、出租汽车和车站显示屏等平台加强宣传力度。以“畅、安、绿、美”的农村公路行车环境为目标，清理固定、流动非公路标志7000块。成立由25人、5辆宣传车组成的专项治理队伍，与属地镇街、城管、交警、市场监管等其他职能部门联合执法，清理马路市场、占道经营44处。为遏制公路打场晒粮现象，联合属地镇街，在麦收和秋收季节前期，发动宣传，让农民群众认识到在公路上打场晒粮的危害性；在农忙时节，通过加强巡查力度，出动3辆执法车辆、20名执法人员，积极劝阻农民群众公路晒粮，取得较好的效果。对全县县乡道路进行安全隐患排查，查出10处隐患点，制作治理台账，每个隐患点设置治理期限、治理措施和整改时限。

【安全生命防护工程】 昌乐县于2015年4月正式启动农村公路安全生命防护工程。昌乐县政府成立由交通、公安交警、安监、公路、财政、审计等职能部门组成的农村公路安全生命防护工程领导小组。截至2017年6月，昌乐县县乡公路安全生命防护工程全部实施完毕。昌乐县政府于2017年7月组织有关部门进行联合验收，并委托第三方机构中北工程设计咨询有限公司进行评估，出具评估报告。严格按照山东省人民政府办公厅的有关通知要求，先后进行安防工程县级综合验收、市级核查，最后通过省级抽查。昌乐县交通运输局联合公安局制作公告，利用广播电视网站等媒体宣传对安防设施的保护，同时加大巡查力度。2017年昌乐县将农村公路安防设施的日常养护列入县道养护工程，投资50万元重新安装太阳能爆闪灯灯头405个、示警桩800根、画线4000平方米、波形护栏端头改造400个。

【公路货运】 货运车辆：2017年，全县有货运车辆4200台（含牵引车1073台）、51821吨，其中8吨以上重型货车2368台、47732吨（含挂车958台、30184吨）；危险品运输车辆121台、813吨。严格货运车辆运营管理。认真审核车辆燃料消耗情况和北斗卫星定位装置安装使用情况，对总质量大于3.5吨、燃料消耗不达标的车辆，不予办理道路运输证；对未安装北斗卫星定位装置或不实时在线、总质量12吨及以上的重型货运车辆和牵引车，不予办理和审验道路运输证。狠抓节能减排。对国三标准以下重型柴油货车进行摸底统计，对排放不达标的，强制注销“道路运输证”；推广新能源运输车辆，截至2017年年底，全县LNG和CNG货运汽车达72台。

货运市场：全县货运企业56家，普通货运企业51家，危险品运输企业5家；其中2017年新增货运企业14家。加强货运企业监管。加强日常监督检查；接受投诉和举报；发挥社会信用体系的奖惩作用。搭建网上公示平台，通过信息公示、信息共享、信用约束和大数据等措施，对道路运输企业实行信用等级管理。对守信企业减少检查频次或免检，对发现问题的企业，视不同违法程度亮出“黄灯”“红灯”，列入异常名录或黑名单。2017年完成对2016年度货运企业质量信誉考核，评定AAA级企业16家、AA级企业16家、A级企业4家、B级企业1家。

汽修市场：2017年全县有资质的机动车维修企业71家，其中一类2家、二类7家、三类62家。组织开展汽修市场整顿及汽修企业质量信誉考核。完成营运车辆二级维护3546台次，综合性能检测及车辆技术等级评定3227台次。2017年昌乐县被潍坊市道路运输管理处确定为第一批开展汽车维修电子健康档案试点县（潍坊市2个试点县）。

2010—2017 年昌乐县维修检测统计表

表 17

年度	检测站个数	完成检测量	维修竣工检测	等级评定检测	维修质量监督检测	其他检测	机动车维修业户	一类机动车维修	二类机动车维修	三类机动车维修	摩托车维修	完成维修量	整车修理	总成修理	二级维护	专项修理	维修救援
2010	1	11989	6193	4312	1102	382	66	0	8	58	0	14197	428	2570	4758	6350	91
2011	1	17880	9924	6536	1100	320	61	0	8	53	0	24315	650	3100	16250	4200	115
2012	1	11015	4480	6535	0	0	69	2	9	57	0	15332	395	1420	10880	2510	127
2013	1	10465	6942	3523	0	0	73	2	9	62	0	17000	400	1600	12000	2700	300
2014	1	11518	7394	4124	0	0	74	2	10	62	0	17500	500	1700	11000	3000	400
2015	1	9060	5916	3144	0	0	65	2	7	56	0	13726	400	1400	8776	2800	350
2016	1	4204	901	3303	0	0	67	2	7	58	0	8869	200	800	5619	2100	150
2017	1	3227	0	3227	0	0	71	2	7	62	0	6966	180	750	3546	2300	190

【公路客运】 昌乐汽车站：昌乐汽车站隶属于昌乐联运有限公司，是山东省交通运输厅批准的昌乐县城区内唯一功能完善、服务设施齐全的二级客运站，下设红河、马宋、郚部 3 个三级站。地址位于昌乐县城昌盛街 66 号，属城区中心位置。占地 30 亩，总投资 7600 万元，总建筑面积 1.3 万平方米。站房、候车厅、售票厅建筑面积 4400 平方米，发车位 30 个，下设办公室、财务科、安全科等 10 个科室，有干部职工 80 人。是全县流动人口最大的集散中心和社会公益事业的窗口。

旅客运输：全县有省际、市际、县际、县内营运线路 34 条，其中省际班线 1 条、市际班线 5 条、县际班线 10 条、县内班车线路 1 条，县内城乡公交线路 17 条，175 台高、中档客运班车及新能源纯电动公交车，客位 8112 个。进昌乐汽车站经营线路 29 条，包括：省际班线 1 条、市际班线 5 条、县际班线 5 条、县内班车线路 1 条，县内城乡公交线路 17 条，高、中档客运班车及新能源纯电动公交车 171 台，日发班次 233 个左右，日均发送旅客 4300 人次以上。营运线路有省外通往上海，省内通往济南、青岛、滨州、东营，市内通往寿光、临朐、蒋峪、南逯、滨海及县内城乡公交线路，其线路主要以县城通往各县内乡镇为主，实现“城乡客运一体化”。成功申报全省城乡交通运输一体化建设工程示范县。

驾培管理：规范驾培市场秩序，严查“非法招生点”“黑教练车”、异地培训等违法违规行为；加强驾培教练车安全监管，上门为 146 辆教练车集中“体检”。

【公共交通】 城市公交　昌乐县城区公交由宝城公共交通有限公司经营。2007 年 11 月经县政府批准，昌乐县工商局注册登记，昌乐县宝城公共交通有限公司正式成立，注册资金 300 万元，隶属于昌乐县交通运输局。2017 年 7 月，公司增加注册资金至 500 万元。截至年底，公司运营车辆 217 辆，其中，新能源公交车 160 辆，CNG 公交车 50 辆，燃油公交车 7 辆，运营线路 9 条，运营线路长度 227 公里，公交站牌 434 个，公交候车亭 127 个，覆盖宝都、朱刘、五图、首阳山旅游度假区和经济开发区，年客运量 700 万人次。完善公交线路布局，对 2 路、12 路公交运营线路进行延伸，2 路由原终点曹家庙延伸至解召，12 路由原终点南苑小区延伸至农贸城。各运营线路增加车辆，缩短间隔时间，主线路达 10 分钟一班车。11 月，该公司投资 25 万元将 210 辆新能源公交车车载定位终端与省运营信息平台对接，实现车载定位数据与运营数据向省运营平台自动报送的功能。

城乡公交　昌乐县城乡公交由宝都公共交通有限公司经营。2017 年 11 月，公司投资 8 万元在郚部镇、红河镇、乔官镇、营丘镇建设港湾式停靠站4处；12月投资11.2万元将144辆新能源公交车车载定位终端与省运营信息平台对接，实现车载定位数据与运营数据向省运营平台自动报送的功能。截至2017年年底，公司运营车辆144辆，全部为新能源纯电动公交车，运营线路17条，运营线路总里程650公里，城乡公交候车亭4处，形成通达全县建制村城乡一体化出行网络，年客运量320万人次。

出租车 昌乐县有“运通”“捷运”两家出租汽车企业，257辆出租汽车，全部实现油气双燃料。强化出租车市场监管，打击非法营运行为，严查不打表、拒载、乱收费等违章行为，2017年查处非法违法从事道路运输车辆88台次，出租汽车市场秩序稳定。

【安全管理】 狠抓安全基础工作，突出安全组织体系的建立和安全生产责任制的落实。不定期对道路运输企业开展安全生产检查，开展全面安全生产大检查2次，全年落实整改安全隐患398条。加强对“两客一危”企业和车辆的安全管理，通过GPS和车载视频监控设备实行动态监管，及时掌握车辆运行轨迹和运行动态，避免车辆超载、超员、闯红灯等违章行为发生。开展2次危险品运输企业应急救援演练，48家道路运输企业完成安全标准化达标工作，积极推进安全生产风险分级管控与隐患排查治理“两个体系”建设。2017年未发生安全责任事故。国务院安委会和省安委会2次来昌乐视察安全生产工作时，都对昌乐交通运输安全生产进行充分肯定。

【交通运输监察】 制定出台《昌乐县联合治超方案和整治货车非法改装实施意见》，建立联合执法工作机制，公安交警部门负责路面执法和罚款计分，交通部门负责称重卸货纠章，对所有超限车辆实施“一超四罚”，并进行抄告，卸货整改率和抄告率100%。严查危化品非法运输车辆，加大在大沂路、胶王路、宝通街、309国道以及化工企业集中的周边路段执法力度。抓好道路扬尘污染治理，严查运输石子、石灰、渣土、建筑垃圾、沙子、煤炭等易脱落扬撒问题违章车辆的查处力度，对查处的违章车辆严管重罚。全年出动执法人员7000人次，出动执法车辆1400辆次，检查车辆3800辆次，查处违章车辆767辆次，其中接收公安交警移交超限超载车辆244辆次，卸货1.4万吨，抄告车辆108辆次；查处危险品车辆179辆次；查处扬撒车辆46辆次，实现罚没收入580万元。

推进科技在执法工作中的运用，投资3.5万元购置执法记录仪16部，安装视频监控系统2套，与原有的摄像机、照相机并用，对执法工作进行全程录音录像取证。推进昌乐县交通综合执法体制改革，实现公路局8名工作人员和财产物资的平稳妥善交接。落实经济发展软环境建设规定，到40家企业和货源地上门服务、征求意见3批次，发放宣传材料900份，促进道路运输从业者提高守法营运自觉性。在胶东四市危化品车辆路面执法专项整治联席会议，以及全省交通执法培训班上，昌乐县交通运输局2次做典型发言，昌乐县交通运输监察大队被省厅命名为交通执法督导评议先进单位（此荣誉称号潍坊市2个）。

【城市公交线路】 城市公交线路9条，运营车辆217辆。

1路 朱刘→尧沟

水泥厂→宏达超市→潍焦集团家属院→潍焦集团→运输公司→万山集团→西魏→朱刘街办→朱刘派出所→朱刘计生办→金元集团→朱刘示范园→钱家庄→三庙→山水路口→水坡→比德文路口→东任疃路口→西任疃→东外环路口→邢家河→商家庄→周家庄→曲家庄→镇农信→百大超市→爱伦堡东门→华普 御景园→党校→丝绸公司→东山王→山东金河投资集团→现代城→郭家庄→中医院→世纪美联→保险公司→新昌商场→乐融大厦→步行街→县府→西村→北关村→城西派出所→亿丰五金城→第三加油站→科技示范园→东徐→西徐→马家庄→常庄→坡子→张家埠头→尧沟瓜菜市场→董家庄→尧沟中学→尧沟医院→尧东→尧沟劳务市场→北郭→东西王庄

尧沟→朱刘

东西王庄→北楼→尧沟劳务市场→尧东→尧沟医院→尧沟中学→董家庄→尧沟瓜菜市场→张家埠头→

坡子→常庄→马家庄→西徐→西田家村→汽车城→亿丰五金城→中庭景苑→城西派出所→西村→交警队→县府→工商银行→农业银行→乐融大厦→保险公司→温州商城→人寿保险→郭家庄→现代城→汽车站北门→东山王→妇幼保健院→党校→蓝宝商务大厦→名仕豪庭→百大超市→永康花园→新城宸居→金景宝地→东萧→邢家河→东外环路口→西任疃→侯家庄→比德文路口→水坡→山水路口→三庙→钱家庄→朱刘煤矿→金元集团→朱刘计生办→朱刘街办→西魏→万山集团→运输公司→潍焦集团→潍焦集团家属院→惠康超市→水泥厂

2路 解召→高速路口

解召→庵上湖→郝家庄→后坡→冯家庄→曹家庙子→邮政局→五图中学→职业三中→拉链厂→吴家庄→北王→兴楼→五图村→五图社区→永富庄→诚信煤场→姜家坊子→崔家埠→部队→武装部→南萧→鼎恒伴山→碧水龙庭→吴家池子→昌盛花园→汽车站→东山王→妇幼保健院→恒坤苑→中医院→世纪美联→保险公司→新昌商场→人民医院→邮政局→爱伦堡→建设银行→艳阳天小区→网通公司→宝石城→宝石城管委会→车管所→现代塑胶→中传拉链→宏力钢管→石埠→金泽利化工→海特塑胶→矿机集团→于留→阳光纸业→盛泰药业北门→石家庄→高速路口（南侧）

高速路口→解召

高速路口（南侧）→石家庄→盛泰药业北门→阳光纸业→于留→矿机集团→海特塑胶→金泽利化工→石埠→宏力钢管→中传拉链→现代塑胶→宝石城管委会→宝石城→网通公司→艳阳天小区→建设银行→翡翠苑小区→邮政局→佳乐家→乐融大厦→保险公司→温州商城→人寿保险→全福元→丝绸公司→东山王→汽车站→领仕郡→吴家池子→碧水龙庭→鼎恒伴山→南萧→武装部→部队→崔家埠→姜家坊子→诚信煤场→永富庄→五图社区→五图村→兴楼→ 北王→吴家庄→拉链厂→职业三中→五图中学→邮政局→曹家庙子→冯家庄→后坡→郝家庄→庵上湖→解召

3路 小埠前→孙富庄

小埠前→乐港饲料→边下→边下新村→姜家洼→南寨→大北寨→小北寨→宝都塑料→伟皓建材→李家老庄→盛世榴园→南郝街路口→南郝社区→五图街办→黄埠路口→辛安庄→崔家庄子→七里沟→欧洲花园→吕家庄→鲁昱绿城→北流泉→流泉小区→昌盛花园→汽车站→山东金河投资集团→雅居园→交通局家属院→阳光佳苑→温州商城西门→蓝宝石广场→中国银行→西湖小学→西湖公园→交警队→县府→工商银行→农业银行→人民医院→邮政局→爱伦堡→建设银行→艳阳天小区→网通公司→宝石城博物馆→广潍汽销→东管庄→同乐花园→盛世热电→盛泰药业→石家庄→高速路口（南侧）→高速路口（北侧）→孙富庄

孙富庄→小埠前

孙富庄→高速路口（北侧）→高速路口（南侧）→石家庄→盛泰药业→盛世热电→同乐花园→东管庄→广潍汽销→宝石城博物馆→网通公司→艳阳天小区→建设银行→翡翠苑小区→邮政局→佳乐家→乐融大厦→步行街→县府→西村→西湖公园→电业公寓→南苑小区→新郎希努尔—芙蓉苑→盛景嘉苑→雅居园→汽车站北门→汽车站→领仕郡→流泉小区→北流泉→鲁昱绿城→吕家庄→欧洲花园→七里沟→崔家庄子→辛安庄→幸福城→五图街办→南郝社区→南郝街路口→盛世榴园→李家老庄→伟皓建材→宝都塑料→小北寨→大北寨→南寨→姜家洼→边下新村→边下→乐港饲料→小埠前

6路 昌顺驾校→潘家辛

昌顺驾校→考试中心→瓦厂→邵家庄→考试中心路口→市委党校→墓田后→潘家庄→贵和社区→崔家埠→部队→武装部→南萧→鼎恒伴山→卡纳圣菲→碧水龙庭→吴家池子→一中→ 昌盛花园→汽车站→东山王→妇幼保健院→恒坤苑→中医院→世纪美联→保险公司→新昌商场→乐融大厦→步行街→县府→西村→北关村→城西派出所→亿丰五金城→二中→北三里→阳光纸业（原厂）→潘家辛

潘家辛→昌顺驾校

潘家辛→阳光纸业（原厂）→北三里→二中→亿丰五金城→中庭景苑→城西派出所→西村→交警队→县府→工商银行→农业银行→乐融大厦→保险公司→温州商城→人寿保险→全福元→丝绸公司→东山王→汽车站→一中→吴家池子→碧水龙庭→卡纳圣菲→鼎恒伴山→南萧→武装部→部队→崔家埠→贵和社区→潘家庄→墓田后→市委党校→考试中心路口→邵家庄→瓦厂→考试中心→昌顺驾校

7路 劳务市场→解召

劳务市场→亿丰五金城→东风村→传媒集团→温泉大酒店→昌明花园→玉皇庙→火车站→乐融大厦→保险公司→温州商城→人寿保险→全福元→丝绸公司→东山王→汽车站→昌盛花园→颐轩国际→南流泉→流泉水厂→南萧→武装部→部队→崔家埠→潘家庄→墓田后→市委党校→邵家庄→驾驶人考试中心→五图村→五图社区→宇家→邱家河→后店子→前店子→后坡→解召

解召→劳务市场

解召→后坡→前店子→后店子→邱家河→宇家→五图社区→五图村→驾驶人考试中心→邵家庄→市委党校→墓田后→潘家庄→崔家埠→部队→武装部→南萧→颐轩国际→南流泉→流泉水厂→昌盛花园→汽车站→东山王→妇幼保健院→恒坤苑→中医院→世纪美联→保险公司→新昌商场→火车站→玉皇庙→昌明花园→温泉大酒店→传媒集团→东风村→亿丰五金城→劳务市场

9路 及第中学—含羞草

及第中学→欧洲花园→吕家庄→鲁昱绿城→北流泉→消防队→亚太中慧→盛景嘉苑→雅居园→汽车站→东山王→中心城→妇幼保健院→恒坤苑→中医院→世纪美联→保险公司→新昌商场→火车站→玉皇庙→昌明花园→温泉大酒店→新城中学→西管庄→日科化学（新厂）→铭基中慧→含羞草公司

含羞草→及第中学

含羞草公司→铭基中慧→英轩重工→体育局→中泰宝石学院→温泉大酒店→昌明花园→玉皇庙→火车站→乐融大厦→保险公司→温州商城→人寿保险→全福元→丝绸公司→中心城→东山王→汽车站北门→雅居园→交通局家属院→合本食品→消防队→北流泉→鲁昱绿城→吕家庄→欧洲花园→及第中学

10路 都昌→韩信

都昌→芳林园→谢家埠→大石桥社区→大石桥→前牟→小石桥→前牟路口→王金→三庙→九级→山坡→山水集团→十里堡→侯家庄→东萧→半岛物流园→周家庄→曲家庄→镇农信→百大超市→翡翠苑小区→邮政局→佳乐家→乐融大厦→保险公司→新郎希努尔→芙蓉苑→濠景海岸→五阎庄→英轩→农贸城西门→田老庄→申明亭→宝通社区→西徐园→五里庄→马家龙湾→毕家庄→东朱→西朱→徐家河洼→董家河洼→张家河洼→韩信

韩信→都昌

韩信→张家河洼→董家河洼→徐家河洼→西朱→东朱→毕家庄→马家龙湾→五里庄→西徐园→宝通社区→申明亭→田老庄→农贸城→半岛蓝湾→濠景海岸→芙蓉苑→阳光佳苑→温州商城西门→保险公司→新昌商场→人民医院→邮政局→爱伦堡→百大超市→永康花园→新城宸居→金景宝地→半岛物流园→东萧→侯家庄→十里堡→山水集团→山坡→九级→山水路口→王金→前牟路口→小石桥→前牟→大石桥→大石桥社区→谢家埠→芳林园→都昌

11路 汽车站→赵家庄

汽车站北门→现代城→郭家庄→中医院→温州商城→保险公司→新昌商场→人民医院→邮政局→爱伦堡→建设银行→艳阳天花园→网通公司→宝石城→公安局→西尖庄→邢家河→东外环路口→西任疃→任疃社区→东任疃→马家河子→马家河子小学→赵家庄

赵家庄→汽车站

赵家庄→马家河子小学→马家河子→东任疃→任疃社区→西任疃→东外环路口→邢家河→东尖庄→公

安局→宝石城→网通公司→艳阳天花园→建设银行→翡翠苑小区→邮政局→佳乐家→乐融大厦→保险公司→温州商城→中医院→郭家庄→现代城→汽车站北门

12路 农贸城→矿机集团

农贸城→半岛蓝湾→电业公寓西门→南苑小区→潍坊银行→福州商城→移动公司→矿机花园→金景宝地→东萧→邢家河→矿机集团

矿机集团→农贸城

矿机集团→邢家河→商家庄→金景宝地→矿机花园→移动公司→福州商城→潍坊银行→南苑小区→电业公寓西门→农贸城

【城乡公交线路】 城乡公交线路17条，运行车辆144台。

1. 昌乐汽车总站至平原社区（K69） 昌乐汽车总站—全福元—原党校接待中心—爱伦堡—小商品城—人民医院—乐融大厦—人保保险—原行政服务中心→农商大厦—天和家园－盛港府地—鲁昱绿城—金都世纪城—汽车西站—黄埠—南寨社区—边下新村—大埠前—唐家店子—歇头仓—西河下—潍临路口—乔官邮政局—交警三中队—陶家庄—孟家淳于—北展—李家河南—南展—伦家埠坡—鼎峰路口→鄌郚医院—鄌郚中学—鄌郚党委—青上→孙家社区—张家台子—沙沟—枣园—大北良—庵泉路口—红河小学—红河党委—南家庄—四海官庄—梁家官庄—平原。

2. 昌乐汽车总站至包庄社区（K68） 昌乐汽车总站—全福元—原党校接待中心—爱伦堡—小商品城—人民医院—乐融大厦—人保保险—原行政服务中心→农商大厦—天和家园－盛港府地—鲁昱绿城—金都世纪城—汽车西站—黄埠—南寨社区—边下新村—大埠前—唐家店子—歇头仓—西河下—潍临路口—乔官邮政局—交警三中队—陶家庄—孟家淳于—北展—李家河南—南展—伦家埠坡—鼎峰路口—鄌郚医院—鄌郚中学—鄌郚党委—青上—孙家社区—张家台子—沙沟—洛车埠—南良—辛庄—包庄。

3. 昌乐汽车总站至高崖社区（K67） 昌乐汽车总站—全福元—原党校接待中心—爱伦堡—小商品城—人民医院—乐融大厦—人保保险—原行政服务中心→农商大厦—天和家园－盛港府地—鲁昱绿城—金都世纪城—汽车西站—黄埠—南寨社区—边下新村—大埠前—唐家店子—歇头仓—西河下—潍临路口—乔官邮政局—交警三中队—陶家庄—孟家淳于—北展—李家河南—南展—伦家埠坡—鼎峰路口—鄌郚医院—鄌郚中学—鄌郚党委—青上—孔家庄—金山—泉头—徐家庙—坊子漳河—胡家漳河—漳河医院—大庄子路口—寨里—冢头—高崖。

4. 昌乐汽车总站至白塔（K79） 昌乐汽车总站—全福元—原党校接待中心—爱伦堡—小商品城—人民医院—乐融大厦—人保保险—原行政服务中心→农商大厦—天和家园－盛港府地—鲁昱绿城—金都世纪城—汽车西站—黄埠—南寨社区—边下新村—大埠前—唐家店子—歇头仓—西河下—潍临路口—乔官邮政局—交警三中队—陶家庄—孟家淳于—北展—李家河南—南展—伦家埠坡—鼎峰路口—鄌郚医院—鄌郚中学—鄌郚党委—青上—孔家庄—金山—泉头—徐家庙—坊子漳河—胡家漳河—漳河医院—大庄子路口—寨里—冢头—高崖—黄冢坡—克家洼—北段—寺后—白塔。

5. 昌乐汽车总站至朱汉（K65） 昌乐汽车总站—全福元—原党校接待中心—爱伦堡—小商品城—人民医院—乐融大厦—人保保险—原行政服务中心→农商大厦—天和家园－盛港府地—鲁昱绿城—金都世纪城—汽车西站—黄埠—南寨社区—边下新村—大埠前—唐家店子—歇头仓—西河下—潍临路口—乔官邮政局—交警三中队—陶家庄—孟家淳于—北展—李家河南—南展—王家河洼—小宅科—大宅科—丁家沟—船底—小高家庄子—小阿陀—前双沟—小岭—朱汉。

6. 昌乐汽车总站至董孟社区（K77） 昌乐汽车总站—全福元—原党校接待中心—爱伦堡—小商品城—人民医院—乐融大厦—人保保险—原行政服务中心—农商大厦—天和家园－盛港府地—鲁昱绿城—金都世纪城—汽车西站—黄埠—南寨社区—边下新村—大埠前—唐家店子—歇头仓—西河下—潍临路口—乔官邮政局—交警三中队—贾陶—马宋—南楼—三泉—葛沟崖—小刘官庄—王凤官庄—郝家宅科—潘家老庄—大

宅科—土埠—董孟。

7. 昌乐汽车总站至吉阿社区（K78） 昌乐汽车总站—全福元—原党校接待中心—爱伦堡—小商品城—人民医院—乐融大厦—人保保险—原行政服务中心—农商大厦—天和家园－盛港府地—鲁昱绿城—金都世纪城—汽车西站—黄埠—南寨社区—边下新村—大埠前—唐家店子—歇头仓—西河下—潍临路口—乔官邮政局—交警三中队—黄家洼—下坡—庙子官庄—西级—大河洼—北河洼—康家庄—马宋—常家官庄—吉阿。

8. 昌乐汽车总站至店子社区（朱红路K71） 昌乐汽车总站—全福元—原党校接待中心—爱伦堡—小商品城—人民医院—乐融大厦—人保保险—原行政服务中心—农商大厦—天和家园－盛港府地—鲁昱绿城—金都世纪城—汽车西站—黄埠—南寨社区—边下新村—大埠前—唐家店子—歇头仓—西河下—潍临路口—乔官邮政局—交警三中队—贾陶—大善地—庙子官庄—程家庄—驻马河—大宅科—上皂户—高泉—红河—南家庄—清泉—浴马沟—萧家庄—苏家庄—小菜园—纪家屯—马家庄子—务家楼—店子。

9. 昌乐汽车总站至崖头社区（K61） 昌乐汽车总站—上海花园—昌乐汽车东站—碧水龙庭—武装部—实验中学—姜家坊子—昌顺驾校—吴家庄—曹家庙子—石人坡—亓家庄—三角池—营子—徐将军—付河—刘河小学—张家庄—河头—李家河岔—和睦—丛闫—马宋水库—寺后—马宋—前唐家店子—南楼—刘寺官庄—阿陀—大徐—田家老庄—麻家河－王俊—崖头。

10. 昌乐汽车总站至崔家庄社区（K60） 昌乐汽车总站—上海花园—昌乐汽车东站—碧水龙庭—武装部—实验中学—姜家坊子—昌顺驾校—吴家庄—曹家庙子—石人坡—亓家庄—三角池—营子—徐将军—付河—刘河小学—张家庄—河头—李家河岔—和睦—丛闫—马宋水库—寺后—马宋—前唐家店子—毕皇—王褒院—孙家庄—段家庄—大尹超市—清泉—邢李村—崔家庄汽车站。

11. 昌乐汽车总站至时马社区（K66） 昌乐汽车总站—全福元—原党校接待中心—爱伦堡—小商品城—人民医院—乐融大厦—人保保险—原行政服务中心—农商大厦—天和家园－盛港府地—鲁昱绿城—金都世纪城—汽车西站—黄埠—秦家河—林家河—左家庄—北岩北村—北岩南村—唐前—董庄—孙家庄子—王埠前—乔山前—解家庄—郭家河—王家河—毕都—李家营子—西刘家沟—北张—卞家庄—北鄌郚—荣山—时马。

12. 昌乐汽车总站至李家庄社区（K73） 昌乐汽车总站—全福元—原党校接待中心—爱伦堡—小商品城—人民医院—乐融大厦—人保保险—原行政服务中心—农商大厦—天和家园－盛港府地—鲁昱绿城—金都世纪城—汽车西站—黄埠—秦家河—林家河—左家庄—北岩北村—新村—大南岩—小南岩—南音—响水崖—苗家庄—杜家沟—孟家峪—龙旺河—李家庄。

13. 昌乐汽车总站至青龙社区（K75） 昌乐汽车总站—全福元—原党校接待中心—爱伦堡—小商品城—人民医院—乐融大厦—人保保险—原行政服务中心—农商大厦—天和家园－盛港府地—鲁昱绿城—金都世纪城—汽车西站—黄埠—秦家河—林家河—左家庄—北岩北村—新村—南岩南村—韩家庄—南音—响水崖—小赵庄—杜家沟—西李家河—潘家槐林—王家槐林—青龙。

14. 昌乐汽车总站至营邱社区（K70） 昌乐汽车总站—恒丰名城—福州商城—中医院—世纪美联—乐融大厦—人民医院—爱伦堡—原党校接待中心—全福元—福荣世家—上海花园—汽车东站—碧水龙庭—武装部—实验中学—姜家坊子—昌顺驾校—吴家庄—曹家庙子—石人坡—亓家庄—三角池—营子—徐将军—付河—刘河小学—张家庄—河头—丛闫—郝家老庄—三图—滕家辛牟—徐河口—古城—营邱。

15. 昌乐汽车总站至湖田社区（K72） 昌乐汽车总站—恒丰名城—福州商城—中医院—世纪美联—乐融大厦—人民医院—爱伦堡—原党校接待中心—全福元—福荣世家—上海花园—汽车东站—碧水龙庭—武装部—实验中学—姜家坊子—昌顺驾校—吴家庄—曹家庙子—石人坡—亓家庄—三角池—营子—徐将军—姜家庄子—淮沟—丛家阳埠—和睦—马宋—南崔—刘家营—小章—湖田。

16. 昌乐汽车总站至苍山（K76） 昌乐汽车总站—全福元—福州商城—世纪美联—中央帝景—乐融大厦—原交警大队—西湖公园—农贸城—砚家河—小李

家庄—翟家辛—后营子—前营子—马家冢子—中董家坊子—前董家坊子—下洼—埠南—后池子—岳泉—耿家庄—袁家庄—苍山。

17. 昌乐汽车总站至下庄（K62） 昌乐汽车总站—恒丰名城—福州商城—中医院—世纪美联—乐融大厦—人民医院—爱伦堡—原党校接待中心—全福元—福荣世家—上海花园—碧水龙庭—武装部—岳家辛—周家庄子—杨徐—小杨家—石庙庄—方西冯—金家庄—下楼—东刘—西邵—东邵—山唐—方南刘—北夏—南夏—上庄—西河下—东河下—下庄。

昌乐汽车站班次时刻表

表 18

线路	发车时间
昌乐—济南	07:00 08:00 09:40 11:30 13:00
昌乐—青岛	07:20
昌乐—临沂	06:40 13:10
昌乐—滨州	08:00
昌乐—东营	07:30
昌乐—日照	08:20
昌乐—上海	17:00
昌乐—南逯	07:00 09:05 13:30 15:15
昌乐—临朐	07:30 08:30 10:30 13:30 14:30 15:30
昌乐—蒋峪	08:10 14:10
昌乐—寿光	07:20 08:30 09:30 10:30 11:30 13:00 14:30 15:30 16:40
昌乐—滨海	7:30 13:00
昌乐—下坡	08:20 16:00 16:30
昌乐—白塔（K75）	09:10 10:30 15:55 16:25
昌乐—营邱（K62）	09:05 16:05
昌乐—董孟（K70）	10:25 17:00
昌乐—湖田（K72）	10:00 15:40
昌乐—吉阿（K71）	09:30 15:25
昌乐—店子（朱红路 K78）	08:35 16:15
昌乐—李家庄（K73）	09:00 09:40 15:50 16:30
昌乐—青龙（K65）	08:30 10:40 15:10 17:30
昌乐—崖头（西路 K61）	08:00 09:50 14:00 14:40
昌乐—包庄 （K68）	每 10 分钟一班
昌乐—高崖 （K67）	每 10 分钟一班
昌乐—平原 （K69）	每 10 分钟一班
昌乐—崔家庄（K60）	每 30 分钟一班
昌乐—崖头 （K61）	每 30 分钟一班
昌乐—朱汉 （K65）	每 30 分钟一班
昌乐—时马 （K66）	每 20 分钟一班

续表 18

线路	发车时间
昌乐—苍山（K76）	06:30 09:30 13:00 15:00
平原、红河—潍坊	每 30 分钟一班
昌乐—潍坊（101、102 路）	5:50 至 18:10 每 8 分钟一班

（供稿：王　敏）

公　路

【概况】 昌乐县公路局为正科级事业单位，隶属潍坊市公路管理局。设有工程养护科、路政科、办公室、组织人事科、财审科、安保科 6 个科室和 1 个公路养护中心，下设邢家河、乔官、唐吾、马宋 4 处公路站。主要负责全县境内国、省道公路的规划、建设、养护和路政管理工作。管养全县境内 1 条国道（309 国道）和 3 条省道（大沂路、胶王路、潍九路）计 149.626 公里，其中一级路 112.511 公里，占总里程的 75%。

2017 年，被潍坊市委宣传部授予“学习型党组织建设示范点”“潍坊市理论大众化示范点”荣誉称号，被县委、县政府授予 2017 年度“三大攻坚战”先进单位，被潍坊市公路管理局评为全市公路系统 2017 年度绩效考评先进单位，连续 20 年保持省级文明单位荣誉称号。

【公路建设】 S224 大沂线昌乐绕城段改建工程，项目全长 17.936 公里（其中寿光段 2.43 公里，由寿光市政府组织实施），概算投资 4.5 亿元。6 月 9 日完成监理招标工作；营丘街至终点南寨路口段（12.425 公里）采取 PPP 模式建设，6 月 16 日经招标确定社会资本方。其中西徐园村至终点南寨路口段 6.3 公里，于 6 月开工建设，截至 12 月完成路基填筑（石渣）5 公里，摊铺级配碎石 3 公里，1 处 6 米通道，马家龙湾小桥桩完成基下部结构。

G309 青兰线坊子留戈庄至潍城潘里段改建工程，总投资约 2.8 亿元，配合潍坊市公路局计划科完成立项前的各项手续办理工作，并通过省发改委批复立项。

青银高速改扩建及绿化美化工程，加大与沿途镇街区及相关部门协调力度，及时解决施工过程中出现的问

宝通街（昌乐段） （供稿：公路局）

题；加强对施工现场扬尘污染监管；公路两侧绿化美化工作，县政府成立绿化美化工程领导机构、工作机构，制定出台实施方案，编制施工图及工程预算，完成昌乐段两侧绿化用地测绘工作和地上附着物初步评估。

【公路养护管理】 以公路日常养护为重点，以强化养护目标责任制管理为手段，狠抓全面养护。加强公路桥梁巡查频度，路面病害随时处治，确保安全畅通。及时清洗护栏及反光设施。结合潍坊市公路局养护计划，围绕路基、路面、沿线设施、绿化、桥梁养护、应急处置及规范化管理等开展工作，完成养护计划709.4万元，公路优良路率92%。完成大沂路、潍九路、宝通街路面灌缝10万余米，潍九路、宝通街及大沂路路面挖补1.3万平方米，潍九路微表处4.4万平方米及大沂路封面3.5万平方米。根据国检路况检测要求，完成国道309路段路缘石、百米桩、道口桩及里程碑维修或更换。完成北展中桥、马宋中桥清淤，大沂路高崖大桥防撞墙施工，大沂路高速立交桥伸缩缝维修施工，大沂路乔官以南段补植行道树85棵。根据潍坊市公路局安全设施整治提升专项行动的要求，对昌乐县国省道安全防护设施进行整治，完成大沂路、潍九路及309国道中间护栏24个开口的封堵；配合设计院完成道路安全隐患排查，完成安全生命防护工程核查道口桩施工360根，轮廓标施工200根。

【公路路政管理】 以全国“路政宣传月”活动为载体，在辖区中心路段、城区进出口等位置悬挂标语30余幅；出动宣传车15台次，循环播放《中华人民共和国公路法》等法律法规知识。依托青银高速12号口设立宣传点和咨询服务台，路政执法人员向过往车辆发放宣传材料1.2万余份，接受群众咨询300人次。积极参加市局路政业务培训学习和会操比武，执法人员整体素质不断提升。

配合沿线镇街加大对集市贸易、摆摊设点、占道经营等违法行为的治理，制定并张贴《严禁在公路打场晒粮的通告》，实行错时上下班，抽出专车、专人进行全面清理整顿；对车流量大、混合交通事故多发的平面交叉口进行排查和梳理，封堵设置不合理平交道口320个；按照县政府部署，顺利完成对首阳山旅游度假区、高崖水库库区管委会、宝都街道、经济开发区以及“三区”建设物流管委会的矿产资源集中整治督导工作；棚户区改造工作，集中人力物力下沉棚改一线，全方位推进棚改工作，对边下河南村11户和边下村13户拆迁户当天全部完成棚改协议签订，圆满完成棚改工作任务；按照县委、县政府印发的《昌乐县违法建设治理行动实施方案》通知要求，组织路政人员对在国省道两侧建筑控制区内的建筑物和构筑物进行排查摸底，建立台账，重点整治，对国省道干线260余处乱搭乱建全部拆除。

加大公路巡查力度，及时处置各类路政事案，实施路政巡查10万公里，处理路赔案件45件，行政许可46件，收取路赔费173.8万余元，清理非公路标志1000余块。

积极改善路域环境，全年路域环境总投资4755万元。其中，县政府投资960万元，对国道309线、潍九路西段、大沂路北段在2016年整改的基础上进行改造提升；营丘、乔官等镇政府投资近3795万元对辖区内胶王路进行绿化、美化、硬化和亮化，对大沂路、潍九路绿化进行提升，栽植法桐6900棵，雪松1000棵，银杏500棵、型松82棵、樱花、海棠等4600余棵，龙柏、金叶女贞、黄杨等灌木12万平方米，绿化6700平方米，安装路灯322盏，进一步提升公路路域环境，打造“三季有花，四季常青”的公路长廊。

【ETC应用推广】 克服昌乐县人口少、车辆少、充值网点多的不利因素，积极“走出去”进行ETC宣传推介，并注重服务理念，全年办理鲁通卡498张，安装电子标签420部，全年预收取通行费2506万元，在全市名列前茅。

（供稿：刘朝霞）

昌乐火车站

（供稿：铁路局）

铁 路

【胶济铁路】 胶济铁路于1902年修至昌乐，横穿县境北部，自186公里+100米处至207公里+400米处，全长21公里+300米。2005年4月-2010年9月进行电气化改造并新增胶济客运专线。

【火车站】 青岛西车务段昌乐站是位于昌乐县境内胶济线以及胶济客专线的客货运二等站，车站下设运转、货运和客运三个班组。昌乐县境内原有昌乐、朱刘店、尧沟3个火车站。2005年7月，朱刘店、尧沟两站被撤销。因车站站场电气化改造和新昌路公铁立交桥施工，2005年5月临时停办客运、行包业务。2010年昌乐恢复办理客运业务，新站房位于昌乐火车站原址，站前街假日广场以北，胶济铁路以南，新昌路以东。新站建筑面积4866平方米，其中地上一层、地下一层，建设出站口、售票厅、候车厅、行包用房、餐厅等设施。新站房采用多种现代化建筑材料，其正面为大型铝合金玻璃幕墙，使得整个站房远远望去宛如镶嵌在胶济客运专线上的一颗蓝宝石，和昌乐“宝石之都”的城市形象相得益彰。

【运营管理】 车站运转班组主要办理行车和调车业务。车站为一站两场，设调车机1台，其中货运车场有4条到发线，主要办理货运列车到发、通过业务。客运车场为集控站，主要办理客运列车到发、通过和会让业务。货运车场和客运车场之间设客货联络线，客货联络线主要担当轨道车、大机、路料列车的转场作业。车站调车作业以专用线取送车为主，其中中冶专用线4条线路，中1、中2、中3为煤炭专用线，专5为油专线。孤山专用线4条线路，货物以路料石渣、煤炭为主。十道走行线全长4044米，最大坡道千分之十点六，车站货运主要办理大宗货物的发送到达业务。每月到达3800车左右（含专用线），货物以煤炭为主，每月装车发送400车左右，主要以卷纸、化肥为主。车站客运班组办理12趟动车组的到发业务。其中北京方向2列，上海方向1列，荣城方向1列，青岛方向4列。（列车车次随时变化，以当日列车时刻表为准）售票厅设置售票窗口2个，自助取票机1台，拥有2000余平方的旅客候车室，日均发送旅客约600人次。

（供稿：李成林）

邮 政

【概况】 中国邮政集团公司山东省昌乐县分公司位于昌乐县城文化路北首61号，1994年4月成立昌乐县邮政局，2015年7月挂牌改制为昌乐县邮政分公司，依法经营邮政专营业务，承担邮政普遍服务义务，受政府委托提供邮政特殊服务，对竞争性邮政业务实行商业化运营。经营的主要业务包括：国内和国际邮件寄递业务；报刊、图书等出版物发行业务；邮票发行业务；邮政汇兑业务；机要通信业务；邮政金融业务；邮政速递业务；邮政物流业务；电子商务业务；各类邮政代理业务和国家规定开办的其他业务。2017 年被潍坊市公司评为全市邮政新闻宣传与信息工作先进单位、安全生产先进单位、潍坊邮政储蓄余额跨越 300 亿突出贡献单位、全省金融网点产能提升首季突破奖、“对标发展 决战首季”保险业务发展先进单位、全市邮政金融有效获额先进单位；被县妇女联合会评为昌乐县巾帼文明岗。

【邮政基础设施】 昌乐县邮政营业网点 18 处，汽车邮路 4 条、城区投递段 13 条、农村投递线路 34 条，设立城区建设便民服务报刊亭 4 个，转运汽车 10 台、投递车辆 23 辆、投递电动车 30 台；投递总里程 500 多公里，服务面积 1100 平方千米；其中特快专递与全国近 2000 个城市联网，业务通达 200 多个国家和地区；17 处金融网点实施存贷服务，构建“三农”金融服务体系。

【普遍服务和特殊服务】 2017 年度，县邮政实施《机要通信业务处理规则》，严格执行“通信质量第一、政治服务第一、社会效益第一”的指导思想，使昌乐县的机要通信工作做到管理制度化、工作标准化、操作程序化、服务规范化。安全传递机要通信 文件 1871 件。2017 年度，年全县平函进出口业务量达 3 万余件；普通包裹、快递包裹、标准快递等包裹类进出口业务量 96 万余件；同城业务累计近 6 万件；报刊发行实现全省微机联网，对全县党政机关、村庄、党员进行党报党刊、党政刊物等同步发放，报刊起发分数达 8 万余份。2017 年春节放假期间，邮政企业主动承担起居民通信、通邮社会责任，处理国内邮件 30 万余件。

【邮政金融】 邮政金融包括银行存贷、中邮保险、中邮基金、证券，代理国债、代收代付各种资费，业务呈现多元化发展态势，为满足城乡居民日益增长的金融服务需求做出贡献。

【速递电商】 昌乐邮政秉承“全心、全速、全球”的核心服务理念，服务范围不断扩大。昌乐邮政加快邮政末端网络设施开放共享，对接电商进村工程，参与电商示范创建活动，建设一批电商县级运营中心、镇级服务中心和村级服务站，完善仓配一体化服务，解决农村电商“最初一公里”和“最后一公里”问题，助力农村电商发展。在资金、仓储场地、税费优惠等方面助力农村电商发展。昌乐买卖惠业务自上线以来，在当地形成一定的规模，知名度及认可度逐步提高，现拥有线上注册商户 496 户。所推出的便民服务站项目也以“要更好地帮助用户搞好经济活动、文化交流和通信联系”积极转型，服务大众，2017 年 7 月，昌乐县邮政策划农产品进城“关注葱农助销洋葱公益行”活动，在全市发起帮助唐吾镇包庄葱农助销洋葱为目的，以潍坊邮政微商城为平台助销洋葱，销售洋葱 1.5 万余公斤，帮助菜农解决困难。同时引起市内潍坊晚报、潍坊电视台等主流媒体的关注，发动社会力量爱心助农。

【服务三农】 昌乐邮政发挥实物流、信息流和资金流“三流合一”的优势。年内，以市邮政为配送中心，14 处乡镇支局(所)为骨干，近 38 家邮政“三农服务站”为末梢的邮政服务“三农”平台。按照“统一标识、统一进货、统一配送、统一经营、统一服务、统一价格”的经营模式，在农资配送、科技下乡等对农户实行点对点、门对门的服务。长期聘请农业专家接受农民咨询，与农民进行面对面交流，手把手地教授，满足农民群众生产生活需求，促使昌乐县邮政产品成为农资市场重要的流通渠道和深得农民信赖的业务品牌。同时，为更好地服务“三农”方便村户，昌乐邮政在各镇街道、村设立便民服务站，为百姓提供代交电费、水费、电话费、火车票、飞机票、车辆保险等，为居民生活提供切实便利，截至年底，昌乐县已建成便民服务站 856 余处，以每村 2 处便民服务站的密度为昌乐居民提供服务。

（供稿：王湘平）

移动通信

【中国移动通信集团山东有限公司昌乐分公司】 2017年有职工100人，县公司内设综合部、业务运营部、建设维护部、集团客户服务中心4个办事机构，在昌乐县城设孤山街、方山路2个城区营业厅，乡镇设开发区、朱刘、尧沟、南郝、乔官、鄌郚、红河、五图、马宋、阿陀等10个经营部。2017年11月，新建开发区经营部。2017年，昌乐移动公司获得山东移动公司颁发的“安全生产先进班组”，潍坊移动公司颁发的“2017年度优秀经营单位”，朱刘经营部、阿陀经营部获得“山东移动模范职工小家”荣誉称号。

通信业务 昌乐移动公司承担着中国移动在昌乐县本地2G、3G、4G移动信号网的规划、建设和运营，提供语音、数据、高速光宽带、高清和TV等信息业务及服务，涵盖134、135、136、137、138、139、147、150、151、152、157、158、159、178、182、183、184、187、188、198等20个号段。2017年，昌乐移动公司业务运营收入较上年增长4.2%；移动服务用户数比上年增加2.13%，其中4G用户比较上年提升15.68%；上网流量用户达30万，完成流量经营转型。2017年，昌乐移动公司推出199元冰激凌套餐、99元不限量套餐、39元小天王卡三大流量产品，积极响应国家提速降费要求，取消用户手机国内长途及漫游费，比原定时间提前1个月。

基础设施 2017年，昌乐移动公司持续推动“网络就是服务”的理念，网络建设和维护工作再创佳绩。2017年，超额完成建设4G网络基站2座，铁路沿线专线补点新建2个、FDD高铁专网多增设备3套。新铺设传输管道超额完成20%，改善4G网络信号覆盖能力，实现移动网络无缝隙覆盖。FTTH移动光宽带建设达新高度，城区适合建设规模小区达100%覆盖，农村符合开工建设村庄覆盖达80%。

党建工作 2017年，昌乐移动公司深入推进“两学一做”学习教育常态化制度化，切实抓好党风廉政建设。坚持党员干部每周开展一次集中学习，及时学习党的最新会议内容、领会会议精神，并书写学习心得、支部传阅、张贴展览；围绕中心任务，团结协作，坚持召开专题民主生活会，找出支部建设中存在的突出问题，及时解决；坚持以市场为导向，积极转变发展方式，不断提高领导班子经营管理水平，创新业务模式，提升业务内涵。

（供稿：张瑞国）

【中国联合网络通信有限公司昌乐县分公司】 2017年有在职员工231人，离退休员工105人（包含内退23人），共计336人。初级技术职务人员25人，中级技术职务人员15人。县公司设综合部、市场营销中心、维护中心，辖大客户、城关、宝都、孤山街、昌中、昌南6个营销服务中心。

通信网络 昌乐联通作为昌乐境内主导通信运营商和信息生活服务倡导者，在数字昌乐、智慧昌乐建设中发挥主导作用，有着独特网络优势，宽带网络全部实现光纤化，建成“光网昌乐”，行政村光缆覆盖率100%。积极响应国家提速降费号召，宽带网速提升到200M。移动通信4G信号覆盖更加完善，网络开始向5G演进。

基础建设 固网建设，争取上级上年剩余投资，立项新建项目14个，新建小区14个，扩容延伸220处。2017年驻地网新建小区25个，扩容延伸260处，全县已建成小区实现全部FTTH覆盖。建设集团客户信息化项目9个，有力支撑政企客户业务发展。持续推进FTTH改造，完成全部公众客户和大部分集团客户的FTTH接入，FTTH端口占比达96.6%，列全市第二位。本地网主干新建光缆段31段1424皮长公里，提高网络承载能力。完成11处IPRAN和36台OLT设备的双物理路由改造，实现IP双物理路由100%成环。

移网建设，4G工程新建分3期，新建4G基站26处，新建4G室分12处，达341处，县城和乡镇驻地实现全覆盖，行政村覆盖率达92%。新建U900基站54处，3G基站达364处，2G新开G1800基站21个，2G基站达279个。基站开通进度列全市前列。

运行维护 干线维护完成中共十九大、国家重要会议等重保以及防汛检修任务。济青干线对管道人井情况逐一检查，更换破损人井盖，进行人井内光缆及护套整理。潍临干线全线巡检，对紧邻221省道以及潍临公路段标志石、各类警示物进行整理，保证线路安全。孤山街南局配电室到机房各种型号电力电缆拆除545米。电表、漏保更换35处，维修空调22台。完成BBU合并166个。搬迁基站3处，改造开关电源3处，电池测试23处，其中协调铁塔更换6处；无后备电池站点16处，协调铁塔解决4处。与公安联合开展护线工作，成立护线办公室，建立工作机制，遏制不法侵害。

业务发展 适应市场需要，提升企业形象、扩大产品的用户知晓度和办理率，公司先后开展“手机嘉年华、宽带特惠风暴、挑战红五月冰激凌春游拓展、金九银十、大干60天、‘2升4’”等专项营销活动；城区营销每周四天、乡镇营销每周三天现场活动，以入户加现场设点方式进小区、进村庄宣传。前后台联动帮扶营销，后台单位对一线“结对子”包靠。全年组织现场营销活动1000场，营销单位发展量考核均达标。

结合现场营销，加大宣传力度，增加营销触点。利用各种宣传元素和媒介，组织营销单位对辖区内重点区域进行网格式排查宣传；“99元不限量”套餐上市之初，抢占宣传先机，宣传要素遍布昌乐主要媒体和出租车、电子屏、市政主要宣传街道及微信朋友圈，创造营销软环境。“99元不限量”套餐发展全市排名第3位。

针对现场营销，抓好员工销售能力提升、拉齐。分管领导组织市场部门、优秀营业员就营销场景、产品应对及答疑话术等情况编写“触点营销五步曲”培训课件，先后组织内训师对营销单元开展20余场“触点营销五部曲”讲解培训演练，各单元每周夕会搭帮演练，营业厅+社会代理+营维经理一对一展开营销场景还原和营销话术固化，提高营销活动实效性。

渠道门店销售能力提升。加强社会渠道、渠道经理的业务培训，为提高业务水平，制定渠道经理业务能力提升方案，根据业务知识掌握情况和业务受理情况进行严格考核，对排名落后的重点帮扶。代理商每月培训不少于1次，培训方式主要是集中培训与分片培训相结合，并进行现场演练。通过业务培训和考核激励，促进代理商和渠道经理业务发展提量提质。渠道拓展工作加快。渠道中心按季度制定渠道建设方案，通过对各网格渠道梳理摸底，规划各网格社区厅建设地点及建设数量，匹配渠道建设激励政策及资源支撑，设立专人跟进帮扶。至10月底建立社区店15家、代理点22家。

（供稿：石光全）

【中国电信股份有限公司昌乐分公司】 2017年拥有员工70余人，下设公司领导、综合财务、支撑中心、网络部、8个支局和30余处营业厅。主要经营移动通信，互联网接入及应用等综合信息服务、电子商务、数据通信、固定电话、各类电信新业务以及与主营业务有关的其他电信服务。

通讯业务 基础电信业务：移动通讯业务；增值电信业务在昌乐范围内的信息服务业务；经营与通信及信息业务有关的系统集成、技术开发技术服务、技术培训技术咨询、信息咨询、设备及计算机软件硬件的生产、经营、安装和设计与施工；通信设施租赁；安全技术防范系统的设计、施工和维修；广告业务。涵盖的具体号段为133、153、180、181、189、173、177、199。

2017年，不断加快高速信息基础设施建设，在全县和各乡镇范围内推进光纤改造和宽带全覆盖。昌乐电信光纤宽带覆盖10万余户，用户已超过4万户。昌乐电信成为“千兆宽带运营商”，引领昌乐进入G时代。电信公司将以此为契机，在企业转型3.0的总战略指引下，全面落实智能牵引，实现转型升级，着力推进智慧家庭生态圈建设，提高网络速度，增强用户体验，打造一流运维和服务团队，向全县提供“速度更快、资费更低、服务更优”的网络服务，为构建智慧城市贡献自己最大的力量。依托“翼支付”产品，与中百、全福元合作，率先实现在线支付，惠民利民，造福昌乐百姓。

2017年，认真落实国家宽带“提速降费”政策，通过实施“提速不提价、流量不清零、逐步取消国内长途和漫游费”等措施，不断降低宽带网络的单位资费，惠及昌乐数万宽带用户。昌乐电信4G网络已有效覆盖境域95%以上。同时，根据市场和用户流量情况，将适时部署速率更快的4G+网络，将上网速率提高至百兆。先后为20多个行业和广大企业提供针对性的信息化解决方案，服务领域从基础通信拓展到系统集成、网络安全、视频会议、视频监控、数据中心托管、呼叫中心及网络维护、网络管理、综合信息咨询等方面。

（供稿：杨　冰）

城乡建设

ChengXiang JianShe

规　划

【概况】　2017年度，城乡规划工作，编制完成“一山两河”规划、“一纵一横”道路提升规划，完成海绵城市、地下综合管廊、城市排水防涝和城区节水等专项规划，并完成昌乐县村镇历史文化遗存保护利用规划编制。开展昌乐县《城市总体规划》修编，完成“城镇发展战略研究、城市设计、多规合一”等各项编制任务，构建以县城区、小城镇和新型农村社区为基础的城镇化体系；完善城镇规划和配套设施，突出产业发展，建设独具魅力的现代化“小城镇”，开展各镇总体规划的调整完善，实施梦蓝小镇、黄金小镇、吉他小镇等特色小镇规划建设，完成全县村庄规划编制的85%。完善三级规划委员会制度，提升建设项目品质，2017年召开县规委会12次，局业务办公会35次；实施“阳光规划”，在拓展范围上，将阳光规划的从事前公示拓展到“三公示”“二公布”“一公告”的所有范围。在地点延伸上，将阳光规划从县城向县城和农村并重转变，所有的乡镇都有阳光规划公示栏或公示窗。在创新载体方面，开展“规划进社区”和“规划下乡”等活动，走访九龙湖社区、龙海原著、佳诚数码、汉唐新能源电动汽车等80个重点项目和镇街区棚改现场，发放《中华人民共和国城乡规划法》《山东省城乡规划条例》等宣传资料3000份；圆满完成首阳山拆违，北关、西村、九龙湖、玉皇庙、黄埠、耿王等棚改拆迁任务，编制审查棚户区改造规划方案8套。2017年度，受理各类审批事项（以单位及个人计）234件。其中，发放建设用地规划许可证 47件，面积55.1万平方米；发放建设工程规划许可证134件，面积48.1万平方米。发放建设工程竣工规划验收合格证53件，面积38.6万平方米。

中国宝石城　　　　（供稿：规划局）

【总体规划】　2016年，县委、县政府开展新一轮城市总体规划编制工作，2016年5月，展开调研。2017年完成城市总体规划初步成果，广泛征求专家、各部门及公众的意见。2017年12月，省住建厅规划处要求，总规编制增加“城市发展战略研究”“城市设计”“多规合一”三项内容，并与设计单位签订设计补充合同，在总规修编中同步完成。

规划期限　中期规划期限为2017年至2030年。近期为2017年至2020年；远期为2021年至2035年。

规划层次与范围　第一层次县域，范围包括宝都、宝城、朱刘、五图四个街道，以及乔官、鄌郚、红河、营丘四个镇，总面积约1101平方千米。第二层次城区，范围西起西环路、东至三区物流园、北至济青高速，南到宝通街南，总面积约50平方千米。

发展总目标　以科学发展观为指导、以创新、协调、绿色、开放、共享的发展理念为引领，以提高发展质量和效益为中心，以提高人民生活水平为根本出发点，以提高区域综合竞争力为重点，促进国民经济和社会可持续发展，逐步把昌乐建设成为潍坊市的次中心，突出新型制造业基地、特色蓝宝石加工交易中心以及绿色和谐、宜居宜业城市和城乡统筹示范区的功能。城区成为在社会经济发展中有较强吸引力和辐射力的县域综合中心，成为城市特色突出、生态宜居的现代化园林城市。

【县域城镇体系规划】　规划县域城镇形成3个规模等级，其中：一级1个，为城区，规模42万人；二级3个，为红河镇、鄌郚镇、朱刘街道，规模3.5万人～4万人；三级3个，包括五图街道、乔官镇、营丘镇，规模2万人～2.5万人。构建“一主一副，三区两轴”的城镇空间结构。“一主”：即北部城区主中心，是县域的综合发展中心；“一副”：即南部红河镇，是县域发展副中心；“三区”：即昌乐县城占据的北部发展区，作为辐射全县的综合服务中心；乔官、营丘组成的中部发展区，以重工业为主，同时构建区域交通枢纽；鄌郚、红河组成的南部发展区，以轻工业为主；“两轴”：主轴为潍坊—昌乐县城的横向轴线，是区域联系的主要轴线；次轴为县城—乡镇间的纵向轴向，为县域统筹发展轴线，各乡镇发展独立性较大，通过重点构建县城与乡镇间网络化的联系，形成县域南北发展轴，带动县域均衡发展。

【中心城区用地布局规划】　（1）城市发展方向，规划确定城市用地拓展方向以向东、向南为主，优化整合城北产业园，控制城区向西发展。（2）用地规模，规划2020年城市建设用地规模控制35平方千米，人均147平方米；规划2035年城区城市建设用地48平方千米，人均城市建设用地面积指标为115平方米。（3）城市空间布局结构，规划形成“一轴、一带、两核、三区”的空间布局结构。一轴是指新昌路，方山路之间城市活力中轴线；一带是指小丹河绿色休闲带；两核是指北部以宝石城为中心形成的商贸核，以及南部新行政中心及周边形成的行政办公核；三区是指北部产业社区、中部老城区及南部生态新城区。

【昌乐旧城控制性详细规划】　为科学实施城市总体规划，规范城市规划管理，促进城市建设健康、有序、协调发展，根据建设部《城市规划编制办法（2006）》、昌乐县规划管理技术规定和其他法律、法规，结合本县实际，编制本规划。

规划原则　科学编制、依法实施的原则；因地制宜、从实际出发的原则；统筹发展、区域协调的原则；集约用地、可持续发展的原则；刚性控制与弹性引导相结合的原则。

规划范围　东至寿阳山路，西达公园西路，南接规划的南萧北街，北至科技街，规划用地面积24.75平方千米。

规划区空间布局　“一轴、三带、三区”。“一轴”：沿新昌路和方山路之间的城市发展轴。“三带”：丹桂滨水景观带、沿昌盛街的城市景观带和沿胶济铁路的城市防护带。“三区”：城北区、老城区、城南区。

用地布局规划　（1）居住用地规划，规划居住用地面积为1098.01公顷，占城市建设总用地的44.36%，人均居住面积40.83平方米。（2）公共管理与公共服务用地规划，规划结合社区中心、居住区中心设置相应的配套设施。规划根据《城市居住区规划设计规范》确定居住区、居住小区、居住组团（含住宅街坊）的各类公共服务设施配建项目和规模标准。（3）中小学教育用地规划，用地面积66.76公顷（不含幼托）。幼托用地：按服务半径500米左右配建，计69处，6班及以上班数幼托每处用地0.2～0.4公顷。小学用地：计6处，总用地17.93公顷。中学用地：计8处，总用地48.83公顷。（4）行政办公用地规划，公用地面积38.18公顷，占总建设用地的1.54%。（5）商业金融用地规划，用地面积103.43公顷，占总建设用地面积的4.18%。（6）文化娱乐用地规划，用地面积61.72公顷，占总建设用地面积的2.48%。（7）体育设施用地规划，用地面积 16.40 公顷，占总建设用地面积的 0.66%。（8）医疗卫生用地规划，用地面积 14.01 公顷，占总建设用地面积的 0.57%。（9）教育科研用地规划，用地面积 74.36 公顷，占总建设用地面积的 3.00%。（10）其他公共服务设施规划，用地面积 12.11 公顷，占总建设用地面积的 0.49%。（11）商住用地规划，用地面积 119.36 公顷，占总建设用地的 4.82%。（12）一类工业用地规划，用地面积 55.10 公顷，占现状城市建设用地的 2.23%。（13）规划区内的绿地系统由公园绿地和防护绿地组成。整个规划区绿地面积 366.22 公顷，占规划总用地的 14.79%，其中公共绿地面积 319.8 公顷，人均公共绿地面积 11.89 平方米。

【海绵城市专项规划】 2016 年 3 月，根据住房城乡建设部印发的《住房城乡建设部关于印发海绵城市专项规划编制暂行规定的通知》和省住房城乡建设厅 2016 年 4 月印发的《山东省住房和城乡建设厅关于转发住房城乡建设部〈海绵城市专项规划编制暂行规定〉的通知》要求，昌乐县全面开展海绵城市专项规划编制工作。2016 年 5 月公开招标，7 月 29 日与中国城市建设研究院有限公司签订合同，设计费 58 万元。昌乐县海绵城市专项规划总体范围为：《昌乐县城市发展战略构想及总体规划调整（2004—2020 年）》中划定的中心城区范围，总用地面积 132.8 平方公里，近期规划面积 15.67 平方公里，主要位于昌乐县中心城区，北至利民路、南至宝通街，西至公园路，东至寿阳山路。该专项规划期限与总体规划相衔接，近期为 2017 年至 2020 年，远期为 2021 年至 2030 年。计划到 2020 年，城市建成区 20% 以上的面积达目标要求；到 2030 年，城市建成区 80% 以上的面积达目标要求，生态系统实现良性循环。规划方案于 2017 年 12 月编制完成。

【城市地下综合管廊专项规划】 2016 年 6 月，根据省人民政府办公厅颁发的《关于贯彻落实国办发〔2014〕27 号文件加强城市地下管线建设管理的实施意见》要求，昌乐县开展地下综合管廊规划编制工作。2016 年 7 月与天津市市政工程设计研究院签订《昌乐县城市地下综合管廊建设规划项目服务合同》，委托该设计公司承担规划编制工作。与《昌乐县城市总体规划（2015—2030）》划定的中心城区范围一致，总面积 130 平方千米，包括：北部经济开发区、中部老城区、南部城南新区、东部朱刘工业区、东南部寿阳山旅游度假区。规划目标：构建以城市道路地下空间利用为核心的昌乐县综合管廊系统；以综合管廊建设为媒介，提升昌乐城市空间资源利用、保障交通顺畅、改善环境。规划方案于 2017 年 12 月编制完成。

【“一山两河”景观概念性规划】 2014 年 4 月，对“一山两河”片区开始打造，做好山体、河域的生态保护，营造特色。“一山两河”是指昌乐县中心城区内的“首阳山”和“小丹河、桂河”；其中，首阳山位于县城东部，由孤山、草山等山体组成，面积约 25 平方千米；小丹河穿城而过，南起南寨水库（即正在建设的九龙湖），北接大丹河，全长 19.2 公里；桂河位于县城东部，南起贵和社区，北至昌乐寿光界，全长 16.9 公里，规划方案于 2017 年 8 月编制完成。

【村镇历史文化遗存保护利用规划】 该规划 2017 年 7 月开始编制，从昌乐县村镇历史文化遗存实际情况出发，摸透昌乐的历史文化街区、历史文化名镇、名村，做好科学保护。主要任务是：提出保护目标，明确保护内容，确定保护重点，划定保护和控制范围，制定保护与利用的规划措施。保护内容包括：（1）保护和延续古城、镇、村的传统格局、历史风貌及与其相互依存的自然景观和环境；（2）历史文化街区和其他有传统风貌的历史街巷；（3）文物保护单位、已登记尚未核定公布为文物保护单位的不可移动文物；（4）历史建筑，包括优秀近现代建筑；（5）传统风貌建筑；（6）历史环境要素，包括反映历史风貌的古井、围墙、石阶、铺地、驳岸、古树名木等；（7）保护特色鲜明与空间相互依存的非物质文化遗产以及优秀传统文化，继承和弘扬中华民族优秀传统文化。规划方案于 2017 年 12 月编制完成。

【“一纵一横”道路景观规划】 昌乐“一纵一横”道路指新昌路、利民街。新昌路段北起 309 国道、南至宝通街，全长 5.96 公里；利民街段西起青年路、东到大沂路，全长4.2公里。规划定位：生态化、景观化的花园式生活街区，多样性、连续性的景观式街道空间。规划目标：新昌路通过节点空间、停车场的生态化改造，街道界面的连续整治，提升街道空间品质，打造一条具有城市活力、特色鲜明的中央景观大道。利民街通过街道植被绿化系统升级，增强绿化层次和体量感，丰富植被色彩，打造一条生态层次分明、立体多样的健康活力大道。规划策略：街道公园化、停车生态化、街道界面连续化、家具小品人文化。该规划于2017年6月与华东建筑设计研究院有限公司签订设计合同，规划方案于2017年8月编制完成。

（供稿：高新峰）

城市建设

【概况】　2017年，昌乐县顺利完成城区污水处理厂一级A+提标改造、棚户区改造等重点工作，城乡建设投资完成51.6亿元，棚户区改造工作在全市排名第一，昌乐县荣获中国智慧城市最具潜力城市奖，是山东省唯一获得该奖项的县级城市。

【城区道路】　2017年，昌乐县继续开展城市道路新建、翻建和续建工作。截至年底，全县城市道路74条，总长度286.4公里，道路总面积572.6万平方米，人均城市道路面积22.55平方米，建成区路网密度4.96公里/平方千米，建成区道路面积率11.71%，配套雨水管道202.59公里，污水管道158.25公里，建成区排水管道密度6.35公里/平方千米。

【城区照明】　2017年，完成孤山街西段、东村街等路灯的安装，概算总投资85万元，管线埋设约2600米，路灯基础54个，安装路灯54盏，截至年底，城区路灯约1.8万盏。同时，不断推进城市道路亮化工程建设，及时做到路通、灯亮，让人民群众真正得到实惠，共享社会经济发展带来的成果。

【城建档案】　昌乐县住房和城乡建设局将“两书一证”（山东省建设工程档案移交合同书、山东省建设工程档案预验收意见书、山东省建设工程档案合格证）纳入工程基本建设程序管理，明确工程资料报送责任，纳入城建档案管理。全年签订《山东省建设工程档案移交合同》227份，楼房1120栋；签发《市政工程档案审核意见书》13份。昌乐县智慧市政管理平台项目建成投用，提高市政燃气、供热、排水、桥梁等行业的管理运营水平，并荣获省级信息化示范项目荣誉称号。

【房屋征迁】　利用“自改委”“公开听证”“律师参与”等经验做法，充分尊重民意，规范征迁程序，切实维护群众利益，完成法院地块、好友油脂新址、北大公学等38个项目的征迁任务。组织实施北关棚改片区、郚部棚改片区、九龙湖棚改片区、西村棚改片区、首阳山低丘缓坡综合治理、比德文新能源产业基地、汉唐产业园、佳城数码产业园、大沂路改线、青年路拓宽等32个项目评估，完成财政评审和中介审计项目25个，征收土地面积8727亩。完成8大棚改片区24个村、4423户，首阳山潘家庄片区315户，开发区四图片区124户、红河镇小下坡村98户的评估工作。妥善做好被征收户回迁安置工作，协调完成全福元、盛港府帝二期等项目263户交房任务。

【房地产业】　2017年，全县房地产完成投资30.2亿

方山路夜景

（供稿：城建局）

元，新开工 48.22 万平方米，竣工 50.26 万平方米，房地产业持续平稳健康发展。起草完成《关于加强全县房地产行业全流程监管的意见》，重点围绕优化供应结构、提高住房品质、完善项目配套、促进转型升级、强化市场监管等方面，推进供给侧结构性改革，不断促进全县房地产业转型升级健康发展。新增三级开发资质 4 家，注销小弱散企业开发资质 13 家，房地产开发企业数量 89 家。新开工龙海原著、丹河一号、太阳城、阳光城、九龙湖社区等优质项目，卡纳圣菲二期被评为二星级绿色建筑设计标识。在全县范围内开展房地产问题项目整治，成立全县房地产问题项目整治工作领导小组，下设 6 个工作组，分别包靠 19 个问题项目，协调解决各类纠纷和问题，妥善处理群众反映的合理诉求。

【建筑市场管理】 2017 年，全县在册建筑业企业 51 家，其中建筑施工总承包企业 14 家（一级资质 1 家，二级资质 7 家、三级资质 6 家），专业承包企业 37 家，主要集中在商品混凝土生产、钢结构安装、建筑装饰装修及消防、环保工程施工等，全行业年均从业人数 1.5 万人。完成建筑业总产值 30.1 亿元，合同额 39.51 亿元，实现利税 2.1 亿元，建筑施工面积 232.4 万平方米，收缴养老保障金 4406 万元，劳务工资保证金 1400 万元，建筑十二大员继续教育及技术工人培训 417 人。积极组织开展建筑市场综合执法检查，检查工程 1000 余个（次），提出整改意见 3000 余条。工程施工单位达不到标准要求的，一律不予开、复工。全年共开、复工 34 个项目，137 个单体，对各类违法行为下达限期整改通知书 73 份，发现并及时制止施工企业未办理复工手续进场施工等违法行为 10 起，停止违法行为 3 起，行政处罚 12 起，山东省诚信一体化平台扣 3.2 分，城区范围内无违法擅自施工行为。

【建筑质量与安全管理】 2017 年，全县建筑工程共完成建筑面积 39.8 万平方米，投资额 5.59 亿元。其中，争创潍坊市优良工程 5 个。积极开展质量执法检查，加强质量监督，抽查检查工程 520 余个（次），发现问题并督促整改 390 余条，整改完成率 100%，切实杜绝质量隐患，提高工程质量水平。积极引导建筑企业争先创优，建设精品工程。其中，卡纳圣菲 C-6 号、C-7 号、C-8 号、C-9 号、C-10 号楼被评为 2017 年度潍坊市优良工程。严格落实建筑工程安全监督规范，加大执法检查力度，开展春季复工、汛期施工、冬季停工等建筑工程安全生产专项大检查，严厉查处安全违法违规行为。全年累计检查在建工程 165 个（次），查出隐患 475 条，对查出的安全隐患落实专人包靠，监督整改到位，有效预防安全事故发生，全年创建市安全文明工地 13 个。

【招投标管理】 2017 年，全县直接备案发包工程 25 个，建筑面积 477838.92 平方米，施工合同备案金额 81065.88 万元，监理合同备案金额 451.625317 万元。公开招标工程 2 个，建筑面积 26339.4 平方米，设计施工中标金额 4976.559 万元，监理中标金额 20.304 万元。物业招标工程 5 个，面积 500905.73 平方米，中标金额 1472.3673 万元。在昌乐县公共资源交易中心公开开标，在潍坊一体化平台备案工程 2 个，面积 31022.99 平方米，施工中标金额备案 6928.869967 万元，监理中标金额备案 80.1739 万元。

【建筑勘察设计】 2017 年，全县有一家专业从事建筑勘察设计的企业，即昌乐县建筑设计研究院，该公司房屋建筑工程设计资质等级为乙级，市政道路工程设计等级为丙级，地基基础勘察等级为乙级。全年完成建筑设计约 19 万平方米，地基基础勘察完成面积约 31 万平方米。

【建筑节能管理】 2017 年，严格执行公共建筑 65%、居住建筑 75% 的节能标准，新建建筑节能设计阶段标准执行率达 100%，施工阶段节能标准执行率达 98% 以上；严格建设工程节能产品备案认定管理，全年完成节能产品备案 218 份，节能产品备案率达 98% 以上；本年度发展新型墙材企业 1 家—潍坊丽园建筑节能材料有限公司。全县有蒸压加气混凝土砌块生产企业 7 家，膨胀聚苯板生产企业 3 家，岩棉保温材料生产企业 3 家，均已取得山东省节能产品认定证书。

【民工工资清欠】 强化内外联动，形成强大清欠合力，维护务工人员合法权益。重大节假日严格值班制度，增强一线接访力量，提高案件办结率。受理建筑领域农民工欠薪投诉案件260余起，市长热线、民生信息105起，涉及农民工约760余人，解决欠薪2500万元。

【建筑产业现代化】 2017年，全县拥有山东省建筑产业现代化生产基地1个，山东省装配式建筑产业示范基地1个。装配式建筑构件生产线9条，年生产能力2.5万吨。新开工装配式建筑项目0.88万平方米，龙脉花园项目实施全装修，面积6.6万平方米。潍坊亨利达钢结构有限公司被评为山东省装配式建筑产业示范基地。

（供稿：毛瑞金）

城市管理

【概况】 昌乐县城市管理行政执法局以“作风建设年”活动为抓手，以打造规范有序、和谐宜居的城市环境为目标，认真落实“四个城市”建设要求，深入开展市容环境综合整治，强力推进违法建设治理行动，城市管理水平稳步提升。

【市容环境综合整治】 在落实责任、细化措施，坚持常态长效管理的基础上，组织全局执法力量开展为期一个月的综合整治，对城区主次干道的乱摆乱占、乱贴乱画、乱扔乱倒等顽固性市容违法行为强力取缔，查纠各类违法行为7000余件次；联合公安交警部门，在深入宣传的基础上，开展停车秩序整治，规范车辆6000余辆；科学设置18处便民摊点群和3处季节性蔬菜瓜果销售疏导点，疏堵结合管理流动摊点；贯彻“少、小、精、亮、美”的原则，高标准规划广告样式，严把审批关口，拆除、更换、新设各类广告牌匾1000余块；制定工作方案，对火车站、汽车站等重点区域常态长效整治，努力打造靓丽的城市环境。

【扬尘污染治理】 严管渣土运输。根据重点项目和生态修复要求，将4号废弃矿坑作为临时建筑渣土消纳场，城区的建筑渣土全部运到4号矿坑；对车辆进行检验，不合格的车辆、无正规手续的车辆，未经密闭改装并加装GPS的车辆一律不得参与渣土运输；执法人员严格审批，24小时巡查，对不升档板、不按指定线路行驶的渣土运输车辆和没有改装就运输建筑渣土的车辆进行严查，乱拉乱倒、沿途撒漏、扬尘污染等行为基本制止。杜绝露天烧烤。划定禁止露天烧烤区域，通过明白纸、新闻媒体等广泛宣传；从3月底开始，组织40余人的执法队伍，晚上六点到九点，对城区进行拉网式巡查检查，查扣违规经营户的经营物品10余宗，城区基本没有露天烧烤行为。借势环保督察，联合县市场监管局，对城区所有烧烤进行关停，杜绝空气污染。规范餐饮业户油烟排放。对未安装油烟净化设备的餐饮经营户，逐户下发通知，限期加装油烟净化设备并保证正常使用；已安装净化设备的，及时维修保养，保证净化效果；将安装油烟净化设备作为餐饮业户相关审批的前置条件，不安装油烟净化设备的，不审批门头牌匾，不批准开业占道宣传。全年城区的餐饮业户新安装油烟净化设备80多台，沿街餐饮经营业户基本都加装油烟净化设备并正常使用。

【违法建设治理】 按照县委、县政府安排，牵头负责全县的违法建设治理工作。通过详细摸清底子、属地责任强化治理、首阳山区域重点突破、党员干部带头、钉子户联合惩戒等措施，全县“一一一三”区域违法建设治理按时完成。详细排查摸底，建立台账。全县排查出违法建设1384处，面积58.19万平方米。全方位宣传，营造浓厚的舆论氛围。通过新闻媒体宣传、发放明白纸、入户座谈、悬挂横幅、组装宣传车等形式，使法律规定和拆违政策家喻户晓、人人皆知。重点突破带动，拆除首阳山区域违法建设。组织37个县直部门的400余名机关干部，和属地街区配合，采取大兵团作战的形式，利用27天的时间，对首阳山区域（宝通街以南、朱孔路以东）、国有孤山林场区域、低丘缓坡三号区的违法建设进行拆除，拆除违法建设179处，14.6万平方米。健全巡查管控机制，确保零新增。划分防控网格，健全工作队伍，畅通投诉举报电话，确保违法建设及时发现，立即拆除，实现“零新增”。

2016年10月以来，全县新增违法建设41处，1.3万平方米，全部做到第一时间发现，第一时间拆除。

【铁路沿线环境治理】 牵头负责铁路沿线环境综合整治工作。组织人员数次详细调查，摸清铁路沿线存在的全部88个问题；编制《昌乐县铁路沿线环境综合治理规划方案》，将治理任务分解落实到相关街区和单位；坚持每周一次调度，积极协调相关单位加快推进，除破损山体修复正在进行外，其余87个问题全部高标准完成，治理完成率达98.9%，顺利通过省专家组的验收。

【市政设施养护管理】 2017年，全县城区修补道路路面约4.2万平方米，维修更换大理石板1650平方米，挡车柱125个，检查井盖156个，落水箅子214个，维修更换路沿石、树框石2800余米，疏通改造昌盛街、宝二路、恒安街、大沂路、站前街等污水管道700余米，维修恒安街与南关小学路路口、老坝河桥、桂河桥、潍昌路、新城街、宝三路路面塌陷8处，石砌城北污水处理厂西出水口、大沂路龙昌商砼南桥护坡两处，改造方山路与昌盛街、方山路与流泉街等路口分流岛5处。城区公自行车运行良好，市民办理借车卡1.99万张，日均骑行量达4000人次以上。

【燃气　供热】 2017年，全县燃气管道铺设新增103公里；新建LNG调峰站1座。城区民用管道燃气用户新开户户数（安装用户）0.5万户，运行总户数（点火户数）达6万余户，城市居民管道燃气普及率达88.6%。全县供热主管网新增约7公里，新建供热中继加压泵站1座，集中供热入网面积新增82万平方米，城区供热面积新增50万平方米，集中供热普及率82%。

【城市防汛】 2017年，严格按照昌乐县城区防汛统一部署，制定科学合理的应急预案，落实指挥调度、信息发布和汛期值班等各项措施，实施24小时值班制度，汛前清理疏通落水口7000余个，对新昌路排水泵站、站前街防汛管道出口进行全面清理。购置编织袋3万条、镐50把、铁丝500公斤、木桩100根、铁锨80把、应急灯具2套、抽水机6台、雨衣80件、雨靴80双、雨伞80把、手电筒80只，合理配备防汛物资，成立防汛抢险队伍，城区安全顺利度汛。

【污水处理】 2017年，对城区污水处理厂实施一级A+提标改造，其中，城北污水处理厂项目由山东昌乐实康水业有限公司运营，设计日处理污水能力4万吨，原采用卡罗塞尔2000氧化沟+MBAF生物滤池处理工艺，一级A+提标方案采用仿酶催化工艺对二沉池出水进行深度处理，出水水质COD40毫克/升，氨氮2毫克/升，其余指标满足《国家城镇污水处理厂污染物排放标准》（GB18918－2002）一级A标准。一级A+提标改造项目于2017年5月建成投用。城东污水处理厂项目由国电银河水务（昌乐）有限公司运营，设计日处理污水能力3万吨，原采用设计水解酸化+氧化沟+絮凝沉淀+连续流沙过滤+臭氧氧化工艺，一级A+提标方案采用新增强化混凝+活性炭吸附工艺及臭氧改造增加催化剂工艺，出水水质COD40毫克/升，氨氮2毫克/升，其余指标满足《国家城镇污水处理厂污染物排放标准》（GB18918－2002）一级A标准。一级A+提标改造项目于2017年7月建成投用。

【城市节水】 健全节水协调推进机制，2017年5月23日，在县政府采购中心公开招标编制《昌乐县中心城区城市节水专项规划(2017—2035年)》(以下简称《规划》），确定山东建大建筑规划设计研究院为编制中标单位。同年12月27日，在县建设局2402会议室组织专家召开《规划》成果评审会并获得通过。加快节水型社会建设，2017年创建完成“省级节水型小区”7个、“省级节水型单位”13个。

（供稿：刘文斌）

市容环卫

【机构队伍】 2017年，昌乐县环境卫生管理局有人员编制45人，其中科级干部6人，科员12人，专业技术人员12人，工勤人员15人，设2个城区督查科、3个环卫一体化督查科，分别负责城区和镇（街、区）环境卫生管理督查工作；垃圾清运科负责城区垃圾清运工作；设施科负责城区3座生活垃圾中转站、31座公厕及道路护栏的运行管理；设备科负责4座乡镇生活垃圾中转站及郚部垃圾场的运行。同时成立10个环卫所，组成人员由各镇（街、区）自行配备，实行环卫局和镇（街、区）双重管理，对辖区内保洁质量进行督查。自2016年开始，将城乡环卫作业全面推向市场，由昌邑康洁、深圳玉禾田、湖南仁仁洁三家保洁公司承包昌乐保洁项目。

【城区深度保洁】 在2016年深度保洁路段达20%基础上，2017年将城区35%的路段纳入作业范围。结合省市出台的深度保洁作业规范，制定《昌乐县道路深度保洁作业实施细则》，将车行道尘土提高到每平方米不超过4克，人行道尘土提高到每平方米不超过8克，道路可见垃圾滞留时间不超过8分钟，雨后污泥清除不超过10小时，护栏清洗频率不超过2天，道路实现“三洒两扫”，城区街巷洁净通透、路见本色。基础设施全面升级。全部取消地埋式垃圾收集点，新规划建设高标准垃圾转运站，购置26台转运车辆，生活垃圾运输实现全程密闭无撒漏。新建公厕全部采用水冲式，实行24小时免费开放，大大方便市民的生活。日常督查实现快捷化。充分借助“智慧昌乐”平台，将城区内督查要素全部纳入数字化监督范围，做到即时发现、迅速反馈、跟踪整改。加大现场督查力度，继续强化街面人员督查，采用徒步巡查、以自行车代步等方式重点督查数字化监管的薄弱区域和环节，真正实现环卫日常监管全天候、无盲区。突出重点区域、重点时段，实行重点突破，落实长效管控机制，确保区域作业质量全面提升。

【环卫一体化】 力量整合到位。发挥党委政府主导作用。在广泛调研和充分借鉴外地先进经验的基础上，围绕完善城乡环卫一体化《实施意见》和《实施细则》，及时配套出台补充办法，形成一整套推进工作的规范性文件，真正实现“一把手”负总责、一级抓一级、层层抓落实的工作格局。强化部门联动，建立由县文明办、农办、环卫局牵头，20个部门相互协作、密切配合、信息共享、运转顺畅的协调机制，促进各项工作全面开展。提高全民参与意识，镇（街、区）在不断强化宣传引导的基础上，在村内街巷细化责任区，将房前屋后、背街小巷纳入村民自清范围，与“文明户”等评选挂钩，督促村民形成维护环境卫生的良好习惯，营造起搞好城乡环卫一体化人人有责、户户受益的良好氛围。设施配套到位。围绕构建统一收集、统一运输、统一处置的农村垃圾治理体系，对农村环卫基础设施实行三级共建、统一管理。县级生活垃圾无害化填埋场已投入试运行。镇（街、区）合理配套农业垃圾处置点，与北京三益公司开展农业废弃物综合利用项目试点。先后升级镇级生活垃圾转运站，实现对渗滤液的规范及时处置。按照每80户一个保洁员、每8个村一名管理员、每10户一个垃圾桶、每8000户一辆密闭式垃圾车的标准，达人员、设施的足额配备。经费投入到位。县、镇、村各级将资金投入作为促进城乡环卫工作的关键和硬性指标，持续加大投入。同时，广泛动员社会各界人士，特别是能人大户出钱出物改善村内生活条件和居住环境。在狠抓环卫投入的同时，突出环卫专项资金的精准使用，发挥好每一分钱的作用。特别在农村环境综合整治等重点工作中，推行“以奖代补”，确保有限的资金发挥最大的作用。工作统筹到位。环卫工作表面简单、管理复杂，必须做到协

新型多功能吸尘洒水车 （供稿：环卫局）

调各方、统筹全局。县城乡环卫一体化领导小组办公室充分发挥牵头抓总的作用，具体发挥制度制定、信息沟通、标准发布、考核督促作用。各镇（街区）党委政府负责具体工作的实施推进和日常督查，县有关部门均立足各自实际，充分发挥职能作用，实现对各类垃圾从源头到处置各环节全链条监管，改变对农村垃圾治理由环卫部门单打独斗的局面，部分解决过去对农村垃圾镇街及主管部门想管而管不全、管不好，其他职能部门能管而不愿管的局面。工作创新到位。环卫工作单调重复，各个层面很容易出现疲劳厌战的情绪，十分注重通过工作创新激发工作活力，增强工作动力。三个市场化保洁公司同台竞争，定期排序，从经理到一般保洁员始终保持良好竞技状态。为攻克农村环境集中整治推进难问题，推行全县千村大排名，张榜公布，逐一销号，你追我赶、不甘落后．蔚成风气，广泛开展环卫文化建设年活动，通过加强阵地建设和活动的开展，大大增强环卫队伍的凝聚力和向心力。督查考核到位。县级层面把城乡环卫一体化纳入对各镇（街）、有关部门的年度考核，建立工作评价考核机制，实行量化考核并逐年增加分值。由县城乡环卫一体化领导小组办公室组织的考核实行日考核、周汇总、每月一排名；全县每年组织的两次科学发展观摩点评，对环卫一体化实行单列检查，计入考核成绩；在县电视台设立专门监督台，报道先进典型和进行负面曝光。

（供稿：孟令山）

园林绿化

【概况】 2017年，县园林管理局以开展“作风建设年”活动为契机，认真按照县委、县政府确立的思路举措、“四个城市”建设战略部署要求和“一山两河一轴两片区”的城市发展布局，积极参与城区改造，开展绿化带扬尘防控、裸露土地整治、精细化管理等工作，努力提升生态环境，全力巩固国家园林县城创建成果，助力“四个城市”建设，各项工作实现新的突破。2017年，建成区绿化覆盖率达41.9%、绿地率达37%，人均公园绿地面积达12.8平方米。2017年，在全市城市管理“5＋6”标准化评价考核中，昌乐县园林绿化位列全市第三名。

【筹备国家级园林县城的复审工作】 按照住建部国家级园林县城复审标准和复查工作要求，成立专门的工作机构，起草《昌乐县迎接国家级园林县城复审工作实施方案》，组织力量对城区绿化存在的问题进行全面排查，建立台账，落实单位，明确责任，确定时限，全面整改，确保顺利通过复审工作。同时，对照《国家级园林县城复审标准和申报评审办法》的要求，收集相关基础资料，编制自查报告以及自评表等材料，并按要求上报山东省住房和城乡建设厅。

【园林绿化示范单位和示范小区创建工作】 县园林管理局把城市园林绿化与单位绿化、小区绿化有机结合，积极开展园林绿化示范单位和示范小区创建活动，全力推进生态宜居城市建设。引导各单位根据实际，因地制宜，聘请园林专家，设计多种风格的园林布局，给人以美的、全新的感受，不仅提高居民的生态环境意识，还构建人与自然和谐的城市环境，有力促进城市品质提升。2017年县园林管理局申报的朱刘街道小学荣获市级园林绿化示范单位称号，昌乐新政花园小区荣获市级园林绿化示范小区称号。全县省、市级园林绿化示范单位、示范小区已分别达42家、15家，居全市前列。

【潍坊市第六届菊花展参展工作】 根据市里对菊花展工作的安排，坚持“早动手、早准备”的原则，积极收集菊花品种，培育落实花展项目，达参展菊花品种多、色彩艳、造型别致、景观突出的效果，在全市菊花展中取得一流的成绩，先后荣获造型菊金奖、悬崖菊金奖、大立菊金奖、布展艺术银奖等多项奖项，居全市前列。积极开展文明旅游先进单位创建工作，西湖公园被市旅游委、文明办评为“文明旅游先进单位”。

【城区绿化】 积极参与“一纵一横”道路提升改造。按照县委、县政府对城区整体提升和重要节点改造提升的部署要求，县园林管理局组织对城区特别是新昌路、利民街“一纵一横”道路绿化进行调查摸底。城区社会单位建设和管理的绿地面积为87465.05平方米，

绿化修剪（供稿：园林管理局）

其中新昌路、利民街绿化面积为13083.3平方米。根据绿化现状，对改造提升工作提出积极的建议方案，为城区和“一纵一横”绿化提升改造提前谋划。同时，根据县里对政府重点投资项目的建设要求，及时完成大沂路改线快速通道与北海路段、大沂路南寨段、南寨水库扩容段等绿化带的迁移工作，保证重点项目的顺利建设。高标准建设涵乐园游园工程。该工程绿化改造面积约3000平方米，增设园路、广场、廊架等设施，将封闭式绿地改为开放式游园，提升城区整体绿化景观效果。全力优化城区重要路口交通环境。为改善城市交通，缓解交通压力，借鉴潍坊市经验做法，按照交警部门提出的整体改造要求，对方山路分流岛及昌盛街两端花坛进行改造，改造面积约1100多平方米，精心打造道路景观。

【防控扬尘污染】 实施绿化带喷水降尘。为降低扬尘污染，全面改善生态环境，县园林管理局自2017年3月开始，在利用绿化带浇灌系统喷水降尘的同时，每天安排车辆对城区所有绿化带不间断的喷水降尘，重点对宝通街、潍昌路、利民街、大沂路等重要路段、重要节点和重点区域加大工作力度，降低粉尘污染，净化空气质量。开展裸露土地绿化补植。按照“裸不见土、空要见绿”的原则，县园林管理局组织力量对城区裸露土地进行普查，并制定绿化补植方案，实施以裸露土地绿化补植补种为重点的防控扬尘工作，做到黄土无裸露，绿化无死角。2017年，已补植连翘等灌木2.5万多株，紫叶李、樱花、紫薇等花乔木200多株，小龙柏、红叶小檗、金叶女贞等5万多株，草坪、麦冬等1.8万余平方。开展重要道路绿化带环境综合整治。为提升城市整体形象，县园林管理局重点对昌高路、朱孔路、206国道、大沂路改线工程、永福路等重点路段的绿化带内环境进行综合整治，彻底清理绿化带内枯枝死枝、垃圾等，平整土方、补植绿化苗木。2017年，补植雪松、法桐、木槿等乔灌木5万余株，补植萱草、麦冬、鸢尾、卫矛等地被植物40万余株。

【精细化管理】 县园林管理局按照“强管理、精技术、细养护、抓全面”的工作思路，以“四个城市”建设为引领，开展“园林绿化提升建设年”活动，积极推行精细化管理，不断提高园林绿化管理水平。在区域管理上，实行分片管理，定岗定人定责，认真做好绿化苗木的造型修剪、施肥浇水、病虫害防治等日常养护管理工作。在监督管理上，建立完善的督查考评机制，构建主线明确、网格覆盖、条块融合、责权明晰的网格化管理体系。在养护管理上，本着“整齐划一、外形美观、利于生长”的原则，在每一个网格、每一个环节、每一个细节上下功夫，开展园林造型修剪美化提升工程，剪出园林的精、气、神、靓，全面提升园林绿化的艺术性和景观效果。2017年，已保温苗50万余株，喷洒杀虫杀菌药剂约360余吨，修剪各类乔灌木20万余株，修剪模纹62万平方米，草坪40万平方米。在全市城市管理“5＋6”标准化评价考核中，昌乐县园林绿化位列全市第三名。

（供稿：李洪良）

村镇建设

【概况】 昌乐县红河镇、鄌郚镇为国家重点镇、省级示范镇，乔官镇为省级特色景观旅游名镇，五图街道方山蓝宝石小镇为省级特色小镇，营丘镇古城村为特色景观旅游名村。2017年，完成小城镇建设投资25.32亿元。引导农村适度集中建设住房，年内建成农房2600户，完成80个村庄村容村貌整治，农村无害化卫生厕所改造完成40018户。

【农村社区建设】 2017年，县建设局按照市《农村社区服务中心建设“一五五”三年行动实施方案》要求，以“一厅一校十室”（“一站式”服务大厅，社区教育学校，社区综合办公室、多功能会议室、党员活动室、综治警务室、卫生室、文体活动室、阅览室、农业综合服务室、社会组织服务室、电子商务室）标准，确定新建2处，提升、续建9处农村社区服务中心，同步配套建设农村社区服务中心，申请农村社区服务中心提升建设奖补资金180.33万元，11处农村社区服务中心提升建设任务完成并投入使用。

【老旧小区改造】 2017年，昌乐县完成老旧小区改造工程项目3个（县委县政府机关生活区、外贸小区、五图煤矿小区暨党校西巷片区），项目总面积78315平方米、30栋楼、1022户，概算投资2990万元。改造项目主要是：外墙喷涂、屋面防水、楼梯间粉刷、道路、排水、路灯改造、治安防护、环卫设施配套、供水、供暖、供气、弱电管线下地等。先后完成外墙粉刷5.19万平方米、楼梯间粉刷3.04万平方米，储藏室及院墙粉刷1.53万平方米。刷楼梯扶手4980米、屋面防水2.3万平方米、安装楼宇门120个、楼梯间窗户398个、路灯114盏、监控摄像头48个、消防栓9个、自来水表968个、垃圾箱60个、硬化路面1.67万平方米、整修改造自来水管道5328米、雨污管道2268米、暖气管道入地780米、弱电管道3637米。项目获批省级奖励资金75.86万元。

【洪阳街西段工程】 洪阳街西段工程西起濠景海岸，东至新昌路，于2016年8月开工建设，至2017年12月竣工，由昌乐县新昌市政工程有限公司中标承建，潍坊誉祥工程建设监理有限公司负责监理，工程投资230万元，工程全长约400米，红线宽25米，路宽12米，设置雨水管道400米，污水管道400米。

【雨污分流及道路建设PPP项目】 昌乐县城区、开发区及朱刘街道等26条道路改造排水管网88公里，其中雨水管道66公里，污水管道22公里；同时翻建石家庄街、新昌路、利民街三条道路8.2公里。该项目概算投资33000万元，分两年以PPP模式实施，2017年10月潍坊市市政工程有限公司中标，开工建设，潍坊誉祥工程建设监理有限公司负责监理，潍坊市市政工程设计研究院负责项目管理；截至2017年12月底，完成下设雨水管道6400米，下设污水管道2000米，完成投资2000万元。

【“四全一特”社区建设】 按照“功能配套齐全、生活服务周全、基础设施安全、治理机制健全和特色鲜明”的要求，全县确定新昌、宝石城、崖头、贵和、朱刘店、漳河、北展、红河、白塔、曹家庙等10个社区作为重点打造的“四全一特”社区，2017年12月，圆满完成“四全一特”示范社区提升续建任务。

（供稿：刘文斌）

智慧昌乐建设

【概况】 2017年，在县委、县政府的正确领导下，县智慧办深入学习中共十九大有关文件和习近平总书记系列重要讲话，紧紧围绕县委、县政府的中心工作，合心聚力、真抓实干，有力推动昌乐县智慧城市建设水平，全面助力现代昌乐建设。县智慧办成功申报“物联潍坊”试点，省政务信息共享目录编制试点、入选信息共享交换（“教师资格认定”办理事项）国家级应用试点，“物联山东”首批示范平台，荣获中国智慧城市最具潜力城市奖，全市科学发展观考核（智慧城市）八县市第一名。

【基础性平台】 建立政务一张网，建成以智慧昌乐运管中心为核心，上连省市政府，下连10个镇街区、430个村，横连至县直各部门、各单位，互联互通的“城域网”，为智慧城市的数据共享共用奠定坚实基础；建成智慧昌乐运营管理中心核心硬件平台，承载各类系统应用，集展示、指挥调度、运营维护于一体的运管大厅；完成建成区1000公里综合管线、600公里专业管线和地上构筑物的采集建库，查明城区地下、地上管线和设施的现状，实现建成区的三维可视化管理；完成34个部门（单位）、93类信息，4200余万条数据的整合录入，

阳光大厦　　（供稿：县智慧办）

会资源视频6500余路，构建“看得见、查得到、控得住”的城市立体防控体系。

初步建成包含人口、法人、宏观经济、建筑物及地理空间信息五大类基础数据库，为政府实现社会治理、政务管理、政务服务，提供有效的支撑和决策依据。

【智慧政务建设】　针对性的建设智慧政务体系。建成智慧国土系统，对国土规划、土地利用、城市管理的宏观管控发挥着重要作用；建成智慧规划审批系统，通过三维建模，将实现城乡规划的可视化决策和管理。

【创新城市管理模式】　利用智慧城管的网格化管理技术手段，建立包含全县6大类城市部件和9大类城市事件的城市管理智慧体系。自系统上线运行以来，累计上报案件1434件，予以立案1250件，结案876件，在办案件374件，案件处置（结）率98%以上，实现各种政务信息的有效挖掘、分析处理，节省大量的政务成本；建成智慧市政系统，全面管控燃气、供热、桥梁、排水、污水、中水等生产、服务的运行状况，为城市运行奠定良好的平台；建成的智慧水务系统，将实现由源头到龙头的饮用水物联感知、供水服务监管预警，全面提升防汛预警和应急处置能力。

【城市安防体系建设】　着重推进智慧昌乐视频平台建设，共整合县智慧办公安监控、社会资源、科技矿管、住建局、广电局等6大类社会资源，累计接入各类社会资源视频6500余路，构建“看得见、查得到、控得住”的城市立体防控体系。

【“物联潍坊”试点建设】　2017年，潍坊市积极推动基于NB-IoT窄带物联技术“物联潍坊”建设。6月，昌乐县被选定为“物联潍坊”试点县。根据自身建设实际，重点从智慧市政、智慧水务、智慧城管等试点项目入手，加快推进昌乐县物联网建设。昌乐县完成14万个市政基础设施及1600余公里地下管线的数据普查、建库；部署涵盖路灯、桥梁、井盖、下穿桥、泵站、水厂等物联网监测终端8000余个；整合和建设覆盖全县20余行业的监测点5000余处，累计产生监测数据4600余万条，初步构建起昌乐物联一张网。

【智慧民生建设】　2017年，紧跟智慧潍坊建设步伐，进一步加快推进智慧城市建设，着重提升基础设施能级，拓展基础资源共享应用，突出抓好智慧民生发展。截至12月31日，已完成建设智慧幼儿园试点10家；实现智慧医院自动终端挂号、查询、缴费；完成智慧社区试点5家小区自助洗车终端安装；推动智慧汽车站建设，并已完成自动售票设备安装；完成公共自行车扫码取车建设。扎实推进政务服务“零跑腿”试点，完成“教师资格认定”工作环节网上办理试点建设，为各（镇、街区）配备便民服务终端13台。昌乐县智慧城市建设在2017年度潍坊市科学发展综合考核“智慧潍坊建设”指标中名列八县市第一位。

（供稿：吴　珂）

昌乐物流园建设

【概况】　2017年，在县委、县政府的正确领导下，县“三区”建设物流园管委会深入贯彻中共十九大精神和习近平总书记系列重要讲话，紧紧围绕县委、县政府的中心工作，凝心聚力、真抓实干，有力地提升昌乐县物流业的发展水平，全面助力“产业强市”建设。其中锐思科总部经济项目完成工商注册企业275家，注册资本5000万元，实现纳税180余万元；投资5000万元碳化硅精细陶瓷项目落户五图街道；投资9000万美元的泉康·潍坊电子汽配智慧金融物流园项目达成合作意向；项目建设有序推进，完成好友油脂10万吨/年花生仁综合深加工项目的全部拆迁任务，项目主体建成。

【项目建设】 项目建设中，结合园区实际，建立重点企业、重点项目领导班子“首席服务官”制度，开展“我服务，你评价”活动，班子成员和干部职工每周至少两次深入园区所包靠企业、项目，与企业负责人、联系人促膝长谈，在一线发现问题、解决问题。通过协调相关街道、部门，完成好友油脂10万吨/年花生仁综合深加工项目的全部拆迁任务，现项目主体已基本建成，正在进行设备的安装调试工作，确保项目的顺利推进。园区中冶物流新上的公铁国际物流港项目，完成规划设计，即将进行铁路线扩建改造。为保障项目顺利推进，管委会干部职工放弃国庆节休息时间，协助企业在7天时间内完成厂区200余亩土地地上附属物的拆迁工作。

【招商引资】 招商引资工作中，注重夯实招商基础，拓宽引资渠道，多方面“争项目、引资源”，通过多种途径收集昌乐籍在外知名人士信息，开辟同学线、朋友线、老乡线等多条招商引资线路，进一步夯实招商基础。通过牵线搭桥，管委会洽谈九州通医药物流、锐思科总部经济、中海油LNG储存基地、江山生物质燃气、万利冷链物流、申通快递、泉康·智慧金融物流园、碳化硅精细陶瓷等一批高、新、精项目，其中锐思科总部经济项目已于7月签约并投入运营，完成工商注册企业275家，注册资本5000万元，实现纳税180余万元；碳化硅精细陶瓷项目落户五图街道并完成投资5000余万元；投资9000万美元的泉康·潍坊金融物流园项目即将签订合作协议。

（供稿：李　腾）

国土资源管理

【概况】 昌乐县国土资源局内设7个科室，分别是办公室（挂组织人事科牌子）、耕地保护科（挂征地管理科牌子）、地籍管理科、土地利用科（挂集体土地管理科牌子）、地质矿产管理科、测绘管理科、不动产登记科。行政编制16人，实有16人。下设事业单位7个，分别是昌乐县土地开发整理中心、昌乐县矿产资源管理中心、昌乐县土地储备交易中心、昌乐县国土资源执法监察大队、昌乐县测绘大队、昌乐县地理信息中心、昌乐县不动产登记中心。国土资源分局7个，分别是城区分局、朱刘分局、乔官分局、鄌郚分局、红河分局、营丘分局、高崖水库库区分局。编制191人，实有210人。2017年，在县委、县政府和市局党委的领导下，紧紧围绕县委县政府总体工作部署和市局"1179"思路举措，保用地、守红线，抓服务、创品牌，履职尽责，攻坚克难，为全县经济社会发展做出积极贡献。荣获县直部门绩效考核一等奖、"三大攻坚战"先进单位，全市国土资源工作、土地管理、测绘与信息化建设、政务信息先进单位等称号。

【土地管理利用】 争取计划外用地指标205公顷。解决占补平衡指标272.73公顷，组织上报低丘缓坡试点、南寨水库扩建用地237.07公顷。全年报批建设用地15个批次，面积362.89公顷，供应土地100宗，面积181.5169公顷，成交价款9.3亿元，保障佳诚数码、阳光80万吨高档纸等重点项目用地。全县土地利用总体规划通过省政府批复，满足"十三五"发展需求。县政府出台《关于加强建设用地指标管理的暂行意见》，实行新增指标与挖潜指标配比使用，激发投资创业积极性。

【矿产资源管理】 编制《昌乐县矿产资源总体规划（2016—2020年）》，批复后县政府发布实施。加快火山国家地质公园建设，通过国土资源部批复命名，顺利揭碑开园，成为全市第4个国家地质公园，被市国土资源局评为2017年度县市局"双十佳工作"。启动矿山地质环境调查摸底和综合治理规划编制，推进地质公园内中央预算内投资项目建设，争取2018年竣工验收。组织实施二姑山、东钟家庄、小东庄3个矿山复绿项目，做好大丹河河长制、地质灾害防治、地下水地质环境监测、探矿权监督管理等工作。

【测绘管理和信息化建设】 完成"数字城市"服务平台向"智慧城市"转型，在2017年全省地理信息公共平台评估中评为五颗星。"数字昌乐"地理空间框架建设项目荣获"2017年全国优秀测绘工程奖铜奖"。"智慧国土"项目通过评审验收，投入运行，搭建市县数据共享通道，被市国土资源局确定"全市信息化建设试点项目"，也是全市第一个完成"智慧国土"项目建设的单位。完成门户网站整合关停，将网站功能、数据整合到县政府政务网站。在2017年度全省网上政务信息公开考核中，荣获全国"互联网+政务服务"先进单位、"2017政府网站信息公开类精品栏目奖"。

【执法监管】 扎实推进卫片整改，其中2016年度国家卫片全部结案，全天候督察卫片剩余违法用地5宗21.83亩（耕地8亩）。完成2017年度部级、督察局全天候和市级卫片查处整改。积极参与全县矿产资源集中整治、违法建设治理和棚户区改造拆迁工作，完成承担的工作任务。开展信访基础业务规范年活动，受理各类信访案件324起，调查处结率95%以上。

【地籍与不动产登记】 按照序时进度完成不实耕地整改总量50%的工作任务。对国家下发的2017年度遥感监测图斑，逐一确定地类性质，变更调查结果上报省厅。筹备第三次土地调查，经费预算报县政府审查，提前做好数据搜集等工作。全年颁发不动产权证书16762本、证明14717本，办理抵押注销3009件、查封解查封915件，受理登记信息查询23560笔。开展不动产登记存量数据整合，完成房产245987户、土地1839宗，房地关联比例达75%，业务数据实现“省市”两级联报，存量数据实现省级汇交。优化不动产登记服务模式，实行领导窗口轮班、业务会商制度，划定大客户工作区，增加企业服务窗口，开通自助查询、叫号、短信、微信群，设置等待休息区和指引标志，调整工作时间，提供“延时服务”，精简申报材料，优化办事流程，新华社、齐鲁电视台、潍坊日报等多家媒体报道。

【耕地保护】 2017年，组织全县永久基本农田划定工作，完成78.6万亩划定任务，通过省级验收，荣获“全省永久基本农田划定先进单位”。与镇（街、区）、村签订《耕地保护目标责任书》，将耕地保护纳入政府年度工作目标考核。年初耕地面积62776.53公顷，年末耕地面积62739.91公顷，年度增加耕地44.31公顷，减少耕地80.93公顷。耕地占用补充236.8061公顷，连续17年实现耕地占补平衡。

【节约集约用地】 2017年，推进指标挖潜“三项试点”，完成东前韩、田家岭村挂钩项目248亩，工矿废弃地复垦新开工233亩，组织立项290亩，配合执法局完成4号坑800亩治理方案的编制和招标工作。县政府印发《昌乐县闲置低效用地盘活利用专项行动方案》，依法处置、盘活利用闲置低效用地1800多亩。中心城区建设用地集约利用评价、建设用地区域初始评价、2016年度更新评价通过省厅验收，2016年度城镇基准地价更新成果通过省厅验收，县政府公布实施。推进工业用地供应制度改革，按30年出让续期，签订县供电公司“弹性年期出让”出让合同1宗。

【土地综合整治】 编制完成“十三五”土地整治规划，2014年度、2015年度高标准基本农田建设项目和鄌郚、城南街道基本农田整理项目通过验收，建成高标准农田面积13万亩，整理面积465公顷，新增耕地12.51公顷。完成2016年高标准农田建设项目、昌乐县鄌郚镇等六乡镇（街道、库区）县级占补平衡项目，建成高标准农田1万亩，增加耕地63.87公顷。完成驻马河矿坑复垦项目采矿现场整改，协调市农业局、县农业局、县水利局等部门进行验收。

【开展文明创建活动】 荣获“省级文明单位”，红河分局、五图所保持市级文明单位。制定公开承诺任务目标，实地开展对标学访，组织业务骨干到山科大进行素质能力提升培训。举办乒乓球、羽毛球、书法摄影、中共十九大精神演讲比赛，组织“文明之夏”广场演出、庆“七一”文艺会演等机关文体活动。加强廉政风险防控管理，深入推进基层分局（所）规范化建设，7个分局达省厅“五所同创”标准和市局标杆所创建目标。大厅窗口连续评为年度星级服务窗口，档案工作积极争创省级科学化管理示范单位。认真做好军队退役人员教育稳控、部门包村、干部下访、普通话考试等工作。

【重要活动】 10月13日，2017中国（昌乐）国际宝石博览会暨火山国家地质公园揭牌开园仪式在中国宝石城隆重举行。

省人大常委会原副主任陈延明、省政协原副主席齐乃贵；中国矿业联合会专职副会长刘玉强；省地矿局原局长、省政协人口资源环境委员会原主任郑金兰；潍坊市人大常委会副主任张新强、市政协副主席赵崇发；县人大常委会主任王备、县政协主席周保进、县委副书记张建伟等出席。商务部流通产业促进中心主任路政闽宣布2017中国（昌乐）国际宝石博览会开幕。

2017年10月13日，中国（昌乐）宝石博览会县委书记卞汉林致开幕辞
（供稿：国土局）

中宝协副秘书长、彩宝分会秘书长、中宝协基金公司董事长沙拿利，潍坊市政府副市长王树华，县委书记卞汉林分别致辞。省国土资源厅地质环境处副处长任重宣读《国土资源部关于同意命名山东昌乐火山国家地质公园的批复》；中国工程院院士，中国矿业大学教授、博士生导师，水害防治与水资源研究所所长，昌乐县人民政府科技顾问武强与卞汉林为山东昌乐火山国家地质公园揭牌。

6月5日，由中国地质大学（北京）教授武法东，河南省国土资源厅调研员李召明组成的国土资源部专家组在省国土资源厅地环处副处长任重的陪同下，对山东昌乐火山国家地质公园进行为期一天的现场考察和评审后认为，昌乐火山国家地质公园通过国土资源部验收，并具备开园揭碑条件。专家组一行先后深入到地质公园博物馆、郝家沟景区、中国蓝宝石博物馆等进行实地查看，听取昌乐地质公园建设情况汇报，并详细了解地质博物馆、公园解说和标识系统、科学研究和科普活动、公园管理和信息化建设等方面的情况。最后专家组指出：昌乐县具有特殊的火山地质资源、独有的蓝宝石矿业资源、历史悠久的人文资源和良好的生态资源，存在很大的发展和提升空间，充分发掘以上资源优势必定能使地质公园的建设更上一个新的台阶。

（供稿：赵世友）

环境保护

【概况】 2017年，紧紧围绕生态环境质量改善，强化监管，综合施策，源头治理，扎实做好中央、省环保环保督察迎查工作及问题整改工作，加大重点环境问题整治力度，强力推进大气、水、土壤污染治理，推动全县环境质量实现进一步改善。

【环境监测】 开展环境空气质量监测，城区三个环境空气质量自动监测站，获取空气质量监测数据8760个（日均值）；完成丹河纪赵桥、红河东于、桂河前牟三个跨境断面水质监测，获得监测数据68个；完成高崖水库、马宋水库、唐家老庄断面，地表水水质监测，获得监测数据567个；完成高崖水库城市集中式饮用水水源地水质监测，获得监测数据260个；完成全县废水、废气重点污染源及山东实康水业有限公司污水处理厂、国电银河水务（昌乐）有限公司、昌乐蓝宝石水务发展有限公司（昌乐县城西污水处理有限公司）、昌乐县红河污水处理厂的监督监测，获得监测数据936个。

【大气污染防治】 加大工业扬尘污染防治力度，强化工业企业内部物料堆场、道路保洁、车辆运输环节扬尘整治，落实“八个到位”；开展燃煤小锅炉“清零”行动，拆改575台燃煤小锅炉；完成9家重点企业10吨／小时以上燃煤机组（锅炉）超低排放改造工程；完成万山集团和振兴焦化焦炉炉外烟气深度治理工程；完成日科化学、元利科技等7家有机化工企业挥发性有机物泄漏检测与修复工作；城市建成区13家加油站全部完成三次油气回收改造任务；开展多部门联合执法，加强对重型车、渣土车查处力度，铁腕整治行业污染，停产整顿板厂及配套企业169家，关停取缔非法石料开采加工点、石灰窑370处。严格落实错峰生产、清洁型煤推广、扬尘污染防控等大气污染综合治理措施，狠抓“散乱污”企业清理取缔，$PM_{2.5}$、PM_{10}、SO_2、NO_2等大气环境质量四项主要指标平均浓度分别比上年改善8.2%、5.47%、

25.52%、5.48%，空气质量优良天数达222天。

【水污染防治】 对全县4家城镇污水处理厂和22家重点涉水企业进行全面排查，严格执法，倒逼企业配套、升级改造相关处理设施，全部安装在线自动监测设施并达标排放；督促焦化、造纸、印染等行业重点企业，加大环保投入，建设完善废水深度处理设施。实施雨污管网分流改造和重点河流综合治理工程，加强饮用水水源地保护，完成城北、城东和城西污水处理厂一期新一轮提标改造，出水水质稳定达COD≤40毫克/升、氨氮≤2.0毫克/升的标准，重点河流COD、氨氮平均浓度分别改善22.8%和48.1%。全面推行“河长制”，开展“清河行动”，完成河道违法事项清理。

【污染减排】 污染物总量减排稳步推进。积极推行“工程、管理、结构”三大减排举措，加快实施燃煤锅炉（机组）超低排放改造、污水处理厂提标改造、生活垃圾处置等重点减排工程，建成投运14家规模化养殖场（小区）废弃物综合利用工程，主要污染物COD、氨氮、SO_2、NOX分别削减3.2%、1.6%、5.3%、7.4%。扎实推进排污许可证制度，完成造纸、火电、水泥、焦化、印染等15个行业28家排污单位的排污许可证核发工作。

【环境监察】 按照“不断解决老问题，严控新问题产生”的工作导向，开展3次全县环保专项检查行动，拉网式检查企业355家，排查出问题113项，并逐项攻坚解决。开展随机抽查，从环境监察监管名录库随机抽查企业，出动1063人次，检查重点源24家、一般污染源数量136家，日常监管污染源500余家。对开发区、朱刘片区等重点片区异味企业，组织夜查、暗查行动380余次，防范异味企业的偷排偷放现象。强化网格化环境监管体系建设，召开环保法律法规暨网格化环境监管工作培训会，提升基层网格员环境监管能力和水平。加大案件查处力度，严格执法、规范执法，制定出台规范性文件2个，推行监管内容全面化、监管方式多元化、监管力度高压化，征收排污费1668万元，立案环境违法案件526件，收缴罚款655万元，比上年分别增长45%、594%和581%。强化信访案件处置，持续营造执法必严、违法必究的高压态势，全力维护好群众的环境权益。全年受理环境信访投诉839件，网络舆情45件，与2016年相比信访投诉量下降38%。

【审批服务】 深入实施行政审批制度改革，不断创新工作机制，完善审批流程，规范审批服务，全年办理审批业务142件，验收业务80件，登记表网上备案项目1451个。组织干部职工深入企业，对个性问题，共同研究，全力提供帮助；对面上问题，分门别类，制定解决办法，逐项推动落实。为229家整改到位、验收合格的企业，完善手续，规范发展。

【在线监测】 投资435万元，新建园区VOC监测站2处；投资530万元，新建镇街空气监测站5处、更新1处空气监测站设备；26家重点监管企业、4家城镇污水处理厂的自动监测网络实现省、市、县、企四级联网，构建环境安全预警监测体系，同时积极推进企业自行监测工作，开展全县在线自动监测现场检查。

【辐射管理】 对全县22家辐射工作单位进行专项检查，编制完成昌乐县辐射事故应急预案，组织开展辐射安全与防护培训班和辐射事故应急演练，确保辐射环境安全。

【争取资金】 全县各级各企业投入环保资金9亿余元，用于环保设施、基础工程建设；争取国家农村环境整治、省级环境污染防治、省级重点流域污染防治等专项资金1538万元，扶持重点环保项目建设。

【环境宣传教育】 不断强化部门职责宣传、企业主体责任宣传、群众社会化宣传，推动出台涉及环保工作文件19个；报送政务信息173条，被省、市、县采用64条；推动召开全县环保大会4次；开展应急管理、危险废物管理、环境统计等培训13次，培训企业管理人员600余人次；在省、市、县电视台和报纸刊发报道146篇；“六五”世界环境日发放宣传单12500余份、环保知识手册2500余册、环保手袋1300余个；聘请专业机构，制作环保公益宣传片，在县电视台、户外大型电子显示屏、重要活动现场循环播放，有效推动“党委政府主导、部门齐抓共管、企业主体施治、社会广泛参与”的大环保格局的形成。

2017 年昌乐体育局大气自动监测数据统计表

表 19 单位：毫克 / 立方米

时间	可吸入颗粒物	$PM_{2.5}$	二氧化硫	二氧化氮	一氧化氮	氮氧化物	一氧化碳	臭氧
2017-01	0.172	0.119	0.0496	0.0611	0.0319	0.0931	2.04	0.027
2017-02	0.116	0.0738	0.0469	0.0481	0.0163	0.0644	1.19	0.0489
2017-03	0.107	0.0619	0.0375	0.0486	0.0199	0.0684	0.899	0.0785
2017-04	0.106	0.0534	0.0283	0.0431	0.0184	0.0615	0.811	0.0975
2017-05	0.129	0.0538	0.0267	0.0348	0.0147	0.0496	0.807	0.14
2017-06	0.0859	0.0481	0.0302	0.0345	0.00962	0.0441	0.799	0.131
2017-07	0.0661	0.0415	0.022	0.0206	0.00305	0.0236	0.99	0.0908
2017-08	0.0548	0.0297	0.0205	0.0235	0.00423	0.0277	0.955	0.0814
2017-09	0.0745	0.0396	0.0145	0.0264	0.00676	0.0331	0.882	0.106
2017-10	0.0974	0.057	0.0128	0.0419	0.0156	0.0575	0.956	0.0565
2017-11	0.123	0.064	0.0206	0.0481	0.0182	0.0663	1.04	0.0471
2017-12	0.139	0.0827	0.0351	0.0508	0.0186	0.0695	1.48	0.0314
平均值	0.106	0.0604	0.0287	0.0401	0.0148	0.0549	1.07	0.0779
最大值	0.172	0.119	0.0496	0.0611	0.0319	0.0931	2.04	0.14
最小值	0.0548	0.0297	0.0128	0.0206	0.00305	0.0236	0.799	0.027

2017 年昌乐朱刘小学大气自动监测数据统计表

表 20 单位：毫克 / 立方米

时间	可吸入颗粒物	$PM_{2.5}$	二氧化硫	二氧化氮	一氧化氮	氮氧化物	一氧化碳	臭氧
2017-01	0.208	0.14	0.0546	0.0585	0.0289	0.0874	2.05	0.0286
2017-02	0.15	0.0904	0.0508	0.043	0.0127	0.0557	1.35	0.0576
2017-03	0.142	0.0784	0.0381	0.0456	0.0147	0.0604	1.22	0.0742
2017-04	0.121	0.0673	0.0276	0.0433	0.0132	0.0565	0.901	0.091
2017-05	0.128	0.0636	0.0237	0.0324	0.00929	0.0417	0.776	0.128
2017-06	0.0853	0.0571	0.0215	0.0289	0.00885	0.0377	0.93	0.122
2017-07	0.0647	0.0459	0.0129	0.0237	0.00718	0.0309	0.896	0.0718
2017-08	0.0525	0.0306	0.0166	0.0254	0.00884	0.0343	0.949	0.0625

续表 20 　　单位：毫克 / 立方米

时间	可吸入颗粒物	$PM_{2.5}$	二氧化硫	二氧化氮	一氧化氮	氮氧化物	一氧化碳	臭氧
2017-09	0.0714	0.0429	0.016	0.0292	0.00968	0.0389	1.13	0.0841
2017-10	0.0845	0.0481	0.0185	0.0394	0.0129	0.0524	1.05	0.0577
2017-11	0.118	0.0622	0.0308	0.0489	0.0197	0.0686	0.995	0.0483
2017-12	0.134	0.0803	0.0334	0.0597	0.0242	0.0839	1.25	0.0306
平均值	0.113	0.0672	0.0287	0.0398	0.0142	0.054	1.13	0.0714
最大值	0.208	0.14	0.0546	0.0597	0.0289	0.0874	2.05	0.128
最小值	0.0525	0.0306	0.0129	0.0237	0.00718	0.0309	0.776	0.0286

2017 年度昌乐县饮用水水质监测数据统计表

表 21

水源名称	所属水系	水源地性质	本月取水量（万吨）	采样时间	水温（℃）	pH	溶解氧 (mg/L)	高锰酸盐指数 (mg/L)	化学需氧量 (mg/L)	五日生化需氧量 (mg/L)	氨氮 (mg/L)	总磷 (mg/L)	总氮 (mg/L)	铜 (mg/L)
高崖水库	潍河	湖库	150	2017/1/12	1.5	7.25	6.9	3.6	9	2.9	0.19	0.02	1.42	0.001L
高崖水库	潍河	湖库	214	2017/5/3	12.5	7.63	7.2	3.36	13	2.8	0.22	0.02	1.54	0.003
高崖水库	潍河	湖库	224	2017/7/2	22.8	7.74	7.3	3.15	11	2.5	0.26	0.02	1.17	0.002
高崖水库	潍河	湖库	196	2017/10/10	16.2	7.38	7.5	3.42	12	2.7	0.21	0.03	1.05	0.00212
Ⅲ类标准						6～9	≥5	≤6	≤20	≤4	≤1.0	≤0.05	≤1.0	≤1.0
Ⅱ类标准						6～9	≥6	≤4	≤15	≤3	≤0.5	≤0.025	≤0.5	≤1.0

水源名称	所属水系	水源地性质	本月取水量（万吨）	采样时间	锌 (mg/L)	氟化物 (mg/L)	硒 (mg/L)	砷 (mg/L)	汞 (mg/L)	镉 (mg/L)	六价铬 (mg/L)	铅 (mg/L)	氰化物 (mg/L)	挥发酚 (mg/L)
高崖水库	潍河	湖库	150	2017/1/12	0.0025L	0.55	0.001L	0.007L	0.00001L	0.0001L	0.004L	0.0025L	0.001L	0.0003L
高崖水库	潍河	湖库	214	2017/5/3	0.0025L	0.50	0.001L	0.007L	0.00001L	0.0001L	0.004L	0.0025L	0.001L	0.0003L
高崖水库	潍河	湖库	224	2017/7/2	0.0025L	0.51	0.001L	0.007L	0.00001L	0.0001L	0.004L	0.0025L	0.001L	0.0003L
高崖水库	潍河	湖库	196	2017/10/10	0.0025L	0.48	0.00041L	0.0003L	0.00001L	0.00005L	0.004L	0.00009L	0.004L	0.0003L
Ⅲ类标准					≤1.0	≤1.0	≤0.01	≤0.05	≤0.0001	≤0.005	≤0.05	≤0.05	≤0.2	≤0.005
Ⅱ类标准					≤1.0	≤1.0	≤0.01	≤0.05	≤0.00005	≤0.005	≤0.05	≤0.01	≤0.05	≤0.002

2017年度昌乐县饮用水水质监测数据统计表

表22

水源名称	所属水系	水源地性质	本月取水量（万吨）	采样时间	石油类	阴离子表面活性剂	硫化物	粪大肠菌群	硫酸盐	氯化物	硝酸盐	铁	锰	三氯甲烷
					(mg/L)	(mg/L)	(mg/L)	(mg/L)	(mg/L)	(mg/L)	(mg/L)	(mg/L)	(mg/L)	(mg/L)
高崖水库	潍河	湖库	150	2017/1/12	0.01L	0.05L	0.005L	790	93	35	0.78	0.10	0.01	0.0006L
高崖水库	潍河	湖库	214	2017/5/3	0.04	0.05L	0.005L	90	90	34	0.94	0.24	0.01L	0.0006L
高崖水库	潍河	湖库	224	2017/7/2	0.03	0.05L	0.005L	70	88	37	0.89	0.21	0.01L	0.0006L
高崖水库	潍河	湖库	196	2017/10/10	0.03	0.05L	0.005L	70	92	38	0.77	0.19	0.01L	0.00002L
Ⅲ类标准					≤0.05	≤0.2	≤0.2	≤10000	≤250	≤250	≤10	≤0.3	≤0.1	≤0.06
Ⅱ类标准					≤0.05	≤0.2	≤0.1	≤2000						

水源名称	所属水系	水源地性质	本月取水量（万吨）	采样时间	四氯化碳	三氯乙烯	四氯乙烯	苯乙烯	甲醛	苯	甲苯	乙苯	二甲苯①	异丙苯
					(mg/L)	(mg/L)	(mg/L)	(mg/L)	(mg/L)	(mg/L)	(mg/L)	(mg/L)	(mg/L)	(mg/L)
高崖水库	潍河	湖库	150	2017/1/12	0.0003L	0.003L	0.0012L	0.006L	0.05L	0.005L	0.006L	0.006L	0.006L	0.0032L
高崖水库	潍河	湖库	214	2017/5/3	0.0003L	0.003L	0.0012L	0.006L	0.05L	0.005L	0.006L	0.006L	0.006L	0.0032L
高崖水库	潍河	湖库	224	2017/7/2	0.0003L	0.003L	0.0012L	0.006L	0.05L	0.005L	0.006L	0.006L	0.006L	0.0032L
高崖水库	潍河	湖库	196	2017/10/10	0.00003L	0.00002L	0.00003L	0.01L	0.05L	0.005L	0.006L	0.006L	0.006L	0.0005L
Ⅲ类标准					≤0.002	≤0.07	≤0.04	≤0.02	≤0.9	≤0.01	≤0.7	≤0.3	≤0.5	≤0.25
Ⅱ类标准														

2017年度昌乐县饮用水水质监测数据统计表

表23

水源名称	所属水系	水源地性质	本月取水量（万吨）	采样时间	氯苯	1,2-二氯苯	1,4-二氯苯	三氯苯②	硝基苯	二硝基苯④	硝基氯苯⑤	邻苯二甲酸二丁酯	邻苯二甲酸二（2-乙基己基）酯	滴滴涕
					(mg/L)	(mg/L)	(mg/L)	(mg/L)	(mg/L)	(mg/L)	(mg/L)	(mg/L)	(mg/L)	(mg/L)
高崖水库	潍河	湖库	150	2017/1/12	0.01L	0.00029L	0.00023L	0.00004L	0.00017L	0.04L	0.000017L	0.0001L	0.002L	0.0002L
高崖水库	潍河	湖库	214	2017/5/3	0.01L	0.00029L	0.00023L	0.00004L	0.00017L	0.04L	0.000017L	0.0001L	0.002L	0.0002L
高崖水库	潍河	湖库	224	2017/7/2	0.01L	0.00029L	0.00023L	0.00004L	0.00017L	0.04L	0.000017L	0.0001L	0.002L	0.0002L
高崖水库	潍河	湖库	196	2017/10/10	0.01L	0.00029L	0.00023L	0.00008L	0.00017L	0.00009L	0.000017L	0.0001L	0.0004L	0.0002L

续表 23

水源名称	所属水系	水源地性质	本月取水量（万吨）	采样时间	氯苯	1，2- 二氯苯	1，4- 二氯苯	三氯苯②	硝基苯	二硝基苯④	硝基氯苯⑤	邻苯二甲酸二丁酯	邻苯二甲酸二（2- 乙基己基）酯	滴滴涕
					(mg/L)	(mg/L)	(mg/L)	(mg/L)	(mg/L)	(mg/L)	(mg/L)	(mg/L)	(mg/L)	(mg/L)
Ⅲ类标准					≤ 0.3	≤ 1.0	≤ 0.3	≤ 0.02	≤ 0.017	≤ 0.5	≤ 0.05	≤ 0.003	≤ 0.008	≤ 0.001
Ⅱ类标准														

水源名称	所属水系	水源地性质	本月取水量（万吨）	采样时间	林丹	阿特拉津	苯并（a）芘	钼	钴	铍	硼	锑	镍	钡
					(mg/L)	(mg/L)	(mg/L)	(mg/L)	(mg/L)	(mg/L)	(mg/L)	(mg/L)	(mg/L)	(mg/L)
高崖水库	潍河	湖库	150	2017/1/12	0.000008L	0.00005L	0.0000007L	0.005L	0.005L	0.00002L	0.02L	0.001L	0.005L	0.01L
高崖水库	潍河	湖库	214	2017/5/3	0.000008L	0.00005L	0.0000007L	0.005L	0.005L	0.00002L	0.02L	0.001L	0.005L	0.01L
高崖水库	潍河	湖库	224	2017/7/2	0.000008L	0.00005L	0.0000007L	0.005L	0.005L	0.00002L	0.02L	0.001L	0.005L	0.01L
高崖水库	潍河	湖库	196	2017/10/10	0.000004L	0.00005L	0.0000004L	0.00231L	0.00191L	0.00004L	0.02L	0.00025L	0.00006L	0.00618L
Ⅲ类标准					≤ 0.002	≤ 0.003	≤ 0.0000028	≤ 0.07	≤ 1.0	≤ 0.002	≤ 0.5	≤ 0.005	≤ 0.02	≤ 0.7
Ⅱ类标准														

2017 年度昌乐县饮用水水质监测数据统计表

表 24

水源名称	所属水系	水源地性质	本月取水量（万吨）	采样时间	钒	钛	铊	透明度	叶绿素 a
					(mg/L)	(mg/L)	(mg/L)	(cm)	(mg/L)
高崖水库	潍河	湖库	150	2017/1/12	0.01L	-1	0.00001L	100	0.0033
高崖水库	潍河	湖库	214	2017/5/3	0.01L	-1	0.00001L	110	0.0030
高崖水库	潍河	湖库	224	2017/7/2	0.01L	-1	0.00001L	120	0.0028
高崖水库	潍河	湖库	196	2017/10/10	0.00698L	-1	0.00002L	130	0.0025
Ⅲ类标准					≤ 0.05	≤ 0.1	≤ 0.0001		
Ⅱ类标准									

（供稿：李三国）

教育 科技

JiaoYu KeJi

教 育

【概况】 2017年，全县有各级各类学校（幼儿园）181所，其中小学35所、初中7所、高中5所、特殊教育学校2所、竞技体育学校1所、高考补习学校1所、创新实践学校1所、中职院校1所，在校学生98737人；幼儿园128所，在园幼儿14482人；教职工7612人。

全县教育系统认真学习贯彻中共十九大精神和习近平总书记教育重要思想，按照县委、县政府教育决策部署要求，以党的建设为统领，以实施素质教育为主线，以校园安全为保障，以全面提升教育质量为根本，坚持敦品为基、立志为要、成才为本的育人目标，老老实实做教育，扎扎实实办学校，踏踏实实当教师，着力办好人民满意教育，加快建设现代教育名城，教育工作城乡教育优质均衡发展、公办民办教育一体发展、各类教育协调发展的局面初步形成。2017年，昌乐县被评为国家语言文字工作达标三类城市，被确定为潍坊市中小学党建工作创新先行区、潍坊市中小学校艺术教育评价工作试验县、潍坊市教师层级管理试验县、潍坊市民办教育品牌县。县教育局先后被国家和省、市教育主管部门评为国家义务教育质量监测优秀组织单位，山东省文明机关，山东省教育信息化区域试点单位，山东省百佳学生资助工作单位，山东教育慈善奖先进单位，“爱心一日捐”及“三育资助工程”项目工作省级先进单位，山东省卫生工作先进单位，山东省教育报刊宣传发行工作先进单位，潍坊市招生考试工作先进单位，潍坊市学习型党组织示范点和潍坊市政治关爱之家，第二十三届全省青少年爱国主义读书教育优秀组织单位，第六届地科杯“珍惜资源爱我国土”有奖征文省级优秀组织单位，潍坊市实验教学说课活动、实验教师技能大赛和创新技能大赛优秀组织单位，潍坊市适龄儿童免费牙齿窝沟封闭防龋项目先进集体，潍坊市第四届“国学小名士”经典诵读电视大赛优秀组织单位，潍坊市中小学生“书香之家”评选活动优秀组织单位；荣获全国青少年爱国主义读书教育活动组织特等奖、全国青少年法治知识网络大赛杰出组织奖、山东省中小学生校园艺术节优秀组织奖、潍坊市“共筑碧水蓝天，守护美丽家乡”征文大赛优秀组织奖、潍坊市招生考试工作特别贡献奖、第三届“中国画都”全市青少年书画大赛优秀组织奖、全市教育工会系统优秀调研报告和优秀论文评选组织奖等三十多项荣誉称号。累计获得国家、省、市教育主管部门颁发的奖项148个，2300名学生在全国及省市各级各类赛事中荣获佳绩。

【教育教学改革】 管理机制 按照城乡区域校际并重原则，构建优质均衡发展格局，统筹各学段教育质量均衡，组建“实验中学—鄌郚中学、新城中学—红河镇中学、外国语学校—营丘镇中学”3对城乡初中学校联盟，促进城乡初中教育融合发展。探索成立12个学校、幼儿园发展合作共同体，协同开展教学教研和质量检测活动，促进校际优质资源共享。实行镇（街、区）小学、幼儿园学区制一体化管理，镇街小学不再设中心校，每所小学对应学区设立1所幼儿园，实行一体化管理、集团化发展。打造学科研究团队，通过竞争上岗组建学科教研室，465名学科带头人脱颖而出。极大促进教学专业化、指导精准化和管理扁平化。发挥学科核心团队专业引领作用，坚持教师下海、学生上岸，不断完善课程研究、教材通研、集中备课磨课等相关机制，努力实现教案、学案、随堂检测、作业、测验题“五统一”，全覆盖，有效推动优质资源共建共享，为全面提升教育质量提供机制保障。建立“全学段、全学科”质量监测体系，推动国家课程方案的有效落实。实行全员全程绩效考核，激励广大教师奋发有为。坚持教育质量、师德表现和工作量在评先树优、晋职晋级、干部任用等方面前置审核，在全县教育系统树立教育质量就是职业尊严、工作业绩就是至高荣誉的鲜明导向，极大激发广大干部和教职员工教书育人积极性。启动全段全员培训，把培训作为最大福利和提高教师整体素质的“源头活水”。暑假期间，以多种方式完成干部培训980人次，骨干教师基本技能培训7239余人次，新入职教师通识培训320人次。培训结果纳入教师继续教育学分管理，引导教师自觉提升业务素质和教学水平，教师全员全科培训逐步走上常态化、规范化和科学化。完善闲暇教育，建立空中课堂，开展线上线下融合互动教学，昌乐一中被评为山东省教育信息化示范单位；4所学校（幼儿园）获山东省教育信息化试点单位。昌乐一中获全国青少年信息学奥林匹克联赛金牌学校。2所学校被评为潍坊市“互联网+教育”示范校。10所学校获山东省电脑制作活动最佳组织奖。4所学校获潍坊市普通中小学创新教育示范学校称号。昌乐县获潍坊市首届中小学创新教育成果展示会团体奖和优秀组织奖。

课程改革　以生活化、综合化、学术化、传统化“四化”为导向，深入实施“双改”行动，大力推进中小学课程课堂改革。实验中学、新城中学、外国语学校、育才双语学校在全市课程教学改革会议上发言，外国语学校“教学评一致性项目”在全市会议上作典型经验介绍。昌乐特师附属小学的《把中华优秀传统教育融入日常学校生活》被教育部评为“全国中小学德育工作优秀案例”，是各县（市、区）中唯一获奖的项目。昌乐二中已经构建起国家课程整合、校本课程创新、主题课程开发的三维课程体系，与教育部课程中心合作，深入开展课程研究和创新，成为全国民办学校实施课程创新、推进素质教育的典型范例。积极应对新高考改革，昌乐县各高中学校走在全省前列。昌乐一中张福涛参加省高考改革文件制定和解读；及第中学专门成立新高考改革研究项目组、新课程教学改革推进项目组、教学资源保障项目组，积极开展“选课走班、分层教学”改革，在及早应对新高考方面取得显著成效。3月，省教科院副院长宋树杰带领省调研组一行6人到及第中学开展关于全省高中学校适应新高考改革准备状况的调研，对学校开展“选课走班、分层教学”改革，适应新高考状况给予充分肯定并作为全省应对新高考改革典型经验予以推介。9月及第中学被市教育局确定为“全市普通高中综合改革试点学校”（全市11所），12月及第中学被市教育局评定为“潍坊市创新教育示范学校”（全市有6所高中），在应对新高考方面走在前列。

课堂改革　按照“实际、实用、实效”原则，扎实推进课堂教学改革。昌乐二中“271”课堂进一步突出学生中心，培养学习兴趣，关注每一个学生的整体发展，以学习小组为单位，让学生充分体验学习过程，享受学习快乐，提升思维能力，学生真正成为课堂的主人，学习的主人。该校《基于课程研究的271课堂深化与发展》被评为山东省基础教育教学成果奖重点培育项目。昌乐一中着力推进翻转课堂与教学深度融合，课堂改革影响力不断扩大。3月25日，北京师范大学与昌乐一中“促进学生学科核心素养和关键能力发展的翻转课堂教学研究”2016年度项目总结会暨2017年度项目启动会隆重举行。10月13日至15日，全国第二届全国翻转课堂学术研讨暨成果展示交流会在昌乐一中举行。11月，昌乐一中被教育部评为“全国基础教育信息化应用典型示范学校”（全国5所高中学校获此殊荣）。该校教师徐文健制作的微课《均值不等式》在第二十一届全国教育信息化大奖赛中，获基础教育组一等奖；陈新玲获全国智慧教室创新应用大赛特等奖第一名。

教学质量　实施质量提升工程，全面提升教育教学质量。2月8日，全县教育质量提升工作推进会议在县及第中学隆重召开，开启质量立教新征程。2017年高考各项指标均创历史新高，全县6302人参加高考，文理重点本科进线2046人，进线率36.65%，高出全省15.05个百分点；文理本科进线3820人，进线率68.43%，高出全省26.73个百分点；艺体类本科进线397人，进线率55.14%；五大类本科进线4217人，进线率66.92%。2017年潍坊市高中教学奖获奖23项，列潍坊市八个县市区第二位。英才教育实现重大突破，有8名学生超过清华、北大录取线，其中3名学生被清华大学录取，2名学生被北京大学录取，3名学生接受高校专业承诺，被中国科学院大学、浙江大学、复旦大学录取；506名学生被“211”“985”等名牌大学录取。昌乐二中学生李浩伟以优异成绩考入中国科技大少年班。国际视野办学取得丰硕成果。2017年昌乐县有50多名学生被悉尼大学、加州大学、多伦多大学、东京大学、莫斯科大学、香港中文大学等世界名校录取。昌乐二中被确定为山东省海峡两岸交流示范点；外国语学校作为山东省华文教育基地，多次承办国家、省市侨办（外侨办）组织的海外青少年寻根之旅等交流活动，并在2017全省华文教育基地工作会议上作典型经验介绍。中考成绩全市领先。2017年昌乐县中考成绩大幅提升，全部九个学科平均分均列全市第一名；在12月1日举行的全市初中二年级语数英三科教育质量监测中，昌乐县成绩遥遥领先，各科全市前一百名学生昌乐县占比均在20%左右。300名学生在全国奥赛、作文大赛、科技创新大赛和社会实践成果展示等各级各类赛事中摘金夺银。在教育部组织的义务教育质量监测过程中，昌乐县受测项目成绩优异，12月8日，昌乐县被评为国家义务教育质量监测优秀组织单位。

素质教育 专门成立体卫艺科，督促落实学校的体育、卫生和艺术教育工作。潍坊市教育局以“实施四项工程，强化艺体教学”为题推介昌乐县艺体教育经验做法。2017年高考有19名学生被中央美院、中国戏曲学院、北京电影学院、中国传媒大学等国家顶级专业院校录取。全市中小学生体质体能抽测和艺术学科质量抽测，昌乐县均获第一名；受测的红河中学、特师附小、育才双语学校、郾部中学4所学校均获第一名。昌乐二中在全国第八届中学生领导力展示会上获得“优秀学校特等奖”“名校社会责任担当奖”。

【教育科研】 开展学校重大课题、学科教研室课题、教师小课题研究，解决教育教学实际问题。2017年课题研究重点是如何在教学中提高学生的学科核心素养和课堂教学质量，围绕课堂教学探索总结出优质高效的课堂教学方法。经层层申报筛选，确定33项学校课题、73项学科教研室课题、92项教师小课题通过立项。2017年参加结题的课题有264项，通过学校、教管办各级结题鉴定会、网络打分、教学成绩和抄袭核查，201项通过结题，结题率为76.1%。申报潍坊市小课题研究11项，在全市中期展示时全部获奖，顺利通过结题鉴定。开展重大教育教学问题行动研究、教学自主创新、优秀教学法三类项目研究，确定县级三类项目32项，报市6项参加评选。在潍坊市教科院组织的教学自主创新和优秀教学法项目展示活动中，昌乐县参评的4个项目在潍坊市获奖。为申报下一届国家级基础教育教学成果奖做好项目储备，省教育厅在全省范围内遴选83项基础教育教学成果项目进行跟踪培育，昌乐一中《基于核心素养的翻转课堂研究》、昌乐二中《基于课程研究的271教育课堂深化与发展》入围山东省基础教育教学成果重点培育项目。编辑《昌乐教研》两期，为全县教育教学研究提供一个交流平台，及时传递教研信息、总结教育教学经验、推广教科研成果。

6月22日，昌乐外国语学校天文观测社团学生在活动中（供稿：教育局）

【干部队伍建设】 校长职级制改革 为符合条件的5名镇（街、区）幼儿园园长认定校长职级，将全县具备法人资格的完小以上学校校长（园长）全部纳入职级制管理范围。组织完成2016年度校长业绩考核，62名考核合格及以上等次的校长在本职级内晋升一档，按新档次标准落实校长职级待遇。组织完成中小学校长后备人才年度考核，有5人因年龄原因不再作为后备人才进行管理。加强校长和校长后备人才培养培训，组织全县62名中小学校长和60名校长后备人才参加市教育局培训，提高学校干部管理水平。

新教师招聘 按照“退补相当”原则，从大学毕业生及高层次人才中考选录用优秀教师充实中小学教师队伍，充分考虑农村学校学科教师短缺情况，优先引进英语、音乐、体育、美术等紧缺学科教师。录用事业编制教师274名，录用大学生村官等定向岗位人员28名，全部安排到镇街区中小学，改善农村学校教师队伍年龄结构和知识结构。

教师职称评聘 将县人社局批准的高、中级职称岗位竞聘推荐指标核算分配到各镇街区和县直学校，按照“一校一方案”原则，指导各学校自主制定职称岗位竞聘推荐实施方案，由各单位按方案自主组织职称岗位竞争推荐。推荐评审中小学教师职称高级139人、中级141人、初级474人，评审通过高级82人、中级141人、初级474人；通过各单位组织竞聘，有86人聘任高级教师职务、327人聘任一级教师职务、1人聘任馆员职务，有475人聘任到专业技术高等级岗位，其中五级2人、六级18人、八级8人、九级272人、十一级175人。

优秀人才表彰 评选表彰60名“昌乐县青年教改先锋”，推荐6人参评并获得“潍坊市青年教改先锋”称号；评选表彰30名“昌乐县优秀乡村青年教师”，推荐7人参评并获得“潍坊市优秀乡村青年教师”称号；推荐3人参加第九批省特级教师评选，有2人获得省特级教师称号；推荐4人参加第六批市特级教师评选，有3人获得市特级教师称号；推荐2人参加“万人计划”教学名师评选；推荐4人参加齐鲁最美教师评选；推荐73人参评并获得市首批“立德树人标兵”称号；评选324名首批县立德树人标兵；完成市、县立德树人标兵过渡，其中561人推荐过渡市立德树人标兵，2145人过渡为县立德树人标兵；评选表彰240名县优秀教师、60名县优秀教育工作者。

中小学教师“县管校聘” 落实市教育局、编办、财政局、人社局《关于深化中小学教师队伍管理体制改革的实施意见》（潍教字〔2015〕10号）精神，县教育局、县编办、财政局和人社局联合制定下发《关于印发〈昌乐县中小学教师县管校聘交流轮岗实施方案〉的通知》（乐教字〔2017〕30号），在暑假期间组织进行全县中小学校内竞聘和跨校竞聘交流工作。全县2处高中、6处初中、34处小学42处普通中小学4416名教职工全部实行竞争聘任，其中校内竞争上岗4138人，跨校竞聘上岗278人。〔178人参加镇（街、区）域内的跨校竞聘、100人参加跨县直学校和镇街区的跨校竞聘〕。同时，昌乐县还组织城区义务教育学校和镇初中学校的校级干部、部分镇街区教管办主任交流轮岗工作，其中城区义务教育学校副校级干部17名、镇初中学校副校级干部7名、教管办主任3名。通过校长和教师交流，使全县教师资源配置进一步优化。

教师培训 7月，组织幼儿园园长专家引领培训，采用案例分析、问题研讨、经验交流、考察调研等形式，提高园长的理论水平与实际工作能力。8月，开展骨干教师暑期培训班，培训以解读课标、通研教材、教法研究以及教学常规和师德培训为主。组织新入职教师进行通识培训，培训各学科专业基础知识，主要为课标解读、教材解析、师德教育以及名师课堂展示、集体备课指导、先进教法交流等。全县210名骨干实验教师参加实验骨干教师数字化实验教学等创新教育培训。组织开展2017年暑期“幼儿园园长、骨干幼儿教师”专业能力培训班，全县各级各类幼儿园园长和骨干幼儿教师302名参加培训。内容涉及领域教学、主题活动实施、自主游戏、园本教研、家园共育等方面。6月至11月，组织中小学（幼儿园）教师参加山东省教育厅统一组织的远程研修。

【经费保障】 2017年全县教育经费总收入129695万元，公共财政预算安排的教育经费拨款94041万元（其中教育事业费88738万元、教育费附加5303万元）；

政府性基金安排的地方分成的彩票公益金用于教育91万元；民办学校中举办者投入127万元；社会捐赠263万元；事业收入34832万元；其他收入342万元。

收入实现“三个增长” 2017年公共财政预算教育经费拨款94041万元，比上年增加11445万元；全县义务教育学校生均公共财政预算教育事业费支出逐年增长，其中初中18031.17元，比上年增加2751.06元、小学11336.84元，比上年增加1898.35元；生均公共财政预算公用经费和教师工资也做到逐年增长，初中生均公共财政预算公用经费2017年1608.53元，比上年增加0.56元，小学2017年1042.03元，比上年增加1.31元。教师工资2017年教师人均月工资7464.65元，比2016年增加1131.94元。

义务教育经费保障 义务教育学校生均公用经费按照省定基准定额即小学生均公用经费710元，初中生均公用经费910元拨付。在此基础上对寄宿制学校按照寄宿生年生均200元的标准增加公用经费补助，对农村不足100人（200人）的规模较小学校，按100人（200人）核算公用经费，拨付义务教育公用经费5209.25万元。特殊教育学校按每生每年6000元标准补助公用经费142.2万元。落实农村义务教育阶段学生免教科书资金618.88万元。

“全面改薄”和“破解大班额”工程 2017年昌乐县全力推进“全面改薄”和“破解大班额”工程，建成投用北大公学昌乐双语学校，并于2017年9月顺利实施招生。21所农村中小学建设改造工程主体全部完工。累计完成投资9亿元，建设面积约27万平方米，可新增学位1万个。

9月1日，北大公学昌乐双语学校建成 （供稿：教育局）

【教育行政】 教育机构沿革 6月28日，昌乐县机构编制委员会下发《关于撤销县教师进修学校等单位的通知》，根据省市集中清理“僵尸”事业单位有关要求和昌乐县实际，鉴于县教师进修学校主要职责消失，工作任务不饱满，经研究决定，撤销县教师进修学校收回原定事业编制。7月27日，昌乐县机构编制委员会下发《关于成立昌乐县教师发展中心的批复》，批复县教育局《关于成立昌乐县教师发展中心的请示》，为进一步提升教师队伍专业素质和业业务水平，经研究，决定成立昌乐县教师发展中心，为县教育局所属公益一类事业单位，股级规格，核定事业编制14名，配备主任1名、副主任2名，原县教师进修学校人员整建制划归县教师发展中心。

根据市委办公室、市政府办公室《关于印发〈昌乐县人民政府职能转变和机构改革方案〉的通知》和县委、县政府《关于昌乐县人民政府职能转变和机构改革的实施意见》，12月25日，昌乐县人民政府办公室印发《昌乐县教育局主要职责内设机构和人员编制规定》，设立昌乐县教育局，为县政府工作部门，设立6个职能科室：办公室（挂信访办公室牌子）、组织人事科、规划财务科（挂审计监督科牌子）、基础教育科（挂体育卫生与艺术教育科牌子）、职业教育与成人教育科（挂民办教育科牌子）、教师工作科。另按规定设置教育党建工作办公室、审批服务科、安全科。人员编制和领导职数设置：县育局机关行政编制17名，配备局长1名、副局长3名、督学1名（副科级），教育党建工作办公室主任1名（副科级），科长（主任）6名。

行政审批服务 编制包括13项事项的随机抽查事项清单，确定抽查对象名录库和执法检查人员名录库；编制31项公共服务事项清单，每个事项都制定服务指南；严格办件流程，依法办理行政许可事项，全年办结26件。规范印章启用和废止程序，年内启用新印章6个，严格用印审批程序，党委及行政章1100件，用章量超3.1万次。

热线电话及提案办理 全年接收各类电话8600个，日均接听23.6通，会议活动通知736件，咨询2300件，投诉210件。加强提案、议案办理工作，年内承办人大代表建议14件，政协委员提案31件，办结率100%，满意率100%。

公文流转及档案管理　创新增加通知文件流转渠道，通过微信、电话、短信、邮箱、OA等五种途径加快非涉密件流转速度。全年处办上级公文2600件，编发文件（便函、通知批复）等1100件，办理市长热线100件。大大提高电子文档和纸质文件的办理效率，提高时效性。2017年整理完成上年度文书档案，完成文书立卷文件约2500件，534卷、17盒，8157页。其中永久档案250卷、12盒；30年档案90卷、2盒；10年档案193卷、3盒。档案管理规范完备，全年提供文书档案查阅服务101次。

【招生考试】　**普通高等学校招生**　全县有6704人报名参加高考，其中6人被录取为海军飞行员，位列全市第一，昌乐县招生办公室被评为省级招飞先进单位，由于在2017年海军招收飞行学员管理服务工作中成绩突出，被潍坊市招生考试办公室授予于“2017年度潍坊市招生考试工作特别贡献奖”。

高考教育自学考试　2017年全县累计报名92人次，报考216科次，办理毕业2人。

全国成人高考　全国成人高考实行网上报名，现场确认的报名方式，2017年全县为2151名考生进行现场确认。

中小学信息技术等级证书考试　2017年上、下半年分两次组织7001名初中考生参加中小学信息技术等级证书考试。

普通高中学业水平考试　山东省普通高中学业水平每年组织夏季、冬季两次报名考试。2017年，夏季全县报名6438人次，报考44844科次，冬季全县报名7365人次，报考21264科次。县教育局被潍坊市招生考试办公室表彰为“2017年度潍坊市招生考试工作先进单位”。

【教育装备】　为贯彻教育部《关于新形势下进一步做好普通中小学装备工作的意见》和上级业务部门的有关文件精神，落实中小学实验室开放制度，昌乐县对不能满足教育教学需要的中小学实验室等教学设施进行改造升级，加强数字化实验室的配备和使用。2017年新建科学实验室8个、理化生实验室10个，全县理科实验室全部完成改造工作，物理实验室达电源到桌、生化和科学实验室全部达水电到桌。新购置文理科教学仪器及耗材8.8万件（套）其中数字化教学设施260件、音体美教学设施5.6万件（套）、卫生室及心理咨询室设施126件（套），全县2017年投入资金210万元。积极尝试新的采购模式，学校采购教学仪器及设施超过1万元以上（规模较大的学校超过3万元以上）必须经过教育局业务科室审核通过后方可按照程序购置。2017年昌乐县先后荣获潍坊市实验教师说课活动优秀组织单位、潍坊市实验教师技能大赛优秀组织单位、潍坊市中小学生创新技能大赛优秀组织单位等称号。

“书香校园”　2017年投入190万元，添置图书9万册，生均达1册纸质图书，购置教学挂图6100幅，购置图书室及阅览室设施870件（套），新建、改扩建图书阅览室2500千平方米。在全县深入开展书香校园、书香家庭、书香气质、书香人生“四大工程”，让书香阅读成为师生学习和生活的常态。让阅读成为课程。为让阅读真正成为学生学习的一部分，在课程安排上，各学校分阅读选修课和必修两种进行，每周开设包括古诗词诵读、国学诵读等的至少1节必修课；每学期都向师生推荐阅读书目，自助选修阅读中学不少于10本，小学不少于5本。让图书“进书包”。在

校园读书节活动　　（供稿：教育局）

全县初中、小学中开展图书漂流活动，每班200本课外读物进课堂、进书包，在全年级阅读轮换，每两年学校图书馆书籍轮流一遍，让学生随时随处都能阅读。让阅读成为生活常态。每校都创建图书馆、活动室、班级图书角、学生书包——“四级”书香网络，每校广泛开展读书节、学生读书报告会、朗诵会、主题演讲等常规性阅读活动。2017年先后在学生中举办“金秋诵诗会”“经典阅读，快乐成长”“小学生读书节演讲活动”等演讲比赛，举办中小学生“诗人进校园”“我爱读书”手抄报展。开展教师读书锻造工程，倡导初中以上学校及镇街小学每月开展“师生读书沙龙活动”，让读书成为教师学习和工作的一种内在需求，让学生阅读生活化、阅读终身化。2017年昌乐县先后荣获全省教育报刊宣传发行工作先进单位、潍坊市教育装备工作和书香校园建设先进单位等荣誉称号。

【教育信息化】 教育信息化基础建设 通过实施教育城域网改造工程、数字化校园推进工程，昌乐县不断完善以“三通两平台”为主要内容的数字化基础设施建设。2017年新建校园网2处，升级校园网3处，实现无线校园全覆盖3处，采购教师用机240台、触控一体机26套，并且争取省农工党捐赠60万元设备，包括智慧教室实验班设备2套，教学平板电脑150台。教育城域网实现移动、联通双千兆出口，城域网内有教学用机1.3万台，多媒体教学设备2400套，所有教室均百兆接入网络并配备多媒体教学设备，“班班通”教学逐步进入常态化。

教育资源建设与应用 通过不断完善县域教育资源云服务中心，基本形成覆盖全县中小学各年级各学科的优质课程资源。在2017年“一师一优课，一课一名师”活动中，全县中小学1072名教师参评，450节优课入围省级评选；在2017年山东省教育信息化展示交流活动中，昌乐县教师18件优秀作品获省奖；在全国中小学创新课堂教学评比中，昌乐县2节课获全国奖。通过参加活动，筛选各类优质教育资源600个充实到课程资源库中。

信息技术创新与实践活动 在2017年全国中小学电脑制作活动中，昌乐县7件作品获全国奖、28件作品获省奖，昌乐县新城中学等10所学校荣获省优秀组织单位；在全国青少年信息学奥赛中，昌乐县8人获全国奖、21人获省奖，昌乐一中荣获省金牌辅导学校称号，昌乐一中的林峰玉同学获高校自主招生资格；在中小学电脑机器人竞赛中，7个项目获省奖，昌乐特师附小荣获省优秀组织单位。因竞赛成绩突出，昌乐县有6名教师获得2017年科技创新类市政府教学成果奖。

创先争优项目 昌乐县教育局被确定为山东省教育信息化区域综合试点单位，昌乐二中、新城中学、育才双语学校、实验幼儿园被评为山东省教育信息化试点学校。

10月14至15日，中央电教馆主办，昌乐县教育局承办的第二届全国翻转课堂学术研讨及成果展示交流活动在昌乐一中举行，教育部科技司信息化处处长任昌山、中央电教馆培训中心主任刘峰出席活动并致辞。

在市电教馆组织的“互联网+教育”示范校验收中，昌乐二中、昌乐育才双语学校和一中英才实验学校荣获2017年潍坊市“互联网+教育”示范校，昌乐县第二实验小学等7所学校通过单项验收。

【学校安全】 推进清单管理 进一步梳理季节性需要重点关注的安全问题清单，加强安全预警。研究推进学校安全风险清单、突出时间节点的常规工作清单、安全隐患排查整改清单、教育培训清单、岗位责任清单等，通过清单管理实现学校安全管理常态化。

加强学校食堂管理 坚持硬件配套与软件管理两手抓，将学校食堂建成全社会最放心安全的餐饮单位。加强与食品药品监管部门协调，研究标准要求，进行专题部署，重点抓“亮厨”“自检”“追溯”三项重点工作。有条件的学校食堂全部已经纳入“亮厨工程”，分级分类推进学校食堂食品安全自检快检广覆盖工程，高中学校全部具备自检快检条件。建立起食品追溯机制，学校各类食品逐步实行大宗物品集体采购，保证可追溯，发生食品安全事故时，能够查找到其最初来源。

“网格化”责任监管体系建设 制定印发《昌乐县学校安全网格化实名制管理实施方案》，明确校内各个岗位的安全工作职责任务，层层签订安全工作责任书，学校安全工作达全员目标、全体责任、全程管理、全面覆盖，构建起实名制、网格化的学校安全管理工作网络体系。强化应急预警和校园安保，县教育局及各学校修订完善突发事件应急预案，各校每季度至少开展一次应急疏散演练活动。完善预警机制，严格执行值班和报告制度，切实做好突发事件的预防和处置工作。

教育培训　发挥安全教育平台作用，实施案例教育、实景教育、实践教育，增强安全教育培训的有效性，全面提高师生安全意识和防护能力。在“安全教育日”“防震减灾日”“全国消防日”“国际禁毒日”等时间节点，根据季节性易发安全事故进行专题教育，针对不同安全管理岗位进行教职工全员培训，特别加强新任安全管理干部、新进教师的安全管理培训。

消防安全管理　严格规范用电，突出抓好宿舍、食堂、供暖设施设备消防安全，确保各类场所消防器材和灭火装置配备完善，消防通道和疏散通道保持畅通。各学校明确消防安全管理人员，开展对教室、食堂、餐厅、宿舍等重点场所和用火、用电、用气等方面的安全专项检查，及时发现、整改和消除消防安全隐患。

校园安全巡查　教育部门与公安、消防、安监、交管、食品药品监督等部门开展学校安全联合检查或专项检查，进行学生自查和家长入校检查。组织镇（街、区）教管办层面的隐患排查交流和观摩，增强风险管控和隐患排查能力，加强对基层学校的工作指导，对问题跟进督办，确保整改。2017年先后开展学校在建工程和校园安全专项检查、汛前安全隐患排查、特种设备集中检查等一系列隐患排查治理活动。春秋季开学前，开展全县学校安全大检查，确保顺利开学。成立校园安全专职巡查队伍，加强全县校园安全日常巡查，每周对县直学校巡查一篇，对乡镇中小学校巡查不少于⅓，对巡查发现的问题，当场下达整改通知书。

学生溺水防控　按照既定措施，进一步协调部门、镇街、村居齐抓共管，健全预防学生溺水联防联控机制；落实学校教育责任，对学生进行案例教育；与家长签订安全责任书，逐人核对存档，落实家长监护责任，建立家校信息沟通，共同教育学生远离危险水域，做好学生假期安全监管，预防和减少学生溺水事故。3月向所有家长印发教育部防溺水一封信，组织全体中小学生教育部制作的专题节目；4月下发防溺水通知，建立起齐抓共管、联防联控的防溺水工作机制；6月全面启动各项防控措施，全面排查危险水域，完善安全责任书和包靠责任制，实现对每一处水域、每一名学生的无缝隙、全覆盖管理。

【学前教育】　幼儿园建设　加大财政支持力度，年内，为城区公办幼儿园和所有镇街（园区）幼儿园拨付生均公用经费236.27万元。以标准化幼儿园建设为重点，加快推进学前教育资源优化，着力提升保教质量，全县27处幼儿园被评为省实验、示范幼儿园（其中2017年8处幼儿园通过省示范验收），35处幼儿园被评为市示范园，47处幼儿园被评为县示范幼儿园，9处乡镇幼儿园全部通过省级认定，9处镇街被评为潍坊市学前教育先进镇街（其中2017年高崖水库库区被评为学前教育先进镇街），7处幼儿园被确定为潍坊市幼儿教师培训实践基地。2017年，投资4447万元，完成新建、改扩建幼儿园22处，其中新建1处，改扩建21处，新增建筑面积17908万平方米，新增学位1590个。充分发挥镇（街、区）幼儿园、集团管理园的示范辐射带动作用，实现区域内“统一规划布局、统一经费管理、统一教师招聘调配、统一教师工资发放、统一业务管理、统一考核评估”。

师资队伍建设　突出抓好全员培训，健全县、镇、园三级培训网络。暑假期间组织全县骨干幼儿教师进行为期7天的封闭式培训，92名骨干教师参加本次培训，参训教师对辖区内未参训的教师进行二次培训，8月开展为期3天的全县幼儿教师专业理论考试，1100人参加本次考试。积极参加市教育局组织的实践基地开放日活动，昌乐县教师到外地观摩学习达907人次。借助相关社会机构的专家库资源，开展订单式送课下乡、教研联盟等一系列活动，先后邀请11位知名专家现场免费授课，有针对性的加强园长、教师的领导力和专业素质培训。聘请山东省知名专家刘莹园长对镇（街、区）幼儿园园长、县直幼儿园园长、部分民办幼儿园园长开展专家带教活动，使全县幼儿园园长在理论和园所发展方面都有很大的提升。2017年，在营丘镇中心幼儿园召开昌乐县第二届幼儿园园长论坛，昌乐县19位园长围绕教师队伍建设、办园特色、教育教学、课程建设和家园共育等五个主题进行交流，通过本次论坛，搭建全县幼儿园园长学习、交流与对话的平台，实现昌乐县学前教育园长队伍的一次大阅兵。组织昌乐县园长于3月、7月和9月分别到上海、江苏和北京参加高水平园长培训，作为专家带教的延伸培训，进行跟班学习。鼓励园长积极参加市局组织的园长培训班，先后有33人次外出进行理论和实践学习，进一步开阔园长的视野。

幼儿园管理　建立并完善学前教育幼儿信息电子管理系统。进一步规范昌乐县《关于进一步规范幼儿园招生工作的通知》等强化幼儿园管理的文件。组织各级幼儿园开展防火防震等方面的安全演练，健全安全隐患排查整改台账，努力改善办园条件。建立县、镇、社区三级联动的无证幼儿园动态监管制度，对无证幼儿园做到早发现、早干预、早取缔。

【义务教育】　学校管理　根据适龄儿童少年数量和分布状况、学校布局、学校学位、交通状况等因素，按照“全覆盖、无盲点、便民生”原则，出台《昌乐县教育局关于规范全县义务教育学校招生工作的通知》（乐教办字〔2017〕12号），实施摸底报名、精准划片，2017年小学一年级招收新生6245人，初中一年级招收新生8158人。落实国家《义务教育学校管理标准（试行）》，县教育局与各学校签订规范办学行为控辍固生目标责任书，建立10个义务教育学校城乡发展共同体、8个义务教育学校发展协作共同体、5个公办义务教育学区。严格课程标准，开齐开足国家、地方、学校三级课程。严格控制学生在校时间，规范节假日活动，实行减负与质量并重，促进学生全面发展和特长发展。

学校大班额破解　坚持“政府主导、部门协调、统筹规划、分步实施”原则，加快中小学校建设。2017年，21所农村中小学校设改造工程主体全部完工；北大公学昌乐双语学校建成并投入使用。强化破解大班额量化考核，建立和完善解决中小学大班额问题的指标监测体系。进一步调整城区大班额学校招生范围，妥善做好进城务工经商人员子女就学工作。在民办学校设立义务教育公益学位。2017年秋季，昌乐县圆满完成全县普通中小学大班额破解任务，小学平均班额38.56人，最大班额45人；初中平均班额47.60人，最大班额50人；高中平均班额49.23人，最大班额50人。

素质教育　坚持立德树人，有效整合学校、家庭、社会教育资源，构建各学段纵向衔接、各学科横向贯通的德育课程一体化体系。成立中小学德育课程一体化实施试点工作领导小组，制定《昌乐县中小学德育课程一体化实施试点工作方案》，规范学校德育课程开发申报制度、审核制度、实施制度和评价制度。组建31个学科育人研究共同体，定期开展学科育人理论研究、教学设计讨论、情境问题研讨、经验交流等活动。昌乐二中开发的《中华文化寻根游》课程，被评为潍坊市校外教育精品课程。特师附小的《融合文化习养与实践活动，落实德育课程一体化行动》、昌乐及第中学马庆玲老师的《充分发挥政治课的德育功能》、昌乐育才双语学校的《推行“三化”，加强传统文化教育》，在市教育局《潍坊市德育课程一体化实施试点工作简报》刊登。参加“传承中华文化，共筑精神家园”第二十三届全省青少年爱国主义读书教育活动，县教育局获省级“优秀组织先进单位”；参加山东省中小学生校园艺术节合唱喜剧比赛，县教育局获省级“优秀组织奖”；参加山东省中小学生校园艺术节县（市、区）展演活动，县教育局获省级“优秀组织奖”；参加山东省第六届地科杯“珍惜资源，爱我国土”有奖征文活动，县教育局获省级“优秀组织单位”。

【语言文字工作】　召开全县迎评工作动员会议。组织全县120多个单位8000人参加普通话培训与测试，7800人取得合格普通话资格证书。在城区方山路、昌盛街分别设置5块大型永久性宣传牌，8块宣传版面；沿途制作16块公交站台广告宣传版面；向四大系统迎评成员单位发放宣传画200余张。开展“全国推广普通话宣传周”活动，通过电子屏、宣传标语、宣传画、教育官网、微信公众号等多种方式宣传语言文字法律法规、方针政策。开展“啄木鸟行动”，组织城区、镇区630余名中小学生走上街头、走进社区，查找不规范用字情况100处（条）。12月，昌乐县顺利通过省市语委评估团评估，成为国家语言文字工作达标三类城市。

【民办教育】 2017年，潍坊市臻德霖阳光教育科技有限公司投资6亿元建设北大公学昌乐双语学校，总占地面积210亩，建筑面积14.5万平方米，于2017年9月建成投用。民办学校建成8处（不含昌乐一中英才初级中学、昌乐二中初中部），高中2处，初中4处，小学2处，在校生分别为高中14384人，初中9130人、小学8339人，占全县总学生数的比例分别为72%、43%、21%。2017年，全县经教育部门审批的培训机构70（不含分校）处，其中文化课辅导45处，音乐类10处，美术类6处，舞蹈类7处，成人高考辅导2处。

【普通高中教育】 各高中学校落实立德树人根本任务、全面提升教育质量、促进每一个学生全面健康发展，努力办人民满意的教育。积极实行全员绩效考核制度，努力打造学科研究团队，落实教师层级管理机制，组织教师参与假期全员培训，完善质量评价体系。是年，全县6302人参加高考，文理重点本科进线2046人，进线率36.65%，高出全省15.05个百分点；文理本科进线3820人，进线率68.43%，高出全省26.73个百分点；艺体类本科进线397人，进线率55.14%；五大类本科进线4217人，进线率66.92%。高中学段获潍坊市教学奖获奖23项，居全市前列。英才教育实现重大突破，有8名学生超过清华、北大录取线，其中3名学生被清华大学录取，2名学生被北京大学录取，3名学生接受高校专业承诺，被中国科学院大学、浙江大学、复旦大学录取；506名学生被“211”“985”等名牌大学录取。昌乐二中学生李浩伟以优异成绩考入中国科技大少年班。音体美有19名学生被中央美院、中国戏曲学院、北京电影学院、中国传媒大学等国家顶级专业院校录取。有50多名学生被悉尼大学、加州大学、多伦多大学、东京大学、莫斯科大学、香港中文大学等世界名校录取。全县6名学生分别被北京航空航天大学、海军航空大学录取；3名学生被民航（山航）招飞录取。

【特殊教育】 2017年，全县有2所特殊教育学校，昌乐县光明学校（弱智学校）和山东昌乐特师附属聋哑学校（聋人学校），在校生257人。

随班就读 2017年，全县随班就读学生264人，涉及全县所有小学，其中鄌郚镇小学、乔官镇小学、营丘镇小学、朱刘街道万山小学、鄌郚镇北鄌郚小学，红河镇小学、红河镇大宅科小学7所学校建设随班就读资源教室，为特殊儿童提供个别化支持服务。按照“一生一档”原则为每一名随班就读儿童建立专门档案。开展为随班就读儿童送温暖、献爱心活动。

送教上门 探索“四位一体、五送合力”送教模式。“四位一体”，即教育（特校、普校）作为送教主体，家庭（家庭环境、家长素质）、医疗（康复机构、医院）、社会（政府部门、社区环境、社会志愿者）相互配合，联动服务；“五送合力”，即上门送学生成长、送家长培训、送医疗支持、送社区资源、送志愿服务。2017年，全县为42名残疾学生每人提供216学时的送教上门服务。送教上门工作先后被《大众日报》《潍坊日报》、潍坊电视台、昌乐电视台等多家媒体播出报导。2017年9月，《重残儿童“458”送教上门服务模式》获第十五届潍坊市政府成果奖。

职业教育 2017年，学校成为山东省示范性中等职业学校建设工程项目学校，获得省教育厅1000万元专项资金。学校获得第45届世界技能大赛山东省选拔赛时装技术和珠宝加工两个项目的举办权，在全国中等职业学院信息技术技能大赛中夺得金牌。学校荣获山东省青春健康示范基地、山东省青少年禁毒知识竞赛百强校等荣誉称号。与昌乐县上市企业世纪阳光纸业集团签订《产教融合战略合作协议》，学生入厂实习，企业提供助学金、实习补贴，并计算工龄。

【党建工作】 将党建工作列入年度工作总体规划，与基层党组织主要负责人签订《党建暨党风廉政建设工作目标责任书》，制定《昌乐县中小学校党建工作督导评估办法（试行）》，把学校党建工作纳入教育督导评估。修订完善《班子成员党风廉政建设岗位职责》，建立局班子成员抓基层党建工作任务清单，完善党委班子成员党建工作联系点制度。扎实推进“两学一做”学习教育常态化制度化，采取局党委班子成员带头上党课、组织专题宣讲报告会、集中观看电教片等形式，深入学习宣传贯彻中共十九大精神。深入开展“作风建设年”活动，组织开展“强化作风 担当作为 服务发展”主题演讲比赛、

“作风建设年活动”和“四个城市建设”知识测试、“机关干部下访”等活动。积极开展寻标对标提标行动，先后赴临朐县教育局、江苏六地七校、河北陕西三地五校考察学习。大力实施“校园党旗红”引领行动，推动中小学校党建工作创新发展。在全市中小学校党建工作会议上作典型经验介绍，省委组织部专题调研昌乐县学校党建工作并给予充分肯定。完成教育系统2704名党员“灯塔－党建在线”注册学习。按程序发展教师党员40名，培养入党积极分子368名。开展党建示范校和党建品牌创建活动，涌现出育才双语学校的“133”党建工作法、新城中学的“党建+”、昌乐二中的“三个引领”等党建工作新模式，6所学校被确定为“潍坊市中小学党建工作示范校”创建单位，2所学校被评为县级党建工作示范点，2名教师入选潍坊市“中小学青年党员教师先锋岗”。将行业监管的92个“两新”组织全部纳入党建管理范畴，覆盖率达100%。落实局派党建指导员实现“全覆盖”，择优向昌乐二中、外国语学校选派2名“第一书记”。

【责任督学挂牌督导】 2017年，昌乐县继续完善督学责任区管理体制、运行模式、督查内容、保障机制，实现责任督学挂牌督导的全覆盖，挂牌督导工作进一步规范化、制度化。

2017年6月之前为5个责任区，聘任督学60名，6月对督学责任区进行调整，兼顾行政区域划分和学校类别，将全县划分为4个督学责任区，聘任督学56人。每个责任区由一名局班子成员包靠，责任区督学由行政人员、教研人员组成。4个责任区，覆盖全县所有中小学、幼儿园和民办培训机构，做到“无缝隙、全覆盖”。责任区独立开展活动，对学校管理、教学督查与指导并重，督学对学校争优创先、表彰奖励和干部提拔以及职称评聘有直接建议权。年内，加强督学培训学习，3名督学参加市级督学培训，其他督学参加县级培训。

挂牌督导制度化、规范化。把工作做实、做细，规定责任督学每周到责任区开展督导工作不少于一天，实行督学责任区组长每周例会制度。为便于工作沟通和交流，各督学责任区建立微信群，群成员包括包靠领导、责任科室科长、相关督学、包靠单位负责人和分管同志。

以挂牌督学为抓手，推动重点工作落实。上级教育行政部门和县委、县政府安排的重点工作，县教育局召开会议安排部署后，各责任区督学立即到所包靠镇（街、区）、县直中小学（幼儿园）对接，跟踪督查工作落实。2017年昌乐县重点推进的21所农村学校建设、安全稳定、中小学教育质量检测、暑期安全与防溺水、教师职称评聘、教师聘任、学校层级管理、学科主任竞聘、教师暑期培训、规范办学、“爱心大走访”等重点工作，每个节点督学都全程参与，各项工作有序扎实推进。

建立责任区和督学考核制度。责任区学校督导评估成绩和教学质量都与责任区工作挂钩，县教育局每月召开一次督学会议，每半年一次督学述职。表彰奖励向督学责任区倾斜，享受一线教师待遇，2017年教师节，有8名督学获得县政府教学成果奖，有4名督学被评为县级先进教育工作者。

重视经验总结和理论创新。教育督导室2017年编发《教育督导简报》24期。5月12日，教育部官方网站以“山东昌乐：全面构建责任督学挂牌督导制度”为题，刊发昌乐县在责任督学挂牌督导方面的经验做法。年内，挂牌督导的经验做法作为县教育局三大创新工作项目参与全市评选。

热线电话、民声网及提案办理。实行民声热线工作责任制和情况通报制度。实行专人负责，对反映的问题及时调查处理，对确实存在的问题要求相关单位及时整改。全年调查答复教育投诉2513余件，下发舆情预警12期。

【学校共青团和少先队建设】 印发《昌乐县中小学党史国史教育进校园活动实施方案》的通知，在全县21处中小学开辟“党史国史教育宣传墙（栏）”，高标准、高要求打造一批党史国史教育宣传文化长廊。组织“学习总书记讲话，做合格共青团员”入团活动，全县各中学发展团员3057名；组织“喜迎十九大，我是光荣的少先队员”主题队日仪式活动，全县1年级新生5844人光荣加入少先队组织。

制定《关于加强学校共青团干部和少先队辅导员队伍建设的意见》，施行学校共青团、少先队干部由学校党组织和教育局双重管理，明确专任团、队干部任职不唯年龄，配齐配强学校团、队干部60人。

印发《关于对学校大队辅导员轮训工作方案》，

以县教育局团委为主体，采取顶岗实习、以干代训的方式对12名新任少先队大队辅导员实行岗位培训。

联合县政法委、普法办等单位，从公安、检察、法院、司法、法律援助等部门的专业人士中为全县中小学选配法治校长53人。结合“五老”志愿者宣讲团法治专题宣讲活动，在全县中小学范围内，以《未成年人保护法》《中华人民共和国预防未成年人犯罪法》等有关法律知识为主要内容，通过播放视频、以案说法等形式，开展宣讲活动20余场，参与少先队员近5万余人次。联合人社、团县委等单位组织表彰县优秀辅导员86人，少先队员92人，优秀少先队集体47个。

开展“红心向党”每月一主题活动。相继开展学雷锋、“争做美德少年”“清明祭英烈”“向国旗敬礼”“我们的节日”“小手拉大手 美丽昌乐因为有我”、助残“阳光行动”“让爱温暖每个角落”等主题教育实践活动。昌乐行知双语实验学校五(1)“红领巾小主人”动感中队、昌乐特师附属小学田华中队获评全国优秀“动感中队”。

2017年昌乐县教育情况一览表

表25　　单位：个、人

类别	数量	班级数量	在校生数	毕业生数	专任教师数
合计	181	2546	98737	26294	7612
一、基础教育学校	178	2459	94289	24372	7266
（一）小学	35	1005	38768	6584	2574
（二）普通中学	12	839	40649	12301	2602
初中	7	446	21301	6286	1578
高中（含博闻高一）	5	393	19348	6015	1024
（三）特殊教育	2	20	257	32	57
（四）竞技体育学校	1	5	133	45	25
（五）幼儿园	128	590	14482	5410	2008
二、博闻学校	1	13	780	679	88
三、中等职业教育	1	74	3668	1243	225
四、创新实践向学校	1	0	0	0	33

2017年昌乐社会力量办学重点学校一览表

表26　　单位：人

学校名称	学校地址	类别	教职工总人数	事业编制教师人数	自聘教职工人数	在校生人数		
						高中（中专）	初中	小学
昌乐一中	昌乐县城永康路1358号	高中/初中	740	257	783	6385	2362	0
昌乐二中	昌乐县行政西街7号	完全中学	701	302	399	6742	2083	0

续表 26

学校名称	学校地址	类别	教职工总人数	事业编制教师人数	自聘教职工人数	在校生人数		
						高中（中专）	初中	小学
昌乐一中英才实验学校	昌乐县宝通街以南永福路以西青年路以东	初中／小学	180	17	163	0	1007	1982
潍坊美加实验学校	昌乐县宝通街 460 号	初中／小学	386	88	298	1257	1688	2399
昌乐外国语学校	昌乐县宝通街 1257 号	九年一贯制	297	245	52	0	1754	1697
昌乐育才双语学校	昌乐县洪阳街 699 号	小学	122	78	44	0	0	1395
昌乐行知双语实验学校	昌乐宝都街道小李家庄社区	小学	55	21	34	0	0	435
北大公学昌乐双语学校	昌乐县北大公学街 167 号	初中／小学	134	0	134	0	236	431
合计			2615	1008	1907	14384	9130	8339

（供稿：郭新光）

科　技

【概况】 2017年，昌乐县立足全县经济发展科技需求，深入实施创新驱动发展战略，不断加大科技创新力度，提升科技服务能力和水平，大力发展高新技术企业培育、项目建设，深入推进产学研合作和科技创新平台建设，为“四个城市”建设提供强有力的科技支撑。昌乐县科学技术局认真贯彻执行《中华人民共和国科学技术进步法》《中华人民共和国促进科技成果转化法》《中华人民共和国科学技术普及法》等法律法规，积极实施科技兴县、科技强县战略，依法加大科技经费投入，不断规范科技项目经费的使用管理，加快科技创新与成果转化，加强科技培训和推广，促进科技创新和高新技术产业的发展，取得较好的经济效益和社会效益，有力地推动全县经济持续快速发展和科技事业进步。全县共推荐申报市级以上科技项目 16 项，争取上级扶持资金 702.94 万元；荣获潍坊市科学技术进步奖3项。至2017年年底，全县新增高新技术企业4家，全部高新技术企业达 24 家，高新技术产业产值占规模以上工业总产值比重 31.4%，增幅位列八县市第一位。拥有市级以上科技创新平台 76 家，其中省级科技创新平台 8 家，产业技术创新战略联盟 6 家；新增加山东省院士工作站 2 家。

【科技队伍】 县科技局紧紧围绕市、县人才工作要求，高度重视科技人才队伍建设，不断深化科技体制改革，扎实推进各项人才政策落实，坚持人才引进、培养与使用相结合，壮大优化科技人才队伍，为全县经济发展汇智聚才。依托高层次人才申报推进高端人才引进培养，组织科技创业类（国内人才）泰山产业领军人才工程、鸢都产业领军人才工程的申报，全程做好申报、培训、指导服务。德霖建材、众恒保温 2 家企业的创业人才申报泰山产业领军人才工程，并进入答辩环节。加快各类科技创新平台建设，进一步整合高校院所科技资源，深化以人才为支撑的产学研合作。完善创新创业孵化体系建设推进高端人才引进培养，不断完善提升科技企业孵化器建设水平，大力拓展众创空间，为人才创业提供有利综合服务平台，进一步优化人才发展环境。昌乐县已建设科技企业孵化器 6 家，众创空间 6 家。

【科技计划】 县科技局组织全县承担省级科技项目的企业加入山东省新旧动能转换信息库，实现信息互联、资源共享。筛选科技含量高、发展前景好、产业关联大的高新技术项目，积极争取上级立项扶持；积极发挥企业主体作用，提高已报计划项目立项率，拉动研发经费稳步增长。2017年，获批市级以上科技项目16项，共争取上级财政扶持资金702.94万元。其中矿机集团承担的“金属激光增材制造性能调控技术与装备”项目列入山东省重大科技创新工程，获批科技补助资金300万元。加大县域专项科技资金扶持力度，推进县级科技项目的研发。组织评审县级科技发展计划项目9项，安排科技专项扶持资金285万元。项目资金的扶持有效拉动全县科研经费总投入，新旧动能转换的内生动力进一步增强，提升昌乐的创新实力。

【科技创新与成果转化】 昌乐县科技创新运用政策、平台、资金等措施，科技成果转化数量和质量显著提升，综合创新能力不断提高。县科技局认真执行《昌乐县科学技术奖励办法》，对优秀科技合作成果进行奖励，进一步激发科技创新活力。围绕全县经济工作目标，坚持“走出去”与“引进来”相结合，借助国内外高等院校、科研院所和大型企业的创新资源，加强与国内外先进科技成果的转化和对接，通过合作项目及平台建设，不断提高企业人才、技术和产业承载能力，引领带动创新产业发展，加快转化高新技术成果，解决企业关键技术难题。2017年，昌乐县完成技术合同网上登记258条，实现技术交易额4.04亿元。山东世纪阳光纸业集团有限公司完成的“漂白浆挂面箱纸板绿色制造关键技术研发”项目等3项科技合作创新成果，被潍坊市政府授予潍坊市科学技术奖，进一步提升企业科技合作创新力。

【科技培训与推广】 2017年，县科技局举办农业方面科技培训班7期，以推动农业科技进步、农业农村现代化为主要任务，坚持产业需求和问题导向，引导农户积极参与，立足于实践，全面深入实施农民培训工作，不断提高农民实际解决农业技术问题的能力。组织全县广大农业科技人员深入农村、深入农户，开展技术咨询、技术培训、发放科技资料等活动，重点宣传《中华人民共和国科学技术普及法》等科技法律法规以及农村实用技术。针对昌乐县农业特色产业发展，从涉农院校、科技企业等聘请优秀农业专家，从当地聘请种植能手、乡土人才加入到培训队伍，使培训更符合实际生产需求，针对当地农业发展现状，有目标性地开展土壤改良、配方施肥、节水节肥、生物控制病虫害、高效增产等多方面的实用型技术培训指导。通过理论和实践相结合的方式，开发农民的创新思维和创业意识，带动农民的创业激情，加快推进农业科技创新，壮大农业科技力量，为昌乐县现代农业发展提供强有力的科技支撑。

【科技创新平台建设】 昌乐县坚持科学规划、政策引导，统筹科技资源，全力推动科技创新平台建设，拓宽新的产学研合作领域，积极牵线搭桥，引导企业与高校院所合作建立科技创新平台和研发机构。截至2017年年底，全县有潍坊市级以上科技创新平台76家，其中省级科技创新平台8家。新建潍坊市LED工业照明灯具工程技术研究中心、潍坊市环保型高沸点溶剂工程技术研究中心2家市级工程技术研究中心；新建潍坊市先进增材制造（3D打印）技术重点实验室、潍坊市北方苗木新品种繁育重点实验室2家市级重点实验室。加快推进孵化器、众创空间等创新创业平台建设，新备案金农科技企业孵化器、高新技术创业园2家省级科技企业孵化器，实现昌乐县省级备案科技企业孵化器零的突破；新备案金农众创空间、云众创客空间2家省级众创空间；2家孵化器通过市级认定，1家众创空间通过市级备案。

【产学研合作】 自开展“三招三引”（招商引资、招院引所、招才引智）工作以来，昌乐县建立起强有力的招院引所工作队伍，深入重点企业了解需求，开展指导服务，积极对接镇街、部门，制定考核办法，将任务目标细化分解到镇街、部门，加强协调督导，确保全县招院引所工作顺利完成。

搭建人才平台载体推进高端人才引进培养，加快各类科技创新平台建设，进一步整合高校院所科技资源，深化以人才为支撑的产学研合作。西瓜科技示范园牵头，联合国家蔬菜工程技术研究中心、山东省农科院等成立设施西瓜产业技术创新战略联盟。矿机集团与山东省机械设计研究院合作建成山东省机械设计研究院—山东矿机增材制造装备研究中心。天序农林联合北京农大共建北方稀有苗木研究中心。潍坊创科种苗有限公司联合中国农科院共建设施西甜瓜研究所。加快两院院士等高层次人才引进，瑞力生药业引进院士夏咸柱、潍坊创科种苗有限公司引进院士吴明珠共建山东省院士工作站。

鼓励企业、协会联合国内外院校组织各种形式的产学研活动，合力解决行业、企业发展中遇到的技术难题，提高企业核心竞争力。加强科技对接合作，组织瑞力生药业、鑫达华明等企业赴武汉与中科院武汉分院、华中科技大学等高校院所开展人才、技术、成果等方面的对接洽谈。组织英轩实业、乐化漆业等科技型企业，参加“产业引领，工业强基”上海高层次人才和科技成果对接交流活动，达成多项技术合作意向。依托市科技局“科技服务进千企”活动，组织30多家企业的项目和财务负责人，开展技术市场交易相关优惠政策解读培训，增强企业竞争力。

【高新技术产业发展】 昌乐县利用智能制造、新材料、生物医药等县域优势产业，实施高新技术企业培育工程，引导创新资源向后备企业集聚，有重点地推进企业核心技术攻关和先进适用技术推广，积极培育高新技术企业成长壮大。推进“小升高”科技计划实施，鼓励小微企业升级高新技术企业，共争取省级“小升高”补助资金50万元，为企业创新发展和技术攻关提供资金支持。新增加4家高新技术企业，全部高新技术企业达24家。梳理全县规模工业企业，新增13家企业列入高新技术产业产值统计范围，高新技术产业产值进一步增加，高新技术产业产值占规模以上工业总产值比重31.4%，比年初目标提高3.96个百分点，增幅位列八县市第一位。

【其他重要工作】 2017年，昌乐县山东中慧牧业有限公司的“四元杂交商品猪选育”项目和昌乐神睿农业智能设备有限公司的“大棚智能放风机”项目被列为山东省中小微企业创新竞技行动计划优胜项目。

昌乐县山东省焦化粗苯精制工程技术研究中心等4个省级工程技术研究中心通过省科技厅绩效评估。

2017年昌乐县科技成果获奖情况一览表

表27

序号	项目编号	项目名称	完成单位	项目完成人员	奖项名称
1	JB21701	漂白浆挂面箱纸板绿色制造关键技术研发	山东世纪阳光纸业集团有限公司	盛永忠、王东兴、王长海、陈效隽、赵长征	潍坊市科学技术进步奖（二等奖）
2	JB30201	新型雷蒙磨	潍坊市精华粉体工程设备有限公司	吕　勇、李文泉、刘恒明、李勇琴、代田浩	潍坊市科学技术进步奖（三等奖）
3	JB31302	MACC1及HGF/c-Met信号系统在乳腺癌中的表达及临床意义	昌乐县人民医院	殷好治、孙建业、孙宗丽、腾绍玲、赵玉斌	潍坊市科学技术进步奖（三等奖）

（供稿：党永红）

知识产权

【概况】 2017年全县申请专利1000件，增幅32.28%。其中发明专利申请214件，实用新型专利申请559件，外观设计专利申请227件。授权专利427件，增幅8.1%。其中发明专利授权27件，实用新型专利授权327件，外观设计专利授权73件。PCT专利申请4件。昌乐县被国家知识产权局确定为“国家知识产权强县工程示范县”。县知识产权局被省知识产权局评为“全省知识产权局系统先进集体”。

【知识产权宣传】 把国家、省、市专利申请补助政策、质押融资政策、贯标扶持政策和县政府制定出台的《关于推进工业强基的意见》进行梳理汇总，编制“专利政策汇编”，印刷2000份，进行宣传。在镇（街、区）举办知识产权培训班4期，培训企业管理人员500人次。对通过知识产权质押方式获得资金实现跨越式发展的3

家企业联系电视台进行宣传。10月28日，邀请国家知识产权出版社规划发展部主任，正高级研究员吕荣波老师到昌乐“宝都半月讲堂”讲授知识产权支撑创新驱动发展的专题讲座。

【知识产权运用】 2017年，山东梦金园珠宝首饰有限公司的珠宝首饰行业专利导航项目被省知识产权局确定为2017年山东省专利导航产业发展项目，获得省项目扶持资金20万元。“薄壁金管自动缩口机”专利获得19届中国专利奖优秀奖，获得省奖励10万元。山东日科化学股份有限公司的聚氯乙烯混合物及其制备方法专利、潍坊精华粉体工程设备有限公司的内分级球磨机专利、山东元利科技股份有限公司的二元酸二甲酯类增塑剂精制方法专利、山东梅拉德能源动力科技有限公司的电动汽车专利分别获潍坊市专利奖一、二、三等奖和外观设计奖，获得潍坊市专利奖励资金40万元。山东开元电子有限公司等3家企业用专利抵押贷款2100万元，获得省市贴息118.6万元。

【知识产权试点示范】 2017年，山东矿机集团等4家公司获得山东省知识产权优势企业称号；山东日科化学股份有限公司等3家企业获得山东省知识产权示范企业称号；山东元利科技股份有限公司和山东梦金园珠宝首饰有限公司获得国家知识产权优势企业称号。

【专利执法】 建立检查对象名录库和检查人员名录库，实现执法的双随机性。2017年开展专利执法专项检查5起，登记专利产品50余件。对省局转办的1起假冒专利案件和市局委托的8起专利纠纷案件，进行立案处理，并全部结案。积极组织全县的珠宝首饰加工企业成立“中国黄金珠宝加工产业知识产权保护联盟”建立“信息共享、双向许可、交叉保护、协同发展”的知识产权集群保护联盟。

（供稿：张国增）

防震减灾

【概况】 2017年，县地震局坚持以防御为主的工作方针，扎实推进防震减灾三大工作体系建设，加强地震科普知识宣传教育工作，促进全县防震减灾综合能力和整体实力全面提升。昌乐县被列为山东省防震减灾基层基础工作强化县全省第一批创建单位，县开元电子有限公司成功创建省级地震安全示范企业，县地震局被评为潍坊市防震减灾业务工作先进单位，防震减灾信息化系统列全市第2位，市级以上信息采用情况列全市第2位。

【监测预报】 加强震情观测，修订震情会商制度、站点管理和宏观观测员工作责任制，坚持每周一震情会商制度和月会商制度。创新跟踪交流方式，建立县宏观观测微信群，开展震情跟踪速报、业务知识宣传教育、信息沟通等工作。严格震情值班制度，实行24小时值班，重点时段实行零报告制度。加强测震站点的维护工作，排除测震站点的跳闸、断线等事故10余起，对郚部伦家埠观测点进行整修，改善观测环境。配合邯郸局、市监测科、安丘台等单位进行科研项目选址定点协调工作。新增赵家崖头、响水崖子2处地震宏观观测点。

【震害防御】 增强农村民居建筑建设抗震设防水平，向各镇（街、区）、县直有关部门、单位、村委会、规模以上企业、房地产开发商免费发放《山东省建设工程抗震设防条例》2700余册，《农村房屋建筑抗震技术标准》300余册。各领域、各单位修订地震应急预案190余个。参加国家防震减灾救援基地业务培训和《山东省建设工程抗震设防条例》培训，不断提升工作人员的业务水平。提升窗口服务水平和审批效率，审批办结日由原来5个工作日缩减到3个工作日。

【地震应急】 5月10日参加寿光举行的市地震应急救援综合演练，12月上旬参加中国地震局举行的全国地震系统应急演练任务。组织县中小学校、幼儿园、企业、社区等各领域地震应急演练活动，先后在县新城中学、县实验中学、县开元电子有限公司、翰林苑幼儿园、双语学校、宝都街道月亮湾社区等组织开展演练活动10余次。制定《昌乐县城区地震应急避难场所应急疏散预案》，对地震应急避难场所进行自查整改，完善管理机制，开展实地检查，维护标识牌，查验配套设施功能。维护原有室外场所18处，新增4处，试点室内场所1处。投资8万元对物资装备库进行改建、搬迁和充实，制定《物资储备库管理暂行办法》，安排专人负责日常管理维护。

【防震减灾宣传】 举办“5•12”防灾减灾日、“7•28”唐山大地震纪念日，组织参加昌乐县首届中小学生科技节，11月29日至12月5日举行“防震减灾法制宣传周”，与市地震局联合开展全福元广场宣传活动。探索联合社会组织开展学生防灾减灾知识培训活动，组织专业人员到育才双语学校等单位开展防震知识授课。利用农村大集和社区聚居点开展科普宣教进农村、进社区活动。11月下旬始开展“进家庭”活动，向10余个社区、240余户家庭发放地震科普册、页600余份。拓展宣教渠道，与图书馆、博物馆等公共场所管理机关合作，在图书馆、博物馆设立宣传品赠阅处，分发宣传品300余份。收集整理5大类示范创建文件，汇编成册，向有关单位分发，组织力量编写印制《家庭防震六步走》《农村民居建设六要点》和《防震减灾工作宣教手册》等宣传画册。在《昌乐日报》、昌乐传媒网开辟防震减灾常识宣传专栏，刊发地震应急避险知识。

（供稿：王成祥）

气象测报

【概况】 2017年，昌乐县气象局坚持把气象服务放在首位，扎实开展工作。晴雨预报准确率94%，高低温预报准确率82%。全年发布预警信号83期，农业气象服务周报53期，气象信息专报47期，专项服务49期，重要天气预报21期，雨情简报52期，电视台采访节目11期。发布电子显示屏、预警大喇叭、微信、微博、手机短信等信息2.8万条，发布气象预警服务短信9.6万人次。被潍坊市气象局评为全市气象系统综合目标管理考核优秀达标单位、气象服务先进集体、气象宣传先进单位、人工影响天气工作先进单位。被山东省精神文明建设委员会评为省级文明单位。

【气象观测】 2017年，自动气象观测站观测项目有气压、气温、相对湿度、能见度、视程障碍现象（6种）、水汽压、露点温度、风向、风速、降水、地温（0厘米、最高、最低、5厘米、10厘米、15厘米、20厘米）。人工观测项目有除视程障碍现象之外的天气现象、雪深、雪压、冻土、日照。

自动观测项目24小时连续自动观测记录分钟和定时数据，通过气象专网每5分钟上传一次加密观测数据至国家气象信息中心，人工观测要素仅在8时、14时、20时3个时次进行人工定时观测并上传。

全县各镇（街、区）安装有13处区域自动观测站，其中六要素站2处、五要素1处、四要素站2处、二要素站7处，单要素站1处，每5分钟通过无线通信网络上传一次加密观测数据至省气象信息中心。建有2处土壤水分自动观测站，用于农田土壤水分观测。建有1处设施农业小气候自动气象站，用于蔬菜大棚内小气候的研究。

【气象信息网络】 2017年，主要通过以市－县10M宽带局域网为主、3G无线网络系统为辅的通信方式上传气象观测数据和共享调阅全国气象信息资料。通过可视化电视会商系统，实现国家、省、市、县4级可视化会商。

【气象服务】 2017年，主要通过昌乐电视台天气预报节目、手机短信、电子显示屏、气象预警大喇叭、微信、微博、电子邮件等方式开展气象服务。除提供短临和短期天气预报服务外，还提供中、长期天气预报、汛期气候趋势预测、雨情简报、农业气象服务周报、月（季、年）气候影响评价、春（秋）播天气预报及农业生产建议等。遇有重大灾害性、突发性天气时，及时发布重要天气预报和预测预警信息，并跟踪服务。完成昌乐“文明之夏”、中国（昌乐）国际宝石博览会等重大活动气象服务工作，完成“三夏”麦收期间气象服务工作以及森林防火、春运、“两会”、高考、中考等专项气象服务，做好春节、清明节、端午节、中秋节、国庆节、元旦等节假日气象服务工作。

【人工影响天气】　全县设有人工影响天气固定作业点8处和1部移动火箭发射装置，每个作业点配备持有上岗证的炮手2～4名、三七高炮1门。作业时主要通过手机对讲机、电话等方式与潍坊市人工影响天气指挥中心和炮手联系，指挥作业。各镇（街、区）分别与县政府签订“昌乐县2017年度人工影响天气工作安全生产责任书”。加强弹药管理和炮手安全意识，举办炮手培训班，弹药全部存放到防盗防爆弹药柜，建立健全炮弹出入库记录台账。完成8个固定炮点的Ⅰ级安全等级评定问题工作整改。4门高炮完成自动化操控改造。9月20日—22日参加潍坊市第一届人工影响天气岗位技能竞赛，获团体二等奖、炮闩分解结合二等奖。

【易燃易爆场所防雷安全监管】　2月15日，与昌乐县住房和城乡建设局完成交接房屋建筑和市政基础设施工程防雷许可。完成全县重点监管企业建档工作，建立“两随机一公开”名单，易燃易爆场所以及重点行业、部门监管名录库和执法检查人员名录库，及时在昌乐县政府网站、市民服务中心网站对外公布。开展执法检查32次，随机检查危化品企业144家。开展企业防雷安全生产培训1次，提高危险化学品企业的防雷安全生产工作水平。

（供稿：马英洁）

文化 旅游

WenHua LvYou

文化事业

【概况】 2017年昌乐县文化广电新闻出版局内设职能科室3个，直属单位6个，年末人员60人，其中本科生19人、研究生6人。昌乐县文化广电新闻出版局紧扣县委县政府和上级业务主管部门的工作要求和部署，加快推动“文化名市”建设，不断构建和完善现代公共文化服务体系，推动全县文化事业的繁荣发展，圆满完成年度各项工作目标。

【公共文化服务体系建设与服务】 10个镇（街、区）全部建成综合文化站，其中鄌郚镇被评为国家一级站，红河镇和宝都街道被评为国家二级站，其余7个站也按照国家二级站的标准进行建设；红河镇、鄌郚镇、营丘镇和乔官镇全部建成镇图书馆，顺利通过市局验收，其中乔官、营丘两个镇建成“尼山书院”；截至2017年年底，全县建设完成农家书屋370家，做到农家书屋全覆盖，基层综合性文化服务中心已经建成333个，覆盖90%的行政村，完成15个省定贫困村的文化活动室建设和提升。在完善提升县历史文化展示的基础上，完成4个镇级和80个社区（村）展示点的建设任务，圆满完成16个市级提升点和17个县级提升点的提升任务。

县图书馆新馆于7月27日开放，结束昌乐县图书馆十年未对外开放的历史。截至2017年年底，新购进图书4万余册，办理借书证900个，借阅图书27367册次，接待读者2600余人次，解答读者咨询300余条。在城关商务社区5号楼一楼和图书馆一楼大厅设置电子图书借阅机，为读者免费提供最新出版的正版电子图书下载服务和免费阅读。

文企共建放映点，分别在县市民文化体育公园、濠景海岸、城南广场、鄌郚广场、红河广场建5个固定放映点，县市民文化体育公园除因天气外每天都放映，其余四个广场每周两晚放映，达群众的观影需求。实施“公益电影+图书”工程，全年完成电影放映3839场。

【文化惠民工程】 6月至10月，开展“送戏下乡”文化惠民演出活动，将县域内12个专业演出团体和近40支的镇（街、区）文艺骨干队伍、贫困村文艺表演队伍、基层新组建文艺队伍，上下联动、同台演出，演出现场观众达8万余人次；把送戏下乡和培养当地基层文艺骨干紧密结合，开展文艺辅导、培训等活动，帮助民间文艺人才提升艺术水平，实现由“送文化”到“种文化”的转变，演出190场次，超额完成上级安排的90场的演出任务。

采取政府采购的形式，对全县140个农家书屋（含15个省定贫困村）完成出版物补充更新工作。补充更新图书24934册，图书采购总价值285500元；采购农家书屋数字化设备e播宝5台，价值24500元。在全县农家书屋热心读友中择优评选出10名农家书屋“热心读友”，给予颁发证书。配合首届山东文化惠民消费季活动，与商户签订惠民消费季协议，活动期间使用优惠券467张，消费金额为126744.08元，优惠金额为21177.16元；印制昌乐文化惠民消费季消费券

4000份，与昌乐幸福蓝海电影放映有限公司和昌乐完美世界影城有限公司签约，开展首届昌乐文化惠民消费季签约影院活动。

按照每月放映一场公益电影的任务目标，全年放映数字电影3839场次，超额完成2017年的放映任务。山东新农村数字电影院线有限公司评为“2017年度先进放映单位”。加大资金投入，省、市院线公司对设备进行检修机器摄像头模块、换卡，并组织对全县放映员按照《山东省农村公益电影标准化放映》放映员手册进行业务培训，邀请公益电影标准化放映全国标杆安丘电影公司副经理放映技师王荫富，放映大队长全国影视技能竞赛第四名任可胜授课。开展“公益电影+图书”活动，自筹《弟子规孝经》《弟子规图说》1000余本，通过送电影下乡和发放书籍。

【文化服务机构及文化服务活动】 2017年，昌乐县文化馆先后开展“公益性京剧培训班”，春、秋两季“公益性艺术培训班”，开设古筝等5个专业、15个班次，招收和培训学员238人。组织举办“文化乡村行·春联送祝福”送春联下乡活动、“昌乐县第32届元宵节民间文艺表演大赛”“昌乐县第五届广场舞大赛”“情暖老兵”快闪秀慰问退伍老兵吴世昌活动、“梨园情”快闪秀活动、“喜迎十九大·颂歌献祖国”快闪秀活动、“百姓大舞台”“文明之夏”广场文艺演出、“昌乐县第八届新农村文艺会演”“昌乐县民办文艺团体优秀剧（节）目展演”、市民文化节等各项文化活动，演出104场次。

昌乐县图书馆举办昌乐县第二届读书朗诵大赛暨潍坊市第三届读书朗诵大赛选拔赛，选拔出13名（组）选手参加潍坊市第三届读书朗诵大赛暨山东省第十二届读书朗诵大赛潍坊地区选拔赛。昌乐县选手获得2个一等奖、3个二等奖、1个三等奖，总成绩在各县市区中名列前茅，单位获得优秀组织奖。8月16日，举办文化专项扶贫“送书下乡”活动，到昌乐县乔官镇方家庄村送书200余册。10月8日，举办喜迎十九大，人民人寿保险杯“全民阅读 书香昌乐”诵读大赛。9月2日—6日举办书画艺术精品展暨书画高级培训班。11月4日举办“书墨飘香，画彩流芳”——昌乐县国画高级培训班。两次书画培训班作吸引100余名县美协书协会员和书画爱好者报名参与现场学习，参观人数多达300余人。11月，县图书馆开展为期1个月的“你选书、我买单”活动，根据读者意愿和馆藏需要，新增1537种，价值49954元的图书。县图书馆尼山书院联合社会力量，于1月16—20日、2月4—8日，连续举办两期公益性“孝行天下”冬令营，于7月10—16日举办“健行天下”公益夏令营，参加人次累计超过 900 余人次。自3月5日开始，在每个周日上午组织公益《论语》学习，下午组织书法、田间农作等国学体验，有600多人次参加学习。县图书馆尼山书院在营丘镇宅科社区，于每月农历初九晚组织村民学习儒学文化，已开办6期，有近300人参加。

（供稿：张 阳）

文化执法

【概况】 2017年，昌乐县文化执法局按照县第十四次党代会精神，以“两学一做”和“作风建设年”活动为动力，结合潍坊市文化执法局开展的“2017忠诚卫士”行动，解放思想、崇实重干、勇闯新路、敢为人先，促进文化市场繁荣有序健康发展。年内派出执法人员1040人次，检查企业102家次，查办违法案件120起，取缔KTV 3家、黑网吧1家，没收电脑11台，警告处理印刷违规企业15家、处罚11家，查处“小耳朵”50余户。

【安全生产工作】 对网吧、娱乐场所、印刷企业等行业开展安全生产大检查，对查出的安全生产问题能当场整改的当场整改，不能当场整改的限期整改，整改完毕后进行复查。与每个经营业户签订安全生产责任书，年内检查业户108家，排查安全生产隐患80余条，签订安全生产责任书108份。对管理范围内的行业业主进行法律法规知识暨安全生产培训，特地邀请昌乐县消防大队大队长进行授课，培训业户100家。

【卫星电视传播秩序工作】 2017年，根据潍坊市卫星电视传播秩序专项整治会议精神，昌乐县文化执法局联合昌乐广电网络有限公司对全县销售安装和非法使用卫星地面设施的情况进行调查摸底，并印制宣传单页大力宣传国务院第129号令的政策法规。对县城内宾馆酒店、销售安装门店和社区内非法使用卫星地面接收设施的用户进行彻底清理，组织执法活动38次，出动执法人员180多人次，出动车辆53台次，发放宣传材料208份，查出违规经销点35家，市场收缴非法卫星设施35套，拆除非法安装使用卫星设施42套，劝拆劝转10件。

【网吧监管】 昌乐县文化执法局多次举办法律、法规等培训，并同网吧营业者签订遵纪守法责任状，减少违法行为的发生。同时针对网吧经营特点确定早中晚和节假日为重点检查时段，把网吧接纳未成年人上网作为重点打击整治对象，组织执法人员对全县城区及各镇（街、区）21处网吧进行不定期巡查，发现违法行为严厉处罚。同时，聘请监督员，强化网吧监管，积极与昌乐县关工委领导汇报青少年进入网吧的危害性，协调相关部门为每个网吧聘请2名监督员，经过联合整治，基本制止网吧接纳未成年人违法行为发生。

【印刷市场管理】 结合中央和省市“扫黄打非”工作安排，坚持开展的“秋风”行动，把打击管辖区域内非法印刷作为工作的重中之重，发现线索深查彻挖，追根溯源，坚决打击。对印刷企业接受委托印刷境外包装装潢印刷品没有提前备案和对印刷企业接受委托印刷注册商标标识没有提前验证的进行严厉打击；对拒不履行依法处罚的个别企业坚决按程序移交人民法院强制执行。

【娱乐场所检查管理】 为打击KTV的违法经营和不文明行为，迎接全国文明县城的顺利复审，昌乐县文化执法局与公安机关协同作战，继续实施已形成的有效的管理机制。对无证经营的业户采取扣押曲库机器（曲库控制着KTV每个房间的点歌曲目）、封电闸等方式进行依法处理；对手续齐全存在超时经营、扰乱市民正常生活的采用暂扣曲库、吊销娱乐经营许可证等方式责令停业整顿。整顿结束后，令其签订保证书，做到保证今后合法经营、依法经营，门店前卫生整洁，坚决杜绝客人不文明行为发生。对存有问题的采取“个别约谈制”，即处罚之前先约谈企业（门店）老板，提出警告及整改要求，年内约谈18人次。通过治理娱乐场所经营秩序进一步规范，市民休息生活环境进一步净化。

【执法队伍建设】 昌乐县文化执法局把机关党建工作作为贯彻中共十九大精神的重要内容摆上议事日程，明确职责分工，加强作风建设，强化责任落实，召开专题会议，听取党建工作建议，安排机关党建具体工作。成立党建工作领导小组，明确职责分工，层层抓好党建工作落实，做到机关党建工作有计划、有内容、有要求、有督查，使其步入经常化、制度化、规范化轨道。牢固树立有权就有责、有权就有义务的观念，不断适应新形势，创新新方式，用敢于担当的品德，锐意进取的精神，有条不紊地开展文化市场综合执法，把各项工作推向前进。采取多种措施，加强执法队伍的思想建设、作风建设、能力建设、廉政建设，提高全体队员的政治素质、道德素质和法制观念，使全体执法人员具有强烈的事业心和责任感，具有尊崇法治的精神和原则，建立自觉的法治思维习惯，熟悉和掌握相关法律的内容，严格依法办事，提高办案能力，形成依法依规尽职责，执法管理求创新的局面，锻造严谨踏实、团结向上务实的工作作风。

文化产业

【黄金珠宝产业】 持续打造“中国蓝宝石之都”品牌，举办2017中国（昌乐）春季黄金珠宝展，来自国内外的200多家参展商到会参展，入场观众和采购商达1.5万人，交易额突破7000万元。成功举办2017中国（昌乐）国际宝石博览会，吸引专业人士、消费者、采购商及游客2.57万人次，促成现场成交及协议交易额1.6亿元。

【电声乐器产业】 主要集中在昌乐县鄌郚镇，截至2017年，生产及配套企业发展到80多家，其中22家拥有自营进出口权，销往美国、韩国等30多个国家和中国台湾地区。实施乐器产业提升“十个一”计划，即培育一家龙头企业、一个著名品牌、一个产业园区；建设一个研发中心、一个质检机构、一个协会、一支乐队、一所音乐学校。通过加快乐器产业园区建设，打造自主品牌，培养龙头企业，带动乐器产业向高质高端攀升，建设乐器博览馆、音乐学校，开展音乐教育培训和举办各类赛事。2017年，郚部镇入选“全国综合实力千强镇”，乐器产业发展中心被认定为全国就业扶贫基地，乐器创业园被认定为潍坊市“双创”示范基地。

【造纸印刷包装产业】 向制造服务化转型，龙头企业山东世纪阳光纸业集团公司投资20亿元建设山东阳光概念包装产业园，新上概念包装、精品预印、特种纸3个项目。公司在上海组建设计创意中心，实现造纸、创意设计、包装三个行业的整合。项目全部建成后，全县造纸印刷包装产业产值将达300亿元。

【数码产业】 总投资15亿元、占地500亩的佳诚数码产业园由佳诚数码公司与世界500强美国惠普公司合作建设，将建立涂层、定型、离型纸、织布车间以及物流中心、大型研发中心等，新增自动化涂布生产线25条、织布机1000台，打造全自动化智慧工厂。项目建成后，将成为全球最大的涂层纺织品新材料研发、生产、品控、物流集散地。

【地方文艺】 昌乐县文化馆开展“公益性京剧培训班”，邀请国家二级演员孙诚和李玉梅到昌乐县授课，为本地市民传授京剧演唱和表演技巧，受众约达300人。在2017年的送戏下乡过程中，特别挑选有本地特色的，广大群众喜闻乐见的包括吕剧、京剧等多个曲种近十数家戏曲剧团参与演出。“非遗”保护中心注重对本地他色戏曲的调查和保护，组织专家对“荆山悠腔”“茂腔”等传统戏剧项目进行深入挖掘，其中“荆山悠腔”被列入潍坊市非物质文化遗产保护项目。

阳光概念车间一角　　　　（供稿：文化广电新闻出版局）

【文艺创作】 发行由昌乐县文化馆主办的《宝石城文艺》4期；举办“我们的传统节日征文大赛”活动，收集到300余件作品并进行评比颁奖。在潍坊市优秀原创作品暨群星奖获奖作品展演中由杨恒金作词、丁露君作曲的《幸福人把秧歌扭起来》荣获音乐类最佳作品奖；由李玉成创作、李勇和丁建华合说的相声《我要结婚》荣获曲艺类最佳作品奖；由杨恒金作词、毛建伟作曲的《相约到复兴》获音乐类优秀作品奖；由徐爱国作词、杨晓芹作曲的《警魂》获音乐类优秀作品奖；由刘君创编的舞蹈《花朵、少年、阳光》获舞蹈类优秀作品奖；由刘玉、刘新兰创编的舞蹈《锄禾》获舞蹈类优秀作品奖；由刘海棠创编的舞蹈《好时候》获舞蹈类优秀作品奖；由刘玉创编的舞蹈《我的祖国》获舞蹈类优秀作品奖；由杨恒金创编的群口快板《精准扶贫》获曲艺类优秀作品奖；由孙娟、吴江源创作的小品《孝道》获戏剧类优秀作品奖。

【文化活动】 春节前夕，到省级贫困村乔官镇姬家庄村开展“文化乡村行·春联送祝福”送春联下乡活动，书写春联400余幅；正月十五，在县城电业公寓西门组织举办“昌乐县第32届元宵节民间文艺表演大赛”；5月在各镇（街、区）及市民文化体育公园组织举办“昌乐县第五届广场舞大赛”，演出13场次；7月31日在宝都街道吴家池子村组织开展“情暖老兵快闪秀”慰问退伍老兵吴世昌活动；8月4日在恒安湖公园组织开展“梨园情”快闪秀活动；6月至9月，在市民文化体育公园组织开展“文明之夏”“百姓大舞台”广场文艺演出活动，演出37场次；9月30日，在中百大厦组织举办“喜迎十九大·颂歌献祖国”快闪秀活动；11月中旬，在全县范围内组织举办“昌乐县第八届新农村文艺会演”，演出13场次；11月下旬，分别在鄌郚镇、乔官镇、红河镇、营丘镇及县传媒集团演播大厅组织举办“昌乐县首届民办文艺团体优秀剧（节）目展演”， 12支民办文艺团队参演，演出5场次；策划组织“我们的传统节日”征文大赛活动，历时5个多月，收到来自全国各地260多名作者的作品300多篇，经过评选最后评选出一、二、三等奖和优秀奖，并于11月底结集出版征文专刊。

积极组织参加各类市级活动：5月，组织昌乐县书画作品参加第六届潍坊市少儿书画摄影大赛，征集报送作品42件，分别获获13个金奖、13个银奖、16个铜奖；7月15日，组织昌乐县广场舞队伍参加在滨海举行的潍坊市“滨海·弘润金茂府杯”广场舞赛；10月，组织发动昌乐县书画、摄影爱好者，参加2017“群星璀璨”潍坊市美术作品展活动；9月，组织参加第二届潍坊市民文化节展示月启动仪式、潍坊市优秀原创作品暨群星奖获奖作品展演、“情系家园”社区合唱大展演、第二届潍坊市网络视频广场舞大赛、“薪火相传”京剧与潍坊地方戏优秀剧目展演等第三届潍坊市民文化节系列活动7场次。

【文化遗产保护】 建设文物库房电子档案，录入文物数量1.5万余件；完成《山东省志文物志（1986—2005）》中昌乐部分的撰写工作；对昌乐县14处省级文保单位的保护范围和建设控制地带以及47处村镇文物古迹进行发文公布，确保重点文物的历史风貌不因项目开发建设而遭到改变和破坏；开展“文物众手护”工程，面向社会公开招聘23名文物保护员对省级文保单位进行定期巡视，招募义务文保员53名；为省级文保单位方山庙争取上级资金20万元进行修缮；为山东省“乡村记忆”项目、县级文保单位田老村明楼争取上级资金40万元予以修缮。

在非物质文化遗产保护方面，“非遗”保护体系不断完善，在五图街道响水崖子村开工建设包括“非遗”展览馆、体验中心、姜太公传说传习所在内的“非遗”综合传习中心。组织汉服制作技艺、葫芦艺术、昌乐大葛狮子等“非遗”项目及高跷、秧歌等民俗项目参加“昌乐县第32届元宵节民间文艺表演”，组织举办“昌乐县首届民俗艺术节暨非遗成果展演”“美丽非遗赶大集”和“昌乐县非遗保护成果展”等展示展演活动。以非遗教育传承基地“昌乐县综合实践创新实验学校”“昌乐世纪东方幼儿园”“开发区小学伏羲梦园班”为载体，将本地非物质文化遗产融入学校教育和学生生活。协助乔官镇实验小学建设“非遗展厅”。组织传承人去北大公学向学生传授剪纸、泥塑技艺。举办面向残疾人的“剪纸技艺培训班”。组织开展“童年的记忆传统游戏”和“寻找身边的传统手工艺”等征集活动，搜集整理传统游戏90余项，新发现手工艺人60余名，组织专家对“荆山悠腔”“茂腔”等“传统戏剧”项目进行深入挖掘。

荣获中国潍坊2017传统工艺创意设计大赛（博览周）优秀组织奖；《昌乐非物质文化遗产》获山东省文化厅组织的第二批山东省非物质文化遗产优秀科研成果三等奖；《非遗传承模式的探索与研究——以大葛狮子舞与武术的融合发展为视角》获2017年度山东省艺术科学重点课题立项；“昌乐县首届民俗艺术节暨非遗成果展演”活动被评为潍坊市“非物质文化遗产月”十大品牌活动；在市文广新局组织的“潍水文化生态保护实验区建设先进事项评选表彰活动”中，昌乐县“非遗进校园”工作被评为2016年度潍坊市非物质文化遗产保护亮点工作；“齐文化非遗综合传习中心”被评为2016年度非物质文化遗产保护优秀传习场所；“阎氏铜刻技艺”传承人阎小平被评为2016年度潍坊非物质文化遗产模范代表性传承人。

【非物质文化遗产申报】 2017年，公布《昌乐县第四批县级非物质文化遗产代表性项目名录》，新增市级非物质文化遗产荆山悠腔、王派烙画、阳文彩绘嵌银技艺和石雕碑刻传拓技艺等4项，新增“金首饰制作技艺”传承人王忠善为省级非物质文化遗产代表性项目传承人。截至年底，全县拥有2项省级非物质文化遗产代表性项目，25项市级非物质文化遗产代表性项目，120项县级非物质文化遗产代表性项目，1名省级非物质文化遗产代表性项目传承人，市级及以上“非遗”传承人11名。

【文化创新工作】 2017年，以创新引领工作，先后推出17项文化创新举措，初步形成以“政府主导，部门牵头，载体引领，社会参与”为特点，集“管”“演”“展”“看”于一体的更具活力的创新型公共文化服务体系。特别是市场科推出的文化审批“倒插门”服务，真正做到让群众少跑腿，把服务送上门。制定《昌乐县文化志愿者协会文化志愿服务管理办法（讨论稿）》，建立志愿服务计时制、学习培训机制等激励机制。招募文化志愿者360多人，先后在潍坊市第二届市民文化节、图书管理服务、全民阅读等活动中开展一系列文化志愿服务。充分运用新媒体，注册“昌乐县文广新局”微信公众号，粉丝近千人，平均每篇推送文章点击和转发量达300余人次。

（供稿：刘伟红）

新闻出版

【概况】 2017年，完成全县66家印刷企业的年检和发行零售单位的年报工作，并发放完成年检企业的营业执照副本。抓好版权保护工作，山东梦金园珠宝首饰有限公司实行版权登记，已获得著作权50项、授权专利271项（发明专利16项、实用新型专利51项、外观专利204项），获潍坊市版权示范单位称号。昌乐传媒集团积极运用各种手段开发和利用版权资源，获山东省版权示范单位称号。

【昌乐日报】 《昌乐日报》于2017年7月3日全新改版，为对开四版双面彩报，周一至周五出版，设置要闻、综合、民生、副刊等版面。2017年，编辑出版《昌乐日报》259期。6月16日至18日，在2017年度山东省县市报工作会议上，《昌乐日报》在全省46家县市报中脱颖而出，被山东省县市报研究会评为2016年度山东省“十强”县市报、2016年度山东省优秀县市报。

【新闻宣传】 2017年，《昌乐日报》先后开设《聚焦2017年十件民生实事》《贯彻落实县第十四次党代会精神·理论文章》《作风建设年我们在行动》《作风建设年我们在行动·重点建设项目巡礼》《作风建设年我们在行动·项目攻坚月》《作风建设年我们在行动·典型报道》《违法建设治理百日攻坚》《棚改进行时》《创建省食品安全先进县 国家级出口食品农产品质量安全示范区专题》《他山之石》《办好宝博会 喜迎十九大》等专栏，针对贯彻落实县第十四次党代会精神、矿产资源集中整治、违法建设治理、棚户区改造等工作进行连续、深入的报道，刊发各类稿件500余篇。2017中国（昌乐）国际宝石博览会期间，《昌乐日报》利用四个整版重磅推出宝博会开幕盛况以及珠宝展、重点招商项目签约仪式等活动报道。宝博会会前、会中期间，《昌乐日报》刊登《新丝路·新机遇·新旅程——写在2017中国（昌乐）国际宝石博览会开幕之际》《勇立潮头踏歌行——2017中国（昌乐）国际宝石博览会综述》等相关稿件28篇、图片23幅，大力宣传宝博会，聚焦宝博会，传播昌乐黄金珠宝好声音。开设《清风宝都》《法律讲堂》《人社之窗》《文明之窗》《防震减灾》等栏目，宣传普及党纪廉政、法律法规、文明礼仪、地震预防等知识。为增强报纸的可读性，开设《政策解读》栏目，解读上级政策和昌乐县出台的有关文件；开设《他山之石》栏目，对外地的先进经验进行转发或实地采访报道；开设《人文昌乐》栏目，深入挖掘昌乐的风土人情，营造人们说昌乐好、对昌乐亲、为昌乐办事的文化氛围。与30位昌乐艺术家进行签约，聘请他们为《昌乐日报》签约作家、书法家、美术家、摄影家；聘请6位政治敏锐性强、文字水平高的文字工作者担任特约评论员。通过这些措施，丰富报纸内涵，提高文化品位。2017年，刊发签约艺术家和特约评论员文章170余篇（幅）。为进一步提升广大群众的知晓率和满意度，9月编辑出版《昌乐日报》民生特刊。特刊为4开报型，封皮采用128克铜版纸，内页24个版面新闻纸，彩色印刷30万份。内容包括义务教育、基本医疗、社会保险、居住环境、文化生活、社会治安、政务环境、干部工作表现等8个方面。

广 播

【概况】 昌乐人民广播电台前身为1956年成立的昌乐县广播站，拥有国内一流水平的数字广播设备，发射频率为调频92.0MHz，发射塔位于昌乐县中部隋姑山顶，天线海拔高度333.8米，辐射半径150公里。社区广播“村村响”，作为2014年县政府10件民生实事之一，通过昌乐人民广播电台FM92.0频率，每天早、中、晚播出自办综合类节目，内容包括当地新闻、经济信息、农业技术、法制园地、政策问答、健康生活、曲艺精选等。社区广播系统在全县所有896个村和234个规模企业，以及县城各主要路口及公园广场等处安装高音喇叭和音箱3200只，进行无线接收广播，实现全覆盖。遇到各类自然灾害和安全突发事故时，社区广播随时播出预报预警信息，承担应急广播功能。2017年，社区广播安全播出总时长550余小时。

【栏目建设】 昌乐人民广播电台定位是“提供信息服务，娱乐大众生活”。《我爱朗读》栏目，通过主持人对美篇的精彩演绎，使听众享受朗读的快乐，体验朗读的魅力。《评书连播》栏目，由著名评书表演艺术家播讲，使听众在获得艺术享受的同时，也潜移默化地接受一种道德教育和情操陶冶。《车舞飞扬》栏目，由汽车、音乐等内容构成节目主体。以汽车使用、故障、购买等问题作为节目开场引题，就当下热点车型作点评，通过实例深入浅出地讲解汽车原理、使用常识等。《生活美食》栏目，主持人与听众一起用心感受美食带来的快乐与故事。

社区广播按照“突出实用性、听众零距离”的宗旨，精心打造节目栏目，开设《昌乐新闻》《农广天地》《今日说法》《健康之友》《时尚生活》《社区新鲜事儿》《人文昌乐》《三农信息播报》《供需直通车》《民意有声》《曲艺精选》《宝都文苑》《国学经典诵读》《我的公益主张》等15档内容丰富、贴近听众的新闻和服务类节目。2017年，社区广播对节目进行改进，每期播出时间由30分钟压缩为20分钟。

【舆论宣传】 2017年社区广播先后开设“聚焦‘1+5’‘四个城市’战略部署，抓好‘五个一批’落实，以优异成绩迎接党的十九大胜利召开”“学习贯彻中共十九大精神，决胜全面小康，加快‘四个城市’和现代昌乐建设”“作风建设年，我们在行动”“聚焦‘1+5’‘四个城市’战略部署，抓好‘五个一批’落实”“安全生产，重于泰山”“作风建设年，我们在行动”“生态家园齐努力”“脱贫攻坚进行时”等专栏报道，为全县经济社会发展营造良好舆论氛围。

【对外宣传】 2017年，昌乐人民广播电台外宣成绩再创历史新高。在中央人民广播电台发稿3条，其中央广网首次发中；在山东人民广播电台发稿276条，列全省县级台发稿第二名，其中《山东新闻》发稿位居全省第二名；在潍坊人民广播电台发稿360条，位居全市第二名。

电　视

【概况】 1986年9月，昌乐城南电视转播台建成试播。1987年1月，昌乐电视转播台正式转播中央一套节目。1991年6月，隋姑山电视差转台建成转播。1998年7月，隋姑山电视差转台利用光缆接受中央电视台一、二套节目和昌乐台自办节目作为信号源进行无线发射。2017年，昌乐电视台有新闻综合、农村社区、影视远教3个频道，开设《昌乐新闻》《我们的家园》《新闻晚高峰》《百姓大舞台》等近20档栏目。初步形成以新闻栏目为龙头、自办栏目为支撑、高端栏目为补充的多元化新格局。2017年12月，昌乐电视台获全省县级广播电视系统“十佳广播电视台”称号。

【新媒体融合发展】 昌乐电视台新闻综合频道实现在昌乐传媒网实时同步播出；昌乐电视台《昌乐新闻》《我们的家园》《视点》《新闻晚高峰》等13档栏目实现在昌乐传媒网、“今日昌乐”官微等新媒体平台点播，媒体融合发展步伐不断加快。《昌乐新闻》演播室主持人图像比例调整为与中央电视台《新闻联播》一致，提高电视台新闻节目的水平。

【高清数字化改造】 县委、县政府2017年研究确定对昌乐电视台实施高清数字化改造工程，对此，昌乐传媒集团高度重视，将其作为集团2017年“一号工程”，认真组织实施。7月14日，通过山东华标招标有限公司组织进行公开招标。8月8日，完成公开招标，分别由山东科保广播电视技术服务有限公司、北京格非视频科技发展有限公司两家公司中标。于12月初，设备已全部到位并安装完成。2017年12月底，昌乐电视台新闻综合频道实现高清标清同步播出，让全县人民看上本地电视台的高清自办节目。

【节目制作与播出】　2017年，昌乐电视台全年累计制作播出《昌乐新闻》365期，4380多条，总时长5500多分钟；播出《视点》《我们的家园》《新闻晚高峰》等新闻栏目200多期，总时长3800多分钟。电视台新闻综合、影视远教、农村社区三个频道播出自办节目总时长超过1万小时。先后完成《昌乐县经济社会发展汇报》《“工业强基”领航现代昌乐》《创业沃土·现代昌乐》《新平台新要素新动能新经济》《打造西部生态新城》《乡村振兴战略》《让党旗在农村高高飘扬》《让农民真正成为集体资产的主人》《全县打黑除恶暨打霸治疲汇报》《矿产资源整治》《文明县城复审汇报》《省级食品卫生安全先进县验收汇报》《昌乐县创建山东省民间文化艺术之乡申报》《全市农田水利建设现场会汇报》《办好人民满意教育建设现代教育名城》等40余部专题片和8部PPT幻灯片的制作任务，展示昌乐形象，受到各方好评。

【外宣工作】　2017年，昌乐电视台在中央电视台发稿13条，其中在《新闻联播》发稿3条，实现近五年来昌乐县在中央电视台《新闻联播》发稿零的突破；在山东电视台发稿161条，其中在《山东新闻联播》发稿59条。在山东电视台发稿得分位列全省县市区第九名，在中央、省、市台发稿得分继续位列全市各县市区第一名；在潍坊电视台发稿得分2438分，位列全市各县市区第一名，其中在《潍坊新闻》《聚焦》两档主打新闻栏目发稿总数均位列第一。重点稿方面，除在中央电视台《新闻联播》节目播发的稿件外，《中国（昌乐）国际宝石博览会闭幕》在《朝闻天下》栏目播出；山东电视台《山东新闻联播》分别以《简政放权，打通服务“最后一公里”》《让农民有更多的获得感》重点报道昌乐县行政审批制度和农村集体资产权能改革的经验做法；山东电视台齐鲁频道播发《新旧动能转换在山东——县域经济看昌乐》五集系列报道；潍坊电视台《潍坊新闻》栏目连续播发昌乐县作风建设年五集系列报道、加快推进“四个城市”建设三集系列报道和棚户区改造、违法建设治理主题性报道等，收到良好宣传效果。

（供稿：张国民）

档　案

【概况】　昌乐县档案局（馆）内部机构：办公室、管理科、业务指导科、编研科、法规科。工作职责：贯彻执行档案法律、法规和方针、政策。制定并组织实施本行政区域内档案事业发展规划和档案工作规章制度。配合县人大落实档案执法检查，查处档案违法案件。对全县机关、团体、企事业单位档案工作进行监督指导。组织并指导本行政区域内档案理论与档案科学技术研究、档案保护、档案教育、档案宣传、档案干部培训工作。负责集中统一管理、接收、征集本行政区域内各门类载体的重要档案资料，确保馆藏档案资料齐全完整和安全。开发档案信息资源，为社会各阶层提供档案利用服务。人员编制：编制17人，实有人数21人。馆库设备：档案密集架273立方米，除湿机3台，加湿机1台，防磁柜3台，电脑27台，打印复印一体机2台，服务器2台，消毒柜2个，灭火器4个，空气灭菌机3台，空调1台，监控摄像头28个，防盗窗150平方米。馆藏档案资料情况：截至12月31日，馆藏档案达205个全宗，馆藏档案62663卷，上架排列长度554米，馆藏资料21250册。录音录像带65盘、照片档案14233张。　昌乐县辖区档案概况：昌乐县有档案室73个，档案室面积2552平方米，专兼职档案人员126人，在职档案专业技术人员72人，其中副高级10人、中级21人，室存档案2599卷、76349件（新规则后以件计数），录音录像带551盘，照片3468张，底图720张。

【业务建设】　昌乐县档案馆通过国家级数字档案馆测试。按照国家档案局《数字档案馆系统测试办法》

和《测试指标表》要求，历时一年时间，昌乐县数字档案馆加强软硬件建设，对全县各单位保存的未进馆永久、长期（镇街区长久档案）档案进行数字化加工，并全部导入数字档案馆信息数据库。 12月28日至29日，国家档案局与山东省档案局组成专家组到昌乐县档案馆进行测评，专家组通过听汇报、审资料、观演示、实测等方式，对昌乐县数字档案馆系统的基础设施、系统功能、档案资源、保障体系、服务绩效等五大方面的99项指标进行测试，认为昌乐县数字档案馆系统建设规范，技术选择合理，整体水平先进，一致同意通过国家级数字档案馆测试。

【档案宣传与编研】 6月8日，举办首次昌乐县档案馆开放日活动和营陵诗词学会"走进档案馆"采风笔会。邀请昌乐营陵诗词学会会员及社会各界人士100多人走进昌乐县档案馆，了解档案工作、认识档案价值、感受档案文化、体验档案服务，诗词会员创作歌咏档案工作的诗词40多首，在《昌乐诗书画》《昌乐商会》等报刊以专辑形式发表。2017年6月9日开展主题为"档案——我们共同的记忆"的"国际档案日"纪念宣传活动，制作设置宣传展板，发放《中国的世界记忆遗产》宣传册，向公众宣传档案工作，普及档案知识，弘扬档案文化。编辑出版《浩然与昌乐档案资料》一书，收录著名作家浩然与昌乐有关的书信、讲话、作品、照片、手稿、题词和图片，以及昌乐作家记叙浩然在昌乐的活动、事迹等文稿，该书由中国文史出版社出版。编辑出版《走进兰台》，该书收集2016年昌乐县档案局组织的"档案书法展览"作品昌乐县档案局人员在各级报刊、信息网站上发表的宣传昌乐档案工作的信息、"国际档案日"宣传漫画，由潍坊市新闻出版局准印。

【档案科学化管理】 高标准做好昌乐县档案局"全省档案工作科学化管理先进单位"工作，12月通过山东省档案局组织的测评，创建为"全省档案工作科学化管理先进单位"。指导没有达"档案工作科学化管理合格单位"标准的单位，加快整改进度，按期完成整改任务，达"合格单位"标准。集中组织开展2016年度文书立卷工作。全县有95个单位按时完成立卷，立卷500余盒6000余件，立卷质量全部达标准要求。做好精准扶贫档案和棚改档案的业务指导，督促指导有关职能部门加强精准扶贫档案、棚改档案的规范管理。

【档案安全和征集利用】 严格落实档案库房"九防"措施，定期组织开展库房安全检查，确保馆藏档案资料的安全。改进服务条件和服务水平，为机关、企事业单位和公民提供便捷高效的档案利用服务。全年接待查档人员1600余人次，其中为500多名退役军人申请公益岗位提供需要的档案资料，调卷近3000卷次。征集《开拓前进的十年（1980—1990）——昌乐县人大工作回顾》《昌乐古今——朱刘辑》《马宋镇志》《红河村志》等一批重要档案资料进馆收藏。

（供稿：刘永友）

旅　游

【概况】 2017年，全县旅游工作围绕县十四次党代会、十七届人代会、全县经济工作会等一系列重大会议精神，以全域旅游理念为指导，对接市委"四个城市"建设部署，有序开展各项工作。全年接待国内外游客503.08万人次，实现旅游综合收入56.54亿元，比上年分别增长10.85%和15.75%。

【重点项目建设】 以项目开发为总抓手，推动金宝莲花山农庄小镇、庵上湖田园综合体、仙月湖乡村旅游综合体、五虎山现代农业博览园等14个涉旅项目完成投资17.38亿元。引进太公古城文化旅游项目落户昌乐县营丘镇。

【乡村旅游】 编制高崖库区南山农场、窝铺村和营丘镇古城村3个乡村旅游专项规划。制定《昌乐县乡村旅游提档升级实施方案》，培训乡村旅游带头人300余人次，新建旅游厕所11处，争取市级乡村旅游扶持项目3个。按照田园综合体和乡村旅游园区标准，发展五图街道庵上湖、高崖库区窝铺村、乔官五棵松等田园综合体及鄌郚时马山生态农庄自然教育基地，发展草莓、樱桃、火龙果等精品采摘园近10处。全年争取省市奖补资金700万元，争创行业品牌15个。乡村旅游全年接待人次269.2万人次，实现旅游综合收入2.49亿元。

【线路产品打造】 整合昌乐二中271、中国蓝宝石博物馆、中国宝石城、古火山文化旅游景区、姜齐文化产业，打造教育修学游产品；整合响水崖子、庵上湖、土埠沟、响水崖、仙月湖景区，打造乡村体验产品；整合中国蓝宝石博物馆、中国宝石城、方山蓝宝石原生矿区、古火山文化旅游景区、火山村落，打造火山探宝游产品。

【精品旅游线路】 *休闲探宝游* 山东昌乐火山国家地质公园—姬家庄子村—响水崖村—方山蓝宝石原生矿区-梦金园省级工业旅游示范点—中国蓝宝石博物馆—中国宝石城。

乡村体验游 五图街道响水崖子村—五图街道庵上湖村—乔官镇土埠沟村—莲花山农庄小镇—时马山生态农庄—仙月湖景区。

教育修学游 昌乐二中—中国蓝宝石博物馆—潍坊世代古典汽车博物馆—五图街道庵上湖村—山东昌乐火山国家地质公园—黑脸小窝·U然自然教育基地—窝铺田园综合体。

【市场营销推介】 举办第二届乡村旅游节、春季黄金珠宝展、国际宝石博览会等系列活动，组织企业参加省市旅发委及行业协会组织的旅交会近20次，昌乐蓝宝石入选首批“山东好礼·一城一品”旅游商品。与省旅游摄影协会联合开展“鸢都龙城·金秋昌乐”摄影展、“美丽昌乐金秋行”等专题推介。健全立体营销机制，用好“两微一头条”平台，微信、微博影响力不断提升，充分发挥自媒体在市场营销中的作用。

【旅游市场监管】 通过每周抽查、每季度大检查、邀请市旅发委暗访等措施，狠抓行业安全，确保行业安全形势稳定。规范市场监管，开展旅游市场综合整治“春季行动”“暑期整顿”，累计随机抽查对象15家，依法调处旅游投诉2起。引导文明旅游成效明显，昌乐县西湖公园等3家单位被评为全市“2017年度文明旅游先进单位”，宝石城管委会被评为省旅游服务名牌单位。

【旅游项目规划建设】 编制《昌乐南山现代农业庄园开发建设规划》《昌乐县营丘镇古城村乡村旅游发展规划》《昌乐县营丘镇古城村乡村旅游发展规划》3个项目规划。服务全县14个涉旅项目完成总投资17.38亿元，其中投资过亿元的项目5个，分别是金宝莲花山农庄小镇1.1亿元、尚·美术馆4亿元、城市园丁园艺综合体1亿元、方山-九龙湖综合旅游开发项目6.81亿元、五虎山现代农业旅游观光博览园1.9亿元。

【市场开发】 参加旅交会。组织本县涉旅企业参加上级旅游部门在大连、济南等地举办的各类旅游交易会近20次，展销昌乐特色旅游商品和精品旅游线路。昌乐蓝宝石入选首批“山东好礼·一城一品”旅游商品。

开展“两微一头条”营销。2017年度，采编发布微信信息247篇、微博127篇、今日头条108篇，被国家省市媒体转发198篇，总阅读量突破60万人次。微信、微博影响力在全省104个县市区分别列第14、24位，在全市12个县（市、区）均排名第二。

【旅游品牌培育】 2017年度，争创市级以上行业品牌及奖项14个。其中，省级品牌6个，分别是：县旅游局被评为“孔子家乡·好客山东”国际旅游摄影大赛优秀组织奖，庵上湖华安瓜菜合作社被评为省休闲农业与乡村旅

庵上湖红色田园课堂 （供稿：旅游局）

★中国蓝宝石博物馆“采宝隧道”　　（供稿：旅游局）

游示范点，昌乐蓝宝石入选首批“山东好礼·一城一品”旅游商品，《昌乐县旅游产业发展调研报告》被评为全省旅游系统优秀调研成果，赵继斌、王海建2人被评为全省乡村旅游创业之星。市级品牌8个，高崖水库库区窝铺村、南山农场及其规划入选潍坊市乡村旅游标杆示范项目，中国宝石城等3个单位被评为全市“2017年度文明旅游先进单位”，孟祥茹、刘茜2人分别被评为全市2017年度“最美导游”和“美德游客”。拟培育申报新品牌6个，分别是：庵上湖葡萄沟生态餐厅和响水崖子响水驿站四星级好客人家农家乐，南山农场采摘园省级精品采摘园，高崖库区窝铺村省旅游特色村，庵上湖村山东省乡村旅游培训基地、山东省旅游人才培训基地。

【节庆活动】　2017昌乐第二届乡村旅游节　本届乡村旅游节时间为4月27日至10月31日。启动仪式于4月27日上午10:08在五图街道响水崖子村举行，由县旅游局、县文广新局、县体育局、五图街道主办，县旅游协会承办。副县长崔欣、山东省旅游摄影协会秘书长刘赟、《旅游世界》杂志社运营总监郭付朝出席，各镇（街、区）分管领导、部分县直部门主要负责人和分管负责人参加。作为启动仪式一部分，4月26日上午，在县委党校第二报告厅召开《全县旅游发展专题培训会议》，副县长曹建国主持，邀请山东旅游规划设计院院长常德军授课《新形势下的昌乐旅游》，各镇（街、区）分管领导、县旅游工作领导小组成员单位分管负责人参加。

2017中国（昌乐）春季黄金珠宝展　4月28日至5月1日，在中国宝石城珠宝交易中心举办。本着“协会牵头、市场运作、政府调控”的办展原则，由山东省珠宝玉石首饰行业协会、昌乐县珠宝首饰行业协会主办。其间，来自斯里兰卡、泰国、巴基斯坦等国内外近百家珠宝企业参加展销，吸引游客2.053万人次游览购物，交易额5132.5万元。

第二届庵上湖葡萄文化节暨第三届庵上湖合作社发展论坛　10月1日至2日，在五图街道庵上湖村举办，主题为“品庵上湖葡萄、话合作社发展”。本届葡萄文化节由五图街道、县旅游局主办，县传媒集团、县旅游协会承办。开幕式结束后，传媒集团组织《欢乐大舞台》文艺会演。第三届庵上湖合作社发展论坛主题为“和谐有序、绿色文明、创新包容、共建共享”，20多名村支部书记、包村第一书记或合作社理事长参加。

2017中国（昌乐）国际宝石博览会　10月13日至16日，在中国宝石城举行，开幕式于13日上午10:18在中国蓝宝石博物馆前广场举行，国家、省、市有关领导应邀出席，县领导出席，各镇（街、区）、县直各部门主要负责人参加，县委副书记、县长邱旺主持。山东省旅游发展委员会综合处处长、山东省旅游推广中心主任王建华，山东省旅游摄影协会会长、《旅游世界》杂志社社长刘建波，潍坊市旅游发展委员会副主任李相群应邀出席。本届博览会以“开放、合作、创新、发展”为主题，有美国、俄罗斯、意大利、斯里兰卡等20多个国家和地区的300多家客商参展，其间还举办国际珠宝展、珠宝创意设计大奖赛、重点招商项目签约、“中国蓝”首饰创意设计研讨会等分项活动。

2017年国庆假期，庵上湖举办葡萄文化节　　（供稿：旅游局）

名优特产

【昌乐蓝宝石】　昌乐蓝宝石有矿面积达450平方千米，是世界上罕见的蓝宝石富矿区。昌乐蓝宝石颗粒大、颜色深、品位高、质量优，总储量数十亿克拉，数量和质量均居全国首位。自1986年昌乐蓝宝石被认知以来，经过31年的发展，现已形成规模宏大的珠宝集散地，建成集黄金、玉器、翡翠、镀金属、水晶、珍珠、玛瑙等系列商品于一体的中国宝石城国家珠宝交易市场。昌乐也因此被誉为“世界古火山奇观，中国蓝宝石之都”。

★奇石宴（满汉全席）　　（供稿：旅游局）

【昌乐西瓜】　全县西瓜种植面积每年基本稳定在16万亩左右，其中，冬暖式大棚和大拱棚11万亩，中、小拱棚5万亩，西瓜年产量稳定在60万吨以上，产值达15亿元。1997年，郚郚镇被命名为“中国无籽西瓜之乡”。2000年，尧沟镇（今属宝都街道）被命名为“中国西瓜第一镇”。1999年、2001年，昌乐西瓜连续两届被评为中国国际农业博览会名牌产品。2013年，在第25届北京大兴西瓜节擂台赛上，昌乐县庵上湖西瓜获得全国中型西瓜综合组冠军。2016年，昌乐西瓜被评为“全国百强名优果品区域公用品牌”“山东省十大知名农产品区域公用品牌”。

證書

CERTIFICATE

在2017中国果品区域公用品牌价值评估中，昌乐西瓜品牌价值为36.91亿元人民币。

评估基准日为2017年11月3日。

中国果品流通协会

浙江大学CARD中国农业品牌研究中心

二〇一七年十一月

昌乐西瓜“2017年农产品区域公用品牌价值”证书

（供稿：旅游局）

【梦金园黄金首饰】　山东梦金园黄金珠宝首饰有限公司坐落在昌乐经济开发区，是国内最大的集研发设计、生产加工、品牌运营及销售服务于一体的大型黄金首饰集团公司，年加工黄金饰品近百吨，产品销往30多个省、直辖市、自治区及港澳特区，致力于打造全产业链的世界级黄金珠宝航母品牌，让世界看到中国的美。2009年，被山东省旅游局授予“山东省工业旅游示范点”。

【火山小米】　在昌乐县乔官镇远古火山群周围的郝家沟、姬家庄子、孙家沟、段家沟、响水、黑山子、南音等十几个村庄，一直种植一种传统的驴缰绳谷子，用它碾出的小米，叫驴缰绳小米，因为此谷物是生长在火山灰之中，所以又称火山小米。2015年10月“昌乐火山小米”成功注册国家地理标志证明商标，成为地方优质特色安全农产品。

【白塔芋头】　仙月湖位于昌乐县西南端，是山东省一级水源保护地，是国家AAA级旅游景区、国家水利风景区，这里以其得天独厚的生态环境优势，大力培植和开发芋头种植特色产业。白塔芋头历史悠久，主产地是库区的白塔、窝铺等村庄，是高崖库区的传统主导产业，已有千年栽培历史，是江北地区上市最早、口感最好的有机芋头。与其他地方的芋头产品相比，个大、体圆、皮薄、肉嫩，滑中带面，香味醇厚，营养价值高，享誉海内外。培育和推广“白芋1号”等优良品种，实施标准化生产，芋头种植面积已达1万亩，年产鲜芋头2万吨，畅销全国，出口美国、日本、韩国及东南亚国家和地区。

【郚郚吉他】　郚郚镇作为中国电声乐器的产业基地

和山东省特色产业镇，乐器企业已有近80家，产品涵盖电吉他、木吉他、电贝斯、萨克斯、音箱乐器配件等8大系列、400多个花色品种，实现年产值30亿元人民币，产品远销韩国、德国、日本、英国、美国等国家。

2017年昌乐县旅游景区景点一览表

表28

名称	等级	地址
昌乐中国宝石城	国家AAAA级	昌乐新城街903号2楼
西湖公园	国家AAA级	昌乐县宝昌路222号
桂河湿地公园	国家AAA级	昌乐县首阳山度假区内
白浪沙滩湿地公园	国家AAA级	昌乐县营丘镇政府驻地北100米
仙月湖景区	国家AAA级	昌乐县高崖水库库区
清水河公园	国家AAA级	昌乐县红河镇政府驻地北

2017年昌乐县旅行社一览表

表29

旅行社名称	成立时间	地址
昌乐县宝都旅行社有限公司	2006年2月	昌乐县文化路879号2号楼11商铺
潍坊华之旅旅行社有限公司	2003年7月	昌乐县恒安街
昌乐龙腾旅行社有限公司	2012年3月	昌乐县昌盛街32号51号楼14商铺
昌乐鼎悦旅行社有限公司	2016年3月	昌乐县市场路2278号14号楼05商铺
潍坊春华旅行社有限公司	2017年8月	昌乐县方山路6887号领仕郡4号楼4号商铺
昌乐宏鑫旅行社有限公司	2017年3月	昌乐县洪阳街1729号新政花园2号楼06商铺

2017年星级饭店一览表

表30

名称	星级	地址
昌城大酒店	四星级	昌乐县新昌路36号
宝城大酒店	三星级	昌乐县新昌路252号
清林园大酒店	三星级	昌乐县昌盛街2058号

（供稿：刘　涛）

卫生 计生 体育

WeiSheng JiSheng TiYu

卫 生

【概况】 2017年，全县卫生计生工作坚持“四个一流”目标定位，崇实重干、创新争先理念，深化改革，强化管理，先后被确定为“全省健康促进示范县试点”“全省健康城市试点县”“省级医养结合示范先行县”，五图街道卫生院等3家卫生院被授予“全国群众满意的乡镇卫生院”，城关街道社区卫生服务中心被授予首批“全国优秀社区卫生服务中心”，全市基层卫生工作现场会在昌乐县召开。全县各级医疗卫生机构达615家，包括医院16处，社区卫生服务中心1处，社区卫生服务站2处，镇卫生院（卫生院分院）14处，卫生室487处，卫生技术人员3974人，医护人员3327人，实有床位4242张；资产总值17.35亿元，房屋建筑面积41.65万平方米。门、急诊421万人次，出院病人15.69万人次；万元以上设备2097台（套），总价值3.739亿元（以上数据含潍坊市第三人民医院）。

【医疗共同体建设】 依托县人民医院，组建昌乐县人民医院医疗联合体，拉动其红河分院、县妇幼保健院及6处社区医疗服务站、70处村卫生室为成员的医疗集团，推进医疗机构组织和业务管理一体化。向上挂靠，县人民医院与北京协和医院，北京大学人民医院远程会诊、远程教学中心，山东省千佛山医院等三甲医院建立技术协作关系，开通远程会诊系统，城乡居民足不出县便可得到上级名医的技术指导，开展疑难病会诊、影像学诊断、病理会诊等远程医学会诊；往下延伸，县人民医院与县内6家卫生院签订医疗联合体协议，免费为卫生院安装远程动态心电系统、定期选派医院专家到卫生院坐诊，为70家村卫生室安装远程心电图及门诊医生工作站，可预约门诊各项检查，在人民医院做完检查后，检查结果自动下传到村卫生室工作站，极大方便群众；双向转诊，医共体之间严格按照医疗机构诊疗范围执业，各自收治病种，制定双向转诊临床标准、转诊流程和管理规范。区域内基层医疗卫生机构向医疗技术联合体县人民医院转诊，通过预约挂号，建立转诊“绿色通道”，享受优先诊疗和住院服务，实现无缝隙转诊；分级诊疗，以畅通向下转诊为重点，建立紧密衔接、相对稳定的双向转诊渠道，全县各基层医疗卫生机构实现门诊人次40.5万人次，占全县总诊疗人次的19.5%，门诊人次占比同期提高3.9个百分点。建立明晰的转诊程序和双向转诊沟通机制，加强医疗、医保工作衔接，优化转诊服务，运用信息化手段提高转诊服务效率，提升预约诊疗服务水平。

【社会资本办医】 2017年，全县有社会资本办医79家，床位数982张，卫生技术人员238人，注册资金总额3553.5万元，其中二级中医院1家、二级口腔医院1家、一级综合医院11家、护理院1家、精神卫生专科医院1家、个体诊所64家（其中中医诊所15家），呈现多层次、多门类、满足不同层群众就医需求的发展格局和提升医疗服务水平的重要途径，加强与省内外著名医院的全方位合作。县人民医院与省千佛山医院、市人民医院建立长期对口合作关系；6月与省肿瘤医院签约成立“山东省肿瘤医院昌乐协作医院”；9月，齐鲁医药学院昌乐县人民医院临床教学基地揭牌；11月，山东省上消化道癌早诊早治暨肺癌筛查技术培训班在昌乐举办。同月，昌盛医院成功与北京长信医疗集团签约，成立北京长信医疗集团昌盛医院。

【家庭医生签约服务】 被确定为全市推进和完善家庭医生签约服务试点县。自9月起，全面启动2.0版家庭医生签约服务工作，积极探索将基本医疗服务和个性化服务相结合、把群众需求和特色服务相结合的家庭医生签约服务模式，形成以大众服务包为基础，以个性化服务包为特征，以特色服务包为亮点的家庭医生签约服务模式。全县组建家庭医生签约团队183个，签约52万人，签约率82.7%，重点人群签约数15.3万人，签约率69.5%，残疾人签约630人，签约率55.6%。

【药品保障机制建设】 实施基本药物制度，规范医疗卫生机构药品采购行为，落实药品集中配送，“一药品一议价”政策，公立医疗机构药品采购推行“两票制”，并把落实两票制纳入绩效考核。调整完善基层医疗卫生机构药品配备使用政策，把非基本药物配备使用的遴选权限下放至基层，非基本药物配备比例由20%调整至30%，有效提升群众到基层看病就医的积极性和满意度；高度重视耗材购销管理，严格执行全省高值医用耗材集中采购中标结果，组织县级公立医院在血管介入类、非血管介入类、血液净化类、眼科材料类等十大类高值医用耗材实现网上采购。2017年全县公立医疗卫生机构药品采购总金额为22687.31万元，其中县级公立医院为19488.33万元，基层医疗卫生机构为3198.98万元，到货率达99%。全县70种议价药品平均降价幅度52%，降幅最大的达91%。

【基础建设】 鄌郚中心卫生院完成投资155万元，进行国医堂改扩建和卫生院广场改建，面积1000平方米；1月城南街道卫生院新院建成，新院东楼四层和南楼三层，建筑面积4635平方米，同月完成整体搬迁；白塔卫生院综合病房建成使用，建筑面积526平方米；宝城街道卫生院门诊病房楼与原街道党委办公区进行资产置换，置换业务用房2361平方米，又投入208万元进行改扩建和配套设施维修，7月整体搬迁至新址。

【医疗管理服务】 *医疗质量提升年活动* 印发《昌乐县提升医疗服务质量集中行动实施方案》，制定《全县提升医疗服务质量集中行动督查方案》，以加强医疗服务能力建设、落实核心制度、提升门诊服务质量、提升住院服务质量、提升护理服务质量、注重人文关怀“六项工作”为抓手，在全县医疗机构开展提升医疗服务质量集中行动。

以培训和竞赛促技能提升 开展“大学习、大培训”“大比武、大评比”，多次举办医疗机构病历书写规范和抗菌药物临床应用知识培训班，全县有847人参加培训。县卫计局与县总工会联合举办“5·12”护士节护理技能操作大赛，全县有28个医疗机构的69名护理人员参加。基层医疗机构医师临床技能比赛，有23个医疗机构的23名执业（助理）医师参加比赛，均对获奖团体和个人进行表彰。

医养结合破题发展 组织全县16家乡镇卫生院长到莱矿医院、博山区源泉中心卫生院，临朐县辛寨中心卫生院等先进单位考察学习。制定《关于加快推进医养结合工作的实施意见》，编制《医养结合工作规划（2017—2020年）》，积极创建省级医养结合示范县。全县建成或在建养老服务机构7家，其中宝都护理院、康乐园老年护理院、宝城养老康复中心、城南老年健康养护苑已正常运营；中医院康乐园健康养护中心、东方养老托护中心、尧沟康复养护中心养等3家养老服务机构在建。县中医院康乐园健康养护中心被市列为医养结合十大重点项目，并上报省重点项目库。

医疗卫生监督 严厉打击非法行医。建立打击非法行医长效监管机制，持续保持打击非法行医高压态势。全面整顿医疗秩序，在全县范围内组织开展打击非法行医专项治理行动，出动监督员300余人次、监督车辆150余辆次，监督检查各级各类医疗机构500余家，对无证行医全部予以坚决取缔，拆除标识标牌、没收药品器械，并依法进行行政处罚，立案处罚无证行医59家，年内结案41家，罚款12.6万元。

规范依法执业行为 对合法医疗机构，加强日常监督巡查，促使医疗机构依法规范执业。全年检查辖区内的医疗机构608处，上报国家卫生和计划生育监督信息1148条，检查一级以上医疗机构及门诊部、个体诊所、厂矿企事业卫生室等114家，国家双随机检查34家，检查发现违法问题并立案处罚56处。

加大专项检查力度 在全县各级各类医疗卫生机构中深入开展医疗废物处置、传染病、预防接种单位和疫苗、口腔诊疗器械消毒、医疗美容服务、中医医疗机构传染病防治和感染防控、社会资本办医疗机构依法执业等专项监督检查，以及乡镇卫生院依法执业规范工程监督检查等10余项专项检查，促进医疗市场规范。

【基本公共卫生服务】 按照《昌乐县基本公共卫生服务项目实施方案》《昌乐县基本公共卫生服务项目绩效考核办法》及《昌乐县基本公共卫生服务项目规范化管理实施意见》，明确基本公共卫生服务管理机制好、工作措施好、项目落实好、服务质量好、资金管理好、群众满意的“五好一满意”的工作目标。全县承担基本公共卫生服务项目的基层医疗机构有社区卫生服务中心1处，卫生院14处，村卫生室348处，民营医院2处，基本公共卫生服务覆盖率100%，人均基本公共卫生服务项目经费补助标准由45元提高到50元。

通过加强制度建设、规范项目运行，加强学习培训、提升服务水平，“互帮互学、互查互动”、推动均衡发展，规范项目开展、提高工作水平，抓老年人规范查体、推动“公卫撬医疗”，同步推进家庭医生签约和档案复核升级、不断提高服务质量，聘请“第三方”、严格绩效考核等措施，全县累计建立居民电子健康档案55.1万份、新建预防接种证9902人、0-6岁儿童健康管理5.59万人、孕产妇早孕建册8218人、产前健康管理8244人、产后访视8186人、65岁及以上老年人健康管理5.14万人、高血压健康管理5.04万人；糖尿病健康管理1.77万人、严重精神障碍患者管理2814人、肺结核患者健康管理148人、0～36个月儿童中医调养服务1.32万人、65岁以上老年人中医体质辨识服务4.33万人。

基本公共卫生服务妇幼项目，全县孕产妇系统管理率达90.46%，3岁以下儿童系统管理率90.23%，完成省下达目标任务。推广使用《母子健康手册》，实现“一册在手，全程服务”一站式妇幼保健服务，发放《母子健康手册》3000册。

【重大公共卫生服务】 免费妇幼保健筛查。全县全年农村待孕妇女叶酸发放1.45万瓶，服用叶酸人数5619人，发放率96.05%，服用依从率98.4%；农村妇女住院分娩补助5326人，补助率100%；孕产妇艾滋病、梅毒乙肝检测1.25万人，检测率100%，梅毒感染3例，乙肝表面抗原阳性产妇322例，艾滋病检测阳性0例。梅毒感染孕产妇及所生儿童接受规范诊疗100%，乙肝感染孕产妇所生新生儿接受乙肝免疫球蛋白注射的比例100%。农村35～64岁妇女“两癌”筛查，通过手诊乳腺检查、超声检查、妇科检查和TCT检查进行乳腺癌、宫颈癌筛查，完成1.4万人的年度筛查任务，确诊乳腺癌12人，宫颈癌2人，均已及时手术治疗。

免费儿童牙齿窝沟封闭防龋。2017年是昌乐县实施适龄儿童免费牙齿窝沟封闭防龋项目的第三年，确定县人民医院和爱杰口腔医院作为项目定点医疗机构，两处定点医院12名专业技术人员参加市级培训，配备综合治疗椅43台，口腔执业医师21人、执业护士12人参与项目实施。通过宣传引导、发放《致家长的一封信》，签订“窝沟封闭知情同意书”，上好牙齿保健教育课等促进措施，确保适龄儿童及家长牙齿窝沟封闭知识知晓率达100%。全县检查学生5701名，检查确定应封学生5577名，实封学生人数5394名，封闭牙齿数19433颗，封闭率达94.6%，落实财政补助资金48.58万元。

【中医药】 制定全县《基层医疗机构中医药建设发展方案》《2017年中医药工作要点》。2月，聘请省级专家对昌乐县60余人开展中医适宜技术培训。审核、上报2016年省中医馆项目建设单位红河卫生院、县立医院验收报告。县中医院上报2项中医药科技项目。按照山东省中医药文化建设评估标准（试行）要求，推荐鄌郚中心卫生院开展积极创建工作。从县中医院选调、上报2名考官参加执业医师资格考试中医类别实践技能考试，组织两组四人参加全省五级中医药师承教育项目第四批村级继承人第三次培训班。9月23日参加市中医适宜技术、中医经典知识竞赛，获得团体三等奖、2人获得三等奖、1人获得优秀奖，城南街道卫生院1名代表入选市级代表队参加省决赛。乔官、营丘两处中心卫生院国医堂项目通过市级初审。联系潍坊市中医院远程影像接入意向，通过互联网接入协作医院设备（CR/DR/CT/MR），10处医疗机构加入市中医医疗集团。11月11日举办2017年“膏方节”，组织参加2017年度山东省中医膏方临床应用培训班。积极组织相关人员通过微信参加全省《中华人民共和国中医药法》和中医药文化有奖知识竞赛，参与人数超过500人，获得优秀组织奖。开展中医药科普宣传进工厂、学校、机关科普宣传系列讲座。

2017年昌乐县医疗机构一览表

表31　　　　单位：人

序号	机构名称	卫生机构类别代码	床位	医护人员	地　址
1	潍坊市精神卫生中心	精神病医院	800	228	昌乐县城新昌路孤山后巷1号
2	昌乐县人民医院	综合医院	1200	940	昌乐县利民街278号、昌乐县新昌路1717号
3	昌乐县人民医院涵乐苑社区门诊部	综合门诊部	0	6	昌乐县城涵乐苑小区
4	昌乐县人民医院永康社区门诊部	综合门诊部	0	7	昌乐县城曲家庄村委
5	昌乐县妇幼保健院艳阳天社区门诊部	综合门诊部	0	7	昌乐县城艳阳天小区
6	昌乐县妇幼保健院	妇幼保健院	34	40	昌乐县利民街278号
7	昌乐县人民医院红河分院	综合医院	200	106	昌乐县红河镇政府驻地
8	昌乐宝都护理院	护理院	51	13	昌乐县孤山街203号
9	昌乐县皮肤病防治站	皮肤病防治所	9	4	昌乐县开发区江海街04号
10	昌乐县疾病预防控制中心门诊部	综合门诊部	0	8	昌乐县城利民街18号
11	昌乐县中医院	中医医院	700	577	昌乐县城恒安街323号
12	昌乐县城关街道社区卫生服务中心	社区卫生服务中心	10	46	昌乐县城永康路中段西侧
13	昌乐县立医院	综合医院	99	111	昌乐县城利民街390号
14	昌乐县宝城街道卫生院	乡卫生院	50	62	昌乐县宝城街道尧沟社区
15	昌乐县朱刘街道卫生院	乡卫生院	40	19	昌乐县朱刘街道办事处驻地
16	昌乐县城南街道卫生院	乡卫生院	48	34	昌乐县五图街道办事处驻地
17	昌乐县五图街道卫生院	乡卫生院	30	32	昌乐县五图街道驻地
18	昌乐县乔官中心卫生院	中心卫生院	66	73	昌乐县乔官镇政府驻地
19	昌乐县鄌郚中心卫生院	中心卫生院	174	116	昌乐县鄌郚镇政府驻地
20	昌乐县营丘中心卫生院	中心卫生院	40	30	昌乐县营丘镇5号
21	昌乐县红河镇卫生院	乡卫生院	11	45	昌乐县红河镇平原村
22	昌乐县白塔卫生院	乡卫生院	37	10	昌乐县高崖水库库区管委会驻地
23	昌乐县营丘中心卫生院崔家庄分院	乡卫生院	19	16	昌乐县营丘镇崔家庄村
24	昌乐县营丘中心卫生院阿陀分院	乡卫生院	20	16	昌乐县营丘镇阿陀村
25	昌乐县红河镇卫生院朱汉分院	乡卫生院	19	13	昌乐县红河镇朱汉村
26	昌乐县乔官中心卫生院北岩分院	乡卫生院	50	45	昌乐县乔官镇北岩村

续表 31

单位：人

序号	机构名称	卫生机构类别代码	床位	医护人员	地　址
27	昌乐县鄌郚中心卫生院高崖分院	乡卫生院	45	19	昌乐县鄌郚镇漳河村
28	昌乐宝都街道齐美家园社区卫生服务站	社区卫生服务站	0	3	昌乐县宝都街道齐美家园小区
29	昌乐县宝都街道南苑社区卫生服务站	社区卫生服务站	0	5	昌乐县城恒安街南苑小区
30	昌乐宝城医院	综合医院	60	42	昌乐县城南街道办事处新昌路 3 号
31	昌乐三〇九医院	综合医院	40	22	昌乐县城宝昌路与 309 国道交叉路口东南角
32	昌乐石大医院	综合医院	60	25	昌乐县城方山路与利民街交叉路口东南角
33	昌乐昌盛医院	综合医院	99	48	昌乐县昌盛花园
34	昌乐爱杰口腔医院	口腔医院	15	26	潍坊市昌乐县孤山街 337 号
35	昌乐新昌医院	综合医院	40	21	昌乐县站前街 386 号 8 号楼
36	昌乐东方医院	综合医院	50	21	昌乐县红河镇大宅科社区
37	昌乐济德医院	综合医院	50	17	昌乐县朱刘街道办事处驻地
38	昌乐新城医院	综合医院	30	19	昌乐县经济开发区方山路 3795 号 5 号楼 05 商铺
39	昌乐西湖医院	综合医院	50	37	昌乐县宝昌路 2910 号钱塘府小区 7 号楼 01 号商铺
40	昌乐光荣口腔门诊部	口腔专科门诊部	4	8	昌乐县孤山街 59 号 1 号楼 06 商铺

人口计生

【概况】 2017 年，全县深入贯彻落实党中央、国务院和省委、省政府、市委、市政府关于改革完善计划生育服务管理的决策部署，坚持计划生育基本国策，稳妥有序实施全面两孩政策，强化党委和政府主体责任，完善齐抓共管工作格局，以夯实基层基础为根本，依法行政为底线，完善计划生育管理服务体制，建立基层指导工作新机制，推进计划生育工作转型发展，促进全县人口长期均衡发展。被中国计生协确定为全省唯一的“第四批全国计划生育基层群众自治示范县”。

【计划生育】 措施保障　强化目标责任管理。与 10 处镇街签订《2017 年度计划生育目标管理责任书》，与 29 个单位（部门）签订《人口和计划生育目标责任书》，将人口与计划生育考核工作纳入对镇（街、区）科学发展综合考核和县直部门工作实绩考核，把计划生育工作纳入县委县政府重大事项督查范围。每季度对全县 84 个社区的计划生育工作进行一次考核排名，对年内累计两次考核排名后五位的，纳入重点管理，实行“一票否决”，取消当年度所有评先树优资格。

强化财政保障　坚持计划生育经费优先纳入预算，配套资金优先拨付，奖励资金全额落实，为人口计生工作提供充足的财力保障。全县卫生和计划生育事业财政投入达 16097.55 万元。

落实“一票否决”制　对文明单位、“两代表一委员”、劳动模范、先进工作者等 324 个单位、2251 名个人的计划生育情况进行审核，否决单位 3 个、否决个人 60 名。

服务管理改革　简化群众办事流程。突出便利利民，推行首接负责制、个人承诺制，落实“一站式服务”，开设便民服务绿色通道，让群众不出社区就能完成一孩、二孩生育登记和再生育证的审批服务。全面公开生育登记的依据、条件、程序、时限、需要提交的材料和服务承诺等信息，接受群众监督，方便群众办事。年内办理一孩生育登记 2464 例、二孩生育登记 5987 例、再生育审批 168 例。办理生育服务登记 8451 人，生育服务登记覆盖率 89.76%，再生育审批办证率 100%。

【流动人口计生管理】 创新流动人口服务管理模式，加强区域协作，实现卫生计生信息共享，实时监控流动人口信息，逐步实现属地化管理。持续做好流动人口健康教育和促进工作，不断提升流动人群的健康获得感和幸福指数。落实流动人口基本公共卫生计生服务均等化服务工作。完成国家流动人口基本公共卫生计生服务满意度调查，做好流动人口信息管理系统的管理和使用工作。

【出生人口性别比综合治理】 深入贯彻落实中央、省、市关于出生人口性别比综合治理工作的一系列决策部署，加强组织领导，部门齐抓共管，强化利益导向，建立长效机制。卫生计生、公安、教育、民政、统计等部门及时交换统计数据，深化完善出生人口信息的共享机制。倡导科学、健康、依法、负责的婚育观念，宣传文明、健康的生育知识，引导育龄群众树立“生男生女一样好”“轻生重教”等科学文明的生育观念。健全完善B超登记使用、有奖举报等制度，强化源头治理。加强孕期服务、孕情跟踪管理，健全“村（居）为主”工作机制，严格落实包保责任制，把出生人口性别比综合治理工作与进村入户为群众提供优质服务相结合。把开展“性别比重点治理活动”情况作为计划生育目标责任制考核的重要内容，纳入党委、政府重大事项督查范围。

【优生健康工程】 积极探索建立以政府为主导、以妇幼保健网络为依托、覆盖婚前、孕前、产前、产后各个阶段出生缺陷综合防治模式和协作机制，着力做好国家免费孕前优生健康检查、免费婚前检查、免费增补叶酸预防神经管缺陷项目、免费产前筛查、新生儿疾病筛查、新生儿听力筛查项目，已婚育龄夫妻享有的免费基本计划生育技术服务落实率达100%。注重强化高龄群众孕产指导工作，在全县19处医疗卫生机构和10处镇（街、区）计生站设立优生咨询服务室，免费提供优生咨询服务，开设健康教育讲堂，在4家助产机构设立孕妇学校、高龄孕产妇咨询门诊，普及孕期保健及婴儿护理等知识。加强技术服务队伍建设，强化母婴安全保障措施培训，完善危急重症救治服务，在县人民医院成立危重症孕产妇和危重儿童救治中心，建立急救绿色通道，及时救治转诊危重孕产妇和新生儿，有效降低孕产妇和新生儿死亡率。扎实做好公共场所母婴保健设施建设，建成标准化母婴设施7处。全面开展妊娠风险筛查与评估，年内服务目标人群：孕前6858人次，评估高风险623人，全部进行有针对性的医学指导；唐筛9597人次，筛出唐氏高危1271人，确诊唐氏儿24例，全部采取终止妊娠处理，有效降低出生缺陷。

【依法管理】 严格审批事项办理，对婚育状况证明、流引产鉴定证明、病残儿鉴定、再生育证审批等重点事项严格把关，对审批中发现的问题及时移交计生执法监察办公室和法规信访科立案调查处理。规范执法行为，严厉打击私自鉴定胎儿性别和非法终止妊娠行为，加大B超执机人员管理及终止妊娠药品市场的清理和“两非”（非法鉴定胎儿性别、非法选择胎儿性别终止妊娠）案件的查处力度。依法查处违法生育行为，加大对违法生育人员依法处理力度，对有能力但拒不缴纳社会抚养费的违法生育户，依法申请人民法院强制执行，全年申请法院对103户违法生育户进行强制征收，司法拘留9人，征收社会抚养费1700多万元。

认真落实法定优先优惠政策，全县全年644名农村育龄妇女享受到“四术”免费服务，有3.45万名独生子女父母受到奖励，享受农村部分计划生育家庭奖励扶助对象4200人，享受计划生育家庭特别扶助183人。奖励扶助项目财政支出729.47万元。

【计划生育协会】 持续推进计生特殊家庭帮扶模式探索。自2013年以来，“爱心助福计生特殊家庭”被省计生协确定为计生特殊家庭帮扶模式探索项目，在全县推行“社会化、个性化、常态化”三化帮扶模式，对计生困难家庭持续开展结对帮扶救助，为151户计生特殊家庭建立信息档案，为新增失独家庭发放一次性抚慰金12万元，出资48.8万元，对455户计生困难家庭进行帮扶救助。开展针对计生特殊家庭的精准扶贫，得到各级领导充分肯定。8月，在全省计划生育工作会议上，昌乐县作题为《动员全社会力量，打造三化帮扶模式，确保计生特殊家庭小康路上不掉队》的典型发言。县政府办公室下发《关于印发昌乐县落实城镇其他居民独生子女父母奖励扶助政策实施方案的通知》，对城镇失业、无业等人员中的独生子女父母落实城镇居民计生奖扶政策，把城镇失业无业独生子女父母参照农村部分计划生育家庭奖励扶助标准纳入年老奖励范围，实现城镇独生子女父母年老奖励全覆盖。

爱国卫生运动

【卫生县城创建】 6月23日，全国爱国卫生运动委员会《全国爱卫会关于命名2014—2016周期国家卫生县城（乡镇）的决定》（全爱卫发〔2017〕4号）命名昌乐县城为国家卫生县城、红河镇为国家卫生乡镇。

【卫生创建活动】 第29个“爱国卫生月”活动 4月，全县开展以“为人民的健康——65年的历史与展望”为主题的活动，通过制作宣传栏、刷写标语、悬挂横幅、广播、黑板报、散发宣传单等形式进行爱国卫生月的主题宣传活动。

集中灭蚊、秋季爱国卫生运动 9月，印发《昌乐县秋季爱国卫生运动加强媒介传染病防控工作的通知》《昌乐县集中灭蚊行动方案》，启动全县集中灭蚊行动，发放《昌乐县灭蚊工作明白纸》《昌乐县集中灭蚊行动倡议书》2万余份，灭蚊宣传折页3000余份，预防秋季传染病及爱国卫生运动的宣传折页1700余份。10月上旬，县疾控中心对蚊虫密度进行监测，评估活动效果。

集中灭鼠 11月，印发《关于开展冬季集中灭鼠活动的通知》，对全县各相关单位灭鼠管理员进行技术培训，印发各种宣传材料4万余份，利用2个月时间全县集中开展灭鼠活动。

健康城市创建 昌乐县被潍坊市卫生计生委推荐为健康县城建设省级试点单位，被省爱卫会确定为省级试点单位。10月20日，县政府办公室印发《关于健康县城健康村镇建设的实施意见》。

卫生创建工作 县财政局、教育局，鄌郚镇政府、营丘镇政府创建为省级卫生单位，鄌郚镇的刘庄村、沙埠沟村，营丘镇的马宋村、河头村创建为省级卫生村。

疾病预防控制

【概况】 2017年，坚持“预防为主，防治结合”，全县传染病总发病率保持下降趋势，实现了“确保不发生重点传染病暴发流行的目标”，超额完成潍坊市政府的免疫预防接种率考核指标，荣获“潍坊市精神障碍综合防治示范区”荣誉称号。8月，县政府审批248.9万元经费，县疾控中心启动实验室装备，购置多重食源性致病菌核酸检测系统、实时荧光定量PCR、离子色谱仪等23台先进设备，5万元以上的设备达11台，实验室A类仪器设备达标率达85%，B类仪器设备达标率100%。

【免疫接种】 全县免疫预防工作，接种门诊信息化建设步伐加快，免疫规划疫苗接种率水平提升到新高度。5月，参加“山东省首届妈妈班科普视频”评选活动，“宝宝要健康疫苗来护航”科普视频，经潍坊市疾控中心评选并作为全市三部优秀视频作品之一在全市范围内推广宣传。“互联网+预防”信息化工作跨越式发展。9月份，印发《全县推进数字化接种门诊建设实施方案》，累计投入78万元，完成城南街道卫生院等8处卫生院的房屋改造、室内装修等硬件设施和软件安装调试并投入使用，全县数字化接种门诊增加到11处，覆盖率从18.75%提升到68.75%。国家免疫规划疫苗接种工作稳步推进，有效预防和控制疫苗针对传染病的暴发，全县2017年国家免疫规划疫苗一类疫苗报告累计接种22.77万剂次，报告接种率99.67%；免疫预防科相关二类疫苗接种2.9万剂次；全县2—3岁儿童国家免疫规划“八苗”17剂次全程、及时接种率达95.86%，超出潍坊市卫计委指定的90.5%目标值。

【传染病防治】 重点传染病 1月10日报告1例不明原因肺炎病例，按要求进行采样和规范处置。对2月3日、11月29日潍坊市人民医院报告的昌乐2起不明原因肺炎病例，及时报告突发公共卫生事件相关信息。

12月4日，报告县实验中学一起流感样病例聚集性疫情，规范采集10份咽拭子标本，送潍坊市疾控中心国家流感网络实验室进行检测。全年报告手足口病123例，规范处置68例，标本采集上送68份，发生聚集性疫情9起，规范化处置9起；腹泻病门诊登记腹泻病例人424人次，快检50人，未发现霍乱弧菌；报告布病病例18例，每例病例均进行流调处置，检测布鲁氏菌病血清59份，其中阳性血清13份；报告出血热病例23例，调查处置率100%；进行“三热”病人血检362人，复核46人，未发现疟疾及疟疾疑似病例，完成以县为单位不少于总人口数0.5‰的血检工作任务。全年出疫情简报13期；及时处理预警信息，收到国家疾控中心传染病自动预警115条，均立刻做出反应，在规定时间内进行调查核实、处理，规范处理率100%。

扩大国家免疫规划肾综合征出血热疫苗接种对高发乡镇的16～60岁常住人群，重点是从事野外生产活动的农民、养殖人员、出血热发病村人员等重点人群进行出血热疫苗接种，全县接种肾综合征出血热疫苗1.11万支，拨付经费7.8万元。开展H7N9禽流感外环境采样送检工作，先后对县城农贸城活禽交易市场、城区周边乡镇交易市场、昌乐县某屠宰企业进行3批次外环境监测采样，采集各类粪便、砧（案）板表面、笼具表面、禽类饮用水或冲洗水样品45份，进行检测，检出H7N9阳性标本10份。

艾滋病防治　全县建立4个艾滋病筛查实验室、14处艾滋病检测点和3个艾滋病自愿咨询检测点。2017年，全县检测各类人群4.26万人，其中羁押人员1384人、自愿咨询检测981人、其他人群4.02万人，检出HIV感染待确定8例，其中1例为既往阳性感染者，其余7例经潍坊市疾控中心确认，2例HIV抗体阴性，5例HIV抗体阳性，均按照有关要求及时进行疫情报告和相关的调查处理。按照“五进”要求，积极开展艾滋病防治知识的宣传活动。对昌乐二中在校教师学生、育龄妇女进行艾滋病防治知识宣传，提升对艾滋病防治知识知晓率。对城区内的KTV、洗浴、按摩中心、足浴店等娱乐场所进行艾滋病防治宣传教育，发放《艾滋病防治条例》、艾滋病防治宣传手册、艾滋病防治知识小手册、宣传单、宣传折页、安全套等。全年干预公共场所622家次，干预高危行为人员4027人次，检测661人次。对现有的36名感染者和病人全部随访干预管理，感染者和病人随访率、CD4检测率均达100%。

结核病防治　加强三级防痨网建设，全面落实对肺结核病人的免费诊断治疗政策。继续规范综合性医疗机构的报告、转诊机制。对发现的肺结核病人、可疑肺结核病人及时转到县疾病预防控制中心进行确诊登记和治疗管理，并定期对归口管理工作进行检查。对确诊的肺结核病人，按照《规划指南》的要求，全部给予免费抗结核药物治疗。为确保每个肺结核病患者都能得到规范治疗，采取以家庭督导为主，乡村医生督导为辅，结合电话随访等便捷方式落实患者治疗管理，使传染性肺结核病患者的规则治疗率达95%以上。“3·24世界防治结核病日”，全县各医疗单位都走上街头，积极开展了结核病防治知识和政策的宣传，发放各类宣传材料1.97万份，县疾控中心在昌乐二中开展以“构建无结核病的和谐校园”为主题内容的宣传活动。

【慢性病防治】　以主题日宣传为契机，县疾控中心牵头组织，加大对肿瘤、高血压、糖尿病、脑卒中、精神卫生等各类慢病核心信息宣传教育，提高健康知识知晓率，倡导健康生活方式。认真搞好死因、慢性病监测的报告审核，加大对各卫生院、县直医疗单位死因、慢性病监测的检查督导。全年潍坊市第三殡仪馆死亡数据4725人，全县网报死亡人数为4736人，报告粗死亡率为751.42/10万；审核报告慢性病人数6206例，其中肿瘤1998例，脑卒中3552例，冠心病916例。疾控中心会同体育局、旅游局组织昌乐县第七届全民健身运动会健步行活动暨第二届职业人群健步走激励大赛。发动广大职工学习健骨操并组织人员培训学习，积极参加全市竞赛，在潍坊市职工健骨操大赛中获得团体二等奖，并取得山东省职工健骨操大赛优秀组织奖。

【碘缺乏病情监测】　县疾控中心完成全县生活饮用水检测，采集160份水样全部合格。开展重点人群尿碘、甲状腺肿大和居民碘盐食用情况调查，抽取营丘、红河、鄌郚、宝都、乔官五个镇街中开展碘盐监测，检测居民户盐样300份，检出碘盐283份，其中合格碘盐270份、不合格碘盐13份，非碘盐17份。碘盐合格率为95.4%，碘盐覆盖率为94.3 %，合格碘盐食用率为90%。同时开展病情调查，在被抽到的每个镇街随机抽取1所村小学校；在抽到的学校随机抽取40名8～10岁儿童（男、女各半）进行甲状腺B超检测，未发现甲状腺肿大儿童。采集其尿样检测尿碘浓度，尿碘中位数为127g/L。每个抽到的街道采集各20名孕妇尿样，检测尿碘浓度，尿碘中位数为120g/L。

【严重精神障碍患者管理】 全县严重精神障碍患者在册管理2849例，其中在管患者2814例，非在管患者22例，失访4例。报告患病率4.52‰，全年管理率99.08%，规范管理率95.29%，服药率69.62%，各项指标均达潍坊市精神障碍综合防治示范区任务目标值，成功创建潍坊市精神障碍综合防治示范区并顺利通过心理健康服务体系建设验收。

【公共卫生技术服务】 3月至4月对城关街道社区服务中心、县立医院、北岩卫生院以及民营医院等153家医疗机构进行卫生消毒效果监测。市疾控中心职业卫生科专家对全县35家医疗机构的X光机、CT、磁共振的稳定性状态和防护进行监测。监测X光机54台，CT 7台，磁共振2台。发放放射诊疗设备、放射卫生防护检测报告35份。年内对昌乐县35家医疗机构170余支个人剂量计，600多人次按照工作要求进行换发。发放放射工作人员个人剂量检测报告170余份。

【H7N9疫病防控】 贯彻落实国家卫计委、农业部、工商行政管理总局、食品药品监督管理总局《关于进一步加强活禽市场管控切实做好H7N9防控工作的通知》（国卫应急发〔2017〕10号文件）要求，制定昌乐县《活禽宰杀市场H7N9流感终末消毒技术方案》，县疾控中心对农贸城、东山里市场、朱刘街道等活禽宰杀点，进行消毒处理。

【登革热媒介伊蚊密度监测】 9月，山东省鲁西南地区爆发本地登革热病例。9月11日选择营丘镇的4个常住户超过100户的自然村，每个村选择25户作为入户调查点，开展媒介伊蚊密度调查，掌握昌乐县媒介伊蚊密度数据，所采集的蚊蚴进行孵化，鉴别种类后布雷图指数为36，进行媒介伊蚊传播疾病风险评估。

【生活饮用水质监测】 对全县生活饮用水丰水期和枯水期以及四季度水质进行采样，采集水样88份；个人委托单位送检样品163份；每学期对学校生活饮用水用水抽检，采集水样44份；对全县3家餐具消毒企业的一次性餐具进行半年一次抽检，开展公共场所环境卫生监测工作，检测公共场所301家。配合市疾控开展《食品风险监测》采样送检工作，采集样品96份，上报食源性疾病病例326例，其中暴发病例2起，参与食源性疾病现场流调11起。

妇幼保健

【概况】 2017年，全县从事妇幼保健服务工作人员323人，其中妇幼保健人员100名、妇女保健人员50名、儿童保健人员50名、妇产科技术人员14名、儿科技术人员109名，取得母婴保健技术考核合格证书135人。指导全县妇幼卫生、计划生育技术服务相关规划、政策，规范并组织实施和妇幼卫生、出生缺陷防治及计划生育技术服务，依法规范计划生育药具管理，承担妇幼健康服务的综合管理。

【依法管理】 制定《昌乐县母婴安全保障工作实施方案》，强化各项母婴安全保障工作措施，对全县辖区内居住的所有怀孕至42天的妇女进行妊娠相关风险筛查、妊娠风险管理和产后风险评估分级和管理，确保早发现、早预警、早诊断、早干预，高危孕产妇专案管理率达100%，降低孕产妇死亡率和围产儿死亡率。全县孕产妇死亡率为0，婴儿死亡率4.32‰，5岁以下儿童死亡率5.02‰。

【综合防治】 出生缺陷干预 倡导婚前医学检查，推进免费孕前优生健康检查，为孕前及孕早期妇女增补叶酸，开展产前筛查，提高新生儿疾病筛查率。全县进行婚前医学检查5568人，婚检率85.4%；孕前优生健康检查6858人；叶酸发放率96.05%；免费产前筛查9597例，其中高危1271人，到市确诊检查1157人，确诊异常染色体24例。新生儿四种遗传代谢性疾病筛查1.26万人，筛查率99.77%。根据《苯丙酮尿症（PKU）患儿特殊食品补助发放与管理办法》，为3名苯丙酮尿症患儿提供每年2万元的特殊食品补助。

母婴保健知识宣传　举办县级妇幼健康服务相关培训班4次、培训230人次，内容涉及母婴安全保障、基本公卫及重大公卫妇幼项目等内容。多渠道宣传母婴保健、母乳喂养、孕前优生健康检查、妇科常见病多发病预防和治疗知识，提升预防保健和诊疗疾病的能力。卫计局与县工会联合组织全县生育全程服务技能竞赛，选拔优秀人才参加市级竞赛。

【出生证发放管理】　落实《出生医学证明》管理制度，确保《出生医学证明》管理规范，签发有序，做好《出生医学证明》发放、管理及管理人员、印章备案制度，定期对全县《出生医学证明》签发情况进行督导检查。全年签发《出生医学证明》12553例，首次签发率为96.1%，废证率0.1%。

【危重孕产妇、新生儿救治中心建设】　投入120万元对救治中心科室进行改扩建，添置相关设备，改善转诊和救治网络，综合救治能力明显提升，保证危急重症孕产妇和新生儿能够得到及时转运和救治。8月，昌乐县妇幼保健院整体搬迁至县城北部新址，业务用房达9344平方米，固定资产658.85万元，建立健全相关科室，职责任务进一步落实到位，机构服务能力明显提升。

昌乐县红十字会

【遗体（角膜）、器官捐献】　2017年，充分利用“世界红十字日”“世界急救日”“国际献血日”等主题活动日开展宣讲活动，在社会上营造奉献救人的良好风尚，利用报纸、网站等平台，大力宣传器官捐献者、登记者的事迹，切实维护捐献者及其家属的荣誉和尊严，助推全县器官捐献工作扎实开展。全县有3名群众进行遗体（角膜）、器官捐献登记，1人完成器官捐献，1人完成角膜捐献。并利用报纸、网络、电视等媒体进行宣传报道。

【宣传服务】　认真开展红十字博爱周宣传活动，将新修订的《中华人民共和国红十字会法》印制500份，《应急救护常识》印制600份，器官捐献者孙彦玲事迹报道印制100份，进行宣传。5月8日，组织县人民医院、县中医院、爱杰口腔医院等有关医疗机构技术人员、红十字志愿者等30余人，在昌乐佳乐家广场，通过发放宣传材料、悬挂横幅、进行心肺复苏现场救治教学、开展义诊等进行集中宣传，邀请县电视台记者对集中宣传活动进行报道。积极开展“世界艾滋病日”宣传活动，12月1日，组织公安、民政、教育、交通、住建、妇联等成员单位相关人员在县城新昌路与利民街路口开展大型艾滋病宣传活动，昌乐高级技工学校的宣传志愿者也参加本次活动，昌乐传媒集团进行采访。县疾控中心与传媒集团联合走进外来务工比较集中的农贸城，向农民工详细讲解艾滋病的基本常识、传播途径以及预防艾滋病的相关知识，发放艾滋病宣传单、小折页、宣传知识读本和预防艾滋病的器具等，以增强他们对艾滋病的正确认识，保护身体健康。

【人道救助】　认真开展“博爱齐鲁送温暖活动”。春节前，县红会办对8户捐献造血干细胞、捐献遗体人员家属及因病致贫家庭，进行走访慰问，送去温暖箱。

（供稿：刘学坤）

体　育

【机构设置】　昌乐县体育局是县政府的职能部门，事业单位，正科级，编制8人，参照公务员法管理。2017年，实有参公编制8人，下设竞技体育学校和体质测定与运动健身指导站两个事业单位。

竞技体育学校，为副科级事业单位，主要职能是负责全县招生、选拔、训练、输送体育人才。定编17人，配备校长、副校长、教导处主任、训练处主任、总务处主任各1人。2017年有3名工作人员退休。

体质测定与运动健身指导站，为股级事业单位，主要职能是起草本县国民体质监测工作方案；协助上级体育行政部门组织实施国民体质监测工作；验收、汇总、处理、上报国民体质监测数据；提交本县国民体质监测报告；完成体育行政部门和上级国民体质监测中心交办的任务；建立昌乐县国民体质数据库，为开展全民健身活动提供科学依据，指导群众科学健身。核定事业编3名。

【荣誉称号】 昌乐县“昌乐仙月湖景区”被山东省体育总会命名“山东省绿色生态休闲体育活动基地”。2017年4月被山东省体育总会评为县级体育总会组织建设先进单位，被市体育局和市体育总会评为突出贡献奖荣誉称号（鲁体总字（2017）7号）。昌乐县被山东省老年人体育协会评为“评先创优”活动先进县。昌乐县体彩中心被山东省体育彩票管理中心授予体彩销售突出贡献奖。体育局吴玉梅被国家体育总局评为全国群众体育先进个人。潍坊市第五届老年人运动会趣味运动比赛，被潍坊市体育局、潍坊市体育总会、潍坊市老年人体育协会评为“潍坊市第五届老年人运动会优秀组织奖”“潍坊市第五届老年人运动会体育道德风尚奖”。昌乐县有5个健身站点：昌乐县朱刘街道朱刘西文化活动站、昌乐县宝都街道蓝宝石广场健身站、昌乐县宝都街道濠景彩虹健身站、昌乐县鄌郚镇音乐文化广场健身站、昌乐县五图街道永和文化广场健身站被评为省级明星健身站点，张培彩、王玉娟等10人被评为2017年度山东省老年体育工作先进个人，赵翠荣、王宏伟等5人被评为省级明星带头人。豪杰跆拳道馆被评为“三星级俱乐部”。

【体育设施建设和管理维护】 认真贯彻落实《昌乐县全民健身实施计划（2016—2020年）》，加强健身场地设施建设，争取省级体彩公益金120万元为6处社区（每个社区20万元）建设体育健身工程；争取市级体彩公益金资助建设20处社区体育健身工程和22处行政村体育健身工程，为15个省级贫困村配齐体育器材；利用县级体彩公益金资助建设83处体育健身工程和37个社区体育健身工程工作，做到行政村和社区的体育健身工程全覆盖。实施好“互联网+”项目，充分利用健身设备维修维护类系统管理软件，做好公共体育设施巡查维护工作，把管理人、审批人、审核人、巡查维修人员紧密联系起来，层层落实责任，形成巡查—上报—审核—审批—维修链条，南区北区定时定量巡查，对按规定程序上报的损坏体育设施，制定出切实可行的维修方案，确保体育器材设施的完好，使管理维护更快、更准、更高效。

【群众体育】 *开展全民健身活动* 举办昌乐县第七届全民健身运动会广场舞、篮球、足球、乒乓球等10个项目的比赛，参与人次达6000人。组织开展健身项目展演、世界瑜伽日、8月8日全民健身日、山东省全民健身志愿宣讲（昌乐站）、公益体彩晚会等，举办山东省第九届百县篮球、千乡乒乓球、万人象棋昌乐赛区比赛，组织“中华黄金杯”第八届毽球友谊赛、“国春超市杯”中式八球团体公开赛、“得益牛奶.新鲜到家杯”中国象棋消夏擂台赛等大型群众性体育活动20余次。

参加潍坊市第七届全民健身运动会 参加国际象棋、太极拳、健身气功、气排球、围棋、篮球、羽毛球、大众广场健身操（舞）8项比赛，组队参加山东省第九届百县篮球（潍坊赛区）比赛、山东省第九届千乡乒乓球（潍坊赛区）比赛、山东省第九届万人象棋（潍坊赛区）比赛，均取得优异的成绩。其中，张威、王辉等5人代表潍坊市参加山东省第九届百县篮球潍坊赛区比赛取得第三名的好成绩；赵长杰、修卫平等7人代表昌乐县参加的潍坊市第七届全民健身运动会太极拳项目获得团体一等奖。

参加潍坊市第五届老年人运动会 参加气排球、乒乓球、健身球操、钓鱼、太极拳、健身气功、象棋、

围棋9个项目的比赛均取得优异成绩，充分展示昌乐县老年人的风采。昌乐县健身气功项目代表潍坊市参加山东省老年人健身气功比赛，获得五禽戏集体项目第一名，其中王宏伟代表山东省参加全国第三届老健会健身气功比赛取得优异成绩。成功申办山东省第四届老年人运动会田径项目比赛。

全民健身组织网络建设和全民健身指导服务工作　在全县城乡成立70处晨晚练健身活动站点，集中举办两期全县三级社会体育指导员培训班，每次培训人数均为150人，培训内容为24式太极拳、26式传统杨式太极拳，积极开展潍坊市“太极之乡”争创工作；利用城乡晨晚练活动站点举办健身气功．大舞、42式太极剑、48式太极拳、柔力球《花季雨季》、马王堆导引术等三级社会体育指导员培训班10次，培训社会体育指导员超过1200人次。开展全民健身志愿服务进社区活动3次，为社区群众提供科学健身指导。选拔优秀人才参加2017年国家级社会体育指导员培训班、潍坊市老年人气排球教练员、裁判员培训班、潍坊市全民健身志愿骨干培训班、潍坊市门球裁判员培训班、潍坊市广场舞二级社会体育指导员培训班、潍坊市健身气功骨干提升培训班，培养国家级社会体育指导员7人、二级社会体育指导员7人、三级社会体育指导员136人，充实健身指导队伍。

【国民体质监测工作】　通过政府采购方式为体质测定与运动健身指导站配备体成分分析仪、骨密度测试仪、动脉硬化测试仪、心肺功能测试仪、亚健康测试仪、健康风险评估分析系统、国民体质监测11项等监测设备，完善体质测定与运动健身指导站硬件设施。2017年制定科学、严谨的监测工作方案，通过开展体质测试活动，为干部职工进行免费的体质测试服务，并为他们提供科学运动处方，受益人群达1000人次。

【培育品牌赛事】　继续办好昌乐县第九届职工篮球联赛的基础上，举办2017“国春超市”杯昌乐县足球联赛和县“贺岁杯”冬季足球联赛。深入挖掘乒乓球文化，打造乔官镇响水崖村乒乓球文化艺术节和五图街道韩信村乒乓球俱乐部邀请赛等乡村品牌特色活动。

【竞技体育】　根据潍坊市体育局关于潍坊市第二十届运动会运动员注册建证的通知要求，竞技体校对校内、校外训练点运动员的信息进行采集和录入，在5月第一批注册建证651人，为第二十届市运会做好准备工作，2017年度向上级单位输送优秀运动员36人。组队并参加潍坊市中小学生体育联赛篮球、排球、足球、乒乓球、羽毛球等联赛，均取得较好的成绩，其中羽毛球项目有两人代表潍坊市参加省级联赛。参加2017年的潍坊市的锦标赛项目有越野长跑、竞走比赛、武术、沙滩排球、橄榄球、柔道、篮球、足球、排球、田径等16个项目的比赛，获得111.5枚金牌。选拔并组织昌乐二中学生代表潍坊市参加2017年全国青少年“未来之星”阳光体育大会山东分会场的比赛，获得全省第3名的好成绩。8月27日至9月8日在天津举行的全国第13届运动会，昌乐县有5名运动员参加，取得2金1银的好成绩。

【体育赛事】　2017年6月承办潍坊市武术锦标赛。来自全市10个县（市、区）近300名运动员参加比赛。2017年7月承办潍坊市中小学生体育联赛足球比赛，来自全市75所学校近1500名学生参加比赛。2017年8月承办潍坊市游泳锦标赛，来自全市12个县（市、区）近300名运动员参加比赛。2017年9月承办潍潍坊市自行车锦标赛，来自全市10个县（市、区）近250名运动员参加比赛。承办潍坊市首届自行车城市联赛（昌乐站）比赛，潍坊市第五届老年人运动会趣味运动比赛。

【体彩工作】　通过对昌乐县辖区内的体彩站点进行规范化管理，加强体彩销售队伍建设，提高体彩服务和管理水平，2017年度体育彩票销售量达8300万元，超额完成年初预定的7000万元目标。

【落实《加快发展体育产业促进体育消费的实施意见》】　大力营造全民健身良好气氛。加强体育文化宣传，引导广大群众增强体育健身意识，培育体育消费观念，继续大力开展全民健身运动，营造重视体育，支持体育，参与体育的社会气氛。

加强体育社会组织建设。落实体育社会组织登记备案制度。2017年新成立体育类社团2家，体育培训类个体、公司11家，2家俱乐部正在办理中，体育类社团和民办非企业已达25家，基层健身活动站点160处。9月，邀请曲阜师范大学体育学院刘洪珍教授为全县的各单位、镇（街、区）、企业、体育类社会团体、健身站点做全民健身志愿宣讲。

（供稿：秦光军）

社会管理 居民生活

SheHui GuanLi JuMin ShengHuo

居民生活

【居民收入】 2017年昌乐县居民人均可支配收入24723元，比上年增长9.3%。其中，城镇居民人均可支配收入32895元，比上年增长7.8%；农村居民人均可支配收入16710元，比上年增长8.2%。2017年，昌乐县居民工资收入14260.2元，比上年增长9.1%，占比57.7%。其中，城镇居民工资性收入19036.9元，比上年增长7.2%；农村居民人均工资性收入6622.2元，比上年增长8.1%。居民经营性净收入5662.6元，比上年增长8.6%。其中，城镇居民经营净收入8477.5元，比上年增长7.6%；农村居民经营净收入7548.0元，比上年增长8.1%。昌乐县居民经营净收入主要来源于农业经营收入。居民财产净收入1732.9元，比上年增长12.0%。其中，城镇居民财产净收入2467.8元，比上年增长10.7%；农村居民财产净收入500.1元，比上年增长10.3%。居民转移净收入3067.3元，比上年增长9.7%。其中，城镇居民转移净收入2912.8元，比上年增长9.4%；农村居民转移净收入2039.7元，比上年增长8.9%。

【居民生活消费支出】 2017年，昌乐县全体居民人均生活消费支出15913元，比上年增长9.6%。其中，城镇居民人均生活消费支出20300元，比上年增长7.7%；农村居民人均生活消费支出11655元，比上年增长10.1%。

2017年昌乐县居民八大类消费支出呈全面增长态势，按增速高低排序分别是：教育文化娱乐支出增长11.7%，医疗保健支出增长11.3%，交通通信支出增长10.9%，居住支出增长9.5%，食品烟酒支出增长8.9%，衣着和生活用品及服务支出增长8%，其他用品和服务支出增长7.2%。昌乐县全体居民人均教育文化娱乐支出1372.1元，比上年增长11.7%，位居八大类消费增速第一。全体居民人均医疗保健支出1227.3元，比上年增长11.3 %。全县居民人均交通通信支出2999.4元，比上年增长10.9%。居住类消费支出2562.2元，比上年增长9.5%。居民食品烟酒支出5011.3元，占消费支出的比重从31.7%下降到31.5%。全县人均衣着、生活用品及服务、其他用品和服务支出分别为1292.4元、857.3元、591元，比上年增长8.0%、8.0%、7.2%。

【城镇居民生活】 2017年，昌乐县城镇居民人均可支配收入32895元，比上年增长7.8%。

2017年昌乐县城镇居民人均工资性收入19036.9元，比上年增长7.2%。对可支配收入增长的贡献率为54.0%，拉动可支配收入增长4.2个百分点。工资性收入比重为57.9%，居四项收入之首，是城镇居民收入的主要来源。

从6月1日起，昌乐县月最低工资标准调整为1640元/月，增长5.8%；非全日制用工小时最低工资标准调整为16.4元/小时，增长5.8%。

2017年城镇居民人均经营净收入8477.5元，比上年增长7.6%。其中，第一产业收入6619.7元，增长6.2%；第二产业收入491.6元，增长7.5%；第三产业收入1366.7元，增长8.0%。经营净收入占收入比重为

25.78%，比上年下降0.02个百分点。

城镇居民人均财产净收入2467.8元，比上年增长10.7%，增幅四项收入最高。其中，房屋虚拟租金是其主要构成部分，人均收入2064.6元，增长9.1%；利息净收入105.8元，增长12%；转让承包土地经营权租金净收入92.2元，增长9.9%；出租房屋财产性净收入127.9元，增长11.2%。

城镇居民人均转移净收入2912.8元，比上年增长9.4%。其中，家庭外出从业人员寄回带回收入339.5元，增长7.3%；养老金或离退休金1401.9元，增长10.1%；赡养收入338.9元，增长3.2%；报销医疗费收入832.5元，增长8.7%。

【城镇居民生活消费支出】 2017年，昌乐县居民人均消费性支出为20300元，比上年增长7.7%，居民八大类消费支出全面增长，消费结构继续优化，生活质量不断提高。

食品消费结构合理，在外用餐情况较多。2017年，昌乐县城镇居民人均食品消费6097.6元。居民食品消费总的特点是：饮食更加注重科学合理，蔬菜、肉禽蛋、水产品消费支出增加，烟酒类消费支出减少，在外用餐次数增多。

衣着消费有所提高。由于消费观念的不断更新，居民在衣着消费上不但讲求质量和品牌，而且还更加注重时尚，突出个性特征，加上商家充分抓住越来越多名目的节假日和消费者的购物心理，举行各种打折、减价、返券、限时特卖、会员优惠等促销活动，进一步刺激消费者的购买欲望和服装消费市场活跃。居民购买服装、鞋类商品支出热情高涨。2017年，城镇居民人均衣着支出2019.8元，比上年增长6.9%。

居住条件不断改善。居民的居住状况是反映居民生活质量和城市发展水平的主要指标，随着昌乐社会经济快速发展，城镇居民的居住条件明显改善。2017年，城镇居民人均居住支出3396.5元，比上年增长8.7%。

生活用品及服务支出增长放缓。2017年，城镇居民人均家庭设备用品及服务支出为1143.1元，比上年增长7.0%，主要是受家庭设备用品及服务中耐用消费品需求不断更新所致。大多数耐用消费品基本处于饱和状态，购买家庭设备用品基本上以更新换代为主。

交通和通信类支出仍保持增长态势。随着城镇居民收入的增加，人们生活节奏的加快，信息交流量的扩大，交通条件的改善。2017年，城镇居民人均交通和通讯支出3452.3元，比上年增长8.9%。

城镇居民教育费集中学前教育和大学教育费用，文化娱乐支出较快增长。2017年，人均教育文化娱乐服务支出2312.7元，比上年增长11.5%。

医疗保健倍受重视。随着生活水平的提高及医学知识的普及，医疗保健越来越受到重视。2017年，昌乐县城镇居民人均医疗保健支出1254.8元，比上年增长7.5%。

其他商品和服务消费支出快速增长。2017年，昌乐县城镇居民其他商品和服务支出为人均623.2元，比上年增2.6%。

【农村居民生活】 2017年昌乐县农村常住居民人均可支配收入16710元，比上年增长8.2%。

2017年，昌乐县农村居民人均工资性收入6622.2元，比上年增长8.1%，拉动农民人均可支配收入增长3.2个百分点。工资性收入占农民人均可支配收入的比重为39.6%，是昌乐县农民收入的重要来源。

昌乐县农村居民人均家庭经营性净收入7548.0元，比上年增长8.0%，拉动农民人均可支配收入增长3.6个百分点。经营净收入占农民人均可支配收入的比重为45.2%，是昌乐县农民收入的主要来源。

农民人均财产净收入增长10.3%，是农民收入的薄弱环节。而随着养老体制的优化改革，养老金及离退休工资水平的提高，2017年农民人均转移净收入2039.7元，比上年增长8.9%。

2017年昌乐县农村居民人均可支配收入16710元，比上年增长8.2%，城镇居民人均可支配收入32895元，比上年增长7.8%。农村常住居民人均可支配收入增长速度快于城镇居民0.4个百分点，城乡居民收入差距进一步缩小。

【农村居民生活消费支出】 2017年，昌乐县农村居民人均生活消费支出11655元，比上年增长10.1%。八大类消费不同程度增长。

食品烟酒类仍是主要消费 2017年，昌乐县农村

居民人均食品消费支出3726.4元，比上年增长8.5%，占生活消费支出的比重达32.0%。

衣着类消费平稳较快 2017年，昌乐县农村居民人均用于衣着消费的支出为641.8元，比上年增长10.4%，随着生活水平的提高，农村居民更注重平时的着装打扮，服装更趋向追求个性、时尚。

居住消费支出增速平稳 农村拆迁、农民新建房屋、装修等住房支出有所增加。2017年，昌乐县农村居民人均居住消费支出1844.5元，比上年增长9.9%，占生活消费支出的比重为15.8%。

生活用品及服务支出增幅加快 2017年，昌乐县农村居民人均生活用品及服务支出497.1元，比上年增长10.1%。随着在建房和住房装潢的增多，人们对于电器等家庭设备的需求也随之增加。生活用品及服务支出的增长来自人们对生活用品和服务的更高要求，以及家庭设备的更新换代。

交通通信类消费增幅突出 2017年，昌乐县农村居民人均交通通信类的支出为2421.8元，比上年增长11.1%，占生活消费支出的比重为20.8%。生活节奏的加快大大提高居民对通信的需求，智能手机的不断更新，农民更换移动电话更为频繁，此外，私家车不再是富裕人家的奢侈品，而成许多普通家庭的日常必需品。

教育文化娱乐消费支出增幅较大 2017年，昌乐县农村居民人均文化教育、娱乐消费支出962.3元，比上年增长12.7%，占生活消费支出的比重为8.3%。物质条件不断改善的同时，人们更倾向于追求精神层面的享受，旅游等户外活动成为农村居民家庭消费新热点。

医疗保健支出快速增长 2017年，昌乐县农村居民人均医疗保健类支出1055.4元，比上年增长11.8%，占生活消费支出的比重为9.1%，随着农村医保制度的建立健全，让农村居民更加注重自身的健康状况，有病及时就医。

其他用品及服务支出平稳增长 随着生活水平的提高，农村居民用于购买首饰等杂项用品方面的支出也不断增加，农村居民其他用品及服务人均消费支出505.7元，比上年增长9.6%。

（供稿：庞明一）

劳动就业

【概况】 2017年，昌乐县紧紧围绕“大众创业、万众创新”，大力实施创业带动就业战略，不断完善就业创业服务体系，就业创业工作有序推进，实现双增长。昌乐县被省人社厅确定为省级创业型城市。昌乐县新增城镇就业7601人，城镇下岗失业人员再就业2883人，困难群体就业426人，参加养老保险的新增城镇就业人员7510人，发放创业担保贷款5989.2万元，就业技能培训5076人，创业培训735人，创业活动参与指数达15.6%，城镇登记失业率控制在2.1%，保持全县就业形势的和谐稳定。累计创建创业载体17个，其中省级创业载体3个、市级创业载体9个。

【就业政策落实】 昌乐县建立就业保障资金投入机制，并将就业专项资金、创业扶持资金、失业保险扩大支出列入财政预算，强化监督管理，实行专款专用。建立资金使用管理制度，加强就业资金监管，并将各项资金使用情况在县人社局网站公开，确保就业资金使用规范，政策落到实处。2017年财政就业专项资金、扩大失业保险基金支出范围试点资金和创业带动就业扶持资金用于服务平台建设、创业扶持、就业培训和各项补贴等方面的支出2863.01万元。

【公共就业服务体系建设】 *坚持公共就业服务一体化* 通过前期的建设，在全县形成县、镇、社区和村四级公共就业服务平台。在县级，建设4000平方米的人力资源和社会保障综合服务中心。在镇（街、区）一级，全部设立人力资源和社会保障所，达“六统一”，做到“六到位”，即统一机构名称，做到组织建设到位；统一场所标准，做到建设规模到位；统一设施配备，做到办公条件到位；统一人员配备，做到队伍建设到位；统一工作职能，做到责任落实到位；统一服务流程，做到服务管理到位。截至2017年，各镇（街、区）人力资源和社会保障所配备专职工作人员136名，服务场所平均达230平方米。在社区一级，重点建设人力资源和社会保障服务站。每个社区固定服务场所达50

平方米，配备计算机、打印机、读卡器、档案柜等服务设施，配备1—2名工作人员，负责本社区的人力资源和社会保障工作。同时，大力搞好四型就业社区建设，结合就业服务基层下沉，将就业创业证发放与证卡合一等工作下沉到社区，让群众更便利地享受就业服务。

坚持公共就业服务规范化　各镇（街、区）在人力资源社会保障所统一设置就业服务等六个服务窗口，在社区人力资源社会保障工作站统一设置就业服务等四个服务窗口。同时，在各级基层公共服务平台统一建立业务培训、首问负责、服务承诺、限时办结等制度，完善就业登记、社保登记、举报受理等流程，统一服务标准，规范工作开展，为城乡居民提供规范、便捷、高效的人力资源社会保障公共服务，实现基层公共服务规范化。

坚持公共服务信息化　为各级基层公共就业服务平台统一配备计算机、打印机、电子显示屏、读卡器、档案柜等设施，安装就业信息系统，建立就业信息数据库，并全部与市数据中心连接，市、县、镇（街、区）、社区（村居）四级网络互联、信息共享，实现基层公共就业服务信息化和网络化。在各镇（街、区）建立“就业e站”，实现零距离服务，在全县形成以2公里为半径、半小时为时限的“半小时公共就业服务圈”。

坚持公共服务人性化　各基层公共服务平台服务大厅电脑显示屏24小时不定时更新就业招聘、政策法规等提示信息，指导群众办理相关业务。在服务大厅设置休息区，配备休息座椅、饮水机、读报架，放置书报和宣传资料，在业务办理窗口摆放老花镜、笔、胶水等便民用品，方便群众休息和使用。积极倡导“微笑服务、和谐就业”的服务理念，实施开放式管理，精细化服务，打造便民、高效、优质、快捷的人力资源社会保障服务品牌。

【大中专毕业生就业】　2017年9月，组织招募困难高校毕业生参加公益性岗位工作，经笔试、体检，确定录用15人。2017年新增大中专毕业生档案802份，为248人办理就业派遣手续。2017年5月26日，昌乐县“盛泰杯”大学生创新创业大赛在昌乐县传媒演播大厅顺利举办， 2017年9月29日，由人社局和共青团昌乐县委共同主办的昌乐县首届大学生双创论坛暨，2017年高校毕业生秋季专场招聘会在昌乐云众创客空间成功举行。

2017年昌乐云众创客打造的昌乐县大学生创业基地被评为市级大学生创业示范平台。2017年8月24日市评审组来昌乐县对三官庙村大学生创业基地和五图街道特种养殖大学生创业合作社两处大学生农村创业特色示范平台进行现场评审验收，被评为市级大学生农村创业特色示范平台。

【困难群体就业】　做好就业困难人员就业安置。充分利用政府投资的公益项目在教育、园林、环卫系统及各镇（街、区）大力开发保绿、保洁、保安等公益性岗位413个，新增就业困难人员就业426人。为65人落实公益性岗位补贴96.1万元，为630人落实社保补贴448.46万元，补贴政策享受率100%。

【劳务派遣】　依法规范劳务派遣工作，严格审批制度，对申报单位逐一认真审核，坚持材料审核和实地勘察并重，同时加强管理，优质服务，通过信息化等手段对劳务派遣企业进行政策指导。2017年，对昌乐县2家劳务派遣单位提交的年度经营情况报告进行核验，依法进行监督。

【劳动争议调解仲裁】　2017年，昌乐县劳动人事争议仲裁院推进规范化建设，注重调解化解纠纷，开辟弱势群体维权“绿色通道”，2017年处理劳动人事争议案件379起，其中受理301件，按期结案率为100%，调解成功率达64.5%，帮助劳动者获得工资、经济补偿、工伤待遇等权益577.55万元。加强基层劳动人事争议调解组织建设，指导全县320家企业建立劳动人事争议调解委员会，84家事业单位、9个镇（街道）建立劳动人事争议调解中心，全县建立区域性调解组织14家、行业性调解组织8家、教科文卫系统调解组织42家。

【劳动保障监察】　2017年，昌乐县劳动保障监察大队通过受理举报投诉、政务服务热线、民声信息等方式处理各类举报投诉案件426起，为职工追回工资

224.9万元，追缴保险费67.17万元；书面审查用人单位1387家，依法督促办理招用工手续3684人，补签劳动合同1.4万人；日常巡查用人单位1072家；先后开展农民工工资支付专项检查、农民工工资专项整治、清理整顿人力资源市场秩序、遵守劳动用工和社会保险法律法规和高温天气下维护劳动者合法权益5项专项执法活动，检查用人单位303家。在潍坊市劳动保障监察工作年度考核中获得第一名。

社会保障

【概况】 2017年，全县加快完善社会保障体系，提升经办服务能力。持续扩大社会保险覆盖范围。职工养老参保人数达8.13万人，居民养老保险参保达37.44万人，征缴各项社保费17.97亿元，发放社保待遇16.22亿元。22个建筑项目的1103名农民工按项目参加工伤保险。切实优化经办服务效能。对医保协议管理定点医疗机构实行动态管理，查出违规医保费用283万元。推行网上缴费，全县12639名灵活就业参保人员可通过营业网点、银行自助终端、微信服务端等六种方式缴费。开通异地居住人员协助认证系统，为345名异地居住离退休人员待遇认证提供便利；推行工伤认定网上管理系统，认定工伤353件。开展工伤预防培训3500人次。推广电子档案信息系统应用，将13.22万份档案全部通过高速影像拍摄仪录入电脑。

【社保制度落实】 积极完善社会保险制度。全面实施按新制度计发养老保险待遇。参保人员跨省异地就医实现医疗费用联网结算，为53人报销异地就医费用79.31万元。社保持卡人数达52.21万人，全面实现持卡就医。全县贫困人口门诊医保报销23.27万元、慢性病报销95.36万元、住院医保报销631.46万元、商业补充保险支付41.51万元。

【企业职工养老保险】 2017年，企业职工基本养老保险缴费比例为26%，其中单位缴费比例为18%、个人缴费比例8%。

2017年，按新制度计发了养老保险待遇，企业职工养老金连续15年上调，全县退休职工月平均养老金达到2109元。

2017年昌乐县企业职工基本养老保险统计表

表32　　　　单位：个、人、万元

年份	参保单位	参保人数	征缴	支出	
				人次	金额
2017	1276	50692	50197.15	227131	38663

【城镇职工基本医疗保险】 2017年，昌乐县认真落实有关政策，城镇职工基本医疗保险最高支付限额逐步提高。到2017年，参保人员1个医疗年度基本医疗保险统筹基金年度最高支付限额为10万元，大额医疗保险基金最高支付限额为40万元，重特大疾病保障制度最高支付50万元，共计100万元。同时，参加公务员医疗补助的人员，超过大额医疗保险基金最高支付限额以上的部分，公务员医疗补助基金可最高补助12万元。

住院待遇逐步提高，参保人员在潍坊市内所有定点医疗机构皆可联网结算。参保人员在定点医疗机构发生的符合规定的住院医疗费用，纳入医疗保险基金支付范围。职工医保参保人员在社区卫生服务机构、一、二、三级医疗机构发生的住院医疗费用，首次起付标准分别为300元、400元、600元、900元；一个医疗年度内第二次住院，按照上述标准分别减少100元，从第三次住院开始，社区卫生服务机构和一级医疗机构不再设置起付标准，二级医疗机构起付标准为200元，三级医疗机构起付标准为300元。职工医保参保人员按规定转诊住院的，合并计算住院起付标准。在社区卫生服务机构、一、二、三级医疗机构发生的符合规定的住院医疗费用，起付标准以上至2万元（含）以内的部分，职工基本医疗保险统筹基金对在职职工支付比例分别为96%、92%、88%、84%，对退休人员支付比例分别为98%、96%、94%、92%；2万元以上至基本医疗保险统筹基金最高支付限额（含）以内的部分，对在职职工支付比例分别为96%、92%、90%、88%，对退休人员支付比例分别为98%、96%、95%、94%。其余费用由个人承担。超过基本医疗保险统筹基金最高支付限额以上的符合统筹基金支付范围的医疗费用，大额医疗保险基金支付90%。5年来，门诊慢性病病种增加到72种。参保人员患规定的特殊慢性病种，年度内发生的门诊医疗费用作为一次住院费用承担起付标准。其中在不同级别的定点单位发生门诊医疗费用的，按照就高原则承担起付标准。起付标准至基本医疗保险统筹基金最高支付限额部分，报销比例70%到95%不等。尿毒症透析治疗、器官移植抗排异治疗实行包干结算。

2017年昌乐县企业职工基本医疗保险统计表

表33 单位：个、人、万元

年份	参保单位	参保人数	征缴	支出	
				人次	金额
2017	1528	66864	29460.05	17939	12877

【机关事业单位养老保险】 根据国家和省关于机关事业单位养老保险制度改革的规定和潍坊市政府《关于印发潍坊市机关事业单位工作人员养老保险制度改革实施办法的通知》等有关具体规定，昌乐县机关事业单位养老保险制度改革稳步推进。2017年，机关事业单位养老保险缴费比例为28%，其中单位缴费比例为20%、个人缴费比例8%；职业年金单位缴纳比例为本单位工资总额的8%，个人缴费比例为本人缴费工资的4%。根据《关于调整机关事业单位养老保险参保人员范围相关问题的通知》规定，编外人员纳入改革范围，养老保险缴费比例更改为28%，其中单位缴费比例为20%、个人缴费比例为8%，并补缴职业年金，基本养老金按新制度缴纳找差工作也于年底前完成。2016年11月始，按照改革后缴费办法，申报缴费基数（各险种执行同一缴费基数），调整社会保险缴费计划；同时调整养老保险缴费比例，医疗、工伤、失业保险缴费比例不变，增加职业年金缴费。基金征缴方面，2017年度机关事业单位养老保险基金总收入3.01亿元。

2017年，机关事业单位养老保险制度改革稳步推进，相关配套改革文件陆续出台。2017年11月开始，机关事业单位新增退休人员按新的改革规定计发养老待遇。全年为6688名退休人员和179名离休人员累计发放离退休费39630万元（其中代财政发放住房补贴3712万元、离休费2082万元），社会化发放率连续十七年保持100%。

根据潍人社〔2017〕96号文件规定，为全县6202名退休人员增加退休费，月增加额1288677元，月人均增加207.78元，并自2017年1月起进行补发，累计补发额901.96万元。

2017年昌乐县机关事业单位养老保险统计表

表34 单位：个、人、万元

年份	参保单位	参保人数	征缴	支出	
				人次	金额
2017	239	16160	30130	84552	39630

【居民医疗保险】 2017年，全县城乡居民基础养老金每人每月100元。参保人数374401人，征缴基金5755.56万元，缴费财政补贴536.81万元，2017年就诊110328人次，支出金额13637.14万元。

2017年，全县居民参保缴费人数达467965人，其中未成年居民105813人、一般城镇居民238306人、老年居民123846人，一档缴费每人150元，二档缴费每人280元，征缴居民医保费8298万元，政府补助每人450元，补助21058万元，全年筹资总额29356万元。全年受益67.63万人次，医保基金支出27868万元。

【工伤保险】 全县经潍坊市劳动能力鉴定委员会确定需要康复的工伤职工人员，确定在潍坊市中医院、市直机关医院进行康复治疗。2017年昌乐县人社局、社保中心根据上级要求到企业进行工伤安全预防培训1500人。参保单位1236个，参保人数66583人，征缴金额2081.36万元，支出2720人次，金额1736.57万元、

【生育保险】 2017年，生育保险缴费比例为1%，职工个人不缴纳生育保险费。

2017昌乐县生育保险统计表

表35 单位：个、人、万元

年份	参保单位	参保人数	征缴	支出	
				人次	金额
2017	489	37666	1450	8211	1921.29

【失业保险】 2017年，失业保险费共计征收1761.07万元，其中企业征收1411.46万元、事业单位322.48万元，参保达到667户，参保人数53702人。累计领取失业保险金17467人次，发放失业保险金1785.9万元，缴纳基本医疗费490.4万元。11月始，失业金领取标准从1000元提高到1080元，稳岗补贴支出405.56万元。

【定点医疗机构管理】 抓好对定点医疗机构的日常监管，确保医保基金不浪费。(1)签订医疗服务协议，严格协议管理。明确超支不予补助、超支扣减定额等措施，督促定点医疗机构规范诊疗行为，完善内部控费机制，增强自我控费意识。(2)壮大审核队伍，加大医疗费审核力度。2017年给医疗费审核科增加工作人员2名，壮大审核队伍，对职工医保发生的住院病例全部进行审核，对居民医保发生的住院病例抽查审核，做到下月审核上月，每月必审，压茬进行，对定点医疗机构发生的不合理医疗费用，一旦审核发现，一律予以拒付。2017年以来，扣除定点医疗机构不合理医疗费用659万元，有效地控制不合理医疗费用的发生。(3)充实日常稽核力量，加大日常巡查检查力度，不间断的对定点医疗机构进行日常稽核，一旦发现违反医疗服务协议的行为，严肃处理，严格规范诊疗服务行为。

【社保基金征收及监管】 2017年，昌乐县人社局通过加大宣传力度，普及社会保险知识，提高群众的参保意识，引导群众认同社会保险，积极参加社会保险；同时，在缴费基数核定时，成立稽核小组，搞好书面稽核的同时，深入企业，调查了解，进行现场稽核，努力提高企业缴费基数，扩大缴费人数，促进社会保险的扩面征缴。截至12月底，参加企业养老、医疗、工伤、生育、机关事业养老保险人数分别达到65104人、88936人、61083人、37666人、16160人。分别征缴企业养老、医疗、工伤、生育、机关事业单位养老保险费52713万元、31422万元、2477万元、1457万元、30130万元。昌乐县居民养老保险参保缴费人数完成37.5万人，居民医疗保险参保缴费人数达到46.5万人。建筑业按项目参加工伤保险工作顺利推进，22个建筑项目的1103名农民工按项目参加了工伤保险。

抓好入口促征缴。依据《社会保险征缴暂行条例》和《山东省社会保险稽查办法》，规范企业参保缴费行为，狠抓企业社会保险年报书面稽核，对未要求进行书面稽核的企业，作为实地稽核对象，进行重点稽核，努力提高企业缴费基数和参保人数，力争做到应收尽收、应保尽保，增加基金收入。

抓好出口防流失。在抓好待遇领取人员资格认证工作的同时，积极争取民政、公安部门的支持，每月与民政公安部门提供的死亡销户人员信息进行核对，对存在疑点的待遇领取人员，及时停发待遇，在一定程度上减少了待遇冒领人员，防止了基金流失。

抓好内控保安全。高度重视内控管理，从组织机构、业务运行、基金财务、信息系统等方加强内部管理与监督，业务流程取消现金支付环节，各业务科室基金收付情况与财务科每月一对账，发现问题，立即整改完善，形成“重点专项检查为主、日常自查自检为辅”的内控监督机制，全力防范和化解各种风险，确保基金安全和人员安全。

（供稿：文报春）

民　政

【概况】 2017年，昌乐县民政局坚持“民政为民、民政爱民”的理念，认真履行保障基本民生、创新社会治理、服务国防建设、提供社会服务四大职能，在加快基层政权和社区建设、强化社会救助体系建设、推进双拥优抚安置工作、增强社会组织登记管理、创新发展慈善捐助工作、开展老龄工作、提升专项社会事务管理水平的同时，推动精准扶贫、救灾救济、残疾人“两项补贴”、农村留守儿童服务、养老机构建设、流浪乞讨人员救助和移风易俗等工作上新台阶。昌乐县为全国基层社会治理示范培训班提供2个现场教学点，得到参会人员的高度好评。县民政局在潍坊市中共十九大安保维稳工作中成绩突出，获得嘉奖。县民政局被潍坊市妇女联合会评为维护妇女儿童权益工作先进集体，连续被评为潍坊市文明单位。

【基层政权】　以社区建设为抓手，加强乡镇政府服务能力建设。从镇街、社区两个层面分别梳理87项全科政务服务事项清单，逐个服务事项制定标准化流程，实现清单服务事项在镇、社区服务中心“一窗受理、全科服务、一站办结”。建立涵盖53项公共服务事项的即时办理、代为办理、指导办理“三个清单”；整合有线电视、数据光网、移动电话等信息资源，建立社区管理信息平台，设置智慧社区、智慧医疗、智慧教育等7大板块31个功能区，开设村务、财务、党务公开专栏，实现“互联网+基层党建、财务管理、权力清单”一体管理、一体运行。2017年8月，全国基层社会治理示范培训班在潍坊市召开，昌乐县提供红河便民服务中心和庵上湖村两个现场教学点。

【村民自治】　推行支部领治、村民自治、协商共治、教化促治的“四治”村级管理模式，构建人人参与、人人尽力、人人共享的村级治理格局。修订村规民约，建立红白理事会，提高村（居）民自我管理、自我教育、自我服务能力。第十二届村“两委”换届选举，全县有377101名选民登记参加，选出村“两委”成员2120名，其中党组织成员1327人，村委会成员1514人，交叉任职721人，交叉任职比例54.33%，比上届提高2.12个百分点；224个村实现党组织书记与村委会主任“一人兼”，占60.54%，比上届提高3.24个百分点；初次当选村委会成员480人，初次当选村委会主任126人；村委会成员中有1177人为中共党员，占总人数的55.5%；村“两委”成员中45岁及以下的589名、高中（中专）及以上学历的900名，分别占总数的27.7%和42.5%；村党组织书记中45岁及以下的102名，高中（中专）及以上学历的237名，分别占总数的27.6%和64.1%。村“两委”成员中有女性成员381名，其中村党组织成员88名、村委会委员381名，村委会中全部有女委员；有女村党组织书记6名、女村委会主任7名；370个行政村推选产生村民代表15629名，村民小组长2019名，全部建立村务监督委员会。

【民主协商】　推动基层协商工作开展，印发《关于加强城乡社区协商的实施方案》，全部社区成立社区议事协商委员会，推行“8+X”协商模式，“8”为八类固定成员，“X”为涉及的其他利益相关方或其他需要参加的人员。制定城乡社区协商制度规范，明确社区协商的16项协商事项目录和5个基本协商形式，在所有社区推行社村集中议事制度、村级民主议事日制度，凡涉及社区和村级的重要事务，均纳入社村集中议事范畴；其他一般性事务，按照民主管理制度办理。每个镇（街、区）确定一个社区、一个村作为县级协商示范点，确定新昌社区为市级社区协商示范点，示范点建设情况纳入年度科学发展考核。

【村务公开】　制定《村（居）务公开目录》，规定公开内容。适应农村经济社会发展新要求，将新的惠农政策、新农村建设和农村社区建设的具体措施、内容以及与农民群众利益直接相关的事项及时纳入村务公开范围，按公开事项的性质实行年度公开、季度公开、月公开、即时公开、点题公开。规范村务公开、民主管理内容和档案资料，接受群众监督，全面落实农民群众的知情权。建立村务公开栏视频监控系统，实现村务公开监督常态化；坚持每双月检查考评制度，每月8日确定为全县集中公开日，定期组织县村务公开领导小组成员对全县的村务公开、民主管理等情况进行检查，并将村务公开工作中好的经验做法、存在的问题和综合考核打分情况，以简报形式通报全县。利用党务政务村务公开监督平台、党务村务公开栏、微信、广电平台等方式进行村务公开，实现村务公开全覆盖。

【城市社区】　2017年，选取宝都街道西湖社区、宝城街道昌明社区进行城市社区实体化运行试点，坚持高标准起步、实体化运行，打造“四全一特”示范社区，发挥城市社区应有作用。按照“活力城市”建设要求，引导社会组织、社工人才和社区志愿者借助各自优势，参与社区治理和服务，推动社区管理服务由“政府做”向“大家做”、由单一化向多元化转变。推行“四社联动”模式，通过政府购买服务、公益创投和社会组织认领服务等措施，引进培育公益慈善、社会养老、文体教育、志愿服务等方面的社会组织200余家、专业社会工作人才74人，共同参与社区治理和服务工作。推动居民信息采集工作，为社区网格员配备手持终端，邀请技术人员对网格员进行培训，实现居民信息同步录入，解决原系统运行缓慢、实用性不强的问题。

【城乡低保工作】 *加强低保规范化管理* 制定《关于进一步规范农村低保、五保、医疗救助相关工作的通知》，审批过程实行“谁调查、谁签字、谁负责”。实行县、镇、村“长期公示制”，对审批对象、救助资金等信息进行长期公示。

加强低保动态管理 做到应保尽保、应退尽退。先后两次开展低保清理清查活动，对新申请低保对象抽查比例不低于30%，每镇（街、区）抽查不少于3个村。依托潍坊市民政局低收入家庭经济状况核对指导中心，通过大数据定期比对，对于新申请低保对象做到“凡申请，必核对”，对已享受的对象定期开展集中核对。

开展精准扶贫 落实低保线与扶贫线“两线合一”政策，将符合农村低保条件的家庭及时纳入低保，强化低保兜底，为190户207名建档立卡贫困人口提高低保标准。

提高城乡低保标准 城市和农村低保标准分别达每人每月500元、每人每年3800元，保障城乡低保对象9533户、12759人（其中城市低保对象275户、471人，农村低保对象9258户、12288人），全年发放低保金3145.8万元。

农村低保金 特困人员分散供养金实现财政惠民补贴“一本通”管理系统发放。对城乡低保对象、特困人员和优抚对象20861人发放价格临时补贴34.8万元。

【特困供养】 对县养老中心进行社会化管理改革，在确保国有资产不流失、养老用途不改变、服务水平不降低的前提下，坚持政府购买服务与市场化运作相结合，引导社会力量参与。委托县公共资源交易中心，按照市场化模式进行公开招标，最终由潍坊市华都颐年园老年服务中心中标，与县中心敬老院签订承包运营10年的协议，运营期间预留部分特困供养床位，政府只按规定标准拨付特困人员集中供养资金，其他费用由运营单位通过发展社会化养老予以解决。全县有特困人员450人，分为集中供养和分散供养，发放供养资金240.1万元。

【临时救助】 认真实施《昌乐县城乡居民临时困难救助实施细则》，对特殊突发状况开辟“绿色通道”，全年救助因火灾、交通意外、突发重大疾病等导致生活困难的家庭796户，发放临时救助金223.4万元。探索建立“救急难”工作长效机制，拟定《昌乐县“救急难”工作实施方案》（征求意见稿），上报县政府审核。

【救灾救济】 2017年，昌乐县遭受3次较大自然灾害，受灾人口140196人，倒塌房屋222间，转移安置人口3298人，农作物受灾面积12116.5公顷，其中农作物成灾面积4886.57公顷，农作物绝收面积1128.81公顷，造成直接经济损失20319万元。灾情发生后，县委、县政府及时组织查灾、报灾、救灾，保障群众的基本生活，同时恢复生产。为12086户33985人发放冬春救助资金343.5万元，为1722户困难家庭发放救助资金100万元。

2017年，昌乐县全面实施自然灾害民生综合保险制度。由县财政全额出资164万元为居民按每人每年2元标准购买自然灾害公众责任保险，家庭户1处自住房按每户每年2元标准购买自然灾害家庭房屋保险。全年接到居民咨询报案电话1118次，赔付402起，累计赔款金额166.99万元。

【优抚工作】 2017年，昌乐县享受待遇的抚恤定补重点优抚对象5830人，其中，革命残疾军人361人，伤残国家机关工作人员7人，伤残人民警察19人，烈士遗属21人，因公牺牲军人遗属29人，病故军人遗属46人，在乡老复员军人568人，带病回乡退伍军人532人，参战退役人员303人，涉核退役人员13人，60岁以上老兵3847人，60岁周岁以上烈士子女84人。全面落实各项优抚政策，发放定期抚恤补助金2973.2万元。大幅度提高一至四级残疾军人分散安置护理费（因战、因公一级和二级残疾军人28444.5元；因战、因公三级和四级残疾军人22755.6元；因病一级至四级残疾军人 17066.7 元）为 29 人发放护理费 69.3 万元。加大资金投入，提高重点优抚对象医疗保障水平，为优抚对象参加医疗保险、报销门诊及住院费用 233.8 万元。2017 年昌乐县义务兵家庭优待金标准为 15450 元／户，为 530 户义务兵家庭发放优待金 890 万元。对全县 137 名困难优抚对象进行救助，每户发放救助金 1000 元。对全县 18 户烈属进行走访，每户发放慰问金 2000 元。

【安置工作】 2017 年，昌乐县接退役士兵和转业士官 274 人，其中在部队选择自主就业退役士兵 268 人，于 4 月底前发放一次性自主就业补助金 673.2 万元。将符合政府安排工作条件的退役士兵全部安置到机关、事业单位或国有企业，安置率 100%。对符合安置条件申请自谋职业的退役士兵发放一次性经济补助金，退役士兵在待安置期间，享受城市居民最低生活保障待遇。昌乐县大幅度提高自谋职业一次性经济补助金，对选择自谋职业的退役士兵，根据具体情况，按照上年度城镇单位在岗职工平均工资额的 1.5 倍或 2.5 倍数额发放自谋职业金。联合中泰宝石学院组织退役士兵进行创业培训，开设汽车 C 证、电子商务、新能源汽车等科目，有意愿的退役士兵参加培训率达 100%，参训退役士兵合格率达 100%。通过职业介绍、就业推荐、专场招聘会等形式，搭建沟通平台，促进退役士兵充分就业。

【拥军优属】 与部队共同开展以《中华人民共和国兵役法》《中华人民共和国军事设施保护法》等为主要内容的双拥法规宣传活动。开展重要节日走访慰问驻军单位和重点优抚对象等拥军优属活动，落实送慰问信、挂光荣牌、走访慰问立功受奖现役军人家属等精神抚慰措施，发放慰问信 5 万份、光荣牌 300 个，为 72 名立功受奖现役军人家庭发放慰问金 93 万元。为某部队演训做好场地清理、交通战备、通信保障、群众转移、损失补偿等方面的保障工作，帮助驻军改善基础设施和生活条件，协助部队完成军事演习和战备训练任务。规范开展“烈士纪念日”公祭烈士活动。凡现役军人子女和烈士子女入学入托的，县教育部门优先安排就近入学。

【养老服务】 2017 年，积极推进全县养老服务业发展。加强协调，推进清松老年公寓项目立项建设，督促东方养老托护中心项目加快建设进度。开展养老院服务质量建设专项行动，全面排查安全隐患。改造提升县养老中心，争取各级资金 378 万元，实施连廊建设、床具更换、1 号楼消防改造、2 号楼中央空调安装等项目，于 5 月底开通天然气，10 月底发放养老机构设立许可证，同时加强监管，不断巩固养老中心公建民营成果。

【社会福利】 按照每人每月 60 元标准，为全县符合条件的 151 名生活长期不能自理经济困难老年人，发放护理补贴 11.49 万元。认真落实残疾人两项补贴政策，按照每人每月 85 元标准，为全县 3114 名困难残疾人发放生活补贴 315.7 万元；按照每人每月 80 元标准，为 5509 名重度残疾人发放护理补贴 502.3 万元。自 2017 年 12 月 1 日起，城镇特困人员救助供养标准由每人每月 750 元提高到 765 元，全县有城镇特困人员 3 人，全年发放供养资金 2.8 万元。

【慈善事业】 2017 年，昌乐县建有慈善分会 10 个、直属工作站 2 个、村（社区）慈善工作站 370 个，实现慈善工作城乡全覆盖。2017 年，在全县范围内开展“慈心一日捐”慈善捐助活动，制定《昌乐县 2017 年“慈心一日捐”活动实施方案》，募集善款 450 万元。爱心企业共设立慈善冠名基金 3 亿元。鼓励爱心家庭和个人签订小额冠名慈善基金。

2017 年，全县救助贫困大学生 87 名，发放救助金 19.6 万元。开展梦金园基金救助活动，为“梦圆班”教学资助 158 万元；从梦金园忠善助学金拨付 18 万元，定向资助昌乐及第中学、昌乐中学和昌乐二中等 3 所高中学校，用于学校重大教育教学活动和奖励优秀贫困生；发放孝心基金 180 万元。万山基金通过助老项目支出 200 余万元，同时开展大学生、万庄小学等助学救助活动。

县慈善总会联合县扶贫办开展“过暖冬”扶贫项目，为全县 591 户建档立卡贫困群众购买 295.5 吨清洁型煤炭，共计 31 万元。开展“三无”病人救助和其他救助扶贫活动，发放 321 万元。

【社会组织管理】 昌乐县创新社会组织登记和管理工作，推进社会组织登记制度改革，认真做好社会组织注册登记、注销登记、撤销登记等工作。重点培育、优先发展行业协会商会类、科技类、公益慈善类、城乡社区服务类社会组织。2017 年注册登记 21 个，至年底全县有社会组织 235 个，其中民办非企业单位 192 个、社会团体 43 个。改革社会组织年检程序，采用网络预报送方式，提高效率。完善现代社会组织法人治理结构，组织 2 家社会组织参与分类评估。县管行业协会商会完成人员、住所与行政机关脱钩。促进政府职能转移和购买服务，发布具备承接政府职能转移和购买服务资格的社会组织名录，建成社会组织孵化中心 2 处。社会组织党组织应建已建率 94%，工作覆盖率 100%。

【婚姻登记】 2017 年，昌乐县民政局婚姻登记处严格按照法律法规办理婚姻登记，认真执行民政部《婚姻登记工作暂行规范》，全县办理结婚登记 3821 对，离婚登记 1379 对，补领婚姻登记证 1413 件，婚姻登记合格率 100%。公开婚姻登记内容、登记依据、登记条件、登记程序、登记时限、服务承诺，印制婚姻登记《服务指南》和告知单，实行服务承诺制，提高工作透明度。设立咨询电话和咨询台，接受电话咨询和现场咨询 5200 余人次。开展免费的婚姻家庭辅导服务。投资 5 万余元设立颁证大厅，为 500 余对新婚当事人举行免费的结婚登记颁证仪式。2017 年，婚姻登记处被潍坊市妇女联合会授予“潍坊市巾帼文明岗”荣誉称号。

【收养登记】 全县自 1999 年开始办理收养登记。遵循平等自愿原则，依法保障被收养人的合法权益。收养人需具备无子女、有抚养教育被收养人的能力、未患有医学上被认为不应当收养子女的疾病等条件。严格按照申请→受理→审查→报批→登记→颁证的程序办理收养登记，并输入《全国收养登记管理信息系统》，未出现收养登记字号重复和收养人重复领养孩子等问题，收养档案即时归档、归档完整、目录清晰，便于当事人和有关部门进行查询，切实保障他们的合法权益。2017 年办理收养登记 9 件，登记合格率 100%。

【殡葬管理】 2003 年 6 月，昌乐县殡葬管理所划归潍坊市民政局直接管理，更名为潍坊市第三殡仪馆，位于昌乐县城南 12 公里处，属公益类正科级事业单位。主要业务为遗体接送、遗体冷藏、穿衣整容、遗体告别、遗体火化、骨灰寄存、丧葬用品销售等全方位、多层次系列化殡葬服务。全馆占地面积 2.4 万平方米，配置有高档豪华环保遗体火化炉 5 台、遗体接运车 4 部、遗体冷藏柜 16 台、大告别厅 1 处、小告别厅 1 处、高档单具遗体冷藏棺 7 台、接待室 3 处，年火化量 8000 余具。开设 24 小时服务热线，提供 24 小时遗体接运、存放服务，严格按照物价部门核发的收费项目和标准收费，对所有殡仪服务项目实行“清单式服务”，由丧户自行选择服务项目。

落实基本殡葬服务费用免除制度，全年为丧户群众“一站式”免除 395 万元。推进移风易俗，全县 370 个行政村全部建立红白理事会，并纳入村规民约。

【流浪乞讨人员救助】 贯彻执行《城市生活无着的流浪乞讨人员救助管理办法》《救助管理机构基本规范》和《流浪未成年人救助保护机构基本规范》等政策法规。对符合救助条件的，提供不超过 10 日的救助，按规定程序办理相关的登记和离站手续，资助车（船）票使其回家。对年老、伤病、残疾人员和儿童提供周到救助，给予特殊照顾，由专人或专车护送其返乡。对健全的乞讨人员进行耐心说服教育，使其早日脱离流浪生活。对精神病人及时送往定点医院治疗，待病情稳定后，再帮其查找亲人送其返乡。对危急重症的求助人员及时送往定点医院治疗。2017 年妥善救助流浪乞讨人员 67 人次，对受助人员及时提供食品和住宿，医疗救治 53 人次，跨省救助 11 人次，开展“夏季送清凉”“冬季送温暖”专项救助活动 8 次，受助人员及亲属和社会满意率均达 100%。

【公墓建设】 昌乐县青山公墓有限公司是全县唯

一一处经营性公墓，2005年8月成立，占地76.79亩，面向社会销售墓穴和接纳骨灰寄存业务。全年销售墓穴178个，安放骨灰格位16个。截至2017年年底，已销售墓穴2384个，接纳骨灰寄存289位次。

【留守儿童保护】 贯彻落实《国务院关于加强农村留守儿童关爱保护工作的意见》，优化农村留守儿童的成长环境，促进留守儿童健康成长。2月印发《昌乐县农村留守儿童“合理监护、相伴成长”关爱保护专项行动工作方案》，3月印发《昌乐县农村留守儿童关爱保护工作实施方案》，8月印发《关于进一步做好农村留守儿童关爱保护工作的通知》，确定32个联席会议成员单位，联席会议办公室设在县民政局。全县设立10名农村留守儿童关爱保护专业干事和79名社区联络员，截至2017年年底统计留守儿童信息59名。

【孤儿和困境儿童救助】 提高孤儿基本生活保障标准，社会散居孤儿基本生活费标准为每人每月720元，集中供养孤儿基本生活费标准为每人每月1200元，全县有符合条件的孤儿70人（全部为社会散居孤儿），全年发放孤儿基本生活费59.5万元。困境儿童基本生活费标准为每人每月300元，对已享受城乡低保救助和重度残疾人生活补贴的困境儿童，采取补差的方法落实基本生活费。全县有困境儿童20人，全年发放困境儿童基本生活费2.99万元。

【烈士褒扬】 昌乐县烈士陵园为纪念在历次革命斗争中牺牲的昌乐籍及牺牲在昌乐的外籍革命烈士而修建，始建于1956年，原址在县城利民街中段南侧，1970年8月迁至原昌乐镇四图村北，1993年7月迁至县城东环路中部东侧，2007年迁至五图街道岳辛庄村东，即为现址，占地50亩，其中墓区5000平方米、纪念广场4000平方米。烈士陵园先后被评为省级重点烈士纪念建筑物保护单位、潍坊市爱国主义教育基地、潍坊市共产党员教育基地、潍坊市青少年教育基地和青年志愿者活动基地等。每年清明节、烈士纪念日等重大节日，全县都统一组织纪念烈士大会，县级领导、机关和事业、企业单位干部职工、中小学师生、驻昌部队官兵以及社会各界群众等，纷纷来到县烈士陵园，以各种形式缅怀先烈。烈士陵园每年接待参观群众达4万余人次。2012年，烈士陵园新建烈士墓307座，将全县散葬烈士墓全部搬迁进行集中管理保护。烈士陵园共收录700余名烈士信息，安葬烈士415名。2017年9月30日，昌乐县在烈士陵园隆重举行烈士公祭仪式。县领导以及县直各部门主要负责同志，教师、学生和干部群众代表1000余人出席公祭活动，深切缅怀先烈的丰功伟绩，弘扬先烈的崇高精神。

老龄工作

【概况】 1987年9月，成立昌乐县老龄问题委员会，为正科级行政机构。1993年11月，昌乐县老龄问题委员会并入县劳动局。1995年10月，恢复昌乐县老龄问题委员会，挂靠县劳动局。2002年1月昌乐县老龄问题委员会改称昌乐县老龄工作委员会，下设办公室，隶属县民政局，为正科级事业单位，定编5人。

【老年人权益保障】 加强老年人公益维权服务示范站建设。贯彻落实《山东省老年人公益维权服务示范站创建办法》的相关规定，做好“山东省老年人公益维权服务示范站”创建工作。县老龄办制定《关于做好“山东省老年人公益维权服务示范站”创建工作的意见》，搭建社会维权服务平台，发挥典型示范带动作用，在全县开展争创老年人公益维权服务示范站活动。2017年，昌乐县人民法院荣获“山东省老年人公益维权服务示范站”称号。

维护老年人合法权益。加强与司法等部门沟通协调，在依法办案中注重依法维护老年人的合法权益，对涉老案件做到优先受理、优先审理；对老年人交纳诉讼费确有困难的，实施缓交、减收或免收，需要获得律师帮助的，给予法律援助；法院对在审理侵害老年人合法权益的案件时，依法进行从快、公开处理，最大限度地维护老年人的权益不受侵害；搞好法律咨询服务，开通“148”法律服务热线，设立老年人法律顾问处，帮助受侵害的老年人伸张正义，依法维护老年人的合法权利。加大维权力度，法院聘请县老干部为陪审员，从全县各界老年干部中聘请执法执纪监督员，对法院审理的涉及老年人案件进行法纪监督。2017年，全县受理老年人信访案件180起，受理侵害老年人权益立案数14件，调解涉老纠纷120起，解决家庭养老问题75件，84人次获得法律援助，司法救助老年人6人，减免诉讼费、律师服务费8万元。

【落实老龄政策】 落实老年人高龄津贴和失能老年人护理补贴制度。对全县80周岁以上享受城乡最低生活保障待遇的老年人和90周岁以上老年人实施高龄生活津贴制度，全年发放高龄津贴186万元，失能老年人护理补贴11万元。协调医疗卫生部门为老年人进行义诊和健康咨询活动，免费为全县65岁以上老年人健康查体；对60～64周岁老年人实行半价、65岁以上的老年人一律免费乘坐城内公交车。

【老年人基层阵地建设】 做好城乡社区老年协会示范性建设和规范化建设。昌乐县根据潍坊市老龄办《关于在全市开展城乡社区老年协会示范性创建和规范化建设活动的通知》要求，制定创建活动工作方案，下发创建活动通知，确定创建活动内容、创建要求、创建标准。各镇（街、区）成立“基层老年协会创建活动领导小组”，召开创建专题会议，对创建工作进行部署安排。对各村老年协会班子进行调查摸底和登记备案，确定示范点，以点带面，做好基层老年协会制度创建和完善，促进老年协会示范点创建活动的开展。其中，昌乐县宝都街道新昌社区老年协会、朱刘街道万庄社区老年协会等7个城乡社区老年协会示范点位列100个“潍坊市城乡社区老年协会示范点”。

【推进“银龄安康”工程】 深入推进“银龄安康工程”，提高全县老年人抗风险能力。60～80周岁老年人投保率100%，出资12万元和16.3万元分别为全县6002名60～80周岁生活困难老年人和16287名80周岁以上老年人赠送“银龄安康保险”，全年为12.2万老年人办理意外伤害组合保险，保费282万元。2017年，昌乐县荣获潍坊市实施“银龄安康工程”一等奖。

【营造关爱老年人社会氛围】 加强关爱老年人宣传。通过下发文件、会议、广播、电视、报刊、专栏等形式，进行孝德文化宣传，营造全社会对老年人关心关爱的良好氛围。在公园、车站、医院、办公大厅等窗口单位，设置醒目的为老服务标志，结合敬老月和庆祝老年节，宣传尊老敬老爱老助老方面的典型，在电视台、报社设立专题栏目，广泛报道敬老模范事迹。开展敬老爱老助老主题教育评选活动，做好敬老模范评选表彰工作，2017年，昌乐县王爱芹被评为第十二届“山东省十大孝星”。

开展关爱老年人活动。在老年节、春节等重大节日，县委、县政府召开老干部座谈会，各部门、单位主要领导带队对老年人群体进行走访慰问，协调解决老干部、老同志生活困难等问题。2017年，昌乐县开展以“关爱老年人·欢庆十九大”为主题的“敬老月”和庆祝老年节活动。活动内容丰富多样，组织开展走访慰问和“为老志愿服务”活动；组织开展第三届敬老爱老助老创建活动；组织开展老年文化体育活动；加强城乡社区老年协会示范点建设并发挥职能；组织开展老年人维权活动，加强预防涉老洗脑式营销和老年人防范电信网络诈骗宣传教育；组织开展老有所为活动，加强老年志愿者队伍建设。

【文化养老】 按照潍坊市委、市政府关于构筑全民终身教育体系的要求，实施“文化养老”工程，动员老年人参加潍坊市银龄家庭传媒大学学习。2017年年底，报名老年学员34213人，老年人足不出户选学自己喜爱的老年课程。在山东省第六届老年书法美术大赛和第四届山东老年主题摄影大赛中，昌乐县有2名学员获二等奖，8名学员获优秀奖；昌乐县老龄办在省老龄办开展的“读敬老书，做敬老事，写敬老文”有奖主题征文活动中获优秀组织奖。

（供稿：周福军）

镇街区

Zhen Jie Qu

经济开发区（宝城街道）

【政区概况】　山东省昌乐经济开发区成立于1992年，是由山东省人民政府批准建设，全国首批通过国家发改委考核公示的省级经济开发区。昌乐经济开发区设有中共昌乐经济开发区工作委员会和昌乐经济开发区管理委员会，分别为县委、县政府的派出机构，行使县级经济管理权限，规格为副县级。2013年区划调整后，与昌乐县宝城街道办事处合署办公，共同对辖区内的经济、社会等各项事务进行管理。2014年增设滨海工业园管理办公室1处，负责潍坊市滨海工业园的管理服务工作。2017年度，被评为潍坊市循环经济示范园区、产城融合示范园区、劳动关系和谐园区、安保维稳工作先进集体，山东省文明村镇。

【地理人口】　位于昌乐县城驻地北部，309国道、济青高速公路、胶济铁路横贯东西，省道大沂路纵穿南北，距潍坊市区20分钟车程，距济南、青岛1.5小时车程。管委会驻地位于昌乐县新昌北路3269号，昌乐经济开发区原批准面积23平方千米，审核公告面积10平方千米（东至东水坡村、王金村、九级村、三庙村，南至山坡村、柴家庄、杨家庄、侯家庄村、309国道，西至大沂路，北至前于刘村、赵家庄、西水坡村、东水坡村）。2017年，实际管辖面积43.4平方千米（东至山水路，西至丹河，南至胶济铁路，北至青银高速）。辖37个自然村，常住人口3.58万人，农业人口2.6万人。

【自然条件】　属北温带季风性气候，四季分明，日照充分，雨量充沛。温和湿润，春秋较短，冬夏较长。地势平坦，东南部首阳山片区为低丘缓坡区域，其余地形以平原为主。辖区内主要有丹河、桂河两条河流，自南向北流向。

【沿革区划】　1992年，昌乐外向型工业加工区位于昌乐县城以北，济青高等级公路以南，规划面积13平方千米，起步面积1平方千米。2002年，经省政府批准，昌乐外向型工业加工区更名为昌乐经济开发区。2005年，据国家发改委公告2005年74号，山东昌乐经济开发区为第一批通过审核公告的省级开发区。2005年，昌乐县区划调整昌乐镇的西管、东管、耿王、黄埠、石家庄、四图、东尖、西尖、商家庄、东萧、北三里、东风、玉皇庙、大北、孤山庙、邢家河、西徐、东徐、潘家辛、西崔划为宝城街办并与开发区合署办公；将原朱刘镇的 赵家庄、于家庄、马家河、西任疃、前于留、后于留 、八里庄 、龙角、前石埠、后石埠划归宝城街道办事处管辖。2006年，据国土资源部公告2006年8号，山东昌乐经济开发区成为第四批落实四至范围的省级经济开发区。四至范围为：东至东水坡村、王金村、九级村、三庙村，南至山坡村、柴家庄、杨家庄、候家庄村、309国道，西至大沂路，北至前于刘村、赵家庄、东水坡村。2008年，区划调整：将朱刘街道的罗家庄、孙富庄、郑王、西水坡、东水坡划归宝城街道管辖。2013年，《关于调整昌乐县部分行政区划的通知》，宝城街道办事处机关驻地由府前街369号迁至兴光街358号。2014年1月开区管委会和宝城街道办事处驻地由兴光街358号迁至新城街2429号。至2017年，昌乐经济开发区实际管辖面积43.4平方千米，管辖范围为东至山水路，西至丹河，南至胶济铁路，北至青银高速。

【经济发展】 加快新旧动能转换，培育新产业经济增长点，重点打造新材料、智能装备制造、黄金珠宝加工、造纸包装等产业，新开工建设佳诚数码新材料产业园、阳光80万吨高档瓦楞原纸、科苑纸业10万吨装饰原纸（耐磨纸）等项目，引进落户项目25个，总投资99.8亿元，区域产业经济后劲十足，不断向高质量发展。

【农业】 发展农业技术推广和农业社会化服务。核查全区1541户、5235.78亩小麦种植户，准确及时发放耕地地力补贴；邀请省市县农业专家指导西瓜、甜瓜生产，推广测土配方施肥、病虫害物理防控等技术，引导群众增施生物肥、有机肥，减少农药化肥用量，提升瓜菜品质，保障食品安全；推广水肥一体化技术覆盖525亩高温棚大樱桃、甜瓜及小麦。农产品质量安全监管。各村配备至少1名食品药品监管员；与8个社区37个村及各种植户层层签订安全责任书，压实责任；开展农资监管、田间用药巡查、农产品抽检。发展高效设施农业。动工建设高标准钢结构大棚8个、占地60余亩的商家庄桃花苑项目和高温大棚5个、占地70亩的西水坡高效设施农业项目，培育打造新型农业亮点工程，建设美丽乡村。食品药品安全工作。在迎接全国卫生县城复审工作中，对于开发区辖区内442个业态点，落实160名机关干部包靠，协调各项工作开展。农机监理工作。全年开展日常巡查，5至6月开展专项治理，检查是否证照齐全，是否在有效期内以及安全设备等。宣传培训工作。宣传《中华人民共和国种子法》，多种手段宣传涉农法律法规，普及农资识假辨假和科学使用知识，提高农民农产品质量安全意识、维权意识。

【工业及商贸】 2017年新增规模以上企业16家，实现公共财政预算收入21.6亿元、规模以上工业利税51.79亿元，比上年分别增长8.09%、11.83%，完成固定资产投资271.61亿元，比上年增长8.39%。利用外资2307万美元，居全县第一；进出口25.6亿元，居全县第二。以中国宝石城为代表的工商业发达，鸢飞酒店、如家酒店、普乐超市、私营小区、七彩大市场为代表的餐饮、住宿、商超、批发零售业活跃。

2017年7月17日，潍坊市委副书记、市长李宽端（左三）到昌乐梦金园调研

（供稿：宝城街道）

【财政及经管】 农村“三资”管理。实行“双印鉴”管理，37个村全部在县农商行开户，规范资金管理。从严把控各村账务收支情况，按时审计、结转各村账务，做到月清、月结、月公开，加强日常账务管理。建立健全资产登记台账，有资源村建立资源登记簿，做到账实相符，规范资产、资源管理。农村“三职”干部工资保障。根据党委要求，对村“三职”干部工资发放标准进行研究、发放，保障村“三职”干部（特别是无集体收入村三职干部）

利益，调动其工作积极性。农村集体资产股份权能改革。西尖、四图两村改革工作多次接访其他地区业务部门的观摩学习，西尖村改革工作作为全县三个典型村之一参与、通过农业部对全县改革工作的验收。同时，向县经管局争取改革补助经费41万余元。村级财务审计。委托第三方对街道37个村2015—2016年账务进行审计。清算2008年以来拆迁项目资金，支付2017年度拆迁资金。

【社会事业】 文化　组织3支民间文艺队伍200余人参加县元宵节民间文艺表演，在开发区中心小学举行区第一届“阳光杯”职工团体趣味运动会。组织4支文艺队伍90余人参加参加“昌乐县第五届广场舞大赛暨山东省第二届广场舞大赛”，获得大赛三等奖、优秀奖各1次，区文化站获优秀组织奖。申报“王派烙画”为市级“非遗”项目，申报葫芦艺术、石雕碑刻传拓技艺、黄氏祖传脱骨疽疗法为县级“非遗”项目。积极参加县全民健身月活动，开展移风易俗健康生活文艺巡演活动、文明之夏文艺表演。完成省文化厅对社区综合文化服务中心检查的准备及“全国文明县城”测评材料上报。提升宝石城社区、艳阳天社区综合性文化服务中心，争取县级配套资金的“唱响中国梦、欢乐乡村行”县文广新局送戏下乡文艺演出7场。承办“百姓大舞台·幸福新农村”昌乐县第八届新农村文艺会演开发区专场演出。举行图书捐赠活动、创建社区农村书屋，收捐赠图书2000余册。开展“国创节能”杯全民健身登山比赛。

教育　新招考17名教师，县管校聘2名优秀教师跨校竞聘到尖庄小学。新建的尖庄小学主体完工，改建马家河小学师生伙房，拨专款为开发区小学教学楼作学生防坠落措施，为学校配备7名专职保安。开发区小学女子足球队获全县小学足球比赛第一名，并代表县参加潍坊市比赛，获潍坊市第四名。开发区中心园多次为全县幼教工作交流会提供现场，被评为潍坊市幼儿教师培训实践基地。

招才引智　聘请中国矿业大学教授孟德远为开发区科技副主任，创科种苗引进中国工程院院士吴明珠，成立院士工作站，亿林数控引进国家“万人计划专家”刘辛军教授。英轩重工和阳光纸业成功申报潍坊市会计领军人才2名。引导企业提质增效。万仞机电、戴梦缘珠宝等18家企业完成股份制改造，精科传动、国创节能2家企业在新三板挂牌。梦金园获第七届“潍坊市市长质量奖”，被省商务厅确定为“互联网+品牌”重点培育企业。佳诚数码、宏力钢管等8家企业与世界500强深度合作。3家企业获评“厚道鲁商”。新增市级以上工程研究中心、技术中心5处。6家企业参与行业标准制定，10家企业纳入省市动能转换重点项目库，38个项目列入全县“三四三”培育工程。

居民养老医疗保险　做好养老、医疗征缴信息录入及全民参保登记录入工作，规范整理各种档案材料。做好适龄参保人员和抚恤费的领取等工作。2017年辖区居民养老保险、医疗保险征缴率分别达90%、100%，位居全县前列，圆满完成养老医疗任务目标。劳动监察工作。督促企业与职工签订劳动合同，规范用工，调查处理投诉，调解矛盾纠纷，配合处理辖区内劳动纠纷和市长热线回复工作。创业培训等优惠政策落实。组织高校毕业生、城乡登记失业人员、农村劳动力等各类群体开展创业培训，提高就业及自主创业能力。招聘信息到村入户，为用人单位和求职者搭建双向选择平台，破解企业招工难，求职者就业难的问题。发布招聘信息462条，解决企业用工需求282人。“就业驿站”配备多媒体自主查询机，方便居民查询个人就业信息和社保信息等。

计生卫生　出生847人，合法生育率98.4%，性别比104.8，其中一孩性别比89.8、二孩性别比106.6，出生率10.9‰，死亡率1.7‰，自然增长率9.2‰，晚婚率87.3%，晚育率88.8%。印发明白纸、法律法规、新型生育文化、优生优育、关爱女孩等宣传材料1万多份。借助新婚登记建档人员建档和一孩、二孩生育注册及透孕查举办培训班，宣传计生政策、法规、优生知识。强化计生队伍管理，搞好优质服务。实行首接负责制和一次性告知制度，简化工作流程，决不让群众多跑腿。落实全面两孩政策实施，2017年一孩注册72例、二孩注册195例，及时率达90%以上，孕情上报及时率90%以上，达省市县规定的各项指标要求。加强孕情检测和追踪，严厉打击“两非”行为。

对违法生育户依法征收社会抚养费，到位率70%以上，列全县之首。用好计生协会，开展“关爱女孩”，关怀救助困难群众活动，为失独家庭办理申请扶助金1万元。申报60例农村计划生育家庭奖励扶助人员，6例计划生育家庭特别扶助人员。

【基础设施】 村镇建设总投资1.2亿元，新建集中居住小区，修缮村内道路62.6公里、重新整修镇区道路9.45公里，包括科技街、石家庄街、宝昌路；种植树木97亩；新建尖庄小学1处；37个自然村全部实行环卫一体化整治并通过验收；宝石城社区通过“四全一特”社区验收，任疃社区确定为新型农村社区，市县两级拨付资金进行提升改造。集中居住区、便民服务中心、学校、医院等公共场所实现集中供暖。“河长制”工作落实。4月建立“河长制”组织体系；5月成立“河长制”办公室并挂牌运行；5月和7月分别对丹河、邢家河河道问题进行全面排查；6月编制《经济开发区（宝城街道）河长制全面实行河长制实施方案》并制定工作方案及相关配套制度，实现制度上墙；6月参与河道内违法建设排查和丹河河道清障工作，工作内容在县河长制工作简报第六期刊发；9月制定全区实行“河长制”河流名录，聘用民间河长、河管员等人员，完善“河长制”社会监督服务体系；11月在丹河、邢家河沿途4个行政村设立河长制公示牌，并建立台账；12月在邢家河深入开展“清河行动”。防汛及其他工作。编制防汛预警应急预案，落实重点部位包靠人员；5月对北三里村500米排水通道开挖明渠，下铺管道，全线疏通，6月对东风村北309国道涵洞进行清淤贯通；6月下旬对丹河河道内违建依法拆除，保障行洪安全；7月对邢家河河道西任疃和于家庄段的拦河坝进行疏通。全面摸排汇总农村供水情况；完成全区农村通电机井复核。植树造林。孤山脚下商家庄村、盐运站南铁路沿线区域丹河和邢家河河道内以及部分企业更新植树，在任疃路两侧栽植樱花。护林防火。完善森防器材储备，购置20个二号工具，与37个自然村签订《农村消防与森林防火责任书》，在孤山庙会、端午节等关键节日上山防火，配合完成潍坊市森林防火应急指挥平台数据采集工作。

（供稿：沈靖翔）

首阳山旅游度假区

【政区概况】 位于昌乐县城东南部，东起昌乐—潍城界、西到首阳山路，北起劳教所北街、南至宝都街道—五图街道界，面积31.5平方千米，耕地面积8700亩，辖2个社区、11个行政村（23个自然村），1.3万人。度假区于2007年成立，2013年被山东省人民政府批准为省级旅游度假区，2015年2月9日重新组建昌乐首阳山旅游度假区开发建设管理委员会。2017年，桂河湿地公园被评为“潍坊市科普教育基地”，首阳山社区列为“山东省四型就业社区”。

【自然条件】 以山地、丘陵为主。属暖温带季风气候，多年平均气温12.9℃，年平均日照时数2391小时，年总辐射124.2千卡/平方厘米。年平均降水量571.4毫米。主要自然灾害有干旱、暴雨、冰雹、霜冻、干热风、大风、雾、雷暴、沙尘暴等。辖区主要有桂河水系，发源于山秦水库，东至东南庄水库，含有刘双泉、

清晨首阳山

（供稿：首阳山旅游度假区）

刘宣、曹西楼、郭齐店子、老庄、姜家坊子、山秦七座水库，形成“七子连珠”的景观，全长约6.2公里，2017年，已治理河道2.4公里，修建2座拦河大坝。

【农业】 辖区大部分为丘陵，成片耕地面积较少，鉴于度假区土地现状，发挥区域优势，主要在农产品质量上下功夫，发展精品农业。已发展精品西甜瓜、蔬菜750多亩，特色种植红豆杉500多亩。2016年开始建设红豆杉种植培育合作社，总规划面积1000亩，其中利用流转土地500亩，发展红豆杉产业链，打造红豆杉品牌；开发利用荒山500亩，发展观光旅游产业。总计划投资10亿元，已投资3000万元，建成阳光智能大棚108个，面积300亩，种植以曼地亚为主的各类红豆杉100万株。度假区内山头多林木资源丰富，现有林地总面积2.2万亩，宜林地面积2.3万亩，其中国有林地面积1.2万亩，集体所有林地面积10000亩，辖区森林覆盖率为46.6%。充分挖掘资源优势，引导农村土地有序流转，建设千禧西红柿、芦荟、红豆杉等特色农业合作社，推动农业产品向观光娱乐、休闲采摘转变，引领现代农业发展新格局。

【旅游业】 首阳山也称孤山，整座山脉自西向东由官山、孤山、牛山、马山等紧紧相连的四座山峰组成，是潍坊地区最具有文化积淀的历史名山之一，海拔266米。昌乐古八景之“孤峰夕照”“龙洞云开”皆出于此山。桂河湿地公园，为国家AAA级景区，充分利用首阳山群、桂河水系原有自然地形地貌，将各种不同的水景科学合理的设置于最佳地段和位置，使公园易于养护，保留原生态系统。尚岛书画院，珍藏各类名家珍作，位于首阳山南麓。

【环境保护】 开展矿产资源集中整治，封山禁采。度假区严格按照“四不留一不动”的标准，清除辖区内11处粉碎机、3个洗沙点和22处石灰窑的加工设备及附属设施，封存石子、石料5.7万多立方米，封堵矿坑28处，彻底性遏制非法盗采行为，扬尘污染得到有效控制。拆除违法建设，还山还绿于民。严格按照全县违法建设治理行动的安排部署开展违法建设治理，在首阳山区域低丘缓坡治理暨违建拆除集中行动中，实施“大兵团作战”，用20天时间，顺利完成102户、10万多平方米违建拆除和330户、2800亩土地征收工作，在首阳山区域第三片区集中攻坚行动中，利用4天时间完成区域内120户、239亩土地、6处违建大院（建筑面积9600平方米）的土地征收工作，实现违建零补偿、群众零上访。编制完成度假区、村“河长制”管理实施方案，对辖区内和河道实施“河长制”管理，同时全面清除河道管理范围内违法建筑物和行洪障碍物，实现河道管理“河长制”全覆盖，截至年底已经累计完成河道整治15千米。对涉河污染源及河道周边环境进行全面整治，完成农药减量控害及测土配方施肥工作，杜绝因排污引发的河道发黑、发黄、发臭现象。健全上下联动、联合执法机制，环保部门联合执法中队开展小煤厂治理行动，要求装卸散煤过程中采取喷淋措施，确保无扬尘和撒漏现象。随着散煤的治理和清洁型煤的推广，辖区内的9家小煤场已全部停止经营。并率先完成型煤推广任务。通过开展集中整治煤场行动，进一步加强散煤清洁化治理工作和清洁型煤推广工作，减少废气排放和粉尘污染，改善度假区的大气环境质量。

【社会保障】 坚持公平公正公开，阳光推进棚改。贵和片区棚户区改造项目，涉及潘家庄219户，占地132亩，木田后村65户，占地46亩。度假区成立棚改领导小组，配备包靠干部，并成立自改委，由群众选举产生自改委代表，进行网格化分工，入户征求搬迁意见，现已全部同意搬迁。投资324万元对东南庄、西南庄、谢家山、观音庙等6个村5800米主干道进行高标准硬化，并通过依规建绿、以路带绿、立体连绿，对进村道路进行高标准绿化，栽植樱花、龙柏、法桐等苗木3万多株。投资50万元，在朱孔路首阳山路段安装路灯64盏。坚持精准扶贫、精准脱贫。根据贫困户的情况，“因人施策”在给予政策帮扶的同时，通过政府兜底、扶贫项目收益分红等措施使贫困户达脱贫标准，2017年剩余12户、17人，在11月底全部实现脱贫。圆满完成23个村的村“两委”换届选举工作。全部完成23个村股份权能改革。

【安全生产】 层层落实责任，加强安全宣传培训，坚持“月排查、周检查、日巡查”制度，常态化开展安全检查，对查摆出的问题，即查即改。对辖区内的不稳定因素进行全面排查，发放干部民情联系卡，主动联系群众，对各类问题建立台账，确保心中有底、未动先知，2017年化解各类信访积案8起。狠抓作风建设，督促党员干部转变工作作风，扑下身子，深入到村、到户；结合“机关大讲堂”专题学习，时刻提醒党员干部提高警惕，廉洁自律；设立正风肃纪举报电话和微信举报平台，接受群众监督举报；对违纪行为进行严厉查处，运用“四种形态”执纪问责180人次，与县纪委相关部门联合办案13起，为干事创业提供良好的社会生态和政治生态。

【基础设施】 积极对接“一山两河一轴两片区”整体规划布局，加快推进辖区内“一山一河一轴”规划建设，打好生态牌、落实新理念、组合新要素，全力打造潍坊西部生态新城。按照省级旅游度假区的标准要求，强化自然保护、实施生态修复、恢复自然原貌，打造城市公园。加强桂河河道清理整治，搞好沿岸景观建设，再造“河畅、水清、岸绿、景美”绿色长廊。将宝通街作为与中心城区对接融合的“主轴”，加速城市、生态、要素、产业有机融合，重点发展科教、文旅、康养产业。为落实新规划，度假区加快拆迁进度，2017年春天，对郭王庄进行整体搬迁，将98户全部搬迁到文博园承建的贵和社区，拆迁房屋100多套、腾出土地80亩。贵和社区已搬迁曹西楼、崔家埠、郭王庄3个村，腾出土地478亩，为“一山两河”规划的实施腾出发展空间。在首阳山区域低丘缓坡治理中，完成3000亩土地征收工作，作为土地储备为下一步整个潍坊西部生态新城的发展，宝通街“一轴”规划的实施，打下坚实的基础。筹资32万元对所有行政村党群服务站和自然村党群服务点进行修缮，配齐办公设备、服务设施、村级“三务”公开栏，各村实现完善的办公和党员活动场所。建设网上“三资管理平台”，实现财务公开，壮大集体经济，引领群众发展致富，以高标准打造度假区首阳山社区市级党建示范点。蓝宝石小镇作为贵和片区棚户区改造项目安置区，已办理完成施工许可证和工程规划许可证。

（供稿：路文峰）

朱刘街道

【政区概况】 朱刘街道位于昌乐县城东部，“世界风筝都”潍坊西郊，处环渤海经济圈与山东半岛城市群交汇点，区位优越，交通便捷，胶济铁路、济青高速公路、309国道、宝通街贯穿全境。济南、青岛国际机场和海港码头均在90分钟内通达，30分钟内即可达潍坊机场。1948年山东纵队一部进驻朱刘店，朱刘店宣告解放；1958年设朱刘乡，成立公社；1984年置镇；2005年3月，朱刘镇改为朱刘街道。2017年，街道对社区进行调整，将6个社区合并为4个，分别是都昌、朱刘店、怡和苑、魏家庄社区，辖19个行政村、35个自然村。街道总面积40.07平方千米，总人口2.88万人、耕地面积17.25平方千米。朱刘街道环境优美，气候宜人，风景秀丽的首阳山，山峦起伏，林木繁盛，鸟语花香，尽享大自然无尽的福泽和恩赐。境内石灰岩、玄武岩、黏土、煤炭等矿产资源丰富。潺潺的桂河从境内穿流而过。2017年街道围绕县里“一山两河”总体规划，对辖区内首阳山、桂河进行修复，境内一山一河保护稳步推进。街道开展矿产资源集中整治，多年来屡禁不止的违法开采全面消除。桂河水质提升综合治理工程全面启动，完成河道的清淤疏浚、防渗、淤泥清理、土方回填等工作，一处集生态修复、水体循环、海绵湿地、活力水岸于一体的环境优美、彰显

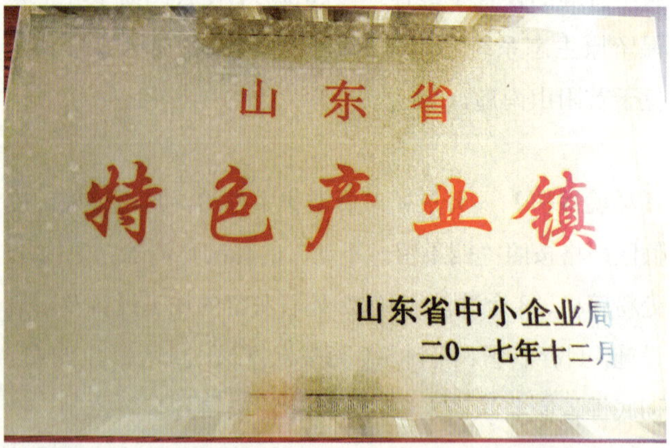

2017年12月，朱刘街道被山东省中小企业局评为山东省特色产业镇

（供稿：朱刘街道）

水韵的亲水景观带正在形成。2017年，街道获得“全国创建无邪教示范乡镇”“全省信访工作先进集体”“山东省新能源特色产业镇”“潍坊市新型工业化产业示范基地”“中国产业园区创新力百强”等多项殊荣。

【经济发展】 **经济增长保持强劲** 街道全年实现规模以上工业企业主营业务收入291.89亿元，工业产值292.37亿元，利润12.6亿元，利税18.3亿元，均较去年有稳步提升。实现地方财政收入3.83亿元，比2016年增长94.76%。

新兴产业提质扩量 中国比德文新能源汽车产业基地纳入全市“四区四基地一通道”重点项目，基地“一区两园一小镇”规划正在加速落地。一期投资22.3亿元、占地617亩的配套产业园一期，投资10亿元占地300亩的新能源汽车科创园一期完成拆迁，总投资30亿元，占地1000亩的汉唐新能源汽车项目完成拆迁并开工建设。科创园内4500平方米创业孵化中心建成投用并获得“市级创业园区”。街道产业布局更加清晰、产业集群更加突出，产业质量显著提升，产业由低速低端向高速高端迈进。

传统产业加速转型 投资3.3亿元的山东金卓15万吨新型无机材料项目正在全速建设；万山集团投资5.8亿元新上特种陶瓷、陶瓷熔块及余热回收项目；总投资1.5亿元的潍焦余压余热综合利用项目进展迅速，潍焦PBT升级改造项目正委托中科院进行特性实验，年内进入试生产；杰富意锂电池负极材料项目已投产达效。众多项目正推动传统化工快速向高精尖的新材料迈进。

推动企业培优做强 深化“三四三”培育工程，企业创业活力、创新动力和发展实力显著增强。骨干企业比德文产销两旺，市场占有率扩大，全年电动车销量达26万辆，销售收入过100亿元；潍焦、万山增长稳定，分别进入中国民营企业500强，潍焦荣登“山东民营企业100强”；元利化工高沸点溶剂增幅超过70%，产能占据全国第一；联信增压器、喜威电驱车辆、立阳新材料等成长型企业快速发展。同时，街道加快“个转企、小升规、规改股、股上市”步伐，2017年新增规模以上工业企业5家、贸易企业2家，完成公司规范化改制10家，7家公司已签订新三板或区域性股权交易市场上市协议，元利化工主板上市工作有序推进。

重点项目加速推进 街道将高质量的项目作为支撑、引擎和动力，用项目搭建发展骨架。2017年，先后通过定向招商、园区招商、以商招商、节会招商等形式，高密度全方位的筛选引进项目。全年落地项目16个，总投资约57亿元。配套产业园实现20余家企业意向入驻；宝博会集中签约落地项目7个；盘活闲置土地14处，800余亩并落户项目。兰天纺织投产，汉唐中能、好友油脂等项目加速建设，为街道产业发展注入新的活力。

【社会事业】 **精准扶贫** 街道通过扶持生产、帮助就业、政策兜底，扶贫项目等做到分类施治、靶向脱贫。成立47个帮扶（关爱）小组结对帮扶贫困户，35个村重新选派包村干部，扶贫项目光伏发电收益3万元全部发放至贫困户，投资32.4万元新上小东庄农业扶贫项目，街道贫困户实现全部脱贫。

文化 各村全部设立“四德榜”定期更新维护，根据实际粉刷宣传标语、绘制文化墙并张贴移风易俗宣传画，实施文化惠民工程，先后开展庆“三八”文艺演出、广场舞大赛、送戏下乡及重阳节文艺演出等文艺活动。同时，街道充分挖掘历史文化资源，在原朱刘街道小学原址建设百年历史文化博物馆，主馆基本建成。

教育 辖区内教育配套设施不断完善、师资力量不断优化、校园安全持续稳定、教学水平显著提升。投资5500万元按照省级标准化要求建设的花园式现代化学校——万山小学和万山幼儿园全部投用，设立“文先基金”，用于奖励成绩突出的优秀教师。在全县教学质量测评中，街道教学成绩跃居全县前列。

医疗卫生 狠抓医疗质量，强化卫生院公益性，落实药品零差率销售政策；不断改善医疗服务，严格控制医疗费用，切实减轻患者就医负担；做好重大疾病预防控制工作、加强儿童预防接种信息化管理、不断推进新生儿筛查工作；对辖区范围内妇女进行免费“两癌”筛查等工作。

社会保障 实现居民养老保险、城乡居民医疗保险的全面覆盖。城乡居民最低生活保障、城乡医疗救助、农村五保供养在内的一整套社会救助制度逐步健全完善，对城乡困难群众应保尽保，做好失地农民保险补贴，构建起广覆盖、多层次、保基本的社会保障体系。

【生态环境保护】 2017年，街道桂河水质提升综合治理工程开始实施，地下管网雨污分流项目启动，城东污水处理厂完成应急调节池建设和一级A+提标改造。全年街道植树增绿面积200余亩；对铁路沿线清理美化，新增绿化面积3万余平方米。街道对611家生产经营单位和闲散院落推行“网格化、实名制”管理，并建立微信线上环保举报平台，落实有奖举报，每晚3名科级干部带队持续进行“环保夜查”。全年关停涉污企业10家，取缔“散乱污”企业 38家，拆除10吨以下燃煤小锅炉82台，发放清洁型煤3379吨，街道生态环保水平显著提升。

【安全生产】 街道成立安委会，11个专业组、23个成员单位联合巡查；创新开展企业互查、互评、互学12期；投资1500万元高标准建设朱刘消防站已全部建成并投入使用；开展安全生产“严排查、严整治、严执法”百日集中行动 、“安全生产月”和落实秋冬季员工岗位责任暨隐患排查活动，组织开展深化冬季安全生产工作暨“百日攻坚”行动，进行拉网式检查整改。全年排查各类隐患2387处，完成整改率98%以上，立案7起，处罚金额8万元，街道平安堡垒建设更加稳固。

【综合治理】 全年未发生重大治安、刑事案件，街道深入开展“打霸治痞”专项行动；落实“雪亮工程”，对重点区域和路段安装监控探头58个，并实现联网运行；各村实现一村一警务助理、一法律顾问，社会治安持续稳定。街道投资20余万元对综治维稳中心进行重新打造，充分运用“矛盾调解、信访听证、司法援助和人文关怀”四项机制，化解信访积案7起，解决12起农民工讨薪问题，追回资金200余万元；调解矛盾纠纷48起，对有进京上访历史的7起信访积案全部化解，化解率100%，确保街道和谐稳定。

【基础设施建设】 街道坚持城乡统筹、协调推进，深入开展环境卫生综合整治、美丽乡村建设、基础设施提升、铁路沿线卫生整治、马路市场整治等5大领域提升行动， 对辖区主要道路进行绿化托管，每天安排湿扫车不间断清扫，对道路两侧绿化带杂草、落叶和垃圾每季度进行一次集中清理。对村内环境加大环卫一体化和保洁力度，做到专人清理、每天清运、定期督查，同时针对各村环境卫生的突出问题，集中力量进行彻底清扫清运，并进行评比考核。先后投资9亿多元，规划建设“四纵六横”10条框架主干道，完善水电路、雨污地下管网和地上美化、绿化和亮化等基础设施。投资120余万元对35个村级办公场所进行规范提升，创新开展“强堡垒、竖国旗、亮党徽”工程，县委组织部在全县予以推广。新潍昌路建成并通车，同时配合做好青银高速、潍日高速等重大基础设施建设，街区团结路拓宽改造工程加快推进。

（供稿：郑　涛）

宝都街道

【政区概况】 昌乐县有中国蓝宝石之都的美誉，又因宝都街道地处昌乐县中心城区，是昌乐县政府驻地，故得名。地处昌乐县中心地带，东邻朱刘街道，西连青州市谭坊镇，南、北分别与五图街道和昌乐经济开发区相接，西北靠寿光市纪台镇。街道办事处机关现驻县城利民街西段。2017年末，辖区面积75.97平方公里，有人口15.66万人，民族单一，汉族为主。总人口中，农村户籍人口4.86万人，占31.03%。

【政区沿革】 1950年为昌乐县城关区，1951年改称昌乐县第一区，1955年第一区改称城关镇，1956年城关镇并入丹河区，1958年成立城关人民公社，1982年复称城关镇，1984年5月更名昌乐镇。2006年撤销昌乐镇，设立城关街道。2013年11月改称宝都街道，将宝城街道办事处所辖的赵家埠头等25个行政村（社区）、五图街道办事处所辖的郭齐戴家庄等7个行政村和城南街道办事处所辖的宝通社区，划归宝都街道办事处管辖。2015年2月，将原五图街道划过来的7个行政村划归首阳山旅游度假区。行政区划调整后，宝都街道现辖49个行政村（社区）。境内河道属弥河水系，流经辖区的县级河流有大丹河、小丹河，镇级河流有尧河、猪龙河，西部丹河自南而北流贯全境。

【政区划分】 2017年年末，设有9个城市社区、3个农村社区，辖月亮湾、西湖、永康、昌盛、新昌、故城、流泉、三和、恒安、尧沟、小李家庄、埠头12个社区，包括东南村、车站、北关、西村、南关、东田、南王、东山李、东山王、曲家庄、周家庄、前东村、后东村、郭家庄、三和、南三里、五闫庄、南流泉、北流泉、吴家池子、南萧、月亮湾、宝通、尧沟、北寺、小李家庄、东西王、夏家庄、蔡辛、北郭、南张、前营、后营、东埠周、东埠郭、刘家庄、东庄王、马家冢、大杨家庄、刘家辛、常庄、坡子、赵家埠头、付家埠头、梁庄、张家埠头、李家埠头、丹河49个行政村。

【荣誉称号】 宝都街道是中国柠檬酸特色产业基地、中国电子器件散热器产业基地、全国一村一品示范镇、全国规范人民调解委员会单位、中国西瓜第一镇、山东省最具投资潜力十佳街道、山东省安全生产工作先进镇（街）、山东省文明街道、山东省生态街道、山东省最佳休闲街道、山东省旅游强镇、山东省卫生街道、山东省群众性体育工作先进单位、山东省城市社区建设示范街道、山东省妇联基层组织建设示范街道、潍坊市特色产业镇、潍坊市依法行政工作先进单位、潍坊市信访工作先进单位、潍坊市平安建设先进单位、潍坊市安全生产工作先进单位、潍坊市创先争优先进基层党组织、潍坊市人口和计划生育工作先进单位、潍坊市服务业工作先进单位。

【农业】 突出种苗“硅谷”功能定位，在尧沟片区打造“西瓜小镇”，加快“新六产”发展，促进尧沟振兴。加快现代农业园区建设，新建沃泰、群信等现代农业示范园区6处，种苗育苗能力达8000余万株。推动现代农业品牌化发展，大力推行“党支部+合作社”的经营模式、走品牌战略，注册“宝城”“利杰”等近20个瓜菜品牌，绿色认证产品13个，注册昌乐西瓜、高家河苦菊、昌乐小南瓜3个国家地理标志。创新建立农产品质量安全追溯机制，农产品质量安全保持“零事故”，被评为全市质量安全示范街道。

【工业】 加快工业经济转型发展，大力培植新兴工业，新引进落地5000支网纹版辊、设施农业废弃物处理中心等过5000万元项目35个，市认定招商引资到位资金13.2亿元。2017年，实现工业总产值104.3亿元，比上年增长18.1%；实现利润11.69亿元、利税17.03亿元，分别增长16.2%、18.3%。

【商贸】 大力发展“双创”经济，新增市场主体4569个，注册资本60.5亿元，分别占全县的35%、33%。新增省级创业孵化示范基地、省级科技企业孵化器、省级智慧园区、省级众创空间等孵化器6个，建有宝都创业园等加速器2个，孵化和培育中小企业112家。

【财政】 2017年实现一般公共预算收入3.25亿元，比上年增长35.28%，各项财政指标稳步增长。

【权能改革】 2017年全面完成69个村的集体资产股份权能改革，并代表全县通过国家试点验收，东南村的改革做法受到中央改革办、农业部和省市县主要负

2017年10月28日，县委副书记、县长邱旺（左一）现场调度西村片区棚户区改造工作
（供稿：宝都街道）

责同志的肯定，在全省推广。

【棚户区改造】 实施北关、西村两个片区棚户区改造，整建制、彻底性拆迁城中村6个，为新旧动能转换腾出土地781亩。北关片区4天半拆迁房屋904户，西村片区48小时拆迁房屋395户，刷新棚改新速度，规范拆迁新秩序，彰显干部新作风。

【民生事业】 突出文化惠民，完成田老明楼乡村记忆修复工程，开展演讲比赛、象棋比赛、广场舞比赛等形式多样的文体活动100余场次，移风易俗等群众性精神文明创建活动不断深化，群众幸福感、获得感稳步提升。坚持优先发展教育，建成北大公学双语学校、昌乐一中英才学校等中小学校4处，辖区所有义务教育学校均达省级标准化办学条件；新建各类幼儿园15处，关停无证幼儿园22处，被评为潍坊市学前教育工作先进镇街。2017年，新增泰山产业领军人才、鸢都产业领军人才2人。县人民医院、县中医院、县立医院等多处县属医院皆在辖区内。农民新型合作医疗参合率达100%，城镇居民基本医疗保险覆盖率均达100%。改建村级卫生室、卫生服务中心42个，构建起“10分钟文教卫生服务圈”。扎实推进脱贫攻坚，全街道154户、235人全部脱贫。依托“互联网＋政务服务”，打造西湖社区“e家全能·社区客厅”，探索实行党建引领、服务供给、群众自治、社会协同“四维共建”运行模式，10大类77项业务实现“一窗受理、全科服务”，为民政部举办的全国城乡社区治理培训班提供教学现场。

【老旧小区改造】 8月—12月，实施县府机关生活小区、党校西小区、外贸小区3个老旧小区改造，共涉及楼房30幢，改造面积8.56万平方米，住户984户。

【安全生产】 深入开展“百千万”走访活动，排查化解“四类风险”526项，化解信访案件36起。严格落实安全责任制，强化安全风险点专项治理，对辖区9600余家各类经营生产场所实现常态化安全监管，40家企业完成安全生产标准化创建。

【生态环境】 全面落实“禁燃”“禁养”任务，拆除10吨以下燃煤小锅炉56台，关停取缔小散乱污企业10家，清理搬迁禁养区内养殖场16家。全面完成铁路沿线综合治理，新增绿地2万平方米，实现还绿于民。

（供稿：李国亮）

五图街道

【政区概况】 五图街道办事处位于昌乐县城南部，东与潍坊市潍城区接壤，南邻乔官镇，北接首阳山旅游度假区、宝都街道。街道办事处驻地位于南郝社区永和街361号。区域总面积98.04平方千米，辖曹家庙社区、五图社区、南郝社区、九龙湖社区4个社区，东耿安村、西耿安村、石人坡村、四泉村、亓家庄村、泉二头村、庵上湖村、临河村、大解召村、小解召村、跃进村、店子村、东上疃村、邓家庄村、上疃村、曹家庙村、宝石村、五图村、石乡村、老官李村、南郝社区、马家龙湾社区、河洼村、黄埠社区、七里沟社区、东平社区、崔家庄子社区、北寨社区、边下社区、南寨社区、小埠前社区、姜家洼子社区、方西村、金冯村、埠南村、池子村、韩信村、毕家官庄村、董家坊子村、朱家庄村、明德村等41个行政村、83个自然村，人口1.4万户、5.39万人。办事处驻地在南郝社区永和街361号。

五图街道紧紧围绕昌乐县委、县政府工作部署，积极落实五大发展理念，大力实施“一湖、两区、三园、四带”的发展战略。2017年，全街道完成地区生产总值222092万元，比上年增长9.6%；实现地方财政收入5429.8万元，比上年增长11.2%；规模以上企业实现销售收入630702万元，利税59936万元，分别增长7.6%和11.2%；第三产业增加值达6.43亿元；农民人均可支配收入16710元，增长8.2%。五图街道被誉为“中国宝石第一镇”“蓝宝石之乡”“山东省蓝宝石产业基地”。2017年，获得“市级文明单位”“2017年度潍坊市城乡环卫一体化工作示范镇街”“2017年度潍坊市农产品质量安全示范镇（街道）”等荣誉称号，方山蓝宝石小镇入选省级特色小镇，辖区内庵上湖村获得“山东省休闲农业和乡村旅游示范点”“全省脱贫攻坚先进集体”“食安山东食品流通示范单位”“市级创业示范基地”等荣誉称号，姜家洼子村获得“省级文明村镇”荣誉称号。

【政区沿革】 1958年成立五图公社，1984年建镇。2007年，撤销五图镇，以原五图镇的行政区域设立五图街道办事处，办事处机关驻原五图镇政府驻地。1958年设南郝乡，1958年属城关公社，1962年析置南郝公社，1984年改乡，1995年设镇。2005年3月4日，撤销南郝镇，以原南郝镇的行政区域设立城南街道办事处，办事处机关驻原南郝镇人民政府驻地。2013年11月，撤销城南街道办事处，将其行政区域并入五图街道办事处。五图街道办事处机关驻地迁至原城南街道办事处驻地。

【自然条件】 地处泰沂山脉北麓至渤海山前平原之间，属低山丘陵区，地貌由山坡地、沟谷地、平原地带构成，大部分土地土层较薄。地势略呈西高东低，南高北低的倾向，最高点位于方山顶，海拔338米；最低点位于辛旺村北河，海拔90米。

境内矿产资源十分丰富，已探明的矿产资源有蓝宝石、煤炭、膨润土、油页岩、石灰石、玄武岩等十几种，被誉为“中国宝石第一镇”。煤炭和油页岩储量丰富，油页岩储量达10亿吨以上。

五图街道现有小型水库23座，其中小（一）型水库8座（其中南寨水库正在改造为中型水库）小（二）型水库15座，总库容2473万立方米，兴利库容1100万立方米。流经五图街道的河流有7条：大丹河起点韩信村、终点马家龙湾村，长5.1公里；小丹河起点小埠前村、终点崔家庄村，长7.1公里；大圩河起点大解召村、终点西耿安村，长6.9公里；小圩河起点响水崖村、终点辛旺村，长7.8公里；尧河起点南高村、终点水长流村，长2.6公里；店子河起点前店子村、终点辛旺村，长4.8公里；淮河起点老官李村、终点老官李村，长3公里。

【工业】 2017年年底，街道工业企业有245家，其中规模以上企业34家。储备总投资12亿元的污泥处理、链条配件加工、金都世纪城二期等9个项目，为发展留足后劲。引进总投资70亿元的方山蓝宝石小镇、韩国汉斯克电子等7个项目，实现招商引资的新突破。新建、续建、在建过5000万元项目8个，总投资78.8亿元。

【农业】 2017年，街道围绕农业供给侧结构性改革，加快农业结构深度调整，着力推动农业品牌化、园区化、特色化发展，引导农民围绕农业市场需求变化，加快向设施农业、高效农业、特色农业、高端农业迈进。全街道规划三大片区，其中，东部片区，以庵上湖村为中心，打造万亩田园综合体，涵盖周边东耿安、西耿安、营子、亓家庄、河洼等18个村1万余亩土地。以特色农业资源、苗木基地、乡村民俗风情、蔬菜大棚、乡村民宿为主体资源，将农事活动、自然风光、科技示范、休闲娱乐、环境保护等融为一体，形成一二三产业相加、相乘的新六产发展态势。中部片区，以美丽响水崖、怡情九龙湖为中心，大力发展乡村旅游业，带动三产服务业发展，实现群众致富的转型升级。西部片区，以丹河、韩信2个社区为中心，充分借鉴寿光大棚种植经验，深入实施先进种棚技术推广，改造提升老旧大棚，实现农业设施的新突破。

【社会事业】 **教育** 2017年，五图街道有小学3处，分别为五图街道小学、邓家庄小学、石人坡小学。公办幼儿园6处，分别为五图街道中心幼儿园、邓家庄幼儿园、石人坡幼儿园、龙旺幼儿园、边下幼儿园、官庄幼儿园。民办幼儿园一处，为快乐行知幼儿园。有教学班98个，在校学生、幼儿3356人，公办教师225人，民办幼儿教师109人。其中副高级教师20人，一级教师87人。五图街道小学、邓家庄小学为市级示范校，五图街道中心幼儿园、邓家庄幼儿园均为省级示范园。新建的邓家庄小学、九龙湖小学已封顶。

文化 基层综合性文化服务中心建设达标率达90%，文体广场建设达41个行政村全覆盖，为各村群众的文化需求提供相关设施和服务场所。2017年举办元宵节民俗文艺展演、送戏下乡、响水崖子文化节、庵上湖葡萄节、韩信乒乓球大赛、广场舞大赛、新农村文艺会演等文体活动32场。抓好精神文明建设，善行义举“四德榜”达41个行政村全覆盖，广泛开展“昌乐好人”等各类评选活动，刘守亮入选2017年度“潍坊好人榜”。高度重视历史文化传承及发展工作，完善响水崖子、庵上湖两处历史民俗文化馆，新建岳辛庄历史民俗文化馆，为群众“留存记忆，感知乡愁”提供场所。

医疗卫生　重视医疗保障，辖区内设置53处村级卫生室，为辖区48568名群众建立居民健康档案。全面落实公共卫生服务项目，为全街道65岁以上老人免费查体4774人，为35至64岁妇女免费“两癌”筛查1371人，全年完成孕产妇建档管理984人，完成新生儿建档管理963人。重视人口和计划生育工作，全年出生1676人。

【民政工作】　2017年，五图街道有低保889户、1193人，五保22人，及时足额发放低保资金275.154万元、五保资金12.1512万元。辖区内有优抚对象195名，60岁烈士子女6人，60岁退役士兵372人。城乡居民医疗保险、养老保险工作稳步开展，全镇参加居民医疗保险41287人，居民养老保险17449人。2017年初，脱贫建档立卡贫困户56户81人。2017年年底动态调整享受政策建档立卡贫困户 64户106人。2017年项目收益分红惠及贫困户73户129人，共计发放8.2万元。全年贫困户危房改造共计修缮10户、新建3户，总投资25.12万元。

【环境保护】　落实上级对散煤治理的相关要求，对23家煤炭经营场所进行调查摸底，下发煤炭经营场所建设标准；推广6521吨清洁型煤和683台炉具，为群众营造天蓝水清的良好生态。

【道路建设】　推进6.3公里的大沂路改线工程，2017年完成大沂路改线工程一期412户、520余亩土地及二期141户房屋拆迁工作，为工程顺利推进创造条件。同时，大力改造提升乡村道路，东耿安、马家龙湾、大解召、邓家庄、五图、邱家河、响水崖子、任家庄等村新硬化道路7.5公里；泉二头、大解召、庵上湖等村道路沥青罩油6.2公里。

【造林绿化】　组织开展以“人人参与植树、共建生态五图”为主题的春季植树活动，植树造林1200亩，规划建设一期占地300亩的大解召苗木生态园，五虎山栽植五角枫200亩，后坡栽植桃林基地200亩，毛家山栽植杂果树100余亩，辛旺等栽植杨树近30亩。截至2017年年底，全街道成方连片林地面积已达37400余亩，苗木基地2000余亩，林木覆盖率达35%。

【棚户区改造】　2017年分两批开展九龙湖片区棚户区改造，第一批边下河南、下楼、东刘、杨徐、周家庄共计5个村575户，42小时完成协议签订，房屋拆除于11月2日全部完成。第二批边下村331户，22小时完成协议签订，11月5日全部完成拆除。

【权能改革】　五图街道于2017年6月，完成全街道83个自然村的权能改革任务，共计清查出集体总资产5971余万元，量化经营性资产950余万元，界定村集体经济组织成员46732人，发放股权证13432本，成立及变更经济股份合作社76家，土地股份合作社7家。

【九龙湖片区综合开发】　主要由中船阳光投资发展有限公司投资建设，规划面积18平方千米，建设内容主要包括南寨水库扩建工程、九龙湖回迁小区、九龙湖生态区PPP项目、龙泉寺、五虎山生态农业观光园等项目，着力打造环渤海乃至全国一流的生态休闲旅游度假区。”

九龙湖回迁小区及基础设施配套项目，项目总投资6亿元，占地160亩，建筑面积15万平方米，包括27座安置楼和社区服务中心、商业中心、幼儿园等，规划搬迁11个村870多户，截至2017年底，已基本完成搬迁工作。

南寨水库扩建工程，总投资3.6亿元，将总库容由425万立方米扩大到1036万立方米，已列入2013—2017全国中型水库建设规划，2015年12月动工建设。截至2017年年底，已基本完成。　（供稿：王晓丽）

乔官镇

【政区概况】　乔官镇位于昌乐县中部，东邻营丘镇，西靠临朐县、青州市，南连郿部镇、红河镇，北与五图街道接壤，镇区距胶济铁路18公里，距济青高速公路21公里，是连接山东半岛东西部的咽喉要地。1948年5月全县解放，设乔官区；1958年分为乔官、北展两乡，9月合并为乔官人民公社；1984年改为乔官镇；2001年3月9日，原北展镇合并至乔官镇；2007年末，原北岩镇合并至乔官镇。辖乔官、北岩、岳泉、南音、下庄、梁家庄、下坡、淳于、青龙、山前10个社区，73个行政村，158个自然村。2017年年末，乔官镇常住人口9.0796万人，26703户，镇域面积194.94平方千米，耕地面积0.99万公顷。

【主要荣誉】 国家级生态镇、全国普及基本医疗卫生制度试点镇、全国村务公开民主管理先进镇、中国塑料包装制品加工出口基地、山东省塑料加工基地镇、山东省木质板材产业集群、山东省省级中心镇、山东省省级文明镇、潍坊市小城镇建设管理先进乡镇、潍坊市绿化示范镇、省级特色景观旅游名镇、山东省乡村旅游示范镇。

【自然条件】 乔官镇地处山东半岛内陆，季风影响较为明显。境内山岭岗丘较多，属低山丘陵地貌类型，南部和中部局部为浅山丘陵区，北部大部分地势较为平坦，为丹河水系冲击而成。境内最高山峰为乔山，海拔359米，地处镇域中部。乔官镇境内河流隶属丹河水系，水资源较为丰富，主要河流有丹河、猪河等。有荆山水库、梁家庄水库、常家庄水库等25座水库，塘坝总数122个，水库水源保护较好，水质良好。

【经济发展】 2017年，全镇完成地区生产总值18.36亿元，比上年增长15.62%，实现地方财政收入3333万元，比上年增长79.7%；实现工业销售收入383393万元，利税13623万元，分别增长27.15%和28.7%；第三产业增加值达5.12亿元，增长18.8%；农民人均可支配收入16979元，增长9.98%。

新旧动能转换　规划1000亩德润产业产业园、500亩龙海新材料产业园和400亩板材产业园三个产业园区。其中德润科技产业园已开工建设2000平方米标准化生产车间；龙海新材料产业园已与山东大学签订合作协议，与东南大学达成合作意向。同时设立“个转企”“企升规”“股改”办理绿色通道，安排专人负责咨询、指导和办理等工作。2017年，完成“个转企”155家，新增“企转规”6家，完成股份制改造13家，在全县率先完成股改任务。

推动乡村振兴　全镇新建温室大棚600多座，新建现代农业园区11处，形成1.5万多亩的设施农业规模，重点实施五棵松田园综合体项目，完成投资1100余万元，建设高标准大棚200余亩，大拱棚300余亩，栽植果树200余亩。以合作社为主体，重点打造邵氏核桃、“茶香猪”、玉泉大樱桃、海蓉西红柿等特色品牌，全镇注册农产品品牌12个，农业专业合作组织达400余家，“茶香猪”存栏量达近5000头，成为全县知名畜牧产品品牌。

乡村旅游　全力推动莲花山农庄小镇项目。安排3名副科级干部具体负责，抽调20余名业务骨干成立项目推进小组和拆迁清障小组。截至2017年年底完成投资9000余万元，栽植各类绿化苗木50万株，完成售票厅、游客服务中心、景区主大门、养殖区、智能温室观光大棚等主体建设，安装房车12台、梦幻之星9台。成功举办首届火山文旅会。“五一”期间，举办“古火山小镇2017文旅会·首届火山文化旅游节”系列活

2017年10月24日，省人大农业与农村委员会副主任宋玉山（右二）到乔官镇调研　（供稿：乔官镇）

动，吸引游客5万余人，实现旅游收入100余万元。

【社会事业】 改善镇村居住环境 实施2017年“乡村连片治理”试点项目，提升火山口片区美丽乡村形象；坚决完成清洁型煤和节能环保炉具推广工作，推广使用清洁型煤13780吨；扎实推进春季造林绿化工作，全镇新增造林面积5100余亩，森林覆盖率达34.1%。

文化 先后投入资金80余万元，组建村级文艺演出队伍20支，开展文艺活动90余场，新建文化广场20余处。成立5支镇级专业文艺队伍，2017年共组织各类演出28场。荆山悠腔获得市级非物质文化遗产称号，大葛狮子舞配备50套练功服，50套演出服，100套演出器械，做好省级非遗申请准备。以微信公众号的形式宣传乔官形象，先后推出乔官镇的历史传说、民风民俗、好人好事等方面公众号十六期。

教育 先后投入资金150余万元，修缮10处普惠性公办幼儿园；出资10万元，设立教育教学质量奖，激励全镇教师创新教学；筹资近100万元，分两年解决教师遗属补助遗留问题。

医疗卫生 协调卫生院为全镇每名群众建立健康档案，对筛查出的糖尿病、高血压等慢性病群体每年随访4次，对65岁以上老人每年健康查体一次。梁家庄社区卫生室为全市卫生工作提供样板。

【扶贫工作】 先后三次组织贫困户大走访，共走访出54户特殊困难户。对全镇31户贫困户危房进行危房改造。完成省、市、县三级对2016年扶贫项目的审计；通过市扶贫办考核；实现两个省定贫困村脱贫。完成对全镇低保户的摸底排查，新办理低保户27户。同时，为符合条件的残疾人办理残疾人补贴，其中，生活补贴24人，护理补贴32人。为29名60岁以上的退伍老兵办理老兵补助。

【基础设施】 先后投入资金800余万元，对新老镇区进行“四化”建设，安装路灯300余盏，铺设人行道2900米，新修辅道2500米。结合胶王路综合整治和迎接县重点项目点评对胶王路、大沂路、潍临路、朱红路进行集中整治，路域面貌有极大改善。

重点实施“煤改气”项目 为推动板材产业绿色发展，投资1.1亿元，铺设然气管线60余公里，庭院管线5公里，接入天然气板材企业126家，清零燃煤锅炉224台，切实改善乔官的生态环境，为今后发展奠定良好基础。

农业基础设施投入 主动与上级水利、发改、财政、农业等部门搞好协调对接，积极争取项目资金支持，结合乡村连片治理、美丽乡村等项目，新修硬化道路58.3公里，铺修沥青路8.8公里，新打机井47眼，铺设管道18.8万米，极大的改善农业农村基础条件。

造林绿化工作 2017年共完成成片造林5000余亩，村庄新增绿化3万余株，造林总量全县最多。年初对胶王路进行整体绿化，栽植法桐4000余株，楸树447株。对大沂路镇区段、北展段进行绿化改造提升，栽植各类绿化苗木10万多棵；对镇区乔山街、青龙山路进行绿化，栽植各类绿化苗木2万余株。争取上级造林资金105万元，落实荒山造林面积420亩。

水利工作 对全镇的25座中小型水库、122个塘坝进行不间断检查，水管员每天至少巡查2次，所有水库、塘坝均设立警示标志，悬挂警示标语300余幅。编制完善全镇10条河流的河道名录，建立健全镇级河长组织体系和责任人，下发文件200余份。与98个沿河村签订清障协议。全年完成河道清障72.5公里，拆除违章建筑5处、养殖场1处，

2017年9月，国土资源部正式批复昌乐火山国家地质公园授牌仪式
（供稿：乔官镇）

清除树木30余万棵，清运河岸垃圾60余吨。

（供稿：高伟仁）

营丘镇

【政区概况】　营丘镇位于昌乐县东南部，东邻坊子区坊城街道、坊子区经济开发区，南与安丘市新安街道、昌乐县红河镇接壤，西接昌乐县乔官镇、五图街道，北与潍城区望留街道毗邻。镇政府驻马宋村，距昌乐县城32.8公里。2007年8月，经潍坊市人民政府批准，马宋、崔家庄、阿陀合并为营丘镇。现划分马宋、阿陀、崔家庄、崖头、河头及营邱六个农村社区。镇域面积218平方千米，辖64个行政村，28403户、人口9.87万人，耕地面积12285公顷。先后被评为中国拖拉机基地镇、山东省文明镇、山东省环境优美乡镇、山东省特色产业镇、山东省平安农机示范镇、潍坊市文明镇、潍坊市绿化示范镇、潍坊市平安建设先进镇、潍坊市环卫一体化工作示范镇等。

【自然条件】　营丘镇位于鲁中垄断区边缘和沂沭强地震带上，属侵蚀性丘陵区。地貌分为低山、丘陵、平原三大类型，整体地势为南高北低，西高东低。大部分区域在海拔40～150米之间。镇域境内沟谷纵横，河流众多，主要分为白浪河水系和汶河水系，较大的河流有白浪河、孝妇河、猪河、龙丹河、阿陀前河、金钗河、马宋河等。河流呈季节性山洪河道特点，汛期暴涨阻路，平时涓涓细流，旱时干涸。

【经济发展】　2017年，全镇一般预算财政收入为4722万元，比上年增长85.98%，完成固定资产投资27.4亿元，比上年增长19.3%，31家规模以上企业实现主营业务收入61.2亿元，比上年增长15.4%，利税2.23亿元，比上年增长15.6%。

工业　全镇深入实施“产业兴镇、工业强镇”战略，深化供给侧结构性改革，加快新旧动能转换，全镇工业经济实力显著增强。重点项目建设稳步推进。暖阳新能源120万吨洁净型煤、鹏洲塑业年产1000万件塑料配件等项目已投产；经欣粉体精细粉碎机、英皇10万吨啤酒等项目已开工建设。企业发展环境明显提升。整合经贸、安监、统计等部门成立园区经济发展办公室，认真落实领导干部包靠责任制及“一企一策”，开通企业服务热线，助力企业跨越发展。103天完成暖阳新能源项目拆迁、投产的“营丘速度”得到市委主要领导肯定。“双创”基地效益显现。建成建筑面积1万平方米的营丘创新创业基地，通过政府购买服务的方式免费为创业者提供项目成长、工商税务、公共物业等相关服务，成为全镇孵化企业、涵养税源、增加就业、打造一流营商环境的重要平台。已吸引山东大学研究生工作站、盛阳经贸、卓泰生物科技、麦迪农业科技等50家科研机构和企业入驻，实现税收过千万元。

现代农业　深入挖掘全镇土地资源广、劳动人口多、产业基础好的优势，持续完善农业规划编制，不断加大资源整合力度，全镇现代农业发展取得新成效。持续完善农业发展规划。聘请北京五彩农城乡规划设计院制作两万亩国家级现代农业示范园区概念性规划，并与中国海洋大学制作的太公特色小镇规划相结合，现代农业发展理念和运营模式持续更新，全镇农业发展境界显著提升。农业项目建设蓬勃开展。投资500万元的齐鲁农村产权交易中心营丘办事处投入使用，总投资1000万元、占地面积7000亩的高标准农田提质改造项目、投资3000万元的千亿斤粮食项目、投资500万元的小农水项目完成施工设计规划，投资200万元的扶持村集体经济发展项目基本建成，“滴禾绿田”1000亩大棚樱桃项目完成土地流转。全镇新建单体过百亩的设施农业园区5个，面积700多亩。

2017年4月6日，卞汉林（右三）到营丘鹏洲塑业调研

（供稿：营丘镇）

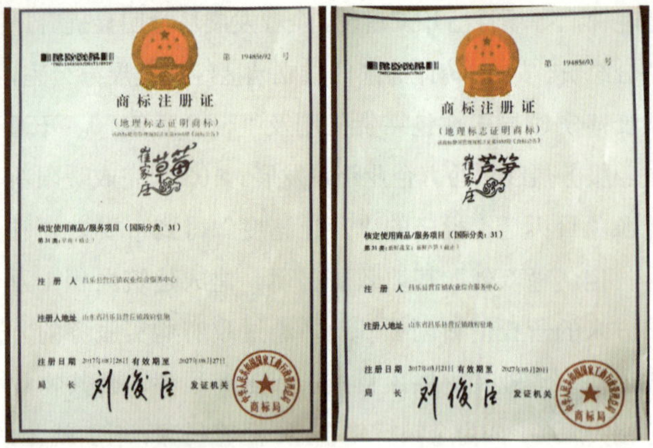

草莓、芦笋商标注册证　　　　　　　　　（供稿：营丘镇）

营丘粉皮　是一种历史悠久的农家小作坊式加工食品。昌乐县属北温带季风性气候，四季分明，独特的地域环境为甘薯的生长提供了良好的条件，营丘粉皮主要原料为原产优质甘薯，经过多种程序制作而成，用料讲究质量上乘，成为上等品，加工后的粉皮便于存放运销，而且粉皮本身碳水化合物含量高能使人产生饱食感，有助于减肥。

【精准扶贫】　全镇以实现贫困户“两不愁三保障”为目标，精准识贫、精准扶贫、精准脱贫，已落实170余万元建成26处蔬菜大棚及两处光伏发电项目。一期投资400万元的“太公湖尚品庄园”项目已建成达效，累计为贫困户分红40余万元。完成贫困户危房改造85户，新硬化贫困村道路2000余米，安排公益性岗位50余个，为11户贫困家庭申报“雨露计划”，实施医疗救助126人次，为267户贫困户免费配送洁净型煤及专用炉具。

【社会事业】　教育卫生　筹资300万元完成营丘中学扩建和河头、阿陀、崔家庄3处新建小学的拆迁平场。总投资7600万元建设镇医疗养老中心，已完成拆迁清障，是全镇推进医共体和医养结合新模式的积极探索。开展“计生攻坚月”活动，实现单月征收社会抚养费113万元。

文化　以积极培育和践行社会主义核心价值观，大力弘扬中华优秀传统文化为目的，以挖掘姜齐文化、孝文化等一批特有资源潜力为抓手，全面打响营丘文化品牌。群众文化活动如火如荼。成功举办全国极限摩托车大赛、民间艺术家书画作品展、第六届姜太公文化节暨第二十七届桃花年会、古城村民俗文化节等一批群众文化活动，接待游客30万人次。全面加快文化项目建设。规划设计的营丘太公古城文化旅游项目，一期计划投资1.2亿元，已完成景区可行性报告。镇图书馆、历史文化展馆分别顺利通过二级图书馆和省级示范点验收。历史文化传承扎实推进。《营丘镇志》全部勘印完毕，正在申报省级优秀志书。河西文化遗址等4处遗址被评定为省级文物保护单位，营陵故城正申报国家级文物保护单位；《姜太公传说》被评为省级“非遗”项目，完成《马宋饼的制作技艺》等7处“非遗”口述史调查及影音资料整理工作。

【社会治理】　干部作风持续改进。以开展“作风建设年”活动为切入点，积极推进“两学一做”学习教育常态化制度化，转化软弱涣散班子4个，并在村级场所建设、监控安装等多方面给予重点保障，农村干部服务群众的积极性、主动性明显增强。社会安全及稳定形势持续向好。推行“1+X”网格化管理办法，落实“一村一警务助理”，化解信访积案26起。新建镇级综治中心1处，提升社区综治中心6处、村级综治中心64处。积极建设“雪亮工程”，全镇184个自然村实现技防全覆盖、全天候。镇村社会治理成效明显。以推进矿产资源整治和违法建设治理为两大抓手，打黑除恶，打霸治痞，累计拆除违法采矿点147处，封存石子18万立方米、沙子16万立方米、麻岗沙14万立方米，拆除重点违建36849平方米，效果显著。

【基础设施建设】　群众服务场所建设　筹资3000余万元启动河头、崔家庄、阿陀3处社区和126处村级为民服务场所建设，已完工37处，建成面积18000平方米。新建的镇消防站投入使用，新营丘法庭已完成主体建设，投资800多万元对营丘、阿陀两处派出所进行提升改造，达全市一类乡镇法庭和一级基层派出所标准。

老旧镇区提升改造　投资4000多万元的马宋、阿陀等老镇区改造及胶王路、206国道市政配套工程建设进展顺利，新硬化商业通道30050平方米，铺设人行道1800平方米，安装高档路灯420盏，沿路栽植高干

白浪河湿地公园　　　　　　　　　　　　（供稿：营丘镇）

法桐行道树 7000 棵、楸树 3000 株。

【生态环境治理】　7—9 月确定为“环卫攻坚月”，设立专项资金落实奖补、销号制度，完成销号 86 个村，发放奖补资金 40 余万元，并新投资 45 万元购置农村垃圾桶，被评为全市环卫一体化工作示范镇。对两处镇级污水处理厂进行提升改造，镇区完成雨污管网分离工程，农村完成 9778 套旱厕改造任务。铺设天然气管道 15 公里，50 家企业日用燃气两万立方米。加大“小乱散污”清理，关停小颗粒、小炼油等 33 家，拆除各类小锅炉 50 台。推进散煤治理和洁净型煤推广，在全县率先完成洁净型煤配送任务。推行落实“河长制”，清理河道 33 公里，清除河道树木 50 余万株，拆除违法建设及构筑物 38 处。争取上级扶持资金 4000 余万元的白浪河综合整治项目，已完成规划设计的专家评审，2018 年开工建设。

（供稿：任相岗）

红河镇

【政区概况】　红河镇驻地红河村，村前有自西向东流淌的河流，因其少砂，红泥河底，水呈红色，而称红河。村沿红河而命名红河村，红河镇亦沿用村名迄今。红河镇位于昌乐县南部，与安丘市相邻，潍红路、唐荆路贯穿全境，距县城 35 公里，北靠省道胶王路，距胶济铁路、济青高速公路、309 国道、潍坊机场均 40 公里左右，距济南、青岛均 200 公里。2017 年红河镇辖红河、宅科、平原、朱汉、成官、店子 6 个农村新型社区，149 个自然村。人口 11.6 万，镇域总面积 194.5 平方千米，耕地面积 16 万亩。是全国重点镇、国家级生态乡镇、国家卫生乡镇、全国创建文明村镇工作先进村镇、中国美丽乡村建设示范镇、山东省先进基层党组织、山东省“百镇建设示范行动”首批示范镇、省级中心镇、省级文明镇、省级生态镇、省级卫生镇、山东食品产业第一镇。

【政区沿革】　红河镇历史久远，夏朝为季萴国辖地。商殷时代，为逄国辖地。周朝初，封姜太公吕尚于齐国，都营丘，红河镇属齐都营丘的邦畿之地。春秋战国时，为禹后东楼公后裔九世成公封地。西汉时，属营陵侯将军刘泽封地。东汉、三国魏初，辖平原地域，属朱虚侯国，隋朝属营丘县。唐武德六年，划入安丘县。宋、金、元、明四朝，均属昌乐县。清和民国时属安丘县管辖。红河镇 1948 年 6 月划归昌乐县，始称清泉区，1951 年改称为昌乐县第十一区，1958 年 1 月为红河、平原两个乡，9 月合并成立跃进公社，1960 年更名为平原公社，1981 年更名红河公社，1984 年 5 月体制改革分为红河镇、平原乡，1994 年平原撤乡设镇，2001 年 3 月区划调整将平原镇并入红河镇，2007 年 9 月区划调整将朱汉镇并入红河镇，镇政府驻地不变。

【自然条件】　红河镇地势西高东低，地形半丘陵半平原，年平均降水总量 619 毫米，年平均气温 19.5 摄氏度。境内有汶河、红河、白浪河等 11 条河流，西邻国家大型水库－高崖水库，地下平均水位 15 米，林木、大姜、花生、大棚瓜菜、果品、肉鸭以及铁矿石、磁石、河沙等资源丰富。

【经济发展】　2017 年，全镇规模以上企业总产值 69.17 亿元，工业利润 1.23 亿元，分别比上年增长 6.06%、3.21%，固定资产投资 48.7 亿元，比上年增长 87.6%。

农业　设施农业高效发展，现代农业“双百工程”加快建设，全镇累计流转土地 3.8 万亩，建设现代农业园区58个。协调县农商行、邮储银行等金融机构，为群众提供低息贷款4000多万元，并与潍坊市农科院深度合作，建立潍坊市唯一一个在乡镇设立的农学博士工作站。品牌农业突破发展，搭建“原根西瓜节”“大姜文化节”等品牌宣传平台，“红河一号”拿比特原根西瓜、自然邦“千禧”西红柿成功上市，全镇已获得“三品一标”认证60个，市级以上规范化园区12处。积极培育以红河大姜、红河大樱桃为代表的农业品牌。红河大姜种植历史悠久，种植面积4万余亩，大姜色泽鲜艳、结构紧密、块大丝少、辛辣清香，已成为红河当地主要经济作物。红河大樱桃种植面积1万余亩，主要品种为布鲁克斯、美早，具有果肉多、含糖量高、耐储存等特点，是红河镇主要林果作物，目前已发展高标准种植基地20余个，朱汉苹果获得国家地理标志证明商标，红河花生已完成申报。“新六产”创新发展，重点打造沿朱红路北起白浪河、南到汶河的“两基地、三中心”现代农业走廊，建设凤凰岭田园综合体、山东城市园丁园艺综合体、大樱桃现代农业产业园等45家现代农业产业园区和红河电商互联双育示范基地等13个现代农业示范基地，农业“接二连三”，融合发展。

工业　加快转型升级，乐港公司食品包装项目6条镀铝保鲜膜生产线已开始试生产，BOPA生产线改造完成。同时，利用欧盟增加鸭肉出口配额以及美国市场开放等有利时机，开拓国际市场，企业已经通过美国商务部检验；乐化集团加快“油性漆”到“水性漆”转型，其水性环保涂料技术获省科学技术进步二等奖，10万吨水性防腐涂料项目开始试生产；德福纸业成立潍坊福润德国际贸易公司，并在美国注册商标，新上高档生活用纸生产线6条。加大招商引资，全镇引进沙特NST纸制品加工、经典粮食物流园、叶绿素提纯深加工等一批项目，全年潍坊市认定招商引资到位资金10.48亿元，位居全县第一。推进企业股改上市，凯缘纸业等8家企业已完成规范化改制，瀚星叶绿素、赛特建材已在齐鲁股权交易中心挂牌。

第三产业　在镇区人口高度集中区域，规划建设三产服务业6条街，大力发展餐饮、超市、物流、家具、农资、家电等市场经营主体，构建起“三纵三横”快捷高效的三产服务带。同时，充分利用城市园丁田园综合体、凤凰岭田园综合体等项目的带动作用，发展农村电商、休闲旅游业、商贸物流等第三产业，开工建设东方养老托老中心、时利和物流园、机动车检测线等项目。突出“生态园林”特色，规划建设投资10亿元的林泉小镇项目，实现六村合一、一体规划、融合发展。

【民生事业】　2017年，全镇通过社区、村进行3次低保清查，为低保户1716户，2240人落实政策；全镇办理临时救助213户，大病医疗救助106户；慈善救助救助125户，办理90周岁高龄补贴享受人数249人，并完成省新开发系统“养老服务管理平台”历史信息补录工作；为残疾学生和残疾人子女助学补助共计83人次。全年新增转移农村劳动力2100人，发放就失业证32人，办理小额担保贷款34笔；扎实做好两险收缴工作，城乡居民养老保险参保29612人，征收上划金额910.26万元，城镇居民医疗参保人数68564人，征收上划1420.38万元。全镇已脱贫（继续享受政策）的贫困户共计696户、1095人，全镇产业扶贫项目收益分红共计30.05万元，惠及贫困户277户、447人，完成39户贫困户危房的修缮和翻建。

【文化教育】　加快改善教学条件，红河中学、镇中

2017年5月25日，民政厅副厅长冯建国（前排左一）到红河镇调研

（供稿：红河镇）

心幼儿园新园等6处学校新扩建工程基本完成，投资100多万元对全镇幼儿园进行改造提升；狠抓教学质量，红河中学学期考试名列同层次学校第一名，小学期末全县统考，学科质量总评均获得镇区第一名。全年累计开展文化下乡40余次，公共电影放送20余次，承办县第五届广场舞大赛初赛，新农村文艺会演红河镇获得优秀组织奖，编写《红河文化志》，全镇安装体育器材169套，实现自然村全覆盖。

【社会治理】 抓紧生态环保，镇域内“小散乱污”企业和不达标化工企业全部取缔，严查严处13起环境违法案件对54家规模以上养殖场全部建设防污设施；扎实落实“河长制”，对11条河流72公里的河道进行全面清理，为白浪河市级河长制工作现场推进会议提供现场。抓牢安全生产，扎实开展“大快严”集中行动，对931家经营单位、136家重点监管对象生产情况进行全部排查，整改隐患595起。推进“食安红河”建设，9个现场代表潍坊市接受国家级卫生示范城市复审，代表昌乐县迎接国家级出口农产品质量安全示范区、省级食品安全县验收。抓好社会稳定，全面抓实“四类风险”排查防控，建设镇以及9个社区综治中心，149个村全部配备警务助理，深入开展“打黑除恶打霸治痞”专项行动，办理和破获案件27起，刑事拘留犯罪嫌疑人30人，所有精神病患者全部落实包靠人员和措施。中共十九大期间，全镇无一人到县去市入省进京上访，被潍坊市委、市政府记集体三等功。

【基础设施】 建成“全科政务”便民服务中心，创新实施主动服务、依法服务、精准服务、便捷服务，让人民群众满意的“四服务一满意”工作模式，镇便民服务中心和宅科社区服务中心为全国基层社会治理现场会提供现场。改造提升镇公共设施，2处垃圾中转站、2处污水处理厂和1处热电厂投入运营，实施9公里红河湿地改造提升工程，开工建设人民医院二院病房楼门诊楼、镇消防站等民生项目，镇区实现集中供水、供热、供电、污水处理、垃圾收运“五集中”。修缮硬化平马路、朱大路、上船路、红赵路5条道路，完成6000亩小农水、凤凰岭水土保持等项目建设，进一步改善农业生产条件。开展“四清理一规范”镇容镇貌专项整治行动，清理违规设置的广告牌匾130余块，规范整顿全镇7处马路市场。

（供稿：张伟杰）

鄌郚镇

【政区概况】 鄌郚镇位于昌乐县西南部，地处东经118° 43′ ～118° 53′ 北纬36° 16′ ～36° 36′ 之间，东接昌乐县红河镇，南与安丘市大盛镇接壤，西邻临朐县柳山镇，北与昌乐县乔官镇毗邻。北到昌乐县城约33公里，东北距潍坊市区约40公里，224省道大沂路（大家洼—沂水）纵贯南北，冶伦路横贯东西，人民政府驻鄌郚村。鄌郚镇辖鄌郚社区、北鄌郚社区、包庄社区、漳河社区、金山社区5个农村新型社区，26个行政村，114个自然村。辖区总人口8.3万人，总面积223.9平方千米，耕地面积11.2万亩。是全国重点镇、全国特色景观旅游名镇、国家级生态镇、中国建制镇综合实力千强镇、中国电声乐器产业基地、全国农村基层团建示范镇、省级中心镇、山东省特色产业镇、山东省特色景观旅游名镇、山东省“互联网+”特色产业强镇、山东省电声乐器产业基地、山东省文明镇、山东省“百镇建设示范行动”示范镇、山东省美丽宜居小镇。

【政区沿革】 鄌郚镇是历史古镇，名源于鄌郚国。“鄌郚”二字，来源于周朝初期鲁国两个下邑：鄌国和郚国。鄌郚国名始于周武王十三年（前1121）。周公旦长子伯禽封阜称鲁国时，鄌郚国为其下邑。明嘉靖时，设鄌郚店，清时，称鄌郚厂。1930年，为昌乐县第五区。1948年5月，为鄌郚区。1950年12月，改称第十区。1958年1月，为鄌郚镇。1958年9月，与毕都乡、时马乡合并成立鄌郚人民公社。1984年5月，鄌郚公社分为鄌郚镇、北鄌郚乡、毕都乡。2001年3月，北鄌郚乡并入鄌郚镇，驻鄌郚村。2007年8月，白塔镇、高崖镇并入鄌郚镇。2008年，自然村合并。

【自然条件】 鄌郚镇多山区丘陵，地势西高东低。

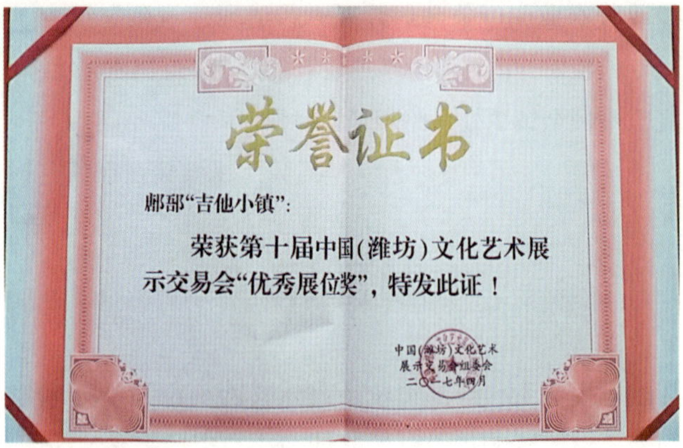

东南部以平原为主，主要是汶河冲积平原，西部多丘陵山地。车罗顶为境内最高点，海拔381米；泊庄村南处为境内最低点，海拔114米。境内有白浪河、孟津河、九曲河、汶河和漳河等多条河流。矿产资源丰富，境内探明地下矿藏有石灰石、铁、煤炭、铜、石英石、金、黏土等矿产。

【经济发展】 2017年，郚部镇全年规模以上企业总产值34.8亿元，增长10.1%；一般公共预算地方收入2443.7万元，增长55.9%。

工业经济 招商引资步伐加快，潍坊市招商引资认定到位资金2.2亿元。规模以上工业主营业务收入、利润、利税分别增长10.4%、36.5%、19.1%。龙海民爆牵头成立潍坊市爆破服务行业协会，获评第十三批省级“一企一技术”研发中心。乐器行业发展形势良好，产值和税收增幅均在20%以上，大唐乐器吉他生产线建成投产，迪生乐器高档电吉他、木吉他生产线正式开工。全力创建创业型示范镇，郚部镇作为潍坊市唯一乡镇代表在潍坊市创建创业型示范城市动员大会上作典型发言，郚部乐器创业园荣获“潍坊市小型微型企业创业创新示范基地”称号。明宇乐器有限公司获评山东省重点文化产品和服务出口企业。

现代农业 加快发展现代农业，确立“上规模、调结构、强产业”总体思路。年内流转土地6000亩，新打造千亩园区5处。新注册农业专业合作社12家，申报农业商标、品牌20个。农村权能改革全面完成。4.7万亩农业水价综合改革试点工作扎实推进，各村农田水利设施摸底核实和实施方案全部完成。扎实推动占补平衡项目，新增耕地470亩，节余指标全县第一。潍坊市农田水利基本建设暨造林绿化现场会在郚部镇召开。

郚部黑猪是昌乐县著名禽畜产品之一，黑猪毛色全黑，背毛粗密，其肉质好，杂交后代瘦肉率较高，肉食鲜嫩而可口。

服务业 加快镇区文化旅游和商贸服务业发展，镇区南部以伟圣田园综合体为中心，发展无籽西瓜种植基地，初步形成高效农业经济圈，以五福生态观光旅游基地为载体打造黑脸小窝·U然自然教育基地。乐器特色产业与文化产业融合成效显著，成功举办吉他“产学研”一体化全国高峰论坛，并作为全市重点打造的4个特色小镇之一受邀参加潍坊文展会，获优秀展位奖。10月，成功举办第二届“吉他小镇·魅力郚部”音乐节。成立潍坊市乐器跨境电商创业中心、大唐乐器集团，80%以上郚部乐器企业在阿里巴巴、京东、亚马逊等电商平台开展线上销售业务，全镇还有120多户淘宝、天猫销售网店。

【社会事业】 发展文化事业，完成镇历史文化展馆和26个行政村的综合性文化服务中心建设，“刘家庄中国文艺第一村”纳入昌乐县“文化名市”建设重要支撑，1人入选齐鲁文化之星。发展教育事业，加强教师队伍建设，提升办学条件，包庄小学、北郚部小学等4所学校完成建设改造。强化卫生计生服务，医疗卫生机构基本设备配置标准化率达100%，郚部中心卫生院获得“山东省卫生计生系统先进集体”“山东省中医药文化健康示范单位”等多个奖项。开展爱国卫生运动，营造全员参与氛围，郚部镇政府荣获“山东省卫生先进单位”，沙埠沟村、刘庄村荣获“山东省卫生村”。

【社会保障】 推进脱贫攻坚，3个省扶贫工作重点村全部“摘帽”，农村建档立卡贫困人口全部脱贫，乐器产业发展中心被评为“全国就业扶贫基地”，已为20余个贫困人员提供就业岗位。完善社会救助体系，低保、五保供养标准进一步提高。退役士兵安置和权益保障政策得到有效落实。积极促进创业就业，实施创业富民战略。

【社会综合治理】 推进信访积案和矛盾纠纷化解，成功化解信访积案9起，累计排查化解“四类风险”隐患700余起。全面建立“一社区一法律顾问一警务助理”工作制度，完成镇、社区、村三级综治中心改造提升，扎实开展“打黑除恶打霸治痞”专项行动，社会保持和谐稳定。狠抓安全生产责任落实、隐患排查治理和基层基础建设，安全水平逐步提升。

【基础设施】 坚持高点定位和规划，以创建“吉他小镇”为契机，在城镇规划建设中，进一步推动“产城文”一体融合发展，凸显产业特色，融入绿色、共享、宜居等理念，全力打造全国知名“吉他小镇”。

城镇化建设 以“吉他小镇”建设为着力点，全面推进镇域提升，完成“吉他小镇”概念性规划，明确整体布局“一心一轴三组团”，发展格局进一步优化拓展。开展镇区秩序和农村集市专项整治，提升城镇管理服务水平。以“便民、利民、规范、高效”为宗旨，改造提升镇行政服务中心，进行窗口人员培训，优化办事流程，实行“一窗受理，全科服务”，对需到县办理的事项，实行全程帮办服务，切实提高行政服务效率。

基础设施 进一步完善镇区大沂路、连村路、燃气管道、供热管网等基础配套建设。截至年末，有县镇级公路17条，镇区道路总长15.6千米，有4处污水处理厂，镇级污水处理厂1处，社区污水处理厂3处。拥有35千伏及以上变电站（所）3座，变压器673台，10千伏高压输电线路10条，特高压输电线路5条。30兆瓦屋顶分布式光伏发电项目一期建成投产。天泰能源LNG、CNG 2座加气站建成投用，阀室、分输站、母站主体建设完成。26个行政村全部完善提升健身器材。完成道路硬化16公里，实施旱厕改造8700户。全面完成鄌郚片区棚改协议签订工作。

生态环境 严格落实错峰生产、清洁型煤推广、扬尘污染防控等大气污染综合治理措施；狠抓“散乱污”企业清理取缔，全面完成燃煤小锅炉清零、畜禽养殖污染处置、秸秆禁烧和清洁型煤推广等任务；对48处非法开采加工点全部拆除并封堵封存完毕，矿产资源整治完成速度全县最快；全镇拆除违建231处、48390平方米，拆出美丽环境、生态空间；大力推进造林绿化工作，完成造林绿化4500亩，新建特色林业园区3处，沙埠沟村获评山东省森林村居；“河长制”工作走在前列，整理河道48公里，清除河道内树木17余万棵，为白浪河市级“河长制”工作现场会提供观摩现场，得到市领导及有关部门充分肯定。

（供稿：曹先伟）

8月16日，白浪河市级“河长制”工作现场推进会议在昌乐县召开

（供稿：鄌郚镇）

高崖水库库区

【政区概况】 高崖水库库区位于昌乐县南部，处于昌乐、临朐、安丘三县市交界处。原名白塔乡，1996年以前属于临朐县。1996年7月8日，白塔乡划归为昌乐县。1997年9月，撤乡换镇，白塔乡改为白塔镇。2007年7月更名为“高崖水库库区开发建设管理委员会”。高崖库区地处丘陵地区，地势起伏，略呈北高南低、西高东低。辖区有洋河、寺后河、魏家沟河、汶河四条主要河流，属汶河水系。辖白塔新村、北段村、黄家坡村、大沟村、北洋河村、南洋河村、阎家河村、克家洼村、东寺后村、西寺后村、刘家沟村、孙家沟村、魏家沟新村、河野村、洛村、山坡村、湖东新村17个行政村，36个自然村。面积57.6平方千米，6764户，人口2.3万人，耕地面积1826.67公顷。

【经济发展】 2017年，高崖水库库区完成地区生产总值63533万元，比上年增长12%；地方财政收入234.3万元；工业实现销售收入117803.95万元，利税12455.42万元，分别增长18%和20%；第三产业增加值达24922万元；农民人均纯收入11996元，增长8%。高崖水库库区是山东省一级水源保护地，昌乐县最重要的饮用水源保护地，被评为国家级水利风景区、国家AAA级旅游景区、省级湿地公园、山东省旅游强乡镇、潍坊市森林镇、省级文明镇等，正申报国家AAAA级旅游景区。

2017年国庆假期，窝铺田园综合体文艺演出吸引众多游客
（供稿：高崖水库库区）

【生态建设】 以绿色发展为引领，坚持生态造林、产业造林、景观造林“三位一体”绿化思路，建设“白杨礼赞”生态防护林带、“烟柳水岸”生态涵养林带和“桃花故里”生态富民林区“两带一区”“绿拥白塔”造林绿化工程，落实奖补政策33万元，新增造林面积2800亩。库区被评为首批“潍坊市森林镇”。东白塔村被评为“潍坊市森林村”。

【文化旅游】 完善旅游基础设施，新建2处游客服务中心、13处生态停车场、3处旅游公厕、3处购物超市、2处精品农家乐等旅游服务设施，硬化提升道路10.6公里。发展文化旅游新载体，打造窝铺田园综合体、王承典书画室、高崖水库纪念馆，提升南山农场，种植铁皮石斛、火龙果、百合、钙果、猕猴桃等名优特稀产品。高崖水库纪念馆被评为“山东省党史教育基地”“潍坊市思想政治工作示范点和政治关爱之家”。打造白塔古景，建成“古槐根抱七星井”“张林红叶锁单柴”“白马庙内有白塔”和罗成饮马、张氏宗祠、进士亭等古景。仙月湖景区被评为“山东省绿色生态休闲体育活动基地”。南山农场被评为“潍坊市乡村旅游标杆示范点”。窝铺民俗文化村被评为“潍坊市乡村旅游标杆示范村”。

【现代农业】 传统农业转型升级，北京新发地农产品批发市场为库区全华果蔬专业合作社颁发“优质农产品基地”牌匾，现场签订供销协议。建立水肥一体化、富硒芋头种植技术试验田，初步解决芋头重茬问题。建成镇级电商平台。“白塔芋头”申报国家地理标志证明商标。加快现代农业园区建设。加快一、二、三产融合发展，提升南山农场、汶水庄园、白塔农场、白塔庄园、青川高效农业示范园等5个农业园区。投资1.2亿元，流转土地1000亩，打造白塔原乡农庄，建设“新六产”发展样板。引导特色林果业发展，以马脚岭片区为带动，引导群众发展特色林果2000多亩，带动湖西片区发展。实施“乡村振兴人才工程”，引入山东农业大学农业专家团队，聘请山东农业大学经管学院旅游管理系主任王松茂担任库区科技副主任。

【特色小镇和美丽乡村】 培育发展特色小镇，聘请青岛海洋大学、青岛中景设计院编制山水田园生态小镇概念性规划。推进移民避险解困项目，东前韩村完成旧村复垦，动工建设东白塔、东窝铺、张家楼、东后韩、东前河野、东后河野、赵庄、建新、西后韩等村安置楼。黄家坡、克家洼村安置区完成选址规划和实施方案编制。推进美丽乡村建设，实施窝铺、东寺后等13个村的美丽乡村建设项目，硬化10处居民文化健身广场，10个村和3个社区安置点配备新体育设施。

【项目建设和民生事业】 聚焦“五个一批”，对接新旧动能转换，策划实施高崖水库景区乡村旅游项目和窝铺田园综合体、南山农场田园综合体等项目。争取总投资9700万元，建筑面积5.4万平方米的第二批黄家坡、克家洼村移民避险解困项目和480万元的高崖水库前置库项目。启动白塔原乡农庄项目。动工建

高崖库区东篱湖畔社区服务中心　（供稿：高崖水库库区）

设100万元的汶河河野大桥除险加固工程，开工10.3公里的滨湖东路、滨湖南路村道安全生命防护工程。引进落户总投资3600万元的山东华睿润滑油项目。推进第一批移民避险解困、移民后期扶持、美丽乡村等一批在建项目。中心幼儿园投入使用，被评为“市级示范化幼儿园”，高崖库区被评为“潍坊市普及学前教育工作先进镇街”。白塔卫生院病房楼投入使用。推进村级综合性文化服务中心完善提升工作，白塔新村被评为“潍坊市优秀基层综合性文化服务中心”。完成高标准农田、土地整理、移民后期扶持、村集体经济发展增收等项目。坚持精准扶贫、精准脱贫，困难群众有序稳定脱贫。

【党建工作】　发展年轻、高学历党员，新建集党员培训、移民培训、职业农民培训、企业员工培训、农业现场教学于一体的“田园课堂”，先后培训农村党员、干部2600人次。抓好“议事学习日”，实现抓一项制度带动方方面面规范化建设的目标。投资150多万元，新建村活动场所4处、修缮4处，36个自然村全部都有办公场所。挖掘高崖水库及“南水北调”工程建设中涌现出的“艰苦奋斗、众志成城、锲而不舍、甘于奉献”精神，打造高崖水库纪念馆，被确定为第三批省党史教育基地。2017年年初开展软弱涣散村班子整顿，调整大沟、前河野等10名村支部书记。所有村“两委”全部一次顺利换届，研判准确率98%。树立“库区发展我的责任”意识，完成违建治理、项目建设、安保维稳、“7·6”特大暴雨灾害自救等急难险重工作任务。建立党工委、纪工委、班子成员“三个责任清单”，加大违规违纪行为查处力度，给予党纪政纪处分10人。

（供稿：刘　鑫）

人 物

RenWu

山东省党代表

卞汉林 昌乐县委书记

王姜堂 昌乐县红河镇埠南头村党支部书记

赵丰平 山东 271 教育集团总校长、昌乐二中校长

山东省人大代表

邱　旺 昌乐县委副书记、县长

刘良玉 山东潍焦控股集团有限公司董事长

张国伟 昌乐乐都瓜菜专业合作社理事长

山东省富民兴鲁劳动奖章

鞠福霞（女） 山东省昌乐特师附属小学课程与教学科研中心主任

刘凤芹（女） 昌乐县总工会主任科员

陈　伟 国网山东省电力公司昌乐县供电公司总经理

潍坊市富民兴潍劳动奖章

薛光芳（女） 昌乐县高崖水库库区中学教师

张福涛 山东省昌乐第一中学副校长

中国好人榜入选人物

温桂仙（女） 昌乐县乔官镇于家山前村村民

赵长安 昌乐县竞技体育学校副校长

刘明罡 昌乐特师附属聋哑学校教师

刘树国 国网昌乐县供电公司红河供电所所长

附 录

FuLu

2017 年县委重要文件目录表

表 36

序号	发布文号	文件名称
1	乐委〔2017〕1 号	中共昌乐县委关于确定昌乐县出席中国共产党潍坊市第十二次代表大会代表候选人预备人选的情况报告
2	乐委〔2017〕2 号	中共昌乐县委关于邀请市委领导参加我县 2016 年度党（工）委书记抓基层党建述职评议会议的请示
3	乐委〔2017〕4 号	关于卞汉林等 46 名市人大代表候选人初步人选身份审核认定情况的报告
4	乐委〔2017〕5 号	中共昌乐县委关于召开中国共产党昌乐县第十四次代表大会的通知
5	乐委〔2017〕6 号	中共昌乐县委关于公布中国共产党昌乐县第十四次代表大会临时党委组成人员的通知
6	乐委〔2017〕7 号	中共昌乐县委关于选举产生昌乐县出席中国共产党潍坊市第十二次代表大会代表的情况报告
7	乐委〔2017〕8 号	关于中共昌乐县第十四次代表大会和十四届县委、县纪委第一次会议选举情况的报告
8	乐委〔2017〕9 号	中共昌乐县委关于加强自身建设的决定
9	乐委〔2017〕10 号	中共昌乐县委关于批转县政协党组《关于召开政协第十届昌乐县委员会第一次会议的请示》的通知
10	乐委〔2017〕11 号	中共昌乐县委关于批转县人大常委会党组《关于召开昌乐县第十七届人民代表大会第一次会议的请示》的通知
11	乐委〔2017〕12 号	关于公布中共昌乐县第十四届委员会和纪律检查委员会组成人员的通知
12	乐委〔2017〕13 号	中共昌乐县委关于推荐政协第十三届潍坊市委员会委员人选的报告
13	乐委〔2017〕14 号	中共昌乐县委关于昌乐县出席党的十九大和省第十一次党代会代表候选人推荐提名情况的报告
14	乐委〔2017〕15 号	关于昌乐县第十七届人大一次会议和政协第十届一次会议选举结果的报告
15	乐委〔2017〕16 号	中共昌乐县委关于县委常委会工作分工的通知
16	乐委〔2017〕19 号	中共昌乐县委昌乐县人民政府关于表彰 2016 年度先进集体的通报
17	乐委〔2017〕20 号	中共昌乐县委关于县委常委班子 2016 年度民主生活会情况的报告
18	乐委〔2017〕21 号	中共昌乐县委关于学习贯彻市第十二次党代会精神的报告
19	乐委〔2017〕26 号	中共昌乐县委关于批转县委统战部、县工商联党组《关于召开昌乐县工商业联合会第九次会员代表大会的请示》的通知
20	乐委〔2017〕27 号	中共昌乐县委昌乐县人民政府关于昌乐县矿产资源集中整治工作情况的报告

续表 36

序号	发布文号	文件名称
21	乐委〔2017〕28 号	中共昌乐县委昌乐县人民政府关于成立公务员职务与职级并行制度试点工作领导小组的通知
22	乐委〔2017〕29 号	中共昌乐县委关于昌乐县庵上湖村实行积分量化创新村级治理情况的报告
23	乐委〔2017〕32 号	中共昌乐县委昌乐县人民政府关于深化农村集体资产股份权能改革发展壮大村级集体经济的意见（试行）
24	乐委〔2017〕33 号	中共昌乐县委关于落实全面从严治党主体责任重点检查情况反馈意见的整改报告
25	乐委〔2017〕34 号	中共昌乐县委印发《关于开展基层基础规范提升年深化落实基层服务型党组织建设三年行动计划的实施意见》的通知
26	乐委〔2017〕38 号	中共昌乐县委昌乐县人民政府关于成立昌乐县化工产业安全生产转型升级专项行动领导小组的通知
27	乐委〔2017〕52 号	中共昌乐县委昌乐县人民政府关于印发《县委、县政府领导班子成员党风廉政建设岗位职责》的通知
28	乐委〔2017〕64 号	中共昌乐县委昌乐县人民政府关于成立全县村“两委”换届选举工作领导小组的通知
29	乐委〔2017〕66 号	中共昌乐县委关于批转中共昌乐县残疾人联合会党组《关于召开昌乐县残疾人联合会第七次代表大会的请示》的通知
30	乐委〔2017〕67 号	中共昌乐县委关于成立中共昌乐县委财经领导小组的通知

2017 年县政府重要文件目录表

表 37

序号	发布文号	文件名称
1	乐政发〔2017〕1 号	昌乐县人民政府关于公布规范性文件清理结果的决定
2	乐政发〔2017〕2 号	昌乐县人民政府关于印发 2017 年政府工作报告的通知
3	乐政字〔2017〕10 号	昌乐县人民政府关于加强建设用地指标管理的暂行意见
4	乐政字〔2017〕17 号	昌乐县人民政府关于调整县级政府部门权力清单的通知
5	乐政字〔2017〕21 号	昌乐县人民政府关于调整县级政府部门行政权力事项的通知
6	乐政字〔2017〕24 号	昌乐县人民政府关于印发《昌乐县妇女发展“十三五”规划》《昌乐县儿童发展“十三五”规划》的通知
7	乐政字〔2017〕16 号	昌乐县人民政府关于印发昌乐县加快发展体育产业促进体育消费实施方案的通知
8	乐政办发〔2017〕1 号	昌乐县人民政府办公室关于印发昌乐县重点产业投资扶持政策（试行）的通知
9	乐政办发〔2017〕3 号	昌乐县人民政府办公室关于印发昌乐县小城镇新型社区健身设施建设扶持办法的通知
10	乐政办字〔2017〕1 号	昌乐县人民政府办公室关于公布 2017 年度工业“三四三”培育工程名单的通知
11	乐政办字〔2017〕2 号	昌乐县人民政府办公室关于印发昌乐县创建国家级出口食品农产品质量安全示范区工作实施方案的通知
12	乐政办发〔2017〕4 号	昌乐县人民政府办公室关于印发昌乐县造林绿化补助办法的通知
13	乐政办字〔2017〕4 号	昌乐县人民政府办公室关于印发昌乐县防震减灾事业发展规划（2016—2020 年）的通知
14	乐政办字〔2017〕5 号	昌乐县人民政府办公室关于印发昌乐县农村留守儿童关爱保护工作实施方案的通知

续表 37

序号	发布文号	文件名称
15	乐政办字〔2017〕7号	昌乐县人民政府办公室关于印发昌乐县散煤清洁化治理和煤炭清洁高效利用工作方案的通知
16	乐政办字〔2017〕8号	昌乐县人民政府办公室关于调整部分县直部门（单位）行政审批中介服务收费项目的通知
17	乐政办发〔2017〕6号	昌乐县人民政府办公室关于印发昌乐县培育新型农业经营主体发展现代农业奖励扶持暂行办法的通知
18	乐政办发〔2017〕7号	昌乐县人民政府办公室关于印发昌乐县瓜菜废弃物循环利用管理暂行办法的通知
19	乐政办发〔2017〕8号	昌乐县人民政府办公室关于印发昌乐县金融扶持设施农业发展暂行办法的通知
20	乐政办发〔2017〕9号	昌乐县人民政府办公室印发关于促进现代物流产业发展的若干政策措施的通知
21	乐政办发〔2017〕13号	昌乐县人民政府办公室关于印发昌乐县地方史志事业发展规划纲要（2016-2020）的通知
22	乐政办字〔2017〕9号	昌乐县人民政府办公室关于全面推行“双随机一公开”工作的通知
23	乐政办字〔2017〕16号	昌乐县人民政府办公室关于印发昌乐县银行业金融机构考核办法的通知
24	乐政办字〔2017〕19号	昌乐县人民政府办公室关于印发昌乐县企业股改挂牌上市若干政策规定的通知
25	乐政办发〔2017〕15号	昌乐县人民政府办公室关于印发昌乐县化工企业转型发展扶持政策的通知
26	乐政办字〔2017〕25号	昌乐县人民政府办公室关于印发昌乐县政务服务平台向镇（街、区）及社区延伸工作实施方案的通知
27	乐政办字〔2017〕28号	昌乐县人民政府办公室关于公布昌乐县县级年检事项目录和昌乐县县级政府指定培训目录的通知
28	乐政办字〔2017〕29号	昌乐县人民政府办公室关于公布昌乐县镇（街道）、城镇社区全科政务服务事项清单和服务指南的通知
29	乐政办字〔2017〕34号	昌乐县人民政府办公室关于印发昌乐县2017年政务公开工作要点实施方案的通知
30	乐政办字〔2017〕40号	昌乐县人民政府办公室关于印发昌乐县农村一二三产业融合发展实施方案的通知
31	乐政办字〔2017〕51号	昌乐县人民政府办公室关于公布昌乐县公共资源交易目录（2017年版）的通知
32	乐政办字〔2017〕54号	昌乐县人民政府办公室关于印发昌乐县信息资源共享管理办法的通知
33	乐政办字〔2017〕57号	昌乐县人民政府办公室印发关于落实统筹整合使用财政涉农资金政策支持脱贫攻坚工作的意见的通知
34	乐政办字〔2017〕58号	昌乐县人民政府办公室印发关于健康县城健康村镇建设的实施意见的通知
35	乐政办字〔2017〕59号	昌乐县人民政府办公室关于印发昌乐县食品药品安全“十三五”规划（2016-2020年）的通知
36	乐政办字〔2017〕67号	昌乐县人民政府办公室印发关于推进海绵城市建设的实施意见的通知
37	乐政办字〔2017〕68号	昌乐县人民政府办公室印发关于推进城市地下综合管廊建设的实施意见的通知

索 引

SuoYin

D

F

G

H

J

K

L

M

N

P

Q

R

S

T

W

X

Y

Z

统计表索引

《昌乐年鉴(2018)》供稿单位编审人员名单

(按姓氏笔画排序)

于小海	于保国	马英洁	王　栋	王　敏	王文超	王文静	王永信
王成祥	王秀志	王晓丽	王湘平	王福强	吴　珂	尹美美	石广金
石宾南	卢继海	史志军	冯文杰	邢亚秋	邢庆宏	朱　超	刘　刚
刘　旭	刘　洋	刘　勇	刘　涛	刘　鑫	刘元兴	刘今平	刘文斌
刘永友	刘吉庆	刘光明	刘伟红	刘红军	刘学坤	刘衍斌	刘莹有
刘晓玉	刘淑娟	刘彩霞	刘西利	刘福祥	闫存全	安媛媛	孙　栋
孙志臣	李　腾	李三国	李玉华	文报春	李志刚	李国亮	李洪良
李伟娜	李晓伟	杨　冰	杨仕昌	肖光明	吴付尝	吴　迪	吴南南
张　阳	张　雷	张仁泉	张林明	张国民	张国增	张树华	刘　祥
张瑞国	张福生	陈永亮	周志远	周福军	庞明一	庞春洲	郑　凯
郑　涛	孟令山	赵　娜	赵军普	赵明涛	赵彩红	钟　杰	秦　鹏
秦光兴	党永红	徐一臣	高志明	高维国	高新峰	郭　健	郭建春
郭雪梅	郭新光	崔方让	杨乐滨	董英杰	韩耀辉	路文峰	潘　华
潘爱青							